中国社会科学年鉴

# 郭沫若研究年鉴 2019

YEARBOOK OF GUO MORUO STUDIES

赵笑洁 主编

中国社会科学出版社

**图书在版编目（CIP）数据**

郭沫若研究年鉴. 2019 / 赵笑洁主编 . —北京：中国社会科学出版社，2021. 10
ISBN 978 - 7 - 5203 - 8803 - 0

Ⅰ. ①郭… Ⅱ. ①赵… Ⅲ. ①郭沫若(1892 - 1978)—人物研究—2019—年鉴
Ⅳ. ①K825. 6 - 54

中国版本图书馆 CIP 数据核字(2021)第 150927 号

出 版 人　赵剑英
责任编辑　王鸣迪
责任校对　韩海超
责任印制　张雪娇

出　　版　中国社会科学出版社
社　　址　北京鼓楼西大街甲 158 号
邮　　编　100720
网　　址　http://www. csspw. cn
发 行 部　010 - 84083685
门 市 部　010 - 84029450
经　　销　新华书店及其他书店

印刷装订　三河市东方印刷有限公司
版　　次　2021 年 10 月第 1 版
印　　次　2021 年 10 月第 1 次印刷

开　　本　787 × 1092　1/16
印　　张　36. 75
插　　页　2
字　　数　781 千字
定　　价　318. 00 元

# 《郭沫若研究年鉴 2019》编委会



# 《郭沫若研究年鉴 2019》编辑部

# 目　　录

## 第一篇　研究综述



## 第二篇　特别推介



## 第三篇　新刊佚文



## 第四篇　论文选编

## 第五篇 学术争鸣



## 第六篇 观点摘编



## 第七篇 年度访谈



## 第八篇 学人回忆

## 第九篇 学术会议



## 第十篇 郭沫若中国历史学奖



## 第十一篇 中国郭沫若研究会



## 第十二篇 新书推介



## 第十三篇 硕博论文

## 第十四篇 展览活动



## 第十五篇 郭沫若纪念馆馆藏资料

# 第一篇

# 研究综述

# 新世纪以降郭沫若旧体诗词研究综述

柳晓珊

郭沫若不仅是一位新诗诗人，也创作了大量的旧体诗词。20 世纪 80 年代以后，对郭沫若的研究虽持续不断，但一度有沉寂之势。新世纪以来，郭沫若研究出现了许多新的动向，对郭沫若旧体诗词的研究即取得明显进展的一个方面。相关研究大致可以分为三类：一是史料发掘、佚文的搜集；二是史料与人物关系探微，包括人物与诗歌的关系、诗歌与历史事实的关系等；三是旧体诗词的解读以及赏析。本文从这三个方面出发，对新世纪以降郭沫若旧体诗词研究进行综述性的概括，以期为学者研究提供更多便利。

## 一 关于旧体诗词的搜集整理

郭沫若旧体诗词的搜集整理早在《郭沫若全集》编纂之初就已经开始，《郭沫若全集·文学编》[①] 诗歌卷所收录的郭沫若创作的旧体诗词有 450 余篇 770 余首，[②] 而散佚在《郭沫若全集》之外的则更多，不完全统计有 580 余篇 600 余首[③]。郭沫若旧体诗词体量庞大，他曾表示有些诗词作品是他妻子于立群“从报章、杂志上替‘他’剪存下来的。剪漏了的当然也还有，但要再收集，恐怕已经不容易了”[④]。研究者则关注到更多情况，指出郭沫若诗词散佚各处，搜集困难，尤其“流亡日本时期所写的旧体诗词，搜集起来就更困难了”[⑤]。故搜集整理《郭沫若全集》集外散佚的诗词成为展开郭沫若研究的重要基础工作之一。

2014 年丁茂远的《〈郭沫若全集〉集外散佚诗词考释》搜寻《郭沫若全集》集外散佚诗词 600 余首并加以考释，对郭沫若旧体诗词的研究起到了巨大的推动作

---

① 《郭沫若全集·文学编》，人民文学出版社 1982 年版。

② 收录情况为：第 1 卷 2 篇，文学编第 2 卷 203 篇（《战声集》7 篇、《蜩螗集》27 篇、《汐集》169 篇），文学编第 3 卷 47 篇（《新华颂》3 篇、《长春集》44 篇），文学编第 4 卷 138 篇（《潮集》22 篇、《骆驼集》4 篇、《东风集》112 篇），文学编第 5 卷 60 篇（《沫若诗词选》59 篇、《集外》1 篇）。

③ 蔡震：《郭沫若集外旧体诗词的整理》，《新文学史料》2018 年第 3 期。

④ 郭沫若：《蜩螗集·序》，《郭沫若全集》文学编（第 2 卷），人民文学出版社 1982 年版，第 51 页。

⑤ 王锦厚：《〈郭沫若全集〉集外散佚诗词考释·序》，《郭沫若学刊》2014 年第 3 期。

用[①]。丁茂远不仅搜寻了国内的散佚诗作，还找到郭沫若在日本时期创作的诗词，丰富了《郭沫若全集》中旧体诗词的数量。以此为基础，丁茂远还对搜集的旧体诗词进行了考释。考证和注释是文献整理最基本又最重要的工作，王锦厚在序言中说："考证，贵在准确；注释，则贵在落到实处，切忌空泛"，丁茂远在搜集、整理、考释的过程中注意辨别真伪，为郭沫若旧体诗词的整理研究工作做了"可嘉的贡献"[②]。

蔡震也在持续关注着郭沫若旧体诗词的搜集、整理与考证工作，《〈十里松原四首〉源出何处?》主要考证了《十里松原四首》的出处[③]。蔡震通过将郭沫若1924年写的《纪事的杂诗》与《十里松原四首》对比，得出了以下结论：《十里松原四首》是从《纪事杂诗》（六首）整理改作而来，《纪事杂诗》（六首）创作于1921年；《创造十年》（当然也就包括后来的《潮汐集》《郭沫若全集·文学编》）中关于《十里松原四首》创作时间的记述当系误记。这就为郭沫若旧体诗词的创作时间纠偏，更为考证郭沫若生平提供了准确的依据。

冯锡刚的《郭沫若集外佚诗三十二首辑注》[④]《郭沫若集外佚诗三首》[⑤] 等文章，对未收入《郭沫若全集》的郭沫若旧体诗词进行了整理和考证。前文不仅做了简注，还将诗作手稿以图片的形式随文发表，为郭沫若旧体诗词的整理工作提供了殷实可靠的证据；后文则根据诗作和手稿原件，结合郭沫若的相关史实，考证了郭沫若与张发奎的关系，给郭沫若对秦始皇和李斯的评价改变提供了佐证。

郭沫若旧体诗词的整理工作取得了长足进步，但是史料整理工作非一日之功，考证方面也存在多重难度，难免产生歧义、错讹等现象。蔡震在《从订定篇题看郭沫若旧体诗词的整理》一文中指出，当前对于郭沫若旧体诗词的整理存在以下问题：(1) 编辑者未经考证对已有篇题的诗作重新定了篇题；(2) 一篇诗作多个篇题的情况；(3) 郭沫若旧体诗词异题同篇的情况；(4) 订定篇题出现歧义[⑥]。这些问题均反映出在文献整理搜集过程中出现的考证不严谨、史料搜集不丰富、妄下结论而导致诸多误会和错误等问题。

冯锡刚的《〈《郭沫若全集》集外散佚诗词考释〉指疵》中对丁茂远的著作提出了以下建议：一是联语不宜入编；二是已入其他文体的作品不宜入编；三是重复入编；四是误收他人的著作[⑦]。这些都是在史料整理过程中出现的问题。对于注释，冯锡刚认为要辨清手迹，了解写作背景，才能更好更准确地把握集外佚诗的情况。李斌在《读〈《郭沫若全集》集外散佚诗词考释〉》一文中承认丁茂远工作的价值，但也

---

① 丁茂远：《〈郭沫若全集〉集外散佚诗词考释》，浙江大学出版社2014年版。

② 王锦厚：《〈郭沫若全集〉集外散佚诗词考释·序》，《郭沫若学刊》2014年第3期。

③ 蔡震：《〈十里松原四首〉源出何处?》，《郭沫若学刊》2007年第4期。

④ 冯锡刚：《郭沫若集外佚诗三十二首辑注》，《郭沫若学刊》2015年第4期。

⑤ 冯锡刚：《郭沫若集外佚诗三首》，《郭沫若学刊》2016年第3期。

⑥ 蔡震：《从订定篇题看郭沫若旧体诗词的整理》，《长沙理工大学学报（社会科学版）》2015年第2期。

⑦ 冯锡刚：《〈《郭沫若全集》集外散佚诗词考释〉指疵》，《郭沫若学刊》2015年第2期。

同样指出了其专著中对于手迹辨别讹误的问题①。

## 二　史料与人物关系探微

搜集整理这些散佚的旧体诗词还只是研究工作的基础，在此基础之上是对作品的探赜与阐释，在这一系列旧体诗词的研究中，一部分是借旧体诗词考察诗人生平史实；另一部分是借旧体诗词分析人物关系，此部分又大概分为两种：一是唱和诗词；二是题赠歌咏抒怀诗词。

### （一）社会关系考察

作为一个交游广泛的文人，郭沫若所创作的大量旧体诗词势必会反映当时的社会环境和文化史实，有学者就对其旧体诗词背后反映的社会史实进行了一定的考察。在《读郭沫若的一份诗词手稿》② 中，冯锡刚根据一首《满江红》的结语“庆从心万岁共山呼人长寿”，仔细考证了这首《满江红》是收入《郭沫若全集》中的《满江红·读毛主席诗词》，只是经历两次修改才出现了“庆从心万岁共山呼人长寿”找不到对应诗篇的情况。冯锡刚由此认为这种行为“除了显示作者写作之用心，还向世人提供了毛泽东自己编辑自己的诗词选集的相关史料”③。

蔡震通过分析郭沫若的佚诗、佚文，详细探讨了对郭沫若产生重大影响的经济学家河上肇与郭沫若的关系④。翻译河上肇的著作是郭沫若人生路上的一个重要节点，郭沫若对于河上肇有着深深的敬意，并多次在诗作里提及河上肇，通过佚诗的整理，蔡震说明了河上肇对郭沫若的影响，也让我们看到了郭沫若马克思主义思想的一个来源。在《郭沫若用寺字韵诗作考》一文中，蔡震关注了郭沫若以“寺字”韵作过的13 首旧体诗⑤。经过搜集整理，目前发现了 13 首诗中的 8 首。蔡震逐一考订了这些诗作的写作时间及缘由，而且还进一步分析了这些诗作的内容，指出郭沫若的创作心态和他内心的真实想法。《郭沫若与吴芳吉：一首佚诗，几则史料》则通过郭沫若写给吴芳吉的送别诗《送吴碧柳赴长沙》和其他几则史料的互相印证，考证了郭沫若当时所处的另外的“朋友圈（吴芳吉、陈建雷等人）”，为郭沫若的生平来往人物关系的考察和补充提供了新的借鉴⑥。

除此之外，还有丁茂远《关于郭沫若〈题扇五首〉的说明》⑦，文中叙述了作者

---

① 李斌：《读〈《郭沫若全集》集外散佚诗词考释〉》，《郭沫若学刊》2014 年第 4 期。
② 冯锡刚：《读郭沫若的一份诗词手稿》，《郭沫若学刊》2010 年第 3 期。
③ 冯锡刚：《读郭沫若的一份诗词手稿》，《郭沫若学刊》2010 年第 3 期。
④ 蔡震：《遗香犹自透尘埃——郭沫若纪念河上肇的若干佚诗文》，《现代中文学刊》2012 年第 5 期。
⑤ 蔡震：《郭沫若用寺字韵诗作考》，《郭沫若学刊》2011 年第 3 期。
⑥ 蔡震：《郭沫若与吴芳吉：一首佚诗，几则史料》，《新文学史料》2014 年第 3 期。
⑦ 丁茂远：《关于郭沫若〈题扇五首〉的说明》，《郭沫若学刊》2001 年第 1 期。

发现这一组诗的详细经过，考证了郭沫若这组诗的创作时间和原由，并结合诗人生平经历分析了诗人亡命日本期间消颓、不甘的复杂心态。庄家新的《郭沫若与梁书陈纬华——从郭沫若的一首佚诗谈起》等文也是根据散佚在外的旧体对联，简述了梁书、陈纬华二人生平经历，并对郭沫若与这二人之间的关系进行了梳理①。

（二）人物关系考察

1．唱和诗词

郭沫若的交际圈十分宽广，也正是如此，郭沫若经常与友人们互赠诗词，因此唱和题赠诗词成了郭沫若旧体诗词创作的重要组成部分，这一系列诗词也成了研究者的关注对象。首先，谭解文在《论郭沫若与毛泽东的诗词之交》中指出，1945 年毛泽东的《沁园春·雪》发表后，国民党文人对其群起而攻之，郭沫若挺身而出，“步毛泽东词原韵连续写了两首《沁园春》词”②，体现了郭沫若对毛泽东咏雪词的真诚护卫，但他对毛泽东的诗词中的“帝王思想”是有保留意见的；其次，冯锡刚在新世纪以后发表了数十篇与郭沫若唱和诗词有关的文章，有研究郭沫若与毛泽东唱和关系的《郭沫若与毛泽东的咏雪词》③ 和《郭沫若与毛泽东的游泳词》④、郭沫若与鲁迅唱和关系的《每况愈下的唱和——郭沫若三用鲁迅韵》⑤、郭沫若与邓拓唱和关系的《邓拓与郭沫若的三次唱和》⑥ 等。新中国成立后，郭沫若常用《水调歌头》《满江红》等词牌名，和毛泽东的游泳词的韵，以此表达对毛泽东词的崇敬之情⑦，郭沫若与毛泽东的关系也由此可窥一斑。郭沫若和鲁迅同是中国新文学的领军人物，二人却是“并世不识面”。然而郭沫若却数次依鲁迅韵写了四首感应时事的作品。从“讥诮”到“唱和”、到为民主精神感召、到曲解鲁迅精神，郭沫若依鲁迅韵的创作过程，也折射出郭沫若与鲁迅的关系和对鲁迅的“恭维”每况愈下。邓拓与郭沫若的诗词唱和是由郭沫若的夫人于立群而引起的。由此也可看出邓拓与郭沫若夫妇的交往缘由。另外，冯文还有关于郭沫若与唐弢⑧、康生⑨、胡绳⑩等人之间的唱和交往关系的分析。

刘奎也关注到郭沫若的唱和诗词。刘奎指出，郭沫若是以诗词唱和的方式开始他

① 庄家新：《郭沫若与梁书陈纬华——从郭沫若的一首佚诗谈起》，《郭沫若学刊》2000 年第 4 期。
② 谭解文：《论郭沫若与毛泽东的诗词之交》，《中国韵文学刊》2007 年第 4 期。
③ 冯锡刚：《郭沫若与毛泽东的咏雪词》，《郭沫若学刊》2006 年第 4 期。
④ 冯锡刚：《郭沫若与毛泽东的游泳词》，《郭沫若学刊》2007 年第 3 期。
⑤ 冯锡刚：《每况愈下的唱和——郭沫若三用鲁迅韵》，《郭沫若学刊》2010 年第 4 期。
⑥ 冯锡刚：《邓拓与郭沫若的三次唱和》，《同舟共进》2017 年第 12 期。
⑦ 冯锡刚：《郭沫若与毛泽东的游泳词》，《郭沫若学刊》2007 年第 3 期。
⑧ 冯锡刚：《廿五年间两绝句——郭沫若与唐弢》，《郭沫若学刊》2011 年第 2 期。
⑨ 冯锡刚：《康公左手书奇字——郭沫若与康生》，《同舟共进》2015 年第 10 期。
⑩ 冯锡刚：《郭沫若和胡绳的特殊“唱和”》，《红岩春秋》2000 年第 1 期。

的抗战生涯的，刘奎借这些旧体诗词探讨了作为文学与革命双重激进者的郭沫若，在抗战期间与汪辟疆、沈尹默的交往情况，并且考证了郭沫若诗歌的价值和意义①。在"南渡"过程中，刘奎借助"郭沫若为傅抱石题画时步龚半千与张鹤野的原韵写的唱和诗"②，分析了郭沫若作为一个新文化人，与其他的知识分子一样，将"南渡"的文化心理结构和叙事行为方式，作为因应危机的救赎方式。从宏观上看，郭沫若的诗词唱和"见证了郭沫若的文化实践与政治的复杂关联"③。郭沫若先后参加的"寿郭"唱和、"屈原"唱和、"沁园春"唱和，都源于社会与文化事件，而且与政党政治密切相关。刘奎通过梳理三次唱和事件，不仅考察了郭沫若与历史人物之间的交往关系，还分析了诗词唱和在不同事件中的不同功用，以及诗词唱和的嬗变原因。

2. 题赠歌咏抒怀诗词

郭沫若题赠他人的诗作，记述和关联到许多他生平活动、交往的史事、史迹。蔡震便借助郭沫若的题诗分析了郭沫若在日本与夏国瑗相识并因此结交"女丈夫"——董竹君的事情④。根据郭沫若为董竹君的题诗，我们得以看到郭沫若在国外的人际交往情况。郭沫若为夏征农⑤、郁曼陀（烈士）⑥、陈白尘的《升官图》⑦ 均有题诗，萧斌如借助这些题诗的整理，考察了郭沫若的生平经历。

冯锡刚搜集整理的《郭沫若集外佚诗三首》⑧ 中全部是郭沫若的题诗，但这些题诗是咏物怀古或者咏物抒情的，如《嘉兴访张向华口占一绝》便是郭沫若到前线拜访张发奎有感，抒发了自己对于抗日将领张发奎的敬意；《题武昌东湖九女墩》也是抒发对于革命志士的崇敬之情。《郭沫若全集·文学编》中收录的咏怀诗词很多，借助这些诗词我们可以了解郭沫若的生平动向，还原其创作心态，更全面地阐释郭沫若的旧体诗词。这不仅有助于还原郭沫若的多重文化身份，更有助于当前旧体诗词的研究。

对郭沫若旧体题赠诗词的搜集整理和考证，不仅重新发掘了郭沫若与同时代历史人物的关系，扩大了郭沫若生平交际圈，对于人们更清楚地还原郭沫若的真实面貌，提供了一定的参考价值，而且为还原历史中的某些重大事件和转折点也提供了一定的史料佐证，具有借鉴意义。

---

① 刘奎：《抗战时期郭沫若的书拓与诗词唱和》，《现代中文学刊》2016 年第 6 期。

② 刘奎：《危机与救赎——一个新文化人的"南渡"》，《中国现代文学研究丛刊》2016 年第 1 期。

③ 刘奎：《郭沫若与唱和传统的现代嬗变》，《长江学术》2017 年第 3 期。

④ 蔡震：《"诚哉女丈夫"——郭沫若为董竹君母女题诗》，《郭沫若学刊》2012 年第 4 期。

⑤ 萧斌如：《郭沫若为夏征农题诗》，《郭沫若学刊》2004 年第 3 期。

⑥ 萧斌如：《郭沫若为郁曼陀烈士题诗》，《郭沫若学刊》2004 年第 6 期。

⑦ 萧斌如：《又聆新曲到江南——记郭沫若、田汉为陈白尘〈升官图〉题诗》，《郭沫若学刊》2001 年第 1 期。

⑧ 冯锡刚：《郭沫若集外佚诗三首》，《郭沫若学刊》2016 年第 3 期。

## 三 关于旧体诗词的论析

相比郭沫若旧体诗词的整理和考证情况来看，论析郭沫若旧体诗词的研究则少了很多，对郭沫若旧体诗词的论析主要以时期划分、比较研究、艺术水平、文本赏析等视角切入，而这些论述的视角往往是相互交织的。

（一）时期划分类

郭沫若旧体诗词的创作主要可以分为五四时期、抗战时期、留学时期和新中国成立以后四个阶段，论述最多的当属抗战时期。

巴巴拉·巍白碧的《郭沫若少年诗稿浅谈（1904—1912）》从比较的视野对郭沫若的自传体作品《少年时代》和收录在《郭沫若少年诗稿》中的那些诗歌与传统的唐诗进行了对比，认为郭沫若少年诗歌并非如郭沫若本人所言的“相当的平淡、简单，没有多少价值”，反而这些少年诗歌“暗含了个体的情感表述，与他孩提时学的那些古典诗歌是不同的，将它们看作是他年幼心灵的独特理想和愿望或许更恰当些”①，从另一个视角为我们理解郭沫若的诗词提供了新的解读和认识。

在《郭沫若抗战旧体诗述略》中，唐瑛主要是以郭沫若抗战期间的旧体诗为研究对象②。郭沫若在抗战期间的旧体诗大多以“抒发国势安危，鼓励人们坚持抗战，以及战争的苦难”等内容为主，这时期其旧体诗词的创作“缺少韵味、经不起咀嚼，长于用典讲道理，鲜有在具体情境中来完成”等问题，唐瑛结合时代环境，从诗歌内容到创作手法，追溯了出现这种问题的原因：一是时代背景，局势动荡，“不允许诗人像前贤那样浅酌慢饮”；二是作为新诗人，郭沫若受到欧美诗风文雨影响，选择他狂飙突进的风格来抒发国仇家恨，表达民族振兴、国家复兴的愿望。唐瑛在《文化碰撞中的郭沫若旧体诗》中进一步分析了郭沫若诗风与“欧美诗风文雨”的关系③，郭沫若的思想受到传统的教育和西方思想的双重冲击，并最终形成了其旧体诗词“感于哀乐”“缘事而发”的特点，但他也因此最终没有创作出声律谐美、用词含蓄蕴藉、意境深远、境界阔大厚重的旧体诗词。

与唐瑛不同的是，祝光明梳理了郭沫若留日时期创作的旧体诗的数量、体裁和分类状况，并通过分析诗歌的抒情主体、诗歌风格、诗体形式和诗歌语言等方面的显著变化，解读了郭沫若留学期间所创作的旧体诗词的美学特征④。祝光明指出，郭沫若旧体诗词的一系列变化与他的新诗创作有着紧密的精神联系，这给新文学的发生提供

---

① ［奥］巴巴拉·巍白碧：《郭沫若少年诗稿浅谈（1904—1912）》，杨玉英译，《平顶山学院学报》2013年第4期。

② 唐瑛：《郭沫若抗战旧体诗述略》，《郭沫若学刊》2016年第2期。

③ 唐瑛：《文化碰撞中的郭沫若旧体诗》，《郭沫若学刊》2018年第4期。

④ 祝光明：《论郭沫若留学时期的旧体诗词》，《郭沫若学刊》2006年第2期。

了新的还未曾被重视的经验。

时国炎在《现代意识与20世纪上半期新文学家旧体诗》中也对郭沫若的旧体诗进行了讨论①。该书以年代划分为线索分析了郭沫若旧体诗词的意义和价值。“五四”之前，郭沫若的旧体诗词突出自我中心观念的建构，与“现代自我”的重塑紧密联系在一起，是地道的现代情感的表达。在20世纪20年代的旧体诗词中，彷徨意识逐渐遮蔽了自我中心观念，关注社会现实，从抒情走向了写实，并逐渐形成了高度政治化话语的写作风格。到了抗战期间，大量的抒发民族存亡意识、抗战救国情节的政治抒情诗已经成为郭沫若的主要描写内容。此书间或谈到了郭沫若的咏史和咏怀诗，其艺术成就的高低大多依托于对于其敬仰的前贤诗人。

（二）比较研究类

李遇春不仅关注旧体诗词的艺术，更注意诗体的对照观察。他认为郭沫若旧体诗词的创作经历了“诗人之诗”“学人之诗”“士人之诗”三个阶段②，不同的身份在郭沫若新中国成立前后的旧体诗的创作中得到了充分的体现。新中国成立后，郭沫若的旧体诗词随着“士人”身份的提升，其“诗人、学人”身份逐渐被消解或者遮蔽，导致“士人之诗”逐渐成为一种“新台阁体”。艺术的蜕变和身份的转变产生的以“郭沫若为首的‘新台阁体’”影响深远，甚至受人訾议。在《中国当代旧体诗词论稿》一书中，李遇春对郭沫若的旧体诗词展开了细致的讨论③。该书的“转型篇”部分，对郭沫若旧体诗词创作转型后的情况评价不高，认为其“前期硕果累累，后期败叶萧萧”。该书第一章“郭沫若：舞罢秧歌醉拍栏”，从郭沫若早期的诗歌谈起，历经时代风云变幻的郭沫若，其旧体诗词的创作也逐渐归于乏味。借助对旧体诗词的解读和分析，该书追溯了郭沫若旧体诗词创作转型的内在理路。关注“新台阁体”的还有周于飞的《郭沫若对当代新台阁体诗词创作的影响》，其文以郭沫若旧体诗词为基础，分析了“新台阁体”的形成背景、创作内容和艺术特征，认可“新台阁体”诗词的作用和价值④。

与李遇春相似，李郭倩的《身份的重影——看旧体诗词中的郭沫若心态》以抗战旧体诗为研究对象，通过分析郭沫若旧体诗词的形式，进一步探讨分析了郭沫若身份的多重性⑤。客观身份（即民间身份“著名诗人”和官方身份“高级官员”）的变迁是郭沫若最明显的身份变迁，主观身份的变化则是新诗人和旧文人的交叠。这些身

① 时国炎：《现代意识与20世纪上半期新文学家旧体诗》，华中师范大学出版社2015年版。

② 李遇春：《身份的嬗变与中国当代“新台阁体”诗词的形成——郭沫若旧体诗词创作转型论》，《中国政法大学学报》2011年第3期。

③ 李遇春：《中国当代旧体诗词论稿》，华中师范大学出版社2010年版。

④ 周于飞：《郭沫若对当代新台阁体诗词创作的影响》，《牡丹江大学学报》2018年第1期。

⑤ 李郭倩：《身份的重影——看旧体诗词中的郭沫若心态》，《湖北社会科学》2007年第2期。

份都是郭沫若创作心态的折射，对郭沫若旧体诗词的创作水平产生了很大影响。

（三）艺术水平类

唐瑛从郭沫若“广为人知的诗歌”——《村居即景》谈起，分析了郭沫若旧体诗词艺术手法和诗歌美感①。郭沫若的旧体诗词与其他的文体表现的风格一样，都是一反前人的创作模式和方法，迥异于古代诗人普遍遵循的“寓情于景”“情景交融”等模式，而是采用“情大于景”的手法，这种手法很好地体现了郭沫若常人难及的才华。但随着“认识、体验的增长”，郭沫若的旧体诗词“侧重于更多情感的宣泄”，使得他的诗歌缺乏一种古典诗词传递给人的强大的感人力量。唐瑛也因此对郭沫若旧体诗词创作技法提出了批评。郭沫若一生旧体诗词创作颇丰，却没有得到很高的评价，就是因为“对本应坚守的规律的疏离，对古典诗词情景交融最好境界的放弃”②。唐瑛不仅对郭沫若旧体诗词的艺术手法进行了分析，还以郭沫若的学习对象李白和杜甫为研究对象，对比分析了郭沫若旧体诗词的成就，认为郭沫若的旧体诗词并没有像其尊崇的李白和杜甫那样取得更高的成就。雷业洪充分认可了《遥寄安娜》和《鹧鸪天四首》的艺术水平，通过细读分析了《遥寄安娜》的爱憎之情和《鹧鸪天四首》的深情哀悼③。曾艳则是通过新诗与旧体诗的对比分析了郭沫若、老舍等新文学家的“两种精神面貌”④。

（四）文本赏析类

除了研究者的理论分析和研究以外，也有研究者注意到郭沫若旧体诗词的赏析释义问题。郭沫若旧体诗词数量众多，而旧体诗往往用典含蓄、意蕴深远，需要对诗词进行解释以便于读者的接受。与研究分析类的成果相比，赏析类的成果明显不足。

王锦厚、伍家伦编著的《郭沫若旧体诗词赏析》⑤ 和吴海发的《二十世纪中国诗词史稿》⑥ 都对郭沫若的旧体诗词进行了赏析。前者在新世纪之后未引起足够的讨论，相关研究匮乏；而2004年出版的《二十世纪中国诗词史稿》第五章，从“欣将忠骨埋诸夏”“愤怒的诗神”“冬寒松柏之歌”“偷寒送暖慰友朋”四个方面对郭沫若抗战时期的旧体诗词作了解读，向读者直接呈现了郭沫若的爱国情怀和诗人情趣。在“新旧交融创新格”一节，则对郭沫若的旧体诗词的风格、艺术成就进行了分析、总结，认为郭沫若诗歌最大的特色，一是在于“热烈的情感，卓越的器识”；二是在

---

① 唐瑛：《本宜坚守却疏离——郭沫若旧体诗词创作刍议》，《郭沫若学刊》2012 年第 4 期。

② 唐瑛：《本宜坚守却疏离——郭沫若旧体诗词创作刍议》，《郭沫若学刊》2012 年第 4 期。

③ 雷业洪：《旷世歌吟岂等闲——细读郭沫若〈遥寄安娜〉〈鹧鸪天四首〉》，《郭沫若学刊》2004 年第 4 期。

④ 曾艳：《一人两面——现代新文学家的新诗、旧体诗比较》，《新文学评论》2013 年第 2 期。

⑤ 王锦厚、伍家伦：《郭沫若旧体诗词赏析》，巴蜀书社 1988 年版。

⑥ 吴海发：《二十世纪中国诗词史稿》，中国文史出版社 2004 年版。

于“清新，自然，诗味浓郁”，其以“口语入诗”和“运用民歌手法”的风格构成了其清新的诗风；三是在于“善用比喻、象征”的修辞手法。通过解读诗歌的方式，分析艺术风格对于郭沫若诗意的表现效果，便于读者了解其抗战旧体诗。在此以后，赏析类的研究也未取得进一步的发展。

除以上四个方面的研究之外，黄毓芸的《郭沫若古体诗韵谱》[①] 和《郭沫若近体诗韵谱》[②] 体现了一个独特的研究视角。从诗韵的角度着手，以《郭沫若全集》及《〈郭沫若全集〉集外散佚诗词考释》为范围，将郭沫若旧体诗词分类统计，按照“阴声韵”“阳声韵”“入声韵”为郭沫若的古体诗和近体诗做了详细的韵谱，此类统计工作繁复，需耐心谨慎，并且具有足够的专业知识，这类跨学科的研究对郭沫若旧体诗词的价值进行了充分的肯定。

由郭沫若旧体诗词的研究还可以进一步兼及当下旧体诗词研究方面的话题。马大勇[③]、王巨川[④]、王雅平和仇玉姣[⑤]、陈静和李遇春[⑥]、江腊生[⑦]等人对旧体诗词的研究做了相关的综述，其中既有对20世纪现当代旧体诗词的回顾和思考，也有新时期（即20世纪80年代以后）的旧体诗词创作的述要，但都是从宏观上把握旧体诗词的研究动态，其中往往都会涉及郭沫若旧体诗词。不过迄今为止，现当代旧体诗词的“合法性地位”和文学价值一直是尚未定论的话题。黄修己[⑧]、曹顺庆[⑨]、李遇春和戴勇[⑩]、陈友康[⑪]、魏泉[⑫]、王巨川[⑬]等人都认为旧体诗词应当成为中国新文学史的一部分。但旧体诗词一方面与当前的以“新—旧”为划分标准的文学史体制相冲突，另一方面旧体诗词本身的价值亦有待发掘。旧体诗词的地位既难有定论，郭沫若以及郁达夫、老舍等新文学家的旧体诗词研究的学术环境势必受到影响。郭沫若旧体诗词受关注度不高，这无疑是重要原因之一。

---

① 黄毓芸：《郭沫若古体诗韵谱》，《郭沫若学刊》2016年第2期。

② 黄毓芸：《郭沫若近体诗韵谱》，《郭沫若学刊》2017年第1期。

③ 马大勇：《20世纪旧体诗词研究的回顾与前瞻》，《文学评论》2011年第6期。

④ 王巨川：《新时期以来的现代旧体诗研究述要》，《贵州社会科学》2009年第8期。

⑤ 王雅平、仇玉姣：《新时期以来旧体诗词研究综述》，《云梦学刊》2011年第2期。

⑥ 陈静、李遇春：《二十世纪旧体诗词创作与研究述评》，《长江学术》2010年第3期。

⑦ 江腊生：《20世纪旧体诗词研究的回顾与前瞻》，《学术论坛》2012年第4期。

⑧ 黄修己：《旧体诗词与现代文学的啼笑因缘》，《中国现代文学研究丛刊》2002年第2期。

⑨ 曹顺庆：《从“无地彷徨”走向“话语重建”——关于旧体诗词不入现当代文学史的思考》，《社会科学文摘》2016年第11期。

⑩ 李遇春、戴勇：《民国以降旧体诗词媒介传播与旧体诗词文体的命运》，《文艺争鸣》2015年第4期。

⑪ 陈友康：《二十世纪中国旧体诗词的合法性和现代性》，《中国社会科学》2005年第6期。

⑫ 魏泉：《“民国文学史（1912—1949）”的概念辨析与理论整合——兼谈旧体诗文怎样入史》，《湖北大学学报》2013年第4期。

⑬ 王巨川：《诗体·语言与当代诗词史写作》，《湖南社会科学》2018年第4期。

## 四 结语

综上所述，21 世纪以来，对于郭沫若旧体诗词的研究取得了很多积极进展，郭沫若旧体诗词的研究视野也得到了不断拓展，主要围绕这几点：一是对郭沫若旧体诗词的辑佚，通过翻阅期刊文献，找到了不少散佚的郭沫若作品，并进行一定的考证，为丰富郭沫若研究提供了史料佐证；二是以诗歌为线索考察同时代人与郭沫若的关系，这不仅有利于了解当时文坛和学界的信息，也为我们了解郭沫若的心态，还原时代中的郭沫若影像提供了有力参考；三是对比郭沫若新诗与旧体诗词，从精神联系、艺术选择、诗词成就等角度，分析了郭沫若的创作心态、身份变化，旧体诗词多产的原因；四是将郭沫若旧体诗词创作放在时代背景下来考察，这不仅有助于学者理清郭沫若创作嬗变，也对于了解政治生态气候，尤其是郭沫若与中共党内领导人的交往有着重要意义。相信随着学界认识的深化以及对郭沫若形象的改观，郭沫若旧体诗词将引起更多研究者的关注。

但也不得不承认，实际研究之中还是存在诸多亟待解决的问题。郭沫若旧体诗词体量大，散佚范围广，搜集整理持续时间久，研究考证耗时极大，这就导致了郭沫若旧体诗词的研究队伍相对较小，成果并不明显。研究者们广搜书海、遍阅期刊发现了不少郭沫若散佚的旧体诗，但《郭沫若全集·文学编》自 1985 年首次全部出版后，修订和再版的工作进展迟缓，新发现的佚作始终在《郭沫若全集·文学编》之外，这使得其旧体诗词的研究缺乏权威的文献材料。此外，旧体诗词的合法性问题、郭沫若本人的评价问题，各方往往各执一说，这是研究者们需要攻破的一大难题。或可一提的是，目前的多数研究者多为现当代文学专业出身，古典诗学的素养，抑或说是对于旧体诗词的鉴赏能力，看起来也是一个难题所在。

总的说来，郭沫若的旧体诗词与其一生的心路历程和人生际遇是紧密相连的。其旧体诗词的价值和意义的逐渐阐明，不仅对郭沫若的评价有非常明显的作用，对相关历史人物、时代语境与文学史问题的研究也将有积极的带动作用。在文献整理工作逐渐完善的今天，我们也期望《郭沫若全集·文学编》能早日增订出版。在翔实的文献基础上进一步深化郭沫若旧体诗词研究，凸显郭沫若作为诗人的多重价值和意义，才能尽可能还原郭沫若真正的文学身份。

［原载《长沙理工大学学报（社会科学版）》2019 年第 4 期］

# 第二篇

# 特别推介

# 《女神》研究的三大教训

魏　建

经过100年的历史，再回首，“五四”时期的文学作品只有极少的一部分还能被阅读、被阐释乃至被记忆。这极少数作品经过近百年历史的检验，未必就成为进入中国文学史的经典之作，即使称之为“经典”，其经典性很可能被遮蔽了许多，或者如胡塞尔所言被“错感知”①。对郭沫若《女神》的解读和研究，就是饱含这样历史教训的例证之一。

《女神》研究的一个突出特点是大量的成果似曾相识。或许其中有少量成果属于过度借鉴式的学术违规、抄袭式的学术造假，但多数成果并不是这样。它们看起来似曾相识，缘于扎堆式、重复式的同质化研究。究其原因，以下三个问题表现得特别突出。

## 一　受制于作者的自述

形成《女神》研究的同质化，首先是因为多数人的解读被郭沫若的自述左右着。20世纪80年代，有两本书为郭沫若研究者手头必备：《郭沫若论创作》和《沫若诗话》。《郭沫若论创作》分为九辑：一、总论文学创作的基本问题和规律，二、论自己的创作道路，三、论诗歌创作，四、论历史剧创作，五、论小说和散文创作，六、论自传和回忆录创作，七、论美术和书法创作，八、论文学翻译，九、论其他作家与作品。② 这是一部理论文献集，更像一部资料文献集。不仅第二辑论郭沫若的创作道路是史料文献，而且第三、四、五、六、八辑中都有郭沫若对其创作的自述。《沫若诗话》“选辑了郭沫若对诗歌的重要见解三百五十多条”③，加了标题按时间先后排列。难得编者下了很大功夫，给郭沫若的每一条诗话都加上详细的出处和必要的注释，给研究者带来了极大的便利。一时间，这两本书成了研究文学家郭沫若特别是诗人郭沫若最重要的资料专集，引用率极高。这两本书里有关《女神》的自述被引用得更多，

① ［奥］胡塞尔：《现象学的心理学》，《胡塞尔文集》第七卷，倪梁康译，人民出版社2009年版，第88页。

② 见《郭沫若论创作》目录，上海文艺出版社1983年出版。

③ 吴奔星、徐放鸣选编《沫若诗话》，四川人民出版社1984年出版，第1页。

也许，这些引用的研究者已经在不知不觉间被郭沫若的自述牵着鼻子走了。

许多《女神》研究者往往先看郭沫若如何谈《女神》，然后以郭沫若的自述为论据，再辅以“正如作者自己所说……”，显得特别雄辩。这样的“研究”，并没有进行真正的论述，而是对郭沫若有关回忆的复述和阐述，所得结论不是自己研究出来的，而是郭沫若给定的。郭沫若给了多少，那些研究者就说出多少。这不像是研究者论《女神》，更像是郭沫若论《女神》。这样的研究成果，难免所得结论大同小异，至今不绝。

这种“郭沫若论《女神》”式的研究长盛不衰，应该与长期流行的文学观念有关，例如“文学是社会生活的反映”“诗人是时代的歌者”等，虽然观念陈旧却依然顽强存在。九十多年前，也就是《女神》出版不久，这些文学观念在中国刚开始出现的时候，郭沫若就接受了。他不仅越发信赖，而且积极实践这样的观念，还以自己的创作为例证广为宣传。研究者们乐得被郭沫若自述引导，看到郭沫若提供了那么多自己想要的研究“资料”，如获至宝一般。与其说是郭沫若牵着研究者的鼻子走，不如说是研究者们主动认同这种观念及其学术套路的规训，或是不自觉地被规训着。

如此受制于郭沫若自述，很难有新的学术发现，如果有也只不过是从郭沫若其他自述中“发现”的。但是，研究者们并不太关注新的“发现”，还是对某些司空见惯的郭沫若自述更有兴趣，如以下就是最常被研究者引用的一段话：

> 当我接近惠特曼的《草叶集》的时候，正是“五四”运动发动的那一年，个人的郁积，民族的郁积，在这时找到了喷火口，也找出了喷火的方式，我在那时差不多是狂了。①

这样的自述，很像是第一手资料，又特别对研究者们的胃口。“当我接近惠特曼的《草叶集》的时候”，这句话给定了惠特曼的《草叶集》与《女神》的联系，而《草叶集》在风格上与《女神》中的一些名篇很近似，也就肯定并强化了这种联系；“正是‘五四’运动发动的那一年”，继而给定了明确、具体的时代背景；“个人的郁积，民族的郁积”，既给定了诗人“小我”，又给定了民族“大我”；“在这时找到了喷火口，也找出了喷火的方式”，“喷火口”和“喷火的方式”虽是两个比喻，但所给定的东西也是比较明确的。“喷火口”应该是诗歌创作，“喷火的方式”应该是郭沫若的创作手法；“我在那时差不多是狂了”，给定了诗人当时的迷狂和亢奋状态，符合他自述的“火山爆发式的内在感情”“诗的创作的爆发期”等。寥寥六十几个字，研究者想要的东西似乎全都有了：思想内容和艺术形式，时代背景和创作动机，“小我”和“大我”，理性和非理性。

① 郭沫若：《序·我的诗》，《郭沫若全集》文学编（第19卷），人民文学出版社1992年版，第408页。

郭沫若的自述太多，其自传多达100多万字，字数之多有可能创中国现代作家之最，其中有关《女神》的回忆文字特别多，但不同回忆文章中有些重要内容的回忆是不一致的，其中有的是不可靠的，还有一些回忆已经被证明是错误的。总的来看，郭沫若关于《女神》的回忆内容有一个逐渐“清晰”的过程：其中感性的内容越来越少，理性的内容越来越多；偶然性的内容越来越少，必然性的内容越来越多；他为个人写作的因素越来越少，为社会、为民族代言式的因素越来越多。如，郭沫若晚年有一封有关《天狗》的回信，就是典型的例证：

> 那是在五四运动发生之后写的，应该和《凤凰涅槃》《女神之再生》等联系起来看，对于旧社会表示反抗，对于新社会表示憧憬……①

这样的回答虽然“清晰”，却离作品很远，离文学很远。“对于旧社会表示反抗，对于新社会表示憧憬”，这是在解读《天狗》吗？是在谈诗吗？

奇怪的是，不同水平的《女神》研究者好像都愿意选择郭沫若那些“清晰”的自述。低水平的研究者根本就不知道郭沫若还有其他的回忆，也不知道到哪里去找史料，只会引用别人的引用；水平稍高一点的知道郭沫若还有其他的回忆，但其他回忆不如这些“清晰”的论据更符合自己头脑中对《女神》的认知，所以也选择这样的引用；更高水平的研究者，不仅知道郭沫若还有其他回忆，也知道到哪里去找史料，但经过对不同史料的鉴别，还是以为这“清晰”论据更有利于他的论证，更接近问题的实质。郭沫若自述得越“清晰”，研究者引用得越多。引用材料的相对一致，又可能意味着郭沫若给定的结论相对一致。于是，一代又一代《女神》研究者跟着郭沫若“郭云亦云”，同质化研究成果层出不穷。

这种受制于作者自述的现象，在中国现代文学研究界其他作家作品的研究中也普遍存在，只是《女神》研究较为典型。

## 二　受制于某种研究框架

本来，郭沫若的自述只是为研究者提供的论据，那为什么论点和论证也是同质化的？原因是多数研究者都被某种研究框架“套牢”了。如《女神》研究中的“时代精神”框架和“浪漫主义”框架。

最早探究《女神》与“时代精神”的是闻一多。他的论文成了《女神》研究史上第一篇经典文献②，并且使“时代精神”成为《女神》的第一种阐释框架。闻一

① 黄淳浩编：《郭沫若书信集（下）》，中国社会科学出版社1992年版，第313页。

② 闻一多：《女神之时代精神》，《创造周报》1923年6月3日第4号。

多所说的“时代精神”，是指20世纪的时代精神，根本没有提到“五四”，也没有“五四时期”的意思。文章的第一段研究者们特别熟悉：

> 若讲新诗，郭沫若君底诗才配称新呢，不独艺术上他的作品与旧诗词相去最远，最要紧的是他的精神完全是时代的精神——二十世纪底时代底精神。有人讲文艺作品是时代底产儿。《女神》真不愧为时代底一个肖子。①

全文从头到尾，“时代精神”就是“20世纪”的、“近代文明”造就的先锋精神，具体呈现有五种。前三种是动的精神、反抗的精神、科学的精神，第四种大约是开放的精神，第五种接近于青春的精神。

后来对“时代精神”的认识发生转折，其标志是周扬论文《郭沫若和他的〈女神〉》，也是大谈《女神》与“时代精神”的关系，但在“时代精神”前面加上了“五四”，称郭沫若“是伟大的‘五四’启蒙时代的诗歌方面的代表者”。周扬认为，《女神》中的“五四时代精神”主要表现在三个方面：一是对自我的歌颂，二是对民族的歌颂，三是对大众的歌颂。郭沫若“正可以称为中国无产阶级的最初的歌手”②。按照这样的阐释，一部充满激情的、个人化的诗集《女神》被糅进了过多理性的内涵、集体的内涵和政治的内涵。

1949年以后，随着“五四”作为新民主主义革命的划时代标志被充分肯定，周扬的“五四时代精神”论引得一代《女神》研究者趋之若鹜，几乎到了言《女神》必谈“五四时代精神”的地步，久而久之演变成一种具有思维定势的研究框架。运用这一研究框架，研究者们找到了他们遵奉的文学观念，也适用于他们驾轻就熟的研究套路。用《凤凰涅槃》论述社会的更生、民族的新生，用《炉中煤》论述爱国主义，用《匪徒颂》和《巨炮之教训》论述无产阶级革命和社会主义思想……在这些研究者笔下，郭沫若成了旧社会的批判者、新社会的预言家，《女神》的文学内涵被政治内涵大大稀释，越发变得像是为中国革命史研究做注解，甚至闹了一些学术笑话。例如，当年的研究者特别关注《女神》中的《匪徒颂》和《巨炮之教训》，其实是特别关注诗中出现的革命导师的名字和“阶级斗争”“社会革命”“民族解放”等概念，却不知道这些字眼并不是郭沫若在“五四”时期写的，而是来自《女神》1928年及以后的修改版，当时没有出现“马克思”“恩格斯”，也没有出现“阶级消灭”“社会改造”等。没有出现这类学术“硬伤”的学人，也受这一研究框架的暗示和引导，认为《女神》的主要价值在于“鲜明地反映了‘五四’时期的革命精神和

① 这段话，特别是第一句，是《女神》研究和评论中被引用最多的。

② 周扬：《郭沫若和他的〈女神〉》，《解放日报》1941年11月16日。

人民的要求。这些诗篇不但具有现实主义的基础，并且也已经孕育了社会主义的因素。”[①] 他们特别肯定“诗人敏锐的观察力和强烈的时代感使他能够看到时代和社会前进方向，因而使他产生了对祖国光明未来的无比坚定的信心，并对新中国的出现作了革命浪漫主义的预言。”[②] 这样，《女神》的经典性阐释就与文学无关了。

改革开放以后，学界极力弘扬“五四”新文化运动的思想启蒙意义。《女神》研究者们很快就从对“五四时代精神”的革命史解读，转向对“五四时代精神”的思想史解读。此前做革命史解读时，特别关注《女神》中的新民主主义、社会主义；后来做思想史解读时，特别关注人道主义、个性主义，以及近年来关注的现代性，总之都是关注《女神》的非文学内涵。仔细阅读又会发现，此前最关注的是“马克思”“恩格斯”“列宁”“阶级斗争”“布尔什维克”“社会革命”“民族解放”等；后来最关注的是“我便是我了”“我赞美我自己”“一切的偶像都在我面前毁破”“我崇拜偶像破坏者，崇拜我”……总之最关注的都是概念化的词句，而不是感性的、整体的作品。这两种认知路径有着惊人的相似性：前者很像是给中国革命史研究做注解，后者很像是给中国思想史研究做注解，迷失的恰恰是他们本该研究的诗歌本身。

近年来，郭沫若及《女神》研究都有新的进展，但“五四时代精神”的框架依然像是一个异化的存在，它本应该是为研究者服务的，却变成了一种挣脱不开的枷锁。从革命史解读到思想史解读，“五四时代精神”框架一直把研究者束缚在《女神》所表现的历史的、概念化的内容中，好像研究“五四时代精神”就是研究那个时代的理性内容。在这个研究框架中，难以对《女神》进行审美观照。实际上，《女神》中的“时代精神”不是概念化的，而是被郭沫若诗化了的。文学创作主要不是一种理性活动，优秀的作品更不会如此，所有认为《女神》的价值来自某种思想的力量，都可能是对这部经典作品的误读。如果文学创作是从思想到思想，从概念到概念的过程，那么诗歌就只是一堆标语、口号的组合。然而，《女神》不是标语和口号，是诗，是具有经典性的好诗。好的诗与其对象世界一定建立了审美的联系。一旦建立了这种联系，概念化的思想都可以转化成诗的元素和诗美的力量，如《女神》中的泛神论。

《女神》研究中另一个长期流行的研究框架就是人所共知的“浪漫主义”框架。它与“五四时代精神”框架一样束缚着《女神》研究。好处是浪漫主义框架不排斥审美的研究；坏处有二：一是“浪漫主义”作为这一框架核心范畴的浮泛性，二是这一框架来自学术预设的自我封闭性。

“浪漫主义”作为这一框架的核心范畴，在多数研究者的理解和使用中常常是含混不清的。浪漫主义几乎成了非现实主义的含义。稍微清楚一点的《女神》研究者，

---

① 邵荃麟：《门外谈诗》，《诗刊》1958 年第 4 期。

② 韩瑞亭：《谈〈女神〉的革命浪漫主义精神》，《文汇报》1961 年 5 月 27 日第 3 版。

面对作为文学运动的“浪漫主义”、作为创作方法的“浪漫主义”、作为创作精神的“浪漫主义”，尤其是三者混合的时候，无不感到难以厘清。假使厘清了，《女神》中的“主情主义”与“浪漫主义”难解难分又不能等同，更何况当时的郭沫若“不是以主义去作诗……一首诗可以有一种主义”①，主情主义也只是他各种主义中比较显眼的一种。这样，“浪漫主义”框架就是一个筐，《女神》中的一切艺术表现都能往里装。正是由于“浪漫主义”这一核心范畴的浮泛性，所以，这一研究框架出来的成果，虽是审美的，但往往是隔靴搔痒的，或是大而无当的。

“浪漫主义”框架还有来自学术预设的封闭性。《女神》之于浪漫主义，对于多数研究者是一个不争的事实，这也就成了《女神》研究最大的学术预设。大量的《女神》研究成果陷入循环论证。具体表现是，这类成果走不出“起点即终点”的怪圈。最常见的循环论证是：“起点”，《女神》是新文学浪漫主义的杰作；然后，举例说明《女神》中的浪漫主义表现；最后的结论，“终点”回到了“起点”——“《女神》不愧是新文学浪漫主义的杰作”。而且，总有人重复这样的论证，先是在论文中，后来可能是论文发不出来了就写进著作中，年复一年，代不乏人。这个框架是封闭的又好似万能的，什么都能拉进“浪漫主义”中来，大不了借助于诗的多义性、复义性或理解上的歧义性，也都能找到来自作品的依据。

以上研究框架的制约，导致《女神》超越时空的人类性价值②，被误读为一时的历史价值——表现“五四的时代精神”；一部造就了中国新诗审美规范的新诗集，长期被拘囿在“浪漫主义”的已知世界里摸索。要想更多地打开未知世界，必须挣脱这些框架的束缚。

## 三　受制于被遮蔽的历史认知

除了“时代精神”，多数《女神》研究者理解的“五四”也是被简化了的。如五四文学革命，在各种中国现代文学史著作中，无不是这样的简化：一个人的首倡，胡适；两篇发轫之作，《文学改良刍议》和《文学革命论》；“一校一刊”的推动，北大和《新青年》；贯穿线索，新旧思潮之激战……这就是绝大多数人掌握的有关五四文学革命的主要信息。事实上，五四文学革命绝不是某一个人，某一个刊物，某一个学校，某几场文学论争所能概括的。“文学革命”的内涵和外延比已有的历史叙述要丰富得多，至少它不是《新青年》派一家独秀，而是百家争鸣似的众声喧哗。然而，绝大多数《女神》研究成果正如已有的文学史著作中的叙述，把“文学革命”

① 郭沫若：《论诗》，《新的小说》1920 年二卷一期。

② 参见朱德发《重探郭沫若诗集〈女神〉的人类性审美特征》，《山东师范大学学报（人文社会科学版）》2018 年第 2 期。

的众声喧哗理解为《新青年》一家之声。

郭沫若曾说："中国文坛大半是由日本留学生建筑成的……创造社的主要作家是日本留学生，语丝社的也是一样。"[①] 从这段话的上下文来看，郭沫若所说的"中国文坛"主要是指五四新文坛，而且他本人相当自以为是。然而，已有的中国现代文学史著作并没有类似的表述。这究竟是郭沫若自夸，还是文学史著作的疏漏？

先看我们熟悉的五四新文学先驱：陈独秀、胡适、周作人、李大钊、钱玄同、刘半农，其中陈、周、李、钱都是日本留学生，的确占了先驱的"大半"，但"先驱"并不包括郭沫若及"创造社的主要作家"。

下面以胡适文学革命的活动为参照，看看《女神》时期郭沫若在干什么。

1915 年夏，胡适与任叔永、梅光迪、杨杏佛等在美国的留学生，讨论中国文学问题[②]；同时，郭沫若与郁达夫、张资平等在日本同校留学的同学一起毕业[③]。

1915 年 9 月，胡适入哥伦比亚大学从杜威读哲学，入学后刻苦攻读哲学[④]；是年 9 月，郭沫若入日本第六高等学校学习，与成仿吾住在一起[⑤]。入学后主要是大量阅读外国文学。这一年，郭沫若翻译了海涅诗《归乡集》第十六首等[⑥]，同时他还一直做旧体诗。

1916 年 8 月，胡适在创作白话诗《朋友》，后更名《蝴蝶》[⑦]；同时，郭沫若与佐藤富子相爱，开始通信。

1916 年 10 月，胡适与陈独秀通信，提出八个"文学革命"的条件[⑧]；是年圣诞节，郭沫若用英文为佐藤富子创作散文诗，后改成中文[⑨]。

1917 年 1 月，胡适发表论文《文学改良刍议》，正式倡导"文学革命"；大约同时，郭沫若创作后来收入《女神》的 *Venus* 和《别离》等[⑩]。

1917 年 6 月，胡适回国，8 月任职北京大学教授[⑪]；是年暑假，郭沫若将自己选译的《泰戈尔诗选》向商务印书馆、中华书局写信求售，遭拒绝。[⑫]

1918 年 4 月，胡适在《新青年》发表《建设的文学革命论》[⑬]；夏秋之交，郭沫

---

① 麦克昂：《桌子的跳舞》，《郭沫若全集》文学编（第 16 卷），人民文学出版社 1989 年版，第 53 页。

② 胡颂平：《胡适之先生年谱长编初稿》第一册，联经出版公司 1984 年版，第 215—216 页。

③ 郭文友：《千秋饮恨——郁达夫年谱长编》，四川人民出版社 1996 年版，第 192 页。

④ 见胡适 1915 年下半年《留学日记》，《胡适文集》第 28 卷，安徽教育出版社 2003 年版。

⑤ 成仿吾：《怀念郭沫若》，《文汇报》1982 年 11 月 24 日；史若平编《成仿吾研究资料》，湖南文艺出版社 1988 年版，第 17 页。

⑥ 黄淳浩编：《郭沫若书信集（上）》，中国社会科学出版社 1992 年版，第 113—114 页。

⑦ 胡颂平：《胡适之先生年谱长编初稿》第一册，联经出版公司 1984 年版，第 247 页。

⑧ 胡颂平：《胡适之先生年谱长编初稿》第一册，联经出版公司 1984 年版，第 252 页。

⑨ 林甘泉、蔡震主编：《郭沫若年谱长编》第一卷，中国社会科学出版社 2017 年版，第 90 页。

⑩ 陈永志：《〈女神〉校释》，华东师范大学出版社 2008 年版，第 261—262 页。

⑪ 胡颂平：《胡适之先生年谱长编初稿》第一册，联经出版公司 1984 年版，第 294 页。

⑫ 林甘泉、蔡震主编：《郭沫若年谱长编》第一卷，中国社会科学出版社 2017 年版，第 99 页。

⑬ 胡颂平：《胡适之先生年谱长编初稿》第一册，联经出版公司 1984 年版，第 306 页。

若创作后来收入《女神》的《新月与白云》等[①]，开始与张资平、成仿吾等人讨论筹办同人纯文学杂志事。[②]

1918 年 9 月，胡适著《中国哲学史大纲》脱稿，交商务印书馆[③]；是年冬，郭沫若"写出小说《骷髅》，投寄上海《东方杂志》，未刊"[④]。这一年郭沫若创作了两篇后来收入《女神》的新诗[⑤]。

1919 年 2 月，胡适翻译多首外国诗，不久在《新青年》陆续发表[⑥]；同时，郭沫若创作了小说《牧羊哀话》，不久在《新中国》杂志发表[⑦]。

1919 年 7 月，胡适发表论文《多研究些问题，少谈些"主义"》[⑧]；同时，郭沫若开始了《浮士德》的翻译[⑨]。

1919 年 9 月，胡适作《谈新诗》[⑩]；同时，郭沫若新诗《鹭鸶》在《时事新报·学灯》正式发表。9—10 月间，郭沫若接触惠特曼的《草叶集》，创作了后来收入《女神》的《浴海》《立在地球边上放号》等[⑪]。

1919 年 12 月，胡适作新诗《一颗遭劫的星》[⑫]；同时，郭沫若写成后来收入《女神》的《雪朝》《晨安》《匪徒颂》《地球，我的母亲》《三个泛神论者》《夜步十里松原》《夜》《死》等一大批好诗，进入郭沫若"诗的爆发期"[⑬]。

1920 年 1 月，郭沫若作新诗《凤凰涅槃》《天狗》《炉中煤》《演奏会上》《沙上的脚印》等[⑭]；同月，郭沫若诗论开始在《时事新报·学灯》陆续发表[⑮]。

1920 年 3 月，胡适《尝试集》出版[⑯]；1920 年 5 月，郭沫若、宗白华、田汉《三叶集》出版[⑰]；1920 年 6 月，郭沫若开始与吴芳吉通信论诗[⑱]。

1921 年 8 月，郭沫若《女神》出版；1923 年 8 月，鲁迅《呐喊》出版。

参考以上信息和有关史料可以做如下梳理：五四"文学革命"，至少有两条线

---

① 陈永志：《〈女神〉校释》，华东师范大学出版社 2008 年版，第 262 页。
② 林甘泉、蔡震主编：《郭沫若年谱长编》第一卷，中国社会科学出版社 2017 年版，第 106—107 页。
③ 胡颂平：《胡适之先生年谱长编初稿》第一册，联经出版公司 1984 年版，第 325 页。
④ 林甘泉、蔡震主编：《郭沫若年谱长编》第一卷，中国社会科学出版社 2017 年版，第 108 页。
⑤ 陈永志：《〈女神〉校释》，华东师范大学出版社 2008 年版，第 273 页。
⑥ 胡颂平：《胡适之先生年谱长编初稿》第二册，联经出版公司 1984 年版，第 335 页。
⑦ 林甘泉、蔡震主编：《郭沫若年谱长编》第一卷，中国社会科学出版社 2017 年版，第 112 页。
⑧ 胡颂平：《胡适之先生年谱长编初稿》第二册，联经出版公司 1984 年版，第 363 页。
⑨ 郭沫若：《创造十年》，《郭沫若全集》文学编（第 12 卷），人民文学出版社 1989 年版，第 73 页。
⑩ 胡颂平：《胡适之先生年谱长编初稿》第二册，联经出版公司 1984 年版，第 378 页。
⑪ 林甘泉、蔡震主编：《郭沫若年谱长编》第一卷，中国社会科学出版社 2017 年版，第 119 页。
⑫ 胡颂平：《胡适之先生年谱长编初稿》第二册，联经出版公司 1984 年版，第 387 页。
⑬ 陈永志：《〈女神〉校释》，华东师范大学出版社 2008 年版，第 274 页。
⑭ 陈永志：《〈女神〉校释》，华东师范大学出版社 2008 年版，第 274 页。
⑮ 林甘泉、蔡震主编：《郭沫若年谱长编》第一卷，中国社会科学出版社 2017 年版，第 132—138 页。
⑯ 胡颂平：《胡适之先生年谱长编初稿》第二册，联经出版公司 1984 年版，第 396 页。
⑰ 林甘泉、蔡震主编：《郭沫若年谱长编》第一卷，中国社会科学出版社 2017 年版，第 143 页。
⑱ 林甘泉、蔡震主编：《郭沫若年谱长编》第一卷，中国社会科学出版社 2017 年版，第 144 页。

索。一条源自美国留学生，另一条源自日本留学生。美国留学生中胡适贡献最大，日本留学生中有两个群体作出了很大贡献：以陈独秀为核心的《新青年》派和以郭沫若为核心的创造社派。文学史著作只记录了胡适和《新青年》派的贡献，郭沫若一派的贡献被遗忘了。在“文学革命”的自觉倡导等方面，后者确实落后于前者，但在文学理念的纯粹性上，在诗学的建设上，在诗歌创作的质量等方面，后者明显高于前者。

这一段被遗忘的“文学革命”与《女神》的创作关系密切，但前人没有引起重视，往往就《女神》谈《女神》，或是放在新诗史上谈《女神》，从未有联系文学革命进行探究。如同晚清文学改良包括诗界革命、文界革命、小说界革命，五四文学革命也包括诗的革命、文的革命、小说的革命。这其中，诗的革命最重要的创作实践和文学实绩就是《女神》。从与胡适文学革命活动的对比还可以发现，以往郭沫若一些看似个别、偶然的事件，个别的、偶然的人际交往，都与文学革命发生了关联。限于篇幅，本文只举两个例证：

被遮蔽的个别、偶然事件，例证之一是郭沫若与泰戈尔相遇。

大约在 1915 年春，郭沫若偶然读到泰戈尔《新月集》[①]。这看似极偶然的小事，实际是有关文学革命的大事件。郭沫若把自己的诗生活分了三个时段：“诗的修养时代”“诗的觉醒期”“诗的爆发”[②]。以往的《女神》研究特别重视“诗的爆发”，忽视对他“诗的觉醒”做进一步开掘。“诗的觉醒”起于郭沫若与泰戈尔的相遇。泰戈尔为什么能吸引他？郭沫若说：“第一是诗的容易懂；第二是诗的散文式；第三是诗的清新隽永。”[③] 假如泰戈尔诗不容易懂，郭沫若很可能回头继续陶醉于唐诗、宋词了。郭沫若所说的“诗的散文式”包括散文诗形态、口语形态和无韵形态。“诗的清新隽永”，主要是指诗的明朗而富有诗意。如果说“诗的容易懂”主要是打破了郭沫若与异域文学之间的阅读障碍，那么，“诗的散文式”和“诗的清新隽永”则改变了郭沫若诗的理念：诗可以没有外在格式，不一定非得有韵，明白如话的诗也可以很有味道。换句话说，“诗的革命”在郭沫若那里正式开始了。

泰戈尔对郭沫若的影响还在于他的泛神论，但只看到泰戈尔泛神论思想与郭沫若思想之间的关联是不够的，只看到泰戈尔诗歌与郭沫若诗歌之间的关联也是不够的。郭沫若从泰戈尔那里获得的是一种境界的升华，这是宗教境界与艺术境界相互造就的升华。泛神论让郭沫若在悟“道”的同时悟“诗”。“道”促使郭沫若进入“诗”的堂奥；“诗”促使郭沫若悟得道的真谛。对于一个优秀的诗人而言，只有对“道”的发现才能感受诗美。对“道”的言说就是“诗”，“道”就是“诗”的最高境界。这

---

① 林甘泉、蔡震主编：《郭沫若年谱长编》第一卷，中国社会科学出版社 2017 年版，第 74 页。

② 《郭沫若全集》文学编（第 13 卷），人民文学出版社 1992 年版，第 299—300 页。

③ 《郭沫若全集》文学编（第 15 卷），人民文学出版社 1990 年版，第 269 页。

使郭沫若的“诗的革命”获得了比胡适等人高得多的立足点。他从一开始关注的就不是白话能否入诗的问题，而是为新诗寻找取代旧诗艺术规范的“诗之精神”，进而促成郭沫若找到了新诗的诗美规范——“内在律”。

被遮蔽的个别、偶然的人际交往，例证之一是郭沫若与吴芳吉的对话。

对于绝大多数中国现代文学史著作的读者而言，吴芳吉是一个陌生的名字，但在“五四”前后的诗坛他名噪一时，曾被誉为中华民国的“开国诗人”①。他的新体诗和旧体诗都产生了很大的影响。他试图在已有中国诗词的基础上吸收翻译的西方诗歌，走出现代中国诗歌的一条新路。朱自清在《中国新文学大系·诗集·导言》中说：沈玄庐的“《十五娘》是新文学中的第一首叙事诗”。而事实是，沈玄庐《十五娘》发表的前一年吴芳吉的《婉容词》就已经在杂志上发表并广为转载。当时许多人能够随口吟诵出《婉容词》的精彩段落，作为新体诗的典范在中小学流行。他的《笼山曲》是罕见的长篇新诗，前几句是：“我自笼山来，/我作笼山曲。/笼山在何处？/在那白云缥缈之仙乡，/在那青松攒聚之龙族；/在那鸷鸟盘视之危峰，/在那猛虎狂嘶之断谷；/在那镇雄之肩，/在那乌蒙之腹……”这显然是新诗，不是旧体诗。

就在《女神》创作期间，郭沫若与吴芳吉多次通信论诗。1920 年 6 月中旬，郭沫若致信吴芳吉，赞美他的《笼山曲》《明月楼》《吴淞访古》《婉容词》，很快又得到吴芳吉的回信②。是年 8 月，郭沫若作诗《送吴碧柳赴长沙》寄吴芳吉③。是年 9 月 7 日，上海《新的小说》杂志发表了郭沫若的《论诗》，实际上是 7 月 26 日郭沫若给陈建雷的一封回信。信中抄录了后来收入《女神》的《春蚕》。郭沫若说：“这首诗还不曾发表过，我只在日前抄示过吴芳吉。”④ 由此可见，这期间两位诗友关系密切，惺惺相惜，更重要的是二人诗学观念的相通⑤。

如何摆脱旧诗的桎梏，创作出适应现代中国人情绪抒发和语言表达的新体诗？从民国初年到“五四”时期，有很多人都在探索着。在诗体上，曾有过如下探索方向：一是解放诗体，以胡适为代表。二是创造新体，以郭沫若为代表。三是改造旧体，以吴芳吉为代表。从时间上说，这三个方向的探索之后才有了闻一多等人对新诗格律化的贡献。

关于第一个方向，胡适的解放诗体以及做白话新诗的筚路蓝缕之功，所有的文学史著作都给予了充分的肯定。可是，只见一边倒的对其历史贡献的赞美，缺乏对胡适白话新诗的历史教训的检讨。而且那些赞美的结论不无对胡适作用的夸大，似乎没有胡适就不会有中国新诗似的。

---

① 参见吴汉骧、李坤栋选编《吴芳吉集》，巴蜀书社 1994 年版。

② 林甘泉、蔡震主编：《郭沫若年谱长编》第一卷，中国社会科学出版社 2017 年出版，第 144 页。

③ 林甘泉、蔡震主编：《郭沫若年谱长编》第一卷，中国社会科学出版社 2017 年出版，第 148 页。

④ 郭沫若：《论诗》，《新的小说》1920 年二卷一期。

⑤ 参见蔡震《郭沫若与吴芳吉：一首佚诗，几则史料》，《新文学史料》2014 年第 3 期。

关于第二个方向，已有的文学史叙述也不够准确，尤其对郭沫若的创造新体认识不足。就诗体形式而言，前人特别强调《女神》对于自由体新诗的开创性，忽视了他对中国新诗诗体的多方位探索。其实，《女神》中创造或借用的诗体是多样化的，大致可以分为四类：一是自由体，基本不受形式约束。这一类数量并不多，代表作品是《天狗》《立在地球边上放号》等。二是半自由体，部分地讲究用韵、音步、分行、形体等规律。这一类数量较多，名篇如《地球，我的母亲》《晨安》《匪徒颂》等。三是新格律体，字数基本固定，基本押韵、讲求对称。这也不在少数，名篇如《炉中煤》《匪徒颂》《新阳关三叠》*Venus*《三个泛神论者》等。四是歌剧体和半歌剧体。这一类数量较少，有名篇《凤凰涅槃》，还有《棠棣之花》《湘累》等。其中，郭沫若的许多新格律诗发表于1919年，比朱自清在《中国新文学大系·诗集·导言》认定的新格律诗开山之作——陆志韦的《渡河》早了三年多。再看《女神》时期郭沫若发表的五十多首佚诗，他创造的新诗体就更多了。

至于第三个方向，完全被遮蔽了。单说新格律体，吴芳吉的探索相当成功。他为节奏而追求格律，但不受固定格式的限制；为吟诵而押韵，但不受平仄的规范；为形体而对称，但不受章节的约束。对此，吴芳吉既有成功的创作实践，又有理论见解①。

《女神》时期吴芳吉与郭沫若有关诗的交流，应是20世纪中国诗体发展征程中两个重要方向之间的对话，也应是五四文学革命研究的重要内容，可惜因为历史认知的遮蔽，至今还在绝大多数研究者的视野之外。

［原载《首都师范大学学报（社会科学版）》2019年第1期，先后被《新华文摘》2019年第8期摘要转载，《中国人民大学复印资料·中国现当代文学研究》2019年第9期全文转载。］

① 参见吴芳吉当时发表的诗论，吴汉骧、李坤栋选编：《吴芳吉集》，巴蜀书社1994年版。

# 第三篇

# 新刊佚文

# 赞庐山孤军*

郭沫若

庐山，屹立在长江之南，
崖骨巍峨，秀色可餐；
浩淼的鄱阳湖，明镜一片，
风光明媚，浪静波平，
倒映着五老峰的真面。

护国为民的百年大计，
早曾缔定在这山巅水滨，
在承平时节，训育干城。
节慨磊落，志气恢宏，
灵境是绝好的先生。

看呵，毕竟是钟灵毓秀，
我英勇将士，敌忾同仇，
抗战的旌旗，插遍神州。
孤军奋斗，万邦刮目，
与大好湖山同永不朽。

二月四日

这首本是去年为中国电影制片厂《抗战特辑第六集》拟的主题歌，因为不甚惬意，没有交去。现在看起来觉得也还有些意思，故尔仍旧把它收录在这儿。

廿九年十月廿四日补记。

---

* 本篇作于 1939 年 2 月 4 日，根据作者手稿整理，未曾发表过。手稿现藏郭沫若纪念馆。——编者注

# 咏班昭*

郭沫若

八表天文续汉书，①
父兄遗业赖案除。
马融高足②薪传远，
千古名垂曹大家（姑）③。
孟坚瘐死定远边，
功业长留天地间。
父女弟兄相继美，
二难远逊四难难。
七篇女诫④文犹在，
女妹难书⑤惜不传。
辞有可观宁溢美，
丰生不亚惠班⑥贤。
年逾七十人虽老，
画里传神意可亲。
彤管生辉光晔晔，
出群远看后来人。

---

* 本篇作于1964年3月23日，原无题。作者撰文，考订班昭生平，文末作此诗。班昭，西汉班彪之女，班固与班超之妹。根据作者手稿整理，未曾发表过。手稿现藏郭沫若纪念馆。——编者注

① 班昭继其父兄未竣之业，续成《前汉书》，其中八表及《天文志》即班昭所续。

② 马融曾从班昭就《汉书》受其读。

③ 曹大家，即班昭。班昭夫曹世叔，名寿。

④ 女戒，班昭曾作《女诫七篇》以训其女。

⑤ 女妹，班昭夫曹世叔妹曹丰生，为书以难《女戒》。

⑥ 惠班，班昭字。

# 雪窦瀑布*

郭沫若

崖深四十丈，
瀑半生晴虹。
山光翠欲滴，
鸟语水声中。

---

* 本篇作于1964年5月11日。雪窦，雪窦山，位于浙江。根据作者手稿整理，手稿现藏郭沫若纪念馆。——编者注

# 题天台国清寺*

郭沫若

塔古钟声寂，
山高月上迟，
隋梅①应笑汝：②
寻梦复何痴！

---

* 本篇作于1964年5月12日。天台山位于浙江，山南麓有国清寺，是佛教天台宗发源地。根据作者手稿整理，手稿现藏郭沫若纪念馆。——编者注

① 隋梅，国清寺大雄宝殿前有一株梅树，植于隋代。

② “应笑汝”，作者题留在天台的文本作“私自笑”。天台县委办公室因此文本中“笑”“寻”二字不能识读，曾于1964年6月16日致信作者求教，并恳请作者“对全诗作简明的注释”。作者遂于来函上写道：“国清寺有隋塔，游时不闻钟声，言佛教已不合时代精神。周围山高，得到日月的光辉自比别处较晚。闻有到佛堂过夜，寻求好梦者，人多时可至三千。此殆旧时陋习。隋梅一株，见之颇久，应私自在笑：寻梦的人真是些傻瓜。”后嘱人于6月23日抄寄。（据郭沫若纪念馆馆藏资料）

# 方山[*]

郭沫若

山头立奇石，
仿佛一丰碑。
我欲题之句：
“擎天万古垂。”

---

* 本篇作于1964年5月。方山，位于浙江台州温岭与乐清交界处，因山顶平直如砥，形如方盒而得名。根据作者手稿整理，未曾发表过。手稿现藏郭沫若纪念馆。——编者注

# 郭沫若书信、往来信函

郭沫若

编者说明：以下所辑录郭沫若书信与往来信函 11 函，其中有 3 封信函据《胡乔木传》编写组提供的复印件编入，已在文中加注。其余资料来源均为郭沫若纪念馆馆藏手迹。释文由李晓虹整理，郭平英校对并注释。

## 致周扬*（二函）

一

（1960 年 7 月 11 日）

周扬同志：

《社会主义文学艺术的道路》① 读过了，写得很全面，也很集中。文字也很简练。

在十年来的成就中，是否可以提一提建筑、工艺、摄影等。这些也应该属于艺术范畴。建筑中的新成就，充分显示了中国作风和中国气派，壮丽而又庄重朴实。对于古建筑物的保护，恐怕也值得一提。

从中国习惯来说，书法也应算是艺术。毛主席的字，我就认为开一代的书风。但今天要提书法，恐怕还不大容易被人接受。荒废得相当厉害，无多大成绩可言。

41 页加强党的领导一小节是否可以并入第一任务？这样便把党的领导摆在第一位，也表明了怎样领导。（这样似乎要妥当些。）

有些字句，想请斟酌一下。如第一页“一向被人看不起的东方大地”即其一例。“东方大地”不是“被人看不起”，而是被帝国主义者垂涎千丈的。被看不起的是旧时代的中国和中国人。

第三页“共处决不能放弃斗争”，太简洁了，容易被人误会为好战。特别是“斗争”一词，译成英文就是 fight，也就是战争。所以我建议改为“共处决不能是无原则的。这里便必然有斗争”。和平共处的五项原则，如能点明一下似乎更好。

---

* 周扬（1908—1989），湖南益阳人。新中国成立后历任中宣部副部长，文化部副部长、党组书记，中国文联副主席、主席等职。

① 指《我国社会主义文学艺术的道路》，即周扬在中国文学艺术工作者第三次代表大会上的报告。

我的《蔡文姬》被您提到了，但就我自己来说，我觉得《武则天》比较还要满意一些。北昆的《文成公主》比话剧的《文成公主》更刻画了人物。除创作外，演出上的成就（演员的成就）似乎还值得提一提。作家用笔墨来创造人物，演员用身心来创造人物。

敬礼！

郭沫若七、十一。

二

(1960年10月31日)

周扬同志：

我根据座谈会上的意见，把话剧《武则天》又改了一遍。主要把谈到均田制和强调人民性的地方尽量删去了。你提到的关于“名垂不朽”的上官婉儿的矫情话以及容易引起联想到目前的词句，就我所能注意到的，都改削了。此外也删节了一些冗赘的地方。

特别值得向您提出的，是第四幕第一场的修改。我把上官婉儿这一角色改成为郑十三娘。那种阴暗面的事，让郑十三娘去做要更适合些。这样使上官婉儿这个人物的塑造便减少了些污点。加多了郑十三娘的戏，减少了上官婉儿的戏，因而使人物的活动得到比较上的平衡；也使上官婉儿对武则天不至过分地喧宾夺主。这主要是根据您的提示所想出来的方案，我要特别感谢您。

“人定胜天”一诗，我把第四句“时来四海红”改为“风移四海同”，这样似乎还能合乎唐人的口气。这诗如果全部删掉，我感觉着有困难，因为它差不多是剧本的主题歌；要另外做一首，也很不容易。诗虽然是我拟的，但情调是有所摄取的。武则天既号“则天”，又自称为“天册金轮圣神皇帝”，年号有“万岁通天”“神功”“圣历”“久视”“长安”等，看来她是相当夸大的。她的不断改年号，虽然有点遏斯迭里，但也表示了她是想不断努力的。

以上所述，是初步的改削，我都用红笔写在本子上了。我希望您能够审阅一遍。如果您认为可以的话，请您阅后交齐燕铭[①]同志参考，这对删改小组的五位同志，或许可以节省一些宝贵的劳力和时间。

剧本删改定了，如果出版时原来的“序文”及“附录”决定全部删去。“豫剧改编本”也不准备附入了。

此致

敬礼！

郭沫若十、卅一。

---

① 齐燕铭（1907—1978），蒙古族，北京人。新中国成立后历任中央人民政府办公厅主任，政务院副秘书长，统战部副部长，总理办公室主任，文化部副部长、党组书记等职。

## 致吴德[*]

（1971 年 5 月 28 日）

吴德同志：

中华书局标点本《资治通鉴》是有用的历史参考书，但该书的校勘、标点不很严肃。标点有错误得很可笑的；不加订正，自必贻误读者。兹有宋谋玚君（原山西大学教授，现下放湖南双峰龙田公社石坝子接受再教育）近连续寄来信件各种。中有《通鉴标点辨误（选录）》一篇，我仔细对校过，确是指出了标点本的错误。又有《通鉴校补》稿本八册，是属于校勘的范围，字太小，目力有限，未能过细看。宋君，我本不认识，看他对于《通鉴》的研究，确是下过苦工的。我现在将他寄来的信件统统转送给您，请您考虑：是否可以发文有关单位审核一下。如认为有可取处，似可直接和宋君通信，商量进一步的处理。如认为用处不大或毫无用处，请将原件掷还我处，由我再向宋君交代。

专此，顺致

敬礼。

郭沫若

一九七一年五月廿八日

## 致吴庆彤[**]

（1971 年 7 月 29 日）

吴庆彤同志：

宋谋玚的《通鉴校补》及其他，闻吴德同志已转交你处。此人对于校点古书，我觉得颇认真。解释鲁迅的诗，也有独到之处。顷又来一信，提到标点古书事，颇有意贡献力量。来信送上一阅。唯此人历史，我不清楚，以前并不认识，如可调用，请先查明一下。

敬礼。

郭沫若七、廿九。

---

* 吴德（1913—1995），河北丰润人。时任国务院文化组组长，中共北京市委第二书记。

** 吴庆彤（1924—2016），河北省蠡县人。时任国务院秘书厅秘书室主任，国务院值班室主任。

# 郭沫若、陶大镛往来信函（二函）

**郭沫若致陶大镛**[*]

(1952 年 11 月 6 日)

陶大镛同志：

谢谢您给我十一月号的《新建设》①，容抽暇细读。

《读七月流火》一文，看了一遍，作者的译文有些地方比我正确些。但关于诗的时代的看法很成问题。他坚持着“三正交替是上古历史上存在过的事实”这样一个信念，那就什么讨论也无法进行了。请原谅，我不准备直接简覆。原稿谨奉还。

最近翻阅了《新建设》八月号，看到华岗②同志的一篇文章说到“我们只要看胡说‘唯心论并不比唯物论更反乎进化，或违背真理’的《历史人物》，居然还在出版，倡导‘马克思进文庙’③ 的著作，也依然销行市面，就不必再深究了。”他是在指责我，我很感谢。

《历史人物》（一九四七年）一书，我已在今年三月二十日加以改编，我把《屈原研究》加进去，把《王阳明》④ 一篇删去了。因而原序中论到王阳明的一节，涉及唯心论与唯物论的，已经全部删去。现在坊间销行的自六月以来已是新版。

“唯心论有时候并不比唯物论更反乎进化，或违背真理”，这说法诚然是有毛病。我在这儿所说的“唯物论”是机械唯物论。我的意思是唯心论固然是“反乎进化或违背真理”的，但在机械唯物论偏向到极端时，同样“反乎进化或违背真理”。故所以我说“唯心论有时候并不比唯物论更反乎进化或违背真理”。假如说得更明白一点的话，就是“唯心论与极端的机械唯物论同样地反乎进化或违背真理”。我的话已经说得不明白，华岗同志又把“有时候”三个字删去了，前后文也没有提，那就显得我的罪过并不止于“胡说”，而是犯了原则性的大错误了。

《马克思进文庙》是二十七年前（一九二五年十一月十七日）写的一篇滑稽的游戏文章，写作的当时反马克思主义的空气极端浓厚，认为“不合国情”。处在反动的环境里面，采取那样的游戏形式，我觉得在宣传上会更有效些，所以大胆地写出了。

---

* 陶大镛（1918—2010），上海人。经济学家、教育家。时任新闻出版总署编译局计划处处长，《新建设》月刊主编兼北京大学、辅仁大学教授。后历任民盟中央副主席，全国人大常委会委员等职。

① 《新建设》，哲学社会科学综合性刊物。1949 年 9 月创刊，1956 年并入《光明日报》社，1958 年秋划归中国科学院哲学社会科学学部，1966 年停刊。

② 华岗（1903—1972），浙江衢州人。哲学家、史学家。时任山东大学校长兼党委书记，《文史哲》杂志社社长。1955 年受“胡风案”株连被捕，去世后于 1980 年平反。

③ 指《马克斯进文庙》。

④ 指《王阳明礼赞》。

当时有朋友误认为我在讽刺马克思主义者，其实在今天看来我是讽刺了我自己。那表明了我在当时对于马克思主义的认识是怎样肤浅。因为是游戏文字，所以我在一九四七年九月编《地下的笑声》时，依然把它收录了。肤浅，不严肃，是千真万确的，但怎么也说不上“倡导”。但我依然感谢华岗同志，我已经有信通知出版处，请他们把这篇东西抽去。

您要我写文章，请原谅，我现在实在写不出。等一下研究有得的时候再写吧。

此致

敬礼！

郭沫若十一、六。

**陶大镛致郭沫若**

**（1952 年 11 月 12 日）**

敬爱的郭老：

您十一月六日的信，收读了。《读〈七月流火〉》一文，内容虽略有可取之处，但过于“冷门”，我已婉退作者了。

关于本刊八月号刊出华岗同志的一文，经过情形是这样的：因全国委员会号召学习《共同纲领》[1]，我就“抓”作者，大家都忙，后来拍电报商请华岗同志执笔，他稿子寄到时，已到签字付印阶段，我匆匆过了目，也不来及转中宣部，就付印了。看到《历史人物》这几句话时，我也稍微犹豫了一下，主观上一直认为是指的吴泽的《历史人物的评判问题》[2] 一书（足见我的粗枝大叶和浅薄！），等刊物印了出来，送胡绳[3]同志去看，他立刻指出了这个错误，认为华岗同志的态度，近乎“讽刺”，并不是进行批评和自我批评。我当时也向胡绳同志作了自我检讨，这责任，主要还是应该由我来负。后来，我们先后收到三四个读者来信，都指出华岗同志“不是与人为善”，我们将来信转给了华岗同志，他也作了答覆。像科学院方面，就曾有漆宗英、陈勉勤和黎泽伟三位同志联合来信，也指出了华岗同志的错误。我社在覆函中，都作了检讨，并保证不犯同样的错误。

郭老，广大读者和我一样，都是热爱和尊重您的，我个人特别感到不安，请您一定原谅我，可以吗？如您同意，我想再作如下的处理：

①在十二月号，作如下改正：

“八月号第三页、上栏、第八行‘我们只要看……’到第十行‘再加深究了’这

---

① 指 1949 年 9 月 21 日中国人民政治协商会议第一届全体会议通过的《中国人民政治协商会议共同纲领》。

② 吴泽（1913—2005），江苏武进人。历史学家。长期担任华东师范大学历史系主任。《历史人物的评判问题》，1951 年由上海棠棣出版社出版。

③ 胡绳（1918—2000），新中国成立后任政务院出版署党组书记，中宣部秘书长，人民出版社社长等职。

几句，应删。”

②我将您给我的信（十一月六日的这封），再寄给华岗同志一阅，使他也能够进一步了解您说那几句话的意义，我相信，他也一定会诚恳接受的。

现在，我把读者的来信，附您一阅，您就可看出大家对您的热爱了。

您公务太忙，就请过些时候再给本刊撰文吧！再过一个礼拜，怕您又要率队飞维也纳了吧？

专此即致

最敬礼！

大镛 1952/11/12

## 郭沫若、胡乔木往来信函（五函）

**胡乔木*致郭沫若**

**(1964 年 12 月 23 日)**

郭老：

十二月六日信收到。昨接得根据主席改定稿排出的清样，已校正并略注几点小意见送主席最后审定。拙稿承多次费心修改，减少错误，增加光彩，极为感激。

专此，即致

敬礼

胡乔木

一九六四年十二月廿三日

**郭沫若致胡乔木****

**(1965 年 1 月 3 日)**

乔木同志：

词十六首，元旦在人民日报上读了一遍。今天在《光明日报》上再读了一遍。实在是好。我有一个奢望，想请您把定稿写一份给我，以作纪念。如不太劳累您，望您满足我这个奢望。顺祝

健胜。

郭沫若

一九六五、一、三、

* 胡乔木（1912—1992），江苏盐城人。新中国成立后历任新闻总署署长，中宣部副部长，政务院文化教育委员会秘书长，中共中央副秘书长等职。

** 本函及以下 1965 年 1 月 12 日、26 日郭沫若致胡乔木函，据《胡乔木传》编写组提供的复印件编入。

**郭沫若致胡乔木**

**(1965年1月12日)**

乔木同志:

词二十七首拜读了。

提了一些字句上的小意见，供参考。

祝

健康。

沫若

一九六五、一、十二、

**胡乔木致郭沫若**

**(1965年1月24日)**

郭老:

遵嘱把词十六首抄了一份送上。抄完一看，实在太蹩脚了，有好些地方用墨浓淡不一，还有个别的字是写错了改的，有些字写得已经不能说是不好，只能说是丑。但是书法艺术不是一时所能掌握的，我也只好献丑了。至于这些词，虽然确是用了心血，费了推敲，并且又得了主席和您的细心修改，究竟也还没有脱离习作的阶段。承您过奖，谢谢。

敬礼。

胡乔木

一九六五年一月廿四日

**郭沫若致胡乔木**

**(1965年1月26日)**

乔木同志:

您亲笔写的十六首词已接到，非常感谢您，我虽然替您增添了不少的劳累，但为国家增添了一项珍宝。我将把他们裱褙起来，信却不拟裱褙上去。深深地多谢您。

顺颂

春釐。

郭沫若

一九六五年一月廿六日

# 第四篇

# 论文选编

# 武田泰淳与郭沫若交往考

## ——兼谈武田泰淳对郭沫若的翻译

冯裕智

郭沫若曾两次东渡日本，先后在日本学习、生活将近二十年之久。1914 年 1 月郭沫若赴日求学，至 1924 年 11 月回国，其间虽然有过几次短暂回国，但是，大部分时间都是在日本度过的。1928 年 2 月郭沫若流亡日本，在日本特务监视下生活了将近十年，1937 年 7 月在友人的帮助下秘密回国。郭沫若在日本不仅娶妻生子、创作了大量的文学作品、对金石文等进行了深入的研究，还结识了多位中日好友，其中包括中国文学研究会创始人之一武田泰淳。

武田泰淳起初作为中国文学研究者与翻译者活跃在学界，后来凭借长篇评论《司马迁》蜚声日本文坛，战后接连发表了《审判》《蝮蛇的后裔》等反思日军侵华的战争题材小说，成为日本著名的战后派作家。在郭沫若流亡日本期间，武田泰淳作为中国文学研究会成员与郭沫若交往甚多，新中国成立后，武田泰淳作为日本作家代表团成员或团长几度访华，与郭沫若多有接触。本文重点考证武田泰淳与郭沫若的交往，兼及武田泰淳对郭沫若的翻译，力图通过史料钩沉，揭开一段尘封已久的历史，展现中日现当代文学交流的一个侧面。

## 一　武田泰淳与郭沫若的交往

1934 年，武田泰淳与竹内好、增田涉、松枝茂夫等人一起创办了“中国文学研究会”，专门从事中国现代文学的研究与译介工作。当时日本的中国文学研究学界耽于对中国古代文学的研究，“中国文学研究会”的成立开辟了新的研究领域，拓宽了日本的中国文学研究学界的研究视野，为促进中日现代文学、文化交流作出了重大的贡献。“中国文学研究会”成立之时，郭沫若正流亡日本，居住在千叶县市川市。武田泰淳与郭沫若初次相见是在市川市郭沫若的家中，引荐人是中国文学研究会的同人竹内好。当时竹内好因为要写关于郁达夫的毕业论文，而去拜访过郭沫若，想了解一些关于创造社的事情。后来武田泰淳在竹内好的引荐下，到千叶县市川市拜访了流亡中的郭沫若，从此以后武田泰淳经常去拜访郭沫若，成为中国文学研究会成员中与郭沫若接触较多的一个人。

关于和武田泰淳以及其他中国文学研究会同人的交往，郭沫若只是在个别文章里偶有简略提及。例如在《再谈郁达夫》中提到“我因为他的关系，也被东京的日本文人们邀去参加过几次欢迎他的宴会。”① 在《论郁达夫》中提到“就因为他来，我还叨陪着和东京的文人学士们周旋了几天。”② 等等。笔者查阅了《武田泰淳全集》（增补版），发现武田泰淳和郭沫若的交往散见于武田泰淳的文章里，大多都是只鳞片爪。如在《我的思索我的风土》中提到曾经去拜访过亡命于市川的郭沫若，在《文人欢语图》中提到郁达夫劝说郭沫若回国、宴请郁达夫和郭沫若，等等，但是都缺乏交往的细节，只有在武田泰淳的评论《麻木的触手——关于日本的外国文学者》中有较为详细的记载。武田泰淳在文中假借“某学生”之名回忆了自己与郭沫若的交往：

> 例如，有一个学生遇到了亡命日本的郭沫若。在耳背的郭的家门口，虽然被误解成特务，但是多次请求接见。郭好像对于自己国家的现代文学不感兴趣，引用《易经》等，只聊古代社会的事情。郭接受了民族统一战线密使的请求，已经决意逃离日本。迟钝的学生一边钦佩郭的硕大脑袋和聪明的眼睛，一边央求他为自己写字。郭的脸上浮现出和蔼的微笑，写了“源泉混混、日夜不尽”几个字。虽然没有放松警戒，但是看穿了学生的懦弱。归国后的郭如得云之龙，不久就作为政治家大显身手。学生在郭的敌对阵营的一隅，翻译承载着郭年轻时甜美梦想的《喀尔美萝姑娘》等作品，自我满足。中日战争日益激化，学生日益堕落。郭变为绝对的强者，去了苏联。战争结束。学生越来越低迷，郭升为新政府的高官。学生只是挣稿酬，一无是处，最后离开了郭沫若以及郭指导的中国。③

武田泰淳的这段回忆时间跨度长达十余年，从在日本与郭沫若相识到日本战败后从上海被遣返回国。另外，蕴含的信息也比较丰富。文中所言“密使”一事是指1936年11月郁达夫访日，武田泰淳及其他中国文学研究会成员都认为，郁达夫此次赴日是作为国民政府的密使劝说郭沫若回国。这段回忆还提到了武田泰淳翻译郭沫若的《喀尔美萝姑娘》，笔者曾查阅《武田泰淳全集（增补版）》附录年谱以及《武田泰淳传》年谱，均未发现相关的记载。这引起了笔者的注意，并以此为契机开始搜寻整理武田泰淳对郭沫若的翻译。另外，文中还特别提到武田泰淳请郭沫若写字。据

---

① 《郭沫若全集》文学编（第二十卷），人民文学出版社1992年版，第290页。

② 《郭沫若全集》文学编（第二十卷），人民文学出版社1992年版，第321页。

③ 《武田泰淳全集（增补版）》（第十二卷），筑摩书房1979年版，第180页。

竹内好回忆："武田泰淳请郭沫若写了很多字。"① 这其中就包括郭沫若应武田泰淳的请求为中国文学研究会会刊《中国文学月报》题写的刊名。

关于武田泰淳与郭沫若的交往，在《武田泰淳全集（增补版）》未收的《关于郭沫若的事情等等》一文中有更为详细的记载，择要翻译如下：

> 我们创办中国文学研究会的时候，郭沫若正住在市川。我们每次去拜访只聊古代史，不怎么触及现代文艺。在他比别人大一倍的硕大脑袋里是不是充满了古代社会的金石文字？他屡次鼓励年轻的我们要学习历史。他十分耳背，有用抹布擦餐桌的习惯。他总是热心亲切地回答我们的任何问题。虽然他装作一副不接触政治动向的样子，但是对一切观察敏锐。关于当时甚嚣尘上的大众语讨论，他批评说："那种事情我们很久以前就和成仿吾他们思考并实行过了。"
>
> 另一方面，他赞成罗马字运动，给拉丁化的报纸投稿，但是他是彻底的学术研究者，我们拜托其演讲的题目他也自己改成了《易について》（《关于周易》）。演讲那一天听讲者比预定来的多很多，学士会馆狭小的房间外面也挤满了人。收取50分的听讲费，房租十分富余，因此把演讲费拿去给他，但是他愤然说："再怎么贫穷也不会从你们手里拿钱。"那种说法有点像小孩子，且有洁癖，很有趣。仅有十六页的《中国文学》创刊时，他欣然为之题词。②
>
> 郁达夫访问在日本的郭沫若的时候，我们像是看到了两大流星邂逅一样感到兴奋，因为他们两个人长时间处于绝交状态。在某个日本料理店为郁先生举行了欢迎会。在还没有一个客人来的时候郭先生就来了。郁先生和郭先生都大量饮酒。因为担心郁先生喝多，郭先生抢着喝郁先生的酒。我们各自随意聊天，分不清楚谁是客人。鲁迅的小说史的译者增田涉等人大声谈论着老师鲁迅，与郭先生针锋相对毫不相让。最后大家一起高呼"郁、郭两位先生万岁!"，于是郭先生大声回应说"日本帝国万岁"。当然是讽刺的意思。郭先生还握着我们其中一个人的手说"我打算永远住在日本"。但是之后只过了一个月他就逃离了日本。③

这篇佚文中提到了武田泰淳与郭沫若交往过程中比较重要的两件事。一是邀请郭沫若在中国文学研究会例会上作报告，二是日本文学研究会举办的郁达夫访日的欢迎会。1934年年末，经武田泰淳和竹内好等人商议，决定邀请郭沫若在中国文学研究会的例会上作一次报告。因为武田泰淳与郭沫若交往较为密切，因此承担了邀请的任

① ［日］竹内好、小野忍等：《座談会武田泰淳—その仕事と人間》，收入埴谷雄高编《增补武田泰淳研究》，筑摩书房1979年版，第277页。

② 《中国文学月报》（后改名为《中国文学》）创刊号至第11期每期12页，从第12期开始才改为16页，武田泰淳记忆有误。

③ ［日］武田泰淳：《郭沫若のことなど》，载《改造日报》创刊号，1945年10月5日（2）。

务。关于邀请郭沫若的过程在竹内好1934年11月9日的日记里有相关记载："早上武田泰淳来了，一起去拜访郭沫若先生。在京滨百货商店买了糕点带过去。装着书的包裹颇为沉重。好久没有这样呼吸郊外的空气了。郭氏依旧状况良好。私下允诺在中国研究会作一次演讲。获赠《文学》十一月号以及《现代》十月号。因为（郭氏）几乎不读杂谈。关于大众语问题受到了很大的启发。（郭氏）气魄非凡……。"①

1935年1月26日，郭沫若履行承诺，在中国文学研究会第三次例会上作了一次演讲。本次演讲有两个待选题目，一个是《周易》，另一个是《离骚》。郭沫若在同年1月中旬之前完成了《易について》，1月15日完成《〈离骚〉今言译》。最终郭沫若选择了《易について》作为演讲题目。郭沫若在日本知名度颇高，而且是流亡日本后第一次出席公众场合，因此，中国文学研究会格外重视，在郭沫若演讲之前做好了各种准备。特意在《朝日新闻》上提前做了相关宣传。不仅如此，在演讲的前一天，竹内好还特意去岩波书店拜托《思想》杂志编辑，商议将郭沫若的演讲稿在《思想》上刊发，虽然没有得到完全肯定的答复，但是《思想》杂志有刊发的意向。

1月26日郭沫若的演讲对于中国文学研究会来讲盛况空前。当天出席者达到了104人。那时中国文学研究会正式成立尚不足六个月，属于规模较小、影响力较弱的文学团体，前两次例会都是邀请日本的中国文学研究者作的报告，出席者总共只有83人。由于郭沫若演讲会听众人数的激增，远远超过了原定演讲地点的人员容量，令中国文学研究会同人猝不及防，不得已临时匆忙将会场更换到了一桥学士会馆二号会议室。本次演讲郭沫若颇为兴奋，从下午一点半开讲，直到三点多才结束。演讲之后，召开了恳谈会，至四点散会。演讲会翌日，武田泰淳和冈崎俊夫、竹内好一同去拜访郭沫若，感谢郭沫若的演讲，并商量演讲稿的刊发事宜。郭沫若的演讲不仅盛况空前，而且产生了较大的反响。《同仁》杂志希望刊登郭沫若的演讲稿，但是，由于与《思想》杂志事先有约定所以婉拒。最终，郭沫若的演讲稿经过修改后于1935年4月刊发在《思想》杂志第4期（总第155期）上，篇名改为《周易的构成时代》（后来改题为《〈周易〉之制作时代》）。

1935年3月5日，中国文学研究会的会刊《中国文学月报》第一期正式发行。在此之前，武田泰淳恳请郭沫若为即将发行的《中国文学月报》题词，郭沫若欣然题写了"中国文学"四个字，而且写了两张供武田泰淳选择。郭沫若的演讲在《中国文学月报》创刊号的后记中有记载，并用"盛况"来形容当天的演讲。在《中国文学月报》第二期上还刊登了高田集藏的汉诗《听郭沫若先生易谈而后书怀》："由来蜥易具神机，秦火不烧汉代肥。历世学儒谁捉者，唯有时圣解潜飞。"②

---

① 《竹内好全集》（第十五卷），筑摩书房1981年版，第75—76页。

② ［日］高田集藏：《听郭沫若先生易谈而后书怀》，《中国文学月报》（第一卷），汲古书院1977年版，第24页。

**1936年11月24日郁达夫欢迎会合影。前排左三起：郁达夫、竹内好、郭沫若、武田泰淳，后排左一增田涉，左三松枝茂夫。**

1936年11月13日，郁达夫以福建省公报处主任的身份来到日本。郁达夫对外宣称是来日本购买印刷机器，但是，据说实际上是受国民政府之托劝说郭沫若回国，关于此事郁达夫与郭沫若均有回忆文章。1941年郁达夫在《为郭沫若氏祝五十诞辰》中有："在抗战前一年，我到日本去劝他回国，以及我回国后，替他在中央作解除通缉令之运动，更托人向委员长进言，密电去请他回国的种种事实，只有我和他及在东京的许俊人大使三个人知道。"① 郭沫若1947年在《再谈郁达夫》中提到："我的回国的经过，在初日本人方面因为不明真相，是有过一番揣测的，他们以为是和达夫有密切的关系。达夫在半年前之来，就是负了这个使命"② "其实关于我的回国，达夫虽然有着一些间接的关系，但对于直接的策动是毫不相干的。"③ 同时在文章中公开了回国经历。关于此事异说诸多，本文在这里不做探讨。改造社社长山本实彦在郁达夫抵日不久为其举行了欢迎宴会，当晚出席宴会的有郭沫若、佐藤春夫、林芙美子等人。中国文学研究会的同人增田涉也应邀参加，郁达夫是增田涉在上海留学时期的旧友，如今久别重逢。增田涉热情地邀请郁达夫为中国文学研究会做一次演讲，同时邀请他出席中国文学研究会的欢迎会，郁达夫都欣然应允。11月24日，中国文学研究

① 郁达夫：《为郭沫若氏祝五十诞辰》，《郭沫若研究资料（上）》，中国社会科学出版社1986年版，第458—459页。

② 《郭沫若全集》文学编（第二十卷），人民文学出版社1992年版，第290页。

③ 《郭沫若全集》文学编（第二十卷），人民文学出版社1992年版，第292页。

会为郁达夫举办了欢迎会，郭沫若应邀出席。原本是郁达夫的欢迎会，郭沫若却频频为郁达夫挡酒，中国文学研究会的同人事后推测郭沫若是怕口风不紧的郁达夫贪杯口误走漏回国的消息。夜阑曲终人散时，郭沫若紧握武田泰淳的手，反复地说，“我会永远留在日本”，出门时还大声喊道：“大日本帝国万岁”。[①] 郭沫若流亡日本多年，一直受到日本特务的监视，这些话自然是用来麻痹日本特务的。关于中国文学研究会宴请郁达夫和郭沫若，在《郭沫若年谱》（天津人民出版社，1992 年版）中也有相关记载，但是记述有误。其中 1936 年 11 月 24 日条目下有如下记载：“散席后，主人武田泰淳请大家题字，沫若一口气写了许多张，其中给达夫的是一首七绝，云：‘十年前事今犹昨，携手相期赴首阳。此夕重逢如梦寐，那堪国破又家亡。’”[②] 这首诗其实是郭沫若在参加山本实彦为郁达夫举办的欢迎会上为郁达夫写的一首诗，并非在中国文学研究会为郁达夫举办的宴会上，而且那次宴会武田泰淳并没有出席。此事在《中国文学研究会年谱》里有相关记载。[③] 另外，郭沫若本人在《达夫的来访》中也有较为详细的回忆。[④]

1936 年 12 月 5 日是中国文学研究会第 16 次例会，原定由郁达夫作题为“中国诗歌的变迁”的报告，但因前一天郁达夫在中国留学生集会上发表了反日演说，被警察禁止出席会议。迫不得已，改由竹内好代替郁达夫作报告，而且还特意选了一个学术性很强的题目“中国文学研究的方法”。关于此事郭沫若在《再谈郁达夫》中有简要的记述：“在十二月五号，研究中国文学的一部分日本人士曾经邀请达夫在学士会馆讲演，讲中国的诗，但在未开讲之前便被警察禁止了。”[⑤]

1974 年 3 月，在《历史与人物》杂志上刊登了武田泰淳与开高健的对谈《流亡者的命运》，其中有这样一段对话[⑥]：

> 武田：郭先生来日本是在因为北伐国共两党关系变得微妙之后。逃离上海不久后就来到了日本。一直住在市川，文求堂主人等人给予很多照顾。我当时是二十四岁左右，曾和中国文学研究会的同人一起去拜会。
>
> 开高：那时郭先生在日本和中国流亡者团体有接触吗？
>
> 武田：那个不好判断。我们关于政治的话题一概不谈。他说自己以前从事的文学没有价值，让我们把别人寄给他的各种文学杂志拿走。他自己专心致志从事中国古代史的甲骨和金石文字研究。他有点耳背，所以即使在大门口高喊“主

---

① ［日］立间祥介：《中国文学研究会年谱》，《复刻中国文学别册》，汲古书院 1977 年版，第 51—52 页。

② 龚济民、方仁念：《郭沫若年谱（上）》，天津人民出版社 1992 年版，第 331 页。

③ ［日］立间祥介：《中国文学研究会年谱》，《复刻中国文学别册》，汲古书院 1977 年版，第 51—52 页。

④ 《郭沫若全集》文学编（第十三卷），人民文学出版社 1992 年版，第 408 页。

⑤ 《郭沫若全集》文学编（第二十卷），人民文学出版社 1992 年版，第 290 页。

⑥ ［日］武田泰淳、开高健：《亡命者の運命》，收入《生きることの地獄と極樂》，劲草书房 1977 年版，第 258—259 页。

人在家吗？我可以进来吗？”也经常没有回应。有点悄悄地警戒周围的样子。

种种资料显示，新中国成立前，武田泰淳确实和郭沫若交往比较密切，但是，横亘在二人之间的是中日战争带来的隔阂与猜忌。当时武田泰淳和郭沫若的交往应该以学术交往为主，极少涉及政治。

新中国成立之后，武田泰淳作为日本作家代表曾几次访华，与郭沫若相会于北京。1964 年 3 月 8—26 日，武田泰淳应中国作家协会和中国对外文化协会的邀请，和大冈升平、龟井胜一郎等人一起访问了中国。在北京期间，武田泰淳受到了郭沫若的接待。1967 年 4 月 13 日到 5 月 7 日，武田泰淳应中国作家协会的邀请，作为日本作家代表团团长和尾崎秀树、杉森久英、永井路子一起访问了中国，在北京见到了郭沫若与许广平。武田泰淳访问中国时正值中国的“文化大革命”时期，后来武田泰淳在与尾崎秀树的对谈中提到当时的一个细节：“郭沫若先生和许广平先生（鲁迅未亡人）两个人在吃饭的时候不读《毛主席语录》。而且只有两个人的时候，和他或她聊任何事情都没有关系。其他人即使是作家协会会员也读《毛主席语录》。”① 另外，武田泰淳在与竹内好的对谈《我的中国文化大革命观》中回忆了与郭沫若的会谈：“之后（郭沫若）马上谈到正在读《毛泽东其诗与人生》，我吃了一惊。因为我在后记里面虽然没有反对毛泽东的《在延安文艺座谈会上的讲话》，但是明确写了自己作为日本的战后派作家是无法马上贯彻执行文艺讲话的，大概至死不能贯彻执行。虽然没有说，但是我想郭先生肯定是读过了。他对我说，你比我们搜集了更多的资料写了这样一本书，大概是赞成毛泽东思想吧。而且郭先生还问我是否看了四川省的大地主虐待佃户的泥塑像‘收租院’……”②

## 二　武田泰淳对郭沫若的翻译

武田泰淳对郭沫若的翻译在《武田泰淳全集（增补版）》附录的年谱中没有记载。日本学者木田隆文最早发现了武田泰淳译自郭沫若同名作品的译作《函谷关》，收于《世界短篇杰作全集》第六卷（1936 年 9 月 16 日发行），在译文之前有关于原作者郭沫若的简介，属于《武田泰淳全集》未收的佚文。关于这篇译作和佚文，在木田隆文博士学位论文中有简要介绍，并收录了佚文全文③。原作《函谷关》，1923 年 8 月 19 日发表于《创造周报》第 15 号，后改题为《柱下史人关》。武田泰淳翻译

① ［日］武田泰淳、尾崎秀树：《日本の政治家は外交ができぬ》，收入《こんにゃく問答②中国今昔》，文艺春秋 1973 年版，第 75 页。

② ［日］武田泰淳、竹内好：《私の中国文化大革命観》，《混々沌々》，筑摩书房 1971 年版，第 91—92 页。

③ ［日］木田隆文：《武田泰淳文学の生成と展開》，2004 年龙谷大学博士论文，第 36 页。

《函谷关》的时间是在1936年，当时郭沫若流亡日本尚未归国，与武田泰淳有过较为密切的交往。武田泰淳作为作家兼中国文学翻译家，翻译友人郭沫若的作品也在情理之中。

此外，还翻译过郭沫若的《喀尔美萝姑娘》和《甲申三百年祭》。这两篇译作在武田泰淳年谱中均没有记载。武田泰淳翻译《喀尔美萝姑娘》的记载最早见于武田泰淳的文章《麻木的触手——关于日本的外国文学者》①，但其中只提到了日文译题《かるめら乙女》和原作者郭沫若的名字，没有其他相关说明。另外，武田泰淳还曾提到翻译《かるめら乙女》的时候没有自信，曾将译稿拿给竹内好听取意见，结果受到了竹内好的称赞而十分开心。②

2005年日本学者郭伟在《野草》杂志上发表了《武田泰淳的翻译——兼及中国东北相关作品的翻译》一文，该文提到了译作《かるめら乙女》的出版信息：郭沫若《かるめら乙女》(《現代支那文學傑作集》小田嶽夫編，1941．7，春陽堂，佐藤春夫、武田泰淳他訳)。但是，令人遗憾的是，除此之外再无其他说明。笔者在阅读郭文之前就发现了在《かるめら乙女》译文之前有武田泰淳撰写的关于郭沫若的简介，亦属《武田泰淳全集》未收录佚文。由于《現代支那文学傑作集》出版年代久远已难得一见，现将译作《かるめら乙女》所附郭沫若简介翻译如下：

> 郭沫若，1893年出生于四川省。1914年留学日本以来经常来往于中日之间，是在中国文学者之中与日本关系最为深厚的作家。1918年从第六高等学校毕业，1923年毕业于九州帝国大学医学部。和他一起创办创作社的同人全部都是当时在日本的留学生，1921年创造社在东京成立。他最初的小说、诗歌、诗剧都是在福冈创作的，歌德的《浮士德》的翻译也是在福冈完成的。不断激励他生活的妻子是日本女性。在《创造季刊》《创造周报》《创造日》等杂志上发表了更加洋溢着浪漫主义精神的作品，但是不可思议的是，几乎看不到日本文学的影响。贯穿他整个生涯的是这些初期作品中所表现出来的浪漫主义精神，之后几经变迁的他的作品及行动都是这种精神的流露。在祖国过了一段短暂的政治生活之后，亡命日本，又持续在日本生活十年。1929年完成的力作《中国古代社会研究》从其构成来看也充满了诗的精神。从他的幼年时代开始的浪漫生活被收进他的自传小说《幼年时代》《反正前后》《黑猫》《创作十年》《北伐》。应该说如他一样无论是在诗歌、小说还是研究、行动中，总是只被纯粹的浪漫精神所驱使的作家即使在中国也是罕见的存在。③（笔者注：郭沫若1892年11月16日出

① 《武田泰淳全集（增补版）》(第十二卷)，筑摩书房1979年版，第180页。

② 《武田泰淳全集（增补版）》(第十五卷)，筑摩书房1979年版，第271页。

③ ［日］武田泰淳：《かるめら乙女》,《現代支那文学傑作集》，春阳堂1941年版，第88页。

生于四川省乐山县，原文有误。）

笔者在查阅第二次世界大战时期在上海出版的日文报刊时，发现了武田泰淳翻译《甲申三百年祭》的线索。在《改造日报》1945 年 11 月 3 日第二版上有题为“翻译名著上海文化服务社活跃”的报道：“既报以内山完造先生为中心的上海文化服务社的文化工作，在日侨管理处宣导科长王念忱先生的好意指导下稳步而顺利地进行着。抗日八年间的名著翻译计划的一部分已经决定下来，著者、著书、翻译担当者如左所示：△蒋委员长《中国经济学说》吉田长雄译△エミーン[①]《中国与我》山岸多嘉子译△萧红《鲁迅回忆》冨冈朗译△郭沫若《甲申三百年祭》武田泰淳译△顾祝同将军编辑《总裁抗战言论集》喜多青磁译。”[②]《改造日报》于 1945 年 10 月 5 日创刊，主要面向战后滞留中国的日本人发行。报道中提到的上海文化服务社，其前身就是著名的内山书店。关于上海文化服务社的成立，在《改造日报》1945 年 10 月 29 日第 2 版上有简要介绍。[③] 另外，在民国三十五年出版的《上海市年鉴》中也有关于上海文化服务社的介绍：“……将内山书店改组为上海文化服务社，专事翻译并介绍中国抗战八年间之文艺学术名著。嗣经当局核准，以十一月一日正式成立，内分研究、业务、总务三部。第一部之翻译计划已定（甲）蒋主席之中国经济学说，吉田长雄译。（乙）顾祝同编辑之总裁抗战言论集，喜多青磁译。（丙）郭沫若之甲申三百年祭，武田泰淳译。（丁）萧红之鲁迅回忆，冨冈朗译。”[④]《上海市年鉴》和《改造日报》上的报道基本一致，只是翻译目录中少了山岸多嘉子译エミーン的《中国与我》。

1944 年 6 月，武田泰淳为了逃脱兵役来到上海，就职于中日文化协会上海分会，1945 年 8 月日本宣布战败后被收容到虹口日侨集中区，1946 年 3 月被遣送回日本。武田泰淳在上海期间和内山完造交往较为密切，而且武田泰淳和流亡日本时的郭沫若有过交往，并且翻译过郭沫若的小说，所以武田泰淳应该是受内山完造之托，承担了翻译郭沫若《甲申三百年祭》的任务。遗憾的是，由于特殊的历史原因，当时出版的资料佚失严重极难搜寻，迄今还没有发现武田泰淳翻译的《甲申三百年祭》，在武田泰淳作品里也没有直接关于翻译《甲申三百年祭》的记载。1946 年 5 月，武田泰淳从上海回日本后不久发表了《上海的出版物》，从中可以略窥端倪：“在内山书店店主成立上海文化服务社积极从事翻译中国新刊的时候，文化生活服务社的《文学丛刊》以及良友图书印刷公司的《良友文学丛刊》还未见踪影。”[⑤] 虽然文章没有提

① 美国女作家项美丽（Emily Hahn）。
② 《名著の翻訳上海文化服務社活躍》，载《改造日报》，1945 年 11 月 3 日（2）。
③ 《“抗戦の文化”を發揚上海文化服務社で》，载《改造日报》，1945 年 10 月 29 日（2）。
④ 上海市通志馆年鉴委员会编：《上海市年鉴（民国三十五年）》，中华书局 1946 年版，第 Q5 页。
⑤ 《武田泰淳全集（增补版）》（第十卷），第 398 页。

到翻译《甲申三百年祭》，但是从一个侧面证实了上海文化服务社翻译中国新刊书籍的事实。

在郭沫若研究过程中，“郭沫若与日本”是一个重要的研究领域。郭沫若与日本友人的交往一般伴随着相关文学活动，是中日文学友好交流的史实见证，武田泰淳与郭沫若的交往就是其中浓墨重彩的一笔。

（原载《新文学史料》2019 年第 2 期）

# 虚心领教　从善如流

## ——郭沫若《爱祖国爱人民的诗人屈原》的两个版本

商金林

郭沫若的《爱祖国爱人民的诗人屈原》，原载《中国少年儿童》第17期，于1950年6月出版。这篇文章经叶圣陶修润并征得郭沫若的认同后，编入《初级中学语文课本》第二册，排在第十四课，题名改为《屈原》①。《初级中学语文课本》于1950年10月由人民教育出版社出版。现将这两个版本分别抄录于下，感兴趣的朋友阅读时可以进行比较。

| 爱祖国爱人民的诗人屈原 | 屈原 |
| --- | --- |
| （一）<br>两千两百多年前，我们中国有一位大诗人名叫屈原，据说他是端午节那天跳进汨罗江自杀了的，后人思念他，每逢端午节，都要追悼他一次。<br>这位诗人为什么要跳江，又为什么那样值得人们纪念呢？今天想把这个故事简单地说一说。<br>（二）<br>两千两百多年前，在中国是所谓战国时代。那时候有七个大国——秦、韩、赵、魏、燕、齐、楚——各霸一方。秦在今陕西，韩、赵、魏在山西、河南、平原，燕在河北、辽东，齐在山东，楚据有长江、淮河的两大领域。在这里面，秦国最强，楚 | 两千二百多年前，咱们中国有个大诗人，叫屈原。据说他是在端午节那天投②汨罗江自杀了的。后人想念他，每逢端午节，总要追悼他一番③。<br>这位诗人为什么要投汨罗江？又为什么后人要想念他呢？我想简单地说一说。<br>两千二百④多年前，在中国是“战国时代”⑤。那时候有秦、韩、赵、魏、燕、齐、楚七个大国，各霸一方。秦国最强，楚国最大，齐国和其余的四国也不算太弱⑥。<br>因为秦国最强，其他六国都受威胁，有人倡议六国结成同盟，合力⑦抗拒秦国。但也有人替秦国打算，竭力破坏六国同盟，主张由秦国来联合六国，六国受秦 |

① 笔者原以为这篇《屈原》是由郭沫若的《人民诗人屈原》改写的。《人民诗人屈原》刊登在《中国青年》第四十二期（1950年7月1日），经蔡震先生指教，才确认是由郭沫若的《爱祖国爱人民的诗人屈原》改写的，特书此致谢。

② 将“跳进”改为“投”，突出了屈原的悲愤是以死抗争。

③ “追悼他一次”，仅限于端午节这个节日；改为“一番”就让人联想到五彩缤纷的节日活动，如悬挂菖蒲、艾蒿，出门游玩，缠五色线，佩带香囊，喝雄黄酒、菖蒲酒，吃粽子，龙舟竞渡，送瘟神，等等。

④ “两千两百”，读起来有点拗口；改为“两千二百”，就顺畅多了。

⑤ “所谓”两字，似乎常有置疑的口吻。在“战国时代”四个字上加引号，更清晰简洁。

⑥ 前面说“七个大国”，接着说“其他四国是比较弱小的”，不太协调；改为“也不算弱”就不算太突兀了。

⑦ 将“共同”改为“合力”，用词更准确。

续表

| 爱祖国爱人民的诗人屈原 | 屈原 |
| --- | --- |
| 国最大，齐国也不弱，其他四国是比较弱小的。<br>因为秦国最强，其他六个国家——又叫作“关东六国”——都受着他的威胁，便每每联合起来，共同抵抗秦国。这样联合起来抵抗秦国的运动就叫作“合纵”。南北为纵，便是南北联合，封锁秦国。站在秦国一方面呢，自然就要破坏这种封锁，主张东西联合，而以秦为领导，就叫作“连衡”。这两派在当时是斗争得很厉害的。<br>屈原是楚国的大夫，属于合纵派，主张联合齐国和其他国家共同抗拒秦国。但他失败了。昏庸的楚怀王楚襄王父子，信任一些坏人，中了秦国连衡派的诡计，把合纵派的联盟拆散了。楚怀王被秦国骗去，囚死在秦国。楚襄王的二十一年，秦国的大将白起更攻破了楚国都城（当时名叫郢都，在今湖北江陵县），几乎一下子把楚国灭掉了。<br>屈原就是因为楚国的政策错误，自己受到了坏人的排斥陷害，而终于看到自己的祖国弄到国破家亡的地步，所以他就在郢都陷落之后，做了一首《哀郢》的诗。便逃亡到了南边去，跳水自杀了。<br>据这种情形看来，我们可以知道，屈原是一位爱国的诗人。<br>（三）<br>事实上屈原不仅是一位爱国的诗人，而且是一位爱人民的诗人，所以两千多年来，人民一直纪念着他。<br>在古时候劳动人民是被贱视的。可以任意买卖，任意杀掉，或任意送人，就跟牛马一样，甚至比牛马还要贱。例如在周孝王的时候，五个人的价格勉强抵得上一匹马。 | 国领导。六国同盟就是南北联合，南北是纵，所以叫作“合纵”。由秦国领导来联合六国，那就成为东西联合了，东西是横，所以叫作“连横”。① 那时候，合纵派跟连横派斗争得非常厉害。<br>屈原是楚国的大夫，属于合纵派，主张联合齐国和其他四国共同抗秦。可是昏庸的楚怀王和他的儿子楚顷襄王都信任一班坏人，不听屈原的话；又中了连横派的诡计，把六国的联合阵线破坏②了。楚怀王被秦国骗去，死在秦国。楚顷襄王二十一年，秦国大将白起攻破了楚国的郢都，几乎一下子就把楚国灭掉③。<br>屈原受到一班坏人的排挤和陷害，又看到自己的祖国因为政策错误遭受侵略，非常悲愤，在郢都陷落以后，做了一首长诗，题目叫《哀郢》，跑④到南方去，就投江自杀了。<br>屈原作的诗歌很多。他不但是一个爱国诗人，而且是一个爱人民的诗人。<br>咱们中国也经历过了奴隶社会阶段。在奴隶社会里，奴隶可以随便买卖⑤，可以随便送人，杀掉也没有什么。那时候的劳动人民真跟牛马一样，甚至于比牛马还要贱。例如在周孝王的时候，五个人的价格勉强抵得上一匹马。到了春秋末年，奴隶制度逐渐崩溃，人民的地位⑥也慢慢提高起来，可是生活还是十分困苦。屈原是重视人民，同情人民的。他写出过这样的诗句：<br>长太息以掩涕兮，哀民生之多艰。(《离骚》)⑦<br>愿摇起而横奔兮，览民尤以自镇。(《抽思》)⑧ |

① 关于“合纵”与“连横”的介绍，课文比原文简洁、清晰。

② “合纵派的联盟”并不是被“拆散”的，改为“破坏”才符合史实。

③ “灭掉了”中的“了”表示已经完结，与“几乎”组合在一起显得不合适。删去“了”字，前后文就通顺了。

④ 将“（屈原）便逃亡到了南边去”改为“跑”。“逃亡”大多是被迫和无奈之举；而“跑”是自主的选择。

⑤ 将“（奴隶）可以任意买卖”，改为“可以随便买卖”。“任意”和“随便”，指的都是没有拘束，不加限制，爱怎么样就怎么样的，而“随便”显得更简便、更简单。

⑥ “地位”涉及的方面较多，“身价”往往只局限于人的声望。

⑦ 将郭沫若译成的白话移作课文的“注解”，课文更简洁。

⑧ 将郭沫若译成的白话移作课文的“注解”，课文更简洁。

续表

| 爱祖国爱人民的诗人屈原 | 屈原 |
| --- | --- |
| 到春秋末年，奴隶制逐渐崩溃，人民的身价才高了起来，因此也有了“民为贵”“民为邦本”那样的思想出现。屈原就是怀抱着这种思想的人，他是同情老百姓的。且看他说：<br>“长太息以掩涕兮，哀民生之多艰。”（《离骚》）（我大叹一口气，而且流下眼泪来了啊，我悲痛人民的生活是这样多灾多难。）<br>“愿摇起而横奔兮，览民尤以自镇。”（《抽思》）（我想率性振作起来跑到外国去了啊，但看到人民的痛苦我又镇定了下来。）<br>这些话把他同情人民的感情表示得很浓烈，这是伪装不出来的。<br>屈原所以反对秦国而要爱他的楚国，主要也就是出于这种看重人民的感情。秦国在当时是被称为“虎狼之秦”的，驱使人民从事侵略，任意屠杀或活埋关东六国的人民，根本不把人当作人，所以屈原要反对它。<br>（四）<br>屈原是一位人民诗人，还有一项重要的特征值得注意的，便是他的诗歌是采用着民歌民谣的体裁而把它扩大了。他也广泛地采用民间的语言，使僵硬化了的古代贵族形式的诗歌起了一次很大的改革。<br>古代贵族形式的诗歌，好像诗经的《大雅》《小雅》《周颂》《鲁颂》等，以及在青铜器上的有韵的铭文，大体上都是四个字一句，和当时的语言是脱离了的。到了屈原所创造的《楚辞》，便起了一个很大的变革，句法、章法、措辞、用字都改变了。 | 这些诗句把他同情人民的感情很浓烈地表示出来了①。<br>屈原同情人民，就愈加热爱祖国，愈加痛恨秦国。因为秦国是一个侵略国，不但驱使国内的人民从事侵略战争，还任意屠杀和活埋六国的人民，它是根本不把人当人的。<br>屈原写诗歌，采用民间的语言，采用民歌、民谣的体裁把它扩大起来，所以在诗歌形式上也有了大大的改革②。<br>原来古代贵族形式的诗歌大都四个字一句，跟当时的口语是脱离了的。屈原写的诗歌完全打破了这个格式，我们读了上面引的两句就知道。他的诗歌里面常常用个“兮”字。这个“兮”字古时候读的声音跟“啊”字一样③，用了这个字，朗诵起来就很顺口，听起来也入耳。因此，他的诗歌能够让老百姓接近，老百姓也就特别爱戴他，同情他，一直纪念他。<br>屈原的诗歌里，爱国情绪非常浓厚④；加以他自己的结局这样悲惨，更激起了人民的同情。他的诗歌在组织人民方面一定是起过⑤很大的作用的。所以秦朝末年陈涉、吴广起义，项梁、项羽、刘邦起来响应，革命的主力军差不多都是一群楚国人在领导。陈涉的国号叫“张楚”，就是张大楚国的意思。楚国的人民在亡国之后反抗秦朝的意志特别强烈，屈原的诗歌和他的思想一定是发挥了号召的作用的。<br>在今天，屈原的时代意义已经过去了；但是，他的爱祖国爱人民的那种精神⑥依然是值得我们强调，值得我们学习的。 |

① 这里删去了“这是伪装不出来的”一句，屈原爱祖国爱人民全出自真诚，说“伪装不出来”容易令读者误解。

② 这里删去了“僵硬化了的古代贵族形式的诗歌”。古代诗歌并非全是“僵硬化了的古代贵族形式”，改为“诗歌形式”更确切。

③ 课文对“兮”的解读比原文准确。

④ 原文中“屈原就是这样，在两千多年前就是采用了人民的语言和人民喜闻乐见的形式”，这样的评价可能会引起讨论，课文中删去了。

⑤ 原文“起了很大的作用”中的“了”，是肯定；改为“起过”，这个“过”是推测，话说得比较灵活。

⑥ 将“方向”，改为“精神”。屈原的“方向”会让读者联想起他的“投江”，改为学习他的“精神”就更准确。

续表

| 爱祖国爱人民的诗人屈原 | 屈原 |
| --- | --- |
| 《楚辞》里面常见到的一个“兮”字，这个字的发音，在今天虽然读如牺牲的牺，但是在古时读的是如啊的。懂得了这个字的读法，去读《楚辞》《国风》，或其他的歌谣，才可以领会到他们是和口语接近的东西。<br>屈原就是这样，在两千多年前就是采用了人民的语言和人民喜闻乐见的形式，来创造了一个新的诗歌风格。虽然他所描写的民间疾苦还是很少（或许那些部分不被重视失掉了也说不定），但因为他的诗歌能够让当时的老百姓接近，所以老百姓也就是特别的爱戴他，同情他，一直都想救他。<br>他的诗歌里面，爱国的情绪非常浓厚。这是不能够忽视的。加以他那悲剧的总结更激起了人民的同情，我们可以相信，他的诗歌在组织人民上一定起了很大的作用。后来楚国是被秦国灭掉了。但后来陈涉、吴广起事，接着项梁、项羽、刘邦等响应，革命的主力军差不多都是一群楚国的人在领导。陈涉开头的国号叫作“张楚”，是张大楚国的意思，这可见楚国人民在亡国之后反抗秦国的意志来得特别强烈。在这里我们可以相信，屈原的诗歌和他的思想一定是发挥了号召的作用的。<br>屈原之所以赢得了两千多年来民间的纪念，主要就是由于他是一位人民诗人。在今天看起来，虽然他的时代意义已经过去了，但是他的爱祖国、爱人民的那种方向，依然是值得我们强调，值得我们学习的。屈原依然值得我们纪念。<br>一九五零年六月二十五日 | |

《爱祖国爱人民的诗人屈原》将近一千九百字，而课文《屈原》还不到一千一百字，删减了八百多字，与此相对应的是增加了注解和提示。课文《屈原》文后的“注解”有“屈原”“郭沫若”“汨罗江”“追悼他一番”“战国时代”“七个大国”“合纵”“连横”“合纵派和连横派”“中了连横派的诡计”“楚顷襄王二十一年”“白起”“屈原受到一班坏人的排挤和陷害”“周孝王”“春秋”“长太息以掩涕兮，哀民生之多艰”“愿摇起而横奔兮，览民尤以自镇”“抽思”“陈涉吴广起义”“项梁项羽刘邦起来响应”“楚怀王”等共二十一条。“思考 · 讨论 · 练习”有：

一 你在旁的地方听过关于屈原的故事吗?
二 屈原为什么要投江自杀?你认为投江自杀的行为对不对?
三 为什么“屈原不但是一个爱国诗人，而且是一个爱人民的诗人”?
四 为什么屈原的诗歌能让老百姓接近?
五 为什么“屈原的时代意义已经过去了”?
六 把你本乡地方过端午节的风俗，像竞渡，吃粽子等记下来，写成一篇短文。
七 顿号［、］和逗号［,］用法的不同:(略)

“注解”和“思考·讨论·练习”的文字加起来比课文的字数还多。郭沫若当时担任中央人民政府政务院副总理、文化教育委员会主任、中国科学院院长。叶圣陶是出版总署副署长、教育部与出版总署联合组建的教科书编审委员会主任。叶圣陶改过的文章都会送给作者本人看的。大概由于工作繁忙，这篇《屈原》由宋云彬复写后寄给郭沫若审阅。宋云彬在 1950 年 8 月 1 日的日记中写道:

> 上午赴(出版)总署。语文课本第二册原稿送请教育部审读。又《屈原》一课，系取郭沫若原作删改而成，但仍具郭氏名，特复写一份寄去，请其同意。①

郭沫若肯定是“同意”的，否则是不会编入语文课本的。郭沫若学识渊博，才华横溢，是我国近现代文坛上的战士和闯将，是鲁迅之后文坛上又一面光辉的旗帜，新中国成立后成了国家领导人。读者心中的郭沫若，很可能是狂放的，而这篇课文让我们看到了郭沫若随和谦逊的一面。1956 年郭沫若的《诗二首》编入初中《文学》课本第三册时，叶圣陶也在文字上做了修饰，现抄录于下:

## 郭沫若《诗的宣言》

| | |
|---|---|
| 你看，我是这样的真率，<br>我是一点也没有甚么修饰。<br>我爱的是那些工人和农人，<br>他们赤着脚，裸着身体。 | 你看，我是这样的真率，<br>我是一点也没有什么修饰。<br>我爱的是那些工人和农人，<br>他们赤着脚，裸着身体。 |
| 我也赤着脚，裸着身体，<br>我仇视那富有的阶级: | 我也赤着脚，裸着身体，<br>我仇视那富有的阶级。 |

① 宋云彬:《红尘冷眼》，山西人民出版社 2002 年版，第 203 页。

| | |
|---|---|
| 他们美，他们爱美，<br>他们的一身：绫罗、香水、宝石。 | 他们“美”，他们爱“美”，<br>他们的一身：绫罗、香水、宝石。 |
| 我是诗，这便是我的宣言，<br>我的阶级是属于无产；<br>不过我觉得还软弱一点，<br>我应该要经过爆裂一番。 | 我是诗，这便是我的宣言，<br>我是属于无产阶级这一边；<br>虽然我还软弱了一点，<br>还需要经过一番锻炼。 |
| 这怕是我才恢复不久，<br>我的气魄总没有以前雄厚。<br>我希望我总有一天，<br>我要如暴风一样怒吼。<br>[《郭沫若全集》（第一卷），<br>人民文学出版社 1982 年版，<br>第 374—375 页] | 这是由于我才恢复不久，<br>我的气魄没有以前雄厚。<br>我希望总有那么一天，<br>我要如暴风一样怒吼。<br>（初级中学课本《文学》第三册，<br>人民教育出版社 1956 年版） |

## 郭沫若《我想起了陈涉吴广》

| 一 | 一 |
|---|---|
| 我想起了几千年前的陈涉，<br>我想起了几千年前的吴广，<br>他们是农民暴动的前驱，<br>他们由农民出身，称过帝王。 | 我想起了几千年前的陈涉，<br>我想起了几千年前的吴广，<br>他们是农民暴动的前驱，<br>他们由农民出身，称过帝王。 |
| 他们受不过秦皇的压迫，<br>在田间相约：“富贵毋得相忘！”<br>那时候还有凶猛的外患，匈奴，<br>要攘夺秦朝的天下侵陵北方。 | 他们受不过秦朝政治的压迫，<br>在田间相约：“苟富贵，毋相忘！”<br>那时候还有凶猛的外患——匈奴，<br>它要攘夺秦朝的天下，侵陵北方。 |
| 秦始皇帝便要筑下万里长城，<br>使天下的农夫都为徭役奔忙。<br>他们便斩木为兵，揭竿为旗，<br>丛祠的一夜篝火渺天炎上。 | 秦始皇帝便要筑下万里长城，<br>使天下的农夫都为徭役奔忙。<br>他们便斩木为兵，揭竿为旗，<br>野庙里的篝火照得满天明亮。 |
| 就这样惊动了林中的虎豹， | 就这样，惊动了林中的虎豹， |

就这样惊散了秦朝的兵将；
就这样他们的暴动便告了成功，
就这样秦朝的江山便告了灭亡。

二

中国有四万万的人口，
农民占百分之八十以上。
这三万二千万以上的农民，
他们的生活如今怎样？

朋友，我们现在请先说北方；
北方的农民实在可怜万状！
他们饥不得食，寒不得衣，
有时候整村整落的逃荒。

他们的住居是些败瓦颓墙，
他们的儿女和猪狗一样；
他们吃的呢是草根和树皮，
他们穿的呢是褴褛的衣裳。

南方呢？南方虽然是人意差强，
但是农村的凋敝触目神伤。
长江以南的省区我几乎走遍，
每个村落里，寻不出十年新造的民房！

三

农民生活为甚么惨到了这般模样？
朋友哟，这是我们中国出了无数的
始皇！
还有那外来的帝国主义者的压迫，
比秦时的匈奴还要有五百万倍的嚣张！

他们的炮舰政策在我们头上跳梁，
他们的经济侵略吸尽了我们的血浆。
他们豢养的走狗：军阀、买办、

就这样，惊散了秦朝的兵将；
就这样，他们的暴动便告成功，
就这样，秦朝的江山便告灭亡。

二

我国有四万万的人口，
农民占百分之八十以上。
这三亿二千万以上的农民，
他们的生活如今怎样？

朋友，我们现在请先说北方：
北方的农民实在是可怜万状。
他们饥不得食，寒不得衣，
有时候整个村落的逃荒。

他们的住居是些败瓦颓墙，
他们的儿女竟同猪狗一样；
他们吃的呢，是草根和树皮，
他们穿的呢，是褴褛的衣裳。

南方呢？南方虽然比北方稍强，
但是农村的凋敝，触目神伤。
长江以南的省区我几乎走遍，
村落里寻不出十年内新造的民房！

三

农民生活为甚么惨到了这般模样？
朋友哟，这是我们中国出了无数的
始皇！
还有那万恶的帝国主义的侵略，
比秦时的匈奴还要万倍的嚣张！

他们的炮舰政策是那么的猖狂，
他们的经济侵略吸尽我们的血浆。
他们豢养的走狗：军阀、买办、

地主、官僚，
这便是我们中国的无数新出的始皇。

可我们的农民在三万二千万人以上，
困兽犹斗，我不相信我们便全无主张。
我不相信我们便永远地不能起来，
我们之中便永远地产生不出陈涉、吴广！

更何况我们还有五百万的产业工人，
他们会给我们以战斗的方法，利炮，飞枪。
在工人领导之下的农民暴动哟，朋友，
这是我们的救星，改造全世界的力量！
1928，1，7
[《郭沫若全集》（第一卷），
人民文学出版社 1982 年版，
第 378—380 页]

地主、官僚，
这便是我们中国的无数新出的始皇。

可是，我们的农民在三亿二千万人以上，
困兽犹斗，我不相信我们便全无主张。
我不相信我们便永远不能起来，
我们之中便永远产生不出陈涉吴广！

更何况我们还有五百万的产业工人，
他们会给我们以战斗的方法，组织的力量。
在工人领导之下的农民暴动哟，朋友，
这是我们的救星，是改造全世界的希望！

（初级中学课本《文学》第三册，
人民教育出版社 1956 年版）

经过语言上的修饰，诗的内容显得更丰富、更符合历史的真实（如将“富贵毋得相忘!”改为“苟富贵，毋相忘!”等），语言也更规范化（如将“三万二千万人以上”改为“三亿二千万人以上”等）。这两首诗的文字改动竟有 30 处之多，标点增改多达 14 处。叶圣陶的严谨认真值得钦佩，而郭沫若虚心领教、从善如流的气度也值得赞扬。

（原载《郭沫若研究》第 15 辑）

# 老舍致郭沫若夫妇书信补正

张　勇

老舍与郭沫若是中国现代文学史上重要的代表人物，他们之间相识于抗战初期，经过长达 30 余年的相互扶持，结下了深厚的友谊。在他们的交往中，除了社会活动见面时相互之间的恳谈交流，私人日常生活间相互走动互访的交往形式以外，通信也是他们沟通的重要方式之一，但目前对老舍与郭沫若之间的通信研究并不多，甚至连有关他们之间通信基本情况相关资料的梳理也少有成果出现。

目前刊登老舍与郭沫若之间通信的出版物主要有《老舍文集》第 13 卷（人民文学出版社，1988 年），《老舍书信集》（舒济编，百花文艺出版社，1992 年），《郭沫若书信集》（黄淳浩编，中国社会科学出版社，1992 年），《老舍资料考释》（张桂兴编著，中国国际广播出版社，2000 年），《老舍全集》第 13、15 卷（人民文学出版社，1999 年、2013 年、2018 年）① 和《郭沫若研究年鉴 2016 卷》（中国社会科学出版社，2018 年）。梳理以上出版物中有关老舍致郭沫若的书信后，直观的感受是收录方式不一，有关阐释简单甚至缺失，而且相当多的信函存疑较多，本文将在梳理他们之间通信刊发历史状况后，结合具体史料对其中存在的问题进行补正阐释。

## 一　老舍与郭沫若通信刊出历史考

老舍写给郭沫若的书信首次在文集中被刊出，应追溯到 1988 年人民文学出版社出版的《老舍文集》第 13 卷，该卷中有一篇旧体诗《游日十七首》，这 1 题 17 首的旧体诗其实是老舍在 1965 年 5 月 4 日写给郭沫若一封信中的部分内容，因此封信被编入旧体诗的卷次之中，就造成了研究者很少注意到它。由于被归入了旧体诗的类别，因此这封信的来源、现藏处、写信的缘由等有关元素都未能得到相关的说明和阐释。虽然如此，这却是老舍致郭沫若书信第一次在正式出版物中刊出。百花文艺出版社 1992 年版的《老舍书信集》，第一次正式以书信的形式刊登出 1964 年 10 月 23 日老舍致郭沫若的文字和同年 10 月 25 日郭沫若给老舍的回信。黄淳浩编《郭沫若书信

① 人民文学出版社目前共出版了三个版次的《老舍全集》。2013 年版对 1999 年版进行了补充和修正，2018 年版是 2013 年版的再版和重印。因此本文仅以 1999 年版和 2013 年版作为阐述的对象。

集》则刊登了1964年10月25日郭沫若致老舍的信，根据注释可知该信是“据《新文学史料》所刊手稿编入”①。由于该资料集主要刊登的是郭沫若写给别人的信，而不是往来书信集，因此此书信集只有郭沫若给老舍的回信，而未有老舍写给郭沫若的来信。

第一次系统刊登出老舍致郭沫若书信的是1999年人民文学出版社出版的《老舍全集》第15卷，该卷刊出了老舍致郭沫若书信7封，另有1封郭沫若致老舍的回信。同版次的《老舍全集》第13卷旧体诗部分则以“黄山之游——致郭老”“游日十七首”为题，分别刊出了老舍致郭沫若的两封信，实则算起来人民文学出版社1999年版《老舍全集》，共刊出老舍与郭沫若夫妇之间通信共计10封。同为老舍与郭沫若间的10封信，却被分别编排在不同类别的卷次之中，而且都略显简单，特别是对通信时间考订、书信中所涉及人事的注释、书信中所提及专有名词的解释等方面都未能给予合理翔实的考订阐释，仅仅只是简单地以书信格式呈现出老舍与郭沫若之间有着书信往来的历史。

2000年张桂兴编著的《老舍资料考释》以“老舍致郭沫若夫妇的八封信”为题，对1999年人民文学出版社《老舍全集》第13卷和第15卷中所涉及的老舍致郭沫若于立群夫妇的书信进行了归纳与整合，使这些书信得以按照时间先后的顺序系统完整地编排在一起，更加难能可贵的是编著者对这一系列信件进行了考订阐释，特别是对书信中所涉及的人物、事件以及专有名词进行了详细的解释，这对于理解老舍与郭沫若通信的内容有了极大的帮助，但是对书信写作的时间、信件文字识别等信函多种元素的考证却基本延续了《老舍全集》中的信息，变化不大，新的有价值的内容并不多。另外，《老舍资料考释》中还缺失了两封老舍致郭沫若的书信，这也造成了该书以资料汇编和史实考订为特色方面的缺憾。

2013年人民文学出版社出版的《老舍全集》并不是1999年版《老舍全集》的简单再版，而是进行了修订和增容，特别是对第15卷书信的内容进行了丰富，2013年版的《老舍全集》第15卷共“收入作者1925—1966年的书信共213封”②，而1999年版的《老舍全集》第15卷是“收入作者1924—1966年的书信共208封”，③虽然该版次书信收入的起止时间、数量等都有细微的变化，但是有关老舍致郭沫若相关书信的编排、时间考订等方面的内容却与1999年版《老舍全集》相较，未有丝毫变化。

中国社会科学出版社2018年出版的《郭沫若研究年鉴2016卷》，在“郭沫若纪念馆馆藏资料”栏目中，刊登出由郭沫若纪念馆提供的该馆馆藏老舍致郭沫若9封

① 黄淳浩编：《郭沫若书信集（下）》，中国社会科学出版社1992年版，第401页。

② 《卷次说明》，《老舍全集》第15卷，人民文学出版社2013年版。

③ 《卷次说明》，《老舍全集》第15卷，人民文学出版社1999年版。

书信的原件图片及识文，这是老舍致郭沫若于立群夫妇信件原件的第一次公开刊发。仅仅通过阅览图片，我们可以直观感知到，老舍致郭沫若书信不同时期所使用的信笺、笔迹、书写格式等诸多真实有效而未被读者知晓的重要信息。特别是经过与《老舍资料考释》《老舍书信集》以及1999年版和2013年版的《老舍全集》等以前所刊登的老舍与郭沫若通信内容进行对比，可以发现在此之前所刊登出的老舍致郭沫若书信中存在着个别信函遗漏、识文有误、信函时间考订不精确甚至错误、信件随意拆分等诸多方面问题，下面将结合老舍致郭沫若书信的原件分别给予补正。

## 二 或缺失或不全的老舍致郭沫若通信

信件是写信人用文字的形式传达某件事情或某种情感给受件人的一种交流方式，因此收件人藏有的信件手迹原件是最真实可靠的原始资料。《郭沫若研究年鉴2016卷》所刊登出的是郭沫若纪念馆馆藏的老舍致郭沫若夫妇信件的原件手迹，此资料可以作为最准确的第一手资料，而《老舍资料考释》《老舍全集》第15卷、《老舍书信集》仅仅只是简单刊登出书信的文字，无任何原件的手迹资料，因此并不能作为可靠的第一手资料使用。在此原则的基础上，只能以《郭沫若研究年鉴2016卷》中《老舍致郭沫若、于立群信函9封》来与《老舍资料考释》和《老舍全集》第15卷书信部分中相对应的信函进行比对。经过与老舍致郭沫若书信原件的比对阅读，可以发现《老舍全集》第15卷和《老舍资料考释》中有关现存的老舍致郭沫若夫妇书信都未能全部刊登出来，它们或缺失，或移作别处，或割裂刊出，人为地造成了老舍致郭沫若夫妇书信刊出不系统的现状。而最直观的问题就是各个不同书籍中，所刊登出相关信件数量的差异。《老舍资料考释》中刊登出来的是《老舍致郭沫若夫妇的八封信》；《老舍全集》第15卷《致郭沫若》则刊登出来的只有7封信，如果再加上《致于立群》的1封，共8封信；《老舍资料考释》中刊登的是8封，《老舍全集》第15卷书信部分刊登出的也是8封，《郭沫若研究年鉴2016卷》中刊登出的由郭沫若纪念馆馆藏《老舍致郭沫若、于立群信函》共9封。为什么有8封与9封之别呢？目前，能够查询到的老舍致郭沫若的通信到底有几封？数量的差异究竟是如何造成的呢？

虽然同为8封信，但《老舍资料考释》与《老舍全集》第15卷所刊登的信件也不尽相同，因此，与《郭沫若研究年鉴2016卷》中的9封信相比较，上述出版物中所缺失的1封信也是不同的。《老舍资料考释》中缺失的信件，根据书信的原件可以识文如下：

## 老舍致郭沫若<br>1964年10月23日[①]

郭老：

家中转来佳篇，极谢！我已来门头村，一切都好，祈释念！村中生产大队属于四季青公社，生产青菜与水果。地处香山稍南，晴日可见山上红叶。大队四清运动已至尾声，正加紧学习新颁“双十条”，并结合文件找具体差距。社员们都极忙，还未能多去访问，时时旁听讨论文件而已。四清工作组中不少熟人，可惜已大部分调往东郊打歼灭战。每日三餐到附近部队工程队去吃，结识了不少战士，饭食稍苦，但颇欢快。又诌了一首诗，祈哂正！

门头村里好为家
文艺源泉岂浪夸
金玉红楼终是梦（一）
镰锄碧野遍开花
东流巨浪今潮北（二）
霜降香山叶染霞
瓜果齐歌丰产日
高天一弹吐光华

（一）父老传言，曹雪芹曾在附近法海寺出家为僧。

（二）村外长渠，引永定河水北来，灌溉效果甚大。

致

敬礼！

立群同志安好！

老舍上
二十三

上述1964年10月23日老舍致郭沫若的信件，《老舍资料考释》中并没有收录，而《老舍全集》第15卷中这封信却是存在的。《老舍全集》第15卷中所缺失的则是1964年10月12日老舍致郭沫若的信。《老舍全集》出版于1999年，是在《老舍资料考释》之前就结集出版，而且《老舍资料考释》中的书信是舒济转抄给编著者张

① 该时间据《老舍全集》第15卷，人民文学出版社1999年版，第645页。

桂兴的，但实际上《老舍全集》第15卷所刊出的《致郭沫若》的书信却比《老舍资料考释》还少一封信，原因何在呢？仔细查看《老舍全集》会发现，在《老舍全集》第13卷“曲艺·诗文”卷中，有《黄山之游——致郭老》《致郭老》《呈郭老》这样三篇古体诗歌作品。

根据《老舍全集》第13卷中相关篇目的注释，在《黄山之游——致郭老》的注释中写道“此信写于1964年10月12日，现据手迹收入”[①]；《致郭老》的注释为“本篇据郭沫若书信手迹收入”[②]；《呈郭老》的注释为“本篇据手迹收入”[③]，除《黄山之游——致郭老》的注释很明确说明此组诗是摘自老舍写给郭沫若的书信，剩余两首出处“据手迹”的解释则非常含糊。根据《老舍致郭沫若、于立群信函9封》的原件，可以得知这两首古体诗均摘自老舍致郭沫若的书信，只不过在收录《老舍全集》第13卷时将书信的主体删除，仅仅只保留了书信内容中的旧体诗部分。旧体诗《致郭老》是1964年10月23日老舍致郭沫若书信中的内容，虽然在《老舍全集》第13卷中刊出了诗文部分，但在《老舍全集》第15卷中信函和旧体诗则同时刊出，这也造成了《老舍全集》内容重复的现象。而旧体诗《呈郭老》，在《老舍全集》第13卷也是只保留了诗文部分，信件的正文也同样被删略了，但在《老舍全集》第15卷《致于立群》中则只有信函部分。信函原文如下：

> 立群同志：
>
> 郭老书《送瘟神》大字收到，已送交医学科学院，并嘱代致谢！打油诗一首附奉，博郭老一笑！暑甚，恕不一一！致
>
> 敬礼！
>
> 絜青问您好！
>
> 老舍
>
> 七月二十二日

如果读者仅仅只是读到此信，书信中老舍所提及的“打油诗”究竟何在呢？而《老舍全集》第13卷中《呈郭老》一诗又是老舍在何种情形下创作完成的呢？其实该旧体诗是老舍写给于立群的一封信中希望于立群转交给郭沫若阅读的，本是一体的信函后配诗的写作格式却被人为分割。如果忽略了这封信件的主题内容，是无法解释理解旧体诗《呈郭老》的创作背景和创作心理的，必然会对这首古诗的阐释出现偏差。而这样的文体编排方式人为打乱了老舍致郭沫若书信的系统性，对相关的研究也造成了误导和困难。

---

① 《老舍全集》第13卷，人民文学出版社2013年版，第691页。

② 《老舍全集》第13卷，人民文学出版社2013年版，第695页。

③ 《老舍全集》第13卷，人民文学出版社2013年版，第712页。

仅仅只从书信的数量、书信的完整性的角度，可以看出《老舍资料考释》、1999年版和2013年版的《老舍全集》中所刊登出的老舍致郭沫若夫妇信件，由于诸多原因都未能按照信件书写的时间逐一编排，就必然造成了上述书信或缺失，或不完整的现象，同样不可避免地造成了对写信人与受信人之间关系整体性认知以及信件之间本有的关联性的分割，就此也将无法正确识读老舍与郭沫若之间的友情。

## 三 两封老舍致郭沫若信件时间考

信件最重要的一个要素便是写作的时间，有些信件中非常完整写明写信的年月日，有些信件则仅仅只有月日，更有甚者只有日，对于后两者的情况就要依据相关的信息进行推测判断，最后得出一个相对合理的具体时间。对时间的判定是现代书信整理、考释和研究必不可少的一项重要工作。

结合《郭沫若研究年鉴2016卷》中所刊出的老舍致郭沫若夫妇9封信原件的各种因素，笔者可以推断，《老舍资料考释》《老舍全集》第15卷所刊发的老舍致郭沫若的信件中，至少有两封信的时间是有疑问的。

时间存疑的信件之一：

郭老：

找到一方端砚，系北京藏砚家所珍。石名“蕉白”，非普通紫色；中有硃纹，加水愈显。大概是康熙时物，边款或可证。这是我送给您的小礼物，千祈哂纳！致

敬

老舍

四日

此封信原件中的手迹上只写了“四日”，既无月份，也无年代，那么此封信究竟写于哪年哪月呢？

《老舍资料考释》的编著者张桂兴将此封信的时间考订为“约写于50年代，具体年代待考”，而《老舍全集》中干脆就只写了“五十年代”。“五十年代”是一个非常宽泛的时间范畴，这样宽松的时间界定对于理解这封信的内容没有任何意义。而即便是得出了“50年代”这样宽泛的时间判定，《老舍资料考释》和《老舍全集》第15卷的编者也未能给出究竟是依据何种史料、史事而作出的“约写于50年代”的史实判断。

依据老舍致郭沫若书信的原件，笔者判定这封信应该写于1952年7月后不长的时间段内，理由如下：

要考察这封信的时间，必须把这封信与1952年6月14日老舍致郭沫若的另外一封信联系在一起。首先，这两封信所使用的信笺都是抬头为“北京市文学艺术工作者联合会公用笺”，是竖排版的公文纸格式。在目前看到的老舍致郭沫若9封书信的原件中，仅仅只有这两封信使用了这样的信笺；其次，这两封信都是老舍用钢笔书写而成，而且字体基本一致，而其余的7封信件都是用毛笔书写而成，字体也与这两封由钢笔书写的完全不同；另外，从信中对郭沫若的称谓来看，1952年6月14日的信件中，老舍称郭沫若为“沫公”，而后面的一封信为“郭老”，看似这两个称谓不同，实则应该比较接近，老舍在1950年3月7日的日记中记载“晚郭老来，约去吃饭”①，4月13日的日记中则记载“给郭老等函”②，因此从称谓来看，“沫公”更加亲切正式，也与信件恳请别人帮助的主题相符，而“郭老”则更加口语化，这应与赠送砚台这件生活趣事相应。从这三个角度来讲，这两封信写作时间应该是相隔不远。那么究竟是哪封信在前，哪封信在后呢？根据内容来看，写于1952年6月14日的信件，主要是老舍为在中国科学院工作的好友郝景盛工作调动的事情写信给郭沫若，希望时任中国科学院院长的郭沫若能够帮助郝景盛从中国科学院调到农林部去工作。而需要待考信件的内容是老舍得到了一方康熙年间的砚台，他把这个砚台作为礼物送给了郭沫若。老舍为什么无缘无故送给郭沫若这么贵重的砚台呢？这其中必然会有前因后果关联。老舍是一个对朋友热情的人，更是一个懂得感恩的人。我想很有可能是因为，1952年6月14日老舍写信恳求郭沫若帮助自己的朋友郝景盛调动工作，1954年郝景盛就任了林业部总工程师兼林业部技术委员会主任，老舍请求郭沫若帮助的事情最终得以圆满地解决，为此老舍赠送端砚以答谢郭沫若就顺理成章了，郭沫若喜爱石头制品，因此老舍送给郭沫若一方康熙年间的端砚也在情理之中了。从这个角度来看，这封奉送端砚的信件应该在1952年6月14日信件之后，应该是在1952年7月至1954年间。

时间存疑信件之二：

郭老：

谢谢摩腰膏药！如见效，当托广州友人代购。

问夫人好，弟弟妹妹等都好！

致敬！

老舍

四月八日

① 《老舍全集》第19卷，人民文学出版2013年版，第20页。

② 《老舍全集》第19卷，人民文学出版2013年版，第26页。

老舍给郭沫若此封信的时间，在《老舍资料考释》中注明是1960年4月8日，而该信件的注释中却说明“约写于50年代，具体年代待考”。显然编著者张桂兴对于这封信时间的考订存在着前后不一致的矛盾，1960年怎么能是“50年代”呢？2013年版《老舍全集》里的这封信的时间也标注为“一九六O年四月八日”。对于该信的时间为什么是“1960年”，张桂兴和《老舍全集》第15卷的编者都没有给出具体翔实的说明。那么这封信究竟写于何时呢？

根据信的内容来看，基本能推测出老舍写该信的缘由，郭沫若从广州带回了摩腰膏药送给了老舍，老舍收到后并未使用，立刻给郭沫若写了回信表示感谢，并表达了如果这个膏药对自己的腰病有效用，那么他就托人从广州捎带此药，推测这封信写作时间的关键词是广州和膏药。根据《郭沫若研究年鉴2016卷》所刊登出的该信手迹原件可知，此信作于4月8日。查询《郭沫若年谱长编》[①] 中有关郭沫若1960年1月至4月的资料，可以发现此段时间郭沫若一直在北京，未曾离开过北京去外地，因此郭沫若也就无法从广州给老舍捎带膏药了。那么在1960年前后，郭沫若究竟去过广州没有？如果去了，具体的时间是什么时候呢？《郭沫若年谱长编》第四卷记载：1959年1月“26日陪同卡德纳斯将军一行从武汉乘专机到达广州”，2月“10日乘火车离开广州”，2月“20日与成仿吾同车回京”。自1959年1月26日离京至2月20日返京，在这段时间内，郭沫若除了已有的公务安排、创作历史剧《蔡文姬》外，完全有充裕的时间购买摩腰膏药。等2月20日回到北京后，派人将此药膏送给了老舍，于是老舍便在4月8日时写下了上述的信件。这在时间上是吻合的，在情理上也是相通的。因此这封信应该是写于“1959年4月8日”。

由于个人的习惯、书信写作的私密性等方面的原因，有些信函只写年月，甚至只写日期，更有甚者可能连时间都干脆省略，这就为信件的解读研究造成了困难，因信件写作的时间关系到对信函内容、事件的解读以及后续事情的延展等方面的问题，所以在信函中时间的准确性是至关重要的元素，对此要通过考证信函写作双方的具体情况合理进行判断考订，以便得出尽可能确切的时间点或时间段。

对于写作时间缺失或模糊之信函的时间判断并不是一件想当然的事情，不能仅依靠信函的内容便轻易推测判定，还应依据信函的信笺、笔迹、字体等方面的信息，提供必要的线索和依据，因此信函手迹原件的重要价值便不言而喻了。

## 四 老舍致郭沫若夫妇信函识文勘误

信件内容的识别也是现代作家间通信研究的另外一项基础工作，它看似简单，却涵盖了很多不确定的因素。有些信函的写信者由于书写习惯的原因，信函的字体会出

① 林甘泉、蔡震主编：《郭沫若年谱长编》，中国社会科学出版社2017年版，第1726—1729页。

现草书、连笔、简写等不同样态，这给识文带来了难度，另外，有些信函经过了长久的保存后，有褶皱、污渍、水迹、破损等方面的情形，还有些信函原件的保存者在誊抄、转让等环节中也必然会造成对原件内容的改变，以上诸多情形都会对信函的识文造成不同程度的干扰和困难，因此错误也在所难免。那么，目前看到的老舍致郭沫若夫妇书信的识文是否也存在错误之处呢？

笔者将《郭沫若研究年鉴 2016 卷》所刊登的郭沫若纪念馆藏老舍致郭沫若夫妇 9 封信件的手迹原件与《老舍资料考释》和《老舍全集》（第 13、15 卷，1999 年版）所刊出的相关信件进行比对，发现了《老舍资料考释》和《老舍全集》（第 13、15 卷）中的老舍致郭沫若夫妇信件的多处漏字、错字的问题。现勘误校正如下：

| 序号 | 信件时间 | 张桂兴《老舍资料考释》 | 《老舍全集》（第 13、15 卷） | 郭沫若纪念馆馆藏原件 |
|---|---|---|---|---|
| 1 | 1942 年 5 月 27 日 | 长安，不易居 | 长安不易居 | 长安大不易居 |
| 2 | 1952 年 6 月 14 日 | 愿意实际搞造林工作 | 愿意实际搞造林工作 | 愿实际搞造林工作 |
| 3 | 50 年代某月 4 日 | 找到一块端砚 | 找到一端砚 | 找到一方端砚 |
| 4 | 1962 年 5 月 9 日 | 系埽叶山房铅字本……埽叶本不算太坏 | 系扫叶山房铅字本……扫叶不算太坏 | 系扫叶山房铅字本……扫叶不算太坏 |
| 5 | 1964 年 10 月 12 日 | 《黄山松》：上舞飞莺下卧龙 | 《黄山松》：上舞飞莺下卧龙 | 《黄山松》：上舞飞鸾下卧龙 |
| 6 | 1964 年 10 月 12 日 | 《赠摄影专家……》：摄影万篇诗 | 《赠摄影专家……》：影摄万篇诗 | 《赠摄影专家……》：影摄万篇诗 |
| 7 | 1964 年 10 月 12 日 | 《赠摄影专家……》：漏（灯下冲洗影片至深夜）一句 | 《赠摄影专家……》：（灯下冲洗影片至深夜） | 《赠摄影专家……》：（灯下冲洗影片至深夜） |
| 8 | 1965 年 7 月 22 日 | 墓碑遥遥出金陵 | 墓碑跃跃出金陵 | 墓碑跃跃出金陵 |

（下划线部分为不同之处）

综合上面勘误表格可见，与原件相比较，《老舍资料考释》《老舍全集》（1999 年版）第 13、15 卷中相关内容的错误，主要为漏字、添字、识文抄写笔误等，这些错误非常明显是信件在传抄过程中所出现的。为什么会出现这种现象呢？

张桂兴《老舍资料考释》在编辑老舍致郭沫若夫妇八封信时曾做如下说明：

> 最近，郭沫若故居的同志在整理郭老的遗作时，意外地发现了老舍致郭沫若、于立群夫妇的八封信。他们深知这些信件的价值，于是立即将抄件转交给了

> 老舍长女舒济。舒济接到这些抄件后非常高兴，除准备将这些书信编入《老舍全集》外，又马上提供给笔者。笔者阅完后认为，新发现的老舍致郭沫若夫妇的八封信具有十分重要的史料价值……为此，笔者特地加以注释后刊载于此。①

据此说明可知如下事实，一是张桂兴并没有见到他编著《老舍资料考释》一书中所刊出的老舍致郭沫若夫妇八封信的手迹原件；二是张桂兴所刊出的这八封信都是抄件，是郭沫若纪念馆工作人员抄录给舒济，然后舒济又转交给他的，因此这八封信不仅不是第一手资料，甚至有可能连第二手资料都不是；三是舒济把老舍致郭沫若夫妇信件的抄件交给张桂兴时，也准备将这些资料编入新出版的《老舍全集》，《老舍资料考释》在2000年出版，而《老舍全集》则在其前一年1999年出版，虽然是来源相同的同一份资料，但经过不同的编者编辑修订，再加之中间相隔时间较短，未进行仔细的推敲和审核，特别是经过不止一人的传抄过程，信件识文的错误就在所难免了。

有了上述的说明，便可以推测出，老舍致郭沫若夫妇书信中所出现的文字内容的差异，既有可能是郭沫若纪念馆工作人员传抄给舒济时就出现了错误，也可能是由舒济传抄给张桂兴后出现的第二次错误，还可能是不同的编辑者在编辑过程中由于自身语言运用的习惯所出现的问题。比如1952年6月14日这封信中的错误，信函原件中为：愿实际搞造林工作，而《老舍全集》《老舍资料考释》中全为：愿意实际搞造林工作，这很可能是由于郭沫若纪念馆工作人员在第一遍抄录原件时将原件中的“愿”，习惯性地抄录为“愿意”，所以《老舍全集》《老舍资料考释》中都为错误的“愿意”；1964年10月12日信函中的错误，信函原件为：影摄万篇诗，《老舍全集》第13卷中就与信函原件一致，为“影摄万篇诗”，但《老舍资料考释》中却为“摄影万篇诗”，这种错误就可能是舒济在抄写给张桂兴时将原件抄录错误，也有可能是抄录没有问题，但张桂兴在编撰该信件时出现了错误。

信函的识文应该在比对原件手迹的基础上，进行识别辨认，只有如此才能保证信件内容的正确性，至少漏句、漏字等最基本的错误还是可以避免的。

## 五　因老舍致郭沫若书信而变化的旧体诗

老舍创作的旧体诗并不算少，目前《老舍文集》第13卷第一次系统整理和出版了老舍的旧体诗。1999年版《老舍全集》第13卷旧体诗部分便是在此基础上编撰而成，此版本的卷次说明中也对此注解为“这些作品大部分曾收入《老舍文集》。除此

① 张桂兴：《老舍资料考释》，中国国际广播出版社2000年版，第479页。

之外，还尽可能搜集了散见于报刊杂志上的作品入集”①。依据《老舍全集》与《老舍文集》的承续关系，可知《老舍文集》第13卷的“所收各篇，均据初版本或最初发表的报刊作了校勘”卷次说明也适用于《老舍全集》，但实际却有例外存在。

《老舍文集》第13卷中分别刊有《黄山奇》《黄山云》《黄山小诗之一》《咏黄山》等四首旧体诗，仅仅只从题目上便可以看出这是老舍游览黄山后所写下的纪游诗，但是这四首诗歌在编入《老舍全集》第13卷时却面目全非，取而代之的是《黄山之游——致郭老》。《黄山之游——致郭老》是1题9首诗，其中有与《老舍文集》第13卷中题目重复的《黄山奇》《黄山云》，根据内容来看《黄山小诗之一》改名为《文殊院》，而《黄山松》《自光明顶至始信峰》《赠摄影专家“黄山老人”卢老施福》《赴徽州途中》《屯溪》《轮箍厂留赠工人同志》六首诗歌为新增内容。

经过仔细校对，《老舍文集》第13卷中的《黄山奇》与《咏黄山》实则为同一首诗，只是《黄山奇》中“云海横空潮彩浪，天峰绝顶落松花”和“怪石奇松诗意里”两句与《咏黄山》“云海波澜峰作岛，天风来去雨飞花”和“怪石飞泉诗境里”略有不同，其余各句均相同。而《老舍全集》第13卷中该题目诗的内容则是“云海横空移彩浪，天峰绝顶落幽花”，其余各句也均与《老舍文集》中的《黄山奇》《咏黄山》相同。另外，《老舍全集》第13卷中的《文殊院》“风光半在玉屏楼”与《老舍文集》第13卷《黄山小诗之一》“风华半在玉屏楼”有一字不同，其余也皆相同。那么为什么会出现如此变化呢？

如果按照《老舍文集》第13卷所注明的“所收各篇，均据初版本或最初发表的报刊作了校勘”原则进行编撰，肯定不会出现上述的现象。因为无论是初版本还是最初发表的报刊都具有唯一性，也会提供给编者固定的校勘底本。之所以出现前后承续的作品集作品内容不同，甚至同一卷次中竟然出现了两篇内容略有差异的同一篇作品，其根本的原因就是这1题9首诗歌是在收入《老舍文集》《老舍全集》时都不曾单独发表。黄山系列诗歌是老舍在1964年8月游览黄山时借景抒情、咏物言志的旧体诗歌作品。但是这些作品在老舍生前并未公开刊发。老舍1964年10月12日写给郭沫若的信中，开头便提到“黄山之游，血压波动，昏昏终日，未获好诗”，寥寥数字，一方面表明了老舍游历黄山时的身体情绪状态，另一方面也说明老舍对自己描写黄山的诗歌并不满意，如果不是郭沫若主动提出阅读，可能这几首诗歌很难保存下来。那为什么又有着这么多的改动呢？此信中又写道“选录数章，全无秀句”，这也说明老舍邮寄给郭沫若阅读的这9首旧体诗，是他众多黄山纪游诗中的部分作品，由此也可以推测1964年老舍游历黄山时所创作的旧体诗不仅仅只有这9首，应该还有一些，老舍从这些诗歌中挑选出比较有代表性的9首以信函的形式交给郭沫若阅读，既然是之前已经完成的旧作就很有可能老舍在誊抄过程中进行了润色加工，修改了个

① 《卷次说明》，《老舍全集》第13卷，人民文学出版社1999年版。

别词句。至于《老舍文集》第13卷中所刊登出的四首诗歌，很有可能出自老舍保存下来的手稿，那为什么只有四首呢？笔者个人认为很有可能老舍不太满意这一组诗歌，所以并没有妥善保存，更没有拿出来刊发。舒济在《老舍全集》第13卷出版前得到了郭沫若纪念馆馆藏的老舍致郭沫若书信手稿的抄件，1964年8月游历黄山的旧体诗创作也恰好在其中。既然这9首诗是在老舍邮寄给郭沫若的信函中，是可以呈现给别人阅读欣赏的作品，就表明这应该是老舍所认可的定稿版黄山纪游诗，比手抄的底稿更成熟，因此在《老舍全集》出版时，根据书信抄件对黄山纪游组诗进行了更替，增加了这组旧体诗的数量，修改了部分诗的题目和内容。如果没有1964年10月12日老舍致郭沫若书信的出现，老舍黄山纪游组诗很可能就只有4首存世，同样也会是另外一种解读模式。

由老舍给郭沫若信件中黄山系列旧体诗的刊发情形，便可以看出书信的编撰不同于文学作品版本的选取与编辑。书信具有唯一性，写信者写给收信者并将此信寄出，收信者收到此信后，完成上述流程后才算真正的信函。因此刊登出的书信应该以写信者寄出且收信者收到的信件作为唯一的底本。但现实的情况是，在大多数情况下除了收信人保存的信函手迹原件外，还存在着该信函的誊抄件、原始件等多种形式，但是这些大都保存在写信人手中，没有邮寄出去，它们并不是真正意义上的信件。因此在信件收集、整理和研究过程中，我们应该严格将信函、誊抄件、原始件等不同样式加以区别，以免造成不必要的错误。

## 结 语

《老舍资料考释》和《老舍全集》（第13、15卷）中收入的老舍致郭沫若夫妇信件所出现的信件遗漏、信件拆分、信件在作品集中的位置、时间考订误差以及信函识文错误等方面的问题，既反映了书信文体独特的个性，也具有作家作品集编撰的普遍性，这些看似细微的问题却反映出目前现代作家书信编撰中诸多认识上的偏差。

书信是人类交往过程中一种非常普遍的私人间交流方式，特别是在现代传媒还未能充分发展的时期，通过书信人与人之间更加坦率地交流情感、沟通事件，现代作家同样也是如此，他们之间留存有大量的通信。“作家的书信或日记，本意并非在于发表，因而总是直抒胸臆，也就更真切地反映了作家的思想和生活，成为研究作家的最直接、最切实可靠的资料”①，为此目前出版的多数作家全集中，如《鲁迅全集》《老舍全集》《茅盾全集》都将他们生前的书信编入其中。随之而来的一个问题便是，对于作家书信编撰的基本原则是什么？结合老舍致郭沫若书信在编撰中的问题，略谈

① 王仰晨：《巴金书简——致王仰晨·编后记》，文汇出版社1997年版，第503页。

一二。

信函是一个写受双方的互动过程，包括写信、邮寄、收信、保存、回信等诸多环节，非常繁复。特别是书信原件的保存一直是个难题，尤其是20世纪中国动荡的社会局势，更加造成了现代作家“书信散失最多，保存最少”①。以老舍致郭沫若书信为例，就明显印证了这个判断。《老舍全集》第19卷的日记中就记录下老舍曾于1950年3月4日“函沫若，闲谈能发东方通讯事”②，4月13日“移回家来，给郭老等函，通知迁移。”③ 但目前这两封信都未能保存下来，相关内容更无从知晓。仅1950年不到1个月的时间内，他们之间的信函就有两封，更何况还会有我们未见到的相关记载，因此老舍给郭沫若写过的信应不止前文提到的这10封，应该还有很多。那么这些信件在哪里呢？考虑到通信者个人居住环境变迁、社会局势的发展等诸多因素，现在未见到的信件可能是彻底遗失了，也可能流落到了社会之中，被通信者之外的人所收藏。这些不见踪迹的信件有时却造成了书信造假的可能性，书信造假在现代社会中屡见不鲜，造假者或为经济利益，或为名人效应等方面的原因，通过仿写、拼接等方式而另造假信。因此在编辑现代作家的书信时应该以信件的原件作为最基本的编撰依据，在此基础上进行判别、识文。

书信编撰的一个最基本原则应是依据“原件为真”。“原件为真”的原则不仅仅只是保证信件的真实，也可以为识文、判断信件时间等方面的信息提供第一手资料。判别原件首先要做到的就是要区分出邮寄出的信件、誊抄件、原始件等信件的不同存在形式，另外除了信件内容等常识性的信息外，书写者的笔迹、书写者所使用的信笺、字句下的重点标识等单靠文字无法捕获到的最直观线索也应注意探究。比如，20世纪50年代老舍写信给郭沫若，要赠送给他砚台的事情。《老舍全集》《老舍资料考释》中仅把这封信界定为“约写于50年代，具体年代待考”。面对这样一封内容简单的信函抄件，也难怪编者无从下手。但是如果看到信函原件，将通信者所使用的信笺纸、笔迹等结合起来进行综合考量，通信时间的判定自然便可迎刃而解了。“原件为真”同样会对作品的阐释起着重要作用。如《老舍文集》第13卷中《咏黄山》《黄山小诗之一》《黄山云》《黄山奇》等四首诗歌，与1999年版和2013年版《老舍全集》第13卷中《黄山之游——致郭老》无论是内容还是篇目都有较大差异。而老舍抄送给郭沫若黄山纪游1题9首诗歌书信中对创作这些诗歌时的情绪、自己对这些诗歌的态度、诗歌的数量等方面的信息都有详细的说明，因此信函便成为解读这组纪游诗的关系信息链。

以上仅仅只是老舍致郭沫若不多的书信就解答了许多老舍和郭沫若研究中的一些

---

① 巴金：《关于〈全集·书信编〉》，《再思录》，上海远东出版社1995年版，第56页。

② 老舍：《老舍全集》第19卷，人民文学出版社2013年版，第19页。

③ 老舍：《老舍全集》第19卷，人民文学出版社2013年版，第26页。

问题，由此推广而来，无论是老舍的书信考证，还是郭沫若的书信研究都还有许多问题需要深入思考探究。

（原载《民族文学研究》2019 年第 6 期）

# 郭沫若"抗战归国"再考察

邢　洋

1937年7月27日，流亡日本十年的郭沫若，冒着生命危险回到了祖国。这一事件不仅在当时造成极大轰动，且被纳入忘身忧国、毁家纾难的民族主义叙事，逐渐凝固为一种共识。然而，深入考察郭沫若归国前后的经历，会发现这种"共识"有过于简单化的倾向，不足以反映他的艰难抉择及复杂心理。郭沫若1937年"归去来"，对应着他在新时代背景下的思虑起伏和人生追求，既是理解其思想、创作的重要入口，也能够折射出"几张有价值的时代缩图"[①]。重新梳理这一过程，呈现郭沫若与国共两党的关系，以及在大时代面前的境遇和抉择，或许对我们深入理解郭沫若后半生走向、反思中年郭沫若和晚年郭沫若的两极评价有所助益。

## 一　"十年前事今犹昨"[②]：流亡缘起

1926年7月，郭沫若投笔从戎，以政治部宣传科科长、行营秘书长的身份从广州出发参加北伐。由于受到蒋介石和邓演达[③]的赏识，不久晋升为总政治部副主任，少将军衔；1927年3月，蒋介石酝酿同武汉政府分裂，又秘密委任郭沫若为政治部主任。而郭沫若却在半个多月后写出《请看今日之蒋介石》，与蒋介石公开决裂，并成为他流亡日本的导火索。这一选择的背后，与武汉国民党中央同蒋介石之间的矛盾具有深层关联。

北伐期间，国民党左派忌惮蒋介石日益膨胀的个人权力，采取了迎汪（精卫）复职、恢复党权运动等多重手段，对蒋加以限制。1927年3月，国民党二届三中全会召开，共产党联合国民党左派，在反蒋斗争中占得上风。蒋介石大部分职务被免去，只剩国民革命军总司令一职，权限也受到诸多限制[④]。蒋介石倍感愤恨失意，他

---

① 沈从文：《论郭沫若》；黄人影编：《郭沫若论》，光华书局1931年版，第8页。

② 全诗为："十年前事今犹昨，携手相期赴首阳。此夕重逢如梦寐，那堪国破又家亡"。见郭沫若《达夫的来访》，《宇宙风》第三十五期，1937年2月16日出版，第554页。

③ 邓演达时任国民革命军总司令部政治部主任，属于国民党左派，是郭沫若的顶头上司。

④ 王奇生：《国共合作与国民革命：1924—1927》（《中国近代通史》第7卷），江苏人民出版社2006年版（下同），第324页。

将责任归咎于中国共产党及鲍罗廷暗中操控，由此开始走向反共清党的道路[①]。郭沫若此时虽未公开反蒋，但对蒋日益暴露的野心早有察觉，一直同武汉中央“通气”。3月底时，郭得到消息，中央3月23号已罢免了蒋介石的职权[②]。这直接促使他写出讨蒋檄文《请看今日之蒋介石》，揭露蒋介石武力破坏党权的行为，与之公开决裂[③]。

然而，郭沫若对政治形势的判断恐怕有些简单。“国民党三中全会是武汉反蒋运动最精彩的一幕。可是，事情也并不可能仅凭会议解决，还须有实力作后盾”[④]。蒋介石握有军权，武汉中央想凭党权削弱军权，实际难以实现；再加上蒋介石率北伐军接连克复上海、南京，并打出反共牌，得到与中国共产党不睦的国民党元老吴稚晖、李石曾、蔡元培等人的支持，已具备反共清党、另立中央的资本。武汉中央不愿激化双方矛盾、仍寄希望于削弱蒋介石军权化解危机，蒋却为避免被动挨打，率先采取激进措施，于4月12日在上海发动了清党运动。紧接着，南京国民政府成立，宁汉对峙的局面由此形成。

郭沫若公开与蒋决裂后，才知晓国民党中央“并没有免蒋职”，其策略“依然是要和蒋介石妥协”[⑤]。郭此时不仅为蒋所不容，还受到了武汉方面的责备。他敏锐察觉到“革命的悲剧，大概是要发生了。总觉得有一种螳臂当车的感觉。此次的结果或许是使我永远成为文学家的机缘”，“种种的凑巧与不凑巧凑成了现在的局面。我好像从革命的怒潮中已被抛撇到一个无人的荒岛上的一样”[⑥]。这是郭沫若内心“寡白的烦闷”[⑦] 的写照，字里行间透露着他对革命的失望，以及脱离革命潮头的懊丧。宁汉对峙局面形成后，郭沫若的境遇并未好转。武汉左派政权“本极脆弱”，内外交困之下，汪精卫态度逐渐右转，武汉政府右倾迹象愈发明显[⑧]。郭沫若从军事委员会总政治部副主任，转为张发奎领导的国民革命军第四集团军第二方面军副党代表，兼此军政治部主任。他一面被南京政府通缉，一面被武汉政府冷落，长期处于苦闷和失意中。

---

① 王奇生：《国共合作与国民革命：1924—1927》（《中国近代通史》第7卷），第325页。蒋介石将责任推到中国共产党身上，更多的还是一种策略，以掩盖国民党内部左右两派的权力斗争，并为自己争得支持者。张国焘就认为，“反共”这面旗帜，是蒋介石在同武汉阵营的斗争中“获得胜利的重要关键”。见张国焘《我的回忆上》，东方出版社2004年版（下同），第487页。

② 郭沫若：《脱离蒋介石以后》（二），《中央副刊》第44号，1927年5月7日。郭沫若未说明消息来自何处，但后来的事实表明，此消息并不准确。

③ 邹佳良：《论“恢复党权运动”与〈请看今日之蒋介石〉的写作》，《中国现代文学研究丛刊》2018年第3期。

④ 张国焘：《我的回忆上》，第486页。

⑤ 郭沫若：《脱离蒋介石以后》（三），《中央副刊》，1927年5月9日。

⑥ 郭沫若：《脱离蒋介石以后》（三），《中央副刊》，1927年5月9日。

⑦ 郭沫若：《脱离蒋介石以后》（三），《中央副刊》，1927年5月9日。

⑧ 张国焘：《我的回忆上》，第527页。

值得注意的是，大革命期间，郭沫若作为国民党员是“一个最基本的历史事实”[①]。在南昌时，他和共产党人关系日渐密切，但写作《请看今日之蒋介石》，主要还是在国民党中央和蒋介石之间的抉择。不过，郭沫若公开反蒋，却成为共产党人对他予以特别重视的缘由之一[②]。1927 年 3 月 30 日，周恩来建议“推举郭沫若为知识分子的领袖”[③]，以影响更多人拥护武汉中央，反对并孤立蒋介石；汪精卫“分共”后，中国共产党发动南昌起义（最初称“南昌暴动”），出于策略上的考虑，打的是国民党左派的旗号，号召“继承国民党正统”[④]。中国共产党试图建立一个共产党（占多数）和国民党左派的联合政权，组织了中国国民党革命委员会[⑤]，郭沫若在未到场的情况下，又被选为革命委员会委员、主席团成员[⑥]。这进一步反映出中国共产党对郭沫若的重视，但同时也表明，直到南昌起义，郭沫若在共产党人眼里仍是一名国民党左派。

当时一般认为，凡干政治工作者，都是共产党[⑦]。共产党既然起义，张发奎和郭沫若就商议解散了第四集团军第二方面军政治部。这时郭沫若已没有多少选择余地：他要么接受张发奎邀请，同去日本；要么赶往南昌，加入共产党队伍。郭沫若选择了后者。他和李一氓等人从九江出发，于 8 月 4 日晚赶到南昌，随后又同起义军南下。抵达瑞金时，郭沫若经周恩来和李一氓介绍，加入了中国共产党。据李一氓回忆：“在瑞金的时候，周恩来同我商量，要介绍郭沫若入党。究竟是郭沫若提出在先，还是组织上要他入党在先，现在无从说起。我看这不是一个重要问题，因为当时对郭沫若来讲，入党的时机已经成熟了。”[⑧] 在种种客观形势和条件面前，共产党选择了郭沫若，郭沫若也选择了共产党，郭沫若入党“时机已经成熟”，确实是很适切的说法。

由于起义部队遭到重大挫折，中国共产党为保存有名望的干部，计划将郭沫若、董必武、钱亦石等转移至苏联[⑨]。但郭沫若突患斑疹伤寒，未能成行；痊愈时，他正

---

① 蔡震：《在与国共两党的关系中看郭沫若的 1926—1927——兼论与此相关的史料之解读及补充》，《郭沫若学刊》2007 年第 1 期。

② 共产党内部对国民党左派的看法虽然多有分歧，但在反对、孤立以蒋介石为代表的国民党右派方面，意见比较统一。

③ 中共中央文献研究室编：《周恩来年谱 1898—1949》，中央文献出版社 1998 年版，第 112 页。

④ 《李立三报告——八一革命之经过与教训》，中央档案馆编：《中共中央文件选集》第 3 册（1927），中共中央党校出版社 1983 年版，第 343 页。

⑤ 《李立三报告——八一革命之经过与教训》，中央档案馆编：《中共中央文件选集》第 3 册（1927），中共中央党校出版社 1983 年版，第 343 页。

⑥ 中国国民党革命委员会委员共二十五人，主席团七人。主席团除郭沫若外，另外六人为宋庆龄、邓演达、谭平山、张发奎、贺龙和恽代英。详见枕薪《南昌政变之追忆》，《新国家》，1927 年 12 月第 1 卷第 12 号。

⑦ 郭沫若：《涂家埠》，《小说》第 1 卷第 1 期，1948 年 7 月出版，第 64 页。

⑧ 李一氓：《李一氓回忆录》，人民出版社 1993 年版，第 88 页。

⑨ 魏奕雄：《郭沫若紧随周恩来五十载》，廖久明编：《郭沫若研究文献汇要：卷三交往卷》，上海书店出版社 2012 年版，第 448 页。

被国民政府悬赏三万元通缉，无法安居，遂决定全家一起去往日本。郭沫若在日期间与党组织失去了联系。瞿秋白被捕后曾对外界透露，郭沫若向苏维埃中央提出脱党请求，说这是妻子安娜的主张："在日如不脱党，处处必受日本当局干涉，不能安居。"① 而"苏维埃中央原谅其苦衷，已准其脱党。"② 瞿秋白关于郭沫若主动要求脱党一说，只是孤证，另外也可能是出于对郭沫若的保护，故意有此说辞。不过，郭沫若在日本不再是中共党员，则是能够确认的事实③。

## 二 "有鸟志乔迁"④：决绝背后的踌躇

郭沫若在日本逐渐远离政治，除继续文学创作外，还投身史学研究，成为一位颇具声望的历史学家。日本政界元老西园寺公望赏识郭沫若的《金文丛考》，曾亲自赴郭氏寓中探访⑤。这后来成为郭沫若结束日本流亡生涯的一个由头。1937 年 5 月，政府为缓和中日局势，想到郭沫若与西园寺公望的关系或可利用⑥，遂嘱郁达夫致信郭沫若，"谓委员长有所借重，乞速归"⑦。郁达夫当时正为郭沫若回国一事奔走，以为运作有了成效，故信中说："我以奔走见效，喜不自胜"，"一面并电南京，请先取消通缉，然后多汇旅费去日，俾得早日动身"⑧；郁达夫还说："目今强邻压迫不已，国命危在旦夕，大团结以御外患，当系目今之天经地义，想兄不致嫌我多事也。"⑨ 这段文字表明，郁达夫为郭沫若回国奔走，并非受郭所托，而是自觉民族大义当前，希

---

① 李克长：《瞿秋白访问记》，《国闻周报》第 12 卷第 26 期，1935 年 7 月 8 日。

② 李克长：《瞿秋白访问记》，《国闻周报》第 12 卷第 26 期，1935 年 7 月 8 日。

③ 郭沫若 1958 年才重新入党（《人民日报》，1958 年 12 月 28 日），吴奚如则说："郭老一从日本平安回到上海，他的党籍就恢复了"（吴奚如：《郭沫若同志和党的关系》，《新文学史料》，1980 年第 2 期）。从郭沫若回国后包括在第三厅工作时的一系列经历来看，吴奚如的说法似乎不确。限于篇幅，本文不就这一问题展开讨论。但即便依照吴奚如的说法，也能证明郭沫若在日本时失掉了共产党员身份。

④ 全诗为："廿四传花信，有鸟志乔迁。缓急劳斟酌，安危费斡旋。托身期泰岱，翘首望尧天。此意轻鹰鹯，群雏剧可怜。"1937 年 7 月 14 日，郭沫若为请金祖同代订 7 月 24 日归国船票而作。出于安全考虑，诗中使用了隐语。详见郭沫若《由日本回来了》，《宇宙风》第四十七期，1926 年 8 月 16 日出版，第 510 页。

⑤ 《在爱妻的国度里晴耕雨读》，东京《朝日新闻》，1933 年 1 月 6 日。转引自《上海鲁迅纪念馆藏鲁迅剪报（中）》，《上海鲁迅研究》，2002 年；另见林甘泉、蔡震主编《郭沫若年谱长编（1892—1978）》第 1 卷，中国社会科学出版社 2017 年版（下同），第 502 页。

⑥ 王廷芳：《光辉的一生深切的怀念》、孙席珍：《郭沫若——永远不灭的光辉》，《郭沫若研究论集》，四川人民出版社 1980 年版，第 9、36 页。

⑦ 郁达夫 1937 年 5 月 18 日致郭沫若信，吴秀明主编：《郁达夫全集》第 6 卷，浙江大学出版社 2007 年版，第 271 页。

⑧ 郁达夫 1937 年 5 月 18 日致郭沫若信，吴秀明主编：《郁达夫全集》第 6 卷，浙江大学出版社 2007 年版，第 271 页。

⑨ 郁达夫 1937 年 5 月 18 日致郭沫若信，吴秀明主编：《郁达夫全集》第 6 卷，浙江大学出版社 2007 年版，第 271 页。

望郭回国共御外侮[①]。郭沫若收到郁达夫的信，在日记中写道："言南京欲借重，消息殊突然。困苦十年，母死兄逝，掩儿带女，殊觉茫茫。"[②] 此后南京方面既未撤销通缉，也未汇钱给他，这件事便又暂时搁下了[③]。

国难当头，郭沫若一直希望为国效力。他曾托人向白崇禧转交一封信，"为了促进抗日，希望蒋桂合作"[④]；在一封给家乡人民的回信中，郭明确表示："我们国族目前处在危难的时候，我们做国族的儿女的人，尤当是生死与共，我久已立志要使自己的最后一珠血都要于国族有所效益。"[⑤] 不过，郭沫若"为国效力"的企望与回国的行动之间，还有一个"缝隙"，忽视这个"缝隙"中隐藏的丰富信息，导致人们对郭沫若回国的解释往往比较单薄，其归国抉择和个体追求的深层关联，在救亡话语的阐释中，反而被更深地掩盖了。

郭沫若在"卢沟桥事变"爆发后重新考虑回国，最直接的原因，并非"投身抗战"，而是他的人身安全面临着极大的威胁。郭沫若来日本时用了假名，又是共产党员，被日本政府怀疑负有"秘密的使命"，不仅坐过牢，还长期受到监视[⑥]。1937 年 7 月，中日全面开战的可能性增大，刑士、宪兵等不断前来"骚扰"。郭沫若猜测"一定是来监视他的，恐怕他要溜脱。并且，日本的华北驻军给宋哲元的条件，有一条是关于防共的，假如成立，那么他们就可以借此来结果他，他的性命就很有危险了。"[⑦] 考虑到这一层，郭沫若甚至已准备立遗嘱[⑧]。跟随他学习甲骨文的学生金祖同建议郭沫若

① 也有学者推测，郁达夫在日本见到郭沫若后，便有了请他回国的想法。见廖久明《郁达夫 1936 年底的日本之行与郭沫若归国关系考》，《中国现代文学研究丛刊》2010 年第 2 期。顺带提及的是，廖久明对郭沫若归国与相关人事之间的关系，有比较充分的研究，如《郭沫若归国与庐山会议筹备工作关系考》（《郭沫若学刊》2017 年第 3 期）、《郭沫若归国与何廉所起作用考》（《新文学史料》2015 年第 3 期）、《郭沫若归国抗战缘由考》（《中国现代文学研究丛刊》2013 年第 9 期）、《郭沫若归国与共产党所起作用考》（《郭沫若与文化中国——纪念郭沫若诞辰 120 周年国际学术研讨会论文集下卷》，2012 年版）等。

② 林甘泉、蔡震主编：《郭沫若年谱长编（1892—1978）》第 2 卷，第 679 页。

③ 国民政府考虑到郭沫若还在日本，消息一旦公布，可能被日本当局扣留，因此待他安全抵达中国后，才取消了通缉。见郭沫若《在轰炸中来去》（九），《申报》，1937 年 10 月 18 日。另外，郭沫若回国前（大概是 7 月 23 日下午），驻日使馆收到了南京政府汇来的 500 元，作为郭沫若安家及回国之资。见殷尘（金祖同）《郭沫若归国秘记》，上海书店 1988 年版（据上海言行出版社 1945 年 9 月初版原样影印，下同），第 110 页。

④ 凤子：《雨中千叶——访郭老故居》，《画像：凤子散文小说选集》，北京出版社 1982 年版，第 83 页。

⑤ 郭沫若：《双鲤鱼》，《中国文艺》第 1 卷第 3 期，1937 年 7 月 15 日出版，第 428 页。

⑥ 详见郭沫若《跨着东海》《我是中国人》，《郭沫若全集》第 13 卷，人民文学出版社 1992 年版（下同）。

⑦ 殷尘（金祖同）：《郭沫若归国秘记》，第 21 页。金祖同作为郭沫若回国一事的参与者和见证人，在《郭沫若归国秘记》中，对此进行了较为客观、翔实的记录，具有重要的史料价值。郭沫若和安娜的长子郭和夫说："金祖同写的《郭沫若归国秘记》比较合乎事实。"见唐明中《访安娜夫人》，四川社会科学院文学研究所抗战文艺研究室编：《郭沫若秘密归国资料选》，四川社会科学院文学研究所抗战文艺研究室 1984 年版，第 16 页。武继平考察郭沫若在日本受监视的情况时，也说："金祖同在《郭沫若归国秘记》中涉及的人名、事件发生的时间地点等等除了偶有记忆错误之外，并无半点虚构。"见武继平《"日支人民战线"谍报网的破获与日本警方对郭沫若监视的史实》，廖久明编：《郭沫若研究文献汇要：卷二史实卷》，上海书店出版社 2012 年版，第 276 页。

⑧ 殷尘（金祖同）：《郭沫若归国秘记》，第 22 页。

趁此机会回国，郭虽然赞成，但“脸上还露着一些难堪的表情”①，因为这也是个艰难的选择：

一方面，他离开日本后，妻子和五个儿女的生活乃至生命安全都将无从保障；另一方面，万一回国行踪败露，同样可能招致杀身之祸。即便平安回到国内，郭沫若也担心“中央政府既无国共合作的明令，我的通缉也没有取消”，“当局或竟会以我之自投罗网，乘机来消灭我”②。此外，郭沫若还为前途问题担忧：“我如今虽流落在日本，靠了一枝笔也维持过了十年，今天无声无息地回去，政府若再加以落寞，我自己虽不气馁，可是人家要笑我了。我又何必走此下策呢”；“万一南京方面等闲视之，那么不但使自己成了疑问，就是家中的生活也立刻会成了问题的。”③

出于以上考虑，郭沫若对回国始终不太积极，金祖同和旅日画家钱瘦铁几乎包办了郭回国的相关事宜。金祖同把船票买好时，郭沫若甚至还想留在日本观望。他说：“虽是我的去志已经决定了，不过我还有些畏怯，因为今后我的出路，仍旧是毫无把握的”，“我的地位介于政府和民众之间，倾向政府，群众就会骂我是投降了。倾向群众，政府就可立刻加我的罪名。”④ 郭沫若的犹豫不决令金祖同失望：“我几乎有些不信站在我的面前的每天在那个小小的书室里徘徊的就是十年前的革命前辈鼎堂。”⑤而从郭的经历来看，这种犹豫不决或未可厚非——正因为他曾置身于大革命的洪流，又在短短数月间被抛出革命潮头，对政治风云变幻与复杂凶险才有了切身体会，知道“政治决不会这样地简单的”⑥。如今抗战形势尚不明朗，以郭沫若的身份，回国后必然要面对多方势力，其中的艰难，大概也只有他自己最能体会。

不过，郭沫若在金祖同等人劝说下，终于登上归国航船时，却迅速转变心态，展现出“四十六年余一死，鸿毛泰岱早安排”⑦ 的决绝。这种转变看似突兀，实际只是郭沫若将此前心系祖国、为国效力的企望，与归国行动进行了很好的“缝合”，此间的犹疑与矛盾，则通过“缝合”被隐去。郭沫若应该也清楚，时势要求他以一个“公众人物”的号召力，参与到民族救亡的社会实践中来⑧。所以，未及踏上祖国土地，郭沫若便开始通过文学讲述一个“抛弃妻子”“共赴国难”的故事。他在船上作了两首旧体诗，并着手写作日记体的《由日本回来了》。两首旧体诗中，最知名的是步鲁迅《惯于长夜过春时》韵的《归国志感》：

---

① 殷尘（金祖同）：《郭沫若归国秘记》，第 22 页。

② 殷尘（金祖同）：《郭沫若归国秘记》，第 53 页。

③ 殷尘（金祖同）：《郭沫若归国秘记》，第 54、77 页。

④ 殷尘（金祖同）：《郭沫若归国秘记》，第 121、122 页。

⑤ 殷尘（金祖同）：《郭沫若归国秘记》，第 123 页。

⑥ 殷尘（金祖同）：《郭沫若归国秘记》，第 122 页。

⑦ 郭沫若：《黄海舟中》，《光明》第 3 卷第 5 期，1937 年 8 月 10 日出版。

⑧ 程光炜：《文化的转轨——“鲁郭茅巴老曹”在中国（1949—1981）》，北京大学出版社 2015 年版，第 5 页。

又当投笔请缨时，别妇抛雏断藕丝。
去国十年余泪血，登舟三宿见旌旗。
欣将残骨埋诸夏，哭吐精诚赋此诗。
四万万人齐蹈厉，同心同德一戎衣。[①]

这首诗彰显了郭沫若“别妇抛雏”“共赴国难”的坚定态度，饱含悲情意味与献身精神，在国家兴亡的历史关头，深度契合了弥漫在全社会的战时文化心理。另外，这首诗步鲁迅原韵，可能也促进了它的流行。鲁迅逝世后，社会各界在长期而密集的追悼、纪念活动中，将鲁迅尊奉为“中国的高尔基”“中国文坛的唯一领袖”“唯一权威”“文化巨人”。郭沫若以步鲁迅韵的旧体诗书写舍生赴死的家国情怀，颇能顺应时势，在文化界引发巨大反响。郭沫若出席归国欢迎会时，当场朗诵这首诗歌，“热情冲动，声泪俱下”，令“阖座深为感动”[②]，《归国志感》被国内报刊竞相转载，传诵一时[③]。

郭沫若回国很快演化成一起众人瞩目的公共事件。8 月 2 日，中国文艺协会上海分会和上海文艺界救亡协会为郭沫若举行欢迎会，国民党中央执行委员、上海社会局局长潘公展到会并致欢迎词，赞扬郭沫若“国势危急毅然返国、共赴国难、实堪钦佩”。郭沫若致答词说：“此次别妇抛儿、专程返国，系下绝大决心，盖国势危殆至此，舍全民族一致精诚团结、对外抗敌外，实无他道。沫若为赴国难而来，当为祖国而牺牲。”[④] 紧接着，郭沫若的各种社会活动纷至沓来：4 日为话剧《保卫卢沟桥》题诗；7 日出席上海留日同学救亡会举行的欢迎会并讲话；8 日下午出席上海文化界救亡协会等文化团体为他和“七君子”举行的欢迎会并讲话；9 日出席上海诗人协会举行的欢迎会并讲话；10 日为近百名文学青年讲话；13 日下午出席上海市文化界救亡协会国际宣传委员会会议；16 日下午出席上海市文化救亡协会的国外记者招待会……报纸、期刊自郭沫若归国起，也进行了大量的宣传报道：如《郭沫若抵沪中央已取消通缉》（《大公报》，1937 年 7 月 31 日）、《郭沫若由日返国》（《申报》，1937 年 7 月 31 日）、《两文化团体昨宴郭沫若》（《大公报》，1937 年 8 月 3 日）、《刘海粟昨宴郭沫若》（《大公报》，1937 年 8 月 4 日）、《郭沫若谈留日印象》（《外论通讯稿》，1937 年 8 月 5 日）、《欢迎郭沫若先生》（《国民》第 1 卷第 14 期，1937 年 8

① 郭沫若：《由日本回来了》，《宇宙风》第 47 期，第 511 页。

② 《两文化团体昨宴郭沫若》，《大公报》上海版，1937 年 8 月 3 日。

③ 这首诗最初题为《归国志感》，被上海《立报》（1937 年 8 月 3 日）、成都《新民报》（1937 年 8 月 7 日）刊载，随后又以手迹的形式刊载于《光明》第 3 卷第 5 期（1937 年 8 月 10 日），题目改为《归国书怀》。郭沫若在《由日本回来了》一文中也录入了此诗。见蔡震《郭沫若著译作品版本研究》，东方出版社 2015 年版，第 261 页。其实《大公报》（1937 年 8 月 3 日）、《申报》（1937 年 8 月 3 日）等报刊也刊载过郭沫若这首诗，它在报刊上的传播，可能远比蔡震提及的范围要广。

④ 《两文化团体昨宴郭沫若》，《大公报》上海版，1937 年 8 月 3 日。

月6日)、《郭沫若返国》(《申报每周增刊》第2卷第31期，1937年8月8日）等等。这些报道同样着力宣扬郭沫若“抛妻弃子”“勇赴国难”的民族精神，把他的事迹融入民族救亡的话语空间建构中。

郭沫若这一时期虽“酬酢甚忙”，却笔耕不辍，创作了大量诗文，仅8月一个月便有近20篇产量。他在船上开始创作、8月1日脱稿的日记体散文《由日本回来了》(后作为自传文字，收入《归去来》)，是影响很大的一篇。文章以深情的笔触，写到行前离别家人的一幕：

> 为妻及四儿一女写好留白，决心趁他们尚在熟睡中离去。
>
> (中略)
>
> 自己禁不住淌了眼泪。
>
> 揭开蚊帐，在安娜额上亲了一吻，作为诀别之礼。(后略)
>
> 自事变发生以来，宪兵，刑士，正服警察，时时走来监视，作些无聊的说话。这些都已司空见惯，倒也没有什么，但国族临到了垂危的时候了，谁还能安闲地专顾着自己一身一家的安全?
>
> 处之死地而后生，置之亡地而后存，我自己现在所走的路，我相信正是唯一的生路。①

后来人们谈及郭沫若归国缘由，基本都依据《由日本回来了》。在中国现代文学史上，郭沫若是一位具有明确“自传意识”的作家，除正式自传外，大量日记体散文、个人当下经历的记录等，均包含书写个人历史的目的，这大概也是郭沫若将这类文章统统编入自传的一个原因。《沫若自传》由此成为“中国有史以来最长的自传作品”②。郭沫若曾说，写作自传“是通过自己看出一个时代”③；但郭沫若书写时代历史的同时，其实也一直有意识地书写着个人的历史。沈从文曾评价郭沫若：他“永不放弃那英雄主义者的雄强自信，他看准了时代的变，知道这变中怎么样可以把自己放在时代前面，他就这样做”④。在郭沫若这里，个人和时代紧紧组合在一起，难分彼此。他的自叙并非纯粹的纪实，而是一种创作⑤，通过自传“为自己辩解，他把自己写成他愿意给人看到的那样”⑥，实际也是把自己塑造成时代需要的那样。其初衷

① 郭沫若:《由日本回来了》,《宇宙风》第47期，第506—507页。

② 陈兰村主编:《中国传记文学发展史》(修订本)，语文出版社2012年版，第429页。

③ 郭沫若:《沫若自传·第一卷：少年时代》序，郭沫若著作编辑出版委员会编:《郭沫若全集》文学编(第11卷)，第3页。

④ 沈从文:《论郭沫若》，黄人影编:《郭沫若论》，光华书局1931年版，第8页。

⑤ 沈从文:《论郭沫若》，黄人影编:《郭沫若论》，光华书局1931年版，第7页。

⑥ [法]卢梭:《〈忏悔录〉的讷沙泰尔手稿本序言》,《忏悔录》第二部，范希衡译，商务印书馆2009年版，第796—797页。

不是回顾过去、认识自我，而是要通过自我构建，更好地融入当下和未来。

## 三　“又当投笔请缨时”：在两党之间

“两个公认类型间模棱两可的区域，就是可望禁忌产生之处。”① 郭沫若在大革命时期置身于国民党左派、右派以及共产党之间，其“模棱两可”的身份，使他在党派纷争中首当其冲。个体可以把自己放在时代前面，但是否遭受被抛撇的命运，还要看时代对个体的选择。如果说十年前郭沫若“悲剧的形成就在两个大势力的竞争的纠葛里面”②，十年后国内各派势力暂时搁置矛盾一致对外时，郭沫若“模棱两可”的身份，则将在新的时代语境中，为他带来新的人生机遇。

西安事变和平解决，令国共两党有了继续谈判、建立合作关系的可能。1937 年 4 月，中共中央根据局势作出判断：未来将由内战转入争取民主权利的新阶段；党今后应坚持民族的统一战线方针，加紧对白区工作的领导，在各种斗争中争取领导权③。“卢沟桥事变”爆发，进一步证实了共产党的判断。1937 年 7 月上旬，周恩来会见中国共产党“特科”领导人潘汉年和上海地下党负责人刘晓，指示应充分发展统一战线，以文化界为基础，搞好上层进步人士的统战工作④。

抗战伊始，中国共产党对政府承认其合法地位抱有一定希望。但国民党一党专政，中共在坚持独立组织不改变、国际关系不取消，也不无条件拥护蒋介石的前提下⑤，其合法地位不可能得到承认。所谓“第二次国共合作”，实际是新中国成立后才有的说法；⑥ 抗战期间，中共在国统区被承认的合法机构，仅八路军和新四军办事

① ［美］费斯克等编撰：《关键概念：传播与文化研究词典》（第二版），李彬译注，新华出版社 2004 年版，第 29 页；另见［英］埃德蒙·利奇《文化与交流》，郭凡、邹和译，上海人民出版社 2000 年版，第 33—36 页。

② 郭沫若：《脱离蒋介石以后》（三），《中央副刊》，1927 年 5 月 9 日。

③ 《彭德怀等关于中共中央政治局扩大会议讨论经过给贺龙等的电报》（1937 年 4 月 7 日），中共中央文献研究室、中央档案馆编：《建党以来重要文献选编（1921—1949）》第 14 册，中央文献出版社 2011 年版，第 134、135 页。

④ 刘晓：《上海地下党恢复和重建前后》，《党史资料丛刊》第 1 辑，1979 年 11 月，第 39—41 页。

⑤ 《中央关于同蒋介石谈判经过和我党对各方面策略方针向共产国际的报告》（1937 年 4 月 5 日），中央档案馆编：《中共中央文件选集》第 11 册（1936—1938），中共中央党校出版社 1991 年版，第 181 页。

⑥ “第二次国共合作”，其实是和“第三次国共合作”一起被提出的。1956 年中国共产党为和平解放台湾，公开表达了“第三次国共合作”的期望。周恩来说：“国民党和共产党合作有过两次，第一次合作有国民革命军北伐的成功，第二次合作有抗战的胜利，这都是事实。为什么不可以第三次合作呢?”［中共中央文献研究室编：《周恩来年谱（1949—1976）上》，第 598 页］强调前两次合作，是为说明两党有合作的基础。而到了 1980 年，邓小平为和平解决台湾问题，重提三次“国共合作”，由此“不仅肯定了第二次国共合作这个概念，而且推动了第二次国共合作研究的开展”（杨奎松：《抗战期间国共关系研究 50 年》，《抗日战争研究》1999 年第 3 期）。事实上，1938 年国共谈判时，蒋介石曾明确告知周恩来“不必谈与国民党合作，只是与他合作”，要“商量一永久合作的办法”，其他具体问题，都“是小节容易解决”（《中央关于同蒋介石谈判经过和我党对各方面策略方针向共产国际的报告》，中央档案馆编：《中共中央文件选集》第 11 册，第 180—181 页）。因此整个抗战期间，两党都没有共同纲领和统一组织形式，实际实行的是遇事协商、临时约见的“党外合作”。

处、通讯处、联络站，《新华日报》社，以及周恩来、博古、董必武、叶剑英等组成的“中共代表团”。中国共产党党组织和其他党员由于不被官方承认，一旦两党关系紧张，即可能遭到破坏与杀戮，只能处于地下隐蔽状态[①]。中国共产党的活动空间因此受到严重影响，这是中国共产党大力发展统一战线的重要原因之一。以文化界为基础开展统战工作，是建立全民族统一战线的关键：一方面，通过文化人身份争取国民党高层中的主战派和上层民主人士，建立上层统一战线；另一方面，通过文化界团结最广大的中间群众，引导舆论，使下层统一战线成为共产党的依靠力量，进而联合上层、威逼上层，从低级统一战线逐步转向高级统一战线。由于上层统一战线是重中之重，中国共产党急需一批同国民党打过交道，尤其与国民党高层接触较多、关系较好，能够在社会上公开合法开展统一战线工作的中国共产党党员或亲共人士。

周恩来最初选定的是夏衍。夏衍曾在日本当过国民党总支部常委、组织部长，且认识吴稚晖、戴季陶等人。周恩来表示现在“有过这种经验的人不多了”，故委派夏衍“以进步文化人的身份和各阶层、包括国民党在内的人做统一战线工作”[②]。郭沫若大革命时期就是国民党员，同国民党高层有广泛密切的交往，在国民党内的人脉远非夏衍能比；社会影响力方面，夏衍和郭沫若相比也相距甚远。抗战开始后，中国共产党致力于吸收青年及知识分子，认为“抢夺知识分子是抗战中的一个大的斗争，谁抢到了知识分子，谁就抢到了胜利，谁就可能有天下”[③]。借助郭沫若的号召力，中国共产党有望争取到大量青年和知识分子。所以，郭沫若一旦回到国内，自然成为共产党极力争取的对象。正如潘汉年所说：“郭沫若是个大作家，而且是个战士，国内外都有影响，在这个时候回来，对党、对抗战可以起很大的作用。”[④]

郭沫若回国从筹划到实施，依靠的都是国民党方面的资源，中国共产党方面并不知情；郭沫若抵达上海第三天，潘汉年才得到消息并报告给中央[⑤]。大概是遵照中央指示，潘汉年很快将郭沫若转移到一家法租界的公寓。外界知道这里的不多，潘汉年指示夏衍每天都去看望郭沫若，给他当“政治上的助手”“当参谋”，“不愿意见的人”可以让夏衍“挡一下”[⑥]。后来，阿英也被拉进来，跟夏衍轮值，几乎天天去，

---

① 中共重庆市委党史研究室编：《中共中央南方局史》，中共党史出版社2009年版，第4页。

② 夏衍：《懒寻旧梦录》（增补本），生活·读书·新知三联书店2000年版，第250页。

③ 刘家栋：《陈云在延安》，中央文献出版社1995年版，第94页。

④ 夏衍：《懒寻旧梦录》（增补本），生活·读书·新知三联书店2000年版，第254页。

⑤ 据夏衍回忆，他曾向潘汉年询问郭沫若回来的经过，然而潘“不做正面回答，只说‘他是下了决心的，可是一上岸，就碰上了国民党方面的人，这可能是驻日使馆向南京发了电报，他是二十七日到上海的，第三天我才知道’”见夏衍《懒寻旧梦录》（增补本），第254页。

⑥ 夏衍：《懒寻旧梦录》（增补本），生活·读书·新知三联书店2000年版，第253页。

并随时将他的情况告诉潘汉年①。

郭沫若住到法租界后情绪一直不好，他在《回到上海》中写道：

> 八月一日搬进了这家捷克斯拉夫人的公寓里来。
> 二楼，朝南有三堵窗，不断地有南风吹来。
> 窗下有一面大草园，也略略有些花木。
> 这些是把我系留着了的。②

“系留”这个词，大概是周遭环境带给郭沫若的切身感受。有人来看望，尽管郭沫若“也谈得很高兴，但是他的那种彷徨寂寞的心情还是掩盖不住的。”③ 夏衍感到“不解”：“冒着险回到祖国，渴望了多年的抗战终于实现了，这不是他可以大展宏图的时候么？为什么会从他的眼神中看出惆怅的神色呢?”④ 夏衍等人推测郭沫若是担忧滞留日本的妻儿⑤，因此常有人“以‘抗日战争旷日持久，佐藤妇人不知何年方能来华’为由，劝郭沫若另娶一位妇人做内助”⑥。这段时期来看望郭沫若较多的，有两位女士：一位是锦江饭店老板、郭沫若同乡董竹君，经常安排名厨为郭烹制川菜，郭亲切地称她为“漂母”⑦；另一位是郭沫若的老相识黄定慧（黄慕兰），大革命期间郭对她“情深意重”⑧，小说《骑士》（初名《克拉凡左的骑士》）女主人公佩秋就以她为原型创作的。但是，董竹君和黄慕兰虽对郭沫若照顾有加，却仍未完全消解他的苦闷。

8 月上旬，潘汉年接周恩来口信，请上海文化界救亡协会出一张日报，作为具有统一战线性质的“文救”机关报（即后来的《救亡日报》），由郭沫若任社长。如此安排，表明共产党仍希望郭以文化人的身份，在社会上发挥作用。但这未必符合郭自己的心理期待。郭沫若回国前，将写作的笔留在日本，“是决心和笔断绝关系的”⑨。

---

① 夏衍：《懒寻旧梦录》（增补本），第 255 页。林林也回忆过此事，他说：“常客有夏衍、阿英等，他们给对上海还不熟悉的郭先生介绍情况，并当参谋。夏衍帮助挡挡客人；阿英为郭先生抄写一些稿件。”见林林《郭沫若在上海的几件事》，中国郭沫若研究会、《郭沫若研究》编辑部编：《郭沫若研究》第 6 辑，1988 年 5 月。

② 郭沫若：《回到上海》，《归去来》，北新书局 1946 年版（下同），第 167—168 页。

③ 夏衍：《懒寻旧梦录》（增补本），生活・读书・新知三联书店 2000 年版，第 255 页。

④ 夏衍：《懒寻旧梦录》（增补本），生活・读书・新知三联书店 2000 年版，第 253 页。

⑤ 夏衍对潘汉年说：“我看他（郭沫若）似乎有什么心事似的。是不是安娜他们出了问题?”潘汉年说：“这是个难以两全的事情，也有可能。可是，事到如今，只能用一切办法使他宽解。”见夏衍《懒寻旧梦录》（增补本），第 254 页。

⑥ 杜国庠说：“战国时期晋公子重耳逃亡国外，齐桓公选择了本族一个贤淑女子嫁与他分忧解愁。”见魏奕雄《郭沫若与于立群》，《郭沫若学刊》1997 年第 3 期。

⑦ 夏衍：《懒寻旧梦录》（增补本），生活・读书・新知三联书店 2000 年版，第 255 页。

⑧ 袁小伦、高宏的、刘坤仪：《同志爱——黄慕兰与郭沫若》（续），《党史天地》1994 年第 6 期。

⑨ 郭沫若：《回到上海》，《归去来》，北新书局 1946 年版（下同），第 166 页。

所以，他对《救亡日报》没有表现出太多兴趣，报纸工作基本都是夏衍在做[①]。而郭沫若得知周扬等人去往延安时，却埋怨潘汉年没有让他同去；夏衍跟他谈到《救亡日报》经济困难，郭又“毫不思索”地说要亲自去南洋筹款。夏衍认为，郭沫若对自己今后的工作还没有打定主意，在抗战激流中，情绪却不稳定，有点“前途渺茫”之感，并将这一情况告知潘汉年。潘也没有办法，只说郭今后的动向，还要等周恩来指示[②]。

如果联系到郭沫若回国前的踌躇，似乎有理由推测，郭沫若的“彷徨寂寞”“前途渺茫”，可能和政府对他的“冷落”有更直接的关联。与共产党不同，国民党对待郭沫若的态度比较冷淡。郭刚到上海时，代表政府前去接应的，只有行政院政务处长何廉。此后很长一段时间，政府都未向郭沫若表示任何“借重”之意[③]。郭沫若回国前本就担心政府冷落，果真如此，难免心灰意冷。这种落寞、惆怅的心境，也反映在部分创作中。其七律《有感》诗云：

十年退伍一残兵，今日归来入阵营。
北地已闻新鬼哭，南街犹闻旧京声。
金台寂寞思廉颇，故国苍茫走屈平。
挈眷辇家何处往，蚩蚩叹尔众编氓。[④]

这首诗包含平津陷落全面抗战却未展开时的“寂寞”感受[⑤]，提及廉颇和屈平，可能更是郭沫若自身怀才不遇、报国无门的抒怀。这种心境在《回到上海》中也有所体现：

今天已经是九号了。一个人坐在电灯光下提起笔来，想继续写些文章，无心之间又看见那匹灰色的蛾，孤孤单单地，一丝也没移动，依然伏在那原有的地位。想起了贾长沙的服鸟。[⑥]

---

① 周恩来指示夏衍协助郭沫若通过上海市文化界救亡协会，公开合法地出一张报纸，以替代暂时还不能在国统区出版的党报。经“文救”会会长潘公展批准，报纸最终定名为《救亡日报》，郭沫若任社长，樊仲云和夏衍分别作为国共双方代表出任报纸总编。见夏衍《懒寻旧梦录》（增补本），第381页。

② 夏衍：《懒寻旧梦录》（增补本），生活·读书·新知三联书店2000年版，第259页。

③ 从当时的形势看，这种情况也比较正常。对于刚刚因抗战兴起走出绝境的中国共产党来说，广泛开展统一战线是其工作重点之一；但作为执政党的国民党，此时忙于抗击日军入侵，并为全面抗战加紧备战，似乎很难顾及郭沫若个人安置问题。另外，西园寺公望当时在裕仁天皇面前也不再有话语权，郭沫若和西园寺的关系，已无从影响中日战争的发展。

④ 郭沫若：《由日本回来了》，《宇宙风》第47期，第511页。

⑤ 林甘泉、蔡震主编：《郭沫若年谱长编（1892—1978）》第2卷，第695页。

⑥ 郭沫若：《回到上海》，《归去来》，北新书局1946年版，第168页。

文中所说的“服鸟”，是指贾长沙（贾谊）创作的《鵩鸟赋》[①]。贾谊写作此文时正谪居长沙，处于人生低谷。郭沫若由一只伏在壁上的灰蛾，联想到贾谊和他的《鵩鸟赋》，大约是自我心境的剖白。类似《有感》和《回到上海》这样表露心迹的诗文，由于数目较少，容易湮没在他大量抗战主题的作品中。但它们却反映了郭沫若深层的心理状态，为冲破国难当头的民族话语的重重遮蔽，展现郭沫若更丰富的精神面貌打开了一扇窗。

8月中旬到9月末，郭沫若和国民党方面才有了比较频繁的接触[②]。9月24日傍晚，郭沫若在南京受到蒋介石的接见。这是郭与蒋公开决裂后，两人十年来的首次会面，双方似乎都已“捐弃前嫌”。郭沫若的《在轰炸中来去》[③]详细描述了会面过程，文中除披露部分谈话内容外，还对蒋介石的手和眼睛进行过多次细节描写：从刚刚会面时蒋“呈着满脸的笑容，眼睛分外的亮”“手是分外的暖和”，到谈话时“眼睛分外有神，脸色异常红润而焕发着光彩”“眼神充分地表明着钢铁样的抗战决心”，再到告别时“又是一次和暖的握手，依然满面的喜色，分外发有光彩的眼睛”等，贯穿文章始终[④]。郭沫若还写道：“蒋先生的态度素来有威可畏的，有好些人立在他的面前不知不觉手足要战栗，但他总是对我格外的和蔼。北伐时是这样，十年后的今日第一次见面又是这样。这使我特别感觉着适慰。”[⑤]这些文字以含蓄的方式，向蒋介石进行了巧妙的“示好”。而蒋介石在谈话中，也向郭沫若表示要给他一个“相当的职务”。郭回答说自己患有耳疾，工作不便，做文章是可以的，名义却不敢接受[⑥]。这大概是一种谦辞，不宜视为拒绝。蒋介石说：“一切会议你都不必出席，你只消一面做文章，一面研究你的学问好了。”[⑦]

蒋介石如此安排，可能是照顾郭沫若，但也可能真的只想让他挂个名，做份闲职。后来重新设立政治部时，政治部部长陈诚就人事问题致信蒋介石，称郭沫若“确为富于情感血性之人。果能示之以诚，待之以礼，必能在钧座领导之下，为抗日

---

① 1958年版《沫若文集》收录的《回到上海》一文，“服鸟”已改为“《鵩鸟赋》”。见郭沫若《回到上海》，《沫若文集》第8卷，人民文学出版社1958年版，第431页。

② 郭沫若8月12日赴嘉兴，与张发奎同游南湖；下旬应张发奎之邀，和夏衍、田汉等人同往浦东抗敌前线视察；9月7日应陈诚之邀去昆山；下旬赴南京觐见蒋介石，并先后同汪精卫、陈公博、孙科、张群等人会面。

③ 《在轰炸中来去》最先由《申报》连载，随后出了单行本，并很快再版；与蒋介石会面这部分又被单独抽出，以“蒋委员长会见记”为题收入《抗战将领访问记》一书，又以“谒见蒋委员长记”为题收入《战斗周报》。

④ 郭沫若：《在轰炸中来去》（十），《申报》，1937年10月19日。

⑤ 郭沫若：《在轰炸中来去》（十），《申报》，1937年10月19日。

⑥ 郭沫若：《在轰炸中来去》（十），《申报》，1937年10月19日。

⑦ 郭沫若：《在轰炸中来去》（十），《申报》，1937年10月19日。郭沫若在文中写道：“这样的恳切实在是使我感激。而且在这简单的几句话里面还给予了我一个今后工作的途径：举行兼顾。我看，在凡百方面这个途径恐怕都是必要的。”没有继续表示拒绝职位的意思。这句话在1958年版的《沫若全集》中被删去，只剩一句“我没有再多说话了”，容易令人误以为郭沫若内心有些抵触。

救国而努力。”[①] 然而，蒋介石未采纳陈诚意见，只让郭沫若担任了负责文化宣传工作的第三厅厅长，这对郭沫若是个不小的打击。他曾向黄琪翔和阳翰笙抱怨：“在北伐时，我是政治部副主任，陈诚那时还只是一个团长，而贺衷寒那些人那时还不知道在什么地方，刘健群这家伙那时候还不知道是个什么东西，今天也居然当起厅长、副厅长来了。今天你陈诚当了政治部长，居然爬到我头上面来了。为了抗日，这些我都不说了。”[②] 或许，郭沫若大革命时期的“背叛”，令他彻底失去了蒋介石的信任。职位带来的强烈的心理落差，促使郭沫若在1940年代愈发亲近“示之以诚，待之以礼”的中国共产党一方；而这又进一步加剧了国民党对他的不信任，以至于最终退出第三厅，断了仕途。不过，郭和蒋南京会面时，尚未预料到自己的前途，回来后“比去前显得心情愉快”[③]。林林回忆说：“先生高兴此行，回上海时向夏衍讲述经过，认为‘这是一个胜利’。”[④]

大概是大革命时期置身党派纷争得来的经验，抗战前期，郭沫若处理他和国共两党的关系时，没有表现出明显的亲疏与远近。但从整体看，共产党明显更看重郭沫若，郭沫若则似乎对国民党怀有较多心理期待，这是由他参与政治的热情所决定的。郭沫若认同儒家的入世精神，赞扬孔子“横则齐家治国平天下，纵则赞化育参天地配天”，“要这样人才真能安心立命，人才能创造出人生之意义，人才不虚此一行而与大道同寿”[⑤]。郭沫若的理想，是以入世的方式，达到人生的完满。因此，他这一阶段虽写出不少声援抗战的篇章，心下实际一直为“投笔从戎”待时而动。1925年前后，上海城隍庙一位看相人偶遇郭沫若，曾预言他四十六岁要“交大运”[⑥]，此事被郭沫若一再提起。回国时正好四十六岁的郭沫若，人生的新篇章恰巧就要从这里开始。

## 余　论

郭沫若在“卢沟桥事变”后很快回国，抛妻弃子、勇赴国难的背后，有出于对自身安全的考虑，也有对政治仕途的期待。它们虽没有舍生赴死的家国情怀那般崇

① 陈诚：《函呈委员长蒋为筹组政治部事敬陈人事运用之所见》（1938年1月27日），何智霖编：《陈诚先生回忆录：抗日战争（下）》，台北“国史馆”2005年版，第723页。

② 阳翰笙：《第三厅——国统区抗日民族统一战线的一个战斗堡垒》（一），《新文学史料》1980年第4期。

③ 林林：《郭沫若在上海的几件事》，上海社会科学院、上海图书馆主编：《郭沫若在上海》，上海社会科学院1994年版，第310页。

④ 林林：《郭沫若在上海的几件事》，上海社会科学院、上海图书馆主编：《郭沫若在上海》，上海社会科学院1994年版，第310页。

⑤ 郭沫若：《儒教精神之复活者王阳明》，《文艺论集》，光华书局1929年版，第65页。

⑥ 郭沫若：《湖心亭》，《学艺》第7卷第1期，1925年8月15日。

高，却也并不因此便显得渺小。郭沫若在文学创作及史学研究方面多有成就，他本人却始终对政治抱有更大的热情。只是郭沫若自身素质未必符合他的理想追求。这一点，周恩来比郭沫若更了解他自己。从 1927 年开始，周恩来根据郭沫若在国民党内的关系和他的自身条件，一直将其定位在“文化界领袖”的位置上[①]。郭沫若退出第三厅、仕途失意时，周恩来以过人的才略，通过共产党的力量，成功将其推举为“文化界领袖”；同时借助郭沫若在文化界的地位，大力发展统一战线，不仅掌握了国统区文化运动的领导权，还达到掩护党组织、开展政治工作的目的。郭沫若本人恐怕对自己在其中的意义也不甚明了。某种程度上，郭沫若自身才华和政治理想之间的错位，是他一生沉浮和充满争议的根源之一。正视郭沫若的人生选择和价值追求，全面了解他和国共两党的关系，或许才能更加深入、准确地把握郭沫若复杂的精神面貌，对他的后半生有更趋客观的认识与评价。

（原载《鲁迅研究月刊》2019 年第 6 期）

① 国民党安排郭沫若在政治部第三厅工作，最初可能不在中共预料之内。但周恩来等中共南方局领导善于把握时机、顺势而动，借助郭沫若的影响，将第三厅发展成了“抗日民族统一战线的一个战斗堡垒”（阳翰笙语）。

# 新华颂歌

## ——郭沫若在新中国成立后的诗歌创作

蔡　震

诗歌写作是郭沫若毕生的文学创作活动。从最早能见到的他在1904年的习作，到最晚写于1978年3月的诗作，七十余年来他不曾辍笔。在郭沫若的文学生涯中，诗歌创作是其他任何一种文体形式的写作活动都无法相比的。郭沫若的诗歌创作在其人生的不同时期都有其相应的特点，新中国成立后，他的诗歌创作与此前有了很大不同。虽然没能再达到《女神》那样的高度，但对这些在数量上占其全部诗歌作品约六成的诗作进行考察，无论是对郭沫若文学创作的研究，还是对现代诗歌史的研究都是有意义的。

### 新的文化语境中的写作

要将诗人的创作活动置于一定的文化语境之中。不同的历史文化环境，如创作《女神》时期、流亡日本时期、抗战时期，会形成不同的文化语境，其对郭沫若诗歌创作的影响，从题材、内容、形式，到语言风格、审美表达等，都是显而易见的。所以，考察郭沫若在新中国成立后的诗歌创作，需要先了解其处于怎样一种文化语境中。

1948年年底，也就是新中国成立前夕，郭沫若与一批民主人士从香港北上至东北解放区，然后抵达刚刚和平解放的北平，准备参加新政治协商会议。在参与筹备政治协商会议的同时，郭沫若还参与了另外一项对新中国文化事业非常重要的工作：筹备召开中华全国文学艺术工作者代表大会。在这个代表大会上成立了中华全国文学艺术界联合会，郭沫若当选为文联主席。事实上，文代会是先于政治协商会议召开的，这足见新生的共和国对文化事业的重视。从郭沫若在文代会召开前后所撰写、发表的文章、讲话中，我们可以看到他对于新中国文学艺术工作的方向及其应有的文化语境，已经有了清晰的认知与认同。

郭沫若认为，毛泽东1942年《在延安文艺座谈会上的讲话》（下文中简称《讲话》）就是新中国文学艺术工作所应遵循的指导方针。他在亲自起草的文代会开幕词中写道："毛主席在延安文艺座谈会上的讲话，已经给予了我们明确的指示。这个讲话里的原则性的指示一直是普遍而妥当的真理。在今天我们应该明朗地表示：我们要一致接受毛主席的指示，把这一普遍而妥当的真理作为我们今后的文艺运动的总指标。"[①] 在另一篇文章里，郭沫若把《讲话》确立的文艺方针阐释得更详细："毛主席要我们站在无产阶级和人民大众的立场，加强我们的政治性和思想性。毛主席要我们分清敌友，采取适应的态度，'一切危害人民群众的黑暗势力必须暴露之，一切人民群众的革命斗争必须歌颂之'。毛主席要我们以工农兵为对象，要'在普及基础上提高，在提高指导下普及'。毛主席要我们学习马列主义，学习社会，要我们掌握着'阶级斗争和民族斗争的客观现实决定我们的思想感情'。"[②]

郭沫若称赞解放区的文艺工作者，"在这些宝贵的基本原则的直接指导之下，在革命政权的直接的扶掖之下"，已经走在前面了，已经"有了不少的辉煌的成就"[③]。郭沫若此时已经读过不少解放区的文学作品：赵树理的《李有才板话》、贺敬之的《白毛女》、草明的《原动力》、袁静的《新儿女英雄传》、刘白羽的《红旗》、康濯与邵子南的短篇小说等。他曾写信给在解放区工作的女作家草明，由衷地祝贺她在创作上取得的成绩，声称从解放区作家的作品中"得以看到真正的中国人民文学的诞生"，相信"今后必然是更有多量的磅礴雄伟的大作出现的"。[④] 事实上，郭沫若是把解放区文学视为实践了毛泽东《在延安文艺座谈会上的讲话》所确立的文艺方针的范本和标杆的。解放区的文学实践，使"文学艺术开始作到真正和广大的人民群众结合，开始作到真正首先为工农兵服务，从内容到形式都起了极大的变化"。

在中华全国文学艺术工作者代表大会上，郭沫若作了总报告《为建设新中国的人民文艺而奋斗》。他在总报告中根据毛泽东的《新民主主义论》，从理论上阐述了新文艺的性质，以及新文艺与以前一切旧文艺的本质区别。他指出，现阶段中国革命的性质是新民主主义的革命。是"无产阶级领导的人民大众反帝反封建的革命"。"中国革命的这种性质就决定了中国的新文化和新文艺的性质。这就是说，五四运动以后的新文化已经不是过时的旧民主主义的文化，而是无产阶级领导的人民大众反帝反封建的新民主主义的文化；五四运动以后的新文艺已经不是过时的旧民主主义的文艺，而是无产阶级领导的人民大众反帝反封建的新民主主义的文艺。这就是五四以来的新文艺的新的地方。这就是五四以来的新文艺和以前的文艺在性质上的区别。"

"无产阶级领导又是最根本的特点。没有最革命的无产阶级的领导，没有最科学

---

① 郭沫若：《中华全国文学艺术工作者代表大会开幕词》，《人民日报》1949年7月3日。

② 郭沫若：《向军事战线看齐!》，《人民日报》1949年7月2日"中华全国文学艺术工作者代表大会特刊"。

③ 郭沫若：《向军事战线看齐!》，《人民日报》1949年7月2日"中华全国文学艺术工作者代表大会特刊"。

④ 郭沫若：《致草明》，《郭沫若研究》第3辑，文化艺术出版社1987年版。

的无产阶级思想的领导，就不可能正确地规定革命的方向和政策，就不可能充分地发挥人民群众的力量，就不可能取得中国革命的胜利。在政治革命上是这样，在文化革命和文艺革命上也是这样。”

总报告提出了文学艺术工作者今后的具体任务。第一，“要加强团结，和全国人民一起为彻底打倒帝国主义、封建主义和官僚资本主义，建设新民主主义的人民民主共和国而奋斗，努力用文学艺术的武器来加紧这种斗争和建设。”第二，“要深入现实，表现和赞扬人民大众的勤劳英勇，创造富有思想内容和道德品质，为人民大众所喜闻乐见的人民文艺，使文学艺术发挥教育民众的伟大效能”，同时“要注意开展工厂、农村、部队中的群众文艺活动，培养群众中新的文艺力量”。第三，“要扫除半殖民地半封建的旧文学旧艺术的残余势力，反对新文艺界内部的帝国主义国家资产阶级文艺和中国封建主义文艺的影响。我们要批判地接受一切文学艺术遗产，发展一切优良进步的传统”。

在结语中，郭沫若呼吁：“一切反帝反封建反官僚资本的文学艺术工作者团结起来，为彻底完成新民主主义的政治革命而奋斗！为彻底完成新民主主义的文化革命文艺革命而奋斗！”①

这个报告对新中国文艺的特点和文艺工作任务的阐释，虽然并非郭沫若个人的认知，但他自觉地将自己关于文艺工作的认识和思考纳入毛泽东文艺思想体系中是毋庸置疑的。作为文联主席，作为诗人、文学家，郭沫若自然会在文艺活动和创作实践中率先垂范、身体力行，正如他在一首诗中所写的：“我今天接受了无上的荣光，也接受了庄严的使命。”郭沫若肩负了那么多的重任，并认为这是共和国给予他的一种荣光，因而，由衷地接受了新的文学使命。他要用手中的笔去建设新中国的人民文学事业。

这种社会革命和政治态势中的文化语境，决定了郭沫若的诗歌创作必然因应而变，因应而行。这既是郭沫若的个人选择，也是时代的选择，时代需要这样的诗人。其实，我们回看郭沫若的文学道路，从 1920 年代中期倡导无产阶级革命文学开始，他曾不无夸张地宣称宁愿做个“标语人”“口号人”，而不一定要做诗人，就已经预示了他的诗歌创作之路，必然与社会革命紧密相关。

于是，这样的文化语境让郭沫若诗歌创作的走向出现了新的变化和特点。从形式到内容，包括题材的选择、审美意识的传递、诗歌表达的方式、语言的运用等，都与他此前的创作有所不同。譬如，《女神》时期郭沫若的诗歌创作是以自我抒情的方式，“为个人的郁积、民族的郁积找到了喷火口，也找到了喷火的方式”。《女神》表达的基本主题是“毁坏”与“创造”。新中国成立后，郭沫若的诗歌创作大多直接描写现实生活的方方面面，基本主题则是歌颂，歌颂社会主义革命和社会主义建设

① 参见《人民日报》1949 年 7 月 4 日。

事业。

## “高歌吐气作长虹”

1949 年 10 月 1 日发表于《人民日报》的《新华颂》，可以说是郭沫若在新中国成立后的开篇之作，尽管该诗写于 1949 年 9 月 20 日，不过那是中国人民政治协商会议开幕的前一天。

> 人民中国，
> 屹立亚东。
> 光芒万道，
> 辐射寰空。
> 艰难缔造庆成功，
> 五星红旗遍地红。
> 生者众，物产丰，
> 工农长作主人翁。

郭沫若满腔热忱，以一首颂歌，歌咏新中国的诞生，诗写得大气磅礴、豪情四溢。1949 年 10 月 2 日的《人民日报》又刊发了他的另一首诗作《四川人起来》，这是郭沫若为故乡的最后解放所写的一首诗：“四川人，起来！像保路同志会围攻成都府那样，九府十三州，一百单八县，全四川省的老百姓一齐起来！起来！拿着锄头起来，拿着梭镖（蛇矛）起来，拿着板刀起来，拿着菜刀起来！牛耳炮也好，鸟枪也好，吊子刀，剪刀，锥针，什么都好，一齐拿到手里，起来！起来！起来！”① 如说唱之词那样，通俗流畅，朗朗上口，口语化的语言生动活泼，极富鼓动性和感染力。《鲁迅先生笑了》② 是为纪念鲁迅逝世 13 周年而作，用叙事与想象结合的手法表达对鲁迅的思念：“在西苑的飞机场上”，“在捷克首都布拉格”，“在先农坛的公共体育场”，“在中南海的怀仁堂”，“在天安门前的大广场上”，“我看见了你，看见你笑了”。“鲁迅先生，你是永远不会离开我们的，……我仿佛听见你在说：‘我们应该笑了，在毛主席的领导之下，应该用全生命来保障着我们的笑，笑到大同世界的出现。’”

这几首诗都收入了诗集《新华颂》，1953 年 3 月由人民文学出版社出版。这是郭

---

① 诗作于 1949 年 9 月 24 日，发表于《人民日报》1949 年 10 月 2 日，曾收入 1953 年 3 月初版《新华颂》，《新华颂》编入《沫若文集》时删去。

② 诗作于 1949 年 10 月 17 日，发表于《人民日报》1949 年 10 月 19 日，后收入《沫若文集》时改题作《鲁迅笑了》。

沫若在新中国成立后的第一本诗集，其中的诗作其实就是他在新中国成立后诗歌创作的范本，具备了此后其诗歌创作的几乎所有特点。其所体现的创作理念，也就是后来郭沫若在一篇谈诗歌创作的文章中所表达的：

> 诗歌应该是最犀利而有效的战斗武器，对友军是号角，对敌人则是炸弹。
>
> 因此，写诗歌的人，首先便得要求他有严峻的阶级意识，革命意识，为人民服务的意识，为政治服务的意识。
>
> 有了这些意识才能有真挚的战斗情绪，发而为诗歌也才能发挥武器的效果而成为现实主义的作品。
>
> 生活自然是必要的，没有生活便没有题材，没有斗争的生活甚至可以没有斗争的意识。
>
> 形式可以有相对的自由，歌谣体，自由体，甚至旧诗体都可以写诗，总要意识正确，人民大众能懂。但如所谓商籁体，豆腐干式的方块体，不遵守中国的语言习惯分行分节，则根本是脱离大众的东西，是应该摒弃的。
>
> 为了使人民大众能懂，诗歌的语言选择应该大费苦心。请采集民众的语言加以提炼，更从而提高民众的语言。
>
> 为了使语言丰富而品质提高，适当地吸收外国语法或铸造新词，仍然是必要的。但不能以好奇炫异为动机。①

这些诗论所体现的核心观念是工农兵方向和现实主义。

如火如荼的社会主义革命和社会主义建设，激发了郭沫若诗歌创作的豪情与兴致。新中国成立后，郭沫若的新诗创作，再次焕发出生机，神采飞扬；旧体诗词创作，也延续了之前的势头，更为圆熟，且不拘泥于陈规，正如《新华颂》所喻示的，郭沫若诗歌创作的一个基本主题和旋律是歌颂：颂扬社会主义革命和社会主义建设各个方面的成就，讴歌神州大地的大好河山，歌咏新时代的中国人，既有领袖人物、英雄人物，也有普通劳动者。

> 骆驼，你沙漠的船，
> 你，有生命的山！
> 在黑暗中，
> 你昂头天外，
> 引导着旅行者，
> 走向黎明的地平线。

---

① 参见《〈论诗二题〉之一》，载王亚平编《论大众文艺》，天下图书公司1950年版。

这首名为《骆驼》的诗以丰富的想象、优美的画面，用骆驼这个朴实无华的形象，热切地颂扬了中国共产党领导社会主义革命和社会主义建设事业取得的巨大成就。

新中国成立后，郭沫若的诗歌创作新旧诗体并重，题材遍及他所接触的社会生活的各个领域和各个层面，包括各个地方、各行各业、各个历史阶段等，也包括国家政治生活中的大事。其题材之广泛，前所未有。工业生产、农村新貌、边海防卫、水利工程、文艺活动、科学研究、教育工作、体育比赛、工农兵学商、妇女儿童各色人等的生活，在郭沫若那里无不能入诗，无不呈现在他的笔端。他用诗记下了大千世界的万千景象。当然，题材的过于宽泛，也会影响诗歌的文学表达，并不是所有的生活场景都适合用诗去吟诵。像宣传棉蚜虫的危害及防治办法的《防治棉蚜歌》①，这样的题材写个快板书、大鼓词或许还可以，作诗实在勉为其难了。

“沧海横流，方显出英雄本色。人六亿加强团结，坚持原则。天垮下来擎得起，世披靡矣扶之直。听雄鸡一唱遍寰中，东方白。”这是郭沫若1963年元旦写的一首《满江红》，他常常用这种方式来展望新的一年。毛泽东读到这首词后写了一首和诗，咏道：“多少事，从来急；天地转，光阴迫。一万年太久，只争朝夕。”（《满江红·和郭沫若》）他们的笔力都这般雄劲豪放。毛泽东的一些诗词发表后，郭沫若也多次写过和诗，如《念奴娇·小汤山》和毛泽东的《念奴娇·昆仑》以及《浪淘沙·看溜冰》和毛泽东的《浪淘沙·北戴河》等。郭沫若是少数几个可以与毛泽东诗词唱和的人。

大量记游诗的写作，是郭沫若诗词创作的一个重要方面。郭沫若喜爱大自然，具有丰富的历史人文知识。由于工作需要，他的足迹遍及神州大地。他在各地参观、考察，遍览祖国大好河山，且总是诗兴盎然，所到之处的见闻、感触都写在记游诗中，每次少则十首八首，多则几十首。这些诗作新旧体形式都有，但以旧体诗词的形式居多，如《遍地皆诗写不赢》（35首）、《豫秦晋纪游二十九首》《广西纪游二十六首》《咏福建二十二首》《游大理十首》《重庆行十六首》《海南纪行八首》《井冈山巡礼》（29首）等。诗歌这一文体形式短小精悍，很适合这种生活情境的审美表达：一景一物、点滴感触都能即刻成诗。

题画诗是郭沫若诗歌创作的一大特色。郭沫若擅书法，也能绘画，题画诗很早就成为他诗词写作，尤其是旧体诗词写作的重要方面。新中国成立后，郭沫若留下了相当多的题画诗（尤其是集外佚诗）。他曾多次为齐白石、何香凝、徐悲鸿、陈半丁、傅抱石、关山月、李可染、关良、程十发、王雪涛、邵宇等许多著名画家的画作题诗。这些画作的题材广泛，而题画诗的诗意又不仅仅在画意之中，更在画意之外，它们包含了丰富的社会、文化、史实、史事、人际交往关系等方面的内容。诗书画三位

① 该诗发表于《人民日报》1951年8月31日，收入《新华颂》。

一体呈现的艺术佳作，也是最富有中国传统文化特色的一种艺术创作。

郭沫若参与各种社会活动、对外文化交往的经历非常丰富，如参与国务活动、外事活动、学术活动、文化活动、民间文化交流等，并为此留下了大量诗词作品。1955年，他率中国科学代表团访问日本，仅在一次行程中就创作了近四十首诗。1957年年末，郭沫若率领中国代表团赴埃及出席亚非团结大会，其间撰写了十余首诗。这些诗作本身，可以说构成了一段段文化记忆、历史记忆。

组诗《百花齐放》是诗人“选出一百种花来写”（实际写了105首）的一组诗，以抒写对文艺园地能够呈现百花齐放繁盛景象的热切期待。这样的选材、立意，气势不凡，没有大手笔的诗人是难做此想的。这组诗，从形式结构、韵律，到遣词造句，都刻意于新旧诗体结合，可称之为新格律体。但组诗在艺术水平上参差不齐，有些诗意盎然，有些则只是了无诗趣的文字叙述。

事实上，郭沫若在诗歌形式上不断做新的尝试。早在《女神》时期，他的自由体诗歌创作就与民歌、民谣在语言、形式上有了相互融合、相互影响的关系。新中国成立以后，郭沫若创作中的这种审美追求愈益凸显，从《新华颂》《四川人起来》等诗篇的创作中就可见一斑。他称赞屈原是一位“人民诗人”的重要特征，“便是他的诗歌是采用着民歌民谣的体裁而把它扩大了。他也广泛地采用民间的语言，使僵硬化了的古代贵族形式的诗歌起了一次很大的改革。”[①] 郭沫若也将旧体格律诗与民歌、歌谣结合，以民歌体的形式创作了许多诗作，如《太阳问答》《遍地皆诗写不赢》等。“黄羊山，人满山。劈山开大渠，歌声高过天。”（《黄羊山》）“你是一座山，凭你的干劲，就可以冲破天。你是一座山，再加上绿化，把人间建成乐园。”（《你是一座山》）“‘月亮少来星星多，打井积极数哥哥。’这样的诗句空前古，天上的月亮笑呵呵。积极打井增生产，文化跃进翻波澜。生产口号过黄河，山歌早已过江南。”（《山歌早已过江南》）这些诗作语言直白有趣，节奏欢乐明快，音韵朗朗上口，非常接地气，也很有感染力。

新中国成立后，郭沫若的诗歌作品除《新华颂》之外，还结集出版有《百花齐放》《长春集》《潮汐集·潮集》《东风集》《沫若诗集》等。此外，还有大量散佚于集外的诗歌作品，主要是旧体诗词。这些诗歌作品总计有900余篇（组），近1300首。[他的全部诗歌作品有1600余篇（组），总计2100余首。]

与诗歌创作相关的还有一种写作活动，是郭沫若颇为看重的，即解读毛泽东诗词的文章。毛泽东自战争年代即开始创作的诗词作品陆续发表以后，郭沫若撰写了许多篇解读这些诗词的文章。毛泽东的诗作都是旧体诗词，一般读者阅读欣赏起来还是有些难度的，所以需要辅以解读性的文章。大概没有比郭沫若更合适的人去撰写这样的文章了。当然，作为诗人，郭沫若是很推崇毛泽东诗词的，所以这样的文章他写起来

① 郭沫若：《爱祖国爱人民的诗人屈原》，《中国少年儿童》1950年第17期。

也很有兴致。《喜读毛主席的〈词六首〉》发表后，全国各地的报刊纷纷转载，中央人民广播电台还曾录音播送。1963 年 12 月，《人民日报》刊载了三十余首毛泽东诗词。郭沫若阅读时即在报纸空白处作了许多注释，随后连续撰写了《“百万雄师过大江”》《“敢叫日月换新天”》《“待到山花烂漫时”》等八九篇副题作“读毛主席新发表的诗词”的文章，为读者做了详尽的解读。

毛泽东诗词还让郭沫若有了一个重要的收获，即为浪漫主义文学正名。那是在毛泽东的词《蝶恋花·游仙》（后改作《蝶恋花·答李淑一》）发表以后，郭沫若在《浪漫主义和现实主义》一文中全文引录该词并做了解读，然后写道：“在我个人特别感着心情舒畅的，是毛泽东同志诗词的发表把浪漫主义精神高度地鼓舞了起来，使浪漫主义恢复了名誉。比如我自己，在目前就敢于坦白地承认：我是一个浪漫主义者了。这是三十多年从事文艺工作以来所没有的心情。”①

这种创作心态的调整，对于诗人郭沫若当然非常重要。事实上，组诗《百花齐放》就是在这一创作心态下写成的。

郭沫若在新中国成立后的诗歌创作，从整体来看，艺术上参差不齐，缺乏像《女神》这种艺术水准的作品。但是他的创作实践，无论是自由体诗还是旧体诗词，包括他在艺术上的探索，都为新中国的诗歌史留下了一些值得思考的东西。就作品而言，他那近 1300 首的诗词，可以称为新中国社会主义革命和社会主义建设的一部诗史——诗人用诗歌所书写的新中国的历史。

## “命题”为诗

新中国成立后，作为共和国文化科教事业的一位领导人物，郭沫若的身份地位发生了很大变化。这对于他的文学创作，包括诗歌创作是有相当影响的，他的创作活动已经不完全是一种个人关于人生社会的文学思考和文学表达。很多时候，在很多场合或历史情境中，甚至在一些非常具体的事情上，郭沫若实际上成了社会主义革命和社会主义建设事业的一个文化代言者（当然不只是他一个人）。因此，“命题”为文为诗的情况并不鲜见。所谓“命题”并不一定是有一个具体的文题、诗题摆在郭沫若面前让他去创作，而是说一首诗歌、一篇文章的写作缘起、写作冲动，不是在郭沫若脑海中自然涌动出来的，而是出自一个外部的邀约。这样的约请可能是关于某些史实、史事的思考，也可能有很具体的内容指向，但它们对于具有各种身份的郭沫若而言，都是难以推辞的。

郭沫若是《光明日报》的一个重要作者，从该报开办之初，郭沫若就是其作者，他的许多学术文章、文学作品都发表在《光明日报》上。即便如此，也有些文字属

① 郭沫若：《浪漫主义和现实主义》，《红旗》1958 年第 3 期。

于应约请而写的应时之作。有两封萨空了给郭沫若的催稿信函留存下来，让我们可以窥见一二。《光明日报》于1949年6月创刊，当时是民盟的机关报，萨空了为秘书长。是年年底，编辑部为准备出版新年增刊，向郭沫若约稿，但郭沫若的稿子一直未到，于是萨空了给郭沫若写了一封催稿的信，信上说："《光明日报》新年增刊前已向您征文，希望在廿五日收到，大稿至今未至，所以编辑部同人叫我再函催一下，不论长短总希望能有一篇，想不会叫我们失望。尊稿务恳在一二日内掷交。"信是12月26日写的。萨空了为了保险起见，在同一天还写信给于立群落实约稿一事："要郭老写的稿子责任我想放在您的身上，务请他在百忙中为光明报写一点，何日来拿，伫候佳音。"[①] 从信文可知，报社约请郭沫若写的就是一篇应时的文字，所以长短不论，但一定要有。郭沫若于是写了一篇《万里长征走上第二步》，刊载于1950年1月1日的《光明日报》（发表时题作《万里长征第二步》）。就在同一时间（12月27日），郭沫若还作了一首诗《史无前例的大事》，是给《人民日报》的，发表在1950年1月1日的《人民日报》上。由此推测该诗也应该系约稿之作。

有些更直接的史料可以让我们了解《人民日报》约稿郭沫若是怎样一种情况。1964年11月下旬，《人民日报》编辑部曾两次约请郭沫若创作诗歌。第一次的约稿信写于11月23日，信中写道："本月25日将举行全国少数民族群众业余艺术观摩演出会，我们想请您写一首诗，在开幕那天发表，以示祝贺。"约请只给郭沫若留了一天的写作时间。郭沫若于11月24日写成《敬礼，毛主席的文艺子弟兵!》，发表在该日的《人民日报》上，这是一首四节32行的自由体诗。诗人绝对称得上文思敏捷了。第二封约稿信写于11月28日，信中说："又想请您给我们赶写一首诗，是关于支持刚果（利）人民反对美帝国主义的。""盼今天给我们。"这次约请，竟连一天的写作时间也不给诗人留了。郭沫若仍然应了邀约，作诗一首《要卢蒙巴，不要美国佬!》，发表于12月1日的《人民日报》上。这又是一首32行的自由体诗。32行文字抄写一遍也得花些时间呢!

像这样的诗作，完全是急就章。纵然诗人诗思敏捷，文如泉涌，恐怕也很难在构思上下功夫，在艺术上去斟酌、推敲、打磨。

《人民日报》是中国共产党的机关报，《光明日报》是有分量的大报，但并不是只有这两家报刊会约稿郭沫若，郭沫若也并非只应承它们的稿约。任何报刊都有约请郭沫若写诗撰文的机会，只要它们想到了。中国音乐家协会属下有一个刊物《歌曲》，其编辑部曾向郭沫若约过稿。约稿信写道："值此中日人民友谊加强，两国人民为巩固亚洲与世界和平，进一步紧密团结之际，群众很需要有歌唱中日人民友谊的歌曲，来鼓舞他们斗争的意志。我们考虑，如您能写一首这类题材的歌词，是可以满足大家的需要的。不知您能否在百忙中抽出时间考虑这个要求。这首歌词最好不比

---

① 这两封信函及下文所引用的约稿信，均系郭沫若纪念馆馆藏资料。

《中国少年儿童队队歌》或《消灭细菌战》更长，这样将更容易普及。”《中国少年儿童队队歌》和《消灭细菌战》是郭沫若为另外两首歌写的歌词。约稿信写于1956年5月29日，虽然也使用了商量请求的语言，但提出的稿约直截了当，还有很具体的写作要求，真是一点不含糊、不客气。郭沫若应了这个约稿，于5月31日作《乌云散后——中日友谊之歌》[①]，由音乐家马思聪作曲，发表在《歌曲》上。

外事活动也时有需要郭沫若作诗之事。1964年2月，中国国际贸易促进委员会接待日本贸易促进会理事长铃木一雄来访。铃木一雄看到了郭沫若给中国国际贸易促进委员会题写的诗，即向接待方提出希望郭沫若“也能够为日中贸易、日中友好题诗一首”。于是，贸促会联络部专门发公函（有文号）给中国科学院，请“贵院尽快与郭老联系，敬希题诗一首”，并告知了铃木一雄返国的时间。郭沫若知悉后，在来函上写下一首五律，咏道：“东海一衣带，蓬莱自古传。今有春风至，冻解百花妍。”

约请郭沫若应时为文之事，甚至延伸至国外。列宁格勒大学（苏联）有位中国留学生王栋曾受托于该大学校报，致信郭沫若，称该校报“编辑部准备在五一国际劳动节时出一期特刊，因此他们请我们代他们写一封信给您，请您在百忙中抽出一些时间给报纸写一篇应节的材料，并盼望您能够答应这一请求，如能在四月二十日将材料寄到列宁格勒，编辑部将非常感谢您。”这是1955年3月的事情。也是在这个月，郭沫若还因为“忙着其他的事不能执笔”完成《俄文教学》的稿约，而以一封谈论翻译标准问题的信函向编辑部回复稿约。

作家、诗人偶尔应邀约作诗、为文，本是寻常之事，并且这种稿约要给为诗文者以足够的构思想象运笔铺陈的时间、空间。但是，偶一为之的事情成为写作活动的常态，并且稿约都有着明确的目的指向、内容范围、时间限定等，那这样的邀约就成了不寻常之事了。其不寻常之处在于，因这类稿约而动笔创作诗文的方式和过程，不符合文学创作自身应具有的审美特征和艺术创作规律。《女神》时期的郭沫若曾经说过：“诗的生成，如像自然物的生存一般，不当参以丝毫的矫揉造作。”“诗不是‘做’出来的，只是‘写’出来的。”[②] 这种因稿约而来的“命题”为诗，可以说是反其道而行之，多是“做”出来的，而不是“写”出来的。

以上只是根据所能见到的一些史料，对于郭沫若诗歌创作活动中应各种邀约而作，即“命题”为诗的情况，做了一些简略的考察。但由于这种史料所存有限，我们无从知道还有多少郭沫若的诗歌作品是在这样的约请下写成的。不过翻看了这些史料之后，当回过头来再阅读郭沫若的诗歌作品时其实可以发现，应该有相当数量的诗作是经由类似的过程创作而成的。这从诗的内容，甚至从篇题就可以判断出来。

从许多回忆史料中可以看到，郭沫若许多诗歌作品的创作缘起，应该就是他在履

---

① 现收《郭沫若全集》文学编（第5卷）。

② 郭沫若等：《三叶集》，亚东图书馆1920年版，第47页。

行公务，如参观、考察、参加某项活动之时，某地、某单位乃至某位领导当面请求他作首诗，郭沫若也就应了下来。

国内外有什么重要的事情发生，不管是哪个方面的，总是有媒体（从党报到地方的报刊）约请他写诗写文，其实就为了通过他的笔发出赞扬之词，或表达一种态度。更有许多政治领域的活动需要他发声，时间长了，郭沫若自己似乎都有了这样一种写诗的定式，以至于某一诗“题”倒不一定是由哪一个具体的对象所“命”，而成了郭沫若在社会政治文化生活中自主而为的一种写作心理状态。于是，参观各种各样的展览会要写诗，开会要写诗，看演出要写诗，全民大炼钢铁要写诗，除“四害”要写诗，甚至防治棉蚜虫也要写诗……郭沫若的“诗多”与此大概不无关系。这样应时应景创作的诗，自然缺少审美价值，甚至难以称之为诗。这类诗作在郭沫若的诗歌创作中并不鲜见，他自己也清楚这一点，但恐怕也有点无可奈何，所以他曾自嘲“诗多好的少”。

其实，“命题”为诗的创作方式和创作过程对郭沫若而言，还不在于能否写出好诗，因为肯定是写不出好诗的。这种创作姿态不是好的为诗、为文之道，在某种程度上是对文学创作自身规律的疏离，也是郭沫若对自己诗歌才情的滥用。

当然，在现实的政治文化环境中，像这样的诗歌写作，或许是避免不了的，甚至是需要的，是时代对于文化的需要。郭沫若作为诗人，承负了这一时代的需要。

及至晚年，又处于“文革”期间，郭沫若对自己的诗歌创作状态也很不满意，他陆续翻译了一些英美诗人的抒情短诗，在作为译本的诗歌本子上信笔写下一些关于诗的感想，虽然是只言片语，但表达的是他关于诗歌创作的一些见解。郭沫若的老友成仿吾后来在读到这些文字的时候感慨道：“在他将近晚年的时候回到翻译这种短的抒情诗，虽然是由于偶然的原因，但是，难道我们就不能从他的这种经历中得出某些可能的推理吗?”“我不记得他在什么地方提到过他关于诗的见解或者感受之类的东西，但是，从他最后竟翻译了这样的抒情诗，是否至少他主张，不管你叙景或叙事，总要重视内在的节奏，并且最好有韵脚。”①

是的，这确实是耐人寻味的：耄耋之年的郭沫若是不是又回归于单纯的关于诗歌创作、审美的思考呢?

（原载《郭沫若研究》第 15 辑）

① 成仿吾：《序》，《英诗译稿》，上海译文出版社 1981 年版。

# 郭沫若《屈原》如何走入日本

## ——须田祯一的翻译过程考察

曾 嵘

1952 年 7 月，郭沫若的《屈原》被须田祯一译成日文，经由东京未来社出版。同年 12 月，日本新剧团前进座开始进行全国巡回公演，引起巨大反响。[①] 五幕剧《屈原》进入日本的时间正好与 1942 年在重庆的初次出版相隔十年。

对于诗人屈原，明治维新前的日本人并不陌生。早在 730 年的奈良正仓院文书《写书杂用帐》中记录了"离骚三帙十六卷"。891 年左右，藤原佐世编撰的《日本国见在书目录》中明确记有"《楚辞》十六王逸……"待到江户时代，朱熹的《楚辞集注》在日本流行通用，具有汉学素养的人无人不晓屈原。只是明治时期随着汉学的没落，屈原的作品也逐渐尘封。近代日本人知道屈原大多不是通过《离骚》等文学经典，而是通过"日本近代绘画之父"横山大观的画作《屈原》或端午节等民俗文化，彼时的屈原被剥离了诗人的身份，成为某种指代符号。"二战"期间，郭沫若对屈原的重新解读，无疑引起了中日文化界的关注，也是《屈原》在日本被出版和上演的契机。

目前关于郭沫若的五幕剧《屈原》与日本的研究，大多围绕其在日本的演出和传播。例如，陈云先的《屈原演出在国外》考察了历史剧《屈原》在苏联、日本等国家演出的实况；宋绍香的《郭沫若著作在日本》整理了包括历史剧《屈原》在内的郭沫若著作在日本的出版情况；权五明的《郭沫若历史剧〈屈原〉在日本的上演和影响》及《戯曲〈屈原〉はどのように進化したのか》，分别考察了日本剧场结构与演出活动，以及《屈原》文本的修改过程。这些研究着重考察五幕剧《屈原》的上演情况，而鲜少在意这部剧为何且如何被翻译成日文并轰轰烈烈上演的这一过程。

---

① "公演到 1953 年 7 月约十个月的时间里，在从北海道到九州岛的 106 座城市里上演。全国巡回公演的次数是二百八十三次，观众总数达三十一万六千人。相当于每次上演的平均观众数约为一千一百一十七人。总之，《屈原》全国巡回公演获得了巨大的成功。"［出处为《月刊前进座》，1952 年 10 月 15 日、1953 年 8 月 1 日，转引自权五明《郭沫若历史剧〈屈原〉在日本的上演和影响》，《重庆师范大学学报（哲学社会科学版）》2009 年第 6 期。］

此外，遍查已有的郭沫若研究资料，发现在日本作为郭沫若作品的翻译家而闻名[①]的须田祯一从未被中国研究者关注。基于此，本文将以须田祯一为中心，结合其交友情况，着重讨论其翻译郭沫若《屈原》的动机与过程。

## 一 须田祯一与屈原和郭沫若的作品接触

须田祯一（1909—1973），出生于水乡牛堀（现茨城县潮来市牛堀），出身于当地的望族。童年时期，就读于祖父须田干三开设的汉学私塾，修习宋学、朱子学等，具有深厚的汉学修养。尽管如此，他对屈原的诗作并不了解，是横山大观（1868—1958）的《屈原》图让他认识了屈原。“汹涌万丈的风云之中，双眸充满无限烦闷的屈原入水的那一刻，深深地烙在少年我的心中。”[②]

横山大观的《屈原》图作于1898年，这幅132.7厘米×289.7厘米的水彩绢本卷轴，现珍藏于广岛的严岛神社，作为国宝向游人展示。著名美术评论家齐藤隆三在追述当年的画展时，感叹《屈原》的“凄惨和悲壮”，让观看画展的人感受到“宏大的气魄”和“生机勃勃”。[③] 其他也有相关言辞证实了《屈原》展出时的情形。

> 横幅近3米的大画面上，描绘了手持鲜花身着道服彷徨在荒野的屈原。屈原，是有着坚定信念不被世间污浊所染行走于正道的古代中国的楚人。因为政敌诬告而被流放江南，投水而亡。
>
> 从这幅画里，人们看到了辞退美术学校校长一职的天心（冈仓天心）那遗憾至极的身影，并被其深深打动。有人甚至体察到天心的内心，而不禁落泪。[④]

文中描述了看画群众把屈原等同于冈仓天心同情落泪的场面。冈仓天心（1863—1913）是日本著名的美术家、思想家、教育家，1890年起担任东京美术学校（现东京艺术大学的前身）校长职务，培养了横山大观、菱田春草等一大批年轻的教员。1898年由于帝国博物馆馆长九鬼隆一的留任纠纷，致使天心3月辞去博物馆部长和东京美术学校的职务，横山大观、桥本雅邦、菱田春草等17人随即集体辞职以

---

① 须田祯一翻译了郭沫若的以下作品：《郭沫若诗集》（未来社，1952年10月）、《屈原》（未来社，1952年10月）、《虎符》（未来社，1953年6月）、《蔡文姬》（新读书社，1959年11月）、《则天武后·筑》（平凡社·东洋文库，1963年11月）、《郭沫若史剧集》（第一—三卷，海燕社，1966年）、《郭沫若史剧全集》（全四卷，讲谈社，1972年3月）、《李白と杜甫》（讲谈社，1972年11月）、《郭沫若诗集》（未来社，1972年11月）。

② ［日］须田祯一：《解说》，《屈原》，未来社，1952年7月，第150页。

③ ［日］荒木修：《横山大観の絵〈屈原〉の理解をめぐって》，《茨城大学五浦美术文化研究所报》1975年第5期。

④ ［日］坪内隆彦：《岡倉天心と屈原》，2015年11月，http：//tsubouchitakahiko. com/？ p =3121。

声援天心，这就是日本有名的“美术学校骚动”事件。同年 10 月，天心提出“开拓、维持新时代东洋美术”口号，创建了日本美术院，并于10 月15 日举行了纪念展览会，展览会上最引人注目的就是大观这幅长达近 3 米的《屈原》图。

横山大观的《屈原》图是在冈仓天心的辞职风波这一背景下创作而成的，因而人们把遭遇诬陷、被迫辞去公职的天心视为中国的屈原，他“遗憾至极”的身影浓缩在手持泽兰彷徨在荒野的屈原画像里。一时间，通过横山大观的画作，民众心中的屈原和冈仓天心合为一体。其后，天心在美国出版的著作 *The Ideals of the East*（1903）收录了这幅画像，名为 Kutsugen Wandering on Barren Hills，即“彷徨于荒野的屈原”。由此，屈原以横山大观和冈仓天心为媒介在近代日本得以传播。

须田祯一看到这幅画的时候，距离 1898 年已有二三十年，自然无可能产生上述共鸣。他更多的是被画作《屈原》中强烈的感情色彩所吸引。原本横田大观采用的创作方法，打破了浮世绘传统的、抑制表情的平面画法，在屈原的脸上和衣服上巧妙使用阴影，营造出立体的效果，从而强调屈原的迷茫和烦闷，比较具有感染力。① 受此震撼，须田进入高中后开始阅读《楚辞》《天问》和《离骚》等屈原的作品。

> 进入高中后，我入手了一部《楚辞》，被《天问》和《离骚》那难懂却“纷吾既有此内美”的诗句所吸引，多次去请教成田教授。……我在大学的学籍虽在德语系，可长期被东洋文艺所吸引，可能就是源于这段时期所积累的某种素养吧。
>
> 后来，我的兴趣转向中国的白话文学，尤其酷爱郭沫若的诗集，《女神三部曲》中的第二首《湘累》就是以屈原为主题的，因而有遇到故知的感觉。于是对郭沫若的关心和对屈原的关心，在我心里结合在一起了。②

以上引文源于日译本《屈原》的后记，译者谈到自己与郭沫若作品相遇的契机。须田祯一 1929 年考入东京帝国大学德语系。同年级中，日后成为文学评论家的本多秋五在国文系，著有《第三世界论》的社会学家坂本德松在社会学系，这几个人都成了他终生的挚友。上述引文中的“后来”，容易让人误会须田在大学期间就对中国白话文学产生了兴趣。但目前只有资料证实：他是 1939 年进入朝日新闻东亚部后，才正式开始研究中国，并在东京神田的旧书店里购买到郭沫若翻译的《浮士德》。后来又入手《郭沫若诗集》，开始尝试翻译。③ 这里所指的《郭沫若诗集》应该都是

① 参考植田彩芳子《横山大観筆〈聴法〉の制作背景としてのエクスプレッショ》，《美学》第 57 卷第 1 号。

② ［日］须田祯一：《解说》，《屈原》，未来社，1952 年 7 月，第 150 页。

③ 参考小笠原信之《ペンの自由を貫いて伝説の記者・須田禎一》，绿风出版社 2009 年版，第 71—72 页。

1928 年由上海创造社出版的《沫若诗集》。第一篇收录的就是《女神》三部曲（诗剧三篇）。

根据已有的郭沫若研究资料，这部诗集中收录的一部分诗，如《地球，我的母亲》《司健康的女神》《春蚕》等曾早在 1922 年就被译成日文，当成中国白话新诗的典范被介绍过。[①] 但《女神》三部曲却是在 1952 年被须田祯一译出之前，从未在日本被出版或翻译。由此可以确认须田来中国之前，就开始关注革命家兼诗人的郭沫若，并且阅读了他翻译的《浮士德》和《沫若诗集》。至于五幕剧《屈原》，应该是到中国之后才入手的。

## 二 上海期间入手《屈原》的版本究明

1942 年 10 月，朝日新闻社东亚部的须田祯一收到调令赶赴上海，开始了他和中国的正面接触。对于中国，他一直是关注的，比如大学期间（1933 年）参加“撤离支那”的反战运动，曾被警察拘捕。然而真正研究中国却是在救他出狱的政治家风见章[②]的授意之下。自二人结识后，须田加入了由细川嘉六、伊藤武雄、关口泰、尾崎秀实等风云人物组成的“风见人脉”。1936 年，风见章访华归国后，给须田写了一封信，叮嘱他：“日本的未来就是支那问题。支那通和大陆浪人已经不行了。你们青年要研究现代支那，有必要倾尽生命去研究支那问题。”[③] 自此，须田开始研究中国，并于 1939 年进入朝日新闻新设立的东亚部，1942 年作为特派员奔赴上海。

在上海期间，须田租住在上海法租界的华厦公寓，并雇用中国学生学习北京官话。他交游广阔，与曾资助过郭沫若的内山书店老板内山完造，以及郭沫若的连襟、当时在上海东南医学院工作的陶晶孙，关系非常亲密。须田称自己和陶是“忘年交”，曾在《陶晶孙其人和作品》[④] 一文中，介绍陶的出身和生平经历，文中谈及郭沫若的种种，内容极为详尽，可以看出须田通过陶晶孙了解许多郭沫若的生活经历。另外，须田曾在《朝日新闻》《大陆新报》等重要媒体任职，在特殊时期也给予陶晶

---

① 参考秦川的《国外郭沫若研究述略》（《郭沫若学刊》1994 年第 4 期）和宋绍香的《郭沫若著作在日本》（《郭沫若学刊》1988 年第 1 期）。

② 风见章（1886—1961），日本政治家。在第一次近卫文麿内阁中任内阁书记长官，第二次近卫文麿内阁中任司法大臣。1939 年资助细川嘉六设立中国研究所。1951 年设立亚洲问题研究所，并提出“拥护新宪法”和“中苏中日建交”的口号。在推进中日贸易交流活动和中日邦交正常化等活动中发挥了重要的作用。

③ ［日］须田祯一：《日中問題に生涯を賭けて一風見章の人と思想一》，《世界》，1963 年第 3 卷，第 265 页。

④ 此文刊登于岩波出版的杂志《文学》（1962 年 9 月）。文中提及因为郭沫若和陶晶孙少年时代同在九州留学，同为创造社成员，后成为连襟，关系极为密切。

孙不少帮助。例如1944年上海大东亚文学会召开之时，有人在《大陆新报》[①] 上抨击陶晶孙缺乏“大东亚精神”，当时是须田代陶写文回应。由此可以看出，须田和陶晶孙的交情甚为深厚。另外，他在上海交往的日本人，如武田泰淳、堀田善卫[②]等，对郭沫若也颇有研究。武田泰淳是中国文学的研究者，曾在著作《扬子江文学风土记》（龙吟社，1941年）中详细介绍郭沫若，并对其文学作品做中肯的点评。总之，在上海期间，须田和郭沫若没有直接会面，但其朋友圈却是知悉郭沫若的最佳途径。

关于须田祯一着手翻译郭沫若的《屈原》，须田祯一传记的作者小笠原信之提供了如下线索：

> 日本战败后，即中国解放后（原文引用——笔者注），上海街头各种出版物泛滥。须田找到了郭沫若四二年写成的《屈原》。他听说郭的这部戏曲早已在重庆上演并大获好评，读后铭感于内马上着手翻译。此外，还熟读了《鲁迅全集》全二十卷，毛泽东的《矛盾论》《实践论》等。[③]

根据小笠原氏的资料，须田入手郭沫若的《屈原》是在1945年“二战”结束后，但之前曾经听说过这部戏剧。这个解释应该是说得通的。据笔者调查，须田对话剧非常喜爱，自言“笔者自来上海后，每有机会，辄往观话剧”。[④] 曾看过曹禺的《雷雨》、吴祖光的《文天祥》等，并用清川草介的笔名发表剧评。如1943年9月7日在上海兰心大戏院看过《雷雨》后，10月19—21日，连续三日在《大陆新报》上发表剧评，题为《看曹禺的〈雷雨〉》。1944年3月4日、6日、7日在《大陆新报》上发表《文天祥——中国话剧鉴赏》[⑤]。此外还专门撰写了《日本的新剧运动》一文，向中国读者介绍中日戏剧的不同，以及日本新剧运动的发展轨迹。源于对戏剧的喜爱，后来他的翻译大多为郭沫若的史剧。战争期间，五幕剧《屈原》虽然是在重庆上演，但其盛况空前，在报纸上引起了极大的反响。《半月文萃》（1942年第1卷第2期）还特别刊登了《“屈原”唱和：郭沫若先生的答和诗》，选载了沈钧儒、董必武、潘梓年等看完《屈原》剧后的诗。就算须田不了解当时的风评，应该也会

---

① 《大陆新报》作为战争期间日本的国策新闻，1939年元旦由海军、陆军和外务省与兴亚院联合支援，《朝日新闻》协助创刊，总部设于上海。须田祯一与《大陆新报》的记者小森武是朋友，在上海期间，时常使用清川草介的笔名在此刊物上发表文章。

② 关于须田祯一、武田泰淳、堀田善卫等人在上海的交往目前还没有人研究。堀田善卫的《上海日记：沪上天下》（日本：集英社，2008）中留下了他们一起去武田泰淳家学习中文、一起喝酒的记录。（1945年10月24日）

③ ［日］小笠原信之：《ペンの自由を貫いて伝説の記者・須田禎一》，绿风出版社2009年版，第104页。

④ ［日］须田祯一：《日本的新剧运动》，白樱译，《杂志》1944年12卷第4期。

⑤ 参考大桥毅彦编《上海租界与兰心大戏院：东西艺术融合交汇的剧场空间》，上海人民出版社2015年版，第232—235页。

注意到钟天在《重庆文化界一瞥》中提到的消息。

> 重庆出版业渐呈不景气状态，其原因为：（一）缺少极有价值之著作，（二）纸张印刷成本太贵，（三）读者购买力低落。现在少数老牌作家，如巴金，郭沫若，茅盾，老舍等作品之销路仍旺，郭沫若之《屈原》，闻已销去一万册。译作尚能保有相当读者，最近屠格涅夫之《前夜》《烟》等书，销路甚旺，已超过高尔基之作品。①

凑巧的是，前述须田祯一的《日本的新剧运动》也刊登在同期杂志上。须田一向关注郭沫若和戏剧，至此可以推测他肯定知道郭沫若《屈原》出版及上演的事情。也许如小笠原氏所说，在上海期间就开始着手翻译了。

可是，须田采用的是哪一个版本呢？对此，他自己进行了说明："这部作品在中国各地上演，受到热烈欢迎。作者在首次上演后，做了部分改动。此次（岩波书店1956年版——笔者注）翻译，最初是依据初版，后来则依照修订后的原作进行了修改。"② 这段话意味着1952年未来社的版本是根据郭沫若的初版翻译的，而1956年岩波的版本采用的是修订版。但笔者对比两个版本，发现所谓的"初版"应该不是1942年3月的初版。郭沫若1942年写给田汉的信中，告诉即将在桂林排演的田汉，要将剧本中的某些地方进行改动，尤其是婵娟临死前的场面，要添加一段话。③ 这表明《屈原》的初版实际没有这段话，是后来文林出版社的重排版才加上的。而所有日译本中均有这段话，这足以证明上述须田所说的初版其实是之后的其他版本。

龚明德的《五幕史剧〈屈原〉版本试疏》和权五明的《戯曲〈屈原〉はどのように進化したか》，对《屈原》的版本进行了详细论述。由于经过数次修改，版本特别复杂。但可以根据两次大的修改来确定版本。第一次是1943年2月文林出版社的重排版，与1942年3月的初版相比，采用的是之前《中央副刊》的连载版（1942. 1. 24—1942. 2. 7），并在此基础上做了400多处的细微修改，如小狗一律改成"阿金"。此后1945年与1949年的文林出版社和群益出版社所采用的版本，均为1943年文林出版社的重排版。第二次是1950年后北京人民文学出版社的版本，与之前相比，做了非常大的修改，如第一幕末尾的收场也做了修改。原是宋玉出场，由公子子兰以取笑的话结束，改为屈原再出场，说出了一番有教育意义的话。④ 根据这两

① 钟天：《重庆文化界一瞥》，《杂志》第12卷第4期，杂志社发行，1944年1月10日。

② ［日］须田祯一：《解说》，《屈原》，未来社，1952年7月，第153页。

③ 这一段话的内容是：婵娟（苦闷）那酒……那酒……里面有毒药！……（倒，屈原以手套头拥抱之）啊，先生，先生，我可真高兴……我……真高兴……我竟能够代替了你死。……（大痉挛，死去）。转引自郭沫若、田汉《丰收与屈原》，《戏剧春秋》1942年第2卷第4期。

④ 参考龚明德《五幕史剧〈屈原〉版本试疏》，《郭沫若学刊》2012年第1期。

个重点，笔者选取1946年群益出版社的版本和日译本进行了对比。除去若干细微的修改，如把宋玉的年龄从十八岁改成二十岁左右，婵娟的出场顺序从带领靳尚入场调至第一幕的第一个之外，其他没有大的变动。由此可以判断须田翻译的《屈原》，其原作采用的当是1940年代上海流行的群益出版社的版本。

以上分析了须田发现郭沫若的五幕剧《屈原》的可能途径与翻译所采用的原文版本问题。如第102页注释①所示，须田几乎翻译了所有郭沫若的戏剧，且《屈原》和《女神》三部曲都是1952年在日本付梓出版。为何与前进座合作演出的是《屈原》而不是《湘累》或其他呢？

## 三　《屈原》的译者解说与日本主流媒体的导向

《屈原》全剧的情节非常简单，围绕屈原一天之中如何被南后和张仪陷害，并决定出逃的故事展开。第一幕以《橘颂》开头，屈原教育学生像橘树一样“独立不倚”，后靳尚登场，告知张仪来楚游说的消息。第二幕是南后在楚宫内借编排《九歌》，让楚王相信屈原调戏她的假象，致使楚王罢黜屈原，宣布与齐国绝交，却同秦国修好。第三幕中屈原衣冠不整的样子和皇宫散布的谣言让乡邻们误认为他已疯癫，并为其招魂，屈原愤怒出走。第四幕讲屈原路遇楚王、张仪、南后一行，痛斥之，被关进东皇太一庙。钓鱼人伸张正义，却被逮捕。第五幕里屈原得到侍女婵娟和侍卫的救助，婵娟误喝了南后安排给屈原的毒酒而身亡，屈原带着仆从出走汉北。

《屈原》在日本大规模公演的时间有三次，即1952年、1962年和1972年。演出盛况空前，但主流媒体如《朝日新闻》的报道却仅寥寥几篇。尤其是1952年，前进座《屈原》的全国巡回演出引起了极大的反响，剧评却只有一篇，全文如下：

> 前进座长十郎班子带着中国戏曲《诗人屈原》五幕25日在芝公会馆参加了“艺术节”。共产党参加艺术节似乎很奇怪，但细想下来也并不奇怪。在此演出之前，24日在平井的新兴＊＊（无法辨认——笔者注）剧场，26日、27日在赤羽公民馆业已公演。因东京公演排在北陆、关西之后，所以道具、服装有些脏，反之在演技与舞台技术上下功夫较多。定员六百人的芝公会馆里超满员，容纳了近千人。曾看过在平井的演出，两千人以上观众的盛况，让人怀疑小小电影院的屋顶会不会掉下来。我认为这不仅仅是一部舞台的戏剧，而是超越被东京好几个大剧场驱逐、只能在小地方演出的前进座如今这一鲜活立场之舞台的戏剧。
>
> 参加艺术节的舞台到底和电影院不同，布置得有如剧场，开幕前就由女声合唱、二胡和锣声营造出中国戏曲的感觉。故事讲两千三百年前楚国诗人屈原（长十郎），挺身与意图用奸计构陷楚国的秦国间谍，还有与间谍勾结的宫廷后妃、贪官斗争的戏剧，这里面具有“红剧”的讽刺。陈列着朱红圆柱的“宫廷

宴舞”的场面、屈原被捕时差点被烧死的“太子党燃烧”的场面，大剧场的话可能会引发爆裂掌声的场面，而这里吉田谦吉为适用于巡回演出做了简化（土方与志演出，郭沫若著）。

这不是一部高级的作品，是一部易懂且手法陈旧的通俗剧（把一天的事情，用数个场面展示出来，所以时间上的破绽太多），令人惊讶的是演员们的演技都有提高，尤其是小三郎、岩五郎、秀弥、菊之助灵巧了许多，其他田中靖祐、户田千代子、祥之助等的精进却是一目了然。只有团长长十郎，也许是心里想着要“努力变红”，从始至终都是一张超气派、苍白干涩的诗人的脸，没有演技上的提升。①

引用有些长，但可以看出，整篇剧评重点强调的是前进座的左翼身份立场、演员的演技及演出《屈原》时的盛况。对戏剧本身的评价并不高，一言概之为红色戏剧，手法陈旧，但简单易懂。其中“共产党”“红剧”“努力变红”这样的字眼尤显突兀。《朝日新闻》的这种基调，与当时和新中国处于敌对状态、作为美军后勤基地加入朝鲜战争的日本立场有关。随着中日紧张关系的缓解，剧评也发生了微妙的变化。1962 年 5 月 1—20 日，正逢中国电影艺术团在日本访问期间，前进座再次公演《屈原》，《朝日新闻》刊载了两篇剧评。节选其中的剧情简介如下：

这是忧国诗人、政治家屈原的悲剧。爱国志向不酬，沉陷于悲剧，却仍燃起不屈的正义的屈原的姿态，真可谓是感动。主题简明、浅显，但剧情起伏频繁，戏曲构成也是有趣的，经过考证的服装的美也是一种享受。②

与 1952 年迥然不同的是，这时候的剧评里不再带有明显政治色彩的词语，开始强调诗人屈原的爱国情怀和正义不屈的形象，评价并不高。但从字里行间可以看出，作者尽量在避免负面评价，采用的是一种积极正面的语气。

而在 1972 年的剧评中，这一点表现得更为明显。当时在日本观看演出的有“中日备忘录贸易办事处赵自瑞、驻日的中国记者，以及靠港的东风号船上穿着蓝色工人服和戴着工人帽的船员，带着革命中国的气息占据了中间的座席”③，其时的五幕剧《屈原》是作为中日文化交流活动的公演节目，是作为“中日交流的桥梁”。对此，剧评的基调自然也与前两次不同。

---

① 《向上した座員の演技：中国戯曲〈詩人、屈原〉》，《朝日新闻》，1952 年 11 月 27 日。

② 《長十郎、迫真の演技：構成に面白さ　前進座の〈屈原〉》，《朝日新闻》，1962 年 5 月 10 日。

③ 《わき役陣も好演技："空白"感じさせぬ長十郎》，《朝日新闻》，1972 年 3 月 7 日。

> 屈原是两千三百年前，楚国实际存在的诗人政治家。他识破秦的侵略计划、与齐结盟，却遭到秦国报复而下台，投汨罗江自尽。作者将其改写为，主人公被迫喝毒酒时，被甘愿牺牲自己的侍女婵娟所救。被卑劣的阴谋陷害步入绝境却依然孤高的屈原，目睹了婵娟的死，从心底爆发出对权力的愤怒，同时也明白了自己此后的人生将依靠人民大众。[①]

屈原从知识分子或政治家转向人民大众，这应该是1952年剧评中所说的“红剧”色彩吧。此时代表日本主流媒体的《朝日新闻》终于不再用隐晦的词语来评价屈原的形象了。“屈原有着向年轻人学习的谦逊，不喜人民的愚蠢，却最终达到与人民大众一体化的透彻心境。”中国作为社会主义国家，其“革命气息”和与“人民”一体的特征，明显得到了承认。尽管如此，文中明确指出：这部写于战争期间的戏剧在三十年后的“今天”上演的意义，只不过是观众在屈原背影里，看到的那一抹即便如此人生，也要努力活下去的坚决。[②] 中国的革命戏剧在1970年代的日本社会上演的意义何在，《朝日新闻》的评价不置可否。

如此，不论是《屈原》刚进入的1952年，还是中日开始建交的1972年，都可以看出这部戏剧的艺术性或革命意义在日本并没有得到主流媒体的正面肯定。可是，1952年《屈原》的公演，虽说被主流媒体和大剧场排斥，但观众场场爆满。这又是为何？译者须田祯一在《解说》中的一段话侧面地点明了他当时把《屈原》翻译成日文的意图：

> 这部历史剧写于1942年抗战最为黑暗的重庆。国民党政权在政治上已是令人绝望的腐败，没有独自驱赶日军的自信，在此意义上他们很开心太平洋战争的爆发和英美对日本的开战。但是，相对于一路占领香港，占领马尼拉、朝着新加坡行进的军国日本，他们当然也害怕后方，背负扭转战局任务的国民党政权，却始终只害怕英美的援助费减少而依赖他人。那些只想着发国难财的国民政府的要人们，不愿意中国共产党的“边区政府”范围扩大，反而更欢迎日本占领区变大。在这样的环境下有良知的知识分子的愤怒和悲哀及苦闷，一泻千里，成为了这五幕历史剧。特别是第五幕中屈原的独白，有种能渗透到今日的我们的骨髓里的严峻。它势必能唤起那些追求独立与自由的人们心中的强烈共鸣吧。[③]

此段文字介绍了原作的创作背景，作为知识分子的作家目睹祖国被侵占的危难之

---

① 《わき役陣も好演技：“空白”感じさせぬ長十郎》，《朝日新闻》，1972年3月7日。

② 《わき役陣も好演技：“空白”感じさせぬ長十郎》，《朝日新闻》，1972年3月7日。

③ ［日］须田祯一：《解題》，《屈原》，岩波书店，1956年10月初版，引用は1982年4月第8版より，第183页。

中，一心牟利的政府官员们置之不顾而产生了“愤怒”“悲哀”和“苦闷”。因此，“作者以面临祖国危机的诗人兼政治家屈原的苦闷为中心，通过塑造为他献身的少女婵娟、帮助他的舞者和卫士等，来表达屈原不是脱离大众的存在，而是和身后的‘人民’联系在一起的意图”①。关于郭沫若《屈原》的创作意图，熊坤静在《历史剧〈屈原〉创作前后》中的解释是，当时国民党政权消极抗日积极反共，郭沫若想通过宣扬屈原特立独行、不畏强暴的高贵气节来号召今人反侵略反投降，自觉肩负起拯救民族危亡的历史重任。② 苏联译者费德林认为：郭沫若写《屈原》是意图通过历史题材的作品，帮助那些捍卫自己祖国的独立并与敌人进行严酷斗争的人民。③ 而须田强调的是抗战中知识分子的苦闷，通过屈原来表达知识分子是和人民一体化的存在，并且觉得第五幕中的“雷电颂”的严峻引起如今“追求独立与自由”的人们的共鸣。作家的苦闷、屈原的苦闷，以及当今日本追求独立自由的人的苦闷，超越了时间和空间，在须田的解说中融为一体。

此外，在1956年的一篇小文《屈原种々》中，他对比《湘累》和《屈原》，认为以前二十九岁时创作了幻想的屈原的郭沫若，现在转而把其改写成步入老年却不妥协于逆境伺机再起的坚强不屈的形象，这是在北伐和抗战中的历练与成长所致。1952年在日本上演这部戏剧，“追求自由和独立的作家的诗的精神深深地打动了日本‘老百姓’的心”④。不只是《屈原》，从屈原到夏完淳所有描写士大夫的郭沫若的作品，在须田祯一看来，都是“鼓舞日本人独立不羁精神的力量”⑤。这一点同时也是他评价历史剧的艺术性的标准：

> 何况历史剧和历史小说，与历史记录不同。虽说写一些事实不存在的东西会沦为三流的通俗作品，但如果能深究各种可能性的一种并使之具象化而且它能鼓舞现代人独立不羁的精神的话，就可以积极评价。把犹太人耶稣写成革命家可以被肯定，把楚人屈原写成革命诗人也必须要肯定。荆轲和高渐离也同样如此。⑥

须田高度评价了郭沫若历史剧中“诗的精神”，他把这样的作品介绍给日本人，

---

① ［日］须田祯一：《解题》，《屈原》，岩波书店，1956年10月初版，引用は1982年4月第8版より，第183页。

② 熊坤静：《历史剧〈屈原〉创作前后》，《党史文苑》2012年第4期。

③ ［苏联］费德林：《我译〈屈原〉的前前后后》（节选），唐鸿棣译，《湖北师范学院学报》1987年第4期。

④ ［日］须田祯一：《屈原あれこれ》，《図书》，岩波书店，1957年1月，第7页。

⑤ ［日］须田祯一：《郭沫若の作品は焼かねばならぬか》，《エコノミスト》，每日新闻社，1966年5月，第39页。

⑥ ［日］须田祯一：《白虹貫日のために—郭沫若の史劇について—》，《アジア経済旬報》，中国研究所，1971年4月21日，第15页。

以此"让侵蚀到骨子里的日本人展开游击战以抵抗美国白灯蛾的文化侵略，使日本人的思想不羁更为彻底化"①。由此可以看出，须田翻译《屈原》并尽快把其舞台化的动力，根源于对战后日本的强烈的社会危机意识和批判意识。

## 四　"主权在民"的批判立场

1945 年 8 月 15 日，日本发表投降声明。两周后，麦克阿瑟率领的美军进驻日本，开始对其进行长达七年的军事占领。对于占领，须田比普通待在"内地"的日本人更能理解其中的严酷，因为他在战争期间曾作为朝日新闻记者派驻中国，担任过殖民者的宣传手。1943 年 8 月 1 日，正值他刚到上海不久，日本政府支持的汪精卫政府收回上海租界，他在《上海之今昔》中写道："具有自英美百年桎梏中解放中国之重大意义的上海，公共租界交还，于八月一日起实施，这正是日本走向建设大东亚的一个辉煌的路标。于此机会，请一看旧上海与新上海之姿态。"② 这里所说的"新上海"是脱离了英美法转为日本控制的上海。在文中，他批判了公共租界上海的英美奴化教育和功利思想，认为应该发扬东方的王道文化，全然回避了日本的殖民侵略。然而，到 1945 年日本战败时的须田，面临日本将被军事占领时，发出了如下感慨："但凡有能把日军占领下的上海市民的痛苦，当成自己的痛苦来感受的神经，应该能充分明白（被美军占领的日本人的痛苦——笔者注）。……那些在占领中国期间，把中国民众当成虫蚁一样看待的人，这次在 GHQ 面前也会如虫蚁一样匍匐前进。"③ 只是他没料到美军的占领，完全不同于日军的残暴。对一般日本市民而言，更多的是一种对异文化的好奇。在杜鲁门主义之后，所谓的占领已经丧失了其要求日本人反省的功能。按龟井胜一郎的话说，就是美军占领日本的最大特征是国民忘记自己被占领的身份，所以当 1952 年讲和条约和安全保障条约等行政条约出现的时候，大家都有一种被"下套"的感觉。④ 与这些作家们不同，对须田而言，1947 年的"二・一大罢工"让他感觉到了幻灭。

"二・一大罢工"是社会党和共产党联合众多工人、公务员试图推翻吉田内阁，建立更多保障制度的抗议活动，但麦克阿瑟以维护日本安定的理由，发出了取消罢工的命令。如此大规模的抗议活动无声无息地结束，给须田的打击非常之大，令他对日本人（包括共产党）失望至极。"对我而言那时受到的打击，远远大于战败。八・一

① ［日］须田祯一：《郭沫若の作品は焼かねばならぬか》，《エコノミスト》，每日新闻社，1966 年 5 月，第 39 页。

② ［日］须田祯一：《上海之今昔》，《两仪》第 3 卷第 8 期，1943 年。

③ ［日］须田祯一：《ペンの自由を支えるために》，转引自小笠原信之《ペンの自由を貫いて伝説の記・須田禎一》，绿风出版社，2009 年 11 月，第 101 页。

④ ［日］高见顺、堀田善卫、龟井胜一郎、清水几多郎等：《独立国の条件》（座谈会）、日本：《群像》，1952 年 5 月，第 12 页。

五是军国日本的败北而不是日本人民的败北。日本人民是在二・一中败北的。”① 受尾崎秀实、日森虎雄等人的影响，须田非常关注中国共产党的动向，并高度评价这股革命力量。而这次事件让他明白了日本根本不存在革命力量可以让国家脱离美军的控制。“二・一大罢工”后，美国对日本的占领政策发生变化，开始明确弹压共产党和共产党的支持者，须田立场越来越被孤立。同一时期，中国共产党机关主动撤离延安，西北野战军转入外线作战，也直接影响到曾经预测中国共产党必胜的须田在社内的声誉，引起众多的冷嘲热讽。GHQ 的弹压、日本人民的妥协、社内环境的恶化，使须田心灰意冷，决定离开《朝日新闻》，去佐原女子学校任教。但不久后受加入共产党的河崎原长十郎的牵连，不得不辞职赋闲在家。

直至 1950 年 12 月风见章重新进入政坛前，须田成为北海道新闻驻东京的论说委员，负责政治外交的社论和晚报的时评，再度展露锋芒。这个时期日本的社会大问题是《旧金山讲和条约》和《日美安全保障条约》的签订。据 1951 年日本新闻协会的调查，围绕讲和问题的社论有 86 家以上，支持片面讲和的有 61 家，支持全面讲和的有 14 家，其他占 11 家。② 所谓片面讲和，是与除苏联、中国、捷克、波兰等国家之外的 48 个国家签订讲和条约。当时的政府和大多数媒体支持片面讲和，而须田代表的北海道新闻却是反对的代表媒体。

> 我知道，签订两个条约的时候，大多数经历了史上首次被占领六年的日本国民都在想“不管以什么形式只想早点从被占领中脱离出来”这一事实。尽管如此，我还是反对这两个条约而赞同全面讲和论，是因为觉得有必要广泛宣扬一下旧金山条约之下的“独立”绝对不能给日本人民带来幸福。③

须田自始至终反对签订旧金山条约和日美安保条约，是因为在这些条约下的独立并不是真正的独立。从一开始他就明白，除去邻国苏联和中国在外的讲和方式会给“独立日本”带来复杂的阴影。为此，他全力以赴去和政治家交涉，尤其是第二大政党民主党的北村德太郎等人，以致在 1951 年 10 月 26 日众议院的投票时，北村被软禁，其他两位投了否决票。11 月 18 日参议院的投票中，反对票也出乎意料地多，这其中有他的功劳。他除了从国家独立的角度来批判排除中国、苏联在外的片面讲和条约之外，还从新宪法的角度批判吉田内阁的不透明性和增设警察预备队的行径。

---

① ［日］须田祯一：《ペンの自由を支えるために》，转引自小笠原信之《ペンの自由を貫いて伝説の記・須田禎一》，绿风出版社，2009 年 11 月，116 页。

② ［日］今西光男：《占領期の朝日新聞と戦争責任》（朝日新闻社，2008 年 3 月），转引自小笠原信之《ペンの自由を貫いて伝説の記者・須田禎一》（绿风出版社，2009 年 11 月，第 116 页）。

③ ［日］须田祯一：《ペンの自由を支えるために》，转引自小笠原信之《ペンの自由を貫いて伝説の記・須田禎一》，绿风出版社，2009 年 11 月，第 141 页。

过去军国时代，决定日本国民的命运的政治，是在三宅坂的参谋本部、霞关的海军军令部，或者赤坂的招待室进行，白亚殿只不过是个无用的聊天或嘲弄的舞台，最后连聊天和嘲弄都不算，直接堕落成了只对着统帅部拍手感谢的“痴呆的殿堂”了。今日，主权在民的宪法之下，如果在相当于政治中心的国会的讨论，也经常如同牙齿塞了东西般吞吞吐吐，在不清不楚模糊暧昧中结束的话，谁又能保证不会重复过去的堕落呢！（1951 年 5 月 10 日）。①

施行了标榜“主权在民、和平主义”的新宪法，本应以推行宪法为己任的国会却效仿军国时候的做法，任何决策和讨论不向国民公开，以至须田提出了解散国会的主张。站在“国民”的立场，坚持“民主”和“独立”，贯彻于须田所有的文章中。反对排除中国和苏联在外的旧金山条约如此，对待战争责任，坚持与苏联和中国建交也是如此。在他看来，日本侵略的不是蒋介石，不是毛泽东，而是中华民族，“所谓国家即是国民”，因此日本需要承认的是中国，而不是蒋介石政权。②

因为坚持“主权在民”的立场，所以弘扬新宪法。因为追求独立和自由，所以反对旧金山条约，要求全面讲和。这与风见章 1952 年参加选举时提出的两项政治主张，“拥护新宪法”和“恢复日中·日苏国交”，在大方针上是一致的。由此可以看出须田的批判立场源于风见章的政治主张，或者说受到了他的影响。

## 结　语

郭沫若五幕剧《屈原》进入日本，并得以广泛传播，得益于须田祯一的翻译和河崎原长十郎的上演。本文确认了须田认识历史人物屈原和翻译郭沫若《屈原》的过程，弥补了被研究界忽略的文本翻译问题。具体而言，正是在日本流传甚广的横山大观的《屈原》图，使须田接触了屈原，后来在陶晶孙、武田泰淳等密切关注郭沫若的朋友的影响之下，须田接触了郭沫若的五幕剧《屈原》，并在上海入手了当时流行的大众版本，进行翻译。

然而，无论是《屈原》的翻译还是上演，都源于须田祯一反对冷战的政治立场，以及他和河崎原长十郎等人对“二战”后美军占领日本的反抗。《屈原》在日本的出版和上演的 1952 年，正是签署旧金山条约的风口浪尖之时。须田祯一站在“国民”的立场，用犀利的文笔发表大量社论，对日本政府的政治立场和政策进行了批判。其社会活动同时影响了他对《屈原》的解读。相较于其他强调屈原的革命性的解释，

---

① ［日］须田祯一：《ペンの自由を支えるために》，转引自小笠原信之《ペンの自由を貫いて伝説の記・須田禎一》，绿风出版社，2009 年 11 月，137 页。

② 参考 1953 年 1 月 4 日的《北海道新闻》社论。

他更倾向于把其解读为被压抑的知识分子的苦闷和愤怒。这一点符合他的心境，同时也迎合了日本的社会文化环境。同一时期，茅盾的《子夜》被翻译成日语，有一部分原因是由于日本知识分子在冷战和美国的“占领”之下，可以从中找到相似的社会现实背景和精神上的共鸣。[①]《屈原》同样如此，知识分子的“苦闷”，以及与人民一体化等主题，能引起时代的共鸣。这和 1949 年以河崎原长十郎为首的左翼剧团前进座提出的口号“作为演剧人守护日本民族文化”是一脉相承的。正是须田祯一翻译的《屈原》，为前进座提供了文化武器。反之，前进座的演出又促进了中国文学在日本的传播。

最后，作为政治家风见章的圈子“风见人脉”中的一员，须田无论是进入朝日新闻社，还是转向中国研究，甚至后期的批判立场，都受到了风见章的影响。须田翻译郭沫若作品，在某种意义上说，是基于这种政治影响之下的文化活动。

（原载《中国现代文学研究丛刊》2019 年第 10 期）

① 曾嵘:《茅盾文学在日本——以〈子夜〉对堀田善卫〈历史〉的影响为例》,《中国现代文学研究丛刊》2017 年第 4 期。

# 对影成三人：郭沫若、李白与杜甫的互文写作

## ——重读郭沫若《李白与杜甫》

傅修海

《李白与杜甫》是“新文化运动的主将”[①] 郭沫若的最后一部著作，1971 年 10 月由人民文学出版社初版。“在那特殊的年代，几乎人手一册”[②]，此后四十几年来，它更是饱受争议[③]。2009 年该书入选《中国图书商报》“60 年最具影响力的 600 本书”[④] 的首批书目。2010 年此书由中国长安出版社再版重印，仍引起争议。

《李白与杜甫》历来引发人们热议，根本问题其实纠结于其是不是应景式的“扬李抑杜”：应景与否？为何与如何扬李抑杜？关于前者，虽有出处然并无确证，在此姑且不论[⑤]。至于为何与如何“扬李抑杜”，书中亦有很明确的立场和极为清晰的情感判断。然而长期以来，《李白与杜甫》真正蕴含的问题反而很少被深入讨论，譬如：郭沫若与彼时彼刻的李杜书写的关系是什么？采取李杜并论的方式对郭沫若意味着什么？在论者与论述对象的关系空间里，郭沫若究竟要以此来表达什么？郭沫若为何要在人生最后的岁月里花费如此心力来纾论此议题？退一万步说，即便真要所谓扬李抑杜，暮年垂垂的他又为何一定要如此执着地辨析这一问题？常情常理加之文本细读，这一切似乎并不难解，但也并非不值得人们更求甚解。

---

① 周恩来：《我要说的话》，《新华日报》1941 年 11 月 16 日。

② 韩毓海：《〈李白与杜甫〉：谁解暮年郭沫若?》，http：//www. m4. cn/space/2012－03/1155009. shtml。

③ 杨胜宽：《〈李白与杜甫〉研究综述》，《郭沫若学刊》2009 年第 2 期。

④ 伍旭升、岛石主编：《60 年中国最具影响力的 600 本书》，中国书籍出版社 2009 年版，第 3—17 页。

⑤ 夏志清在《重会钱钟书纪实》一文中写道：“郭沫若为什么要写贬杜扬李的书（《李白与杜甫》），我一直觉得很奇怪。钱钟书言，毛泽东读唐诗，最爱‘三李’——李白、李贺、李商隐，反不喜‘人民诗人’杜甫，郭沫若就写了此书。”（夏志清：《新文学的传统》，新星出版社 2010 年版，第 275—276 页）。桑逢康说：“迄今为止，没有任何确凿的过硬的材料，能够直接证明郭沫若写《李白与杜甫》，是为了迎合甚至秉承毛泽东的意旨。”（桑逢康：《郭沫若人格辩》。参见李怡、蔡震编著《郭沫若评说九十年》，文化艺术出版社 2010 年版，第 166 页。）郭沫若的女儿郭平英说：“我认为是一部学术著作，但偏巧郭老的观点和主席相同，可能使这个问题复杂了。”［此话多系辗转传抄，如前引韩毓海的《〈李白与杜甫〉：谁解暮年郭沫若?》（《广州日报》2010 年 6 月 12 日］。然在郭平英公开访谈报道中没有这句话，见吕莎《郭沫若及其时代——关于郭沫若的对话》，《中国社会科学报》2012 年 11 月 14 日。

## 一

郭沫若写《李白与杜甫》，一定程度上算得上是影响的焦虑之结果。因为在郭沫若写此书前，彼时有3部关于杜甫的书影响很大，分别是冯至的《杜甫传》、傅庚生的《杜甫诗论》、萧涤非的《杜甫研究》。[①] 这些书印量大、读者多，影响了很多学者，著名诗人废名（冯文炳）在1962年发表了《杜甫的价值和杜诗的成就》。[②] 以上3部杜甫著述，尚不包括傅东华早在1927年由上海商务印书馆出版的《李白与杜甫》。事实上，更值得一提的恰恰是傅东华的《李白与杜甫》。他在《序》中表明此书是以“批评的功夫”做“属于文学的研究”，目的“在试以一种新的方法来解释比较李杜的作品，希望读者容易了解他们的性质和异同，并希望他们能用类此的方法研究别的诗人”[③]。比照傅东华与郭沫若的两本同题书，其在思路与方法上反而更存有一定的承传。确乎，“郭沫若1967年研究和评论杜甫，是有感于当时的杜甫研究现状”[④]。而这个“当时”的“研究现状”，指的应是李杜研究的社会与时代症候。

从《李白与杜甫》初版目录看，内容依次为《关于李白》《关于杜甫》《李白杜甫年表》。李斌认为：“在写作时间上，最先写出的是第一部分的最后一节，即《李白与杜甫在诗歌上的交往》。其次是完成于1967年三四月的《关于杜甫》的主体部分。”[⑤] 如此说来，《李白与杜甫》大概是郭沫若研究李白与杜甫的诗歌交往，并在讨论杜甫之后才增值产生的最终作品。其本意是研究李白杜甫的文学关系，进而结合时势与流俗，并萌动喜做反面文章的豪情而论及杜甫，又进而研究李白——这或许是郭沫若著书的思路与心路历程。

从书的具体内容看，李白部分叙述连贯完整，更像侧重事功成败角度着眼的李白人生传记，和郭沫若许许多多的新编历史剧的写法、才气都相仿佛，读之亦令人慨叹大有郭氏风采。杜甫部分，则显然有些支离破碎，以“阶级意识”“门阀观念”“功名欲望”“地主生活”“宗教信仰”五大框架诠释杜甫，鲜明呈现出那个年代以降的人物认识模式。末了，加上杜甫的“死”——“嗜酒终身”和杜甫与严武、岑参、苏涣的交往。显然，如此“解”杜甫，既不是理解，也不完全是情解，倒有点肢解

---

① 冯至：《杜甫传》，人民文学出版社1952年版；傅庚生：《杜甫诗论》，古典文学出版社1956年版；萧涤非：《杜甫研究》，山东人民出版社1956年版。

② 李斌：《郭沫若〈李白与杜甫〉著述动机发微》，《首都师范大学学报（社会科学版）》2017年第4期。

③ 傅东华：《李白与杜甫》，商务印书馆1927年版，第1页。

④ 李斌：《郭沫若〈李白与杜甫〉著述动机发微》，《首都师范大学学报（社会科学版）》2017年第4期。

⑤ 见上引李斌文。李文所述相关材料，参见林甘泉、蔡震主编《郭沫若年谱长编》，中国社会科学出版社2017年版，第2097、2098、2100、2123、2220、2228—2230页。此外，关于该书的写作过程描述，还可见诸王锦厚《郭沫若学术论辩》，四川文艺出版社1989年版，第186页；张洁宇《毛泽东与郭沫若》，湖北人民出版社2013年版，第251页。

的鲁莽灭裂，即郭沫若自己所谓的他人对他的批评——生吞活剥的“偏爱李白”而来的“挖空心思”[①]。就文本阅读感觉而言，李白部分的清通爽快与杜甫部分的疙疙瘩瘩，李白部分的理解之同情与杜甫部分的挖空心思的责难戏谑，前者的文采风流、严谨理性，与后者的捉襟见肘、强逞学问，构成了鲜明的对比。尽管二者在细部上皆有学术功力和才情在焉。

于是《李白与杜甫》分成了两部分。一方面，文字里面对李白与杜甫的抑扬，固然可以世俗化地理解为郭沫若对二者的情感与思想的认同与倾向，所谓扬李抑杜之类的二元对立选择。另一方面，李白与杜甫之间的关系是否属于二元对立，这是一回事。而李白、杜甫与郭沫若三者的关系如何，又是另一回事。暮年郭沫若写《李白与杜甫》的要害和重心，要乎是处理后面这一种关系，而并非过多去关注前者——即众说纷纭的李白与杜甫之间的抑扬。当然，对于诸多关于郭沫若此书乃奉命写作、揣摩他人心意的批评，在彼时，人们也完全有理由展开各色联想，甚至予以各种理解与批判。但退而思之，80 岁高龄、处于人生末端的垂垂老者郭沫若，经历过那么多时代风雨洗礼的他，真的居然会为此目的而花费如此心力去写这样一本著述吗？个中逻辑也颇费思量，总是义有未安。毕竟对郭沫若而言，写一首、数首乃至数十首表态诗，远比在人生末端花费数年写一本书要轻松愉快得多吧？须知在 20 世纪 30 年代置身狱中的瞿秋白眼中，郭沫若可是能够禁得起“时代的电流是最强烈的力量”的“勇猛精进”[②] 的人物。

窃认为，《李白与杜甫》的写作中，郭沫若看重的应该是如何处理“我”与李白、杜甫的“三人行”，而非其他。李杜二者，对于郭沫若来说，事实上并非既生瑜何生亮的关系。李杜二者的对立或者统一，这种简单化庸俗化的思考，对郭沫若而言，即便不是徒增烦恼，多少也算是浪抛心力。更准确的考量，郭沫若期待的应是“吾与我周旋”[③] 情境下对“我”、李白与杜甫三位一体的思考。从这个意义上说，郭沫若写作此书，更为趋向于兼集李杜于一身、举杯邀李杜、对饮成三人的自我精神漫游与沉思。如果是这样，那么暮年郭沫若对自己与李白、与杜甫三者之间的间性思考，则更多是人生意味上的精神通观与智慧达观。如是，《李白与杜甫》的写作就不仅仅是历时性的时代产儿，更是共时性的郭沫若暮年凤凰涅槃式的沉思。

从文本细读中，我们更有理由相信，郭沫若写杜甫时，是以学术研究的态度写出了没有研究水准和正常心态的文字，乃至于刘纳一再感慨：“我感到了切实的悲哀：我们第一流的学者竟煞有介事地打着这样无聊的笔墨官司。”[④] 全书颇多嬉笑怒骂、

① 郭沫若：《李白与杜甫》，人民文学出版社 1972 年版，第 186 页。

② 瞿秋白：《致郭沫若》，《瞿秋白文集》文学编（第 2 卷），人民文学出版社 1998 年版，第 418 页。

③ （明）皇甫汸：《〈皇甫司勋集〉自序》。转引自（清）钱谦益《列朝诗集小传》，上海古籍出版社 1959 年版，第 414 页。

④ 刘纳：《重读〈李白与杜甫〉》，《郭沫若学刊》1992 年第 4 期。

假亦真时真亦假的质素。写李白时，以写传记的态度写出了颇有研究水准和传记才华的文字，尽管里面自然也有不少庄谐互现、笑中带泪的包袱。也就是说，这两部分是互为参商、互相参照的。在杜甫里面写不出来、不好写出来的内涵，在李白部分则淋漓尽致地得到了发挥。在李白部分爱屋及乌的成分，在杜甫部分中自然就无法踵事增华了。李白与杜甫，在郭沫若的《李白与杜甫》中是与郭沫若形成参照与对话的，分别与郭沫若想象中的自己呈现出互文性质的三对矛盾，“对影成三人”“相看两不厌”，真有所谓欢喜冤家之感。更重要的是，这三对相辅相成的双子星，在书中也不过是替现实中的郭沫若唱双簧。这才是郭沫若的《李白与杜甫》，这才是郭沫若的李白与杜甫。用一句有点绕的话说，这其间的关系，应该是郭沫若与李白与杜甫的关系，是“与”而不是“和”，均并非简单的并置而论，而是带着感情与认同判断的选择、理解与同情。一个“与”字，道出了暮年郭沫若撰述《李白与杜甫》的真实情缘与思想关契。

由此可见，郭沫若写《李白与杜甫》，既有“人生总结说”和“情感寄托说”的成分①，还应有大时代走过来的他对人生、历史、艺术的贯通与审视，以及他对自我角色的反观与沉思。正如书中所写“不仅仅在惜花，而且在借花自惜”“语甚平淡，而意却深远，好像在对自己唱安眠歌了。”②

## 二

《李白与杜甫》出版后，1972 年茅盾和周振甫就在往来书信中论及此书。茅盾认为“郭老《李白与杜甫》自必胜于《柳文指要》，对青年有用。论杜稍苛，对李有偏爱之处。论李杜思想甚多创见”，周振甫“深以公论为然。郭书确实胜于章书远甚，确有偏爱”③。恽逸群认为“一扫从来因袭皮相之论”④，萧涤非则指出其“曲解杜诗”“误解杜诗”⑤。可以见出，移步换景与移形换影，无论正反意见，都承认了郭沫若此书关于李杜的相关识见的“新异”，其差别只是认可或不认可这种“新异”：认可则为“创见”，不认可则为“曲解”“误解”。

因此，即便最低限度来看，暮年郭沫若写《李白与杜甫》，其目的也应该是有所见、有所识。参酌其文史修为，郭沫若当然有这种自信、能力和底气。故而郭沫若才会在答复读者对此书的疑问时说：“杜甫应该肯定，我不反对，我所反对的是把杜甫

---

① 刘纳：《重读〈李白与杜甫〉》，《郭沫若学刊》1992 年第 4 期；谢保成：《写〈李白与杜甫〉的“苦心孤诣”》，《郭沫若学刊》2012 年第 2 期。

② 郭沫若：《李白与杜甫》，人民文学出版社 1972 年版，第 131—132 页。

③ 上海图书馆中国文化名人手稿馆编：《尘封的记忆——茅盾友朋手札》，文汇出版社 2004 年版，第 29 页。

④ 恽逸群：《恽逸群遗作选——关于〈李白与杜甫〉致郭沫若书》，《社会科学》1981 年第 2 期。

⑤ 萧涤非：《关于〈李白与杜甫〉》，《文史哲》1979 年第 3 期。

当为‘圣人’，当为‘它布’（图腾），神圣不可侵犯。千家注杜，太求甚解。李白，我肯定了他，但也不是全面肯定。一家注李，太不求甚解。”① 言下之意，郭沫若认为自己对李白和杜甫都有一得之见，有反“不求甚解”的独到之解，也有反“太求甚解”的为学知止。也许是强作解人，也许是以他人酒杯浇自己块垒，但都不妨是隔代同音，乃至于曲径通幽，都算是“求甚解”。求解，则既可解人，但也可能是自解。既然是将李白、杜甫和自己“与”在一起，郭沫若显然是在求解觅知音。

好谁恶谁，扬谁抑谁，本来就不应当是暮年郭沫若写《李白与杜甫》的根本动机，起码不必是唯一动机，那终归不是“与”。对哪个具体诗人的好恶，对暮年郭沫若而言，已经算不上是一件多么有价值和意义的事情。况且，通过这种表态来附和某种或某个人对李杜的爱好与意见，远没有郭沫若以其他方式的赞美来得直接爽快。暮年郭沫若并不糊涂，素来亦非忸怩之人，他也没有必要那么曲折地再以此增加自己的什么分量。郭沫若要写一本能将李白、杜甫和自己“与”在一起的书，无疑是有寄托的，不过所寄托之物，应该主要不是在别处和高处，而是他自己的灵魂和精神深处的幽思与寂寞。

郭沫若曾说：“唐诗中我喜欢王维、孟浩然，喜欢李白、柳宗元，而不甚喜欢杜甫，更有点痛恨韩退之。”② 郭沫若又说：“把杜甫看成人，觉得更亲切一些。如果一定要把他看成‘神’，看成‘圣’，那倒是把杜甫疏远了。”③ 郭沫若喜欢李白，不甚喜欢杜甫，喜欢杜甫的诗和人，不喜欢被尊为“神”和“圣”的杜甫，这与《李白与杜甫》不矛盾，也并不影响郭沫若在艺术时空的沉思和人世存在的叩问维度里，将李白、杜甫和自己“与”在一起对话、游目骋怀。

论唐诗必然关涉李杜，但论李杜则未必一定要牵扯唐诗。拘泥于前者，便有抑扬顿挫、区分彼此的分别心和偏执出位之思。豁通后者，则更多是古今同一的汇通与当下之思。“和”还是“与”，是为人之学还是为己之思，在我看来，这才是如何理解暮年郭沫若的《李白与杜甫》写什么的关键。诚然，对于李白和杜甫，郭沫若各有所欲，也各有所“与”。例如，在“关于李白”这一部分里，郭沫若对于李白“世人皆欲杀”的“人生污点”，颇有几句慨叹：

> 受人讥评，在李白是理有应得。但陆游的讥评，说得并不中肯。李白那两句诗是在讥刺趋炎附势者流，何以讥刺了趋炎附势者便应当“终身坎壈”？④

---

① 郭沫若：《郭沫若同志就〈李白与杜甫〉一书给胡曾伟同志的复信》，《东岳论丛》1981 年第 6 期。

② 郭沫若：《少年时代·我的童年》，《郭沫若全集》文学编（第 11 卷），人民文学出版社 1992 年版，第 41 页。

③ 郭沫若：《读〈随园诗话〉札记·后记》，郭沫若：《读〈随园诗话〉札记》，作家出版社 1962 年版，第 96 页。

④ 郭沫若：《李白与杜甫》，人民文学出版社 1972 年版，第 58 页。

趋炎附势固然不算是美德。但纵览人世沧桑，那又何尝不是普遍人性与世态呢！李白自己也有趋炎附势之举，他偏偏有时又犯点傻气和痴气，居然弱弱地去讥刺趋炎附势者流，这不过恰恰说明了他还始终是个诗人，而非庸人。而更加趋炎附势者，反而振振有词地去苛求不那么趋炎附势的人，去讥刺那偶尔不得已而趋炎附势的人，这是否又有点以质变笑量变呢？郭沫若话中有话的代为说项，虽有逆时俗翻新语的味道，其实不过是坚持了一点点微弱的诗人赤子之心和朴素的勇气罢了。而正是在此类有些拧巴的话语逻辑中，我们也才隐隐约约看到了不被时代和俗流完全淹没的郭沫若，那个举世皆见其滔滔雄才之下有点懦弱而自知理屈的郭沫若。但他始终是那个敢于在时代激流中傲立潮头的、写出《女神》和《天狗》、写出《屈原》和其他雄阔大作的郭沫若。或许在这个意义上，郭沫若应该想说的其实就是“李白就是我”。以至于在写完“李白长流夜郎前后”——即辩说李白的人生轨迹之后，郭沫若心有戚戚，非常感慨而自信地说：“实际上如果仲尼还在，未必肯为他‘出涕’；而‘后人’是没有辜负他的。他的诗歌被保留了一千多首，被传诵了一千多年，‘后人’是没有辜负他的。”[①]

对诗人的偏爱，是郭沫若论李杜的本质与初衷。哪怕在刻意抑杜的笔墨里，郭沫若也清醒保有这一底线。他愤愤于杜甫的“功名心很强，连虚荣心都发展到了可笑的程度”[②]，但仍旧说“杜甫毕竟只是诗人而不是政治家。作为政治家虽然没有成功，但作为诗人他自己是感到满足的”[③]。当然，差别也是明显的。郭沫若说杜甫作为诗人是“自己感到满足的”，而李白则是“‘后人’是没有辜负他的”。

俗世中，一时一事的公平固然很重要，但更久远的是历史和人世评说的公正。郭沫若对李白的俗与不俗，显然有自己诸多的哀其不幸与怒其不争，甚至有爱屋及乌的掩耳盗铃、曲为之辞与强为之辞。譬如对《为宋中丞自荐表》的那一番七弯八绕的考证，以及对李白与永王李璘的关系疏证，等等。郭沫若的一番苦心、满腔幽绪，既是为了那个因为“又庸俗而又洒脱”而“之所以为李白”[④]的李白，当然也是为自己。

为“飘然思不群”的李白说项，固然是有着郭沫若“与”李白的一腔幽情在焉。不仅如此，郭沫若在“关于杜甫”的部分，同样也为挖掘杜子美的“不美”部分而搜肠刮肚。精神分析所谓“反向形成的精神防御机制”[⑤]，大概也就是这种。此类例子数不胜数。郭沫若对杜甫“三重茅”的考证与责难固然不必再说，郭沫若论及杜

① 郭沫若：《李白与杜甫》，人民文学出版社 1972 年版，第 133 页。

② 郭沫若：《李白与杜甫》，人民文学出版社 1972 年版，第 255 页。

③ 郭沫若：《李白与杜甫》，人民文学出版社 1972 年版，第 258 页。

④ 郭沫若：《李白与杜甫》，人民文学出版社 1972 年版，第 24 页。

⑤ 弗洛伊德：《自我与本我》，车文博主编：《弗洛伊德文集》（第 6 卷），长春出版社 2004 年版，第 186 页。

甫与陶渊明的选择性接受同样耐人寻味。甚至在一定程度上说，这一部分与郭沫若“另类”论李白的趋炎附势一节，堪称前后呼应、相映成趣。

郭沫若从杜甫诗文中钩稽杜甫对陶渊明的态度，他认为“杜甫对于陶渊明却有微词。虽然他也肯定陶渊明的诗”，“尽管杜甫对自己的二子宗文、宗武，比起陶渊明对其五子还要加以关怀，但他却坦然对于陶渊明加以讥刺。”“看来杜甫不承认陶侃的一族真正是陶唐氏的后代……据此，可见陶渊明自称为尧皇帝的后人是出于假冒，这也暴露了陶渊明的庸俗的一面。……杜甫虽然没有明说陶渊明假冒，而在实际上没有承认他们是同族。这也可从反面来证明杜甫的门阀观念是怎样顽强，并也同样证明杜甫的庸俗更远远在陶渊明之上”①（省略号为笔者所加）。郭沫若的逻辑很有意思，他论列杜甫庸俗，原因就是他发现比陶渊明更庸俗的杜甫居然“坦然对于陶渊明加以讥刺”，讥刺难得庸俗的陶渊明的“庸俗”。

生逢其时，若此的诗人，若此的话头，绵密心曲如此，这件事足以令人一唱三叹。正如郭沫若在叙说李白时所表达的——“只是把地上的舞台移到了天上或者把今时的人物换为了古时，在现实的描绘上，加盖了一层薄薄的纱幕而已。”② 所以，当读到郭沫若的“杜甫比陶渊明更庸俗论”，以及郭沫若的“李白实际上没那么趋炎附势论”时，二者真可谓异曲同工。这一出类似双簧的左右手写作，六手联弹，道出了80岁高龄的他对世道人心的感慨与喟叹，真真是“赋到沧桑句便工”。于是郭沫若才会在写到李白暮年以及《下途归石门旧居》时感慨：

> “云游雨散从此辞”，最后告别了，这不仅是对吴筠的诀别，而是对于神仙迷信的诀别。想到李白就在这同一年的冬天与世长辞了，更可以说是对于尔虞我诈、勾心斗角的整个市侩社会的诀别。李白真象是“了然识所在”了。……这首诗，我认为是李白最好的诗之一，是他六十二年生活的总结。这里既解除了迷信，也不是醉中的豪语。人是清醒的，诗也是清醒的。天色“向暮”了，他在向吴筠诀别；生命也“向暮”了，他也在向尘世诀别。③（省略号为笔者所加）

傅庚生不同意郭沫若对这首诗的判断和解释，但却非常明了郭沫若解诗的逻辑与意图，他说：“李白的好诗尽多，似乎不宜评此诗为李白最好的诗之一。只为过分地强调了‘觉醒’，又把此诗作为表现觉醒的典型，才说成‘总结’，誉为‘最好’。”④

---

① 郭沫若：《李白与杜甫》，人民文学出版社1972年版，第236—238页。

② 郭沫若：《李白与杜甫》，人民文学出版社1972年版，第84页。

③ 郭沫若：《李白与杜甫》，人民文学出版社1972年版，第154—155页。

④ 傅庚生：《李白〈下途归石门旧居〉散绎》，《唐代文学》第1期，《西北大学学报》编辑部1981年版，第189页。

## 三

已然暮年的郭沫若，偏偏要写一本《李白与杜甫》的书，既要力挽流俗、抗拒定见，又要力避过犹不及。这该怎么写才能有“与”的相辅相成，而不是“或”的非此即彼、厚此薄彼呢？郭沫若在书中早已明确说，自己不在于李杜优劣论，而且哪怕是对于“新型的李杜优劣论”也是要“更想顺便加以批评”[①]。乃至全书出版时，虑及李杜二者的均衡，郭沫若甚至特意交代“‘与’字可用小号字。”[②]

从文本结构安排上看，郭沫若也做了非常精心的通盘考量。《李白与杜甫》，包含两大部分“关于李白”与“关于杜甫”，数量篇幅相当，表述也很平实——“关于”，而不是“论”“评”或其他。所谓“关于”，即与此相关。究竟是什么与此相关，哪些内容与此相关，如何看待和阐释这些相关，这里面的选择和斟酌，正是体现出郭沫若的识见与用心。

在郭沫若看来，他眼中的李白主要与政治活动相关。李白的政治活动，在古代读书人的世界与人生轨范里，不过是极为经典而稀松平常的日常生活。所谓“学成文武艺，货与帝王家”[③]。刘纳将其看作郭沫若写的李白人生传记，也许正是因为有此内蕴连通在焉。郭沫若眼中的杜甫，他认为与其紧密相关的，则是杜甫的出身与思想。于是，郭沫若用了一系列彼时代里认识和分析人物最经典的标签、符号与模式语汇来定位杜甫——“阶级意识”“门阀观念”“功名欲望”“地主生活”“宗教信仰”。不仅如此，郭沫若还由此及彼，连带勾勒出了杜甫“集团”的核心人物——严武、岑参和苏涣，从一“个”到一“群”，从杜甫到“杜甫集团”。

从文本结构上看，李白与杜甫这两部分，是花虽两朵，各属异枝。李白部分诗情饱酣，颇多人生况味上的理解与同情。杜甫部分则强词夺理，险中求胜，更着意于剑走偏锋策略上的新异夺目。

从行文思路事实上，“关于李白”与“关于杜甫”两部分其实并不对等，风格差异不说，思路也迥异。写李白，一通行云流水的曲折，最终落脚于李白的“觉醒”。研杜甫，则时代色彩强硬的符号化裂解拼贴，另加上“杜甫与严武”“杜甫与岑参”和“杜甫与苏涣”的交往来凑份，最终来了个“嗜酒终身”的“死”。郭沫若以这种对比鲜明的章节标目的形式，呈现自己对李白与杜甫的关系的理解，也表明了他对李白与杜甫的人生风采差异的判断——诗歌李白与杜甫诗歌。而由诗歌而解李白人生，李白牵扯的是诗人与时势，是文人与时势的纠葛；由杜甫人生而解诗歌，杜甫拘

---

① 郭沫若：《李白与杜甫》，人民文学出版社 1972 年版，第 182 页。

② 林甘泉、蔡震主编：《郭沫若年谱长编》，中国社会科学出版社 2017 年版，第 2220 页。

③ 张纯道选注：《无名氏杂剧选》，安徽文艺出版社 1988 年版，第 53 页。

牵的是诗歌与时势，是文艺与时势的互渗。此二者理解进路的差异，恰恰是郭沫若、李白、杜甫三者的“与”和“不与”的关节处。

这样的《李白与杜甫》当然是郭沫若的，也是郭沫若“新编历史剧”的一贯风采。然如果就此完篇，此书就不叫《李白与杜甫》，而是郭沫若论李白与杜甫了。这当然不是郭沫若的全部构想。于是郭沫若在“关于李白”部分的最后一节，写了“李白与杜甫在诗歌上的交往”。事实上，“诗歌上的交往”——这才是李白与杜甫所以能“与”和长期得以并置而论的关键，也是郭沫若试图和李杜相与并论的心有戚戚之所在。如果没有这一点，李白和杜甫的有机联系不过就是历史时空而已。也正因为有诗歌交往，李白与杜甫的联系就是诗歌的，郭沫若著《李白与杜甫》就更是文学的而非历史的。进一步说，这件事本身就是诗。1949 年前的郭沫若，正如罗兰·巴尔特所言，“当政治的和社会的现象伸展入文学意识领域后，就产生了一种介于战斗者和作家之间的新型作者，他从前者取得了道义承担者的理想形象，又从后者取得了这样的认识，即写出作品就是一种行动。”[①] 及至郭沫若写《李白与杜甫》，他就更加明了自己作为道义承担者和作家的文学追求，这两者之间联系所生成的精神脉络和精神空间，可以极为宽容而妥帖地安放着郭沫若自己的人生况味与精神旨归。暮年郭沫若很清楚这里的关节和缠绕，因为他自己正是兼有李白情境和杜甫情结的时代诗人、摩罗诗人。李白与杜甫的诗歌交往的历史、艺术事实，让他在《李白与杜甫》的写作中，找到了自己可以在现实和历史、现实与浪漫、政治与诗歌、超迈与庸俗并存兼容的节点。

鲁迅曾批评郭沫若是“有些才子 + 流氓式的”[②]。郭沫若的确既有才子的豪情狂妄与意气，也有与时代叛逆的“流氓”斗胆与不羁；既有李白式的逸兴纷飞的天纵英才，也有杜甫咀嚼低回式的后天苦习而来的才华；既有李白式的天生我材必有用的期待与自信，也有杜甫的忧黎庶官僚的努力、坚忍与执着。可以说，郭沫若是李白与杜甫两种情怀、才华与际遇都兼备的当代诗人。对郭沫若而言，李白与杜甫都是他不可分割的一部分，无所谓顿挫高低。为此，郭沫若的《李白与杜甫》特别在乎李杜的等量齐观。这也是郭沫若的最大心结——他享受的是“我”在李白与杜甫的关系中共荣共存，而非有所侧重与拣择。为此，书中有一个细节尤其可以见出郭沫若对李白、杜甫的平视强调之意，那就是在“李白与杜甫在诗歌上的交往”一节所写到的：

> 李白虽然年长十一岁，他对于杜甫也有同样深厚的感情。但他有关杜甫的诗

---

① ［法］罗兰·巴尔特：《符号学原理：结构主义文学理论文选》，李幼蒸译，生活·读书·新知三联书店 1988 年版，第 76 页。

② 鲁迅：《上海文艺之一瞥》，《鲁迅全集》第 4 卷，人民文学出版社 2005 年版，第 303 页。

不多，只剩下四首……前人爱以现存诗歌的数量来衡量李杜感情的厚薄，说杜厚于李，而李薄于杜。那真是皮相的见解。①（省略号为笔者所加）

此类对李白杜甫等量齐观的强调，郭沫若在论及李白的《戏赠杜甫》时又再次拈出，并说这首诗长期被认为是李白“戏杜甫”的证据——“这真是活天冤枉”②。在《李白与杜甫》里，“活天冤枉”大概算是郭沫若最强烈的愤懑了。也许正是前人乃至于近时专家一直在、仍旧在抑李扬杜，郭沫若偏要二者平视通观，于是造成了人们一种对《李白与杜甫》的“扬李抑杜”的感觉。事实上，人们注意到了郭沫若对李白的揄扬，却没有注意到他对李白与杜甫二者均衡性的强调、声明和重视。而大量关于此书此事的研究、阐释和评价，恰恰是牵扯了李白与杜甫二者的非此即彼、厚此薄彼。

郭沫若只有一个，李白式的、杜甫式的，都是郭沫若。人的一生的理想境界，应该是完成了自己，而非撕裂了自己。倘若强作解人，非要在一个完整的人中拣择出各人所需要的郭沫若，那正如非得在李白与杜甫之间站队列，真是“活天冤枉”——“未免冤枉了李白，也唐突了杜甫!”③，当然也糊涂了郭沫若。

一言以蔽之，暮年郭沫若的《李白与杜甫》，写的是李杜两大类诗歌、两种人生与两种接受史里面诸多的“与”和“不与”，更抒发了郭沫若充满张力的自我反思与理解、认同的暮年情怀。小而言之，不管后人如何臧否这部书，平心而论，都应该承认它是一部特别的书，如张炜所说：“年近八旬的郭沫若先生出版了这部著作，虽然引起来诸多争论，但直到今天来看也是别有价值的。因为它里面没有堆积永远不错的套话，而是多有创见和发现。”④ 大而言之，此书传达了郭沫若“曾经沧海难为水”之幽思、幽情，更是一种“吾与我周旋，久自成一家”⑤、自我完成的绚烂之平淡的情怀心境。《李白与杜甫》，不仅是郭沫若的李白观与杜甫观，更是他暮年借花献佛式的自我通观与反思、确证，是“一场有关自己辉煌和凄凉人生的潜对话”⑥。郭沫若用这种奇崛而平实的写作方式，不动声色地呈现了李白与杜甫的时代，更完成了自己。这是他风云激荡而又狂傲卑微一生的总结、回望与畅想，却也成就了一次中国现当代文学史上都罕见的人与文、学术与文学、古与今贯注融通的互文性写作。

（原载《文学评论》2019 年第 1 期）

---

① 郭沫若：《李白与杜甫》，人民文学出版社 1972 年版，第 159 页。

② 郭沫若：《李白与杜甫》，人民文学出版社 1972 年版，第 162 页。

③ 郭沫若：《李白与杜甫》，人民文学出版社 1972 年版，第 163 页。

④ 张炜：《也说李白与杜甫》，作家出版社 2014 年版，第 234 页。

⑤（明）皇甫汸：《〈皇甫司勋集〉自序》，转引自（清）钱谦益《列朝诗集小传》，上海古籍出版社 1959 年版，第 414 页。

⑥ 张炜：《也说李白与杜甫》，中华书局 2014 年版，第 234 页。

# 从《尝试集》到《女神》：两个不同的新诗传统

## ——兼论有关新诗的起点和奠基问题

姜玉琴

以1917年胡适在《新青年》发表《白话诗八首》为开端的话，新诗已走过了百年的历程。对一个从无到有的诗体来说，一百年可以暂告一个段落、一个发展周期。站在百年新诗的门槛外，反思这些曾承载着中国20世纪第一代知识分子希冀的诗歌体裁，在感慨万分的同时，也不免发现一些新的问题："五四"新诗的源头，即真正的逻辑起点应该从谁算起？此外，"五四"时期的新诗为其后的中国新诗到底创造出了几种艺术风格与美学传统？这对正确认识和理解百年新诗的发展具有重要意义。

## 一 1916或1917—1919：缺席郭沫若的初期白话诗

在当代绝大多数的新诗研究者们看来，1916年或1917年到1921年这段新诗历史是互为逻辑的。因此在总结与评价这段诗歌历史时，总是把其视为一个首尾相连的整体。正是基于这种认识，才有了如下这个被大家所广泛接受的说法：以胡适为代表的初期白话诗由于过于偏重于写实，对诗歌所应有的美学要素尚未有充分的注意，故而其价值主要局限于用白话取代文言的方面。与此相一致，胡适的《尝试集》（1920）虽然是中国新诗史上的第一本白话新诗集，但是从诗艺上说要远远逊色于晚出版一年的《女神》（1921）。诚如有关研究者的相关评价："作为第一本新诗集，《尝试集》的开端价值不能抹杀，但它只是开端而已，而晚出的《女神》由于在情感强度、语言形式、精神气质等诸多方面，满足了读者的期待，因而应被看作是新诗真正的起点。"[①] 著名文学史教材《中国现代文学三十年》所持有的观点也大致相同，即把《女神》定位在了"以崭新的内容与形式，开一代诗风，堪称中国现代新诗的奠基之作"。[②] 没有说《女神》是中国新诗的"真正的起点"，却强调其是"奠基之

① 姜涛：《新诗的发生及活力的展开》，参见洪子诚主编《百年中国新诗史略》，北京大学出版社2010年版，第33—34页。

② 钱理群、温儒敏、吴福辉：《中国现代文学三十年》（修订本），北京大学出版社1998年版，第103页。

作"。以上两种说法，其实都是在间接说明以胡适为代表的白话诗还不具备真正"诗"的要求和规范，只有发展到了《女神》阶段时，新诗除了使用白话之外才具有"诗"的雏形和意义。

这个目前被大家所广泛公认的以郭沫若《女神》为"起点"和"奠基"的新诗历史观看起来似乎并无不妥。《女神》中的诗读起来的确比《尝试集》中的诗更像诗。况且，经过这样的一番整合，原本杂乱无章的新诗肇始过程变得井然有序起来——有了一个从发生、发展到成熟的过程。不过，这个诗歌史观的逻辑构建是建立在这样一种预设前提下的，即新诗革命自 1916 年或 1917 年爆发以来，以胡适等为代表的初期白话诗人除完成了诗歌的白话化之外，在创作理念与美学追求上几乎没有或者说没有构建起像样的理论学说。这种情况一直持续到《女神》——有关新诗的艺术性问题才被提到日程上来。这与新诗的真实肇始、发展情况相一致吗？

要回答这个问题，必须要解决好两个问题：一是《女神》出版之前，以胡适为代表的初期白话诗作为一种思潮和最初的试验文本，是否有史学意义上的独立存在价值？二是《女神》出版前的白话新诗到底有没有形成一套相对独立、清晰的美学主张？如果有，以《尝试集》为代表的初期白话诗的艺术准则与《女神》所体现出的艺术追求，是否可以列入同一个美学价值范畴中来？

先来分析第一个问题。与胡适这个新诗坛上的"急先锋"相比，郭沫若在白话新诗史上只能算是一名后起之秀。1919 年，应该是郭沫若诗情觉醒的一年。就在这一年里，他因读到康白情发表在《学灯》杂志上的新诗而深受鼓舞，也尝试着给该杂志投稿。他的诗很快就引起了编辑的注意并在同年的 9 月份得以刊载。如果以此为标志的话，说明郭沫若亮相于新诗坛的时间要比胡适滞后二至三年。这个时间差不大，看起来似乎可以忽略不计。其实不然，诚如我们所知，"五四"是个狂飙突进的时代，无论什么事都以"快"为特征。从胡适写于 1916 年，发表于 1917 年的"两个黄蝴蝶，双双飞上天"被保守派们诅咒为"驴鸣狗吠"①，必死无疑，到社会上不少人开始尝试写新诗，甚至连一些报纸、杂志为了彰显"新"，也争相点缀上几首白话新诗，这中间也不过用了两三年的时间。胡适在《〈尝试集〉自序》中对此曾有过一个回顾。他说："这两年来，北京有我的朋友沈尹默、刘半农、周豫才、周启明、傅斯年、俞平伯、康白情诸位，美国有陈衡哲女士，都努力做白话诗。白话诗的实验室里的实验家渐渐多起来了。"② 这番话说于 1919 年 8 月。这说明在郭沫若的新诗处女作面世之前，北京已经形成了一支创作新诗的队伍。与这些人相比，郭沫若无疑晚了一步。而且，这一步晚得很关键：他起步的时间，恰好是初期白话诗告一段落的时间节点。说得更明确一点就是，1919 年其实是"五四"新诗发展过程中的一个潜在

① 刘半农编：《初期白话诗稿》，北京出版社 2010 年版，第 71 页。

② 胡适：《〈尝试集〉自序》，姜义华主编：《胡适学术文集》，中华书局 1993 年版，第 383 页。

分界线。

以往的新诗研究者一般不作这种区分，现有的相关结论也都是在不作区分的情况下得出的。事实上，如果分析和梳理那个时期的相关资料，会发现白话新诗的亲历者和见证人，基本上是把该时间——1919 年作为分水岭的。胡适的那篇著名《谈新诗》一文，就是完成于 1919 年 10 月。这篇得到朱自清的高度赞扬，说其“差不多成为诗的创造和批评的金科玉律”① 的文章，还有个耐人寻味的副标题——“八年来一件大事”。可见，胡适着手写该文时，抱定的就是要对这八年来的新诗历史给予一个总结。② 事实也确实如此。胡适在文中对新诗肇始的原因、新诗应该表现的内容、艺术手法、成就和存在的问题以及具有代表性的诗人、诗作均进行了梳理、呈现与点评。这篇文章中的一个细节也意味深长，在其之前，胡适一直采用的都是白话诗之说法，在这篇文章中他启用了“新诗”这个概念。称呼上的变迁，或许表达了胡适这样的一个想法：如果说 1916 年或 1917 年新诗的“新”还主要表现在语言上，那么到了 1919 年就未必如此了，它从内容到形式都完成了一个蜕变过程，可以启用“新诗”这个称呼了。

把 1919 年视为是白话新诗实验终结期的并不止胡适一人。白话新诗运动中的主将之一刘半农，在 1932 年曾编过一本《初期白话诗稿》。该“诗稿”有个明显特征，即所收录的诗作均是创作于“民国六年至八年之间”③。这种截取时间的方式也说明，他把“初期白话诗”的时间设定在 1917 年至 1919 年之间。茅盾在 1937 年回顾白话新诗的历史时，也持同样的态度。他说：“白话诗的历史，足足有二十年了。（胡适之在一九一六年开始。）‘五四运动’以前，在白话诗方面尽了开路先锋的责任的，除胡适之而外，有周作人、沈尹默、刘复、俞平伯、康白情诸位。”④ 茅盾的态度很鲜明，他以 1919 年的“五四运动”为界，把“五四”新诗的发展过程分成了前后两段。1916 年到 1919 年这段时间，他认为是新诗“开路先锋”的阶段；1919 年之后的新诗，也就是郭沫若开始出现于诗坛之后的这段新诗历史在他的文章中则是欠缺的——直接跳跃到了 20 世纪 30 年代艾青的《大堰河——我的保姆》。

如果说胡适在初期白话诗的总结文章中尚未提及郭沫若的名字，主要还是因为对郭沫若不了解，毕竟郭是在他写这篇文章的前一个月才从诗坛上冒出来的新人，那么到了 20 世纪 30 年代的刘半农，尤其是 20 世纪 30 年代后半期的茅盾在回顾、总结初期白话诗时依旧不提郭沫若的名字与诗歌，则说明“初期白话诗”的试验到 1919 年

---

① 朱自清：《〈中国新文学大系·诗集〉导言》，杨匡汉、刘福春编：《中国现代诗论上编》，花城出版社 1985 年版，第 241 页。

② 胡适是从辛亥革命这个大框架下来谈论新诗的，正如他说：“这种文学革命预算是辛亥革命以来的一件大事”。见胡适《谈新诗》，姜义华主编：《胡适学术文集》，中华书局 1993 年版，第 385 页。

③ 刘半农编：《初期白话诗稿》，北京出版社 2010 年版，第 69 页。

④ 茅盾：《论初期白话诗》，杨匡汉、刘福春编：《中国现代诗论上编》，花城出版社 1985 年版，第 306 页。

郭沫若出现时就已经宣告结束了，新诗由此进入了另一发展时期。此后接下来的时期才是郭沫若大放异彩的时期，正如朱自清对中国新诗的第一个十年总结时所说：“和小诗运动差不多同时，一支异军突起于日本留学界中，这便是郭沫若氏。”① “小诗运动”的时间是 1921 至 1925 年之间。毫无疑问，朱自清认为郭沫若在中国新诗坛真正“异军突起”的时间至少是在 1921 年之后。而这个时间以胡适为代表的“五四”新诗革命高潮早已经过去了，连鲁迅都由《呐喊》转入了《彷徨》。这一时间落差意味着郭沫若的诗歌再优秀，也只能属于另一个历史阶段中的事了。

总之，从“五四”新诗自身发展的历程看，1919 年应该是白话新诗史上的一条分界线。这条线勾画出了新诗肇始、发展时期的两个不同阶段。而目前用收录 1919 至 1921 年间所创作的诗歌的《女神》替代《尝试集》，成为新诗的“起点”和“奠基”则会出现这样一个情况：最早一批的试验者被人为“架空”了，而与第一阶段的新诗革命没有任何关联的郭沫若则变成了新诗真正的“鼻祖”，这就从根本上模糊了以胡适为代表的初期白话诗的价值和意义。

当然，判断新诗应该以谁为“起点”或“奠基”，不能把出现的先后时间作为唯一的依据，重要的是还要对其艺术观念、美学思想以及艺术准则进行考量。有关这个问题，将在下文中论述。

## 二　主情与叙情：非同一美学范畴中的艺术范式

以往的研究者之所以抬举《女神》，主要也是出于艺术性的判定，正如持有“起点”和“奠基”说的研究者们所言：《女神》“使诗的抒情本质与诗的个性化得到充分重视与发挥，奇特大胆的想象让诗的翅膀真正飞腾起来。”② “如果说《尝试集》代表了可能性的开创，那么围绕《女神》展开的批评，则代表一种新的诗歌体制的建立，‘诗专职在抒情’等现代观念，逐渐成为制约新诗历史的常识性尺度。”③ 研究者们认为《女神》中的诗之所以是诗，主要是因为这些诗中有了抒情、个性的成分以及由此引申出来的“想象”。而且，研究者们已经判定了诗歌最为本质的东西就是“抒情”。

应该说，以上所总结出的几大诗歌要素与郭沫若的诗歌非常贴合。他的《女神》的确是以强烈的抒情性、狂放不羁的个性和超凡脱俗的想象力见长的。与中国传统诗歌的极度内敛、含蓄不同，《女神》所塑造的世界就是一个以“我”为中心极度肆意

① 朱自清：《〈中国新文学大系·诗集〉导言》，杨匡汉、刘福春编：《中国现代诗论上编》，花城出版社 1985 年版，第 243 页。

② 钱理群、温儒敏、吴福辉：《中国现代文学三十年》（修订本），北京大学出版社 1998 年版，第 126 页。

③ 姜涛：《新诗的发生及活力的展开》，参见洪子诚主编《百年中国新诗史略》，北京大学出版社 2010 年版，第 33—34 页。

妄为的世界，诸如“我是一条天狗呀！/我把月来吞了，/我把日来吞了，/我把一切的星球来吞了，/我把全宇宙来吞了。/我便是我了！”（《女神·天狗》）。该处的“我”是一个涅槃后的“我”，这个“我”凌驾于日、月、星球之上。也就是说，在这个世界里，“我”就是秩序，就是那个要光有光，要月有月的“王”，诗人在这里充当了不是造物主的造物主角色。

郭沫若如此趾高气扬地处理“我”与世界万物的关系，与他对新诗的认识有关。何谓新诗？他认为新诗就是用来抒发人的主观情绪的。正是基于该定位，他一上来就把新诗定性成了“抒情诗”，不但宣告“抒情诗是情绪的直写”①，还说“真正的诗，真正诗人的诗，不怕便是吞诉他自己的哀情，抑郁”，“诗是人格创造的表现，是人格创造冲动的表现。”② 显然，在郭沫若看来，新诗——真正的新诗就是用来书写人的主观情绪和人格冲动的利器。郭沫若所持有的这种以“情”为主，以“人格冲动”为标志的诗歌观念，我们其实丝毫也不陌生，它就是西方 19 世纪浪漫主义诗歌观念的翻版。从这个意义上说，郭沫若的诗歌观念就是一种浪漫主义诗歌观念。

总结出了《女神》的艺术风格以及被研究者所赞誉的原因，也就明白了如下两件事：第一，《女神》能逾越过在两年内销售了一万册的《尝试集》，凭靠的就是这套浪漫主义的美学表达方式——强烈的抒情和神采飞扬的个性；第二，研究者们不但接受了郭沫若的浪漫主义美学风格，且还是用这个标准来衡量和评判“五四”初期白话诗的。时至今日，值得进一步考虑的是，这种浪漫主义的美学标准是郭沫若的诗歌标准，郭沫若的诗歌标准就一定是以胡适为代表的初期白话诗的标准吗？

要分析、探讨初期白话诗的艺术追求，依旧需要从根源溯起。在新诗革命初始，即 1916 到 1917 年间，胡适在与新文学革命中的另一主将陈独秀的通信中，就分析、探讨了即将要展开的包括新诗在内的中国新文学所应该走的道路。他们一致认为，其之前的文学都属于古典主义和浪漫主义，今后应当“趋向写实主义”。③ 这说明在轰轰烈烈的“文学革命”即将展开之初，他们就给即将破壳而出的白话诗有了一个明确的定位——“写实主义”。而且，作此决定还是经过一番推敲的，即在他们当时的认识水准中，“写实主义”比“古典主义”和“浪漫主义”要更为新潮一些，代表着包括诗歌在内的文学新方向。这说明推崇“写实主义”并不是他们的误打误撞，而是在当时认识水准下的一种自觉选择。正因为坚定于这一信念，胡适的整个新诗活动基本都是围绕着“写实主义”展开的。说得更具体一点是，他的诗学理论文章和文本创作均是“写实主义”创作理念的翻版。可以试举几例来看：首先，以倡导“白话”而著称的胡适，其实自始至终都是把新诗的内容置放于新诗形式之上的，正

① 郭沫若：《论节奏》，杨匡汉、刘福春编：《中国现代诗论上编》，花城出版社 1985 年版，第 111 页。
② 郭沫若：《论诗三札》，杨匡汉、刘福春编：《中国现代诗论上编》，花城出版社 1985 年版，第 52 页。
③ 胡适：《寄陈独秀》，姜义华主编：《胡适学术文集》，中华书局 1993 年版，第 18 页。

如他说："我们看文学，要看它的内容，有一种作品，它的形势（式）上改换了，内容还是没有改，这种文学，还是算不得新文学"。[①] 只是形式上，即语言改换了，还不能算是新文学。其次，胡适对新诗的内容还有明确的要求。由于是把新诗的受众设置在面向绝大多数的普通人那里，所以胡适一再提倡新诗要表现普通人的生活、普通人的情感，宛若他说："文学在今日不当为少数文人之私产，而当以能普及最大多数之国人为一大能事。"[②] 强调的是"普及最大多数之国人"，无疑，他重视的是对广大民众的普及。第三，为了更好地彰显诗歌内容，胡适在艺术手法上一直强调"写实的描画"[③] 的功能。

以上这三点足以表明胡适对何谓新诗不但有自己的看法与要求，而且这种看法与要求不能用浪漫主义诗歌理论加以阐释。从根本上说，胡适是反浪漫主义的，诸如他所说的"有什么题目，做什么诗；诗该怎么做，就怎么做。"[④] 就完全是与浪漫主义唱反调的。这意味着胡适非但没有把"抒情性"视为是新诗的必备要素，相反，他还是有意识地反抒情的。这一点从他的《尝试集》中也能看出来，即收录在该诗集中的诗几乎都是以写景叙事为特征。当然这不意味着胡适写诗光写"景"和"事"，不涉及"情"。没有"情"的诗歌不是诗歌，而是说他表达情感的方式不是郭沫若式的直抒胸臆，而多半是采用叙情的方式来加以展现。为了更好说明这一特征，以他的一首诗歌为例。

12 月 17 日是胡适与太太两人的生日，这一天胡适写下了《我们的双生日——赠冬秀》一诗。无论从题材还是情感上，这无疑都是一首典型的爱情抒情诗，但胡适进入诗歌的切入点与语言的使用，都不是惯常的抒情诗所应有的姿态：

他干涉我病里看书，/常说，"你又不要命了！"/我也恼他干涉我，/常说，"你闹，我更要病了！"//我们常常这样吵嘴，——/每回吵过也就好了。/今天是我们的双生日，/我们预约，今天不许吵了。//我可忍不住要做一首生日诗。/他喊道，"哼，又做什么诗了！"/要不是我抢的快，/这首诗早被他撕了。

毋庸置疑，这就是一首情诗。诗歌表达了妻子对"他"的呵护、关爱以及"他"对妻子的款款深情——即便是在病中，也要爬起来，坚持为他们的"双生日"做一首"生日诗"。夫妻两人间的情感浓度可见一斑。然而，胡适并没有像浪漫主义诗人那样直接讴歌妻子是如何关爱他，以及他是如何对妻子忠贞不渝的，而是通过截取日常生活中的一些平淡无奇的细节，如一个要看书，另一个不让看；一个要写诗，另一个不让写等"吵嘴"的方式，来展示彼此间的深情厚谊。

从艺术手法上说，"吵嘴"就是一种对话，而这种对话具体到文本写作中，主要

---

① 胡适：《新文学运动之意义》，姜义华主编：《胡适学术文集》，中华书局 1993 年版，第 170 页。

② 胡适：《覲庄对余新文学主张之非难》，姜义华主编：《胡适学术文集》，中华书局 1993 年版，第 9 页。

③ 胡适：《谈新诗》，杨匡汉、刘福春编：《中国现代诗论上编》，花城出版社 1985 年版，第 14 页。

④ 胡适：《谈新诗》，姜义华主编：《胡适学术文集》，中华书局 1993 年版，第 389 页。

表现为一种叙事或描写。无疑，这首诗歌的情感诠释模式有点特殊，即它不是用抒情，而是用叙述故事过程以及人物刻画等手法来描绘与寄托情感的。这种类似于写小说的手法，显然不是诗歌所惯用的。如果说郭沫若的诗歌是抒情，那么胡适的这种写法就是叙情，即用叙事的方式来写情。应该说，这种新型的——不是抒情而是叙情的表达方式，一直没有得到人们很好的理解。不少人觉得胡适写诗而又不懂诗：不抒情的诗还能叫诗？从某个角度说，正是由于胡适不强调诗歌的抒情特性，才导致了这些年来我们对其理论和创作的漠视。殊不知，非抒情性，恰恰是胡适赋予新诗的一项使命：新诗的第一步就是要确实地表达出自己想要表达的东西，即需要有充实的思想内容。至于其他，则是第二位的。

胡适格外强调新诗的“实”。从新诗产生的特定历史角度看，胡适唱“实”反“虚”，具有一定的历史必然性。诚如我们所知，传统旧诗词的最高审美要求就是要“含蓄”或者“含蓄之美”。久而久之，中国古典诗歌传统就形成了一种“雾里看花”的传统。这种传统美则美矣，就是所表达的内容暧昧不清，怎么理解都可以。胡适对这一传统深恶痛绝，一再斥责旧体诗“言之无物”。从这一层面说，胡适之所以倡导新诗，主要就是不满于旧体诗的那种虚无缥缈的表达方式，所以才有了“吾以为今日而言文学改良，须从八事入手”中的第一事，就是“须言之有物”[①] 之说法的出台。明白了这一点，也就明白了胡适为何要推举“写实性”——“写实”对应的反面就是模糊；同样，也理解了为何到了1936年，胡适还是紧紧抱着“写实性”观点不放，认为新诗就是应该“说话要明白清楚”“用材料要有裁剪”“意境要平实”[②] 的原因了。

由上可见，胡适在这场新诗革命中虽然没有直接打出“反抒情”的口号，但是他确确实实是把搁置或摈弃“抒情”作为新诗的一个先决条件的。胡适这一非抒情的“写实性”理论构想，也深深影响了其他的白话诗人。如初期白话诗潮中的活跃分子——俞平伯也是沿着“写实”的方向来理解新诗的。他说，“现今社会的生活是非常黑暗悲惨”的，“我们做诗，把他赤裸裸的描写表现出来”。[③] 宗白华是当时诗人中比较强调哲理和主观性的一位，就是他也说：“诗人要想描写人类人性的真相，最好是自己加入社会活动，直接的内省与外观，以窥看人性纯真的表现。”[④] 至于用何样的艺术手法“描写”出来，走的也是胡适所强调的那个刻画、描写的路子，如俞

① 胡适：《文学改良刍议》，姜义华主编：《胡适学术文集》，中华书局1993年版，第20页。

② 胡适：《谈谈“胡适之体”的诗》，姜义华主编：《胡适学术文集》，中华书局1993年版，第466—467页。

③ 俞平伯：《社会上对于新诗的各种心理观》，杨匡汉、刘福春编：《中国现代诗论上编》，花城出版社1985年版，第23页。

④ 宗白华：《新诗略谈》，杨匡汉、刘福春编：《中国现代诗论上编》，花城出版社1985年版，第31页。

平伯语境中的“注重实地的描写”①，康白情的“刻绘”②，宗白华的“表写”③ 等，强调的都是诗歌的描述之功能，显然与所谓的抒情相隔甚远。难怪茅盾在 1937 年《论初期白话诗》一文中，会斩钉截铁地断言：“初期白话诗的最一贯而坚定的方向是写实主义。”④

## 三 个人主义与非个人主义：不同的话语叙事体系

在搁置或放逐“抒情”的同时，以胡适为代表的初期白话诗人肯定也是不彰显个性的。这无须过多饶舌，一个不以抒情为特征的诗歌流派怎么可能把张扬个性作为己任？

不过，我们或许会觉得初期白话诗的创作实践，与“五四”热火朝天的时代氛围似乎不那么合拍。在我们的想象中，强烈的抒情性和高度的个性化，不正是那个时代所固有的“标签”吗？况且，闻一多就是从这个角度切入《女神》中来的：“若讲新诗，郭沫若君的诗才配称新呢，不独艺术上他的作品与旧诗词相去最远，最要紧的是他的精神完全是时代的精神——二十世纪底时代的精神。”⑤ 透过这篇写于 1923 年的文章，也能发现一些问题：应该算是新诗的第二代诗人闻一多，在胡适的创作与郭沫若的创作之间，他选择了支持后者。原因是郭沫若的“新诗”才真正具有“新”的特质。由此可知，前文中所论述到的“起点”和“奠基”说也并非空穴来风，与闻一多的这一观点不能说没有一点关系。此外，闻一多之所以判定郭沫若的诗更“新”，是因为他觉得郭诗反映了“二十世纪底时代的精神”。换句话说，郭沫若的诗歌创作与世界的诗歌创作或者说时代精神是互为同步的。这样一来，岂不反衬出胡适的诗，或者说以胡适为代表的初期白话诗就是一种落后于时代的创作了？事实是这样的吗？

这个问题有些复杂，牵涉到对“新”的判定标准问题。立足于闻一多的那个时代，郭沫若的诗看上去表现得的确更为狂飙突进一些，他诗中的“我”是大写的“我”，不妥协的“我”，这个率性的“我”是以叛逆、不妥协的姿态出现的，故而对传统的冲击更大、更直接一些。从这个层面说，闻一多觉得郭沫若的诗更“新”是可以理解的。然而，如果从艺术精神入手的话，就未必如此了。朱自清对郭沫若的

---

① 俞平伯：《社会上对于新诗的各种心理观》，杨匡汉、刘福春编：《中国现代诗论上编》，花城出版社 1985 年版，第 27 页。

② 康白情：《新诗底我见》，杨匡汉、刘福春编：《中国现代诗论上编》，花城出版社 1985 年版，第37 页。

③ 宗白华：《新诗略谈》，杨匡汉、刘福春编：《中国现代诗论上编》，花城出版社 1985 年版，第 29 页。

④ 茅盾：《论初期白话诗》，杨匡汉、刘福春编：《中国现代诗论上编》，花城出版社 1985 年版，第 310 页。

⑤ 闻一多：《〈女神〉之时代精神》，杨匡汉、刘福春编：《中国现代诗论上编》，花城出版社 1985 年版，第 82 页。

诗歌精神来源曾有过一个梳理，他认为郭诗中有两样新东西“都是我们传统里没有的：——不但诗里没有——泛神论，与二十世纪的动的和反抗的精神。”“这些也都是外国影响。——有人说浪漫主义与感伤主义是创造社的特色，郭氏的诗正是一个代表。”[①] 首先，朱自清认为郭诗中的两样“新东西”——“泛神论”“二十世纪的动的和反抗的精神”都是受外国的影响；其次，这两样“新东西”似乎与浪漫主义、感伤主义又是互为辉映与重合的——如果不这样的话，似乎就没有办法理解其语境中的“两样”新东西与浪漫主义、感伤主义的关系。

至于这两种“新东西”与两种“主义”是否可以对应起来，朱自清没有明说。实际上，以上所说的两种“新东西”、两种“主义”中，除了“二十世纪的动的和反抗的精神”较为含混外，西方文学自文艺复兴以来，就一直处于“动的和反抗的精神”之中，并非 20 世纪的文学所独有之标签——其他的三个都不含混，从时间上看，皆属于 19 世纪上半叶之前的哲学或文学思潮。这说明被闻一多誉为代表了“二十世纪底时代的精神”的《女神》，其实张扬的并非西方 20 世纪的时代精神，而是西方 19 世纪上半叶之前的文学精神。

当然，在郭沫若之前，尚且无人把这些艺术精神引入中国，他在此时将其引进来，姑且算是“二十世纪底时代的精神”也无不可。但应该意识到，真如果要以“新”论诗的话，胡适所强调的“写实主义”要更“新”一筹：他所说的这个“写实主义”并不是我们头脑中那个僵化的现实主义，[②] 其对应的是 1909—1917 年崛起于英美的意象派诗歌运动。尽管目前尚无确凿证据能证明二者间的逻辑关系，然而有一点是确凿的，英美意象派诗歌的主张和准则，如诗人要约束自我情感，不要在诗歌中直抒胸臆；诗人要尽可能地呈现事物、展现事物，不要讴歌事物等主张，都能在胡适的新诗理论中找到对应的痕迹。从某种程度上说，意象派诗歌的美学观点恰恰是胡适“写实主义”框架下的观点。胡适对其理论与英美意象派诗歌之间的渊源虽未直接论述过，但是他在美国读书时，的确知道并接触过该流派。据他当年的留学笔记记载，他曾被刊登在《纽约时报书评》的一篇评论意象派宣言的文章所吸引，并剪了下来，还说了一番此派主张与我们的主张多有相似之类的话。如果说该处他更愿显现一种“不约而同”的气象，那么接下来的事则具有“影响”的意味了：他曾把美国意象派诗人萨拉·悌斯黛尔发表在美国意象派刊物上的一首诗歌——《关不住了》，翻译过来并发表在《新青年》上。在其后收入《尝试集》时，胡适还特意在“序

① 朱自清：《〈中国新文学大系·诗集〉导言》，杨匡汉、刘福春编：《中国现代诗论上编》，花城出版社 1985 年版，第 244 页。

② 在以往的新诗研究范式中，尽管甚少有人直接对胡适的新诗理论观念作出落后之评价，但潜在意识里还是列入保守之行列的，总是有意无意地将其“写实主义”与 19 世纪法国文学思潮中的现实主义混同为一体。混同的结果是：诗歌是最不现实的一种文体，却强调用最“现实”的手法来观照，岂不是一种错位的对话？仅凭这一点，胡适的新诗理论也难以让人重视。

言”中宣称，该诗是“我的‘新诗’成立的纪元。”①

这番简单追溯意在表明，若论艺术精神之“新”的话，胡适的“写实主义”还要更新一些——它越过了19世纪的诗歌，直接进入了20世纪的文学思潮中来，即直接与现代主义诗歌相接轨。

需要说明的是，强调胡适的“新”，并非认为“新”与“好”是划等号的，只是借此表明“五四”新诗的复杂性：追赶上西方“二十世纪底时代精神”，的确是“五四”新诗肇始与发展的内驱力，但对何谓“二十世纪底时代精神”，不同阶段的诗人则有明显不同的理解与偏重。郭沫若视阈中的“二十世纪底时代精神”，主要表现为一种对个人自由意志的张扬，如“我们自由呀！/我们自由呀！/一切的一，自由呀！/一的一切，自由呀！/自由便是你，自由便是我！/自由便是‘他’，自由便是火！”（《女神·凤凰更生歌》）。这里的“自由”是喊出来的自由；是一种无所顾忌，宛若孩童般的自由，即主宰着《女神》精神的是一种飞蛾扑火的精神。

与郭沫若的这种“管他世间自由还是不自由，我就要追求这种自由”的任性劲儿相比，以胡适为代表的初期白话诗人则要忧虑、踌躇得多了。如果说在郭沫若的眼中，自由是关乎于个人的选择——你选择自由，你就自由了；在初期白话诗人的眼中，自由则是一个牵一发动全身的系统工程——一个人如想获得自由，其前提是容纳人的这个系统必须要首先获得解放，否则只能沦落成一种表层的解放。显然，以胡适为代表的初期白话诗人的自由观比郭沫若的多了一个环节，即在解放个体人之前，先要立志于解决人这个群体，具体说是受压迫群体的解放。有关这一点从既是重要的初期白话诗人，同时又是理论家的周作人那篇著名的《人的文学》（1918）中能清楚地看出来。

从某种意义上说，《人的文学》是“五四”新文学的代称，诚如周作人在文章的开篇所说：“我们现在应该提倡的新文学，简单地说一句，是‘人的文学’。”② 何谓“人”，便成了理解新文学，具体到该处就是何谓新诗的关键。纵览全篇不难发现，周作人语境中的“人”，也就是构成文学主体的“人”，并非西方文学中那个无所牵挂、自由自在，以自我利益为最高利益的“人”，指的是群体链条中的“那个人”，用其话说，就是“人类的一个”。因此说“这个人”在行为上不能过于极端，即为了“使人人能享受自由真实的幸福生活”，做事必须要以“利己而又利他”为前提。而且他还认为，“这种‘人的’理想生活，实行起来，实于世上的人，无一不利。”③可见，周作人所强调的“人”不是个人主义价值体系中的个人与群体宣战的“人”，相反，该处的“人”就是人类命运共同体的意思，正如其文章的最后总结：“人类的

---

① 胡适：《〈尝试集〉再版自序》，姜义华主编：《胡适学术文集》，中华书局1993年版，第403页。

② 周作人：《人的文学》，宝祥编选：《周作人经典》，南海出版公司2001年版，第3页。

③ 周作人：《人的文学》，宝祥编选：《周作人经典》，南海出版公司2001年版，第5页。

命运是同一的，所以我要顾虑我的命运，便同时须顾虑人类共同的运命。”① 毫无疑问，“人的文学”中的“人”，同时也是初期白话诗中的“人”，与《女神》中的“那个人”不是同一个人。这也是周作人在完成了这篇文章的13天以后，又写下了《平民文学》的内在心理逻辑：所谓的“人”，原本就是受压迫阶层的代称，所以替换成“平民”也是顺理成章的一件事。明白了这一前提，也就理解了周作人为何要说“平民的文学正与贵族的文学相反”② 的原因了。

“平民的文学”就是一种以阶层为主体的文学，这也就决定了“平民”的诗歌，或者说“人”的诗歌非但不会以张扬个性为己任，相反为了更好地展示出群体共性的一面，它还会尽可能地收敛自我的主观意欲和个性。这一特征从初期白话诗人的创作实践中能得到很好的印证。为了客观起见，就以刘半农编《初期白话诗稿》（1933年版）为例。这本诗稿一共收录了李大钊、沈尹默、沈兼士（沈尹默之弟）、周作人、胡适、陈衡哲、陈独秀、鲁迅八位同人的26首诗作。在这26首诗歌中，除了远在美国留学的陈衡哲的那首《人家说我发了痴》：“痴子见人便打见物便踢。/我若是痴子：你看呀——我便要这样的把你痛击！”③ 带有较强烈的个性特征外，其他的25首均不是以张扬个性见长。即便在诗歌中抒写了个性，也基本采用了策略，即把个性融汇到自然景物的描写中。此外，这种借景抒情的“情”多半不是自我之情，往往通向的是普通民众、百姓之情，如“好田地，多黏土；只是无耕牛的苦。/难道这个地方的人穷，/连耕牛都买不起?”（沈尹默：《耕牛》）“娇儿踏草扑花蝶，村妇捡柴歌竹枝。”（沈兼士：《见闻》）。“祝福你扫雪的人！/我从清早起，在雪中行走，不得不要谢谢你！”（周作人：《两个扫雪的人》）。“除夕歌，歌除夕；/几人嬉笑几人泣：/富人乐洋洋，/吃肉穿绸不费力。/穷人昼夜忙，/屋漏被破无衣食。”（陈独秀：《丁巳除夕歌》）。“小娃子，捲螺发，/银黄面庞上还有微红，——看他意思是正要活；/走出破大门，/望见邻家：/他们大花园里，有许多好花。/用尽小心机，得了一朵百合。”（鲁迅：《他们的花园》）。从引诗中可见，初期白话诗人们甚少抒写自我意愿，更多是把笔触伸向普通，尤其是下层百姓那里。

综上所述，以胡适为代表的初期白话诗人并非没有创作美学原则，只不过他们的这种美学原则不是个人主义式的美学原则，而是一种以群体主义利益为上的美学话语。正如谢冕在谈到初期白话诗人的创作特征时说：“他们一开始就不是把目光投向作为个体的自我内心，而是投向了个人以外的社会群体。新诗的纪元几乎就是从书写个人以外的社会生活开始的”④。至此可说，以胡适为代表的初期白话新诗的理论构

---

① 周作人：《人的文学》，宝祥编选：《周作人经典》，南海出版公司2001年版，第10页。

② 周作人：《平民文学》，宝祥编选：《周作人经典》，南海出版公司2001年版，第11页。

③ 刘半农编：《初期白话诗稿》，北京出版社2010年版，第106页。

④ 谢冕：《总序：论中国新诗》，洪子诚主编：《百年中国新诗史略》，北京大学出版社2010年版，第17—18页。，

建并非像有些研究者所认为的那样，“所隐含的危机主要是美和美学的”。[①] 与这相反，胡适等人对新诗的美学形态从一开始就有坚定而具体的设定：以诗歌的状物、描述、叙事之功能，也就是尽可能地强调诗歌的客观性来抵制和解构浪漫主义诗歌唯我独尊之风气。相比于郭沫若的个人主义话语，以胡适为代表的初期白话诗体现的是一种群体主义话语模式，但是这种群体主义与后来的群体主义还有所不同，它的价值尺度指向的是“平民”的，即普通人的日常生活与日常情感。

总之，胡适的《尝试集》与郭沫若的《女神》原本就是两套体现着不同诗学话语体系的诗集，一个以描摹叙述为宗旨；一个以张扬情感和个性为生命。这说明在1921 年之前的“五四”新诗中存有写实与浪漫，抒情与叙情两个不同的美学型构。而我们以往总是习惯用郭沫若的浪漫主义诗歌理论来衡量和评价初期白话新诗的创作，忽略了二者虽然都同属于新诗这一大的框架，却有着不同的精神追求和美学逻辑的事实，从而导致了初期白话诗的美学理论一直没有得到很好的重视和开掘。所造成的直接后果是，原本双头并进，甚至在某种程度上比《女神》更具有现代性和潜在影响力的非抒情、非个性之传统被忽略了，新诗变成了单纬度的浪漫主义传统。更重要的是，既然浪漫主义是新诗的正宗原型，为何其后浪漫主义诗歌并没有在中国得到很好的承传，甚至找不出一个如郭沫若一样的浪漫诗人。与此相反的是，以胡适为代表的初期白话诗所强调的那种反抒情、反个性的创作准则一直潜存于其后的诗歌创作。尤其是到了 20 世纪 80 年代以后，胡适所强调的那种叙述性、生活流几乎成为之后诗歌创作的潮流。

需要强调的是，今天研究“五四”新诗的逻辑“起点”和“奠基”问题绝非为了把郭沫若的《女神》拉下来，把胡适的《尝试集》推上去。这样反而把一个复杂的学术问题给简单化了。本文旨在说明肇始和发展时期的“五四”新诗其基调是复杂、多样的，不可以用同一个逻辑链条来匡正另一个逻辑链条。

（原载《鲁迅研究月刊》2019 年第 9 期）

① 吴思敬主编：《20 世纪中国新诗理论史上》，人民文学出版社 2015 年版，第 140 页。

# 意识形态宣传视角下的《百花齐放》

杨玉霞

《百花齐放》是郭沫若在“百花齐放、百家争鸣”的大背景下创作并出版的一部诗集。在1958—1961年三年间，这部诗集初刊于《人民日报》，后结集初版于人民日报出版社，然后又分别以剪纸图集、木刻图集、木版水印图画等多种形式共计出版了7种版本，亦有诸多报媒和评论者给予评介和褒扬，不能不说是“大热”于一时。然而也是这样的一部诗集，后来却成为人们诟病诗人郭沫若的一个典型案例，诸多研究者将其视为郭沫若贴近政治、远离文学，“成为知识界依附权势的标兵和表率”① 的典型表现。被认为是“中国第一部当代新诗史专著”的《中国当代新诗史》就指出：“这些代替了他二十年代初在《女神》中的‘自我’形象和个性化的情感表现，是概念的堆砌和对事实的一般性描述”，“这已经近于文字游戏了。《百花齐放》可以说是开了从‘大跃进民歌’到六七十年代时兴一时的简单比附的咏物诗的先河。如此创作，受到批评，是不让人感到意外的。”②

如何看待和正确理解这一现象，需要我们回到起点，梳理这部诗集的发表、出版始末、社会影响以及相关评价，而这也是一直以来被忽略的一项工作——在此之前，任何简单的“捧杀”或者“棒杀”都是粗率和不负责任的——然后，在此基础之上重新阐释和评价《百花齐放》及后期郭沫若。

## 一　一时“大热”与用心调整：《百花齐放》版本及删改

《百花齐放》的写作开始于1956年暑间，但郭沫若“试做了三首——牡丹、芍药、春兰——便搁置了。”③ 到了1958年，受“大跃进”精神的影响，在多方面的“帮助”下，郭沫若自3月30日始至4月8日，10天时间创作了98首诗，加上之前的3首，共计101首，完成了《百花齐放》。

① 邢小群：《试析郭沫若在大跃进年代的诗歌活动——从〈百花齐放〉到〈红旗歌谣〉》，《中国青年政治学院学报》2003年第5期。

② 洪子诚、刘登翰：《中国当代新诗史》，人民文学出版社1993年版，第38、40页。

③ 郭沫若：《百花齐放》，《人民日报》1958年4月3日。

（一）《百花齐放》的版本梳理

《百花齐放》版本众多，许多资料的记录或有遗漏，或有舛误[①]。笔者一一找到原刊或原书，对照列举如下。

第一个版本是初刊本：1958 年 4 月 3 日至 6 月 27 日，《人民日报》。《人民日报》自 1958 年 4 月 3 日始连载郭沫若的《百花齐放》，首次刊发附录一段作者前言，希望“各地朋友……把各地的奇花异卉的详细情况开示些给我”[②]；5 月 9 日刊发编者附记，说明郭沫若同志“四月上旬即将‘百花’全部写完了”[③]。至 6 月 27 日连载完毕，27 日附录后记。

第二个版本是初版本：1958 年 7 月，《百花齐放》（无插图本），人民日报出版社。32 开本，目次 6 页，正文 104 页。初版本与《人民日报》初刊本相比，有多处删改，另外篇目顺序变动较大。诗集封面使用刘岘木刻作品《睡莲》，扉页印有“敬向‘七一’献礼”。

第三个版本是 1959 年 4 月《百花齐放》（木刻插图本），人民日报出版社。20 开本，目次 6 页，正文 104 页，木刻 101 幅（刘岘等创作插图）。书中采用左诗右图形式，封面使用黄永玉木刻作品，书中还有刘岘创作的郭沫若木刻像一帧、蜀葵花原稿一页。较之 1958 年 7 月的初版本，这一版删改较多，诗篇题目亦有改动。

第四个版本是 1959 年 4 月《百花齐放图集》（剪纸本），江苏文艺出版社。这一版本附有郭沫若撰写的题词：“旧说东风似金剪，今看金剪运东风。百花齐放翻新样，万紫千红庆大同。”序言部分介绍了南京剪纸艺人和美术工作同志集体创作的具体情况。目录中每种花朵加上其拉丁学名，正文左诗右图，下附每一种花的植物学简介，没有原诗集的前言和后记以及注释，内容与 1959 年 4 月《百花齐放》（木刻插图本）一样。

第五个版本是 1959 年 8 月《百花齐放》（刘岘木刻图集），上海文艺出版社。20 开本，附有郭沫若像一帧，水仙花原稿一页，正文 209 页（其中有刘岘木刻插图 101 幅）。曾经三次印刷。

第六个版本是 1959 年 9 月《百花齐放剪纸》（张永寿剪纸本），江苏扬州人民出版社。郭沫若题词：“扬州艺人张永寿，剪出百花齐放来。请看剪下出春秋，顿使东

---

① 例如萧斌如、邵华编，上海文艺出版社 1980 年 8 月出版的《郭沫若著译书目》记有天津百花文艺出版社 1959 年出版的一个版本，经查有误，这个版本并不存在。发表于《荣宝斋》的论文《〈百花齐放〉始末及价值——以荣宝斋木版水印版本为研究对象》是关于《百花齐放》的最近的研究论文，也是对《百花齐放》梳理较为全面的论文，但还是遗漏了 1959 年 4 月人民日报出版社出版的《百花齐放》（木刻插图本），而这一版本改动较多，是非常重要的一个版本。2017 年出版的《郭沫若年谱长编》中也只记录有《百花齐放》的初刊本和初版本。

② 郭沫若：《百花齐放》，《人民日报》1958 年 4 月 3 日。

③ 郭沫若：《百花齐放》，《人民日报》1958 年 5 月 9 日。

风遍九垓。”采用左诗右剪纸形式，先后两次印刷。

第七个版本是 1960 年《百花齐放》（图画本），北京荣宝斋。这一版本是荣宝斋延请郭沫若以册页规格、毛笔手书 101 首《百花齐放》诗，又请于非闇、田世光、俞致贞三位工笔花鸟画大师依诗作画，融文学、书法、绘画、木版水印为一体，在当时中国文坛和书画界引起了巨大反响。严格来讲，这一版本实际包含三个版本：此书在当时共出版了三个版本，即零本印制、十册本与两册本，其中只有两册本在原来百花百咏的基础上又增加了一帧《其他一切花》，则所收版画的数目达到了 101 帧，并加印了郭沫若撰写的前言、后记各一篇，可谓最全之本。十册本 1960 年 2 月到 12 月才完成印制，印数、定价均无文字记载。

### （二）《百花齐放》删改校读

这七个版本的不同，除了出版形式之外，还有内容的许多变化。本文对此进行了整理、统计，发现作者进行了两次删改，一次是从初刊本到初版本，一次是初版本到 1959 年 4 月《百花齐放》（木刻插图本），现胪列如下。

1. 从初刊本到初版本

以句为单位，一共有七首的 18 句有改动，诗题顺序调整比较大，尤其是对前后有逻辑关系的诗题予以调整。例如将《月季花》前两首《十里香》和《十姊妹》的顺序互调，与《月季花》中的诗句呼应，更加合理。

这一次删改较少，应该与时间紧迫有很大关系。1958 年 4 月 8 日作者完成写作，《人民日报》连载至 6 月 27 日，7 月《百花齐放》（无插图本）出版，并以此致敬、献礼“七一”。作者在《后记》中注解到：“原准备每花插一图，因来不及，故先出无插图本，将来再出插图本……（六月二十八日补注）”① 从时间来看，《人民日报》一边刊登，一边结集出版，的确非常紧迫，所以作者难做细致修改。

2. 初版本到 1959 年 4 月《百花齐放》（木刻插图本）

首先，题目有四处修改：《朱藤》改为《紫藤》，《山丹花》改为《山丹丹》，《柱头花》改为《柱顶红》，《紫云英》改为《单色堇》。

内容修改方面，以句为单位，标点符号的改动也计入在内，共计有 242 处删改。相比第一次删改而言，这一次删改几乎遍布全书。完全没有删改的只有《芍药》《马蹄莲》《吊金钟》《榆叶梅》《石蒜》《桔梗花》《蜀葵花》《腊梅花》《桃花》9 首。有的作品几乎通篇改动，比如《百合花》《攀枝花》《紫茉莉》《三色堇》等改动 6 句，而《大丽花》《二月蓝》等则改动 7 句，只有 1 句没改。

在这次删改中，不论是改动题目，还是改动内容，大部分修改是在表达的准确、简练上下功夫。第一首《牡丹》第二句，加“所谓”二字，为“我们也并不曾怀抱

---

① 郭沫若：《百花齐放・后记》，人民日报出版社 1958 年版，第 104 页。

过所谓‘福贵之想’”，末两句改为去掉“全部”二字，改为“把花瓣散满了园地”。《攀枝花》中，第二句“叫”改为“称”，第三句“能戴满”改为“戴满着”，第四句“生产英雄具有这样的风度”改为“具有生产英雄这样的风度”，第五句“但我们的木材轻松，没有什么用”改为“木质疏松，却没有什么用”，第六句“我们的棉絮”改为“结出的棉絮”，第七句“幸喜四川也有”改为“幸好四川有处”……这样的删改使句子更加简练，表达更加准确和清晰。初版本因献礼“七一”而在“十日之内”完成，表达上的粗糙是难免的，而这次删改基本上解决了这一问题。

在第二次删改中，还有一些删改特别值得注意。比如《紫藤》一诗的第七句将“那就是让我们以枯树为骨干”改为“劳动人民让紫藤缠绕着枯树”，特别强调“劳动人民”。《牵牛花》第八句将“赶快建成呵社会主义的中华”改为“提早建成呵社会主义的中华”，更符合“大跃进”“高指标、高速度”的时代要求。《美人蕉》的第八句“谁学得这种精神，谁就是好汉”改为“谁学得这种精神，就能又红又专”——“又红又专”这个词是毛泽东在 1957 年 10 月 9 日中共八届三中全会的讲话《关于农业问题》[①] 中第一次提出，并屡次强调。郭沫若用这一词语代替了带有传统色彩的“好汉”一词，其实是呼应新时代对于“优秀人物”的衡量标准。最后一首《其他一切花》中第六句“因为要重视批评和自我批评”改为“遵守的方针是要团结，也要批评”，第八句“我们应该力争上游，不断革命”改为“手携手的力争上游，不断地革命”，这里态度的转变尤为明显，从只有“批评”到“也要团结”，还要强调“手携手”实际是对包括自己在内的知识分子群体的劝勉、期许和号召。这些删改让作品的时代特色更加显著，意识形态倾向也更加鲜明。

从这些或是推敲行文，或是斟酌态度、调整方向的大量删改，我们看到郭沫若对《百花齐放》的态度，并不是如陈明远提供信件中的郭老自述一般——“我的《百花齐放》是一场大失败……现在我自己重读一遍也赧然汗颜”[②]，反而是乐于促成其出版，并及时做了校订修改工作。

## 二 赞誉与批评的消长：《百花齐放》相关评价

对郭沫若的《百花齐放》的评价一直有两种声音，一种是对其创作的赞誉，一种是对其艺术粗糙的批评。这两种声音在 20 世纪五六十年代和 80 年代以后分别呈现出截然相反的消长。

### （一）五六十年代：一部“具有科学的、哲理的和政治内容的抒情诗集”

对于《百花齐放》连载及结集成书出版，当时的评论文章并不多，当然这与当

① 毛泽东：《关于农业问题》，《毛泽东文集》第七卷，人民出版社 1999 年版，第 309 页。

② 黄淳浩编：《郭沫若书信集（下）》，中国社会科学出版社 1992 年版，第 104、109 页。

时的社会环境有关，而有限的几篇公开发表的评论几乎都是对于《百花齐放》的赞誉。较早关于《百花齐放》的评论文章是周方的《一个想法》，文中表示：“我们的诗人、作家能不能也像郭老这样，依据新产品的名称，也写它个‘百花’！……愿更好更美的工业产品的‘百花’早日‘齐放’出来!”① 邓淳铭的《试评郭沫若的〈百花齐放〉》则给予《百花齐放》很高评价，称之为一部“具有科学的、哲理的和政治内容的抒情诗集”，甚至认为“《百花齐放》不但继承了诗人在女神时代的‘火山爆发式的内在情感，’而且增加了一个具有高度马克思主义修养的革命诗人底必然持有的，对年青一代的循循善诱、语重心长的特色。使人读后，对自己革命人生观的确立，将会从诗章里得到莫大的启发和深深的教益”②。《〈百花齐放〉试论》从五个方面论证《百花齐放》“尽管吟诵的是花草，然而也并不失去它的文学意义”③。当时还有其他评论给予褒扬，如《别开生面的花草诗——读郭沫若的诗集〈百花齐放〉》④、《一个“懂”字》⑤ 等。

当时并未有对《百花齐放》的批评公开发表，其中原因当然不言自明，但我们可以在后来看到人们对于《百花齐放》评价的另一种声音。比如杨匡汉在50年后回忆到自己和同学“因不满于郭沫若《百花齐放》诗集里诸多的牵强附会，图解说教、诗味如同嚼蜡，斗胆写了批评性长文，投寄给当时权威的《文艺报》”⑥，不过遭到退稿。1981年《诗探索》发表了力扬原写于1958年6月的遗作《评郭沫若的组诗〈百花齐放〉》，认为“从诗歌的作用和诗歌的创作方法上加以研究”，这组诗“还存在着相当大相当多的缺点”，主要问题在于“对于‘百花’的训诂考据，以及革命术语和哲学词汇的生搬硬套。这些都是既缺乏艺术形象，也缺乏抒情因素的说理的文字，也就缺乏吸引人的魅力，所以读起来，总不免觉得枯燥、生硬，索然无味”，而这是“缺乏现实生活的实感，没有强烈的创作冲动，而勉强从事写作的结果”，“缺乏革命的热情，是贯穿着整个组诗的一个根本弱点”⑦。

可以看到，在五六十年代，对于《百花齐放》的赞誉是公开呈现的评论，而对于其艺术上枯燥、生硬、牵强附会的批评，只是一脉细微的暗流，潜隐于心。

### （二）80年代以后：“以简单的外形而装填流行的政治概念的标本”

进入80年代，郭沫若研究阵营出现分化，对于《百花齐放》的态度，要么是论及郭沫若成就之际避而不谈，要么给予几近严厉的贬损、批判。谢冕曾经对《百花

---

① 周方：《一个想法》，《人民日报》1958年7月7日。

② 邓淳铭：《试评郭沫若的〈百花齐放〉》，《作品》1959年第10期。

③ 王绍铭：《〈百花齐放〉试论》，《红岩》1959年第5期。

④ 张定亚：《别开生面的花草诗——读郭沫若的诗集〈百花齐放〉》，《陕西日报》1959年12月20日。

⑤ 欧外鸥：《一个“懂”字》，《羊城晚报》1961年11月14日。

⑥ 杨匡汉：《学术的故土——为北大百年华诞而作》，《莼鲈之思》，东方出版社2009年版，第321页。

⑦ 力扬：《评郭沫若的组诗〈百花齐放〉》，《诗探索》1981年第1期。

齐放》提出十分尖锐的批评："……著名的组诗《百花齐放》可以说是以简单的外形而装填流行的政治概念的标本。"① 可以说，我们当下对于《百花齐放》的批评基本按此观点，不离其左右。比如认为《百花齐放》"是根据'主题先行'的创作原则进行创作的……诗歌中充满了大量的革命术语和哲学词汇，让人感到枯燥生硬，毫无诗意之美"②，"唯有堆砌政治术语，生硬，枯燥，牵强附会的致命之弊，大概可以概括《百花齐放》的创作"③ 等。著名作家叶兆言在《重温大跃进》中甚至用了极其严厉的言辞来贬斥《百花齐放》："这些诗，水平之差，马屁之露骨，完全可以用骇人听闻来形容。"④

对《百花齐放》提出批评的相当一部分学者认为《百花齐放》既是郭沫若追风之作，又饱含作者的内心曲折与隐衷，比如贾振勇就指出"毫无疑问，'趋时''跟风'的政治机会主义，是郭沫若创作《百花齐放》的直接心理动机"，⑤ 并引用了郭沫若与陈明远谈论《百花齐放》的信件，提出"在政治洪流中随波逐流的郭沫若，并没有忘记诗歌创作的生命根基，在他的内心深处，他始终为诗歌的真谛保留着一块领地。只不过作为政治人物的他，不会公开随意表达，更不会逆时代政治潮流而动"⑥。持此观点的不在少数，而且大部分引用了王明远与郭沫若的"通信"作为有力证据⑦。然而据王戎笙《郭沫若书信书法辨伪》⑧ 以及郭平英《陈明远与郭沫若往来书信质疑》⑨，我们已经可以确定的是，陈明远提供的所谓郭沫若与自己通信的第四批抄件系伪作，当然其中就包括二人谈论《百花齐放》的信件。由此，所谓"曲折"与"隐衷"就毫无事实依据。

当然也有极少数论者给予《百花齐放》以褒奖。《历史的见证　真诚的声音：重读郭沫若的两部诗集》一文认为："如果体谅到当时的国情，《百花齐放》当不失为一组大型的真诚的'花之歌'。"⑩《不朽的花之歌——重温郭沫若〈百花齐放〉诗集札记》给出更高评价，认为《百花齐放》"不失为诗坛花苑中的一部名著。……重温

---

① 谢冕：《20 世纪中国新诗：1949—1978》，《诗探索》1995 年第 1 期。

② 刘海洲：《国家话语中的"时代颂歌"——论郭老建国后的诗歌创作》，《郭沫若学刊》2013 年第 4 期。

③ 高信：《〈百花齐放〉及其他》，《博览群书》1995 年第 1 期。

④ 高信：《〈百花齐放〉及其他》，《博览群书》1995 年第 1 期。

⑤ 贾振勇：《诗与史的共鸣》，上海大学出版社 2009 年版，第 173 页。

⑥ 贾振勇：《诗与史的共鸣》，上海大学出版社 2009 年版，第 181—182 页。

⑦ 比如何思玉、母华敏《共名与无名及实旨与意旨：对〈百花齐放〉的鉴赏与解读》（《郭沫若学刊》2002 年第 1 期）、邢小群的《试析郭沫若在大跃进年代的诗歌活动：从〈百花齐放〉到〈红旗歌谣〉》（《中国青年政治学院学报》2003 年第 3 期）、刘涵华的《复杂心态的曲折流露——郭沫若〈百花齐放〉的重新解读》（《贵州社会科学》2003 年第 3 期）、宁源声的《郭沫若对〈百花齐放〉的自省》（《共产党员》2012 年第 3 期）、宋楠的硕士论文《自然的对象与不自然的审美——郭沫若诗集〈百花齐放〉意象研究》等文。

⑧ 王戎笙：《郭沫若书信书法辨伪》，兰州大学出版社 2005 年版。

⑨ 郭平英：《陈明远与郭沫若往来书信质疑》，《文艺报》1996 年 5 月 10 日。

⑩ 彭元江：《历史的见证　真诚的声音：重读郭沫若的两部诗集》，《文史杂志》2012 年第 6 期。

这一诗集，深感是一曲不朽的花之歌，是一部极为优秀的教材。”①

80 年代以来，学术界以及普通读者更多地批评、贬抑《百花齐放》，而赞誉的声音极少，且学术分析单薄，缺乏说服力。

## 三 基于意识形态宣传视角：重新考察后期郭沫若及其《百花齐放》

通过回顾《百花齐放》的一时“大热”与郭沫若的两次删改，梳理《百花齐放》在不同时代遭遇的赞誉与批评的消长，我们发现，一直以来我们都是以文学、以诗歌艺术的尺度来衡量《百花齐放》，赞誉也是，批评亦是。然而，《百花齐放》并非主流文学所常见的诗歌作品形态，而是需要我们置于意识形态宣传视角之下去考量的作品。对于后期郭沫若，我们也要秉持“知人论世”的考察态度。

### （一）意识形态宣传视角的选择

1.《百花齐放》的初始写作动机与“双百方针”

郭沫若写作《百花齐放》的直接动机，是为宣传和贯彻“双百方针”。1956 年 4 月 28 日，毛泽东在中央政治局会议上的讲话首次把“百花齐放、百家争鸣”完整地确定为我们党发展科学文化事业的方针。在 5 月 2 日的最高国务会议第七次会议上，毛泽东正式宣布了这个方针。同年 5 月 26 日，中宣部长陆定一应当时中国科学院院长郭沫若的邀请，代表中共中央在怀仁堂向到会的一千多位自然科学家、社会科学家、文学艺术家等作题为“百花齐放、百家争鸣”的报告。这个讲话于 6 月 13 日在《人民日报》上公开发表。郭沫若“在 1956 年暑间，曾经打算以‘百花齐放’为题，选出一百种花来做出一百首诗。”② 因此，从集子的题目、写作时间再到其内容来看，郭沫若写作《百花齐放》的初始动机是为宣传、贯彻“双百方针”。

2.《百花齐放》写作过程中的“跃进精神”

郭沫若在写作《百花齐放》时，曾因故而搁置，一直到 1958 年——“今年我把那三首诗检出来发表过，同志们看了鼓舞我：‘跃进一下，就做足一百首来!’好，我受到鼓舞，决心来完成这个小任务。”③ 他先后到天坛、北海公园、中山公园园艺部访问，北京和内地卖花的地方，他都去请教过；还得到热心朋友的帮忙，“有的借书画给我，有的写信给我，还有的送给我花的标本或者种子”，④ 终于在 1958 年写完了《百花齐放》。可见郭沫若写作《百花齐放》是受“大跃进”精神鼓动而一气完成的。

---

① 泥元：《不朽的花之歌——重温郭沫若〈百花齐放〉诗集札记》，《中国花卉报》1995 年 3 月 3 日。

② 郭沫若：《百花齐放》，《人民日报》1958 年 4 月 3 日。

③ 郭沫若：《百花齐放》，《人民日报》1958 年 4 月 3 日。

④ 郭沫若：《百花齐放 · 后记》，人民日报出版社 1958 年版，第 103 页。

3.《百花齐放》文本的政治宣教意图

《百花齐放》一共101首诗，都是两段式，每段四句。每一首都是以“花”自况，运用第一人称介绍花的某些特性。但介绍特性是为表达观念——借说“花”而言其他，而这些观念又紧密结合时代，扣紧政治脉搏，表达意识形态倾向。

《百花齐放》中有相当一部分作品直接歌颂“大跃进”，比如《蜀葵花》《牵牛花》《玫瑰》《玉蝉花》《洋绣球》《喇叭花》《水仙花》《鸡冠花》《李花》《蜡梅花》《蒲包花》等，甚至直接让花朵喊出大跃进“多快好省”的口号，体现了鲜明的大跃进特色和革命特色。有一部分作品歌颂为了人民而牺牲自我的精神，如《绣球》《铁干海棠》《萱草》等，还有的宣传了党的知识分子政策，比如《凌霄花》《朱藤》《洋槐》等。

从以上三点，可以归纳如下：首先，郭沫若写作《百花齐放》缘起于“双百方针”，出于宣传的需要，贯穿着“大跃进”的精神；其次，《百花齐放》采用的基本手段是查阅资料；再次，作品的完成有赖于“各地朋友”，或者可以说是群体努力的结晶。显然，所有这些都是与诗歌创作规律相违背的。

（二）作为意识形态宣传作品的《百花齐放》

《百花齐放》违背了诗歌的创作规律，却更富有意识形态宣传的意味——它是呼应于当时的时代要求、符合无产阶级政党的文学原则的产物。毛泽东的文艺话语大力提倡的，正是《百花齐放》这样从工农兵的审美趣味出发、服务于工农兵群众，具有民间形式特点的、反映阶级斗争生活和歌颂工农兵形象的诗歌。《百花齐放》的创作目的，从某些方面看也的确已经达到——反复以不同形式出版，在大众中形成巨大影响，很好地传达了其“宣教意图”。

1.“双百方针”的调整与《百花齐放》的文本呈现

值得注意的是，郭沫若写作《百花齐放》的初始动机是为宣传贯彻“双百方针”，但在郭沫若真正开始写作的1958年3月至4月，国内政治形势已经开始发生变化，一直到1958年夏，“双百方针”的执行开始出现偏差。《百花齐放》在文本上对此有着明显的表达和体现。

1956年5月2日，毛泽东正式宣布“双百方针”时曾说：“现在春天来了嘛，一百种花都让它开放，不要只让几种花开放，还有几种花不让它开放，这就叫百花齐放。”[①] 在1957年4月18日省、市、自治区党委书记会议上，毛泽东针对陈其通等同志对文艺工作的意见发表讲话：“百花齐放，我看还是要放。有些同志认为，只能

① 逄先知、冯蕙：《毛泽东年谱1949—1976》（第二卷），中央文献出版社2013年版，第574页。

放香花，不能放毒草。这种看法，表明他们对百花齐放，百家争鸣的方针很不理解。”[①] 然而，在1958年5月的中共八大二次会议工作报告中，毛泽东虽然首先对“双百”方针做了充分肯定，认为在学术文化领域内，必须继续贯彻执行百花齐放、百家争鸣的方针，但紧接着又做了原则性补充：“……允许反社会主义的毒草长出来，在人民面前建立对立面，以便人民从比较中看得清清楚楚，激起众愤，群起而锄之，借以锻炼群众的斗争本领，开辟社会主义的百花齐放的广阔天地。”“锄毒草，这是敌我问题；放百花，这是人民内部问题。两类矛盾，两种方法。资产阶级的反动右派自命为社会主义的百花之一，那是冒称的，不能算数的。”[②] 这些言论已经明显不同于“反右”斗争以前的阐述，“双百”方针已经发生了严重的“左”倾偏差。

因此，《百花齐放》中已经不复真正“百花齐放”的自由，而是充满凌厉的政治口号。或者警告那些人民的对立面：“我们的花朵小巧，雪白而有清香，簪在姑娘的头上，会芬芳满堂。当然，人们也可以摘去焙成香片，厨师们更可以用来点缀竹参汤。//有那肮脏的文人却称我们为‘狎品’，足见他们的头脑是荒天下之大唐，这样的思想如果不加以彻底改造，打算过社会主义革命关，休要妄想！”（《茉莉花》）或者提醒人们时刻警惕阶级斗争：“在这里显然包含着深刻教训：红色专家也能变成白色专家”（《夹竹桃》）。《石楠花》呼吁：“同志，为什么不敢栽培我们？我们是多么愿意：向党交心肝！”1958年春继反“右”运动之后的知识分子“交心运动”“是一次深刻的政治思想上的革命，是一个广泛的群众性运动”。而这首《石楠花》正是呼应“交心运动”，替知识分子作答。《杏花》则称：“复瓣的就只有先红而后白的花，请求植物学家把我们改造一下。”“改造”之急迫，呼之欲出。

2.《百花齐放》的宣传效果

中华人民共和国成立以后，以毛泽东为代表的中国共产党人十分重视意识形态建设，要求领导干部高度重视意识形态工作，同时，更加强调宣传教育的方式方法问题。1957年颁布的《中共中央关于传达全国宣传工作会议的指示》指出：“在阶级斗争已经基本结束的时候，党中央提出了‘百花齐放，百家争鸣’的政策。这个政策的目的，是用说服的方法……向知识分子进行长期的、耐心的、细致的马克思主义的宣传。”此外，培养知识分子也是意识形态宣传的重要任务。《百花齐放》正是其实践成果。

《百花齐放》采用诗歌体裁，以万紫千红、姿态各异的花朵作为载体，以第一人称自况的方式，使得枯燥的政治理念和政策口号变得生动可感、朗朗上口，其产生的意识形态宣教效果是值得肯定的。

---

① 毛泽东：《在省市自治区党委书记会议上的讲话》，《毛泽东选集》（第五卷·专题语录），《济南日报》资料室1977年版，第95页。

② 毛泽东：《建国以来毛泽东文稿》（第七册），中央文献出版社1992年版，第224—225页。

《百花齐放》发表之后，如前所述，当时呈现的评论都是赞扬和肯定的，从一个方面证明了其效果。

《百花齐放》宣教效果的另一侧面体现于民间：有许多人传阅《百花齐放》，或者模仿《百花齐放》进行写作。比如教师郭明晓记得“初中时，家里有一本郭沫若的《百花齐放》精装诗集，是我经常翻阅的书……”[①] 作家晓雷回忆自己在大学时候，“曾经模仿郭沫若的百花齐放诗，写了一百首公社人物，用毛笔抄成一册，被系里的老师知道了，拿去传阅”[②]。黑龙江胡金帆提到自己小时候“爸爸受郭沫若(《百花齐放》)的启发，写了一百零一首咏鸟诗叫百鸟鸣春”。连作家邵燕祥也曾提及自己在1958年5月20日做过一首《稻花——拟郭沫若〈百花齐放〉》，“暗中有点跟郭较劲的意思”。[③]

《百花齐放》不仅得到评论界的高度赞誉，民间写作者的追随，还得到不断推介，先后以各种形式出版，结合剪纸、木刻、国画等艺术形式走向读者。这本书还曾经被译成捷文[④]、俄文，走出了国门。

### （三）后期郭沫若与《百花齐放》的写作及删改

早在1944年1月5日为诗集《凤凰》作序时，郭沫若就表示：“我要坦白地说一句话，自从《女神》以后，我已经不再是‘诗人’了……像产生《女神》时代的那种火山爆发式的内发情感是没有了。”[⑤] 《女神》以后自己已经不再是“诗人”了——这样的说法未免自贬过分，但“分行写出的散文或韵文”在其中华人民共和国成立后的诗集中越来越多，却是事实——它们缺少了“内发情感”，缺少了“生命感”。正是如此，郭沫若曾在《蜩螗集》的序中说“这些诗……作为诗并没有什么价值，权且作为不完整的时代记录而已。”[⑥] 在1958年12月27日《人民日报》上发表的《读孩子的诗》一文中，郭沫若写道：“我完全同意，他们一定会超过我们，特别是超过我。因此，我作了一首诗答复那位小作者：郭老不算老，诗多好的少。老少齐努力，学习毛主席。”[⑦] 这样的表达既包含了诗艺追求上的遗憾，却也包含了创作方向选

---

① 郭明晓：《我是大西洋来的飓风——一个新教育教师的生命叙事》，湖北教育出版社2014年版，第30页。

② 晓雷：《经历好莱坞》（散文随笔集），陕西人民出版社2005年版，第238页。

③ 邵燕祥：《一个戴灰帽子的人》，江苏文艺出版社2014年版，第54页。

④ 《郭沫若著〈百花齐放〉译成捷文》，《读书》1959年第4期。

⑤ 郭沫若：《凤凰·序》，群益出版社1947年版，第5页。

⑥ 郭沫若：《蜩螗集·序》，群益出版社1948年版，第1页。

⑦ 1958年12月，怀来县召开的首届县文代会闭幕式上举行了一次赛诗大会，与会的民歌手、作家、诗人纷纷登台朗诵自己创作的诗篇。其中，来自果林公社一年级的小作者刘玉花走上台大声朗诵：别看作者小，诗歌可不少；一心超过杜甫诗，快马加鞭赶郭老。此事、此诗于1958年12月18日登在《人民日报》第八版上。郭老的《答孩子的诗》就是针对此事而写。具体可见张家口市政协文史资料委员会编《张家口文史》（第2辑），2004年，第301页。

择上的坦然。

在后期郭沫若身上，作为革命者的自觉超越了作为诗人的自觉。早在1936年郭沫若就宣称："……我高兴做个'标语人'、'口号人'，而不必一定要做'诗人'。"① 1937年他跟夏衍说自己在看了《八一宣言》和季米特洛夫在第三国际第七次代表大会上的报告之后，就曾对林林说："好，党决定了，我就照办，要我做喇叭，我就做喇叭。"② 到中华人民共和国成立后的50年代，他提出"诗歌应该是最犀利而有效的战斗武器，对友军是号角，对敌人则是炸弹。因此，写诗歌的人，首先便得要求他有严峻的阶级意识，革命意识，为人民服务的意识，为政治服务的意识。有了这些意识才能有真挚的战斗情绪，发而为诗歌也才能发挥武器的效果而成为现实主义的作品。"③ 身兼多个重要职务的郭沫若，其写作行为既包含自发的文学创作，也更多地包含了职务行为。《百花齐放》中所谓寡淡的诗意、宣传腔调的语言，以及作者积极主动的删改，正是作者富含使命感的一种写作。

因此，当我们以纯诗作为艺术标准来考量《百花齐放》时，就会发现其诗味寡淡，主题先行，语言粗糙而缺乏蕴藉，但如果我们从意识形态宣传的角度去考察，就可以理解《百花齐放》实际是一种政治诗学的必然结果。尽管这些诗歌"更准确地说应该叫作'押韵的宣传口号'，但是，不容置疑的是……他们的诞生，有着合适的土壤……是顺应时代精神的。"④ 在那样的土壤上，只能开出这样的花朵，而这样的花朵又极好地表达了那一时代的含义——这就是《百花齐放》的必然状态。至于力扬所提出的"缺乏革命的热情"恰恰是错误的——郭沫若在写作《百花齐放》之际，正是充满了"革命的热情"，才能10天之内写完近百首诗，才能两次删改，改动遍及全书，才能一次次亲自参与《百花齐放》不同版本的出版或主动为之题词⑤，花费相当的心力、慎重对待《百花齐放》的翻译及插图设计⑥。

郭沫若是现代中国知识分子中与政治联系得最为紧密的作家。⑦《百花齐放》的创作，从写作动机到写作过程、文本内容以及出版后所产生的社会效应，都显示了郭沫若对于主流政治话语的自觉认同，对于党的文艺理论和工作方针的主动顺应。然而

---

① 郭沫若：《我的作诗的经过》，《质文》1936年第2期。

② 袁鹰、姜德明：《夏衍全集·文学（下册）》，浙江文艺出版社2005年版，第447页。

③ 彭放编：《郭沫若谈创作》，黑龙江人民出版社1982年版，第63页。

④ 范大灿：《德国文学史》（第3卷），译林出版社2007年版，第348页。

⑤ 例如荣宝斋版本《百花齐放》，就可见郭老乐见其成。时任总经理的侯恺将配以名家图画、以彩色水印复制《百花齐放》的"萌念"向郭老提出，"不料立即得到了郭老的同意，并表示积极支持"，"他不但一文不收，反而假鸿宾楼设宴，筵请了画家和他们的编辑，设计，句、刻、印、裱的技术人员，并有主管荣宝斋的负责人萨空了同志作陪……"（侯恺：《热心于教诲勉励晚辈的郭沫若同志》，《郭沫若学刊》1992年第3期。）

⑥ 郭沫若1958年6月23日致函苏联郭质生，同意其翻译《百花齐放》；26日致函蒋德明，提出李华的木刻有问题，必须另刻，询问是否可以先拿画稿给自己看看，"看了再刻，免得刻出了后有问题"，以上见林甘泉、蔡震主编《郭沫若年谱长编》（第四卷），中国社会科学出版社2017年版，第1697—1698页。

⑦ 税海模：《关于郭沫若研究文献的思考》，《新文学史料》2007年第4期。

我们并不能据此就简单地将郭沫若定义为失去自我、抛弃艺术信仰的“御用文人”，更不能捏造事实，塑造出符合某些需要的“另一个郭沫若”。郭沫若曾这样阐释他对于历史人物的评价：“历史是发展的，我们评定一个历史人物，应该以他所处的历史时代为背景，以他对历史发展所起的作用为标准，来加以全面的分析。这样就比较易于正确地看清他们在历史上所应处的地位。”[①] 我们可以依此来打量郭沫若。从文本出发，从史料出发——五六十年代的郭沫若，没有也无法回避时代的现实：他不仅仅是一个诗人、一个学者，更是一个革命家，他一直服从革命的需要而不断调整自己的写作姿态，《百花齐放》就是必然到来的作品。

中华人民共和国成立后的郭沫若，作为文艺领导人，肩负参与意识形态建构的重任，其以《百花齐放》为典型的意识形态宣传文学[②]的写作正是在“构建本阶级的意识形态，并使后者认识自己的使命，进而使这种意识形态成为渗透到整个社会的世界观”。[③] 因此，郭沫若并非传统意义上的知识分子，而是葛兰西意义上的“有机知识分子”，他“总是处在不断的变动和自我重塑的过程之中”。[④]《百花齐放》在当时出色地完成了对于实际生活的参与，使郭沫若成为一个真正的“建设者、组织者和‘坚持不懈的解说者’”[⑤]，并且在当时产生了良好的社会效应，对于“双百方针”的贯彻、执行起了良好的推动作用。

然而在当下这样“一个物质、消费主导的时代里，人们记忆的筛选机制不可避免发生重要改变；他们难以再热情呼应那种政治说教”[⑥]，“文学史上太靠近现实政治的作家很难得到恰当的评价。”[⑦] 因此，郭沫若及《百花齐放》遭受贬斥乃至鄙弃，大抵也源于此罢。但不能否认的是，对于后期郭沫若而言，对于其时的中国社会而言，《百花齐放》都是一个时代和个人共同的“完成品”。20 世纪 20 年代郭沫若在自传的前言中曾经这样写道：“我写的只是这样的社会生出了这样的一个人，或者也可以说有过这样的人生在这样的时代。”[⑧]“这样的时代”，“这样的一个人”，产生《百花齐放》“这样的文本”——这不仅仅是一个人的选择与被选择，而是一代人、一个群体的命运与选择，值得我们后人在更深层次上去认识、思考，而不是简单粗率地臧否甚至否定。

（原载《现代中国文化与文学》第 29 辑）

---

① 郭沫若：《关于目前历史研究的几个问题》，《新建设》1959 年第 4 期。

② 陈思和：《思和文存》（第三卷 · 人文传承中实践），黄山书社 2012 年版，第 268 页。

③ 田时纲：《火与玫瑰 · 译序》，人民出版社 2008 年版，第 9 页。

④ 郜元宝：《午后两点的闲谈》，云南人民出版社 2002 年版，第 37 页。

⑤ ［意］安东尼奥 · 葛兰西：《狱中札记》，曹雷雨、姜丽、张跣译，中国社会科学出版社 2000 年版，第 5 页。

⑥ 北京大学中国诗歌研究院、首都师范大学中国诗歌研究中心主办：《纪念新诗诞生百年新诗形式建设学术研讨会论文集》，2015 年 10 月，第 9 页。

⑦ 乔琦、邓艮：《从〈三叶集〉看诗人郭沫若的性情人生》，《郭沫若学刊》2004 年第 3 期。

⑧ 郭沫若：《我的幼年》，光华书局 1929 年版，第 2 页。

# 悲剧抑或闹剧？

## ——从商业演剧角度对郭沫若《孔雀胆》的考察

唐文娟

抗战时期郭沫若的历史剧中，《孔雀胆》无疑是争议最大的一部。这些争议贯穿于创作、修改与演出等各个环节，涉及主题、情节、人物、史实及史观等多个方面。虽然备受争议，《孔雀胆》却颇受市民观众欢迎，在多个城市不断上演，获得了巨大的商业成功。如果说，郭沫若的《屈原》受到的贬抑或褒赞，很大程度上来自国共两党的政治交锋，渗透着文化政治的逻辑，那么，由于《孔雀胆》主题的歧异性，反而与政治拉开了距离，深深地契合了市民社会的文化空间。以往有关该剧的研究大多囿于1940年代的知识精英话语，聚焦在剧本主题的游移及改动上。① 本文认为，《孔雀胆》和郭沫若此前剧作的最大不同在于它的“闹剧”（“melodrama”）因素。“闹剧性”贯穿了编剧、导演、演出和接受等环节，它与城市商业演剧、市民观众及大众文化之间构成了深层的互动关系。

### “政治冷”与“市场热”：《孔雀胆》与城市商业演剧

1942年9月，郭沫若仅用了五天时间就写成了《孔雀胆》，如此顺畅愉悦的过程②，只有年初写作《屈原》的状态堪与之相比。《孔雀胆》是以元末云南史实为题材的历史剧，主线情节为：大理九代总管段功打败明二率领的农民起义军凯旋，梁王（云南王）感恩戴德，赐予高官厚禄，并将女儿阿盖公主许配给他；而这一切为觊觎阿盖的丞相车力特穆尔所嫉恨。半年后，梁王过寿，段功一家到王宫贺寿，车力特穆尔勾结王后杀死穆哥王子嫁祸于段功，不明真相的梁王赐毒酒“孔雀胆”给阿盖，

---

① 参看田本相、杨景辉《〈孔雀胆〉主题辨析》，《晋阳学刊》1982年第4期；箫鸣《关于〈孔雀胆〉的主题思想》，《文学评论》1983年第6期；蔡震《〈孔雀胆〉的成败得失》，《人文杂志》1986年第2期；傅正乾《〈孔雀胆〉研究中不同观点综述》，《人文杂志》1986年第2期；王本朝《〈孔雀胆〉悲剧性主题阐释》，《郭沫若学刊》1994年第3期。

② 参见郭沫若写作此剧时的日记，转引自彭竹《回忆〈孔雀胆〉的首次演出》，《南国戏剧》1980年第1期。

命其毒死丈夫，阿盖不忍下手，将事情原委告知段功，并劝其回大理，段功未听从，惨遭杀害，部将杨渊海为其报仇杀死主谋车力特穆尔后自杀，阿盖亦殉情而死。[①]

初稿完成后，郭沫若像往常一样征求朋友意见，同为历史剧家的阳翰笙敏锐地发现了此剧的“硬伤”：“在内容上，我不主张在元统治中国快要崩溃的时候，来谈蒙汉团结，并在团结中来对付从民族运动中和农民运动中起来的明玉珍。对这点，郭说他的主题绝非如此。自然，我也相信他绝不会有意如此，可是把段功处理得过分的忠勇而毫无矛盾，也就多少会有此危险。”[②] 这个意见与同时在场的周恩来不谋而合。[③] 在抗战的大环境下，各民族团结起来抵御外辱本无可厚非，阳翰笙的《塞上风云》正是如此。[④] 然而，《孔雀胆》中，作为民族团结的象征，阿盖与段功的婚姻却建立在镇压农民起义的前提下，这无疑与中共及左翼知识分子已形成的“阶级史观”相悖。为此，郭沫若用了20多天修改剧本，结果仍差强人意，以致在行将上演时，再次受到了周恩来委婉的批评：“剧本写得还不错，但史实很值得研究，而在当时上演此剧在意义上是不可能与《屈原》等并论的。但是否上演，请郭老他们自己商量决定。”[⑤] 显然，对中共来说，《棠棣之花》与《屈原》在国共文化战中发挥的巨大作用，《高渐离》被禁演本身释放的巨大政治能量，让他们对郭沫若的新剧充满了期待。然而，事与愿违，《孔雀胆》却没有明显的现实战斗意义，而且主题本身成了“问题”。

有趣的是，国民党的审查机构对《孔雀胆》却一反常态，没有像对待郭沫若的其他剧作一样或围攻谩骂，或直接禁演，或勒令修改，[⑥] 反而“痛快地”为其颁发准演证。[⑦] 国民党的态度从相关剧评中可一窥究竟。1943年2月15日，《孔雀胆》在重庆公演刚刚结束，国民党机关刊物《中央周刊》刊登了评论文章，“郭先生列身于抗战阵营，同时又是负战时宣传工作和文化工作任务的人，他不是一个‘为艺术而艺术’者，他懂得宣传，懂得讽刺，更懂得影射，因此，我们不能不从他的观点和他的戏剧所表现的意识上加以批评。”尽管如此，“尖着眼睛”的评论者得出的结论是，“《孔雀胆》似乎根本没有什么意义。”[⑧] 无论中共的不建议上演，还是国民党的准许

---

① 郭沫若：《孔雀胆》，《郭沫若全集》文学编（第7卷），人民文学出版社1986年版，第131—249页。

② 《阳翰笙日记选》，四川文艺出版社1985年版，第76页。

③ 周恩来的意见与阳翰笙基本一致，特别强调对明玉珍的问题一定要改一改。参见《阳翰笙日记选》，第75页。

④ 《塞上风云》最初连载于半月刊《抗战戏剧》第1、2、3、4期，自1937年11月16日始，至1938年1月1日刊完。

⑤ 张颖：《领导·战友·知音——怀念周恩来与郭沫若》，中共中央统战部统战理论研究中心编：《相遇贵相知——中国共产党领导人与党外人士交朋友的故事》，辽宁教育出版社1986年版，第127页。

⑥ 《屈原》先是遭到右翼文人攻击，后禁演；《高渐离》直接禁演；《虎符》勒令修改。

⑦ 中央图书杂志审查委员会1943年话剧准演剧目70种中，《孔雀胆》赫然在列。参见《中央图书杂志审查委员会准演话剧剧目一览表（共计七十种）》，《社会教育季刊（重庆）》1943年第1卷第3期。

⑧ 王健民：《〈屈原〉、〈孔雀胆〉和〈虎符〉》，《中央周刊》1943年第5卷第28期。

上演，基本一致的认识是，《孔雀胆》并没有鲜明的政治性。因此，该剧没有再引起中共及国民党当局的注意，而政党政治的后撤，为其在后方城市“风行”留下了巨大的空间。大后方城市商业演剧逐渐兴起大致在1941年。[①] 时人鲁觉吾认为，陪都重庆商业演剧蓬勃的原因“不外四种：一，时值雾季，市内人口众多，演出‘保险’；二，太平洋战事发动，影片来源骤少，戏院空闲；三，新成立一庞大之职业剧团——中华剧艺社——非加紧演剧不能维持生存；四，演出内容娱乐性增加，易于叫座”[②]。实际上，到1943年，由于通货膨胀，物价飞涨，高额税捐[③]等原因，话剧演出的成本（包括场地租金、布景、剧团日常开支）大幅增加，为了维持生存，上座率成为剧团的首要考虑因素，演剧的“商业性”和“娱乐性”逐渐突出。比如，中华剧艺社（以下简称“中艺”）虽然有中共的背景，但同样要自负盈亏，在水涨船高的市场中，也是常常入不敷出，债台高筑，因此，剧团的大部分演出都不得不着眼于“生意经”。在这一背景中，“中艺”上演《孔雀胆》可谓正逢其时。

1942年12月31日晚，“中艺”将《孔雀胆》搬上了重庆最大的剧院——国泰大戏院。该剧由应云卫导演，路明、周峰、李纬、金淑之等主演，连演9天，场场爆满。[④] 据徐飞描述：“在将要接近零度的寒夜里，国泰门前还集满了来自各方的观众，他们在那儿站着，挤着，谈着，等着最末一场电影映出‘明日请早’的字样，等着这名剧的开场。”[⑤] 1943年2月5日晚，修改后的《孔雀胆》再次公演。这次演出适逢春节，与此同时，郭沫若的《虎符》上演于抗建堂，宋之的的《祖国在召唤》上演于银社——两剧都是首演。[⑥] 几部剧作同时上演造成了竞争的态势，观众不免有所分流，但《孔雀胆》仍连演十天，观剧者络绎不绝。《孔雀胆》两次公演总计19场，《虎符》和《祖国在召唤》都是20场，但国泰大戏院可容纳1200人，抗建堂修建前可容纳800人，银社可容纳600人。[⑦] 这样大致算来，历史剧《孔雀胆》和《虎符》显然比《祖国在召唤》受欢迎，而《孔雀胆》比《虎符》还要略胜一筹。[⑧]

1943年6月，由于政治高压，“中艺”撤离重庆去了成都。成都被当时剧评家看作“演剧上的市侩主义”的“出生地”，将演剧当作“牟利的工具”的做法大行其道。[⑨]“中艺”在成都首演了夏衍的《第七号风球》（又名《法西斯细菌》）和郭沫若

---

① 田进：《抗战八年来的戏剧创作》，《文联》1946年第1卷第3期。

② 鲁觉吾：《略评陪都剧坛》，《中央周刊》1942年第4卷第33期。

③ “1942年4月至1943年7月间为30%，1943年7月至1946年12月间为50%。”引自马俊山《演剧职业化运动研究》，人民文学出版社2007年版，第256页。

④ 《孔雀胆》广告，《新华日报》1943年1月3日第一版。

⑤ 徐飞：《〈孔雀胆〉演出以后》，《新华日报》1943年1月18日第四版。

⑥ 石曼：《重庆抗战剧坛纪事》，中国戏剧出版社1995年版，第116—117页。

⑦ 刘念渠：《一九四三年的重庆舞台》，《时与潮文艺》1944年第2卷第5期。

⑧ 刘念渠列举抗建堂容纳人数800人只是修建前，抗建堂于1942年12月21日改建竣工，修建后可容纳人数由以前的800人增至1000人。参见石曼《重庆抗战剧坛纪事》，中国戏剧出版社1995年版，第108页。

⑨ 刘念渠：《中华民国卅三年戏剧节纪念特辑：战时中国的演剧》，《戏剧时代》1944年第1卷第3期。

的《孔雀胆》，这两个戏在重庆都颇为上座①，但在成都，前者最先上演，却“调高和寡，营业惨淡”，直到9月4日《孔雀胆》上演才打开局面。正如时人所言，“《孔雀胆》……卖座奇佳，出人意表，星期日日夜二场，收入连捐在内每达十二三万，平时亦在五六万，‘中艺’在此局促四月，负累不堪，至此乃得‘脱离苦海’。”②1944年1—9月间，“中艺”以成都为中心，先后前往内江、自流井、泸县、乐山、流华溪、五通桥等小城市巡回公演，《孔雀胆》作为保留剧目，走到哪里演到哪里，深得观众青睐。

《孔雀胆》在“娘家”昆明的上演更是盛况空前。1944年10月25日，在预告了两个月后，《孔雀胆》终于被空军军官学校大鹏剧社搬上了新建的一流剧院——大光明戏院，导演章泯，演员有王人美、陶金、王斑等。正如预告所言，“导演演员俱为圈内知名剧人，布景堂皇，服装富丽，灯光绝妙化装逼真实为本市空前之创举。”③《孔雀胆》自10月25日到11月5日，每日日夜两场，连演12天，而在大鹏剧社公演结束后，昆明行营政治部国防剧社又紧接着连演3天，前后共计30场。高昂的荣誉券，夜场一千五百元，日场一千元，常常提前售罄④，“观众口碑载道，舆论一致推崇”⑤，创造了昆明剧运史上的里程碑。抗战胜利后，《孔雀胆》先后在重庆、天津、上海、武汉、无锡、北平、杭州、苏州、南京等大城市被不同剧团搬上舞台，演出大都获得了成功，再次显示出了该剧在商业演剧环境中的如鱼得水。

可见，《孔雀胆》虽在政治上遇冷，却在市场上受到观众热捧，刷新了多个城市话剧的票房纪录，创造了演剧史上的奇迹。而这一切绝非偶然。《孔雀胆》市场价值的突出，固然依托于发达的商业演剧环境，但更重要的原因在于该剧剧本、演出和接受层面同时呈现出的闹剧性。

## 闹剧：文本、舞台与观众

1943年1月23日，在据首演反响对剧本加以修改后，郭沫若写下了《〈孔雀胆〉的润色》一文，详细交代了整个修改过程。文章最后，他诚恳地向戏剧专家提出了一个疑问：“譬如悲剧与闹剧的明确界限究竟是怎样，我现在还摸不准确。除人物的典型创造、心理描写的深化之外，‘情节曲折’而近情近理，‘刺激猛烈’而有根有源，是不是也可以成为悲剧的要素呢？”⑥ 郭沫若此处提出悲剧与闹剧的界限问题，

① 夏衍的《法西斯细菌》由“中艺”于1942年10月17日在国泰大戏院演出，共演18场。参见石曼《重庆抗战剧坛纪事》，中国戏剧出版社1995年版，第104页。

② 杜晦：《蓉城小简——节录一个朋友的信》，《新华日报》1943年9月24日第四版。

③ 《〈孔雀胆〉明日上演》，《云南日报》1944年10月24日。

④ 《孔雀胆》广告，《云南日报》1944年10月29日。

⑤ 《孔雀胆》广告，《云南日报》1944年11月1日。

⑥ 郭沫若：《〈孔雀胆〉的润色》，《郭沫若全集》文学编（第7卷），第276页。

很大程度上是由《孔雀胆》引发的。然而，我们通常理解的“闹剧”往往指的是滑稽、荒谬、引人发笑的剧，《孔雀胆》为何会与这种戏剧类型发生联系？

实际上，20 世纪 40 年代，“闹剧”与我们今天理解的全然不同。它是由英语词“melodrama”译过来的，也有人将其译作“兴味剧”和“传奇剧”。我们今天通常称为“情节剧”。相较而言，“闹剧”和“传奇剧”的译法在当时戏剧界的公认度较高，1942 年章泯翻译 B. E. Bentley 的《论闹剧与趣剧》中的“闹剧”，1943 年孙潜在《人物与情节》中提到的“传奇剧”，1946 年张骏祥在《闹剧与伤感剧的导演》中论及的“闹剧”，都专门在括号里注明了英文“melodrama”。[①] 综合相关论述，可以看出“闹剧”主要有几个特点：首先，闹剧是悲剧的低级形式，在悲剧里是人物（性格）支配情节，而闹剧则相反，是情节支配人物，以曲折的情节取胜，人物趋于平面化；其次，悲剧里发生的是必然的事件，而闹剧里发生的则是偶然的、可能的事件；再次，闹剧的最高目的是刺激，“富于刺激，赚人眼泪”，悲剧的目的在于陶冶和净化；最后，闹剧里经常有噱头的穿插，悲剧则要求剧情的完整性和情调的统一性。

据此语境，郭沫若看似突兀的问题得到了解释，闹剧与悲剧的确容易混淆，而他所说的“闹剧”，正是 40 年代戏剧界公认的“melodrama”的译名，“情节曲折”和“刺激猛烈”也正是其最为鲜明的两个特征。实际上，当时将《孔雀胆》看作“闹剧”的不乏其人。[②] 其中，最具代表性的是包时的观点：“《孔雀胆》是一个闹剧（melodrama），他有着一个能吸引观众的故事。更用‘孔雀胆’（毒药）来制造 suspense 是作者的聪明。作者要写成一个闹剧的企图，也总算达到了。”[③] 根据郭沫若剧作的一贯风格，大致可以断言，他并未像包时所说的那样，有意将《孔雀胆》写成一个闹剧，但在客观上，剧本的确呈现出了闹剧的特征。

《孔雀胆》中，“情节”占据着优先位置。和《屈原》《棠棣之花》相比，该剧的戏味儿更浓。[④] 全剧共四幕六场，集中了宫斗、婚配、寿宴、偷情、谋杀、仇杀、殉情，且节奏紧促，环环相扣，使人应接不暇。这样的情节结构在《孔雀胆》初稿中已经形成，而在后来的几番修改中也基本保持了原貌。然而，由于将注意力集中在情节上，人物的刻画不免有所忽视。此外，塑造相对成功的人物阿盖、车力特穆尔和王后，形象都趋于扁平化，不具备推动剧情的力量。同时，段功的形象在初稿中较为模糊，相关剧情也有些牵强，例如，段功为何不听从阿盖的劝告回到大理？为此，郭

---

① B. E. Bentley：《论闹剧与趣剧》，章泯译，《戏剧春秋》1942 年第 2 卷第 1 期；孙潜：《人物与情节》，《长风文艺》1943 年第 1 卷第 4—5 期；张骏祥：《闹剧与伤感剧的导演》，《文章》1946 年第 1 卷第 3 期。

② 刘念渠：《论演剧队作风》，《人民世纪（天津）》1947 年第 1 卷第 8 期；田进：《抗战八年来的戏剧创作》，《文联》1946 年第 1 卷第 3 期。

③ Suspense，意为“悬念”。包时：《重庆演出的八出戏观后感》，《文艺先锋》1943 年第 2 卷第 5/6 期。

④ 徐飞：《〈孔雀胆〉演出以后》，《新华日报》1943 年 1 月 18 日第四版。

沫若修改时在第三幕增加了一场，用杨渊海、阿黎与段功就是否与元末农民起义军联合的论争来说明段功不回大理的原因，进而将段功的形象拔高到“以和亲的手段，避免流血的痛苦，以求得人民的福利”的地步。① 但得到加强后的段功，形象虽高大、伟岸了，性格却依旧单一化，曲折的情节仍是推动其走入悲剧结局的关键。

与此同时，引人注目的是《孔雀胆》浓郁的“情感”因素，亲情、爱情、友情等交织在一起，且趋于极端的表达造成了富有强烈刺激性的效果。和郭沫若抗战时期的其他历史剧相比，只有《孔雀胆》的主人公完全处身在“爱情”中，“爱情”唯一一次成了不可或缺的因素。相比较而言，《棠棣之花》中，酒家女对聂政有爱慕之情，但聂政却并未对她有过任何承诺；《屈原》中，屈原与婵娟更多是师徒之爱、父女之爱；《虎符》中，如姬对信陵君更多是敬爱，且相当克制，而信陵君并未对如姬表露一丝爱情；《南冠草》中，夏完淳自始至终只有家国大义，对盛蕴贞根本未作他想。而在《孔雀胆》中，阿盖与段功有情人终成眷属，故事因二者结为连理起，至殉情而终，大喜大悲。“爱情”成为整部戏的骨架，如果撤去这个因素，整个故事也将不复存在。与之相关，导致段功惨死的主谋是车力特穆尔，郭沫若试图将二人的矛盾聚焦于对待各民族以及叛军的不同态度上，但剧情推演给人印象最深的却是情节剧的惯常戏码——“因爱生恨”的多角关系：段功和阿盖是恩爱夫妻，车力特穆尔却觊觎阿盖的美色，王后又和车力特穆尔有着不伦之恋。

当多角恋和情杀成为主导性的情节后，人物的善恶就成了是非判断的关键。剧中人物阿盖、段功与王后、车力特穆尔各占据善恶的两端，阿盖的“善”表现在孝敬父母、爱护幼弟、相夫教子等传统女性的美德上，段功则表现为英勇威武、恪尽职守、善待部将、知恩图报、爱护百姓等。与之相反，车力特穆尔与王后则毒如蛇蝎，郭沫若在开幕就让二者的媾和给人留下恶感，但真正使其变得十恶不赦的，则是无辜的穆哥惨遭毒害。穆哥是王后的亲生儿子，年仅 13 岁，车力特穆尔为陷害段功，怂恿王后毒杀了他。虎毒不食子，如此不近情理的行为彻底将二者打入了地狱，这样到段功被杀时，自然会激起人们对阿盖更多的同情，对车力特穆尔和王后极端的憎恶。王后为“爱情”以“杀子”的方式弃绝“亲情”，车力特穆尔为“爱情”不惜“连环杀”，加之杨渊海殉友而亡，阿盖殉情而死。爱情、友情与亲情都以“死亡”这种极端的形式表达出来，对观者的情感必然产生高度刺激，好人受难，阴郁伤感的气氛挥之不去，引发了催人泪下的观剧效果。

在舞台上，《孔雀胆》也是以“闹剧”的形式呈现出来，这很大程度上与导演的处理相关。② 作为海派导演，应云卫善于琢磨观众心理，重视剧场效果。有论者指

① 郭沫若：《〈孔雀胆〉的润色》，《郭沫若全集》文学编（第 7 卷），第 275 页。

② 《孔雀胆》前后主要有三位导演——应云卫、章泯和刁光覃，章泯在昆明导演的《孔雀胆》，由于资料所限尚无法看到舞台风格。刁光覃是将《孔雀胆》处理为“悲剧”的。刘念渠：《论演剧队作风》，《人民世纪（天津）》1947 年第 1 卷第 8 期。

出，应云卫“是最懂得从演出方法上去把握一般观众爱热闹花哨，爱趣味噱头心理的一位”，“《大地回春》里小奶妈与黄树坚的暧昧，剧作者原不过是轻描淡写地来衬托黄树坚的品性之一笔。《天国春秋》中杨秀清，洪宣娇，傅善祥三人间的嫉妒，剧本上虽有差力过多之病，在演出时很可能尽量减弱的。可是导演完全为了逗引观众的趣味，这些场面同样被极度夸张地处理了。”① 从这里揭示出的导演风格来看，以男女情爱为主线的《孔雀胆》很符合应云卫的导演风格，他对这出戏的处理也显得游刃有余，“摆弄场面，特别强调了某些是使观众感动的场景”，尤其是第四幕，② 虽然牺牲了整部戏情调上的统一性，但仍取得了预期的剧场效果。

实际上，观众也是将《孔雀胆》作为“闹剧”来理解和接受的。观众拒绝“教训”，只将其看作一个动人的故事。当时看过演出的陈淳耀就说道，“我便不想把自己注意力放在剧本的历史事实及其意义教训上面去，却宁愿把它当作一段动人的故事看。就我所知，和我持同样态度的观众，也颇不乏人。”③ 他还就观剧反应采访了一些看过演出的普通士兵。

下面便是其中几个人的意见：

> “这我们外行，就是那个车力……，那个奸臣可恶，真把我给恨死了。那位从桥底下跳出来的人把他杀死的时候，才解恨，真痛快，台下多少人鼓掌！大家都说再刺一剑，再刺一剑。还有那王妃也坏，心肠好狠呵！毒死自己的亲生儿子！”
>
> “就是那个公主真是好人，□□诬赖她毒死王子，她知道是王妃干的，她可不说，宁愿自己死，替人家受罪。……还有她劝段功走，段功不肯走，和后来公主和孩子分别这两个地方，真可怜，我们大家眼巴巴地望着她，公主一开口，我的心都软了，不由得鼻子发酸。”
>
> ……
>
> “这戏太悲了，你看死了那多好人。”④

《孔雀胆》的首次演出由宪兵特别党部为响应文化劳军敦请，观众中自然有很多

---

① “差”疑似为“着”的错别字。赵铭彝、白苎、潘孑农、贺孟斧：《重庆抗战剧运第五年演出总批判（集体分段执笔）》，《戏剧月报》1943 年第 1 卷第 1 期。

② 为说明演剧二队对《孔雀胆》的成功处理，刘念渠对比了先前看过的一场演出，经当时的剧评查证，他所说的正是 1943 年在重庆看过的应云卫导演的《孔雀胆》。参见刘念渠《观众·现实·舞台：一九四二至四三冬之演剧泛论》，《时与潮文艺》1943 年第 1 卷第 1 期。刘念渠：《论演剧队作风》，《人民世纪（天津）》1947 年第 1 卷第 8 期。

③ 陈淳耀：《〈孔雀胆〉在观众中的反响》，《新华日报》1943 年 1 月 19 日第 4 版。

④ 陈淳耀：《〈孔雀胆〉在观众中的反响》，《新华日报》1943 年 1 月 19 日第 4 版。“□”在文中代替原文无法辨认的字迹，据上下文推测，应为“梁王”。

士兵，因而此处的意见具有一定的代表性。这些话语感性而朴素。他们正是按照剧作者和导演预期的方向来理解剧情的。《孔雀胆》为什么能“感动”观众，博得他们的眼泪？陈淳耀根据士兵们的答案总结道，“这段悲壮的史诗是深深打入他们善善恶恶的内心了”，“由于疾恶好善的正义感和同情不幸□的恻隐心，在最大多数的人身上是存在的。《孔雀胆》恰恰是诉之于人心深处的这种正义感和恻隐心的。”① 普通观众对戏剧内容的理解是从朴素的善恶之念出发的，疾恶如仇，同情不幸，相信善恶到头终有报，希望在舞台上确证“正义”的存在。这与郭沫若最初提出的主题——“善与恶、公与私、合与分的斗争”②，以及剧团设计的演出广告“善与恶的搏斗，血与泪的交流”正相吻合。③

从剧本到舞台，《孔雀胆》的“闹剧”面目已初步形成，而其又契合了市民观众的审美趣味和伦理判断。这正是《孔雀胆》获得演出成功的“法宝”所在。

## 为“闹剧”正名：可能与不可能

与《孔雀胆》上演后市场的火爆场面相反，专家们多数是沉默的。④ 但也多少能听到他们的“心声”，例如，这是“不成名器的一个剧本，算导演好，所以演出成功了”，剧作者可以“坐享其成”，“名利双收”，靠上演税发财。⑤ 又如剧作家吴祖光在向友人介绍“中艺”在成都演出情况时透露道，“前晚起上演老郭之《孔雀胆》，戏虽不甚高明，而生意绝佳，演戏之道如此，令人气短。”⑥ 如前文所言，对于熟悉西方戏剧理论的专家们来说，闹剧是悲剧的低级形式，悲剧《屈原》“渗入了几个 Melodrama 的场面”就被看作“全剧最大的缺憾”⑦，何况《孔雀胆》走得更远，不但将历史传奇化，而且格外强调“闹剧”因素，因而，遭到“不甚高明”的批评也在情理之中。

问题是，“不甚高明”的剧本为何会“生意绝佳”？在批评家看来，这是迎合市民观众趣味的结果。1943 年 1 月，剧评家刘念渠对“今日重庆的观众”的“欣赏力、

---

① 陈淳耀：《〈孔雀胆〉在观众中的反响》，《新华日报》1943 年 1 月 19 日第 4 版。“□”在文中代替原文无法辨认的字迹。

② 郭沫若：《〈孔雀胆〉后记》，《郭沫若全集》文学编（第 7 卷），第 272 页。

③ 此为演剧九队在武汉演出以及演剧二队在天津演出时用过的广告。参见剧宣九队旅汉公演《孔雀胆》演出戏单，1946 年，具体日期不详；《演剧二队定期公演〈孔雀胆〉》，《大公报》天津版 1947 年 11 月 21 日第四版。

④ 郭沫若：《〈孔雀胆〉的润色》，《郭沫若全集》文学编（第 7 卷），第 274 页。

⑤ 郭沫若间接提到了一位剧评专家的批评。郭沫若：《〈孔雀胆〉二三事》，《郭沫若全集》文学编（第 7 卷），第 279 页。

⑥ 吴祖光：《〈风雪〉与〈牛郎〉》，《万象》1944 年第 3 卷第 7 期。

⑦ 赵铭彝、白芒、潘孑农、贺孟斧：《重庆抗战剧运第五年演出总批判（集体分段执笔）》，《戏剧月报》1943 年第 1 卷第 1 期。

要求与趣味”做了如下分析：

> 他们一致的希望看“好戏”，对于“好戏”的标准却各有所见。有的专看Cast，以为一些响亮的名字就足以保证演出不同凡响。有的要看故事，一种曲折复杂的情节就先吸引了他们。……有的，不过很少，基于他们的修养与经验，希望看到的是一种各方面都完整的演出。多数观众，特别是一般小市民层的观众，是怀有前两种见解的。①

在刘念渠看来，小市民阶层观众“看戏”主要是看明星演员，看“曲折复杂的情节”，“真正了解到剧本的真实意义的人并不多，所以，同是叫座的戏，不能同样的是在演剧艺术上成功的戏。”② 颇有意味的是，在此文中，他特别提到刚刚公演的《孔雀胆》，“过分重视情节的安排与发展，主题则晦隐难现”，间接批评了该剧对小市民“要看故事”的迎合。③

从中国话剧传统来看，闹剧与话剧如影随形，闹剧性在《孔雀胆》中的出现并非偶然。清末民初的文明戏，初期注重时事性、宣传性，往往将革命内容包裹在曲折离奇、荡气回肠的情节内，如1908年春阳社编演的《张汶祥刺马》以及1909年春柳社在东京成功演出的《热泪》等。辛亥革命后，随着政治冲动的减退，文明戏逐渐转入商业演出，为吸引观众，演出更为通俗化、娱乐化，以色情、谋杀、宫闱秘闻、因果报应等为内容，插科打诨不断，闹剧性达到极致。④ 第一部获得市民普遍认可的话剧是曹禺的《雷雨》，这部剧本身也有突出的“闹剧”特征，如情节的曲折巧合，感情的极端表达，大爱大恨，三角恋、乱伦、复仇、死亡等，吊足了市民观众的胃口，演出的轰动性效应也很大程度上得益于此。⑤ 而纵观30年代在上海大剧场演出成功的话剧，如外国名剧《罗密欧与朱丽叶》《茶花女》《大雷雨》《复活》，曹禺的《雷雨》《日出》，以及历史剧《赛金花》《武则天》等，都含有很强的“闹剧”成分。同样，40年代在重庆上座的戏，如《清宫秘史》《明末遗恨》《野玫瑰》《天国春秋》《雾重庆》《屈原》等，也都有若干闹剧性的场面。

因而，与闹剧相关的市民观众趣味问题，虽然在《孔雀胆》的批评环节突显了出来，但话剧界遭遇这一难题却由来已久。早在20世纪30年代中期，当话剧运动从左联戏剧转向国防戏剧，从工厂和农村演剧转向大剧场商业演出开始，戏剧与市民观

---

① 刘念渠：《观众·现实·舞台：一九四二至四三冬之演剧泛论》，《时与潮文艺》1943年第1卷第1期。

② 刘念渠：《观众·现实·舞台：一九四二至四三冬之演剧泛论》，《时与潮文艺》1943年第1卷第1期。

③ 刘念渠：《观众·现实·舞台：一九四二至四三冬之演剧泛论》，《时与潮文艺》1943年第1卷第1期。

④ 参见《中国话剧通史》第一章，葛一虹编：《中国话剧通史》，文化艺术出版社1990年版，第1—33页。

⑤ 钱理群：《大小舞台之间——曹禺戏剧新论》，北京大学出版社2007年版，第23—29页。

众趣味之间的紧张关系便已存在。一方面，话剧要想在城市剧场中站稳脚跟，实现“以剧养剧”的目的，就需要大量市民观众经济上的支持，但另一方面，以民众教育和启蒙为己任的现代话剧从业者，害怕受到市民低级趣味的裹挟，重蹈文明戏的覆辙。对花钱进剧场观剧的市民来说，他们在是否观剧、观什么样的剧上有更多的主动权，与之相反，在新的剧场结构中，话剧从业者对上演剧目的选择却被动得多——演出要想成功，必须顾及市民的“趣味”，但这却极大地影响了戏剧“教育”的效果。

40 年代，由于战地演剧受到国民党的极大限制，后方城市商业演剧再度兴起，戏剧专家们不得不重新面对这一棘手问题。而此时随着戏剧从业人员的大幅增加，戏剧界“职业化”和“正规化”意识的形成，斯坦尼斯拉夫斯基体系的传入及现实主义演剧体系的建立，具有戏剧知识和经验储备的从业人员与市民观众在审美趣味上的差距变得愈加悬殊。因而，在对这一问题的处理上，戏剧专家们往往不自觉滑入精英化的陷阱。这集中体现在他们针对市民观众“趣味”采取的两种态度上：一种是宣告市民观众的戏剧标准无效，“观众的骚动，叫好或鼓掌等等，实在是一般天真的观众的热情的流露，假使我们的舞台上以为得到了这一些，便足以证明是他的成功，那真是有点阿 Q 气了。”① 另一种是不断在“市民观众”中做出区分，将具有低级趣味的“观众”缩小到“资产观众”和“有钱人”②。对话剧工作者来说，他们当然知道话剧只有获得小市民的爱好后“才有职业化的可能和在都市中经常演出的可能”，但他们所说的“小市民”，是他们理想中的观众，“主要的，还是青年智识份子——中学生，大学生，公务员，比较进步的店员等等。”③ 但随着物价高涨，工资缩水，票价虚高，这部分人不得不被挡在剧院外面，而进入剧院的则是“变了质”的“观众”——具有支付能力又以戏剧作消遣的人，恰恰是这些“衣冠楚楚的有钱人”的“口味”败坏了话剧。

《孔雀胆》两极化批评的出现，正是这样一个商业演剧发达而戏剧专业化程度极高的语境造成的，但对郭沫若来说，《孔雀胆》被看作闹剧却多少有些意外。一方面，从已完成的《棠棣之花》《屈原》和《虎符》来看，此时他的剧作已形成了较为稳定的历史悲剧风格；另一方面，《孔雀胆》在创作和修改阶段，郭沫若一直是将其作为有着严肃主题的历史悲剧来处理的。然而，在观看和批评环节，该剧却以闹剧面目呈现出来，这大大出乎作家的预料，结果成也萧何败也萧何，因突出的闹剧性，《孔雀胆》获得了市民观众的热捧，却受到了专家的冷落。正是这样的观剧反应倒逼郭沫若重新审视《孔雀胆》的戏剧类型。当郭沫若说“‘情节曲折’而近情近理，‘刺激猛烈’而有根有源”时，“情节曲折”“刺激猛烈”无疑是闹剧的特征，但

① 黄舞莺：《重庆舞台与重庆观众》，《七月》1940 年第 5 卷第 1 期。

② 焦菊隐：《扩展戏剧抗战的领域》，夏衍：《我们要在困难中行进》，《新华日报》1944 年 2 月 15 日第四版。

③ 刘念渠：《一年容易：一九四四年重庆演剧泛论》，《时与潮文艺》1945 年第 4 卷第 5 期。

“尽情尽理”“有根有源”这两个补语又指向对闹剧的提升，情节可以曲折但不能堕入无厘头，情感可以激烈但不能陷入歇斯底里，从而规避了闹剧最为人诟病之处。[①]因而，如果说《孔雀胆》是一出闹剧，那么在郭沫若看来，这也是一出经过提升后的、近似于悲剧的闹剧。

与之相关，郭沫若看到了闹剧与市民观众趣味之间的同一关系，这促使其进一步思考民众和专家们在戏剧评价标准上的分歧。对市民观众来说，“好戏”在内容上表现为“情节曲折”，而在感情上具有强烈的刺激性，相反，有“修养和经验”的戏剧专家则将“雅人深致的高蹈趣味和温柔敦厚的人道主义”作为“戏剧定性的最高准绳”。[②] 在普通市民观众与戏剧专家的审美趣味之间，郭沫若选择了前者，在他看来：

> 戏剧，尤其话剧，应该是最民众的东西。……感动力最强的戏剧也应该就是最好的戏剧，最民众的戏剧，最合乎戏剧精神和艺术本质的戏剧。……如何表现一个戏剧的感动力强呢？当然就在观众的人数上和反应的强弱上。人数多，多到破纪录，是剧情和所谓下层的民众打成了一片。反应强，强到破纪录，是台上台下的感情打成了一片。[③]

在此，郭沫若将剧情曲折，吸引力强，能够在情感上“刺激”观众，使观众“同情相应”的戏剧看作最好的戏剧。同时，值得注意的是，郭沫若用“民众”这个政治概念置换了剧场结构中的“观众”，“小市民”作为一个整体，本身就是“民众”的一部分，小市民的“趣味”被囊括进了民众的“趣味”中，小市民的观剧反应也成了衡量“民众化”程度的标志。站在民众的立场上，郭沫若批评了戏剧专家们，包括作者、导演者、演出者、批评者，“陶然于为艺术而艺术、为戏剧而戏剧”的“高蹈气派”：

> 一个戏假使演出成功了，我们每每听见说这是观众吃故事。假使失败了，那是观众的水准太低。再则如果一个戏打动了愈下层的妇孺老弱，那可不得了，那便是文明戏式的闹剧。更或者说“小市民的眼泪是悲剧的污辱”。

这段话模拟戏剧专家的口吻，从反面揭示了演出成功的戏与闹剧、市民观众趣味之间的关系。实际上，在城市商业演剧的环境中，市民观众的趣味（“吃故事”“流泪”）始终会通过票房反映出来。戏剧从业者若对城市商业演剧体制及戏剧界的“高

---

① 郭沫若：《〈孔雀胆〉的润色》，《郭沫若全集》文学编（第7卷），第276页。

② 郭沫若：《〈孔雀胆〉的润色》，《郭沫若全集》文学编（第7卷），第276页。

③ 郭沫若：《戏剧与民众》，初刊于《新华日报》1944年2月15日第四版，见《郭沫若全集》文学编（第19卷），人民文学出版社1992年版，第415页。

蹈气派”缺乏反思，用“水准太低”“文明戏式的闹剧”这样的词将其打发掉，不仅无益于问题的解决，反而会不自觉地走入精英文化与大众文化对立的僵局。与此相反，正视这种“趣味”的存在，对城市大众喜闻乐见的闹剧，排除“于人无益甚至有害”的要素，作为一种审美形式加以改进、提升，或许更能达到戏剧教育的目的。从新的视角出发，起初对《孔雀胆》持批评态度的阳翰笙，也转变了自己的看法，“认为沫若先生在《孔雀胆》中所走的道路，所面对的方向，都是对的，因为只有懂得老百姓的热烈的爱好的人，老百姓也才会热烈地爱好它。”①

20 世纪 40 年代是民族抗战、急遽政治化的年代，但由于独特的商业演剧环境，缺乏政治性的《孔雀胆》却在后方城市演出中获得了极大的生存空间。通过《孔雀胆》的创作、上演和观众反应，我们看到了“闹剧”引发的重庆文化场中多种力量彼此冲突的复杂面向。一方面，左翼的戏剧评论家和戏剧工作者仍难以摆脱精英立场，而另一方面，市民观众趣味又是一种客观存在，非短期内所能改变。毋庸讳言，郭沫若关于“闹剧”和“悲剧”的辨析不无自我辩解和事后追溯的味道，但《孔雀胆》的相关批评促使其拓宽了对戏剧风格的认知、重新梳理了戏剧和民众的关系。然而，值得注意的是，这种新的戏剧观念和郭沫若后来的创作实践并未发生关联，“闹剧”对他此后的剧作几乎没有什么影响，严肃的历史悲剧仍是其主要风格。或许可以说，“闹剧”对郭沫若来说是各种条件凑成的偶然产物。但无论如何，在重庆商业演剧环境中，《孔雀胆》无疑是一个颇具代表性的个案。

（原载《文艺理论与批评》2019 年第 1 期）

① 阳翰笙：《孔雀胆的力量》，《阳翰笙选集》第 4 卷，四川文艺出版社 1989 年版，第 199 页。

# 危机时刻的美学与政治

## ——以郭沫若历史剧《棠棣之花》为中心

罗雅琳

## 一 危机时刻的死生大事

郭沫若的历史剧《棠棣之花》是一部充满死亡气息的作品：第一幕出现于布满白杨荒草的坟前，第二幕铺垫了聂政的牺牲决心，第三幕出现了刺杀、多人混战与集体死亡，第四幕中的盲叟重述了第三幕的死亡场景并引出豫让之死的故事，第五幕又是一场集体死亡。剧本人物表中的15位主要演员，有9位最终死亡。

惨烈的死亡遍布于郭沫若20世纪40年代的历史剧之中。在《棠棣之花》之后，《屈原》中有婵娟的被毒杀和火葬，《虎符》中依次出现了如姬父亲之墓、被朱亥锤出脑浆的晋鄙、被赐剑自裁的太妃、被斩首示众的朱女和自杀的如姬。《高渐离》中先回顾了荆轲之死，接着出现了怀清、高渐离和怀贞的毁容与死亡。郭沫若此时作品中浓重的死亡阴影究竟来自何方？

1941年11月20日首演于重庆抗建堂、在演出过程中再加以整理、最终于1942年由重庆作家书屋出版的五幕历史剧《棠棣之花》①，是郭沫若在1920年发表于《时事新报·学灯》的《棠棣之花》②（简称“学灯版”）、1922年发表于《创造季刊》创刊号的《棠棣之花第二幕》（简称“创造版”）、1925年上海光华书局出版的《聂嫈》③和1938年上海北新书局出版的《甘愿做炮灰》集中的《棠棣之花》（简称“炮灰版”）基础上修改完成的。除去最早的两幕之外，《棠棣之花》诸版本的诞生时间都颇值得玩味。《聂嫈》诞生于“五卅”之后，被郭沫若称为“五卅”的“一个

---

① 当未特别指明版本时，本文所称“《棠棣之花》”均指1942年重庆作家书屋版。

② 此版（除少数改动外）后收入1921年上海泰东图书局版《女神》。

③ 此版（除少数改动外）后收入1926年商务印书馆版《塔》和1926年上海光华书局版《三个叛逆的女性》。

血淋淋的纪念品"[①]。"炮灰版"创作于郭沫若从日本归国后滞留上海时期。1937 年 9 月，当他在前线与陈诚会面时，陈诚提出的主张是"屡败屡战"[②]，可见战事之困苦。1941 年，为了在郭沫若 50 诞辰暨创作生活 25 周年纪念活动中演出，郭沫若重新修改《棠棣之花》。而这一纪念活动的起因，则是在"皖南事变"之后重庆政治环境恶化的情况下，周恩来等中国共产党领导者希望将国统区政治斗争转向文化斗争[③]。总结起来，《棠棣之花》历次修改与再创作的时间节点，都处于现代中国和中国革命的危机时刻。似乎可以说，《棠棣之花》中的大规模死亡场景正是对深重现实危机的转写。

在郭沫若 1941 年完成的《棠棣之花》，1942 年完成的《屈原》《虎符》和《高渐离》这四大战国历史剧中，40 年代中国的"危机时刻"被转喻为"战国"。四部剧作的统一性不仅在于历史时段，更在于共同的"抗秦"主题[④]。《棠棣之花》中"三家分晋"后的韩国、《屈原》中的楚国、《虎符》中的魏国和《高渐离》中已灭亡的燕国，四个诸侯国中的各类人物如何应对强大的秦国、如何在"合纵"与"连横"之间抉择，构成了四部剧作的核心冲突，也成为抗战时期的中国该如何抉择的隐喻。当时同样借镜战国历史思考中国抗战前途的还有"战国策派"。值得注意的是，《棠棣之花》的主角聂政、《屈原》中的反面角色张仪、《虎符》的主角信陵君和《高渐离》中曾与高渐离一同刺秦的荆轲，都曾出现在"战国策派"代表人物雷海宗的笔下。雷海宗认为，张仪和先秦诸子等游说人君者"文弱无耻"，聂政和荆轲这类"谁出善价就为谁尽力，甚至卖命"的人则"粗暴无状"[⑤]。高渐离被雷海宗视为"代表六国遗人力谋恢复的企图"[⑥]，信陵君则被认为是"唯一有胆有识的抗秦人物"[⑦]。已有论者指出，和郭沫若将战国视为奴隶解放、人的意识觉醒和"仁义"兴起的时代不同，"战国策派"将战国视为帝国主义扩张、君主专制独裁的时代，甚至提出：战国外交"最狠最辣"，处于"新战国时代"的中国应当"以不仁的手段达到大仁的目的"[⑧]。"战国"理念上的差异，最终导向了在应对外敌之时的两条不同路径：到底应该学习秦国式的强国，还是学习其他六国？

"战国策派"选择的榜样是"强侵弱"、推行"全体战"的秦国，指出德国、意

① 郭沫若：《写在〈三个叛逆的女性〉后面》，《三个叛逆的女性》，上海光华书局 1926 年版，附录第 29 页。

② 郭沫若：《前线归来》，《郭沫若全集》文学编（第 13 卷），人民文学出版社 1992 年版，第 448 页。

③ 参见刘奎《郭沫若与唱和传统的现代嬗变》，《长江学术》2017 年第 3 期。

④ 参见陈瘦竹《论郭沫若的历史剧》，《戏剧论丛》1958 年第 2 期。

⑤ 雷海宗：《君子与伪君子——一个史的观察》，《今日评论》第 1 卷第 4 期，1939 年 1 月。

⑥ 雷海宗：《皇帝制度之成立》，《清华学报》第 9 卷第 4 期，1934 年 10 月。

⑦ 雷海宗：《外交：春秋与战国》，林同济、雷海宗编：《文化形态史观》，上海大东书局 1946 年版，第 108 页。

⑧ 马媛媛：《"战国时代的再发现"——40 年代大后方文坛的或一侧面》，硕士学位论文，北京大学，2012 年，第 12—13 页。

大利和苏联都是“秦之续”[①]，“小国弱国终没有幸存的余地”[②]。郭沫若则反其道而行之，将目光投向作为“小国弱国”的六国。若提倡中国进行“战国策派”式的“强国对强国的决斗”[③]，结果必然导向取消个人自由、以集体意志领导一切的“全体战”逻辑。而郭沫若的战国历史剧则展现出，个人的自由意志本身就是最强大的力量，自由也构成了弱者反抗强者的基本正当性。暴政之下弱者的死，尤其是主动选择的死——“牺牲”，正是对这二者的证明。伊格尔顿借用布朗肖的理论指出：自我毁灭既“暗示人们可以以一种绝对自主的方式处理自己的一无所有”，更让肉体瓦解的过程成为一种上帝式的“以一己之力成了自己的造物主”的行为[④]。郭沫若在战国历史剧中执迷于描写肉身的惨烈毁灭，跳出了一般性的“自强”战胜外敌的叙事陈套，直面充满牺牲故事的真实中国史。他不是讲述“以强抗强”的逻辑，而是在弱者身上发现正义性与反抗强暴的崇高力量，进而，为暂处于“弱国”地位的中国找到了一条“弱中生强”的道路。1937 年，郭沫若从陈诚的“屡败屡战”中得出结论：“要有‘屡败屡战’的精神，我们才能够抗战到底。”[⑤] 这句话中对于抗战将士的期望，与他后来在战国史剧中讲述的六国义士反抗强秦的故事，二者有着内在精神的一致性。

郭沫若的政治理念渗入了他的文学构思。在《棠棣之花》中，当春姑临死前讲述统治者的罪恶和聂政之死的意义时，士长回应道：“你们讲的话总是这一套啦，好像是从一本书本儿上背下来的。”[⑥] 春姑的劝诫也是郭沫若的劝诫，然而，如何才能让这种政治劝诫不像是“从一本书本儿上背下来的”那般生硬机械？本文以《棠棣之花》为中心，希望探讨的正是其中美学与政治如何水乳交融的过程。

## 二 从“暗杀”到“明杀”：革命者之变

在 20 多年的修改过程中，《棠棣之花》的批判对象从私有制转变为内战阴谋。此处仅举最典型的一例：在 20 年代的《聂嫈》中，“只要是王是宰相”，都是聂政的刺杀对象[⑦]。然而，在 1938 年的“炮灰版”和 40 年代的版本中，因为侠累“三家分晋”的主张“削弱了中原的力量”，而且“私下和秦国勾结，干着媚敌求荣的诡

① 林同济：《战国时代的重演》，《大公报》1941 年 1 月 28 日。

② 林同济：《战国时代的重演（续）》，《大公报》1941 年 1 月 30 日。

③ 林同济：《战国时代的重演（续）》，《大公报》1941 年 1 月 30 日。

④ ［英］特里·伊格尔顿：《圣徒与自杀者》，陈奇佳、张永清主编：《左翼立场与悲剧文化》，人民出版社 2014 年版，第 42—43 页。

⑤ 郭沫若：《前线归来》，《郭沫若全集》文学编（第 13 卷），人民文学出版社 1992 年版，第 448 页。

⑥ 郭沫若：《棠棣之花》，重庆作家书屋 1942 年版，第 139 页。

⑦ 郭沫若：《聂嫈》，第二幕，《三个叛逆的女性》，上海光华书局 1926 年版，第 8 页。

计”[①]，聂政才行此刺杀之举。韩傀和侠累的罪恶不再来自其统治阶级身份，而是来自私下勾结秦国的“诡计”。相应地，聂政的刺杀也就不再是早期无政府主义式的暗杀当权者，而是对于勾结外贼、图谋内战的政治阴谋的反抗。

在40年代的版本中，聂政的刺杀不仅被描述为反抗“阴谋”，更被抹除了曾经的“暗杀”色彩。在1922年的“创造版”中，聂政讲述了自己的“暗杀”主张：

> 我们中国贵与富是不分的，贵的倒了，天下国家才有可均的希望，所以我们不惜杀身以成仁的了。我们相信暗杀本是消极的办法，要想全部推翻，终竟旷靡时日，但是我们此刻所能做到，并且很能痛快地做到的只有这一种。[②]

但在1938年的“炮灰版”中，聂政的台词被改为：

> 是的，听你这样说，觉得这侠累实在是罪不容诛。但不知有没有可以和他接近的机会。[③]

聂政的“暗杀”色彩在修改中消失了，40年代的版本更在此处强调了侠累是“国贼”。40年代的《棠棣之花》强调正邪双方之间有着强烈的明暗对比：正义一方的行为光明正大——剧本前的人物表强调韩山坚“心地坦白”，严仲子在与聂政谋划之时也不避外人。奸邪一方则显得“昏暗”——人物表中的韩哀侯是“昏庸”，侠累是“阴险”。侠累常担心他人暗算，并想给严仲子下毒。总之，从1938年的“炮灰版”开始，谋划刺杀的韩山坚、严仲子和聂政不再是“暗杀”，反而象征着“明”，被刺杀的韩哀侯和侠累则代表着“暗”。相比之下，在《虎符》中，如姬将魏王意图谋害信陵君及其门客的行为称为“暗杀”[④]。可见，“暗杀”和“暗”在抗战时期的郭沫若心中已具有负面含义。

剧本中双方明暗关系的颠倒对应着真实的历史变迁。清末民初是暗杀成风的时代。晚清革命党人认为暗杀是革命的种子，秋瑾、邹容、刘师培和蔡元培等人都曾参与或鼓吹暗杀[⑤]。郭沫若一度对于“宁汉合流”之前作为武汉政府首脑的汪精卫抱有极高期待[⑥]，而汪精卫曾以同盟会领袖的身份于1910年参与暗杀摄政王。“创造版”中实行“暗杀”的聂政，身上应当有着晚清革命党人的影子。若要为之寻找原型，

① 郭沫若：《棠棣之花》，重庆作家书屋1942年版，第121页。

② 郭沫若：《棠棣之花》，第二幕，《创造季刊》第1卷第1期，1922年3月。

③ 郭沫若：《棠棣之花》，《甘愿做炮灰》，上海北新书局1938年版，第92页。

④ 郭沫若：《虎符》，重庆群益出版社1949年版，第91页。

⑤ 参见黄滔《晚清革命派暗杀风潮兴起之原因初探》，《探索与争鸣》2013年第6期。

⑥ 参见刘奎《总体战与动员文艺——抗战初期郭沫若的文化政治实践》一文中对于郭沫若与汪精卫渊源的分析，《文艺研究》2016年第1期。

可以说，这一聂政形象与曾写下名文《暗杀时代》、暗杀出国考察立宪的清廷五大臣的吴樾有着暗合之处。在吴樾之前，史坚如刺德寿、万福华刺王之春和王汉刺铁良等多起革命党人的暗杀都几乎未伤及对象，吴樾则使清廷五大臣受伤并另外毙伤数十人①。吴樾当场牺牲，“肠腹崩裂，手足皆断，流血满地，备极惨状”，而且“面目血污，模糊难辨，人不知其为谁，更不明其宗旨”②。这一惨烈且难以辨认的死状正与聂政类似。此外，吴樾的堂姐吴芝瑛是为秋瑾收尸的义士，清廷搜查吴樾身份而不得、最终被桐城试馆里的小孩认出，这些细节亦与《棠棣之花》中聂嫈和酒家女的故事有所呼应。郭沫若早年受到无政府主义思想影响，曾十分崇拜暗杀者：

> 我们崇拜十九岁在上海入西牢而瘐死了的邹容，我们崇拜徐锡麟、秋瑾。我们崇拜温生材，我们崇拜黄花岗的七十二烈士。一切生存着的当时有名的革命党人不用说，就是不甚轰烈的马君武，有一时传说要到成都来主办工业学校，那可是怎样地激起了我们的一种不可言状的憧憬！③

徐锡麟、秋瑾和温生材都是持有暗杀主张的革命志士。吴樾曾与陈独秀、秋瑾、柳亚子和章太炎等人都有交往，郭沫若应当也对其事迹有所知晓。《棠棣之花》中的聂政，即使不能说是以吴樾为原型，也可以说，他是郭沫若仰慕的晚清暗杀者们的缩影。

如果将《棠棣之花》分为聂政的刺杀与聂嫈和酒家女的“认尸”两大故事，那么，早期的郭沫若对前者更感兴趣。在《史记》的相应段落中，聂政是故事的主体，聂嫈只是附属人物。在最早计划的十幕版中，郭沫若首先完成的是主要写聂政的前五幕，并未完成以聂嫈为核心的后五幕④。在最初发表的“学灯版”和“创造版”中，聂政也是绝对的主角。然而，从《聂嫈》开始，《棠棣之花》中其他人物的戏份不断加重，聂政牺牲后聂嫈与酒家女的“认尸”情节得到格外渲染。在40年代版本中，聂嫈冒着危险“认尸”，是因为担心“我的兄弟永远没有人知道”⑤。她阻止春姑自杀的理由，同样是希望春姑传播聂政的故事。春姑也果然在临死前宣扬了聂政和聂嫈的主张。在剧本的内在逻辑上，聂嫈和春姑主动的“认尸”与“宣扬”使聂政的“暗杀”色彩彻底消失。

事实上，暗杀在民国政府成立后的名声急转直下。1913年，宋教仁和徐宝山先

---

① 参见左玉河《暗杀：义烈千秋的壮举》，北方文艺出版社2011年版，第50—58页。

② 邹鲁：《吴樾》，《中国国民党史稿下册》，东方出版中心2011年版，第1227页。

③ 郭沫若：《反正前后》，《郭沫若全集》文学编（第11卷），人民文学出版社1992年版，第203—204页。

④ 郭沫若：《我怎样写〈棠棣之花〉》，《棠棣之花》附录一，第2—3页。

⑤ 郭沫若：《棠棣之花》，重庆作家书屋1942年版，第103页。

后遭到暗杀，李大钊因此写下《原杀》一文，指出“暗杀起于不良政治”，进而批评暗杀是“以暴易暴，真实幸福仍不可得也”[①]。1923 年，陈独秀也在《论暗杀暴动及不合作》一文中批判暗杀是“小资产阶级出身的改革家”的“消极的态度”，是“个人浪漫主义的奇迹”。他认为，“组织民众积极革命”“创造武装的民众”和“积极地与民众合作”才是正确的做法[②]。民国成立后，一方面，暗杀从晚清革命者反抗专制的行动变成了专制者对付反叛者的阴谋，另一方面，与有组织的武装斗争相比，暗杀也被视为个人主义的消极行为。到了 40 年代国民党特务统治下的重庆，尤其在“皖南事变”之后，“暗杀”的负面含义更被强化。40 年代演出的《棠棣之花》抹除了早期版本中的“暗杀”色彩，转而强调聂政行为的光明磊落，正对应着现实中“暗杀”的负面化，隐藏着反对阴谋政治和特务统治的呼声。

聂政的“暗杀”色彩在当时的评论中被进一步抹除。剧本中仍被称为“刺客”的聂政在相关评论中干脆被称为“游侠”。周恩来领导下的《新华日报》开设了“《棠棣之花》剧评”专栏，其中由时任周恩来文艺秘书的陈舜瑶写作的文章把聂政放在“古代的游侠”谱系中[③]。常任侠称《棠棣之花》有着“古游侠的壮烈史实”[④]，郭沫若本人后来也称聂政为“游侠之徒”[⑤]。《史记》有“刺客”和“游侠”的区分，聂政被归入《刺客列传》。这些评论将聂政称为“游侠”而非“刺客”，显然是为了避开“刺杀”所具有的阴谋意义和“刺客”对于恩主的依附地位，而将之放在近代以来被章太炎、梁启超和蒋智由等人阐释为“深明大义”的“游侠”[⑥] 谱系之中。在 40 年代的《棠棣之花》中，聂嫈强调，如果不把聂政的精神流传出去，人们将只把他当成“寻常的刺客”[⑦]。需要追问的是，聂政是怎样一位“不同寻常的刺客”？早期版本中作为“刺客”的聂政代表着晚清革命者不惧牺牲、舍生取义的形象，那么，在后来抹除了“暗杀”色彩、以“游侠”形象出现的聂政身上，郭沫若希望展示怎样一种 40 年代政治所需要的新人格？

## 三 “真诚”：一种激进的政治美德

郭沫若的四部战国历史剧都包含着“真”与“假”、“诚”与“伪”之间冲突斗争的母题。如前所述，《棠棣之花》中的聂嫈和酒家女通过“认尸”之举使自毁容貌的聂政显露真身，背后的逻辑是：一位正义的政治人物应当以“真”示人。《屈原》

---

① 李大钊：《原杀（暗杀与自杀）》，《李大钊全集》第 1 卷，人民出版社 2006 年版，第 79—85 页。

② 陈独秀：《论暗杀暴动及不合作》，《向导》第 18 期，1923 年 1 月。

③ 陈舜瑶：《正义的赞诗，壮丽的画图》，《新华日报》1941 年 12 月 7 日。

④ 常任侠：《观近演四大剧后》，《中央日报》1941 年 12 月 14 日。

⑤ 郭沫若：《我怎样写〈棠棣之花〉》，《棠棣之花》附录一，第 13 页。

⑥ 陈平原：《千古文人侠客梦：武侠小说类型研究》，百花文艺出版社 2009 年版，第 16—17 页。

⑦ 郭沫若：《棠棣之花》，重庆作家书屋 1942 年版，第 126 页。

中讲述了南后和张仪对屈原的阴谋陷害，但郭沫若没有将其写成一个智谋较量的故事，而是让满腔真诚地直抒胸臆成为屈原几乎唯一的行动。郭沫若不惜以政治人物在谋略上的幼稚为代价，也要极力突出其行为的真诚与磊落。在《虎符》中，魏王想要弄明白如姬的“真心实意”，但当唐雎对如姬假施法术、使她说出魏王要暗杀信陵君的真话之时，魏王却将之斥为胡言。这一情节揭示出：魏王虽想得到如姬之“真心”，却无法容忍真正的“真话”，他的“真”乃是一种“伪”。在《高渐离》中，秦始皇讲述了“从容”“机敏”的对抗荆轲的故事，否认了夏无且口中那个自己“只是在铜柱间逃来逃去的逃命”[①] 的版本。这也是对于当权者混淆真假的讽刺。这些情节紧密地围绕着“诚伪之辨”展开，让即使不熟悉历史的观众也可以对人物的立场一目了然：“假”和“伪”就是恶，“真”和“诚”就是善；对“假”和“伪”的揭露带来喜剧效果，显出人物的滑稽与低劣，而“真”和“诚”则显示出人物的崇高。借用《屈原》中的台词：“我言行一致，表里如一，事实俱在，我虽死不移”[②]，“真诚”构成了郭沫若四部战国史剧中所有正面人物的共同政治品格。

将这些作品和同时期由“战国策派”代表人物陈铨创作的话剧《野玫瑰》进行对比，就会发现双方阵营在“真/假”“诚/伪”问题上有着意味深长的差异。在《野玫瑰》中，汉奸王立民身边看似与其关系亲密的各色人物，结尾处被一一揭示为肩负不同使命的好人。这一反转意味着人们的表里可能不一，看起来是恶的东西可能隐藏着善。后来中国共产党阵营批评《野玫瑰》“美化特务”，指向的正是剧本对于特务统治的阴谋与欺诈手段毫无反省。而在郭沫若对于聂政和屈原等真诚、坦白的政治人物的推崇中，则体现出另一种透明公开的政治理想。在这些作品中，有过学医经历的郭沫若常使用一种要把人体内部“看透”“洗净”或“挖出”的修辞。在《棠棣之花》中，当韩山坚想加入游女队伍之时，严仲子让他把“肮脏的肺腑吐干净”[③]。在《屈原》中，钓者说屈原的控诉和剖白震撼了大家的“骨节脏腑”[④]。在同样写于40年代但并非战国主题的剧本《孔雀胆》中，阿盖也嘲讽了车力特穆尔想要挖出“心肝”[⑤] 的想法。“五脏六腑”的修辞同样与“表里如一”相关，可见，在郭沫若对于政治人物的评判中，“表里如一”的“真诚”确实构成了重要的元素。

《棠棣之花》中有着《哈姆雷特》的影子。“十字街头”一幕中守卫尸体的卫士

---

① 郭沫若：《筑》，重庆群益出版社1946年版，第175页。

② 郭沫若：《屈原》，《郭沫若全集》文学编（第6卷），人民文学出版社1992年版，第357页。这一台词在1946年群益出版社版中为“言与行其可迹兮，情与貌其不变”。郭沫若：《屈原》，群益出版社1946年版，第95页。这一变化源自郭沫若《〈屈原赋〉今译》，他将《九章·惜诵》中的“言与行其可迹兮，情与貌其不变”意义稍加偏离，翻译成了“我的言行一致，可以考查，我的表里如一，不会变化”。《郭沫若全集》文学编（第5卷），人民文学出版社1992年版，第333页。

③ 郭沫若：《棠棣之花》，重庆作家书屋1942年版，第38页。

④ 郭沫若：《屈原》，重庆群益出版社1946年版，第94页。

⑤ 郭沫若：《孔雀胆》，重庆群益出版社1946年版，第151页。

们关于鬼魂的对话，就与《哈姆雷特》的开头极为相似。卫士甲所说“大凡疯子的面孔总是寡白的”[①] 一语，与《棠棣之花》的上下文毫无联系，却隐秘地指涉着哈姆雷特被反复描述的脸色惨白。特里林指出，《哈姆雷特》和莎士比亚的其他戏剧都贯穿着“冒充”情节，《皆大欢喜》中的罗瑟琳、《威尼斯商人》中的鲍西亚都有过女扮男装的经历[②]。相比之下，在《棠棣之花》中，聂嫈不仅为自毁面容的聂政扬名，自己也由开始的女扮男装转而显露女身——“如何显露”而非“如何冒充”构成了《棠棣之花》的戏剧动力。《棠棣之花》与《哈姆雷特》之表现方式的最大差异，在于聂政永远直抒胸臆，哈姆雷特则始终将意图隐藏于各种“疯话”之中。郭沫若曾表示，《屈原》和《哈姆雷特》的区别在于：哈姆雷特是“佯狂而向恶势力斗争”，屈原则是“被恶势力逼到真狂的界线上而努力撑持着建设自己”[③]。他指出的正是二者之间“伪（佯）”与“真”的差别。

卢梭曾批评启蒙时期流行的戏剧观念，尤其指出莫里哀的《厌世者》本质上是在赞美“伪善”。因为它将心直口快、为人诚实、疾恶如仇的阿尔塞斯特表现为一个可笑的疯子，却赞美那些心口不一、摆出“彬彬有礼的虚伪样子”的人[④]。卢梭反对的是达朗贝尔对于剧院功用的歌颂。后者认为，由于要取悦观众，剧院是无法促进道德的：

> 它导致人们偏爱社会上的做法与准则，而不爱一丝不苟的正直不阿；因为，它将智慧看成邪恶与德性之间的适中；因为，它说服观众们相信：只要不是个彻底的恶棍，便足够成为一名正派人了——这让观众大为宽心。[⑤]

莫里哀赞成的是作为“政治性的适度者”（“the politic moderate”）的绅士，卢梭却将这种“适度”看成另一种伪善[⑥]，因为适度必然导向对于一个已经开始腐化的社会中普遍风气的迎合，而对于世故练达之“智慧”的强调正是一种“适度”的体现。卢梭影响了狂飙突进运动，而狂飙突进运动的代表人物如歌德和席勒则对郭沫若有着深刻影响。卢梭的主张有助于我们深入理解郭沫若笔下人物的特殊性格。郭沫若宁可让他们显出缺乏政治智慧的幼稚，也不愿放弃他们身上“言行一致、表里如一”的品

---

① 郭沫若：《棠棣之花》，重庆作家书屋 1942 年版，第 121 页。

② ［美］特里林：《诚与真》，刘佳林译，江苏教育出版社 2006 年版，第 13—15 页。

③ 郭沫若：《〈屈原〉与〈釐雅王〉》，《新华日报》1942 年 4 月 3 日。

④ ［法］卢梭：《致达朗贝尔的信》，《卢梭全集》第 5 卷，李平沤译，商务印书馆 2012 年版，第 80—91 页。

⑤ 转引自［美］露丝·格兰特《伪善与正直——马基雅维利、卢梭与政治的伦理》，刘桉彤译，华东师范大学出版社 2017 年版，第 92 页。

⑥ ［美］露丝·格兰特：《伪善与正直——马基雅维利、卢梭与政治的伦理》，刘桉彤译，华东师范大学出版社 2017 年版，第 76 页。

格，这意味着，这些人物不是“适度”与“智慧”的，而是以对于“真诚”的高度坚守区别于常人。《棠棣之花》中的聂政和春姑以及《高渐离》中的高渐离都与象征着世俗世界的酒家风气格格不入，《屈原》中行为“适度”的宋玉、表面上举止如仪的南后和善于辞令的张仪也与屈原形成了鲜明对照，《虎符》中的如姬更绝非一位优雅的贵妇。值得注意的是，《棠棣之花》和《屈原》尽管广受欢迎，但其浓重的抒情色彩和反戏剧性的特征其实有着拒斥大众趣味的倾向。在1942年与郭沫若的通信中，徐迟指出《屈原》第五幕的长篇独白与《天问》相似，而“《天问》尽可以不投合近来那大量的时髦而注重生意的剧作者的胃口”[①]。同样，《棠棣之花》也曾因“有诗无戏”而被应云卫和陈鲤庭拒绝导演[②]。最终执导《棠棣之花》的石凌鹤有一番委婉表述：

> 我觉得与其说是热情的剧本，毋宁说是赞美正义的壮丽的诗篇……作者是写实地用壮烈的诗篇来讴歌这古代的英雄美人，同时用美丽的情调来描写着可歌可泣的故事——虽则并不必要曲折离奇。[③]

玩味此段，不难发现他对《棠棣之花》中“戏剧性”的不足有所批评。《屈原》中的长篇大论并不符合“时髦”与“生意”的标准，《棠棣之花》也并不“曲折离奇”。和充满着多角恋爱和悬疑元素、以舞女为主角之一的《野玫瑰》相比，郭沫若的战国历史剧对于大众趣味有着内在的抵抗。总体而言，这些绝非“适度”与“智慧”的情节，正像卢梭所期待的那样，撕裂了“社会上的做法与准则”，从而以一种毫不妥协的激进达成更新社会风尚的效果。通过对最彻底的真诚进行最激进的表现。

无论是以“明杀”反对阴谋，还是以最彻底和激进的“真诚”反对伪善，都指向了40年代对于民主政治的呼吁。阴谋和伪善在君主制和贵族制中并非最大的邪恶，但在民主政治理念中则相反，“支持民主政治的重要道德主张之一便是：在民主制中，政治能够公开进行，并且摆脱操纵”[④]。和崇拜“强国”之狠辣政治手腕的“战国策派”相比，郭沫若捕捉到了“弱国”政治中存在着的“真诚”品性，将之运用于对现代政治美德的构想。这是对于历史的反向书写，也是对于历史逻辑的重新创造。

---

① 《附录：徐迟先生来信》，《新华日报》1942年4月3日。

② 石曼：《周恩来浇灌抗战戏剧花》，《红岩春秋》1997年第3期。

③ 石凌鹤：《〈棠棣之花〉导演的自白》，郭沫若：《棠棣之花》附录二，第3页。

④ ［美］露丝·格兰特：《伪善与正直——马基雅维利、卢梭与政治的伦理》，刘桉彤译，华东师范大学出版社2017年版，第65页。

## 四 旧伦理的更新与扩张

郭沫若的四部战国历史剧都始于伦理教育的场景。《屈原》开头处屈原讲解《橘颂》是对于"诗教"的展示[①],《棠棣之花》的第一幕则展现了"丧礼"。虽然"三年之丧"的实行晚于聂政时代,而且"侠与儒在精神上不相容",但郭沫若不顾周恩来的修改意见,仍为衬托聂政的孝心而强调"三年之丧"[②],可见对于"丧礼"的重视。《虎符》始于投壶游戏,也即"射礼"。朱女与侯女约定输者要向胜者叩头,侯女遵守约定,朱女输了却不肯叩头。在后文中,朱女迅速出卖了如姬,而侯女则离开魏王投奔信陵君。郭沫若的历史剧虽充满革命精神,但其正面人物似乎仍是"守礼"之人。除了对"礼""乐""射"与"诗教"等伦理教育方式的展现,郭沫若的战国历史剧也对传统伦理本身多有关注。在《棠棣之花》中,"三年之丧"是"孝",聂嫈和聂政之间有"悌",酒家女不肯陪客人调笑是"贞",为聂政殉难是"烈",聂政报答严仲子的知遇之恩是"义"。刺杀国君非"忠",郭沫若以"爱国"对之进行替换。

在20世纪三四十年代,历史剧一直被拿来与"旧戏"对比。刊于《新华日报》"《棠棣之花》剧评"头条的文章《论历史剧》中,作者认为新兴历史剧取代了两三年前对抗战将领加以"古装"的旧戏风尚[③]。对旧伦理道德的遵从似乎可以满足旧戏观众的观剧期待,不过,潜移默化中的改造,才是郭沫若的真正目的。尽管其笔下的正面人物都在一定程度上符合旧伦理的要求,但他们同时更是新伦理的践行者。在《棠棣之花》中,酒家女之"贞"在表面上表现为她不像其他人那样行为放浪,在更深层次上则与其牺牲精神相关。酒家母在为她送行时说:

> 万一死的果是聂先生,你要陪他死,那你也就可以成为有名的烈女。[④]

"烈女"本是用以旌表守节者的词语,在此处则一语双关,同时指涉着酒家女的牺牲行为。同样,在后文中,酒家女称聂政为"烈士",称聂嫈为"烈女"。此"烈"是革命烈士之"烈",而非传统的"贞节"之"烈"。《屈原》中也有一段类似的台词:

> **子兰** 好的好的,算我枉费了唇舌。我们恭喜先生成为圣人——

---

① 参见刘奎《情感教育剧:〈屈原〉的形式与政治》,《文学评论》2017年第3期。

② 郭沫若:《我怎样写〈棠棣之花〉》,《棠棣之花》附录一,第13—14页。

③ 参见欧阳凡海《论历史剧》,《新华日报》1941年12月7日。

④ 郭沫若:《棠棣之花》,重庆作家书屋1942年版,第107页。

**宋玉** 婵娟，也恭喜你成为烈女啦！[①]

这里的“烈女”指向前文中婵娟的“不愿苟且偷生”之语，同样指涉着牺牲精神。通过聂嫈、酒家女和婵娟等女性角色，郭沫若为“烈女”注入了全新的含义。相比之下，《高渐离》中的秦始皇在逼死怀清并处死荆轲和怀贞之后，又下令表彰他们的“贞烈”和“忠烈”。统治者对于“烈”的表彰与实际的迫害之举形成对照，则体现出郭沫若对于传统“烈女”观念的讽刺。

有学者指出，安分克己、忠诚孝悌和仁义礼智信等被命名为“封建礼教”和“奴隶道德”的东西，当表现于传统戏曲之时，或许并非对于等级制度的妥协，而是隐藏着底层民众的“韧性抗争”精神[②]。郭沫若的战国历史剧中看似充满传统的“封建礼教”，但作家和评论者更重视的其实是“礼教”背后的反抗精神和强劲生命力。在当时的评论中，《棠棣之花》中的那些“孝悌贞义”被视为浓烈且真挚的情感。李长之以“浓挚的情感”和“至情”等词语评价该剧[③]。陈舜瑶也指出，《棠棣之花》“所表现的是人与人之间最纯真的恋爱——母子之爱、兄弟之爱、朋友之爱、男女之爱，以及人类间最广泛的同类爱”[④]。伦理道德被转化为“爱”与“情”，其间的差异在于：前者“发乎情，止乎礼义”，需要节制情感，而后者可以无限扩张；前者在费孝通所谓从“己”出发的同心圆式“伦”[⑤] 的关系中展开，触及范围有限，后者则更具普遍性——正如陈舜瑶所言，这是“最广泛的同类爱”。

这种可以无限扩张的、超出了“伦”之限定的“爱”，最终成功地引发了观众的普遍共鸣。《棠棣之花》中的乐曲更有助于这种共鸣。当春姑唱出《湘累曲》时，在“爱人呀，你还不回来呀？我们从春望到秋，从秋望到夏”的歌词渲染下，春姑对聂政的倾慕就化成了所有观众对聂政的呼唤。此外还有第一幕和最后一幕都出现的“去吧，兄弟呀”一曲。在第一幕中，它原本是姐姐为弟弟送行之曲。“学灯版”中的第一句为：“去罢！二弟呀！”[⑥]“炮灰版”将其改为“去罢！兄弟呀！”[⑦] 这首歌在此前的版本中只有第一幕中的聂嫈独唱，到了 40 年代版本中才加上了结尾处的众人合唱。“学灯版”中“二弟”这一称谓使情感局限于聂嫈和聂政二人之间，40 年代版本中的“兄弟”称谓和合唱形式则使之扩展为一切革命志士的共同情感。

黄芝冈曾与郭沫若就《棠棣之花》展开讨论，认为作为“诗剧”的《棠棣之花》具有“情感之强力”，能让观众沉酣其中、丧失理智，进而被剧中人物的情感所

① 郭沫若：《屈原》，重庆群益出版社 1946 年版，第 124 页。
② 张炼红：《历炼精魂：新中国戏曲改造考论》，上海人民出版社 2013 年版，第 359 页。
③ 李长之：《棠棣之花》，《文艺先锋》第 1 卷第 4 期，1942 年 11 月。
④ 陈舜瑶：《正义的赞诗，壮丽的画图》，《新华日报》1941 年 12 月 7 日。
⑤ 费孝通著，刘豪兴编：《乡土中国》，上海人民出版社 2007 年版，第 23—29 页。
⑥ 郭沫若：《棠棣之花》，《女神》，上海泰东图书局 1921 年版，第 41 页。
⑦ 郭沫若：《棠棣之花》，《甘愿做炮灰》，上海北新书局 1938 年版，第 73 页。

同化，从而“知人皆可为诗人侠士，知自己和别人皆具有诗人侠士之心”[①]。这正是使观众与剧中人物产生共鸣的过程。饱含“情感之强力”的《棠棣之花》与强调“强力意志”的“战国策派”主张似同而实异。此时的陈铨正在大论特论“英雄崇拜”，提出要让拥有“强力意志”的少数“英雄”引领群众前进[②]。而在郭沫若那里，正如黄芝冈所言，“人皆可为诗人侠士”。于是，强弱不在于武力或天才，而在于内在情感。要做一个英雄，不必具备（只有少数人才有的）天赋异禀，而只需（人人都有的）“情感之强力”。陈舜瑶曾指出《棠棣之花》中“不是什么铁石心肠的超人，而是和我们一样有血有肉的凡人”[③]，可见这种超人式的英雄和“人皆可为”的英雄之间的对比已经存在于当时评论者的视野之中。

这种对于内在情感强度的强调或许要追溯到郭沫若早年深受影响的阳明学。中国阳明学不仅强调内心主体性的无限发挥，更重要的前提是“儒教的大众化”；也即放弃朱子学强调的、普通百姓无法实现的、通过静坐内观来完成圣人性的个体修养方法，转而提倡在实践中进行修养[④]。明末阳明学曾提出了“无善无恶”的命题，甚至拒绝将孝、悌、慈等伦理视为人的真情。而在其后，黄宗羲、王夫之、颜元和戴震等人则开始考虑将自然欲望放置在孝悌制度之中[⑤]。而郭沫若试图在普通人的心中发现可以成为“诗人侠士”的可能性，并以普遍的同情共感，而不是严格恪守道德教条作为激发这一可能的前提，让人看到了他思想中阳明学的影响痕迹。再进一步，当普通人心中的“灼热之火”和“情感源泉”被激发出来时，前文讨论过的以普遍的“诚”实现真正民主、反对阴谋政治的理想，也就有了实现的可能。郭沫若笔下“人皆可为”的英雄，通向的概念正是“人民”。

## 结　语

大力推动《棠棣之花》演出，并亲自为《新华日报》头条的“《棠棣之花》剧评”专栏题名的周恩来，将该剧本主旨归纳为“士为知己者死”，认为这不是封建思想，而是表达对党的感情之深[⑥]。“士为知己者死”源自《史记·刺客列传》，但周

---

① 黄芝冈：《评〈棠棣之花〉》，王亚平主编，柳倩编辑：《文艺新论》，成都莽原出版社 1943 年版，第 65 页。

② 参见陈铨《英雄崇拜》和《再论英雄崇拜》，张昌山主编：《战国策派文存》，云南人民出版社 2012 年版，第 121—129、694—698 页。

③ 陈舜瑶：《正义的赞诗，壮丽的画图》，《新华日报》1941 年 12 月 7 日。

④ ［日］沟口雄三：《李卓吾·两种阳明学》，孙军悦、李晓东译，生活·读书·新知三联书店 2014 年版，第 250—251 页。

⑤ ［日］沟口雄三：《李卓吾·两种阳明学》，孙军悦、李晓东译，生活·读书·新知三联书店 2014 年版，第 231 页。

⑥ 参见张颖《挚友·知音——周恩来与郭沫若》，《走在西花厅的小路上：忆在恩来同志领导下工作的日子》，中共党史出版社 2008 年版，第 131 页。

恩来在40年代重新采用这一评语，则似乎别有深意。就《棠棣之花》中的表述而言，郭沫若将聂政的刺杀从《史记》版本中的为“知己者”严仲子报仇改写成了为晋国统一而杀侠累，在表面上看，这符合40年代“望合厌分”、共同抗战的政治主题[①]。然而，正是“士为知己者死”这一潜在的故事原型，才让文本中政治主题并未流于生硬的口号，而是渗透着饱满的情感。周恩来重新点出“士”这一主体，其实提醒我们《棠棣之花》内在召唤着某种作为“理想观众”的“士”，而剧中那些充满诗情、拒斥大众庸俗趣味的部分则正是为吸引他们而作。总结起来，《棠棣之花》无论是刺杀行动从“暗杀”转为“明杀”，还是反对伪善、强调彻底的“言行一致”，抑或将传统伦理扩张为无远弗届的“情感强力”，对“诚”之深度与力量的强调都构成了《棠棣之花》所极力展现的美学风格。“诚”与“知己者”相关，它将政治选择的问题化为了情感选择的问题。在政治局面晦暗不明或政治主张难以表达之时，“知己者”成为对于正当性的表达。而最后的“死”，则是对40年代中国的“危机时刻”的精炼概括，更构成了一种具有决断意味的、召唤行动的力量。在以《棠棣之花》开端的郭沫若40年代战国历史剧中，“危机”“美学”与“政治”三者实现了互相激活：“危机”促成“政治”的新变，二者为“美学”赋予内在的强度；反过来，“美学”也因“危机”而获得内涵与活力，从而为“政治”构想出可感可亲的血肉身体和丰富的远景。

在抗战时期郭沫若的历史剧中，“诚”构成了核心的美学风格和政治诉求。这与他早年在《女神》和《三叶集》中体现的浪漫主义诗学精神是一致的。然而，我们同时也要看到，40年代进入历史剧时代的郭沫若已经与20年代的诗人时代拉开距离。这一点强烈地体现在郭沫若与黄芝冈关于历史剧与“诗”之关系的争论中。黄芝冈认为《棠棣之花》是“诗剧”，但也批评其中“东孟之会”等内容“没有诗趣”而失之“庸俗”。郭沫若则提出“诗”不是“那样消极的东西”，“由‘墓地’到‘十字街头’是我的目的”[②]。这体现出二人所持“诗”之理念的分歧。40年代的郭沫若在谈到历史剧时，有一句名言曾被后来研究者反复引述：史剧家是诗人，而诗人的任务“不在叙述实在的事件，而在叙述可能的——依据真实性，必然性可能发生的事件”[③]。这句话指出了“诗”相对于“史”的虚构属性，但更重要的是，它勾连着亚里士多德《诗学》中关于“诗”具有“普遍性”的观点。在亚里士多德那里，诗之所以可以表达“必然”，是因为它描述的是“普遍”，而历史因为只描述“已经发生的事”，所以只能描述“具体事件”——也即“特殊”[④]。只不过，亚里士多德在“诗”所展示的必然性和普遍性中看到的是“哲学性”，而郭沫若则将这种必然性

① 郭沫若：《我怎样写〈棠棣之花〉》，《棠棣之花》附录一，第11页。
② 郭沫若：《由“墓地”走到“十字街头”》，《蒲剑集》，重庆文学书店1942年版，第123页。
③ 郭沫若：《历史·史剧·现实》，《戏剧月报》第1卷第4期，1943年4月。
④ 参见［古希腊］亚里士多德《诗学》，陈中梅译，商务印书馆2012年版，第81页。

和普遍性落实为历史唯物主义对于社会发展规律和历史必然性的强调——这才是40年代郭沫若眼中的“诗”之内涵。黄芝冈强调“诗剧”具有使人沉酣的情感强力，但其中也隐藏着非理性的危险。然而，在40年代的郭沫若这里，因为“诗”与“必然性”相关，所以它导向的不再是因情感被煽动而进行的无理性行动，而是在掌握历史发展方向之后选择的理性行动。郭沫若40年代的历史剧中依然洋溢着诗性、充满“真情”与“真诚”，但这已经告别了简单的浪漫主义，而是因其与历史必然性的关联而最终通往“真理”。郭沫若40年代的历史剧，正是他在抗战时期所写出的新“诗”。

（原载《文学评论》2019年第5期）

# 新名词、科学思维与白话新诗

## ——以《天狗》为中心论郭沫若的白话诗学

文贵良

无论学界对郭沫若人格的评价如何不同，郭沫若白话新诗在1920年前后的横空出世，确实都称得上开一代诗风，其地位不可动摇。郭沫若白话新诗的欧化早有人关注，但如何把语言与科学结合起来，揭示郭沫若白话新诗的特质，仍有继续深化的必要。

郭沫若回忆在九州帝国大学学习的情景：

> 天天闹的是“姆士苦鲁士”（musculus 筋肉），“奈尔乌士”（nervus 神经），“欺尔苦拉穹”（circulation 循环），“勒斯披拉穹”（respiration 呼吸），并没有多少道理，只是乌士、鲁士、拉穹、沙穹的死记些外国名辞。一个脑筋成为一个世界漫游者的皮箧，纵横狼藉地贴满了各个口岸、各种文字的旅馆招贴。①

这种科学名词的背诵，是接受科学知识的过程。科学名词是对科学知识的表达。郭沫若虽然强烈反感这种对外国科学名词的死记硬背，但是不得不承认，背诵科学名词不仅让他获得科学知识，而且也让他的新诗写作采用了很多的域外新语，改变着传统诗歌汉语的形式。

笔者试图以《天狗》这首诗为中心，分析如下三个问题：第一，引入Energy后，“我”是一个怎样的“我”。第二，认知“神经”（“脑气筋”）后，科学思维与诗性运作的结合如何让白话诗成为一首现代的诗。第三，通过考察“我”的时空边界在哪儿而思考白话诗的表达空间。

### 一 Energy：能量、生命与文学

《天狗》遭受非常猛烈的批评，《女神》的所有缺点似乎都集中在《天狗》上。

---

① 郭沫若：《创造十年》，见《沫若文集》第7卷，人民文学出版社1958年版，第63页。

《清华文艺》上《评〈女神〉》一文批评《女神》的坏处有两个，一是“粗野全无诗意地狂叫”，《天狗》就“浅薄之极”；二是“西文与中文字夹用”。而最大的坏处，在粗野无诗意地狂叫。《天狗》这两个“坏处”都有①。不过此文最后总结了好处，认为《女神》最大的好处在融化中国旧诗，此外好处在学西洋诗的意境②。对于这个评论，初看似乎有理，但其中有一个矛盾的地方：夹用西洋文字是否也是学西洋诗的意境的方式之一呢？这两者不必是截然对立的。晚清梁启超、谭嗣同等人的“诗界革命”就是用新名词来造新意境，尽管由于诗体的限制，使得这次革命并没有获得多大成就，但也造成了传统诗体以及句式的某种破裂。通过夹用西洋文字以塑造新的意境，也许正是新诗的道路之一，因为新诗的诗体以及句式都放开了，足以容纳西洋文字。当然，这中间确实存在着西洋文字与汉语参差不和的地方。因此需要诗人有更高的驾驭语言文字的能力。闻一多曾批评郭沫若《天狗》一诗对“Energy”的运用缺乏艺术的驾驭。他认为郭诗“我是全宇宙底 Energy 底总量”使用“Energy”一词是为了凑齐三个音节，这对于一个成熟的艺术家总是说不过去③。问题是这句诗“我是全宇宙底……底总量”中，为了与“全宇宙”中三个音节呼应，两个“底”之间必须有三个音节吗？两个音节为什么不可以？从音节的角度可能无法合理地解释引 Energy 入诗的基本动因。如果从 Energy 的本义“能量”角度出发考虑对人类自我的认识，也许会有不一样的答案。“我是什么”的问题一直困惑着人类。从“Energy”的角度认识人类自己以及“我”，这在 1920 年前后也许是最新潮的物理学问题，其标志就是爱因斯坦的狭义相对论和广义相对论的相继发表。爱因斯坦的公式 $E = mc^2$ 中，E 表示能量，m 表示质量，c 表示光速。每个物体里都包含巨大的能量。有人推算，一个普通个子的人，其身体所包含的能量，足以抵得上 30 颗氢弹爆炸的威力④。如果这个说法属实，那么至少可以说明人的身体确实蕴藏巨大的能量。那么郭沫若如此颂扬“Energy”，与他的白话新诗之间到底有何关系呢？

郭沫若的《生命底文学》（1920）解释了生命与文学的关系。“生命是文学底本质”和“文学是生命底反映”⑤，这两者结合起来表明生命和文学之间既有差异又统一的关系，但关键的还在如何理解生命。在郭沫若看来，一切物质都有生命，有机物有生命，无机物也有生命。人有生命，猪、牛、马有生命，石头和沙粒同样有生命。因为一切生命都是“Energy 底交流”，全宇宙都是“Energy 底交流”⑥。确实，从 Energy 的角度理解生命的本质，一切物质都有生命，一切生命都是 Energy。“Energy”

① 记者：《评〈女神〉》，《清华文艺》第 1 卷第 1 期，1925 年 9 月。
② 记者：《评〈女神〉》，《清华文艺》第 1 卷第 1 期，1925 年 9 月。
③ 闻一多：《〈女神〉之地方色彩》，《创造周报》第 5 号，1923 年 6 月 10 日。
④ ［美］比尔・布莱森：《万物简史》，严维明、陈邕译，接力出版社 2017 年版，第 94 页。
⑤ 郭沫若：《生命底文学》，《时事新报・学灯》，1920 年 2 月 23 日。
⑥ 郭沫若：《生命底文学》，《时事新报・学灯》，1920 年 2 月 23 日。

作为物质的本质，不是静止的，而是“常动不息，不断地收敛，不断地发散”。“Energy”的发散便是创造，便是广义的文学。全宇宙的Energy在不断发散，不断创造。所以，宇宙全体是一部“未完成的、常在创造的、伟大的诗篇”[①]。但这个伟大的“诗篇”却是混合着各式各样的创造，是否就是“生命底文学”呢？“Energy底发散”表现出不同的样式，比如物的声、光、电、热，比如人的感情、冲动、思想、意识。而人的“感情、冲动、思想、意识底纯真的表现”便是“生命底文学”[②]。

如此看来，所谓“生命底文学”还只是人的“生命底文学”。人的生命与其他物的生命从Energy的角度衡量，都是平等的。万物皆有生命，生命皆由Energy构成，所以万物平等。这种Energy的生命观与泛神论颇为切合。泛神论确实是郭沫若写作《女神》时期的哲学思想。他在《少年维特之烦恼·序引》中说：“泛神便是无神。一切的自然只是神底表现，我也只是神底表现，我即是神，一切自然都是自我的表现。人到无我的时候，与神合体，超绝时空，而等齐生死。人到一有我见的时候，只见宇宙万象和自我之外相，变灭无常而生生死存亡之悲感。万物必生必死，生不能自持，死亦不能自阻，所以只见得‘天与地与在他们周围生动着的力，除是一个永远贪婪，永远反刍的怪物而外，不见有别的。’此力即是创生万象的本源，即是宇宙的意志。即是物之自身（Ding an sich）。能与此力冥合时，则只见其生而不见其死，只见其常而不见其变。”[③] 泛神即无神的观点，实质是打破神学观，回归物体；“我即是神”，使得“我”的意志的扩大成为可能。郭沫若所引述的那个“力”就是宇宙的意志。但是，宇宙的意志这种说法，只是一种理念上的推断。如果引“Energy”入这种“力”的内核，则“力”就有了物质性。可以这样说，“Energy”为郭沫若的泛神论创建了物质基础。有学者甚至认为郭沫若的泛神论是“基于自然科学时代精神基础上的泛神论”[④]。笔者更倾向于认为，“Energy”与神之间达成一种内外互补的结构，成为郭沫若早期白话新诗力量的来源。《天狗》等诗篇里的抒情主人公不是要控制人的精神世界，而是与他所见的宇宙达成一种和谐。这个宇宙是一个物质世界，而不是一个精神世界。因此，仅仅以泛神论来解释《女神》中抒情主人公对宇宙的态度，不可能得到彻底的结果。还必须将能量说吸纳进来。哲学的泛神论与物理学的能量论共同构成了郭沫若早期白话新诗的思想基础。能量与神的结合由此产生了“力”。强大的无处不在的“力”成为郭沫若早期白话新诗诗学的显著特质。《立在地球边上放号》恣肆赞颂“力”的“毁坏”与“创造”。《笔立山头展望》极力欣赏“生的鼓动”。《日出》赞颂“光的雄劲”。《女神之再生》中“天体”破坏后“新造的太阳”

---

① 郭沫若：《生命底文学》，《时事新报·学灯》，1920年2月23日。

② 郭沫若：《生命底文学》，《时事新报·学灯》，1920年2月23日

③ 郭沫若：《少年维特之烦恼·序引》，见［德］歌德《少年维特之烦恼》，郭沫若译，创造社出版部1928年版。

④ 刘为民：《科学与现代中国文学》，安徽教育出版社2012年版，第215页。

即将出世。《湘累》中女须劝告屈原："我知道你的心中本有无量的涌泉，想同江河一样自由流泻。我知道你的心中本有无限的潜热，想同火山一样任意飞腾。"其中的涌泉流泻、潜热飞腾无不是力的展示。

郭沫若曾认为"力"是节奏的两个因素之一。时间的长短，形成时间的节奏；声音的强弱，形成力的节奏。郭沫若所谓的"力"，或者"力的节奏"混合了情感与自然两个方面的因素。他解释"节奏"的形成是"由我们的感情之紧张与弛缓交互融合处所生出的一种特殊的感觉"，比如《立在地球边上放号》是"海涛的节奏鼓舞了我"。或者准确地说，是自然的节奏引发感情的紧张与弛缓，从而形成诗的节奏。由此得出结论——"情绪自身，便成为节奏的表现"①。物质的能量外化为自然界的各种现象，海涛汹涌，火山喷发，云飞雨洒，无不是能量的外放。

《天狗》一诗是表现能量转化为力的代表之作。全诗如下：

天狗

（一）

我是一条天狗呀！
我把月来吞了！
我把日来吞了！
我把一切的星球来吞了！
我把全宇宙来吞了！

（二）

我便是"我"了！

（三）

我是日底光！
我是月底光！
我是一切星球底光！
我是 X 光线底光！
我是全宇宙底 Energy 底总量！

（四）

我飞奔！
我狂叫！
我燃烧！
我如烈火一样的燃烧！
我如大海一样的狂叫！

---

① 郭沫若：《论节奏》，《创造月刊》第 1 卷第 1 期，1926 年 3 月 16 日。

我如电气一样的飞跑！
我飞跑！
我飞跑！
我飞跑！
我剥我的皮，
我食我的肉，
我饮我的血，
我啮我的心肝，
我在我神经上飞跑！
我在我脊髓上飞跑！
我在我脑精上飞跑！
我便是“我”呀！
我的“我”要爆了！①

《天狗》四节共二十九句，每句都以“我”打头，这种句式结构在我对中国诗歌有限的阅读中没有见过。《天狗》一诗给天狗吞月这一神话故事注入了现代内涵。《天狗》将天狗吞月故事的第三人称叙事转化为第一人称抒情，从而为“我”对自身的自由扩张打通了道路。

“我”吞月、吞日、吞一切的星球、吞全宇宙。吞，是摄取食物，意味着聚集能量。第二节单独一句“我便是‘我’了！”通过给第二个“我”加引号的方式暗示了“吞”食物前后的“我”是不相同的，是有变化的。但变化到底何在，则在第三节开始显露：“我是……光”句式，将之前吞食物的能量转化为可见的光。光是能量的放射。因此“我是全宇宙底 Energy 底总量！”是对“我”吞食物以及放光的总结。第四节主要写聚集了巨大能量的“我”的行为：飞奔、狂叫、燃烧、飞跑、剥皮、食肉、吸血、啮心肝等一系列动作都是一种物质运动。最后两句中，“我便是‘我’呀！”强调了“我”与吞食物质之后的那个“‘我’”的延续性；“我的‘我’要爆了！”通过“的”的所属关系强调了“我”与吞食物质之后的那个“‘我’”的差异性。

《天狗》中的“我”是全宇宙的能量体。这种个体与中国传统的“天人合一”的个体完全不同。天人合一中的个体是外在于自然的个体，合一并非同化与熔化。而“全宇宙的能量体”的个体是把宇宙纳入自身而成为个体。与笛卡尔“我思故我在”的那个意识个体也完全不同，因为笛卡尔的“我”是一个纯粹的意识主体，排除了个体的所有物质性。相反，能量体的个体却是一种纯粹的物质体。

---

① 郭沫若：《天狗》，《时事新报·学灯》，1920 年 2 月 7 日。

## 二 脑/脑气筋/神经：科学思维与诗性运作

《天狗》中有这样的诗句：“我在我神经上飞跑！/我在我脊髓上飞跑！/我在我脑精上飞跑！”如果第一次读到这样的诗句，肯定非常震惊。《天狗》一诗遭受猛烈的批评，与这种句式的陌生离奇有很大关系。“神经”“脊髓”“脑精”这三个词语暗示着人们对人体内部结构的认识，虽说它们是身体的一部分，但我们平常一般看不见它们。“飞跑”总是在某地飞跑，即有个空间做依托。“我在……飞跑”中可以填入多种地点空间名词，但一旦填入“神经”“脊髓”“脑精”后，巨大的“我”怎么可能在比“我”小得多的这些人体组织上飞跑？

要说明这些诗句的诗学意义，需要回顾19世纪以来中国人对身体的认识，而对身体的认识中尤其重要的是对“脑”的认识。19世纪中期开始，随着西方生理学知识的介绍，中国人对人自身结构的认识也在发生着变化。其中也许最为让中国人震撼的是“心”功能的“衰退”和“脑”功能的发现。晚清至“五四”时期，中国人思维认知如果有转变，那么这个转变的基础之一是重新认识了脑的结构与功能。

英国传教士合信（Hobson Benjamin，1816—1873）的《全体新论》有咸丰辛亥年（1851）刻本。此书对脑的功能做了准确的介绍：“主宰觉悟动作之司以应外事者，即脑也。古人云：人为万物之灵，万事皆发于心。实未知灵之在脑。”[①]“脑非人之灵魂，乃灵魂所用之机以显其思虑行为者耳。”[②]脑的作用是通过“脑气筋”实现的，“脑气筋”即神经：“眼无脑气筋则不能视，耳无脑气筋则不能听，鼻无脑气筋不分香臭，舌无脑气筋不知甘苦，周身手足之能知痛痒、冷热、软硬、涩滑及能记古今、应万事者无非脑之权也。”[③]《格致略论·论人类性情与源流》说：“脑为一殿之君，而官骸知觉皆所必赖，可见人之智慧灵性莫不出乎脑也。然灵性虽出乎脑，而脑实非灵性，脑体不过为灵性之府。天造人时即令脑体行此职，司此灵性也。”[④]“脑”为身体的主宰，智慧灵性活动等都由脑控制。严复所译《天演论》中也有类似观点：“一人之身。其情感论思。皆脑所主。”[⑤]

但对于西方学者关于脑功能的观点，19世纪末至20世纪初的中国人并没有完全接受，而是对它进行了改造。薛福成光绪十八年（1892）正月十七日日记中曾记载对人的思考和记忆器官的认识，对西洋人的悟性也在脑的观念持怀疑态度，并简单叙述了西洋人的实验：人和动物中，脑越大，越聪明；从而感叹“心”不过是“顽物”

① ［英］合信：《全体新论》卷三，海山仙馆丛书，咸丰辛亥镌1851年版，第1页。

② ［英］合信：《全体新论》卷三，海山仙馆丛书，咸丰辛亥镌1851年版，第1页。

③ ［英］合信：《全体新论》卷三，海山仙馆丛书，咸丰辛亥镌1851年版，第1页。

④ 《格致略论·论人类性情与源流》，见《格致汇编》1876年第1卷。

⑤ ［英］赫胥黎：《天演论》，严复译，科学出版社1971年版，第54—55页。

而已[①]。中西对“心”“脑”功能的不同认识，吸引着薛福成继续思考。他四月二十八日日记中记载着“脑气筋”（神经）有两条，心的血管也有两条。所以他得出一个折中的结论：心与脑都是人身的主宰[②]。实际上，还是不能彻底接受西方的知识。1903年，寅半生在《中国脑·叙》中将“魂”与“脑”并列，认为“魂”是“人之体”，“脑”是“人之用”，并希望能把“中国魂”和“中国脑”整合一体，以实现民族强盛的愿望[③]。作者用中国体用观念将“魂”与“脑”放在一个层面，显然不符合逻辑。“脑”是人体的器官，而“魂”并非具有实在的物质形态。新月派诗人朱湘在《说自我》中也采用类似的二分法：“科学，哲学，等于脑；宗教，艺术，等于心。”[④]

郭沫若在日本学医，接受的都是西方生理学知识，认识人脑功能自是其中内容。他在《生命底文学》中写道：“人类生命中至高级的成分便是精神作用。精神作用只是大脑作用底总和。大脑作用底本质只是Energy底交流。”[⑤] 精神作用是大脑的一种运作方式。1922年8月，郭沫若在《论国内的评坛及我对于创作上的态度》中写道：“我研究科学正想养成我一种缜密的客观性，使我的意志力渐渐坚强起去。我研究医学也更想对于人类社会直接尽我一点对于悲苦的人生之爱怜。”[⑥] 生命活动中脑思维的这种“缜密的客观性”如何与诗歌创作中的情感思维融合在一起呢？他在给宗白华的书信中有个著名的论断：“诗不是‘做’出来的，只是‘写’出来的”[⑦]，并在《文学的本质》中有所展开。《文学的本质》采用科学的方法研究出文学的本质是“有节奏的情绪的世界”，而“诗是情绪的直写”[⑧]。“主情主义”成为评价郭沫若白话诗学的标志性话语。“主情主义”只是他白话诗学的一个方面，“主情主义”与客观性的脑思维融合才能比较完整地呈现郭沫若白话新诗的特质。

对人脑及其功能的肯定，对人体结构内部的认知，形成了对人身物质性的客观认识。这些客观性认识带来的科学思维方式，通过隐喻的方式与“主情主义”的诗学思维结合起来，让“主情主义”带有普遍的物质性基础。《天狗》中化用天狗吞月的神话故事，并以“天狗”“我”来实现两者的融合。兰棣之曾在《黑牡丹与诗的灵感——谈郭沫若早期新诗中的科学色彩》中指出：“支配诗人这个想象和孕育黑牡丹这个创造性艺术形象的，是二十世纪新兴海洋船泊运输工业和作为现代重要动力的黑

① 薛福成：《薛福成日记（下）》，蔡少卿整理，吉林文史出版社2004年版，第689—690页。

② 薛福成：《薛福成日记（下）》，蔡少卿整理，吉林文史出版社2004年版，第718页。

③ 寅半生：《中国脑·叙》，见《中国脑》，时中书局1903年版。

④ 朱湘：《说自我》，原收入《中书集》，见《朱湘代表作》，华夏出版社1998年版，第244页。

⑤ 郭沫若：《生命底文学》，《时事新报·学灯》，1920年2月23日。

⑥ 郭沫若：《论国内的评坛及我对于创作上的态度》，见《文艺论集》，光华书局1929年版，第264—265页。

⑦ 田寿昌、宗白华、郭沫若：《三叶集》，亚东图书馆1923年版，第6—7页。

⑧ 郭沫若：《文学的本质》，见《文艺论集》，光华书局1929年版，第111页。

色能源——煤。”[①]《笔立山头展望》如此，《无烟煤》《炉中煤》等作品也是如此。

《天狗》化用神话故事让天狗（“我”）转化为一个巨大能量体，从而让“我”成为一种全新的个体。能量蕴藏在每个物质体中。因此，“我身”同样储藏了能量。能量又是可以运动的。“我”吞吃日月星辰而最大限度地吸收能量。“我”是日月之光而显示出极大的能力。因此，“我在我神经上飞跑！/我在我脊髓上飞跑！/我在我脑精上飞跑！”的诗句中“我”是能量体，能量在全身的运动就是一种释放。“我”又是一个能被解剖的物质体，即可以分为不同的系统、器官和组织等。于是“我”在神经、脊髓和脑精上的飞跑就成为可能。

《天狗》不是物理定律的论证文章，而是一首诗。那么，能量转移和人体结构这些客观知识如何被升华成一首诗呢？《天狗》的句式放在中国诗歌史上，确实非常陌生离奇，完全实现了俄国形式主义者所主张的陌生化效果。全诗只写“我”的动作和客观感受，没有一个词语显示出价值判断的倾向。“我”只是一个能量体。“我”不带任何道德伦理的倾向，不带任何国家种族的意识，不带任何审美的趣味，但“我”是有意志的。《天狗》借助天狗吞月的故事而赋予“我”以意志。“我”的意志表现为对物质的渴望，对能量的摄取，因此“我”有情绪的波动起伏。《天狗》塑造的“我”这一形象具有完整的纯粹性：“我”是一个有意志的能量体。在它身上，能量的膨胀放射与情绪的激昂热烈融为一体。句式的陌生离奇、情绪的激昂热烈、形象的纯粹完整足以让《天狗》成为一首诗，而且是一首现代的诗。

沈从文批评郭沫若的“笔奔放到不能节制”，这主要是指郭的小说“创作”上多出很多“废话”，沈从文只承认小说是“创作”，而诗歌却是“写诗”。但在诗歌上，不能节制，却可能是一个优点，至少沈从文这么认为，因为“不羁的笔”，“能运用旧的词藻与能消化新的词藻”，做成一首动人的诗[②]。《天狗》确实不节制，但仍然是一首动人的诗，形成了类似于“惠特曼的那种把一切旧套摆脱干净了的诗风”，呈现出“男性的粗暴”[③]。

## 三 “我”：时空的边界在哪儿？

很有意思的是，如果去寻找《天狗》中的时空边界，却得不到确定的答案。《天狗》中的时空没有标识，也没有得到暗示。虽然不是每首诗必有时空的标识，但一首诗真没有时空标识，也很特别。这就使得笔者去思考郭沫若早期白话新诗对时空的

---

① 兰棣之：《黑牡丹与诗的灵感——谈郭沫若早期新诗中的科学色彩》，《中国现代文学研究丛刊》1980年第1期。

② 沈从文：《论郭沫若》，见《沈从文全集》第16卷，北岳文艺出版社2002年版，第155页。

③ 郭沫若：《我的作诗的经过》，《质文》第2卷第2期，1936年11月10日。转引自杨匡汉等编《我和诗》，花城出版社1983年版，第35页。

表达与想象。

《女神》集以及同时期所创作的集外诗完成于1920年前后的日本和中国。与郁达夫的小说以及郭沫若自己的小说相比，郭沫若白话新诗的日本人文色彩非常淡。他的白话新诗只是写他所居之地的自然风光，尤其是博多湾的大海给他很多灵感。因此，他的新诗没有郁达夫《沉沦》中小说主人公的那种备受他国歧视的激烈抵抗，没有弱国子民遭受歧视的沉重的心灵创伤，尽管他也曾愤愤地指出他们在日本留学“读的是西洋书，受的是东洋气”①。与黄遵宪《日本杂事诗》相比，郭沫若的白话新诗没有刻意去描写日本大正年间新的社会情态与人文景观。郭沫若的新诗既没有中国与日本的对比对照，也没有把中国放置在世界之中进行想象思考。对于一个海外留学生来说，最为容易表现出中国立场，但郭沫若的新诗却不这样，虽然这种立场有其合理性，无可厚非。正如张资平所言，《女神》没有那种“死的爱国主义”，即非常狭隘的爱国主义；《女神》具有一种“同化”作用，能同化歌德、席勒、拜伦、海涅和布朗宁等诗人的诗歌②。这种“同化”作用，不妨看作一种超越了民族国家的世界主义色彩。郭沫若的白话新诗常常设有一个不带国家色彩、时代色彩、价值色彩的时空点。就时空而言，郭的白话新诗重空间而轻时间。轻时间不等于不标识时间。《晨安》《日出》等诗有鲜明的时间标识；《巨炮的教训》《匪徒颂》等诗暗示了时代的要素；当然也有一些诗并无明确的时间标识，比如《三个Panthesim》《立在地球边上放号》等。在空间表达方面，《立在地球边上放号》《笔立山头展望》《夜步十里松原》等篇题目就显示了抒情诗人的立足点。但有些诗，不太好把握诗歌的空间立足点，比如《晨安》，抒情主人公能看到全世界，他的立足点在哪儿呢？仿佛在地球之外才有可能。

《天狗》一诗的时空点很难确定。不知道天狗来自何方，立在何处；也不知道天狗何时吞食日月星辰。既没有时间标识，也没有空间标识。天狗把全宇宙都吞了，那它身在何处？这也许是一个很傻的问题，但还是不禁要问的。张若虚的“江畔何人初见月？江月何年初照人？/人生代代无穷已，江月年年只相似”构建江畔—人—月的空间结构；李商隐的“嫦娥应悔偷灵药，碧海青天夜夜心”预设了人间/地球的存在。中国传统诗歌大都有时空结构。但《天狗》中天狗处在一个无时无地的存在之所。这如何可能？

爱因斯坦狭义相对论（1905）和广义相对论（1915）的发表，改变了人们对宇宙的认识结构。在此之前，1894年威尔斯的小说《时间机器》发表，小说的主人公时间旅行者设计了一个时间机器，乘坐它可以回到过去，也可以飞向未来。其目的是实现在时间里能够任意往返的运动。爱因斯坦的相对论却对时间提出了可怕的设想。

---

① 田寿昌、宗白华、郭沫若：《三叶集》，亚东图书馆1923年版，第165页。

② 张资平：《致〈女神〉读者》，《文学旬刊》第34期，1922年4月11日。

霍金认为，爱因斯坦的“相对论终结了绝对时间的观念！”[①] 广义相对论出现之后，人们的宇宙观发生了革命性的变化。旧的宇宙观认为“宇宙基本上是不变的，它可能已经存在了无限长的时间，并将永远继续存在下去”；而新的宇宙观认为“宇宙在运动，在膨胀，它似乎开始于过去的某一个时间，并也许会在将来的某一个时间终结”[②]。在对空间的理解上，英国学者爱丁顿在他1927年所做的演讲中，根据爱因斯坦的相对论理论，提出空间“有限无边际”的观点。他的解释是“空间有限，但无尽头”[③]。这个观点看似非常矛盾。但也许是最为合理的表达。人们无法想象一个没有界限的空间，但是人们也确实没有探索到它的边界。

在此提及爱因斯坦的相对论所引发的对时空的理解，并非要将《天狗》的时空世界作为相对论的一个例证，从而得出青年郭沫若的新诗创作接受了当时最超前的科学理论——相对论——的影响的结论。只是为理解《天狗》的时空世界提供一个非诗歌领域——科学领域——的参照。《天狗》中既无时间标识也无空间标识的时空世界，仿佛遥远地应和了爱因斯坦相对论中时间会终结、空间无边际的时空观。如果说《天狗》中的“我”是一个能量体，从能量守恒与能量转移的角度来看，时空似乎可有可无，人们在诗歌中孜孜寻求的那个时空世界又有何必要呢？

不过，《天狗》的时空世界在晚清以来中国人对世界的认识的轨道上却还有意义。晚清的中国人随着对地球是圆形这一观念的认识，改变着传统的中国——世界的构形观。就世界范围而言，19世纪后期，西方帝国主义国家在全球的殖民已经深入亚洲、非洲、美洲以及大洋洲。汉娜·阿伦特在《极权主义的起源》一书中曾引用英国殖民主义者塞西尔·罗德斯（Cecil Rhodes）的名言“如果可能，我真想并吞所有的星球”以形容帝国主义殖民的巨大欲望[④]。《天狗》中天狗也吞吃了所有星球甚至全宇宙，但它不是在殖民的意义上去吞吃日月星辰的。无论是《天狗》中天狗吞吃的意义还是郭沫若自身，都不存在殖民的意味。就中国而言，19世纪后期的中国人随着对地球是圆形的认识，重新定位中国在地球上的位置。黄遵宪这个“东西南北人”的“新世界诗”以“五洲”和“地球圆”的空间以及“知今”的时间体验所建构的“新世界”，逐步改变着中国传统文化中以皇权为中心的“天下”观念以及以中国居中央的“中国”观念。但是，黄遵宪所建构的这个新世界，不是一个平均的世界，而是借助“衰弱”的“中国形象”来完成的。[⑤]

《天狗》确实构建了一个非常现代的世界，相对于黄遵宪笔下的“新世界”来

---

① ［英］史蒂芬·霍金：《时间简史》，许明贤、吴忠超译，湖南科学技术出版社2009年版，第21页。

② ［英］史蒂芬·霍金：《时间简史》，许明贤、吴忠超译，湖南科学技术出版社2009年版，第34页。

③ ［英］A. S. 爱丁顿：《物理世界的本质》，张建文译，中国大地出版社2016年版，第87页。

④ ［美］汉娜·阿伦特：《极权主义的起源》，林骧华译，生活·读书·新知三联书店2008年版，第181页。

⑤ 文贵良：《黄遵宪：汉语认知的世界视域与现代开端》，《社会科学辑刊》2009年第3期。

说，这个世界可以名之曰“超世界”。它排除了晚清以来中国人从民族国家的角度来构想世界的方式，同时也排除了从进化论的角度构想世界的方式。进化论是晚清以来中国人寻找国家发展的理论支柱之一。但是对进化论的理解也有不同，严复、梁启超、鲁迅等人基本坚持一种社会进化论的模式，而章太炎却提出俱分进化论的观点。在国外还设想着退化论的模式，上文提及的1895年威尔斯的科幻小说《时间机器》中时光旅行者乘坐时间机器穿行到八十万年后的世界。但是这个世界却并不是按照进化论的模式发展出来的所谓美好的世界，相反却是一个衰败的退化的世界。

## 结 语

把《天狗》中的“我”引向人的“自我”，这是许多解释者常用的思路。在“天狗”之“我”与人的“自我”之间的桥梁是什么，并不容易建造。因为确证“自我”的因素并不是唯一的。在笛卡尔的学说中是“我思”；在黑格尔的学说中是理性；在马克思的学说中是社会关系；在弗洛伊德的学说中是力比多；在福柯的学说中是权力。而且《天狗》整首诗只是纯粹的描述，没有任何价值性词语暗示取向的维度。如果说《天狗》中的“我”可以引向“五四”时期的“自我”，那个确证“自我”的因素是什么呢？美国学者米家路曾从身体的角度分析《天狗》中的“我”，虽然强调了天狗的能量因素，但主要还是把天狗的身体看作肉身，引向现代性的自我。最后的结论是“身体的扩张生成使得面向现代性的进步自我之诞生成为可能”[①]。这确有新颖之处，但最难的还是如何在天狗身体的扩张与现代性自我之进步之间建立一种合理的象征关系。

笔者在此无意把这个能量体人格化以及象征化。《天狗》通过引入“Energy”“神经”等新名词改造了神话故事中天狗的形象，塑造了“我”这样一个纯粹的能量体，但这个能量体天然具有意志。能量体的意志的实现成为生命的运动，成为“力”的展示。自然界以及人的“力”的展示成为郭沫若早期白话新诗的最鲜明的内涵。《天狗》所构想的世界是一个排除了民族国家意识以及进化论想象的世界。郭沫若以“光焰万丈的科学”[②] 所构想的那个“超世界”暗示着人向更为广大的宇宙边际的远视与思考。句式的陌生离奇、情绪的激昂热烈、形象的纯粹完整以及无时空的“超世界”让《天狗》成为一首真正现代的诗。

（原载《南方文坛》2019年第3期）

---

① ［美］米家路：《张狂与造化的身体：自我模型与中国现代性——郭沫若诗歌〈天狗〉再解读》，赵凡译，《江汉学术》2006年第1期。

② 胡适：《〈科学与人生观〉序》，见《胡适文集》第3卷，北京大学出版社2013年版，第140页。

# 《论诗》与郭沫若新诗理论的建构

周海波

1935年，胡适编选《中国新文学大系·建设理论集》时，就“发难后期的文学理论”特别选编了他本人的《谈新诗》《尝试集再版自序》，以及康白情的《新诗底我见》、周无的《诗的将来》、郭沫若的《论诗通信》、俞平伯的《社会上对于新诗的各种心理观》，这应当就是胡适眼中具有建设性的新诗文体理论，这些文体理论文献大多是新诗建设时期的理论探讨，并不能代表新文学第一个十年的新诗理论。胡适之所以选编这几篇文献作为“发难后期的文学理论”的主要成果，不仅体现着新文学者胡适的独特精准眼光，也反映着胡适等新文学倡导者的文体观念。在这几篇文献中，胡适的《谈新诗》和郭沫若的《论诗通信》最具代表性，是早期新诗文体理论的重要文献，这两篇文献从不同的角度，运用不同的方法，对新诗的诸多重要理论问题展开论述，成为新诗的理论基石。

《论诗通信》曾以“论诗”或“论诗三札”为题收集在不同版本的《文艺论集》中，重新审视并理解这篇新诗文体理论的文献，也许会改变我们对新诗及其新诗文体理论的认识，甚至改变有关现代文体类型的某种观念。

## 一 《论诗》的版本变迁

1925年，郭沫若在上海光华书局同年出版的《文艺论集》中，将收集于《三叶集》中谈论诗的两封信以及未收集的与李石岑的一封信进行删改后，以“论诗”为题收入集中。这3封信后曾分别在《时事新报》副刊《学灯》发表。致李石岑的信，发表于1921年1月15日《时事新报·学灯》，两封致宗白华的信，一封发表于1920年2月1日的《时事新报·学灯》，一封发表于1920年2月24日的《时事新报·学灯》。郭沫若对这3封信的删改主要是针对书信格式以及一些与诗无关的少量内容。如致李石岑的信删除了第一段和最后一段告别语。致宗白华的信删除的内容相对多一些，1920年2月1日的第一封信，删去了第一段中谈论自己和李石岑的诗的内容，同时又删去了中间谈论几年前“旧作”的一些段落以及最后评论泰戈尔、李白诗的内容。删去的这些内容与诗有一定关系，但与郭沫若讨论新诗文体无关。1920年2月24日的第二封信，则删去了开头和结尾的两大段内容，这两个段落主要涉及郭沫若本人的思想、情感，以及对作品的评价问题，与“论诗”关系不大。经过删改而成的《论诗》具有了一定的完整结构关系，成为一篇比较系统地讨论诗的有关问题的论著。

《女神》时期，郭沫若与李石岑、宗白华、田汉、陈建雷、张资平、郑振铎、成仿吾、郁达夫等人，都有一些论诗的通信。其中，与宗白华的6封通信中有5封涉及诗，与田汉的4封通信全部都是论诗的，与陈建雷的两封信也都是谈论诗，与张资平、郑振铎各有一封信论诗，与郁达夫的4封中有两封是在论诗。这些通信中与宗白华、田汉的部分书信收入《三叶集》由亚东图书馆出版，有些则分别发表在《时事新报·学灯》、《学艺》、《创造》季刊、《民铎》等报刊，其中与陈建雷的通信又以《论诗》收入《新的小说》。这是目前我们所能见到的“五四”时期郭沫若有关诗论的全部文字。

“五四”前后到1920年代初期的几年时间里，郭沫若对诗产生了特别的兴趣。郭沫若从不知新诗为何物，不知新诗也可以在报刊上发表，到成为新诗人，成为新诗理论家，而且郭沫若对诗的认识与理解显示出与新文学早期的诗论家迥然不同的姿态，尤其与胡适提倡的白话诗大有反其道而行之的意图。如果说胡适试图通过提倡白话、以白话入诗，从而改变中国诗学体系的话，那么，郭沫若则在东西方诗学体系的汇流中，选择、融汇、建构，形成自己独特的诗学思想。这里不仅有郭沫若天才的诗人气质，而且也是他不断选择、不断自我修正的过程。郭沫若曾经说过：他的“诗的觉醒期”，“是在民国二年”。但是，“民八以前我的诗，乃至任何文字，除抄录给几位亲密的朋友之外，从来没有发表过”①。从诗的觉醒到作诗，再从作诗到论诗，这个过程反映出郭沫若从诗的感性到理性的发展，而从“抄录给几位亲密的朋友”到发表在《时事新报·学灯》上，又表现出郭沫若新诗创作进入一个新的觉醒阶段。从新诗理论的角度看，郭沫若经过一定的新诗创作之后，开始从理论上思考新诗的有关问题，而这些问题先是通过与朋友的通信表达出来，而后整理发表在报刊上。这个过程虽然较之从创作到理论的时间更紧凑，但也更具有挑战性，更具有学理上的讨论意义。郭沫若从大量的通信中挑选出3封书信进行整理，作为《论诗》收录在他的第一部文艺理论著作《文艺论集》中，说明他特别看重这3封信所讨论的问题。

郭沫若致李石岑的信写于1921年1月，作为《论诗》的第一部分收入《文艺论集》，1929年郭沫若订正再版《文艺论集》时，改题为《由诗的韵律说到其他》，本文又曾以“关于诗与音乐底个体”为题收入1943年7月上海普及出版社出版的《当代作家书简》之中，1959年《沫若文集》中的《文艺论集》又将其与另两封信一起，改题为《论诗三札》。这封信是以“韵律”或“诗与音乐”为主要内容，着重讨论创作诗的过程中所遇到的节奏、韵律问题，在郭沫若的诗学体系中，“韵律”是

① 郭沫若：《我的作诗的经过》，《郭沫若论创作》，上海文艺出版社1983年版，第23页。

诗的主要成分，没有韵律也就没有了诗。由此出发，早期郭沫若的诗论中，在着重讨论诗的韵律问题的基础上，将韵律上升到诗创作的至为关键的核心内容。郭沫若致宗白华的两封信是他们二人诸多通信中的一部分，收入《文艺论集》时改题为《论诗》，1930 年《文艺论集》改版出版时，作者删去了这两封信，只保留了致李石岑的《由诗的韵律说到其他》，1959 年出版《沫若文集》时作者又将其恢复。这两封信同样讨论新诗问题，但致宗白华的两封信主要讨论新诗创作与传统文化的问题。有关传统文化的问题，是《文艺论集》中比较重要的内容，分别在《中国文化之传统精神》《论中德文化书》等篇章中进行过系统论述，因此，在他后来修订《文艺论集》时，可能考虑到内容的重复性问题，将其从中删去，只保留专门讨论新诗问题的一部分。也可以说，与新诗相关的诸多问题，韵律才是郭沫若最为关注的，只有解决了新诗的韵律问题，新诗才有可能真正成立。从这个意义上，郭沫若对现代诗的思考显然超越了胡适，将白话与诗的关系上升到更为内在的韵律上来。

如果进一步分析郭沫若没有将其他与诗相关的通信收入《文化论集》的原因，可以发现，这些通信虽然也都论诗，但主要叙述自己写诗的经过，对古诗、外国诗的评论以及翻译问题，主要不是讨论新诗文体问题。如发表在 1920 年 2 月 4 日《时事新报·学灯》致宗白华的信，主要谈论的是他刚刚创作并寄给宗白华的《凤凰涅槃》，讨论有关神话传说、希腊神话以及外国相关的创作。收入《三叶集》中的写于 1920 年 2 月 15 日的信，则主要讨论翻译歌德《浮士德》的感想，顺便评论了自己创作的新诗《叹逝》和仲苏的《问心》一诗。这些内容都与他专门论述新诗理论尤其新诗文体的构造的问题相去甚远。再如同样收在《三叶集》中的致田汉的几封信，也大多与新诗有关，与自己的创作有关，说的更多的是爱情、情感、经历等与创作动力相关的话题。从这些书信与《论诗》的关系来看，经过了《女神》时代的情感爆发，也经过了《女神》之后对新诗理论上的思考，到 1925 年出版《文艺论集》时，已经从“新文艺的生命”那里寻找到了“新思想的出发点”①，在“混沌”中逐渐清理出了比较明晰的观点。

## 二 诗人与诗

在郭沫若没有收录的书信和收录的这 3 封信中所删除的部分中，几乎都涉及诗的一个最重要的问题，即新诗人的诞生。在 1920 年 3 月 20 日写给宗白华的信中郭沫若就说：“诗底主要成分总要算是‘自我表现’了。所以读一人的诗，非知其人不可。”② 郭沫若从诗的创作角度强调诗人的地位，突出诗人的“自我表现”在创作中

① 郭沫若：《文艺论集·序》，《文艺论集》，光华书局 1925 年版，第 2 页。

② 田寿昌、宗白华、郭沫若：《三叶集》，亚东图书馆 1920 年版，第 133 页。

的意义。在诗的创作中，无论对格律的把握，还是对语言的运用，首先是一种创作主体的行为，只有当诗人充分调整了自己的情绪，融入诗的境界中的时候，他才能获得诗的灵感，写出令人满意的诗作。在这个意义上，诗人应当是那种天才。宗白华认为郭沫若就是那种“lyrical的天才”，这种“抒情的”天才，才能产生出那种诗意诗境的纯真的表现，才能获得“生底颤动，灵底喊叫”的诗的精神。“五四”前后，诸如王国维、学衡派诸公、梁实秋等，都有过诗人是那种天才式人物或者只有天才式的人物才有可能成为诗人的观点，尽管这种观点与郭沫若所说的天才并不完全一致，郭沫若所表达的也并非古典主义诗学观，但郭沫若却用浪漫主义的诗学观表达了古典主义诗学的某些核心内容。

如果比较郭沫若与王国维的天才观，二者所指有所不同，因而他们所理解的诗人也不尽相同。郭沫若认为：“我常想天才底发展有两种Typus：一种是直线发展，一种是球形的发展。直线形的发展是以他一种特殊的天才为原点，深益求深，精益求精，向着一个方向渐渐展延，展到他可以展及的地方为止：如像纯粹的哲学家，纯粹的科学家，纯粹的教育家，艺术家，文学家……都归此类。球形的发展是将他所具有的一切的天才，同时向四方八面，立体地发展了去。”郭沫若认为，这样的天才只有两个：“一个便是我国底孔子，一个便是德国底哥德。”[①] 郭沫若之所以特别将诗人与天才联系在一起，是认为天才的人物才能洞察人类，才能作为“感情底宠儿”去“透视万事万物底核心”，以诗的文体呈现人间大美。这种观点与古典主义诗学强调天才与诗人的精神联系大有不同。王国维认为：“‘美术者，天才之制作也。’此自汗德以来百余年间学者之定论也。”[②] 什么是“天才”？王国维认为：天才是与普通人不同的人，他“独能洞见其缺陷之处”，也能发现自己的特长，“志驰乎六合之外，而身扃乎七尺之内，因果之法则与空间时间之形式束缚其知力于外，无限之动机与民族之道德压迫其意志于内”，能够“知人之所不能知，而欲人之所不敢欲，然其被束缚压迫也与人同”[③]。王国维与郭沫若都曾受到德国美学的影响，王国维主要从康德那里得到哲学的思想，而郭沫若则主要从歌德那里获得诗的启发。王国维与郭沫若在阐述天才这个概念时，既有相同之处，也有较大的差别。王国维特别强调了哲学家与美术家的天职在于追求真理，在他眼中：“真理者，天下万世之真理，而非一时之真理也。”[④] 可见王国维眼中的天才，无论哲学家还是文学家，都是超越一时一地、超越现实的智者，有大智慧、大境界的人物。郭沫若的天才观显然与王国维有明显的差异，他更强调天才的人格，突出诗人、哲学家、艺术家的情感世界及其人格特征，同

① 田寿昌、宗白华、郭沫若：《三叶集》，亚东图书馆1920年版，第12页。

② 王国维：《古雅之在美学上之位置》，《王国维集》第1册，中国社会科学出版社2008年版，第184页。

③ 王国维：《叔本华与尼采》，《王国维集》第2册，中国社会科学出版社2008年版，第182页。

④ 王国维：《论哲学家与美术家之天职》，《王国维集》第1册，中国社会科学出版社2008年版，第181页。

时也强调了他们的现实情怀。

如果进一步分析郭沫若所描绘的孔子和歌德的天才特征，也许会理顺其天才观的脉络。先来看郭沫若笔下的球形天才孔子："孔子这位大天才要说他是政治家，他也有他的'大同'底主义；要说他是哲学家，他也有他 Pantheism 底思想；要说他是教育家，他也有他的'有教无类'，'因材施教'底 Kinetisch 的教育原则；要说他是科学家，他本是个博物学者，数理底通人；要说他是艺术家，他本是精通音乐的；要说他是文学家，他也有他简切精透的文学。便单就他文学上的功绩而言，孔子底存在，是断难推倒的：他删诗书，笔削春秋，使我国古代底文化有个系统的存在；我看他这种事业，非是有绝伦的精力，审美的情操，艺术批评底妙腕，那是不能企冀得到的。"① 这里从孔子一生的成就，描述了一个作为"球形天才"的全才、通才人物。但如果仅仅这样理解"球形天才"还不足以表现郭沫若的天才观。在郭沫若的眼中，孔子之所以是球形天才，主要在于他能够删《诗》与笔削《春秋》，这种文类的整理与美的选择，体现了孔子的智力与才华，同时也体现出"绝伦的精力，审美的情操，艺术批评底妙腕"，也就是那种对艺术的洞彻。同样，郭沫若眼中的歌德也是一个"博学而无所成名"的人物："他是解剖学底大家（解剖学中有些东西是他发现的），他是理论物理学底研究者（他有色素底研究，曾同牛顿辩论过来），绘画音乐无所不通，他有他 Konkursordnung（破产法条例）底意见，他有政治家和外交家底本能和经验……他有他的哲学，有他的伦理，有他的教育学，他是德国文化上的大柱，他是近代文艺的先河。"② 无论孔子还是歌德，郭沫若特别强调他们的"全"，突出他们"同时向四方八面，立体地发展了去"的"一切的天才"所具有的人格特征。作为天才的诗人也应当是这类全才、通才，是在人类社会各个方面都有所成就的天才。但是，仅仅具备这些全面的才能还不是郭沫若所期望的天才诗人。诗人可以是全才、通才，但诗人毕竟不同于哲学家、思想家等。在郭沫若的诗学体系中，天才的人与诗人是对等的，诗人能够成为真正的"人"才能有作诗的资格。诗是美的，诗人要写出美的诗，需要先有美的人格、美的思想。1920 年 2 月 16 日郭沫若致宗白华的信，是收入《文艺论集》中《论诗》的第三部分，其中书信的最后一部分被作者删去，但这被删去的部分有一个非常重要的观点，虽然仅仅是涉及郭沫若本人的一种表达，但从一个方面说出了诗人与诗的文体建设的重要关系："我的诗形不美的事实正由于我感情不曾美化的缘故。我今后要努力造'人'，不再乱做诗了。人之不成，诗于何有？"③ 诗人的人格与诗形的完美是一致的，诗的文体需要天才的诗人创造出来。这也正是郭沫若重视诗人人格与天才的重要缘由。

① 郭沫若：《论诗》，《文艺论集》，光华书局 1925 年版，第 333 页。

② 郭沫若：《论诗》，《文艺论集》，光华书局 1925 年版，第 334—335 页。

③ 田寿昌、宗白华、郭沫若：《三叶集》，亚东图书馆 1920 年版，第 50 页。

某种意义上说，郭沫若与后起的新格律诗派之间有诸多共同之处，他们对诗的理解许多观点颇多相同，闻一多、梁实秋等人非常赞赏郭沫若的《女神》，但在对诗的理解上，尤其诗与天才方面，他们与郭沫若又有本质的差别。梁实秋在一些文章中甚至不点名地批评了郭沫若。梁实秋认为："天才是一件玄妙的东西，天才被浪漫的批评家一解释，不但是玄妙的更厉害，而且还有几分的神圣了。一切离经叛道诡怪奇异的思想，和放纵沉溺游荡的恶习，都可借着天才的名义，变成荣耀。"① 这里几乎是针对郭沫若而发表的意见。梁实秋反对浪漫主义，反对文学中的感情泛滥，认为理性应当节制感情："情感不是一定该被诅咒的，伟大的文学者所该致力的是怎样把情感放在理性的缰绳之下。文学的效用不在激发读者的热忱，而在引起读者的情绪之后，于以和平的宁静的深思的一种舒的感觉。"② 梁实秋以及新格律诗派认为，只有那些天才的人物才能写诗，其主要目的是说：诗是少数人的事情，不是随便什么人都可以作诗，因为天才的人物具有纯净的情感和缜密的思想，能写出伟大的诗篇。而郭沫若更强调天才的人物具有全面的才能，拥有强盛的情感，能够抒发自己的感情，如天狗一样自由自在地喊叫。

## 三 新诗本体与诗的构造

新诗创造主体的问题尽管是新诗创作的关键问题，但这一问题主要还是诗作的外部问题，没有真正进入诗的文体构造的内部。在郭沫若的诗学理论中，讨论新诗人的出现，是他进入诗的文体的一个重要准备，是他的诗的文体理论构成的主体内容。如果再从郭沫若所阐述的诗人与创作的关系的角度去看，就可发现，郭沫若特别提出天才与诗人的关系问题，所看重的是天才诗人心中包含着丰富的情感，能够充满激情，发现天地间的自然运行的规律，从而形成新诗的韵律与规则。

郭沫若《论诗》第二部分即1920年1月18日给宗白华的信，体现了早期郭沫若的重要诗学思想。在这封长信中有3处论述到诗人或天才的内容，这3个段落的论述构成郭沫若诗学的核心，是认识诗人郭沫若，认识郭沫若的新诗创作的重要材料。而其中与诗的文体相关的论述，虽然被研究者广泛引用，但是一般被解释为浪漫主义诗人的思想表现，并没有被充分认识，需要在重新解读中发掘其新诗理论的美学价值："我想诗人底心境譬如一湾清澄的海水，没有风的时候，便静止着如像一张明镜，宇宙万汇底印象都涵映着在里面；一有风的时候，便要翻波涌浪起来，宇宙世汇底印象都活动着在里面。这风便是直觉，灵感（Inspiration），这起了的波浪便是高涨着的情调。这活动着的印象便是徂徕着的想象。这些东西，我想来便是诗底本体，只要把他

① 梁实秋：《文艺的无政府》，《浪漫的与古典的·文学的纪律》，人民文学出版社1988年版，第154页。
② 梁实秋：《文艺的无政府》，《浪漫的与古典的·文学的纪律》，人民文学出版社1988年版，第119页。

写了出来的时候，他就体相兼备。大波大浪的洪涛便成为‘雄浑’的诗，便成为屈子底《离骚》，蔡文姬底《胡笳十八拍》，李杜底歌行，当德 Dante 底《神曲》，弥尔栋 Milton 底《乐园》，哥德底《弗司德》；小波小浪的涟漪便成为‘冲淡’的诗，便成为周代底国风，王维底绝诗。日本古诗人西行上人与芭蕉翁底歌句，泰果尔底《新月》。"[①] 人们在解释郭沫若这一诗学理论时，一般将其指向浪漫主义自我表现，是诗人灵感再现的创作动机。但是，当我们将这些材料作为诗歌创作心理学或简单地贴上浪漫主义的标签时，也就无从发现其现代诗学的理论价值。如果将郭沫若的这些理论置于《论诗》的整体中来看，那么，郭沫若就不仅仅在阐述诗人的创作心理问题，也不仅仅在描述诗人的浪漫主义特征，而主要在阐述诗的文体创造的问题。正是这样，郭沫若将他这些理论阐述称为“诗底本体”，是风格不同、形态不同的诗篇。也就是说，郭沫若借讨论诗人的情感、情绪、心境、灵感等问题，深刻阐述了诗的文体的理论，将诗的文体形态作为新诗文体建设中的最重要因素，而且将诗的文体与诗人的创作过程联系起来，从而揭示出诗的韵律这个新诗文体最为本质的东西。

“五四”新文学运动以来，诗最本质的东西是什么？胡适提倡“文学革命”时期，诗的本质问题是白话能不能入诗，而在白话“尝试”入诗之后，更为深层的问题，即新诗格律的重建问题。胡适在《谈新诗》中说：古今中外的文学革命大都是先从“文的形式”入手，“大概都是先要求语言文字文体等方面的大解放”[②]。胡适从语言文字出发试图解决中国文学“诗体大解放”的问题，让新诗走进百姓的生活之中，这是符合晚清民国之后中国社会及其文化实际需要的，是以文学解决社会问题的重要突破口。而在郭沫若那里，他所看重的则是新诗本体，是如何创建现代中国人的新诗，实现新诗文体的现代转型。胡适也意识到：语言文字是新诗文体的突破口，但“光有白话算不得新文学，我们也知道新文学必须有新思想和新精神”[③]。在“诗体大解放”口号下的新诗创造中，胡适过于强调汉语语言文字的音节，看重新诗音节的“两个重要分子”：“一是语气的自然节奏，二是每句内部所用字的自然和谐”[④]。胡适的观点较之中国古典诗词或他所批评的旧诗人的诗学理论已经迈出了重要的一步，认识到了新诗音节与汉语表达方式的独特性，他着重于从语言文字本身寻找新诗的音节，在一定程度上把握了汉语诗的特点，但他却没有摆脱传统诗词的局限，也没有真正解决新诗音节的问题。郭沫若显然从更深的层面去把握新诗理论，从更切合新诗文体的角度阐述新诗的文体特征。郭沫若认为，诗不仅仅是语言音节，也不仅仅是外在的形式，而是自然的本体：“诗的生成，如像自然物的生存一般，不当参以丝毫的矫揉造作。我想新体诗的生命便在这里”。也就是说：新诗创作既是诗人

① 郭沫若：《论诗》，《文艺论集》，光华书局 1925 年版，第 331—332 页。

② 胡适：《谈新诗》，《胡适文集》第 2 卷，北京大学出版社 1998 年版，第 134 页。

③ 胡适：《逼上梁山》，《胡适文集》第 1 卷，北京大学出版社 1998 年版，第 156 页。

④ 胡适：《谈新诗》，《胡适文集》第 2 卷，北京大学出版社 1998 年版，第 141 页。

的“自然流露”，而且也是自然现象：“天然界的现象，大而如寥无人迹的森林，细而如路旁道畔的花草，动而如巨海宏涛，寂而如山泉清露，怒而如雷电交加，喜而如星月皎洁，莫一件不是自然流露出来的东西，莫一件不是公诸平民而听其自取的”①。在郭沫若这里，诗是自然的，如同自然现象一样不能有丝毫的矫揉造作。这里既是指诗的本真特色，同时也是指诗所具有的自然音节、自然形态。

因此，我们在郭沫若的诗论中，首先看到他从诗人的精神世界的探求中寻找新诗文体的韵律，将诗人的心境与新诗文体联系起来，从诗人的情感与心理世界的变化中探寻新诗韵律。所以：“诗人底心境譬如一湾清澄的海水”实际上是诗人情绪的表征，诗人情绪的变化与诗的节奏、韵律是一致的，有什么样的心情就是什么样的诗体，也就有什么样的音节与韵律。在此基础上，新诗文体根本上就是“人底问题与艺底问题”，“Inhalt 便是人底问题，Form 便是艺底问题”。因此，郭沫若特别赞赏宗白华的信中所说的“诗人人格”与“诗底构造”的问题：“一方面多与自然和哲理接近，以养成完满高尚的‘诗人人格’；一方面多研究些古昔天才诗中的自然音节，自然形式，以完满‘诗底构造’”②。新诗艺术、新诗的文体创造不是外在的，而从“诗人人格”而来。也就是说，只有那些具有完满的“诗人人格”的天才，才能拥有“诗人底心境”，才能有诗的艺术，才有可能创造出诗的自然音节与自然形式。

那么，什么是郭沫若所说的“自然音节”与“自然形式”？

胡适的白话诗理论主要就汉语语言文字本身阐述新诗音节的问题，这就是汉语语音结构与语气所呈现的诗的音节，胡适也把这种音节称为“自然音节”。但在郭沫若这里，“自然音节”不仅仅是语言文字的问题，而是与大自然联系在一起的宇宙万物所具有自然形式以及在这种自然形式中所隐含着的“自然音节”。郭沫若追求的是内在韵律，而不是外在韵律。在另一封致李石岑的信中，郭沫若说得更直接一些，诗的韵律是内在的，而不仅仅是形式的表征：“诗之精神在其内在的韵律 Intrinic Rhythm，内在的韵律（或曰无形律）并不是甚么平上去入，高下抑扬，强弱长短，宫商征羽；也并不是甚么双声叠韵，甚么押在句中的韵文！这些都是外在的韵律或有形律 Extraneus Rhythm。内在的韵律便是‘情绪底自然消长！’”③，因为“节奏之于诗是与生俱来的，是先天的，决不是第二次的，使情绪如何可以美化的工具”，“感情加了时序的延长便成为情绪，情绪的世界便是一个波动的世界，节奏的世界”④。因此，寻找诗的音节，不仅仅需要从诗的外形、语言文字方面，而且更需要从创造者自身出发，从诗与宇宙的内在关系上寻找。对此，郭沫若后来的《论节奏》一文中有更具体、

① 郭沫若：《论诗》，《文艺论集》，光华书局 1925 年版，第 340 页。

② 田寿昌、宗白华、郭沫若：《三叶集》，亚东图书馆 1920 年版，第 8 页。

③ 郭沫若：《致李石岑》，黄淳浩编：《郭沫若书信集上》，中国社会科学出版社 1992 年版，第 184—185 页。

④ 郭沫若：《文学的本质》，《学艺》1925 年第 7 卷第 1 号。

清晰的表述："本来宇宙间的事物没有一样是没有节奏的：譬如寒往暑来，暑往则寒来，寒暑相推，四时代序，这便是时令上的节奏；又譬如高而为山陵，低而为溪谷，陵谷相间，岭脉蜿蜒，这便是地壳上的节奏。宇宙内的东西没有一样是死的，就因为都有一种节奏（可以说就是生命）在里面流贯着的。"① 郭沫若将新诗的节奏纳入宇宙运行和万物变化的规律中来，将宇宙天体的运行与世间山川河流的演变视为真正的"自然音节"。诗的"自然音节"也追求音乐的精神，但诗不是音乐，音乐是有形的，"而内在律则为无形的交流"②。在这里，郭沫若已经超越了语言文字的局限，超越了外在律的束缚，找到了诗的自由的抒发方式。

## 四 从新诗向新诗哲学的迈进

在郭沫若的新诗理论中，他一方面将诗与哲学进行比较，分析其各不相同的特点，另一方面他又将诗置于哲学的范畴之中，阐述诗与哲学互为阐释的可能性。在他的观念中，哲学是诗的内涵，诗是哲学的最高表现形态。同时，新诗创作不仅仅是新诗艺术本身，而且是新诗哲学的美学建构。

在《论诗》及其他几封信中，郭沫若既比较了诗与哲学的异同，也构想了新诗哲学建构的一些理论问题："我想诗人与哲学家底共通点是在同以宇宙全体为对象，以透视万事万物底核心为天职；只是诗人底利器只有纯粹的直观，哲学家底利器更多一种精密的推理。"在这种情况下，诗人与哲学家表现出不同的特点："诗人是感情底宠儿，哲学家是理智底干家子。诗人是'美'底化身，哲学家是'真'底具体。"③ 具体到诗人身上，他应当是体相具备的天才，是诗人哲学家。郭沫若所描绘的诗的境界，也是一种哲学的境界，或者说，在郭沫若那里，诗与哲学的境界是同一的，诗应与哲学同体："我想我们的诗只要是我们心中的诗意诗境底纯真的表现，命泉中流出来的 Strain，心琴上弹出来的 Melody，生底颤动，灵底喊叫；那便是真诗，好诗，便是我们人类底欢乐底源泉，陶醉底美酿，慰安底天国。"④ 郭沫若这种对诗的境界的描绘，是诗的世界，也如浪漫派诗哲所说的"明显不是指单纯的诗的艺术作品，而是指作为理想的生活的世界"，"所谓诗的本体论，决不是一种单纯的艺术理论，不是像现代的现象学美学家茵加尔敦的艺术本体论那样，要解决艺术本身的存在结构和层次，而要解决人生问题，甚至宇宙论的问题"⑤。或者可以说：诗的世界就是一个哲学的世界，诗的问题就是人生的哲学的问题。刘小枫在解释这一问题时，

---

① 郭沫若：《论节奏》，《创造月刊》，1926 年第 1 卷第 1 期。

② 郭沫若：《论诗》，《文艺论集》，光华书局 1925 年版，第 324—325 页。

③ 郭沫若：《论诗》，《文艺论集》，光华书局 1925 年版，第 336 页。

④ 郭沫若：《论诗》，《文艺论集》，光华书局 1925 年版，第 330 页。

⑤ 刘小枫：《诗化哲学》，山东文艺出版社 1986 年版，第 30—31 页。

使用了“生命的诗化”的概念。他认为：“所谓生命（生活）的诗化，是指通过诗的活动穿透生活的晦暗不明的现象，揭示出超验的意义。”[①] 郭沫若《论诗》的诗论也正是这种“生命的诗化”。

在研究郭沫若“五四”时期的思想与新诗创作时，泛神论是一个不能绕过的概念。这一概念首先是由宗白华在致郭沫若的信中提出来的，他认为郭沫若“是一个Pantheist”，非常赞成郭沫若新诗创作中的这种泛神论思想，“因我主张诗人的宇宙观有 Pantheism us 的必要”。泛神论与郭沫若的自然主义诗学观是一致的，泛神论让郭沫若发现了回归自然的途径，也看到了诗人自然流露诗的精神。可以注意到，郭沫若非常赞赏民谣民歌一类的文体，因为在这类文体中表现出了人类早期的诗化哲学：“原始人与幼儿的言语，都是些诗的表示。原始人与幼儿对于一切的环境，只有些新鲜的感觉，从那种感觉发生出一种不可抵抗的情绪，从那种情绪表现成一种旋律的言语”[②]。这种言语与诗的生成是一样的，或者说这种言语本身就是诗。在这里，无论从发生学的方面讲还是从诗的本质方面讲，自然与诗人一体，诗学与哲学是一体的，诗的本体与哲学是一体的。

《论诗》仅仅是郭沫若有关新诗理论的一小部分，但这小部分却是郭沫若诗论的精华之所在，涉及新诗创建时期诸多重要理论问题，也反映出郭沫若诗学思想的主体。由此出发，也许还可以看到郭沫若诗论更加精彩的内容。

（原载《齐鲁学刊》2019 年第 1 期）

---

① 刘小枫：《诗化哲学》，山东文艺出版社 1986 年版，第 167 页。

② 郭沫若：《论诗》，《文艺论集》，光华书局 1925 年版，第 341 页。

# 朝鲜镜鉴与五四中国

## ——现代东亚视角中的《牧羊哀话》

韩 琛

1919年初，正在日本九州帝国大学留学的郭沫若，完成了以朝鲜为背景的小说《牧羊哀话》。在自传《创造十年》中，郭沫若声称这篇小说“只利用了我在一九一四年的除夕由北京乘京奉铁路渡日本时，途中经过朝鲜的一段经验，便借朝鲜为舞台，把排日的感情移到了朝鲜人的心里。那全部的情节只是我幻想出来的，那几首牧羊歌和一首《怨日行》，都是我自己的大作。”至于虚构这篇小说的触发点，郭沫若将之归结为1919年巴黎和会引爆的“山东问题”：“转瞬便是一九一九年了。绵延了五年的世界大战告了终结，从正月起，在巴黎正开着分赃的和平会议。因而‘山东问题’又闹得甚嚣尘上来了。我的第二篇的创作《牧羊哀话》便是在这时候产生的。”[①] 透过《牧羊哀话》，郭沫若建立起一个基于个人体验的复杂历史情景，各种历史元素交错碰撞的1919年的世界状况，被曲折反映在这篇相对简单的小说中，并因此使之获得独特的文学史价值。对郭沫若来说，这是一个中国作者在日本书写的朝鲜故事，其中蕴含的排日情绪因此暧昧复杂；就朝鲜而言，民族自决原则成为“一战”后世界和平决议的组成部分，这让朝鲜精英相信，朝鲜依据民族自决原则也应当独立[②]；从东亚地缘政治角度来看，山东问题触发了中国的朝鲜记忆，朝鲜存亡始终是东亚政治的核心问题；就“一战”后的世界秩序重构来说，日本成功跻身于帝国主义国家行列，并试图通过巴黎和会“合法”取得德国在山东的权益，这将是其进一步殖民东亚的新起点。总体上，《牧羊哀话》以文学形式再现了“一战”后世界秩序重构引发的东亚地缘政治危机，并共振于五四运动所表征的中华民族主义悲情。

### 一 五四运动与《牧羊哀话》

“一战”结束后的巴黎和会所带来的世界秩序重整，深刻地影响了东亚地区。

---

① 郭沫若：《创造十年》，《郭沫若全集》文学编（第12卷），人民文学出版社1992年版，第62页。

② ［韩］李基白：《朝鲜史新论》，厉帆译，国际文化出版公司1994年版，第356页。

1919年3月1日，朝鲜发生争取国家独立的“三一”运动；同年5月4日，中国爆发五四运动。在日后追叙中，郭沫若将朝鲜、《牧羊哀话》与五四运动联系起来：“不久之间五四运动的风潮便澎湃了起来。那在形式上是表示为民族主义的自卫运动，但在实质上是中国自受资本主义的影响以来所培植成的资本主义文化对于旧有的封建社会作决死的斗争。自从那次运动以后，中国的文化便呈出了一个划时期的外观。”①

就“民族主义的自卫运动”这一定性来说，朝鲜“三一”运动与中国五四运动具有内在一致性。此一时期的日本，也处于民权兴起的大正民主时代（1912—1926），明治时代形成的由皇室、藩阀、官僚主导的国家威权政治，遭到大众民主主义运动的挑战。这三个运动都是国民主体的现代民族主义、民主主义思潮在东亚的表征。特别是中国和朝鲜，二者都以反帝反殖民的国内社会运动的形式，介入战后国际新秩序的重建过程。先发的“三一”运动，在一定程度上影响了后发的五四运动。“三一”运动发生后，陈独秀在《每周评论》撰文指出：“这回朝鲜的独立运动伟大、诚恳、悲壮，有明了正确的观念，用民意不用武力，开世界革命史新纪元。……有了朝鲜民族运动光荣，更见得我们中国民族萎靡的耻辱。共和已经八年，一般国民不曾一天有明了正确意识的活动。……我们比起朝鲜人来，真是惭愧无地！”②“五四”当天的传单中亦写道：“朝鲜之谋独立也，曰：‘不得之，毋宁死’，夫至于国家存亡，土地割裂，问题吃紧之时，而其民犹不能下一大决心，作最后之愤救者，则是二十世纪之贱种，无可语于人类者矣。”③ 民族主义与民主主义是相辅相成的现代性要素，社会民主运动通常也伴随着民族独立运动、地方自治运动的出现。朝鲜追求国家独立的“三一”运动，其实也是主张保障国民权利的民主主义运动，而五四运动亦是结合民族主义与民主主义的现代启蒙运动。

郭沫若关于五四运动是资本主义文化运动的判断，也可以直接套用于朝鲜“三一”运动。争取国家独立是“三一”运动的形式性目的，在这个目的之中其实包含着其他核心内容：个人自主、人类平等、科学理性……“三一”运动的《独立宣言》开篇即声称：“吾等兹宣布我朝鲜为独立国，朝鲜人为自主民。以此告世界万邦，克明人类平等之大义……”并申明运动的目的是“欲宣扬我旧来之抑郁，摆脱我时下之共痛，蔓除我将来之胁威，兴奋伸张我民族的良心，国家的廉义之压缩消残者，遂我个人人格之正当发达”，以及“良心与我共存，真理与我并进”的个性解放精神与

① 郭沫若：《创造十年》，《郭沫若全集》文学编（第12卷），人民文学出版社1992年版，第63页。

② 陈独秀：《朝鲜独立运动之感想》，《每周评论》第14号，1919年3月23日。

③ 《北京学界天安门大会宣言》，中国科学院历史研究所第三所近代史资料编辑组编：《五四爱国运动资料》，科学出版社1959年版，第181页。参见周策纵《五四运动史》，陈永明等译，岳麓书社1999年版，第152页。

科学理性思想[①]。国家独立的根本目的是实现个人自主、社会平等和理性精神，国家救亡与社会启蒙是表里一体的共生关系，而不是彼此压制的对立关系。不过，国家存亡危机让民族主义的初级目标，在很大程度上遮蔽了社会启蒙的基本诉求，民族、民主与科学相结合的现代启蒙运动，终而被理性地凸显为民族主义运动，立国压倒立人、立宪，成为中朝两国不同社会运动的核心诉求。在一个帝国主义主导的全球政治空间，第三世界首先要追求国家独立带来的安全感，其实是一个迫不得已的历史选择。

启蒙与救亡、个人主义与民族主义在五四中国的矛盾纠结，被《牧羊哀话》体现为“悲恋”与“反日”主题的共振。经过详细的资料考证之后，藤田梨那认为，“《牧羊哀话》的创作背景不仅与巴黎和平会议有关，而且也与朝鲜李王世子的婚姻有一定的关联。郭沫若从李王世子的婚姻受到启发，构想了这一篇以朝鲜为舞台的悲恋故事。”[②] 1910 年代后期，在日本政府的安排下，李王世子李垠被迫放弃与朝鲜贵族女子闵甲完的婚约，转而与日本皇族梨本宫方子订婚。日本殖民朝鲜导致的国家沦亡，显然是造成这起婚变发生的决定性因素。郭沫若创作《牧羊哀话》时，也许的确参考了这个事件，因为李垠的婚约登上了当时日本各大报纸。不过，就《牧羊哀话》创作的五四时代而言，这篇小说所涉及婚姻、家庭、国族等问题，也是新文化运动关注的重要问题，五四新文学之问题小说的兴起，也主要源于对这些社会问题的关注。故此，《牧羊哀话》虽然以朝鲜为书写对象，但基本意涵却是五四启蒙精神，朝鲜不过是郭沫若表达启蒙思想的媒介。其中，“悲恋”主题指向主张个人自主的恋爱自由，“排日”主题表征国家独立的民族主义立场，《牧羊哀话》即是以朝鲜为舞台上演的启蒙与救亡的双重变奏。当然，这照例也是一个救亡纠结启蒙、家国交织个人的叙事，并且在小说中被非常吊诡地表现为朝鲜属下以死效忠贵族主人的牺牲故事。实际上，早期东亚民族主义总是表征为一种“尊王攘夷”论，新国族共同体之建构需要附丽于帝王肉身，而现代国族认同中也往往游荡着传统帝国认同的幽灵。

在东亚现代转型的历史过程中，中朝日之间的地缘政治纠葛延续始终，至今不能完结。朝鲜国运与中国兴衰的强烈连带性、中朝日现代性历程的彼此纠结、东亚政经中心的历史转移、国际秩序的现代重构等因素的共同作用，让不同国度内的社会运动与文艺创作，往往具有超越一国界限的跨界性质。《牧羊哀话》即再现了五四运动之本土性、东亚性与世界性的叠合。这不仅表现在小说之生产语境的跨国性质：郭沫若

---

① 本论所引述朝鲜“三一”运动《独立宣言》部分内容的中文译文，系来源于李基白的《朝鲜史新论》和杨昭全的《朝鲜三一运动史稿》。李基白：《朝鲜史新论》，厉帆译，国际文化出版公司 1994 年版，第 357 页；杨昭全：《朝鲜三一运动史稿》，吉林文史出版社 1993 年版，第 239 页。“三一”运动《独立宣言》全文的当代中文翻译，可参见韩国网络外交使节团“韩国之友”（VANK）在“独立运动家之梦”网站上发布的中文译文。网址 http：//kkum. prkorea. com/proclamation/。

② ［日］藤田梨那：《关于郭沫若〈牧羊哀话〉的背景及创作意图之考察梗概》，《郭沫若学刊》2003 年第 1 期。

在日本创造了一个关注中国命运的朝鲜故事；也体现于小说叙事本身的跨界设计：一个中国游客在朝鲜听到这个因日本殖民而导致家破人亡的"悲恋故事"。那么，郭沫若为何要将感怀中国兴亡的郁结寄寓于一个朝鲜故事？在藤田梨那所指出的具体历史缘起之外，或者还有另外一个更为根本性的原因：1895 年中日《马关条约》所造成的朝鲜失去国家独立的事实，是中国从传统王朝帝国转型为现代民族国家的关键历史节点。

## 二 在朝鲜发现儒教中国

从现代国际秩序以民族国家为基本单位的角度来看，朝鲜独立也就是中国独立。华夏藩属朝鲜的独立，让中国在失落之余，也免却了王朝帝国的无限责任，进而可以作为一个现代国家，参与国际秩序的建构中。不过，致力于现代民族国家的历史建构，并不意味着天下帝国秩序的彻底退场，其实际上已经变换为一种天下帝国无意识，始终深刻影响着 20 世纪中国的历史进程。因缘于此，现代中国作者的周边书写，也往往会特别留意中华文明的普遍存在。《牧羊哀话》的朝鲜想象也不例外。郭沫若在小说中频频强调朝鲜的中国印记，近乎刻意地将朝鲜营造为一个"古典小中华"。具体而言，《牧羊哀话》之"牧羊"意象的建立，可能源于《史记·苏武传》与唐传奇《柳毅传》。前者中的苏武，不屈于匈奴，持节牧羊于北海十九年，是不忘故国、忠君守节的汉人典范。后者中牧羊女的贵胄身份，被郭沫若摹写在小说中：牧羊女佩荑之父系李朝朝鲜的子爵。其实，作为一个农耕国家，牧羊非朝鲜畜牧传统①，牧羊意象仅为用来突出忠于故国的悲情与节烈，并隐含以朝鲜为华夏故地的历史无意识。

在牧羊这一情节之外，《牧羊哀话》中的朝鲜风物充斥着浓郁汉风，屋居摆设、庭院门宇、文字历法、风物景观、礼仪文化的描写，无一不是汉文化的传统风范。另外，在 1920 年创作的诗剧《湘累》中，郭沫若设置了屈原之姐"女须"这样一个人物形象，并在诗中说她"白衣碧裳，俨如朝鲜女人妆束。"② 这似乎表明，郭沫若认为朝鲜服装才是汉服正统，而在本土中国，实际上已经找不到真正的汉服。也就是说，《牧羊哀话》隐含着一个颠倒的中国认同，异邦朝鲜看上去比本邦中国还要中国化。郭沫若不仅要通过朝鲜来表达中华民族主义立场，而且还在朝鲜重新发现了"典范中华"，其本体则失落于中国故土。郭沫若极为中国化、传统化的朝鲜想象并非空穴来风，而是有其现实依据。1927 年 4 月至 1928 年 8 月，中国学者魏建功曾经任教于朝鲜汉城的京城帝国大学，根据寄寓朝鲜期间的日常所见，他写下十数篇

---

① 丁晓杰：《朝鲜牧羊业与日本的殖民统治》，《史学集刊》2008 年第 2 期。

② 郭沫若：《湘累》，《郭沫若全集》文学编（第 1 卷），人民文学出版社 1992 年版，第 17 页。

《侨韩琐记》，并得出结论认为，相对于中国人生活思想的三教合一，朝鲜人的生活与思想则是纯粹儒教化的。“浅浅的观察，大概朝鲜人的思想与生活几于是整个的儒教化，所以他们比我们道教杂些儒教和佛教的混合思想与生活单一些。”[①]《牧羊哀话》的朝鲜想象，约略就是“礼失而求诸野”。

早在清代，朝鲜士人便认为，“‘明朝后无中国’，但是朝鲜却有‘后明朝’或‘小中华’。”[②] 因为明清易代之后，虽然朝鲜对清朝继续履行藩属国义务，但是“尊周思明的理念，贯穿整个朝鲜王朝。朝鲜人宣称‘明之于我即周之于鲁’。……朝鲜认为明朝为中华，朝鲜为小中华，清朝为夷狄。”而且，与中国之文明/文化主义的华夷观不同，朝鲜的华夷观更为强调种族差别，“在朝鲜‘小中华’思想中，只认同汉族的政权具有中华正统，非汉族的任何王朝都被斥为夷狄，……他们认为在中华世界体系中，唯有朝鲜实现了由‘夷’到‘华’的转变。”[③] 朝鲜王朝的小中华思想及其历史实践，自然有其政治现实主义的考虑，即通过别夷狄、树正统来制造李朝朝鲜政权的合法性。中国的华夷观是一个自我中心主义的文明帝国观，区别华夷的最终目的是要用华夏文明改造化外夷狄，进而达成天下一家的大同愿景，华夷界限一般而言并不十分明确，唯有在外患严重的状况下才会严防华夷，例如孱弱的赵宋王朝即是如此。至于朝鲜的华夷观，实际上更像一个（现代）民族国家观，区别华夷的目的是为明确自身作为小中华的正统性，这个正统其实就是朝鲜作为自主国家主体的独特性，从而反向确证自己作为独立自主的藩属国的合法性。极端坚持自身之“小中华”身份的华夷有别观，显示了处身华夏边缘的朝鲜，纠结于“事大主义”与“抵抗主义”之间，但终究落实于抵抗主义的历史状况。即是说，朝鲜的小中华意识产生的历史根源，实际上是为了区隔于大中华，并隐含着与中华帝国分庭抗礼的独立自主意识。

故此，当郭沫若在《牧羊哀话》中以朝鲜为媒介来抒发自己排日的中华民族主义立场时，实际上就隐含着中国观、华夷观的现代变形，即从天下帝国到民族国家、从文明/文化主义到种族/民族主义的转变。朝鲜强调种族差异的中华正朔想象，恰好契合于这种现代民族主义观念的兴起。但是，这并不意味着天下帝国、礼教文明观念的消除，而是说以民族/种族之区隔为想象基础的东亚现代国家认同中，其实隐含着对儒教轴心的天下帝国思想的批判性继承，种族观念中包含华夷辩证的魅影，而民族国家想象中有天下主义的文明论精神。1944 年，郭沫若在论述明朝灭亡教训的《甲申三百年祭》中声称，满清入主中原是一个“种族的悲剧”，崇祯皇帝的内耗、李自

① 魏建功：《侨韩琐记》，《魏建功文集》（伍），江苏教育出版社 2001 年版，第 173 页。

② 葛兆光：《宅兹中国：重建有关“中国”的历史论述》，中华书局 2011 年版，第 156 页。

③ 孙卫国：《大明旗号与小中华意识——朝鲜王朝尊周思明问题研究（1637—1800）》，商务印书馆 2007 年版，第 418—419 页。

成集团的内讧，是导致种族悲剧的原因①。以满清入主中原之“种族的悲剧”的形成，来影射抗日战争期间的国共两党对抗，其实是试图从传统“尊王攘夷”论中汲取历史资源，将“种族竞争”说进行本土化重构，种族观与华夷观在此达成一种合作关系。其中，古典时代的“尊王攘夷论”，被转化为现代世界的“尊国攘夷论”，我国中华与他邦夷狄不再是内外有别、华夷有序的中华中心的文明等级单位，而是以民族国家为主体的世界体系中的平等竞争对手。

在东亚各国现代民族主义形成的过程中，源自春秋时代的“尊王攘夷论”，往往扮演了极其重要的角色，是各国民族主义发生的本土文化资源之一。具体到《牧羊哀话》这篇小说来讲，其大体上也是一个“尊国攘夷”的民族主义叙事，所谓“尊国”，约略就是以朝鲜为媒介“发明”一个儒教中国，而“攘夷”就是排日，日本是中朝两国共同的夷狄他者。

## 三　日本帝国与朝鲜他者

与中国人是朝鲜受难史的叙述者、见证者不同，作为批判对象的帝国日本，在《牧羊哀话》中并未真正出现，但却是一个影响巨大的“不在场的在场者”。不仅小说本事可能来自日本报纸的报道，而且小说再现的朝鲜自然景观，可能大多也来自郭沫若的日本经验。这主要体现在两个方面。其一是日本人的朝鲜书写、摄影造成的影响。郭沫若对此曾有过说明：“我的关于金刚山的知识，只是看过一些照片和日本文士大町桂月的《金刚山游记》。”② 其二是以日本风景为参照来再现朝鲜。小说对于朝鲜村庄仙苍里沿海松林的书写：“村南村北，沿海一带，都是松林……”很可能来源于郭沫若对日本城市福冈——郭沫若留学的九州帝国大学所在城市——的深刻印象：“（福冈）市东尽头处有一带大松原，沿着海湾就和围墙一样，怕有五六里远。日本人称为‘千代松原’，在古书上又称为‘十里松原’。”③ 也就是说，郭沫若对朝鲜风物的认知大体上源于日本，他是透过日本来观察并书写朝鲜风物故事的，在其“排日”的中华民族主义视野中，其实隐藏着一个现代日本的“帝国之眼”。

作为一个独立国家的朝鲜及其风景，在中国文学书写中的真正出现，可以说是在1895年之后发生的事情。如果朝鲜在此之前是作为“华夏边缘”风景而相对存在，那么在此之后，就是作为“中国周边”风景而可能独立存在，继而又作为“日本殖民地”风景而不存在，因为朝鲜作为殖民地，变成日本帝国风景的一部分。朝鲜不存在的状况就体现在，当郭沫若试图展现一个朝鲜风景时，他唯有通过日本想象朝鲜

① 郭沫若：《甲申三百年祭》，《郭沫若全集》历史编（第4卷），人民文学出版社1992年版，第203—204页。

② 郭沫若：《创造十年》，《郭沫若全集》文学编（第12卷），人民文学出版社1992年版，第62—63页。

③ 郭沫若：《创造十年》，《郭沫若全集》文学编（第12卷），人民文学出版社1992年版，第37页。

的模式来进行，从而导致关于一个独特的朝鲜风景的再现，变成对于日本内部风景的体验、模仿与想象。简而言之，五四中国的朝鲜认识及其想象，如果不经由现代日本这个媒介，在很大程度上是不能完成的，这既是帝国主义政治的后果，也是一个全球现代性的后果。由此我们可以理解，为什么鲁迅要将自己的文学起点设置为留学日本时期的“幻灯片事件”，因为经由现代帝国日本的中介，鲁迅发现作为一个国族的现代中国。这并不是说不经由现代日本的中介，朝鲜、中国就不能完成现代化，而是说日本的现代性实践及东亚扩张，构成了东亚现代性的区域性体制与历史性尺度，中国、朝鲜只能通过与之比较、抵抗，才能构成自己的现代路径。1895 年之后，整个东亚的现代化是在日本语境下进行的，这既是一个日本帝国殖民扩张的进程，也是中朝抵抗日本殖民侵略的历史；既是一个日本重构东亚地缘政治风景的时代，也是一个中朝再造国家主体的过程。据此言之，《牧羊哀话》是一个充满内在悖论的文本，其中蕴含的激烈排日的民族主义立场，并不能排除日本“帝国之眼”的时刻在场，日本不仅是作为一个敌对他者，而且是作为一个笼罩性的现代主体在场。

实际上，排日的民族主义与以日本为东亚现代中心的观念并不矛盾。甲午战败之后，民族主义思想的兴起与向日本学习的热潮同时出现在中国，对日本现代经验的各个层面的借鉴，极大地影响了中国的现代化进程。排日的民族主义激情与追随日本现代性的诉求彼此纠结，也广泛地存在于现代朝鲜历史之中。例如，在甲午战争前后，朝鲜知识者在论述中蔑视清国为“贱之清”，而以日本为亚细亚盟主[①]。易言之，国家现代化进程的成功，以及在中日战争中的胜利，让日本成为东亚现代化的典范，是中朝两国一时共同追慕的对象。就是这个落差极大的日本认识——帝国主义日本与现代化典范日本、亚洲殖民者与亚洲盟主——的存在，让《牧羊哀话》的排日民族主义在激烈之余亦有游移，总是隐含对于先进日本的钦羡之情。于是，在一个线性时间序列中，《牧羊哀话》将朝鲜刻画为中国的过去，其中几乎没有一点现代事物，完全是一个前现代时空。中国人作为一个过客，并未亲历家破人亡的被殖民历史，而是在事件发生之后的道听途说。“我”，也就是作者，是立足于现代去追溯历史，“我”所在的是历史的现代此刻；至于一直没有出现的日本，其实已经位于现代时间的前方，即一个更为现代的历史位置。因此，当“我”想象性地站在朝鲜金刚山麓时，居然看到一条百川归海的历史之河：

> 那东南边松树林中，有道小川，名叫赤壁江，汇集万二千峰的溪流，暮暮朝朝，带着哀怨的声音，被那狂暴的日本海潮吞吸而去。[②]

---

① 白永瑞：《思想东亚——朝鲜半岛视角的历史与实践》，生活·读书·新知三联书店 2011 年版，第 185—186 页。至于日本对于晚清民初之中国现代转型的巨大影响可参见任达《新政革命与日本——中国，1898—1912》，李仲贤译，江苏人民出版社 2010 年版。

② 郭沫若：《牧羊哀话》，《郭沫若全集》文学编（第 9 卷），人民文学出版社 1992 年版，第 3 页。

这是一个交织着帝国批判与现代趋向的复杂意象。“日本海潮”既是试图殖民东亚的帝国主义象征，似乎也是东亚现代性历史逻辑的终点。如前所述，在晚清民初的中国与朝鲜，日本已然成为两国追求现代性的模板。与时间线索上的进化论历史叙事相对，《牧羊哀话》亦反映了一个不对等的东亚地缘政治体系的历史成型，夹持于中国和日本之间的朝鲜，在中国作者的想象中是这个空间的边缘部分，其唯有在日本殖民扩张野心不断膨胀、中国面临的威胁日益紧迫的状况下，才会作为一个亡种亡国的反面教材，进入中国视野。甚至于中国知识者，亦会基于一种发展进步论而肯定文明日本对野蛮朝鲜的殖民。1914 年，陈独秀发表文章认为，朝鲜被日本殖民是不可避免的历史必然：“朝鲜地小民偷，古为人属，君臣贪残，宇内无比。自并于日本，百政俱兴，盗贼敛迹，讼狱不稽，尤为其民莫大之福。然必欲兴复旧主，力抗强邻，诚见其损，未睹其益。”[①] 1919 年发生的“三一”运动，虽然改变了中国知识者的朝鲜认识，但是我们仍然可以从《牧羊哀话》中看到对于朝鲜的无意识贬低。“哀话”表现的其实就是一种被必然性的世界史逻辑所掌控的无力感，在这个总体性的世界史逻辑中，朝鲜是作为一个非历史的他者被扬弃的，小说中的朝鲜所指涉的传统中国，同样也是一个被否弃的形象，除非二者能够通过现代启蒙、文明自觉和政治抵抗，将自己重构为现代世界中的重要力量，否则只能作为殖民对象变成世界史洪流中的无名碎片。

相对于建构历史叙事的中国/人，以及“不在场的在场者”日本/人，作为小说主角的朝鲜/人，在《牧羊哀话》中其实是不存在的。抑或更为恰当地说，是完全模糊不清的。在小说中，牧羊女被设置为影影绰绰的远方风景，未及落目便转瞬即逝，“女郎的歌声，早随落日西沉。女郎的影儿，也被前山掩去了。”[②] 至于小说叙事，也在整个结构上被设计为“我”在旅行中的“道听途说”。“我”之注定短暂的游历，在空间上将朝鲜隔离于“世界”之外，而老妇人的回忆性讲述，则在时间上将朝鲜置于“现代”之前，《牧羊哀话》因此是一个不属于现代世界的故事，小说整体上所建构起来的前现代文化氛围，就是最好的说明。朝鲜“在场的不在场”状况，不仅仅是《牧羊哀话》的问题，也是之后中国文学的朝鲜叙事的普遍特点。郭沫若完成于 1933 年的《鸡之归去来》，虽然以在日朝鲜人为讨论对象，但是朝鲜人在小说中完全没有出现过，有关在日朝鲜人的一切认识，都是建立在日本人流言的基础上。在台静农 1926 年创作的小说《我的邻居》中，一堵高墙隔离了朝鲜邻居和我，有关朝鲜邻居的种种描述，其实都是我根据蛛丝马迹生出的臆测。无名氏的朝鲜人抗日三部曲《红魔》《龙窟》《幻》，虽然刻画出一系列英雄朝鲜人形象，但是这些形象往往

---

① 陈独秀：《爱国心与自觉心》，《甲寅》第 1 卷 4 号，1914 年 11 月 10 日。

② 郭沫若：《牧羊哀话》，《郭沫若全集》文学编（第 9 卷），人民文学出版社 1992 年版，第 6 页。

是建基于作者主观意志的“想象的他者”①。在更多的有关朝鲜流亡者的其他小说中，如蒋光慈的《鸭绿江上》、舒群的《没有祖国的孩子》等，朝鲜的意义往往只是作为现实中国的殷鉴而存在。

当然，所谓“在场的不在场”的朝鲜，仅仅是一个相对性的修辞，其试图总结的是相对于中国、日本在这些文本中的绝对存在状况，以及日本书写在中国现代文学中的庞大体量，朝鲜则在相对意义上是一个“不在场者”。《牧羊哀话》表面上是以朝鲜为中心的小说，其在场性不容怀疑，但是这个看上去无可置疑的书写对象，仅仅是作为儒教中国的周边镜鉴而在场，其是一个在时间和空间上终归要被否定的历史他者。

## 四　五四中国：纠结新与旧

出现于五四历史场域中的《牧羊哀话》，其实是一首有关中国传统文化的挽歌。这篇小说充满了对于儒教中国的留恋，乃至于其民族主义立场几乎是完全建立在儒教传统的基础上。表面上看，《牧羊哀话》以朝鲜为媒介的尚古想象，似乎与五四新文化运动的反传统主张彼此冲突。不过，正是《牧羊哀话》的这个矛盾状况，带来了重新认识五四中国的契机。其实，五四中国与五四运动是两个概念，五四中国指的是五四运动时期的中国，新文化运动只是五四中国的一个面向，虽然在现代中国历史书写中，五四新文化运动似乎能够涵盖五四中国的一切历史元素。

在中国现代文学史论述中，《牧羊哀话》是五四新文学经典，其反映了救亡交织启蒙的时代主潮。然而，这只是后设文学史叙事的阳面部分。实际上，《牧羊哀话》以朝鲜为媒介的儒教中国再生产，恰恰呈现的是被历史压抑的“阴面的五四”：五四新文化运动所反对之传统——儒教，在这一时代依然拥有深入而广泛的社会影响力，并导致了各种儒教复兴运动的持续发生。自 1912 年中华民国建立之后，从“孔教会”成立到“孔教入宪”运动，再到梁漱溟、张君劢等现代新儒家的兴起，儒教复兴思想及其社会实践自始至终是一股重要的意识形态力量，士绅集团一直试图将儒教建构为整合社会、再造国家的思想机轴。因此，不断发生的儒教复兴运动，与反传统的新文化运动一样，亦是民国社会的主流思潮之一，其提供了以复古为革命的发展路线。陈志让认为：“从袁世凯就任总统到张作霖就任大元帅（1912 年到 1927 年），这十几年中军阀因袭了清末保守派文化的传统。他们表现的第一个特点就是几乎全都尊孔。”②

士绅军阀推崇尊孔重教有其实用主义的目的，但这也是因为儒教依然拥有极其广

① 吴敏：《被湮没的记忆——无名氏三部韩人抗日题材小说》，《当代韩国》2008 年春季号。

② 陈志让：《军绅政权：近代中国的军阀时期》，广西师范大学出版社 2008 年版，第 160、163 页。

泛的社会影响。另外，五四新派知识者全面反传统的激进姿态，恰恰也说明传统本身的雄厚社会基础，儒教从未退出现代中国的政治生活与日常生活。鲁迅小说《狂人日记》中的赵庄，被礼教意识形态完全控制，《牧羊哀话》中的朝鲜同样如此，上上下下依然为纲纪礼教所笼罩。李朝子爵闵崇华远处江湖而忠其君，尹子英以死殉上而忠其职，敏佩荑牧羊田野而贞其婚，这些忠孝节义之举，最后统统投射为忠其国的民族主义。至于小说中的那些不忠不义不贞之徒，如尹石虎和闵李玉姬，则都犯下违背道德人伦的罪行。为父的杀子，为妻的弑夫，于是因果有报应，最终则不是自杀，就是不知所踪。《牧羊哀话》的保守主义倾向，还表现在其露骨的慕中华、反现代的刻板设计上。小说中的贵族子爵叫闵崇华，这是一个中华中心主义的人物设计[①]，至于其继室李氏夫人，则被设定为一个新派人物。“李氏夫人也是名门小姐，从小时便到日本留学，毕业之后，又曾游历过纽约、伦敦、巴黎、维也纳。算来在国内的时候少，在国外的时候多呢。……子爵未弃官以前，李夫人在京城里，要算是数一数二的社交家。客人你想想，这样个聪明伶俐、有学问、有才干的新夫人，怎么能自甘淡泊，久受这山村生活的辛苦呢?”[②] 李氏夫人的人生履历似乎是在暗示，密谋杀夫叛国就是因为她的现代与新派，而现代/城市朝鲜则注定不能忍受传统/乡土朝鲜。在《狂人日记》中被描述为封闭、堕落的传统乡土社会，在《牧羊哀话》里被扭转为礼仪道德的最后栖地，吃人的古典铁屋子变成永恒的传统桃花源。

与《狂人日记》彻底反传统的启蒙现代性立场不同，《牧羊哀话》表现了启蒙与传统彼此纠结的五四思想状况，其以朝鲜为方法的反帝反殖民的民族主义诉求，也建立在对一个中国中心的东亚儒教共同体的想象上。除了满足整合社会、重构家国的内部需要之外，传统文化的复兴、尊孔运动的兴起与整理国故的提倡，也关联于“一战”前后的全球现代性危机。对于中朝两国来说，来自殖民帝国主义的压迫，以及对于现代性后果的认知，令二者在追求现代化的同时，也往往生发反抗现代性的批判意识。一方面，中国知识者不得不承认西方现代文明的优越性，“自汉以来，中国教化日益微灭；而政教风俗，欧洲各国乃独擅其胜。”[③] 另一方面，以文明论为借口的社会达尔文主义的流行，导致了帝国殖民与帝国战争，整个世界陷入弱肉强食的新战国时代。对于五四时代的中国知识者来说，巴黎和会上的山东问题的出现，在很大程

---

① 历史上，中华文明对周边国家影响巨大。朝鲜、越南、琉球等中华藩国，皆在朝贡体系下生存发展，奉中国为文明中心并极力模仿，朝鲜的“小中华”认同即为其中典范。朝鲜李氏王朝的朴趾源（1737—1805）在著作《热河日记》写道：“东国慕华，即其天性也。考究二十一代史，号为新罗、高丽，上下数千年间，有夫一惊边上之尘者乎？……我东三国时，新罗最先慕唐，以水路通中国，衣冠文物悉效华制，可谓变夷为夏矣。……高丽继新罗，延历五百年间，不无六七之作。虽其继体时有秕否，然不替慕华之诚，至于发梦寐。”朴趾源：《热河日记》，朱瑞平点校，上海书店出版社 1997 年版，第 213 页。

② 郭沫若：《牧羊哀话》，《郭沫若全集》文学编（第 9 卷），人民文学出版社 1992 年版，第 8 页。

③ 郭嵩焘：《光绪四年二月初二日记》，《郭嵩焘：巴黎与伦敦日记》，钟叔河、杨坚整理，岳麓书社 1984 年版，第 491 页。

度上凸显了现代性的帝国主义面向，并使他们意识到欧洲现代文明的复杂性。那些“在中国甚至崇拜学习西方文化的人，如严复、梁启超、陈焕章，也开始怀疑西方文化的价值。在五四时期‘打倒孔家店’的潮流之外，也有保存国粹、建立孔教为国教、提倡和发扬东方精神文明之类的趋向。这些趋向发展为‘科学与玄学’之争、‘中国本位文化’的建设运动。”①

儒教复兴运动与打倒孔家店、传统复辟与激烈反传统、保存国粹与现代启蒙、中学为体与西学为体、激进主义与保守主义之间的对立、纠结与共生，构成了五四中国的核心思想状况。从《牧羊哀话》来看，这两个潮流实际上面对的几个基本问题是一致的：国家独立统一的问题、帝国主义压迫的问题、现代性危机的问题等等，这在《牧羊哀话》被统筹为国家救亡的问题。针对同样的问题，双方提出的解决方案是不同的，文化保守主义者以儒教传统复兴来予以应对，而激进主义者则以全面反传统为基本前提，在基本价值观上的差异，导致了二者之间不可调和的矛盾。不过吊诡的是，彼此冲突对立的两种思想，却共享着同一种文化决定论的整体主义思维模式。无论是坚持儒教传统伦理的保守主义者，还是支持现代启蒙精神的激进主义者，都认为只有通过坚持或改换整体性文化思想、道德伦理，才能克服中国存在的问题。林毓生将这种文化伦理价值高于政经制度的心态称为“藉思想文化以解决社会根本问题”的思想方式②。总而言之，五四中国是新旧意识形态混杂交替的时代，不同社会集团都试图借由文化运动谋取社会霸权，在日后有关五四运动的主流历史叙事中，激进反传统的新文化运动被认为获得了压倒性的胜利。

然而，在五四新文学经典小说《牧羊哀话》中，儒教意识形态不但未曾破产，而且被赋予超越中国本土的东亚普遍性。这个状况并非杜撰，而是现实一种。1913—1924年，鲁迅每年都会参加在北京国子监举办的祭孔仪式。也就是说，即便在五四新文化运动期间，祭孔活动作为一种官方典礼也从未中断，儒教礼仪依然是一种拥有相当社会整合效果的意识形态日常刻写实践。至于五四新文化运动自身，不仅反映了中国意识的危机，也致力于中国意识的更生，其以反传统的姿态更新传统，用反儒教的形式再造儒教。五四新文化运动更生中国意识的策略主要表现为两个方向：其一，对传统文化进行现代意义上的学术研究，“整理国故”被认为是中国文化重生的前提；其二，从传统文化侧流中寻求思想资源，以边缘传统为再造中国文明的本土资源。《牧羊哀话》以朝鲜为媒介的儒教中国想象，亦从东亚视角介入更生中国意识的现代文化运动之中。

① 陈志让：《军绅政权：近代中国的军阀时期》，广西师范大学出版社2008年版，第163页。

② ［美］林毓生：《中国意识的危机——“五四”时期激烈的反传统主义》（增订再版本），穆善培译，贵州人民出版社1988年版，第45—51页。

## 结 语

现代国家虽然以面向未来的无限趋新为根本动力，但是亦需从历史传统中发明其根基性。“因此民族国家一方面歌颂民族古老的、永恒的特性，另一方面又努力强调民族国家的空前性，因为只有这样人民－民族才能成为自觉的历史主体。”① 前者因强调民族的独特性与历史性，故而需钩沉传统、考镜源流以建构特殊的国族身份，后者则要在普遍启蒙中形成一种现代意识，以发明新传统来告别旧传统。故此，特殊与普遍、传统与现代等二元对立因素，构成了中国追求现代性的张力结构，五四时代就是这个张力结构极端紧绷的年代。实际上，五四新文化运动是中国现代史中难以逾越的困境与危机的集中反应。体与用、经与权、复古与革命，救亡与启蒙、尊王与攘夷，东方与西方、本土化与西来意，这些自近代以来一直存在的对抗关系，在以“一战”为整体世界背景的1910年代一举爆发出来，从而造成激进反传统的五四新文化运动的发生。在这场运动中，任何一个历史元素也许都独具价值与意义，然而却不能脱离对立元素而孤立存在，在无限趋新的启蒙现代性实践中，总是潜藏着回转本土传统的内在动力。因此，反传统的五四新文化运动的另一个面向，就是接续传统的儒教复兴运动的持续存在，传统复兴与追求现代因此构成了五四中国的二重性格，并统摄于感时忧国、复兴家邦的中华民族主义话语之中。以中华民族主义为基本立场，《牧羊哀话》在溯源儒教传统、更新中国意识的方向上汇流于五四新文化运动，从而在时间轴线上建构起一个继往开来的永恒中国。于是，在《牧羊哀话》的结尾，“我”作为一个来自“大中国”的旅客，急切地盼望告别“小中华”朝鲜：“灯亮已熄了，只可恨天尚未明。我盼不得早到天明，好拜辞尹妈而去。象这样断肠地方，伤心国土，谁还有铁石心肠，再能够多住片时半刻呢?”② 至于要去哪里，作者并没有说明。也许应该是一个现代新中国吧。1919年11月15日，《牧羊哀话》发表于《新中国》杂志。

（原载《中国现代文学研究丛刊》2019年第7期）

---

① ［美］杜赞奇：《从民族国家拯救历史——民族主义话语与中国现代史研究》，王宪明等译，江苏人民出版社2009年版，第30页。

② 郭沫若：《牧羊哀话》，《郭沫若全集》文学编（第9卷），人民文学出版社1992年版，第14页。

# 郭沫若的《论“幽默”》与幽默小品文论争

廖久明

1936年2月4日，郭沫若的《论“幽默”——序天虚〈铁轮〉》（除引文外，以下简写为《论“幽默”》）在《时事新报·每周文学》第20期发表①。正在编辑出版《宇宙风》的林语堂、陶亢德看见后“为之大怒”，以至于陶亢德“一面写信询鼎堂到底是怎么一回事，一面写了篇《鼎堂与宇宙风》，一述他给《宇宙风》写稿的经过，拟刊出以明事实。语堂也写了一篇文章，题目记得是《我要看月亮》，是讽刺左派的禁谈风月的。”后来，由于郭沫若改变了态度，论争并没有发生：“不久鼎堂回信来了，措辞并不如那篇序文的杀气腾腾，而只责语堂文中常多‘左派左派’字样，后来似乎是语堂回他一信，告以所以‘左派左派’者，是‘左派’先太欺人了，别人可噤若寒蝉，我林语堂做不到云云。接着是鼎堂又来一长信，痛言国事之亟，大家不应再作意气之争。”② 20世纪80年代初，人们曾如此评价因郭沫若写作《论“幽默”》而差点导致的论争：“三堂之争……是在中国现代文学史上有着重要地位的三十年代中期‘幽默小品文’论争的尾声。其实何止于此，它更是三十年代后期文艺界抗日民族统一战线形成的先声。所以，‘三堂之争’无论是在窄义的中国现代散文史上或广义的中国现代文学史上，都占有重要的一页，在郭老个人的活动史上，更有着不容忽视的地位。”③ 遗憾的是，论者没有详细论述，所说的意义缺乏充分的说服力，现在笔者根据该文内容及编者附记，从三个方面重新考论郭沫若《论“幽默”》的多重意义。

## 一 对鲁迅《杂谈小品文》的遥相呼应

鲁迅在《杂谈小品文》中如此写道：

---

① 该期出版时，刊期写作“第十二期”，有误。

② 陶亢德：《知堂与鼎堂》，《古今》1943年第20—21期合刊。

③ 王大明：《“三堂之争”试探》，《郭沫若研究学会会刊》1982年第1期。实际上不能称为“三堂之争”：林语堂的《我要看月亮》并未发表，知堂得到陶亢德“询鼎堂究是何等样人”的信后是如此回信的：“鼎堂相见大可谈，唯下笔时便难免稍过，当作个人癖性看，亦可不必太计较，故鄙人私见以为互讦恐不合宜，虑多为小人们所窃笑也。”

自从“小品文”这一个名目流行以来，看看书店广告，连信札，论文，都排在小品文里了，这自然只是生意经，不足为据。一般的意见，第一是在篇幅短。

但篇幅短并不是小品文的特征。一条几何定理不过数十字，一部《老子》只有五千言，都不能说是小品。这该像佛经的小乘似的，先看内容，然后讲篇幅。讲小道理，或没道理，而又不是长篇的，才可谓之小品。至于有骨力的文章，恐不如谓之“短文”，短当然不及长，寥寥几句，也说不尽森罗万象，然而它并不“小”。

《史记》里的《伯夷列传》和《屈原贾谊列传》除去了引用的骚赋，其实也不过是小品，只因为他是“太史公”之作，又常见，所以没有人来选出，翻印。由晋至唐，也很有几个作家；宋文我不知道，但“江湖派”诗，却确是我所谓的小品。现在大家所提倡的，是明清，据说“抒写性灵”是它的特色。那时有一些人，确也只能够抒写性灵的，风气和环境，加上作者的出身和生活，也只能有这样的意思，写这样的文章。虽说抒写性灵，其实后来仍落了窠臼，不过是“赋得性灵”，照例写出那么一套来。当然也有人豫感到危难，后来是身历了危难的，所以小品文中，有时也夹着感愤，但在文字狱时，都被销毁，劈板了，于是我们所见，就只剩了“天马行空”似的超然的性灵。

这经过清朝检选的“性灵”，到得现在，却刚刚相宜，有明末的洒脱，无清初的所谓“悖谬”，有国时是高人，没国时还不失为逸士。逸士也得有资格，首先即在“超然”，“士”所以超庸奴，“逸”所以超责任：现在的特重明清小品，其实是大有理由，毫不足怪的。

不过“高人兼逸士梦”恐怕也不长久。近一年来，就露了大破绽，自以为高一点的，已经满纸空言，甚而至于胡说八道，下流的却成为打诨，和猥鄙丑角，并无不同，主意只在挖公子哥儿们的跳舞之资，和舞女们争生意，可怜之状，已经下于五四运动前后的鸳鸯蝴蝶派数等了。

为了这小品文的盛行，今年就又有翻印所谓“珍本”的事。有些论者，也以为可虑。我却觉得这是并非无用的。原本价贵，大抵无力购买，现在只用了一元或数角，就可以看见现代名人的祖师，以及先前的性灵，怎样叠床架屋，现在的性灵，怎样看人学样，啃过一堆牛骨头，即使是牛骨头，不也有了识见，可以不再被生炒牛角尖骗去了吗?①

郭沫若在《论“幽默”》中如此写道：

---

① 鲁迅：《且介亭杂文二集·杂谈小品文》，《鲁迅全集》第6卷，人民文学出版社2005年版，第431—432页。

天虚这部《铁轮》，对于目前在上海市场上泛滥着和野鸡的卖笑相仿佛的所谓“幽默小品”，是一个烧荑弹式的抗议。

近代的好些青年人，真真是有点岂有此理！几乎什么人都要来“幽默”一下，什么人都要来“小品”一下，把青年人的气概，青年人的雄心，青年人的正义，青年人的努力，通同萎缩了，大家都斜眉吊眼地来倚“少”卖俏！我真是有点怀疑，你们的精神是真正健全的吗？

本来“幽默”也是一种性格的表现，不是随随便便可以勉强得来，也不是什么人都可以假装得来的。最高级的“幽默”是一种超脱了生死毁誉的潜在精神之自然流露。子路赴卫难，冠缨被人斩断，当然颈子也一定断了半边，他说“君子死而冠不免”，便结缨而死。淝水之战谢安石对敌百万之众，寂然不动，弹棋看书。这些倒还可算是“幽默”①。现在的“幽默”专贩，那一位有这样的本领？稍稍被人警告得几句，便要脸红筋胀，“狗娘养的”破口大骂起来，不要让“幽默”笑断了气罢。

低级的“幽默”，人人都可以假装出来的，被人误解为滑稽，为俏皮的这种“幽默”，在我们学过医学的人看来，每每是一种精神病的表现。它是逃避现实，畏难怕死的一种低级精神之假面。弄得不好，是有送进疯人院的可能的。大抵这种人的社会欲望本来很强，一切虚荣心，利欲心，好胜心，都是不弱于人的，然而遇着了社会的障碍得不到正常的发泄，便自行由外界的现实遮断起来，封闭于自己的内部。在封闭不甚严密的时候，其被禁压了的欲望便流而为有意识的“幽默”，那滑稽的假装行列，有时也会是对于现实的无力的反拨，然而在其本质上不外是对于自己的逃避行为之解嘲，心理学家称之为“合理化”（Rationalization）。但到这种“幽默”成了无意识的时候，自我和现实之分裂已经完成，社会也生出了有和他隔离的必要来，便是送进疯人院！

现在的“幽默”家们，尤其年青的“幽默”家们哟！你们要当心，该不是患了早发性痴呆症（Dementia praecox）罢？

大凡一种病态成了社会的流行，那是有它的社会的病根存在的，这种病根一祛除了，病态便自然消灭。现今正有不少的医国医世的大国手在拼命地拔除这种病根，然而患了这种病的人，你们该早早警惕，在未入疯人院之前及早治疗，假使没有本领去拔除社会的病根，至少是拔除自己的心中的病根罢。立在国人的立场上，为救你们自己起见，与其长久地“幽默”，我宁肯劝你们去“发泄”。

两相比较不难发现，鲁迅、郭沫若都对当时流行的“幽默”“小品”表达了不满和批评，都通过历史事实发表了对真正的“幽默”“小品”的看法，都分析了“幽

① 收入《铁轮》时为“要这些才是真正的‘幽默’”。

默”“小品”流行的原因……鉴于《论“幽默”》写作于《杂谈小品文》发表四十多天后，郭沫若难道是在鲁迅影响下写作该文？在笔者看来，这种可能是存在的。

将郭沫若1935年12月10日为《红痣》写作的序言和1936年1月18日为《铁轮》写作的序言对比一下便会发现，尽管时间只相差一个多月，语气却大不相同：前者舒缓、平和，后者急切、焦躁。为了搞清楚其原因，笔者曾反复阅读新近出版的《郭沫若年谱长编》，认为唯有以下一条记载可能与此有关：“本月（1936年1月）受任白戈、林林、陈乃昌、魏猛克等之邀，往东京早稻田聚餐，商议翻译《资本论》等。”[①] 在笔者看来，郭沫若有可能在此次聚餐会上不但听到了这些左联成员对《宇宙风》的不满，甚至看见了鲁迅发表在《时事新报·每周文学》第13期（1935年12月7日）上的《杂谈小品文》，于是如此写作了《论“幽默”》。第一个理由是：如果郭沫若不是看见该文后写作，两篇文章不可能有如此多类似的地方。第二个理由是：《时事新报·每周文学》是“‘左联’的最后一个机关刊”[②]，出版后将其寄给东京左联是理所应当的事情，任白戈、林林等邀请郭沫若往东京早稻田聚餐时带去也是理所当然的。看看以下事例可以知道，该报出版后甚至可能直接寄给过郭沫若：郭沫若看见孔另境化名东方曦发表在《大晚报·每周文坛》1936年11月20日第5版的《文坛“明星主义”》后，于12月9日写作《漫话“明星”》，其中有这样一句话：“文章是续，论的是‘二，文坛“明星”主义’，论理当然还有‘一’，不知又论的什么‘主义’。可惜前一天的报一时寻不出来，也就只好暂时知其‘二’而不知其‘一’了。”[③] 由此可以得出以下两个结论：（1）尽管当时郭沫若身在日本，却能够收到国内出版的报刊；（2）郭沫若收到国内寄来的报刊后，不一定都翻阅——否则就“知其‘一’”了。由此可以推断，“‘左联’的最后一个机关刊”《时事新报·每周文学》出版后，应该会寄给郭沫若。也许是因为鲁迅在发表《杂谈小品文》时署名旅隼或者其他原因吧，郭沫若并没有阅读这篇文章——也有可能是阅读了却没有引起重视。直到与任白戈、林林等聚餐时谈起国内左翼人士对幽默小品文的不满，郭沫若才认真看了该文，并写作了《论“幽默”》。即使没有按期寄给东京左联或郭沫若，任白戈1935年年底至1936年年初回国时将刊载了《杂谈小品文》的《时事新报·每周文学》第13期带到日本并拿给郭沫若看也有可能。

为了搞清楚这一推断是否正确，笔者查阅了当时东京左联成员的回忆。据查，在此次聚餐会之前，只有任白戈曾经回过上海一次。对此，任白戈有如此回忆：

---

① 林甘泉、蔡震主编：《郭沫若年谱长编》第2卷，中国社会科学出版社2017年版，第592页。

② 陈子善、王自立：《“左联”的最后一个机关刊——〈时事新报·每周文学〉》，《中国现代文艺资料丛刊》第5辑（“左联”成立五十周年纪念特辑），新文艺出版社1980年版，第107页。

③ 郭沫若：《漫话“明星”》，《大晚报·每周文坛》1936年12月18日第5版。孔另境化名东方曦写作的《秋窗漫感·（一）文坛禁地闲人莫入主义》发表在《大晚报·火炬》1936年11月16日第5版。

一九三五年底到一九三六年初这一时间，我们听到了“左联”要解散的消息。东京“左联”的同志都不了解为什么要解散，而且大多数是不同意解散的，大家就要我回上海问个明白。我回到上海，见到周扬同志。周扬同志说，接到“左联”驻“国际革命作家联盟”代表萧三同志来信，说中国要成立抗日民族统一战线，“左联”就要解散。同时又从外文刊物上看到季米特洛夫在共产国际“七大”上的报告，提出要组织国际反法西斯统一战线，中国应当组织抗日统一战线。看来萧三同志的信是有理论和组织根据的，所以才按照国内国际形势的发展决定解散“左联”来组织一切爱国作家在内的抗日民族统一战线的作家组织。我问鲁迅先生是否同意，周扬同志说，鲁迅先生开始不同意，后来同意了。并说萧三的信就是由鲁迅先生转来的。我又问“左联”解散了以后，那里没有党的组织，以后东京那些文艺团体怎么领导呢？周扬同志说要成立一个核心组织，吸收一些够共产党员条件的人参加，将来由党接收。我觉得周扬讲得有道理，再没有提出什么异议，只在上海住了两三天就返回日本东京去向“左联”的同志作传达，大家因为在国民党白色恐怖下工作，组织性很强，特别是共产国际的威信很高，都同意解散“左联”的意见。接着由我和魏猛克、陈辛人、林林、张罗天五、六人成立了一个核心小组，领导各文艺团体的工作。那时东京的社会科学团体特别多，也需要一个领导核心，就由雷任民、王国权、解树椿、熊唯知等人成立一个核心小组。东京的“文总”既然已经解散，在社会科学方面又成立了核心小组，以后我就不管社会科学团体的事，而着重管文艺团体方面的事。①

在这段引文中，任白戈压根儿就没有提他回到东京后与郭沫若等在早稻田聚餐“商议翻译《资本论》等”，也没有提到他们将《杂谈小品文》拿给郭沫若看的事情。任白戈在接受他人采访时，回忆内容与引文基本相同。② 对此，笔者的解释是：任何一个人在回忆的时候，不但取决于他能够回忆起什么内容，还取决于他打算回忆什么内容。该段引文主要回忆“左联”解散问题，回到东京后与郭沫若等在早稻田聚餐“商议翻译《资本论》等”、将《杂谈小品文》拿给郭沫若看等事情不属于回忆范围——当然也有可能是将这些事情忘记了。很可能在聚餐时，围绕鲁迅的《杂谈小品文》，任白戈、林林等更多谈到了左翼人士对林语堂提倡幽默小品文的不满，受此影响的郭沫若写作时便对当时流行的幽默小品文进行了极其严厉的批评，甚至在文章开头将“幽默小品”与“目前在上海市场上泛滥着和野鸡的卖笑”相提并论。在左联解散意图组织统一战线的当时，这样的批评太过严厉，所以，该文在《时事新报·每周文学》发表时，编者在文后加了一个“附记”以减轻对林语堂的批评并

① 任白戈：《我在“左联”工作的时候》，《左联回忆录》，知识产权出版社 2010 年版，第 299 页。

② 上海师大中文系鲁迅著作注释组：《访问任白戈同志》，《新文学史料》1978 年第 1 期。

缓和二人之间的关系："林先生自己也曾表示，当此国难严重之际，谈'幽默''闲适'已经不宜，那么他对于郭先（生——原无）的意见，一定也会同意的。"根据语气可以知道，郭沫若是在很气愤的情况下写作该文的，我们由此可以推断出任白戈、林林等邀请郭沫若往东京早稻田聚餐的时间：如果该文写作于 1936 年 1 月 18 日上午，意味着聚餐时间是 1 月 17 日晚上；如果该文写作于 1 月 18 日下午或晚上，意味着聚餐时间是 1 月 18 日中午。查《郭沫若年谱长编》，1 月 17 日没有任何记载，18 日仅有一条记载："作《论幽默——序天虚〈铁轮〉》"[①]。也就是说，存在郭沫若 1 月 17 日或者 18 日前往东京早稻田聚餐的可能性。由此可知，郭沫若如此写作《论"幽默"》确实是呼应鲁迅在《杂谈小品文》中的观点。如此一来，在论及鲁迅、郭沫若的关系时，我们又多了一件如此重要的事情。

## 二　对一二·九学生运动的肯定与支持

看看《论"幽默"》中的以下文字可以知道，在此次聚餐会上，郭沫若、任白戈、林林等还交流了对前不久发生的华北事变和"一二·九"运动的看法：

> 不要再假装"幽默"了，不要再苟安于偷懒怕难的"小摆设"了，你们把你们的被禁压了的欲望向积极方面发展罢。譬如天虚的这部《铁轮》，虽然是对于你们的一个无言的抗议，然而也是对于你们的一个对症的药方。你们请把你们的被禁压了的社会欲望向更宏大的分野里去展开，升华而为宏大的硕果。你们的抑郁被扫荡，社会的抑郁也可因而被扫荡，这正是救己救人的大事业。
>
> 我这样的"叫嚣"，怕会是不投你们所好的罢。但请你们不要生气，用力把你们的理智恢复起来，不要成了感情的奴隶。如你们定要生气，以你们主张"幽默"而破口大骂，你们须要知道那已经是一种病的发作，如不及早回头，你们是很危险的。
>
> 疯人也尽可以打医生，然而那个医生会生气呢？
>
> 天虚以一个不满二十三岁的青年费了三年的心血，经了几次的打折，写成了这一部五十万字的《铁轮》，这正是我们年青人的应有的气概，不管他的内容是怎样，已经是我们的一个很好的榜样了。
>
> 并不是因为作品的大，我便感服，"大"是不容易藏拙的东西，这部《铁轮》正难免有拙稚之嫌。然而在我看来，拙稚却胜于巧老，年青人是应该拙稚的。譬如有一位三岁的童子而谈出三十岁般的老成人的话，我们与其佩服他是"天才"，宁可毫无疑虑地断定他是病态，那是早老症，是松果腺的发育受了障

---

① 林甘泉、蔡震主编：《郭沫若年谱长编》第 2 卷，中国社会科学出版社 2017 年版，第 589 页。

碍的。

年青的朋友哟，我们来赞美拙稚罢，我们来参加这种精神的膨出运动（Inflation）罢。中国的文艺界应该再来一次“狂飙突进”（Sturm und Drang），把一切巧老的精神病态扫荡得一干二净!!!

笔者的理由是：任白戈1935年年底至1936年年初回到上海时，华北事变和“一二·九”运动才发生不久，周扬在谈到解散“左联”以便组织一切爱国作家在内的抗日民族统一战线的作家组织时，不可能不谈到如此重大的事件。即使周扬不谈，当时的中日报刊都有大量报道、评论，时刻关心祖国命运的郭沫若、任白戈等不可能不知道——1936年1月1日出版的《宇宙风》第8期便发表了林语堂的《关于北平学生一二九运动》、陶亢德的《请视学生如乱民》。如此一来，我们完全可以肯定，郭沫若、任白戈等在此次聚餐会上一定谈到了华北事变和“一二·九”运动。由此可知，郭沫若写作这段文字的原因是：呼吁国内青年向张天虚学习，“来参加这种精神的膨出运动”。在笔者看来，此处的“膨出运动”不过是“一二·九”运动的隐晦说法而已。

除以上引文外，郭沫若的《论“幽默”》便只剩下以下文字了：

至于《铁轮》的内容，有《铁轮》自己在，同时我把天虚写给我的一封长信也退还了他，劝他连同他的《〈铁轮〉外话》一篇一并发表在我的序后，以节省我介绍的笔墨。不管是赞奖或贬斥，有愿意来品评《铁轮》的人，至少应该把这《铁轮》来回转一遍。

根据这段引文可以知道，郭沫若真正评价张天虚的《铁轮》的文字很少，其原因应该是实在太忙了：根据《前言》落款“一九三六年二月十五日”① 可以知道，郭沫若应邀翻译的《艺术作品之真实性》的翻译工作尽管已暂告一段落，但是并没有完成，他应该是在翻译《艺术作品之真实性》期间抽空写作《论“幽默”》的。

## 三 《论“幽默”》编者附记告诉我们的事实等

最后看看《时事新报·每周文学》编者发表《论“幽默”》时写作的“附记”中的以下文字可以知道，此次聚餐会上确实谈到过以上内容：

郭沫若先生寄来这一篇文章，叫我们发表。我们郑重地发表了这一篇文章之

① 郭沫若：《前言》，［德］卡尔著，郭沫若译，《艺术作品之真实性》，质文社1936年版。

后，要附加一点说明。

郭先生久居国外，对于国内文坛的情形，不大明了。譬如林语堂先生主编的《宇宙风》，开初原是继承了《论语》和《人间世》，发扬“幽默”和“闲适”精神的刊物，对于进步倾向的攻击和诬蔑，却比《论语》《人间世》更为激烈，但是他们为了某种原因，也还是去拉郭先生的稿子。郭先生因为不知《宇宙风》的作风如何，答应投稿，因此《宇宙风》上就有起“鼎堂”的连载的自传来。这一件事，曾经引起了许多青年的误会，以为郭先生本是前进的领导者，为什么竟跟反前进的“幽默”“闲适”派合作起来了？

但据郭先生给友人的信中所说，他的投稿《宇宙风》并不是跟他们合作，实则因为：一则，当初不知道《宇宙风》的反进步倾向会那么激烈；二则他还想以自己的进步的精神，友谊地影响林语堂先生和《宇宙风》的读者。

然而郭先生的影响似乎并不被《宇宙风》所接受，所以郭先生的文章始终和攻击进步倾向的“烟屑”并见，合串着“三堂”（知堂语堂鼎堂）会审的喜剧。不过到了后来，鼎堂的自传终于成了不见尾的“神龙”了。

这回郭先生的《论幽默》一文，我们可以当作一篇宣言看。这不但表白了他自己的真正的态度，同时对于“幽默”这东西给了最严正的批判。在鼓舞青年的壮志这一点，尤其重要。

对于过去的林语堂先生，郭先生的这篇文章是会引起不快的。但在最近，林先生自己也曾表示，当此国难严重之际，谈“幽默”“闲适”已经不宜，那么他对于郭先生的意见，一定也会同意的。

当然，现在正是大家都应该站在一条战线上，来共同从事救亡运动的紧急关头，对于林先生，我们很希望他也参加一份工作。我们是诚恳的，坦白的，绝对不愿怀一点成见。但这决不是说放弃互相督促和批评，因为敷衍和客气尤其为我们所深恶痛绝。所以我们更盼林先生来跟我们讨论，却切不要以为我们又限制了他的“自由”，禁止了他的“趣味”。

在该段引文中，编者压根儿就没有交代郭沫若写作该文与《铁轮》的关系，并且强调该文“可以当作一篇宣言看”。该段引文还告诉我们，郭沫若除寄去《论“幽默”》外，还附有一封说明自己投稿《宇宙风》原因的信。假设郭沫若没有看过鲁迅的《杂谈小品文》，不知道国内青年对自己投稿《宇宙风》的不满，不赞同林语堂在国难严重的时候仍然提倡幽默小品文，他便没必要如此写作并寄给《时事新报·每周文学》发表，也没必要在信中如此解释。在“附记”最后两段，编者不忘向林语堂抛去一枝橄榄枝：“当然，现在正是大家都应该站在一条战线上，来共同从事救亡运动的紧急关头，对于林先生，我们很希望他也参加一份工作。”意味着当时“左联”成员希望大家停止论争，以便“共同从事救亡运动”。由此还可以知道，该文尽管是为张天虚的《铁轮》写作的序言，但郭沫若写作之初便已决定寄到国内发表，因此不能说“转载”[①]。据查，《铁轮》现存两种版本：上海新钟书店1936年5月版、东京文艺刊行社1936年12月版。[②] 意味着《论“幽默”》在2月4日出版的《时事新报·每周文学》发表时，《铁轮》尚未出版，单就时间而言，也不能说《时事新报·每周文学》发表的《论“幽默”》转载自《铁轮》。《论“幽默”》收入《铁轮》时，目录题为《郭沫若序》，正文题为《序》。林语堂、陶亢德看见后“为之大怒”的版本是发表在《时事新报·每周文学》上的《论“幽默”》。基于以上原因，笔者建议《〈郭沫若全集〉补编》收入该文时，最好收录发表在《时事新报·每周文学》的版本，而不是《铁轮》中的版本。

《时事新报·每周文学》临近几期的出版时间分别为：第18期1936年1月18日、第19期1936年1月28日、第20期1936年2月4日[③]。写作于1936年1月18日的《论“幽默”》寄到后，从时间上说能够赶在第19期发表，但是，该期是“‘一二八’纪年特辑——作家的感想、意见、回忆”，除署名编者的《前记》外，还发表了郑振铎、关露、邵洵美、荒煤、丽尼、王任叔、方光焘、叶紫、陈子展、谢六逸、崔万秋、孟十还、何家槐、邱韵铎、周木斋、黎烈文、沈起予、徐调孚、史国纲、赵景深这二十人的文章。很明显，郭沫若的《论“幽默”》不适合在该期发表，所以只能发表在1936年2月4日出版的第20期。由此可知，关于该文的发表情况，以下说法要么不准确，要么错误：2月4日上海《时事新报·青光》[④]《时事新报·言林》[⑤]。

根据以上考证可以知道，郭沫若的《论“幽默”》确实具有非常重要的意义：他对幽默小品文的严厉批评是对鲁迅的《杂谈小品文》的遥相呼应；他呼吁青年们参加“膨出运动”表明了他对一二·九学生运动的肯定与支持的态度；他的《论“幽默”》发表后不久，由于主动致信林语堂、陶亢德呼吁团结：“目前处在国难严重的

---

① 王大明：《“三堂之争”试探》，《郭沫若研究学会会刊》1982年第1期。

② 龚济民、方仁念：《郭沫若年谱·上》，天津人民出版社1992年版，第307页；蒙树宏：《〈铁轮〉史话》，《蒙树宏文集》第4卷，云南大学出版社2016年版，第32—33页。

③ 《〈时事新报·每周文学〉目录》，《中国现代文艺资料丛刊 第5辑》（“左联”成立五十周年纪念特辑），新文艺出版社1980年版，第113—114页。

④ 王锦厚：《郭沫若和这几个“文学大师”：闻一多、梁实秋、郁达夫、林语堂》，四川大学出版社2011年版，第194页；陆陆编著：《第一流的幽默家——林语堂》，中国工人出版社2015年版，第214页。据《每周文学》主要负责人之一的王淑明回忆，《每周文学》与《青光》的关系是：“《时事新报》每日四大张共十六版，《青光》占半版，每天都有；出《每周文学》时，《青光》停刊，刊头则写为：《青光·每周文学》。”（王淑明：《我与“左联”二三事》，《左联回忆录》，知识产权出版社2010年版，第349—350页。）

⑤ 蔡震：《郭沫若生平文献史料考辨》，社会科学文献出版社2014年版，第176页；林甘泉、蔡震主编：《郭沫若年谱长编》第2卷，中国社会科学出版社2017年版，第589页。《言林》是《立报》的副刊，“由当时的复旦大学新闻系主任、教授谢六逸先生负责主编”［何明扬：《谢六逸与〈立报·言林〉》，《贵州版史研究（贵州近现代史研究文集之三）》，贵州省史学学会近现代史研究学会编，1997年，第185页］。1935年11月5日，郭沫若致谢六逸信发表于《立报·言林》（林甘泉、蔡震主编：《郭沫若年谱长编》第2卷，中国社会科学出版社2017年版，第579页）。

时代，我们执文笔的人都应该捐弃前嫌，和衷共济，不要划分畛域。彼此有错误，可据理作严正的批判，不要凭感情作笼统的谩骂。（以前的左翼犯有此病，近因内部纠正，已改换旧辙矣）这是我的一点小小的意见。你们如肯同意，我决心和你们合作到底，无论受怎样的非难，我都不再中辍”①，所以林、陶二人写作的《我要看月亮》《鼎堂与宇宙风》没有发表，在这以后人们的关注点转向了“两个口号”论争，因此，该文可以视作“三十年代中期‘幽默小品文’论争的尾声”；根据《时事新报·每周文学》编者发表《论“幽默”》时加的“附记”可以知道，在“共同从事救亡运动的紧急关头”，左翼人士已经呼吁“大家都应该站在一条战线上”，因此，这场还未发生便已停止的论争可以看作“三十年代后期文艺界抗日民族统一战线形成的先声”。由此可知，王大明对《论“幽默”》意义的评价不但有道理，并且还至少发现了两个意义：（1）以后人们在论及鲁迅、郭沫若的关系时，可以增加一个郭沫若写作该文与鲁迅的《杂谈小品文》遥相呼应的事例；（2）以后人们在论述郭沫若对一二·九学生运动的态度时，可以引用《论“幽默”》中的相关文字。

（原载《中国现代文学研究丛刊》2019 年第 3 期）

① 郭沫若：《作家书简（二）》，《宇宙风》乙刊 1939 年第 2 期。

# 郭沫若新诗创作对现代汉语的重大贡献

张伯江

## 引 言

现代汉语从白话文运动兴起，并大规模取代文言，成为社会文教通用语言，直至新中国把它确立为汉民族共同语，至今已有百年。现在人们回顾现代汉语的发端，常常会提及早期“语文运动”的倡导者陈独秀、胡适、钱玄同等人的口号式主张，而有意无意地忽视了数十年间现代汉语实践者们的重要贡献。事实上，一个全民共同语的定型过程，更多的与其使用者的共同创造有关，其中，有影响的文学家起了举足轻重的作用。郭沫若就是其中不容忽视的一位。

郭沫若 1914 年赴日留学，没有直接参与国内轰轰烈烈的新文化运动，但他很快嗅到了新文学的气息，之后投身于新文学的创作中而一发不可收，成为一位最成功的现代汉语的实践者。①

郭沫若在日留学初期，就有过用现代白话进行文学创作的想法。1919 年，他从国内寄来的报纸上第一次看见中国的白话诗，“看了不觉暗暗地惊异：‘这就是中国的新诗吗？那吗我从前做过的一些诗也未尝不可发表了。’”（《创造十年》，上海现代书局，1932 年）所谓“从前做过的一些诗”应该指的是 1916—1919 年他写的自由体白话诗，如《新月》：“月儿呀！你好像把镀金的镰刀。你把这海上的松树斫倒了，啊，我也被你斫倒了！”《白云》：“你是不是刨了的冷冰？我怎得把你吞下喉去，解解我的焦心？”郭沫若写这些诗的时候，胡适的《文学改良刍议》和陈独秀的《文学革命论》还没有问世，“文学革命”的口号和胡适的白话诗也还没有提出与发表。

一种有代表性的看法是，“五四”白话文运动是先由胡适等人在理论上倡导，再引出鲁迅等人的创作实践。这个过程的代表人物主要是胡适和鲁迅，如有的学者明确指出：“胡适范式不过是激活本土白话小说的旧有资源，难以在语言转型上开辟新的

---

① 魏建《重识〈女神〉》：“郭沫若正式发表新诗是在 1919 年，到了这时，郭沫若也并不清楚国内的新文化倡导者在做些什么，即使到了他的白话新诗进入爆发期的时候，他也与国内的思想先驱处于几乎完全隔膜的状态。当时的郭沫若基本上是‘一个人在战斗’，几乎是独立地用《女神》的创作参与了这场伟大的历史变革。”（《郭沫若研究》2017 年第 1 辑）

天地”，“真正打开新体白话局面的，于创作方面是鲁迅”[①]。1955 年现代汉语普通话被定义为“以典范的现代白话文著作为语法规范的现代标准汉语”后，语文教学与语法研究界也更多地关注鲁迅的小说和散文。与此同时，郭沫若的现代诗歌创作，虽然得到文学史一定程度的认可，却没有获得理论上的价值论证。本文所要强调的正是郭沫若新诗对于现代汉语建设的重大贡献。

应该说，郭沫若的现代新诗创作，一直是沿着自己的发展线路进行的，并形成了自己独特的文体。他可能完全不知道胡适主张的“我们可尽量采用《水浒》《西游记》《儒林外史》《红楼梦》的白话”[②]，也不知道傅斯年主张的“直用西洋文的款式，文法，词法，句法，章法，词枝……一切修辞学上的方法，造成一种超于现在的国语，欧化的国语，因而成就一种欧化国语的文学”[③]，但是他有自己对汉语的感知，有对汉语历史与未来的思考，有对二十世纪全新的汉语文学的信心，有他已然成竹在胸的中国新诗的理想图景。他巧妙地化用古往今来的文辞英华，遵从汉语自身的表达习惯，学习西方抒情诗的精神，写出一系列气息清新、气象奔腾的诗作。他的新诗，不拘泥于中国旧体诗的文体，不受诗句字数的约束，情感炽烈，流畅自然，处处体现着现代汉语内在的韵律和节奏，又洋溢着时代的新气息。

长期以来，人们对郭沫若新诗创作有一种偏见，偏向于认为是情感先行，而艺术形式建树乏善可陈，甚至有一定的缺憾[④]。本文的目的正是要纠正这个认识上的偏误，用语言学的新理论和新学说，解读郭沫若新诗语言风格的本质机制。

## 一 韵律的自觉——汉语式的韵律和节奏

汉语诗歌自古以来讲求韵律和节奏，每个时代最流行的诗歌韵律，都是和当时通行的语音结构紧密相关的。明人杨慎说：“凡观一代书，须晓一代语。”（《升庵外集》卷三）。先秦时期，汉语是以单音节为主的语言，那时每个音节的结构比较复杂，甚至有可能存在复辅音。每个音节独立性强，耗时也较长，像《诗经》那种句子较短的格式就是常态，一字一顿，四字一句，成为节奏感最好的句式。汉代以后，汉语音节趋于简化，双音词开始增多，双音、单音并行，于是出现了单双音节搭配的“五

---

① 宋声泉：《文言翻译与“五四”新体白话的生成》，《文学评论》2019 年第 2 期。

② 胡适：《建设的文学革命论》，《新青年》第四卷第四号，1918 年 4 月。

③ 傅斯年：《怎样做白话文》，《新潮》第一卷第二号，1919 年 2 月。

④ 如李乐平《新诗的“自由化”与“格律化”及其他——论郭沫若闻一多诗美主张和创作表现的异同》这样评价郭沫若：“在突破了旧体诗词的格律之后，由于其强调‘自然流露’而执意追求‘绝端的自由’和‘绝端的自主’，因此，其诗作在形式上就不免因随意走笔而自由松散。正是因为其在创作时不着边际的随心所欲，不免出现了一些玄虚空泛的诗作，这便完全脱离了我国古典诗词的优良传统，而使内容和形式出现了某些不统一、不协调的情况。因此，他的个别诗作，尤其是在他影响下但却远不如他成就大的那些诗人的作品，更加显得空洞直白，缺少韵致。这自然削弱了诗的艺术感染力。”（《华中师范大学学报》1999 年第 1 期）

言”“七言”占主导地位的诗句模式。现代汉语仍然是单音词和双音词并行的格局，因此“五言”“七言”仍然是人们感觉最自然的方式。林庚甚至认为，现代诗句“清清的流水蓝蓝的天”“红红花儿蓝蓝的天”与传统“五七言”的精神是相通的，是五七言的发展①。林庚还提出了“半逗律”，即不拘于几言，只要让每个诗行的半中腰都具有一个近于“逗”的作用就行。有“逗”，就可以把每一个诗行分为均匀的上下两半；不论诗行的长短如何，这上下两半相差总不出一字，或者完全相等。四言诗是“二二”，五言是“二三”，七言是“四三”，现代新诗则可以是“五四”“四五”等多种形式。

林庚先生这一论述意义重大。他的这一感悟，成熟于二十世纪中叶，他对新诗创作中这一规律的体现也采取了渐进式的评价②。我们认为，郭沫若对这种“半逗律”早就有很深刻的体察和感悟，从他创作新诗的第一天起，就时时把握着这一汉语节奏的命脉。以下是从他早期作品中随意摘出的一些诗句，这种风格在《女神》《星空》等几部诗集中可以说是随处可见：

> 从今后我不愿｜常在家中居住，我要常在这｜开阔的空气里面，我只不羡慕｜那空中的飞鸟，他们离了你｜要在空中飞行（《地球，我的母亲》）
>
> 我为我心爱的人儿｜燃到了这般模样！（《炉中煤》）
>
> 平和之乡哟｜我的父母之邦！岸草那么青翠｜流水这般嫩黄！（《黄浦江口》）
>
> 不可凭依的哟｜如生的梦境！不可凭依的哟｜如梦的人生！（《瓶》第一首）

郭沫若对中国诗歌这种韵律传统的与时俱进精神有深刻的洞见。在他心中，这种对“半逗律”的追求，甚至用语气词显示出来的做法，是与两千年前屈原的做法遥相呼应的。1940 年他发表文章指出：“那些先生们，他们在固执着文言文，以为这是中国之粹，其实真正的国粹，他们何尝懂得！就连之乎也者的文体，本来是二千年的白话文运动的产物，他们根本就不知道。”“屈原所创造出来的骚体和之乎也者的文言文，就是春秋战国时代的白话诗和白话文”③。我们在郭沫若的新诗里可以清楚看到《楚辞》的影子：

① 林庚：《五七言和它的三字尾》，《文学评论》1959 年第 2 期。

② 林庚写于 1948 年的《再论新诗的形式》中说：“从新诗运动以来，诗坛的变化约可以分为三个段落，第一个段落是摆脱旧诗的时期，那便是初期白话诗以迄《新月》诗人们的写作；第二个段落是摆脱西洋诗的时期，那便是以《现代》为中心及无数自由诗人们的写作；第三个段落是要求摆脱不易浅出的时期，那便是七七事变起以迄现在的诗坛。”（《新诗格律与语言的诗化》，经济日报出版社 2000 年版，第 37 页。）

③ 郭沫若：《革命诗人屈原》，《新华日报》（重庆），1940 年 6 月 10 日。

交不忠兮怨长，期不信兮告余以不闲。朝骋骛兮江皋，夕弭节兮北渚。（屈原《九歌·湘君》）

啊，是我自己呀把她误解，她是忙着试验呀才没有信来。（《瓶》第二十六首）

接信时是那么的呀心跳，见信后又这般的呀无聊。（同上第二十首）

我们清楚地看到，郭沫若所有的诗作都有明确的韵律追求，尽管他自己称为“内在的韵律”[①] 是“情绪底自然消长”，认为“这种韵律异常微妙，不曾达到诗的堂奥的人简直不会懂。”他用“音乐的精神”来比况这种超乎外形的韵律感。其实，当我们了解了汉语音节结构发展的历史时就可以坦然承认，每个时代主流诗歌的诗句字数、格律尽管不同，其内在精神却是一致的[②]。郭沫若深谙此道，从来没有写出类似于“那轻，那娉婷你是，鲜妍百花的冠冕你戴着”“雪化后那片鹅黄，你像；新鲜初放芽的绿，你是”等有悖语言自身节奏和谐的诗句来。

郭沫若说：“诗的语言恐怕是最难的，不管有脚韵无脚韵，韵律的推敲总应该放在第一位。和谐，是诗的语言的生命。”[③] 郭沫若的新诗写作总是含着饱满激情，所以他不愿简单复现旧体诗词那种以七八个字为限的句子，而是根据古往今来的韵律传统，大量使用了三个韵律单位构成的容量较大的长句，例如：

这清香怕不是梅花所有？
这清香怕吐自你的心头？
这清香敌赛过百壶春酒。
这清香战颤了我的诗喉。（《瓶·春莺曲》）

这种句子明显是中国近代板腔体戏曲唱词常用的 3+3+4 韵律模式（如“芍药开牡丹放花红一片，艳阳天春光好百鸟声喧”），这种模式用于现代诗歌，并进一步扩展，就成为更为奔放的诗句：

---

① 郭沫若：《致李石岑信》，《时事新报·学灯》（上海），1921 年 1 月 15 日。

② 在《文学的本质》中，郭沫若指出：“文学的原始细胞所包含的是纯粹的情绪的世界，而它的特征是在有一定的节奏。节奏之于诗是与生俱来的，是先天的，决不是第二次的、使情绪如何可以美化的工具。情绪在我们的心的现象里是加了时间的成分的感情的延长，它本身具有一种节奏。”参见《郭沫若全集》第 15 卷，人民文学出版社 1992 年版，第 348 页。在《论节奏》中，他更详细地对节奏进行了理论性阐述，指出了新诗与旧体诗的不同在于“旧体的诗歌，是在诗之外更加了一层音乐的效果。诗的外形采用韵语，便是把诗歌和音乐结合了。我相信有裸体的诗便是不借用重于音乐的韵语，而直抒情绪中的观念之移动，这便是所谓散文诗，所谓自由诗。这儿虽没有一定的外形的韵律，但在自体是有节奏的。”同上书，第 360 页。

③ 郭沫若：《略论文学的语言》，《文坛》（重庆）第 2 卷第 1 期，1943 年 4 月 30 日。

我们的猛力｜纵使打不破｜这万恶的魔宫，
到那首阳山的路程｜也正好｜携着手儿同走！（《励失业的友人》）
我很想｜把我的琴和我的瑟｜为她弹奏呀，
或者是｜摇我的钟击我的鼓｜请她跳舞。（《〈关雎〉的翻译》）

这种扩展之所以成为可能，是因为源自汉语韵律句法的本质特征。

长期以来，文学研究中有一种把诗歌语言与自然语言对立起来的倾向，这种观念应该深受近代以来西方语言观念的影响：英语的自然语言首要的是轻重音的讲究，节奏的松紧居于次要地位，只有到了诗歌语言里才有意识地制造节奏；汉语长期以来就是看重节奏的，汉语诗歌的节奏感就是直接取自生活语言节奏规律的。可以说，在英语中“话是话，诗是诗”（或者叫“语是语，歌是歌”）；在汉语中，说话的节奏无异于诗歌的节奏，字与字之间的抑扬顿挫天然带有音乐性。因此我们要特别强调的是，汉语自然语言的本质就是讲求韵律和节奏的，“半逗律”不仅是诗句的通则，也是自然语言的通则。沈家煊明确指出，汉语是“以对为本”的语言：汉语大到语篇和段落，小到短语和词，都是以对为本，只是放大缩小的尺寸不同而已；不仅是声韵的对，也是语法和语义的对。①

## 二 句法的自由——汉语本质的并置句法

与新文化运动中部分主张者不同，郭沫若并不是刻意地在诗句中引入“现代的”句法，而是准确地把握汉语句法的本质特点，秉承着古今汉语一以贯之的文法精神，让古老的汉语句法传统以全新的面貌呈现出来。人们会感受到，郭沫若的句子是新的，句式是带有强烈时代感的，但读起来却又是地道的汉语。这个特色，在以往的汉语语法观念下难以体现。近年来，汉语学者摆脱西方学说的影响，日益看清了汉语句法的本质特点：汉语句法与西方句法最大的不同在于，西方语言是一种“立体的”结构，即以动词为中心，句子中的其他成分都围绕着动词确定其身份、体现与动词的关系；而汉语是一种“平面的”结构，即词语之间是简单的线性铺排关系，不需要语缀作为关联，也不需要太多的虚词建立联系，实词与实词的并置铺排，使读者能自然地读出其间的语义关系。有人生动地将其比喻为：汉语句子是“竹节式”的，英语是“葡萄串”式的。② 郭沫若的诗句，正是精准地把握了这一本质，于是我们读到了既热情奔放，又自然流畅的汉语式的新诗。

这跟那些所谓“现代的”（欧化的）句法相比，尤其是比起那些在诗句里人为地

① 沈家煊：《汉语的韵律和节奏》，载《〈繁花〉语言札记》，二十一世纪出版社集团 2017 年版。
② 刘剑、周帆：《新诗“竹节式”结构的诗路探寻》，《西南大学学报（社会科学版）》2011 年第 5 期。

添加虚词的主张来，不知要高明多少。[①] 新文化运动开始后的新诗写作中，我们可以清楚地看出有些诗人刻意在诗句里植入欧化句法的痕迹。例如：“主人也是名利场中的过来人，但现在寻着了他的新乐趣”，“他是一个聪明人，他把聪明用在他的园子上”（胡适《临行赠蜷庐主人》），其中“他的新乐趣”和“他的园子”都是刻意使用英语中的领属结构，如果用自然的汉语其实应该说成“寻着了新乐趣”“把聪明用在园子上”，用了“他的”反而显得矫揉造作。再如“西山的秋色几回招我，不幸我被我的病拖住了”（胡适《十一月二十四夜》），不仅“我的病”是没必要的领属结构，“被”字用在这里更是没有几分道理，明显是模仿英语被动句的结构。

以前有些论者谈及欧化句式的弊端，指出句子过长，意义缠绕，显得啰唆，[②] 没有说到点子上。因为所谓的长短、缠绕都是相对而言的，有时取决于阅读者的主观感受。我们认为，欧化句式的缺点主要在于句子层次复杂，是一种结构性的欧化，而不仅仅是风格的欧化。汉语的句子，结构关系简单，句子成分之间都是线性的并置关系。像“我被我的病拖住了”，单看长度并不很长，但多余的被动结构给句子平添了曲折，就很不符合汉语的自然习惯。再如“急坏种花人，苞也无一个”（胡适《希望》）虽然简短，但短短五个字的“苞也无一个”违反了汉语五言诗的“3+2”节奏传统，更重要的是用了一个浓缩的特殊句式（“连苞也没有一个”），违反了平面化的常态，造成了极不流畅的效果。反观郭沫若的诗句，从字数上看虽显得较长，但句子层次简单，节奏匀称，读起来朗朗上口，原因就在于他是本质上紧扣了汉语的句法特点的，如：

巫峡的奇景是我不能忘记的一桩。【1】
十五年前我站在一只小轮船上，【2】
那时候有迷迷蒙蒙的含愁的烟雨，【3】
洒在那浩浩荡荡的如怒的长江。【4】

我们的轮船刚好才走进了瞿塘，【5】
啊，那巫峡的两岸真正如削成一样！【6】
轮船的烟雾在那峡道中蜿蜒如龙，【7】
我们是后面不见来程，前面不知去向。【8】

峡中的情味在我的感觉总是迷茫，【9】

---

① 刘进才：《语言文学的现代建构：语言运动与中国现代文学再探索》（北京大学出版社2015年版）第四章“国语语法探讨与现代语法的革新”详细讨论了胡适等人过于强调语法、在句子里多用虚词的做法。

② 王本朝：《欧化白话文：在质疑与试验中成长》，《文学评论》2014年第6期。

好象幽闭在一个峭壁环绕的水乡。【10】
我头上的便帽竟从我脑后落下，【11】
当我抬起头望那白云叆叇的山上。【12】（《巫峡的回忆》）

这三小节诗读起来自然流畅，每个句子都是相近的节奏规律，每一小节都由四句相近的韵律结构体组成，读起来有读骈文的感觉。当我们仔细观察其间语法关系的时候，会发现包含着多种多样的逻辑关系。如第 1 句是个独立的句子，就语义来说，几乎是统摄全诗的，但和第 2 句连起来读，让人感觉如对句一般；第 3、4 句也像是对句，从语义上分析却是一主语一谓语；第 10 句是对第 9 句的承续，第 11 句是对 9、10 两句的承续，第 12 句又是对第 11 句的补充。可见，汉语整齐的结构单位包含着多种多样的语义关系。

汉语的句子不靠逻辑结构来组织，这一特征该如何认识？有些论者是持激烈的批评态度的。如傅斯年认为："中国传统文学在语言学、修辞学方面与西方相比，具有很多难以弥补的缺陷。第一，中国文章单句多而复句少，甚至没有，层层分析的句群与文章就更鲜见了。一个问题层面，惟求铺张，深度却非常浅，'其直如矢，其平如底'。"[①] 有趣的是，语言学研究者并不这么看，他们认为，每种语言都有自己独特的历史，不能强行用一种语言的规格去硬套、改造另外的语言。赵元任、吕叔湘都认为不能用英语的"句子"概念来套汉语，吕叔湘说："用小句而不用句子做基本单位，较能适应汉语的情况，因为汉语口语里特多流水句，一个小句接一个小句，很多地方可断可连。"[②] 构成汉语流水句的基本单位，既可以是主谓俱全的，也可以只是谓语部分，甚至可以只是一个名词短语。千百年来，汉语以这种行云流水的组织方式构句谋篇，不仅不伤文辞，而且创造出美丽的诗文。文言如此，白话亦如此。白话文运动的倡导者希望白话更"讲求文法"，愿望是好的，但没有深入体察汉语的特点，而是简单地把英语观念移植到汉语身上，未免胶柱鼓瑟。郭沫若虽然没有做语言学上的学理探究，但他对汉语的本质特征有敏锐的感知能力，他的新诗对汉语"流水句"特征反映得最到位，如："你我都是去得匆匆，终个是免不了的别离，我们辗转相送。凄寂的呀，我两个飘蓬！"（《夜别》）

俞平伯说："文法这个东西不适宜应用在诗上。中国本没有文法书，那些主词客词谓词的位置更没有规定，我们很可以利用他，把句子造得很变化很活泼。那章法的错综也是一样的道理。"[③] 这代表了早期一种温和的句法观，当时对句法的认识还不够深刻。今天我们要强调的是，汉语句法的"流水句"规律是普遍存在于诗句和散

① 刘东方：《论傅斯年的现代白话语言观》，《文学评论》2007 年第 5 期。
② 吕叔湘：《汉语语法分析问题》，商务印书馆 1979 年版，第 27 页。
③ 俞平伯：《社会上对于新诗的各种心理观》，《新潮》第 2 卷第 1 号，1919 年 10 月。

文里的，这是汉语语法研究一百年来最重要的新认识。

“流水句”的要义就在于，汉语里连续的句子之间，要表达的意思是自然接续、自然流动的，但使用的短语或小句的结构，则不受句法规则的强制约束，如下面这一小节诗：

> 我自从遇见她，我便想她，想她，想她呀，
> 沙洲上我不知道一天要去多少回；
> 但我遇见她一次后，便再也不能见她了，
> 我不知道她住在何处，她真是有去无归。(《〈关雎〉的翻译》)

连续的几个句子并不像英语那样一直使用一个主语，句子的结构类型也不尽相同。乍看上去，诗体非常自由，没有句式、字数的约束，但整体读起来却很有“求之不得，寤寐思服。悠哉悠哉，辗转反侧”的神气，可以说准确复原了两千多年前诗人的口气和情绪。我们赞同魏建的看法：“郭沫若比早期白话诗人的高明之处在于，他从一开始关注的就不是白话能否入诗，而是为新诗寻找取代旧诗艺术规范的‘诗之精神’。”① 这里所强调的是，不论旧诗还是新诗，反映“诗之精神”的一定是汉语的艺术规范，而不是让汉语的词汇遵从西方语言的组织方式来作诗，那样作出来的必定是西式的诗，而不是中国的诗。

## 三 结构的自省——汉语式的语句组构

郭沫若的新诗成就，文学界早有评定。一致认为他的诗作“摆脱旧诗格律的镣铐而趋向自由诗”②“不独艺术上他的作品与旧诗词相去最远，最要紧的是他的精神完全是时代的精神——二十世纪底时代的精神。”③ 这无疑是大文学家对大文学家的最到位的评价。但这种“神思飚举，游心物外，或惊才绝艳，或豪放雄奇，或幽闲澹远”的“当时未见可与对垒者”④ 的艺术风格，究竟是来自哪里呢？有很多人认为，既然是彻底摆脱旧形式的，那就一定是外来的、西化的。郭沫若的诗作里虽然偶尔夹杂一些外文单词，但正如上文所指出的，比起那些有意模仿西方语言句法的诗人，郭沫若很少做那方面的努力。相反，他看清了汉语的实质，准确地把握了汉语的精神，又艺术性地把汉语固有的构词造句手段与时代气息相结合，并发挥到极致。

---

① 魏建：《重识〈女神〉》，《郭沫若研究》2017 年第 1 辑。

② 周扬：《郭沫若和他的〈女神〉》，转引自李斌《女神之光：郭沫若传》，作家出版社 2018 年版，第 80 页。

③ 闻一多：《〈女神〉之时代精神》，《闻一多全集》（第二卷），湖北人民出版社 1993 年版，第 110 页。

④ 茅盾：《我走过的道路》，人民文学出版社 1997 年版，第 219、225 页。

与傅斯年主张的“直用西洋文的款式，文法，词法，句法，章法，词枝……一切修辞学上的方法，造成一种超于现在的国语，欧化的国语，因而成就一种欧化国语的文学”，“应用西洋修辞学上的一切质素，让国语具有精工的技术”完全相反，郭沫若运用他超强的汉语感受力，尽可能地调用汉语固有的表达手段，尤其是迥异于西方语言的极具表现力的词汇—语法手段，并融入时代气息，构筑了他的新诗风格。下面举三个典型例证。

一是肯定性谓语的大量使用。现代汉语中的“是”字并不等同于英语的 be 动词，也就是说，其不仅仅是个起语法作用的联系词，而且是具有肯定、强调、情感表达和节奏表达等多种作用的实义成分。赵元任对汉语谓语有过细致的观察，他发现汉语的谓语如果按名词性谓语、动词性谓语和形容词性谓语来分类其实意义不大，他看到的一个重要事实是，不论哪一种词类的谓语，都可以被肯定；不论哪一种词类的谓语，都可以作叙述成分。用“是”对谓语加以肯定，是各种谓语类型的特点。郭沫若在其新诗中将这个手段运用得十分普遍，产生了独特的语气效果，在一般性的叙述和描写的基础上，加入了诗人主体的确信情态。例如：

你是时常地爱抚他们，你是时常地怀抱着他们（《地球，我的母亲》）
我们是呀动也不敢一动（《朋友们怆聚在囚牢里》）
宇宙万汇都有死，我与你是永远不死。(《赠友》)
你们是受着了永远的监禁！(《留别日本》)
我是凭倚在孤山的水亭，她是伫立在亭外的水滨（《瓶》第四首）
梅子再迸成梅林，啊，我真是永远不死！(《瓶·春莺曲》)
我翘望着我心爱的姑娘，啊，我是怎能呀化只飞鸟？(《瓶》第二十九首)

二是同位结构的大量应用。“人称代词＋普通名词”的方式在现代汉语中用得很普遍，但是当它第一次在郭沫若的《女神》等早期诗集里出现时，还是给了读者以很大的震撼。例如：

摩托车前的明灯！你二十世纪底亚坡罗！(《日出》)
你团圞无缺的明月哟，请借件缟素的衣裳给我。
你渊默无声的银海哟，请提起幽渺的波音和我。(《霁月》)
啊啊！你早就幻想飞行的达·芬奇呀！
晨安！你坐在万神祠前面的“沉思者”呀！(《晨安》)

同位结构是汉语独有的一种结构方式，与英语、俄语等语言里所谓的同位结构是名同实异，准确地说应该叫“同位同指组合”[①]，是汉语戏剧化表达的一种突出手段，具有强烈的修辞效果。研究表明，汉语的同位同指组合，为戏剧语言所偏爱，因为它融主客观为一体的特殊结构方式，表现了强烈的戏剧化效果[②]。于是我们看到，在戏剧性的《雷电颂》里，汉语式的同位结构被大量采用：

> 啊，电！你这宇宙中最犀利的剑呀！
>
> 把你这东皇太一烧毁了吧！把你这云中君烧毁了吧！你们这些土偶木梗，你们高坐在神位上有什么德能？你们只是产生黑暗的父亲和母亲！
>
> 你们风，你们雷，你们电，你们在这黑暗中咆哮着的，闪耀着的一切的一切，你们都是诗，都是音乐，都是跳舞。你们宇宙中伟大的艺人们呀，尽量发挥你们的力量吧。

三是灵活多样的句子结构。曾有学者认为，古典诗是一种“非连续”性句法，“基本核心句”不明显，而初期白话诗大致是“连续”性句法，“基本核心句”明显，句法统一[③]。此处所谓“初期白话诗”的特点，对胡适等人也许适用，但在郭沫若的早期白话诗里，“古典诗”的特征倒是随处可见。例如：

> 哦哦，明与暗，同是一样的浮云。
> 我守看着那一切的暗云……
> 被亚坡罗的雄光驱除干净！
> 是凯旋的鼓吹呵，四野的鸡声！（《日出》）

在这里，基本上不存在“基本核心句”，倒是赵元任所说的那种“非动作者”成分“明与暗”作了句子的主语；最后一句“四野的鸡声”不管说它是倒置的主语还是名词性谓语，都是所谓的“基本核心句”所不允许出现的汉语“非连续”性句法传统。再如：

> 太阳当顶了！无限的太平洋鼓奏着男性的音调！
> 万象森罗，一个圆形舞蹈！（《欲海》）
> 一只白鸟，来在池中飞舞。
> 哦，一湾的碎玉！无限的青蒲！（《晴朝》）

---

① 刘探宙：《汉语同位同指组合研究》，中国社会科学出版社 2016 年版。

② 张伯江：《戏剧化的语言：论京剧语体对汉语人称表达的影响》，冯胜利、施春宏主编：《汉语语体语法新探》，中西书局 2018 年版。

③ 荣光启：《“现代汉诗”的发生：晚清至五四》，中国社会科学出版社 2015 年版，第 292 页。

声声不息的鸣蝉呀！
秋哟！时浪的波音哟！
一声声长此逝了……（《鸣蝉》）

其中“一个圆形舞蹈”“一湾的碎玉！无限的青蒲！”这种以名词性短语构成的谓语，无论从哪种语法理论看，都不属于“基本核心句”的句法，却是古往今来一脉相承的汉语式句法；而“声声不息的鸣蝉”“秋”“时浪的波音”三者连缀，既不是并列也不是陈述，而是以汉语特有的“互文阐释”方式构成句法①。

能够体会到并且能自如运用这种西方语言所没有的汉语独有的构句方式，说明作者具有良好的母语体察能力。如“开的花还不多，且把这一树嫩黄的新叶，当作花看罢”，不用汉语式的“花开的不多”而偏用明显模仿西语的“开的花不多”；再如“种在小园中，希望开花好”，不用汉语式的“花开好”而偏用“开花好”，以致显得不自然。相比之下，郭沫若的诗句中很少有这种抛弃汉语传统而刻意模仿西方句法结构的生硬做法。

## 结 语

郭沫若新诗语言的清新流畅，一直给人以强烈的感受。但长期以来没有得到有理据的解读，这一方面是囿于某些认识上的偏见，另一方面是因为我们对汉语实质特征的认识尚不到位。21 世纪以来，汉语研究者摆脱了印欧语观念的束缚，通过冷静的跨语言比较，得出有关汉语特点的新认识。用这种新的眼光来看现代汉语形成初期的语言实践，便能发现一个明显的区别：凡是机械模仿西方语言的尝试，或简单地在汉语传统中植入西式表达的做法，都因其生硬造作而不能形成强烈的打动人心的力量，也难以获得长久的影响力；相反，那些善于把握中西语言本质，能够敏锐捕捉汉语的生命力，并致力于为它注入时代气息的作家，不论是写小说、散文的鲁迅、老舍、朱自清，还是耕耘于新诗创作领域的郭沫若，无一不开一代新风，用他们扎实的探索足迹，为汉语文学创作留下了宝贵的经验，并深刻影响了后世创作的发展。

这项研究给文学的启发是什么呢？那就是对“风格”的探讨不能仅仅停留在“印象”的层面上，而应扎扎实实地采用相关学科理论进行实证性分析。闻一多就曾对郭沫若的新诗风格有很大的误会：“今之新诗体格气味日西，如《女神》之艺术吾诚当见之五体投地；然谓为输入西方艺术以为创倡中国新诗之资料则不可，认为正式的新体中国诗，则未敢附和。盖郭君特西人而中语耳。不知者或将疑其作为译品。为郭君计，当细读律诗，取其不见于西诗中之原质，即中国艺术之特质，以熔入其作品

① 汉语句法成分间的互文关系，参见沈家煊《说四言格》，《世界汉语教学》2019 年第 3 期。

中，然后吾必其结果必更大有可观者。”[①] 可见，不管是胡适、傅斯年对汉语语法的全然否定，认为必须全盘引进西式的逻辑结构才能创造出现代汉语，还是闻一多这样的汉语传统维护派，认为只有遵循格律的精神才能创出新诗风格，这两种看似对立的主张都有一个共同的认识局限，即看不到现代汉语内在的韵律精神，看不到现代汉语迥异于西方语言的句法特征，未能用古今演变的发展眼光和古今一贯的汉语精神来准确把握现代汉语的实质。

一百余年来，中国现代文学和中国现代学术是同步成长的。早期的新文学倡导者兵分几路，分别从文艺理论、文学创作和语言研究等方向努力，共同致力于现代汉语的塑造。文学创作为语言研究提供了鲜活多样的素材，语言研究的深化也可以为文学风格的定性提供坚实的学理支撑。

（原载《郭沫若研究》2019 年第 15 辑）

① 闻一多：《律诗底研究·辨质》，《闻一多全集》（第十卷），湖北人民出版社 1993 年版，第 166 页。

# 呼语、人称、“乱写”及其诗学的辩证

## ——论郭沫若早期抒情诗的叙事性

傅　华

如果说胡适是白话新诗的第一人，那么现代抒情诗的确立则肇始于郭沫若①。在1921年出版的《女神》中，郭沫若抒情诗中的叙事性已初显端倪。在《女神》诗集中，很多抒情诗都在不同层面分享了事件、对话、场景描写、视点转移、人物塑造等常见的叙事因素，而此类诗歌在郭沫若早期抒情诗中成为叙事性因素凸显的标志性文本。

郭沫若抒情诗中的显性叙事特征在《凤凰涅槃》一诗中颇具代表性，事件、叙事视点、对话等叙事元素成为诗中的结构性要素。或者可以说，借助这一凤凰自焚与众鸟旁观的事件，此诗的抒情获得了坚实的结构。而且，在这个意义上，狂飙突进的情感、飞动神奇的想象、跨越时空的追问、对精神与肉身的夸张书写，得到叙事结构的有力支撑。郭沫若的天才表现在，他以结实的结构性叙事与酷烈激越的抒情，抵达了个体生命的巅峰，张扬了“五四”时代的精神。

在《女神》诗集中，有着不同叙事性特征的众多抒情文本，彰显了现代抒情诗的多种叙写形态。回忆或者说追述是叙事性重要的表现手段，正如迈纳所说：“抒情诗强烈的即时呈现是怎样的伴随着思维的闪电将过去、现在和未来贯通在一起的。在对过去的回想中的强烈的即时呈现，构成了抒情诗的特征。”② 在诗集《女神》中，此类叙事手段颇为常见。《电火光中》是诗人对苏武、贝多芬的想象性追忆，《光海》一诗则是诗人自我经历的倒叙性追述。除此而外，叙事性有着更为多样的特征。《地球，我的母亲》与《别离》二诗在场景转换中倾诉与畅想，《登临》中有着对登山过程的叙述与山脚下两个行人的插入性描写，《太阳礼赞》和《新阳关三叠》中不乏叙事性对话，《巨炮之教训》在场景转移中对话与虚构，《三个泛神论者》《炉中煤》《匪徒颂》《胜利的死》等诗中充斥着对人物的描述与塑造，《辍了课的第一点钟里》

---

① 本文考察的是郭沫若早期的诗歌，主要以诗集《女神》（1921）中的作品为主。这类作品代表了郭沫若诗歌的主要成就，确立了他在中国现代诗歌史上的地位。

② ［美］厄尔·迈纳：《比较诗学》，王宇根、宋伟杰等译，中央编译出版社2004年版，第190、191页。

是对事件起因发展的直写……《日暮的婚宴》中夕阳下美景的拟人化叙写，不仅让静态的美景成为婚宴的现场，而且将夕阳比拟为新娘、海水喻为新郎，在婚宴场景的布置中写出景色的动态之美，可谓别具眼手。上述诗歌都有着显见的叙事性特征。然而这还不是郭沫若早期抒情诗叙事性的全部特征，在呼语、人称与排比、列举的“乱写”中，其叙事性得到了独异而隐性的表达。

## 一 呼语与叙事性的抒情

浪漫主义诗歌中的呼语法彰显了现代抒情诗巫术性的修辞特征。在语法层面，呼语法（apostrophe）是指“在演讲或文章中通常对不在场的第三者或已故者发出的呼唤，有时也对一个无生命物发出呼唤”①。呼语法借助显在或隐藏的主体展开对包括“第三者”“已故者”“无生命物”等他者的召唤，这一“我”对“你”的呼唤是“一种无故的、仪式性的行为”，既“有利于突出诗歌中的抒情感染力”②，又从独白中发展出一种虚拟的对话性叙事结构。这种虚拟的但必要的对话结构③却具有一种指涉功能，“它们却迫使我们架构出虚构的语言行为发生的环境，形成一种声音，一种被呼唤的力量”④，不仅与世界构成一种对话的形式，也更加呈现了一种“心智内部的戏剧”⑤。在抒情主体与外界的虚拟对话中，通过戏剧性的人物关系、动态化的行为、心理与情感的变化，建构一个独特的抒情主体，从而使抒情诗轻声而宏大的力量得以实现。由此，我们从叙事性的语言结构和形式要素来看待诗人与抒情诗主体的截然划分，以及抒情主体——作为动作发出者的姿态以其特殊的不易归纳的方式，从声音、动作、情感、心理、意识的变化来展开对主体的形成与建构过程的理解，从而界定这一抒情主体本身与世界的关系。呼语中“我—你”的关系，即是在对象的呼唤、呼告中建立主客关系与情感交流，实质上建构了主体与对象世界的关系，也提供了理解抒情主体的独特路径。呼语法独特的叙事与抒情功能，为重新观照和解读郭沫若诗歌提供了别样的进入方式。

在对中西诗学的比较与重审中，赵庆庆对呼语法在浪漫主义诗学中的渊源有过如下描述：“从英国湖畔诗派开始，越来越多的浪漫诗人钟情自然，在观照山水时，与其对话，与自我对话，与神对话。这个过程交织着主动、强烈、不安的心智活动。审

① 孙亦丽等编：《最新高级英汉大词典》（第3版），商务印书馆国际有限公司2014年版，第80页。

② 参见乔纳森·卡勒对于哈特曼《超越形式主义》中的引用。［美］乔纳森·卡勒：《结构主义诗学》，盛宁译，中国社会科学出版社1991年版，第247页。

③ 因为呼语法就是一种“自明其虚构性的虚构符号”。参见王璞《抒情与翻译之间的“呼语”——重读早期郭沫若》，《新诗评论》2014年第18辑。

④ ［美］乔纳森·卡勒：《结构主义诗学》，盛宁译，中国社会科学出版社1991年版，第247页。

⑤ 转引自王璞《抒情与翻译之间的“呼语”——重读早期郭沫若》，《新诗评论》2014年第18辑。See Jonathan Culler, *The Pursuit of Signs*: *Semiotics*, *Literature*, *Deconstuction*, Ithaca: Cornell University, 2011, p. 148。

美主体‘我’频频显身诗中，对自然物体，直呼其名。呼语法（apostrophe）修辞的大量运用，既表现诗人和身外物的分裂，又显示出诗人对后者源源不断的感情投射和理性求索。”[①] 呼语出现在与自然对话的主体声音里，不仅凸显了抒情诗中主体与世界的对象化关系，同时在情感表达中成为抒情声音最为直接的表现，或者说是抒情诗的“声音意象”[②]。这一声音意象，虚构了被召唤对象的出场与表演。正如卡勒指出：“呼语的诗人将他的宇宙视为一个由有生命的力量组成的世界。”[③] 这种“泛神论”的预言（prophetic）或召唤（vocative）模式，在郭沫若早期抒情诗中得以集中体现。

郭沫若借助呼语巫术般的修辞使白话新诗从写实性、描述性为主的幼稚尝试，走向了一种生命力的张扬与个性化的表现。呼语在郭沫若抒情诗中成为颇为突出的抒情方式，有对单一对象的呼唤，也有对多个对象的呼唤。对单一对象的呼唤，旨在以独白的叙事话语建立“我”与“你”或“他”的面对面交流的关系，从而呈现内心情感的交流或冲突。《凤凰涅槃》中对“宇宙”的呼唤，《地球，我的母亲》反复直呼“地球，我的母亲”，《梅花树下醉歌》直呈对“梅花”的呼唤与赞美，《夜》执着于对“夜，黑暗的夜”的呼唤，《夜步十里松原》呼唤着“哦！太空”，《太阳礼赞》对“太阳哟”的反复呼唤，《炉中煤》呼唤着“我年青的女郎”，《浴海》呼唤着“弟兄们”，《鹭鸶》呼唤着“鹭鸶！鹭鸶”，《蜜桑索罗普之夜歌》呼唤着“无边天海”，《鸣禅》对秋的呼唤，《晚步》中对路过的“松林”的感叹，《春蚕》在对“蚕儿呀”的召唤中的自拟，《黄浦江口》呼唤故乡“平和之乡哟”，《西湖纪游·沪杭车中》对“唉，我怪可怜的同胞们哟”哀其不幸、怒其不争的叹呼，《雨中望湖》对“沐浴着的西子”的呼唤……这些无一不是对单一对象的召唤。其中，《凤凰涅槃》借助对宇宙的呼唤，接通了“我”与宇宙的复杂关系。“宇宙呀，宇宙/你为什么存在？/你自从哪儿来？/你坐在哪儿在？/……/那拥抱着你的空间/他从哪儿来？”对“宇宙”召唤，不仅建构了抒情主体与宇宙的对话关系，而且对宇宙之外的空间、“你”之外的“他”也做了进一步的追问。

如果说在“我”对“你”——单一对象的呼唤中抒情主体从对象世界分裂出来得以确立，在“我”与“你”的情感交流、投射与理性求索或冲突中开始了现代主

---

① 赵庆庆：《重思朱光潜之〈中西诗在情趣上的比较〉》，乐黛云、［法］李比雄主编：《跨文化对话》（第30辑），生活·读书·新知三联书店2013年版，第470页。

② 转引自王璞《抒情与翻译之间的“呼语”——重读早期郭沫若》，《新诗评论》2014年第18辑。See Jonathan Culler, *The Pursuit of Signs*: *Semiotics*, *Literature*, *Deconstuction*, Ithaca: Cornell University, 2011, p. 142。

③ 转引自王璞《抒情与翻译之间的“呼语”——重读早期郭沫若》，《新诗评论》2014年第18辑。See Jonathan Culler, *The Pursuit of Signs*: *Semiotics*, *Literature*, *Deconstuction*, Ithaca: Cornell University, 2011, p. 139。

体的抒情或者批判[①]，那么对繁多对象的呼唤，则开始了抒情主体的扩张。《晨安》《笔立山头展望》《匪徒颂》《胜利的死》等诗则是对繁多对象的召唤。尤其是在《晨安》中，郭沫若将万物置于自己的驱遣之下。在呼语中，郭沫若成为中国新诗史上第一个敞开胸怀拥抱世界、吞吐日月（《天狗》）、追问宇宙、追问历史现实（《凤凰涅槃》）、问候万物（《晨安》）、召唤弟兄们（《浴海》）的生命与情感得到极度扩张的个体。这不仅是抒情主体的扩张，也是现代抒情诗的扩张，这类诗歌无疑成了一个“世界文本”[②]，形成了“新世界的诗”[③]，建立了现代中国与世界的新型关系。通过这一呼语，郭沫若虚构了“我”与世界万物的关系，实现了浪漫主义“完成了主体（自我）和客体（宇宙）相互认同、相互转化的仪式”[④]。于是，呼语“架构出一个符合全诗其余部分主题要求的叙事者”[⑤]，成为抒情主体的“叙事化”的标志之一。同时呼语的指涉性叙事功能是“对于诗歌主题结构的提前肯定：想象力对客观世界具像的吸收同化和所作出的反应”[⑥]，进而发展了抒情或某种诗歌主题。在呼语的叙事功能中，郭沫若使一种生命力度得以张扬。这一极度张扬的生命力不仅使现代抒情主体得以确立与扩张，而且以个性化的面目使现代中国与世界的新型关系得到初步确立。在抒情主体与抒情诗的现代性扩张中，郭沫若早期抒情诗的呼语及其指涉性叙事特征无疑具有发展和深化中国新诗抒情特质的诗学功能。

## 二　人称与抒情诗的叙事性

在郭沫若早期抒情诗中，呼语与抒情主体的“我”在一种叙事性的召唤构架中遇合。由于呼语的存在，抒情主体的内外面目或声音得以出现并确立。在膜拜伟人、问候世界、召唤万物等吁请举动中，抒情主体不仅以第一人称的“我”得以凸显，而且表现出迥异于古典抒情诗主体的面目。

有论者曾指出：“在20年代感伤、激越的文学空气中，以《女神》为代表的新

---

① 邹羽从文本与语言的话语操作本身的关系诠释了郭沫若诗歌中批判与抒情“从语言的角度来看，所谓对破坏的渴求，其实也就是对话语言说者本身职能的批判，而那种新鲜有力的感情表达方式，则是建立了作为‘自我’的言说者与其他相邻言说者之间直接的关系。在这种关系中，言说者的‘感情’成为话语交流的一个重要内容，而这种话语交流则可称之为抒情”。参见邹羽《批判与抒情——论郭沫若早期诗作中的自我问题》，王晓明主编：《二十世纪中国文学史论（上卷）》，东方出版中心2003年版，第379页。

② 佛朗哥·莫莱蒂语，转引自王璞《抒情与翻译之间的“呼语”——重读早期郭沫若》，《新诗评论》2014年第18辑。

③ 朗西埃尔对惠特曼的抒情形态的定义，转引自王璞《抒情与翻译之间的“呼语”——重读早期郭沫若》，《新诗评论》2014年第18辑。

④ 王璞：《抒情与翻译之间的“呼语”——重读早期郭沫若》，《新诗评论》2014年第18辑。

⑤ ［美］乔纳森·卡勒：《结构主义诗学》，盛宁译，中国社会科学出版社1991年版，第249页。

⑥ ［美］乔纳森·卡勒：《结构主义诗学》，盛宁译，中国社会科学出版社1991年版，第249页。

诗正因为提供了这样一种激动不安的主体机制，而受到众多时代青年的追捧。”① 这一“激动不安的主体机制”揭示了现代抒情主体的形象特征。这一特征也符合林庚将自由体的新诗称为“自由诗”，将有格律的古典诗歌称为“自然诗”的区分——他认为“自由诗”给人“精警紧张”的阅读感受，而“自然诗”则给人以“自然从容”之感②。这一区分其实就包含了古典与现代诗歌中抒情主体从情感到精神的内在差异。在古典抒情诗中，抒情主体与世界是物我交融、天人合一的，所以在“两间莫非生意”“万物莫不适性”③ 中显得自然从容。现代抒情主体是“激动不安”的。在现代社会的变形、变化、分裂、矛盾中，与自然、万物对话的抒情主体从世界中分裂、独立出来，不仅开始了张扬个性的自我表现，而且在自我的世界中表现出动与乱、紧张与苦闷的特征。这既表现在肉身上，同时也表现在精神层面上。前者如《天狗》中吞吐日月、吞噬自我的抒情主体表现出一系列内噬的举动：“我剥我的皮，/我食我的肉，/我饮我的血，/我啮我的心肝。”这一形象是“身体高度痉挛的，甚至自我肢解破碎的抒情自我形象”④，也是肉体盛不下精神的产物，所以有“我的‘我’要爆了”的呼告。作为20世纪初被青年读者热衷阅读的诗集——《女神》，其中处处充满“我”这一激动不安主体的述说。正如有论者指出：“把生活欲望、冲突的意识置于作品中，由作品显示了一个人灵魂的苦闷与纠纷，是中国十年来文学其所以为青年热烈欢迎的理由。”⑤ 这一不安激动的主体以个性化陈述，或宣叙自我肉身的痉挛与肢解，或呼告精神的矛盾与爆炸，表征了“五四”青年一代真实的心声，成为一种宏大的历史叙述，同时也呈现出现代抒情诗“尖锐的，深入的，偏激的”⑥ 警绝紧张的诗美特质。而“我便是我呀”，则在“我”的主体性再次被确认中，“增强了抒情主体——自我形象的英雄性与时代性”，显示了“创造主体的‘我’与被创造客体的‘我’——即艺术中自我形象之间的距离等于零”，实现了“创造主体与被

---

① 姜涛：《“病中的诗”及其他》，《巴枯宁的手》，北京大学出版社2010年版，第168页。原刊于《新诗评论》2008年第1辑。

② 参见林庚《诗的韵律》中的观点：“自由诗好比冲锋陷阵的战士，一面冲开了旧诗的约束，一面则抓到一些新的进展；然而在这新进展中一切是尖锐的，一切是深入但是偏激的；故自由诗所代表的永远是这警绝的一方面”；“而且尖锐的，深入的，偏激的方式，若一直走下去必有陷于‘狭’的趋势。于是人们仍需要把许多深入的进展连贯起来，使它向全面发展，成为一种广漠的自然的诗体。这种诗体，姑名之曰‘自然诗’；如宇宙之无言而含有了一切，也便如宇宙之均匀的，从容的，有一个自然的，谐和的形体；于是诗乃渐渐地在其间自己产生了一个普遍的形式”。《林庚诗文集》（第2卷），清华大学出版社2005年版，第77、78页。原载《文饭小品》1935年第3期。

③ （南宋）罗大经：《鹤林玉露》，上海古籍出版社2012年版，第92页。

④ 姜涛：《“病中的诗”及其他》，《巴枯宁的手》，北京大学出版社2010年版，第167页。原刊于《新诗评论》2008年第1辑。

⑤ 沈从文：《论朱湘的诗》，张兆和主编：《沈从文全集》（第16卷），北岳文艺出版社2009年版，第140页。原载《文艺月刊》1931年第2卷第1期。

⑥ 林庚：《林庚诗文集》（第2卷），清华大学出版社2005年版，第78页。原载《文饭小品》1935年第3期。

创造的艺术完全等同的问题”[①]。经由郭沫若“我便是我呀”的呼告与陈述，抒情主体不仅得以确立，而且得以高扬，同时在“灵魂的苦闷与纠纷”中塑造了现代抒情主体“激动不安”的形象。虽然抒情主体独白性述说往往湮没在历史叙述的宏大共鸣里，但现代抒情主体却成为与古典抒情主体有着完全不同的情感与精神特质的“我”，而这正是新诗与古诗的区别之处。

呼语作为抒情诗独特的修辞术，带来抒情主体自我建构与叙事语境的虚拟，同时也带来了人称的扩张、变易。郭沫若早期抒情诗中，除了“我”的抒情宣叙之外，“我们”的歌唱述说也开始出现。《凤凰涅槃》中除了出现角色形象，而且在召唤万物的呼语中出现了群体形象——“我们”的述说与合唱：“我们新鲜，我们净朗/我们华美，我们芬芳。”在此，抒情主体的复数形态，除了说明集体观念在人称叙事中的出现，同时也可见出，后来勃兴的政治抒情诗的情感结构与呼语、人称等诗学特征都可以在郭沫若的抒情诗中找到可以呼应对照之处。这是抒情主体人称变化带来叙事性述说的别一表征。

## 三 “乱写”及其诗学辩证

呼语法也往往带来罗列排比，因为“‘包容的修辞’在罗列万事万物、各色人等时，也体现出呼语法的特征”[②]。这一罗列排比得甚至狂乱夸张的叙事性书写在郭沫若抒情诗中颇为突出。废名在新诗发生语境下，评价郭沫若和冰心时，指出他们“诗情的泛滥”“乱写”“夸大狂”[③] 的特征。在废名看来，“他（即郭沫若——引者注）的诗本来是乱写，乱写才是他的诗，能够乱写是很不易得的事”[④]，甚至指出“乱写”是“在中国诗体解放运动之后，应有的一番诗人的本色”[⑤]，而“郭沫若的新诗里楚国骚豪的气氛确是很重，大概因为诗体解放而有诗情解放，因为诗情解放而古代诗人的诗之生命乃在今代诗人的体制里复活，原是一个很自然的事情”[⑥]。在此，废名首先肯定了郭沫若的“乱写是很不易得的事”，同时认为解放的诗体也解放了诗情，郭沫若本色的“乱写”也是自然的事。但这一说法却往往成为郭沫若被人诟病的口实。

如果细致地考察包括呼语等在内的各类罗列排比、狂乱夸张的叙事性书写，可以发掘出郭沫若早期抒情诗的美学特质。“乱写”有着自身表述被误解的可能。早在

① 孙玉石：《〈女神〉艺术美的获得与失落》，《中国现代诗歌艺术》，北京大学出版社2010年版，第144页。
② 王璞：《抒情与翻译之间的“呼语”——重读早期郭沫若》，《新诗评论》2014年第18辑。
③ 废名：《沫若诗集》，废名、朱英诞：《新诗讲稿》，北京大学出版社2008年版，第130页。
④ 废名：《沫若诗集》，废名、朱英诞：《新诗讲稿》，北京大学出版社2008年版，第130页。
⑤ 废名：《沫若诗集》，废名、朱英诞：《新诗讲稿》，北京大学出版社2008年版，第135页。
⑥ 废名：《沫若诗集》，废名、朱英诞：《新诗讲稿》，北京大学出版社2008年版，第135页。

1922 年，郭沫若提出了“诗不是做的，诗是写的”① 观点。这一观点有可能被不喜欢他大量排比列举而显得气势磅礴的诗歌的人视为“乱写”的根源，也许会冒犯美学的精致主义者对诗歌的审美习惯。比如沈从文在批评郭沫若的小说创作时，对郭沫若的“乱写”，不仅视为“奔放到不能节制”的“废话”“琐碎”②，甚至批评道：“他是修辞家，文章造句家，每一章每一句，并不忘记美与顺适，可是永远记不到把空话除去。”③ 这虽是针对小说，其实也不妨视为对其诗中散漫罗列的抒叙的隐在批评。

在文学史上，郭沫若这类罗列排比、狂乱夸张的叙事性书写多遭人纷纭置喙，甚至否定质疑，但也不乏肯定，乃至激赏者。除了闻一多给予肯定性评价的两篇文章《〈女神〉之时代精神》《〈女神〉之地方色彩》外，早在 1924 年，创造社同仁滕固就指出：“艺术的要素是一个‘动’字，并非简单表出受动的感觉，是表出内面的动——生命就是动——是表出内面的生命。这种动作就是创造，是个性的创造。”④ 他肯定艺术中的“生动”与“个性的创造”，无疑从侧面呼应了郭沫若“乱写”与“夸大”的创作中表现出的内面生命与个性创造。新月诗人朱湘肯定其诗中对大的崇拜与力的崇拜，但对由此在艺术上呈现出的“粗”，即艺术上的粗糙有所揭示，正包含了对“乱写”的批评⑤。但孙玉石认为在《凤凰涅槃》《晨安》《天狗》等诗中，这种排比列举中能见到一种“打破模仿自然的恶习，朝着动的方向走”⑥ 的绝端自由的创造，比如“我飞奔！/我狂叫！/我燃烧！/我如烈火一样的燃烧！/我如大海一样的狂叫！/我如电气一样的飞跑！/我飞跑！/我飞跑！/我飞跑！/我剥我的皮，/我食我的肉，/我饮我的血，/我啮我的心肝，/我在我神经上飞跑！/我在我脊髓上飞跑！/我在我脑精上飞跑”。这一激越的情感述说中充满一种激情与速度的美学，更是巨大的生命能量与创造力的彰显。

抒情诗中的“我”“我们”与呼语在文本中强劲地遇合之后，郭沫若的“乱写”，其实是一种想象力的爆发，是一种富有生气的创造力的喷薄。正如惠特曼对诗人的评价：“对有生气的与伟大的事物的热情，只有当它在人的灵魂里有着有生气的与伟大的源泉时，才会结出硕果来。”⑦ 而崇拜惠特曼的郭沫若无疑也获得了这种热情与生气。

---

① 郭沫若：《曼衍言》（一），转引自孙玉石《郭沫若：一个浪漫主义诗人的沉思》，《中国现代诗歌艺术》，北京大学出版社 2010 年版，第 3 页。原载《创造周报》1922 年第 1 卷第 2 期。

② 沈从文：《论郭沫若》，张兆和主编：《沈从文全集》（第 16 卷），北岳文艺出版社 2009 年版，第 155 页。原载《日出》1930 年第 1 卷第 1 期。

③ 沈从文：《论郭沫若》，张兆和主编：《沈从文全集》（第 16 卷），北岳文艺出版社 2009 年版，第 159 页。原载《日出》1930 年第 1 卷第 1 期。

④ 滕固：《艺术与科学》，《创造周报》1924 年第 40 号。

⑤ 朱湘：《郭君沫若的诗》，王训昭、卢正言、邵华等编：《郭沫若研究资料（中）》，知识产权出版社 2010 年版，第 583 页。原载《晨报副刊》1926 年 4 月 10 日。

⑥ 孙玉石：《郭沫若：一个浪漫主义诗人的沉思》，《中国现代诗歌艺术》，北京大学出版社 2010 年版，第 40 页。

⑦ ［美］华尔脱·惠特曼：《〈草叶集〉序》，刘保端译，《美国作家论文学》，生活·读书·新知三联书店 1984 年版，第 35 页。

《晨安》中对世界的问候、对伟人的致敬，《凤凰涅槃》中生命重生与人类大同的欢庆合唱，既是想象力的爆发与创造力的表现，也是一种生趣与活力的获得。正如郭沫若指出的，“古人用他们的言辞表示他们的情怀，已成为古诗，今人用我们的言辞表示我们的生趣，便是新诗”①，而充满生趣恰恰是郭沫若抒情诗的特征之一。而现代抒情诗最为核心的便是其生机与生趣，一如林庚指出《诗经》等古典抒情诗平实浑然中给人以难忘的喜悦，因为“生活上最需要的莫过于健康与生趣，而这些往往都毁于过虑与感伤之中”②。而后来的古典抒情诗沉湎于“过虑与感伤”中，缺少了“健康与生趣”，恰恰是新诗重新使诗歌焕发出生机与活力。早期郭沫若抒情中的叙事性书写正是这一生机与生趣的明证，而这一颇为人诟病的“乱写”则有着可资辩难的、诗学的辩证。当然，这一狂乱夸张的叙事性书写，也需要艺术的熔铸与锤炼，不然就会堕入流弊之途，成为被人诟病的“深厚不足，平实粘滞，缺乏透视，粗滑松脱”③ 之作。对这一缺陷，废名也含蓄地批评了其中顺滑书写带来的“无力”：“白话新诗对于这一派诗人的天才，有时反而不能加以帮助，好比冰场上溜冰一样，本来是没有阻碍的，但滑就是阻碍，随便的滑一下，自己觉着，别人也看着你滑一脚了，好像气力不够似的。”④

作为情感丰富、灵魂热度高的诗人，郭沫若早期抒情诗在隐性叙事层面赓续了浪漫主义诗歌中的呼语法，以对“我”与“我们”等人称的自如变易、切换，建构了有着个性面目与时代特征的、独立不羁的现代抒情主体，并且在现代抒情诗及其主体的扩张中重构了现代中国与世界的新型关系，展现了现代抒情诗与古典抒情诗迥异的情感与精神面目，同时以其飞动的想象与夸张，使白话新诗在不乏“乱写”的诗学辩证中摆脱了新与旧的纠缠，克服了早期白话新诗想象力、形象性不足的缺点，以强健有力的想象与创造，给诗歌注入生气与活力，使之走向了真正意义上的现代抒情诗。可以说，在“五四”新文化中郭沫若将个体肉身的经验突入历史与现实的观察与表现中，说出了“不能说话的事物所固有的优美和庄严，沟通现实和灵魂的道路”⑤，成为时代精神的表征。郭沫若抒情诗的叙事性诗学实践参与了这一“时代精神”发明，在推动中国现代抒情诗的生长、扩张中，使之成为崭新而富有生命力的诗歌范式。正是在这个意义上，郭沫若早期抒情诗的叙事性无疑是有力构建现代诗歌抒情传统的形式要素之一。

（原载《中国文化与文学》2019 年第 30 期）

① 田寿昌、宗白华、郭沫若：《三叶集》，上海书店出版社 1982 年版，第 46 页。

② 林庚：《君子于役》，《林庚诗文集》（第 7 卷），清华大学出版社 2005 年版，第 211、212 页。

③ 蓝棣之：《现代诗的情感与形式》，人民文学出版社 2002 年版，第 15 页。

④ 废名：《沫若诗集》，废名、朱英诞：《新诗讲稿》，北京大学出版社 2008 年版，第 138 页。

⑤ ［美］华尔脱・惠特曼：《〈草叶集〉序》，刘保端译，《美国作家论文学》，生活・读书・新知三联书店 1984 年版，第 17 页。

# “世纪”视野与新诗的历史起点

## ——《女神》再论

姜 涛

在新诗史上，有关《女神》的历史定位，是一个颇有意味的话题。相较于《尝试集》，《女神》晚出了一年多的时间，但甫一问世，就隐隐然挑战了《尝试集》的地位，甚至被看作新诗得以成立的真正起点。1922 年，《女神》出版一周年之际，郁达夫就以不容置疑的口吻说：“完全脱离旧诗的羁绊自《女神》始”，这一点“我想谁也该承认的”。① 类似的说法后来多有延续，并逐渐沉积为一种广为接受的文学史判断：《尝试集》作为新诗“开端”的地位不容动摇，但也仅仅是一个“开端”而已，而《女神》由于艺术上、思想上的多方面突破，而被奉为新诗的第一座“丰碑”。然而，随着新诗的不断“演进”，当“只认抒情是诗的本分……而象征实在是其精意”② 的观念，支配了更多的写作和阅读时，《女神》的评价也逐渐走低，和《尝试集》一起被挤到了历史的开端处。如果说《尝试集》因风格过于直白、散文化，而一直遭到后人的讥嘲，那么《女神》激昂扬厉的夸张书写，一定程度上也被当作“诗体大解放”不节制的产物，需要更精微的技艺来纠正。尤其在受诸多现代“趣味”熏陶的当代读者这里，《女神》粗枝大叶的风格，更是很难得到同情。笔者在自己的文学史课堂上，每次讲到郭沫若的诗，都会习惯性地请学生来朗诵一下《天狗》，不出意外，每一次大家都会面露难色。显然，在当代的语境中，要当众喊出“我的我就要爆了”，已是一件颇为尴尬的事情。

针对这一问题，温儒敏老师曾有《关于郭沫若的两极阅读现象》一文，提出要让今天的年轻读者接受《天狗》，可采用所谓的“三步阅读法”，包括“直观感受”“设身处地”“名理分析”，简言之，要将专业的文学史分析和对五四时代精神氛围的感知结合在一起，这样才能做到一种历史的“同情”乃至“共情”。③ 这一思路切实可行，可以补充的是，仅仅回到历史的“现场”，仍有可能局限于一些固化的文学史

---

① 郁达夫：《女神之生日》，《时事新报·学灯》，1922 年 8 月 2 日。

② 周作人：《〈扬鞭集〉序》，《语丝》第 82 期，1926 年 6 月 7 日。

③ 参见温儒敏《关于郭沫若的两极阅读现象》，《中国现当代文学专题研究》，北京大学出版社 2002 年版。

叙述，让直观的阅读感受，回收于“个性解放”“时代精神”一类陈言套语之中。某种意义上，怎样解读《女神》，涉及的并非只是郭沫若早期创作的评价，同时也关乎新诗起点的历史认知，要把握并打开这一“起点”的意义，或许还需挣脱单一的新诗史、文学史线索，在更宏阔的思想文化视野中重构问题框架，一些看似已经常识化的结论，也可能由此被重新激活。

## 一

在《女神》的接受史上，闻一多发表于1923年的《〈女神〉之时代精神》，自然是一篇无法绕开的雄文：“若讲新诗，郭沫若君底诗才配称新呢，不独艺术上他的作品与旧诗词相去最远，最要紧的是他的精神完全是时代的精神——二十世纪底时代精神。”[①] 这是文章开宗明义的第一句，以不容置疑的口吻，点出了《女神》的起点位置。与同时代的读者和批评家不同的是，闻一多在一开始就挣脱了语言、形式层面“新旧”之别的讨论，另辟空间，使用了一个德国式的概念“时代精神”（Zeitgeist），来概括他对《女神》中动荡不安、激昂扬厉之气息的感知。事实上，自认为“极端唯美论者”的闻一多，对《女神》的推崇并不是毫无保留的，私下里，也表达过对郭沫若技艺粗糙的不满，随后的《〈女神〉之地方色彩》一篇，更是对《女神》过于欧化的色彩提出了批评。但这并不妨碍他从一个极高的理论层面，来把握这部诗集的起点意义，而且，闻一多所谋者大，借谈论《女神》，他也意在阐发对新诗之“新”，抑或新诗之“现代性”的总体理解。那么，“二十世纪底时代精神”在他那里，所指为何？套用卡林内斯库式的表述，闻一多进而从“动的精神”“反抗的精神”“科学的成分”“世界之大同的色彩”“挣扎抖擞底动作”几个方面，勾勒出“二十世纪底时代精神”之“五张面孔”，而其中的意涵，或许也尚未被充分打开。

上面已提到，所谓“时代精神”之说，经过不断地转述、重申，今天听来，已近乎某种“陈言套语”。然而，作为一个思想史、精神史的概念，至少在闻一多的时代，“时代精神”还是一个全新的、充满可能性的论述，有两点可以注意：首先，在闻一多笔下，“时代精神”并没有落实为“民主”“科学”“个人的发现”等具体的时代命题，他关注的毋宁是一种隐含在历史进程中的精神气质，一种强劲的时代风格、节奏。换言之，“时代精神”并不是一种实体化的存在，搁在那里等待哲人或诗人的书写，它似乎更是一种历史内部涌动的机能，需要敏锐的心智去感知、去辨认、去命名。其次，后来的文学史家接续其思路，往往仅在“五四”的背景中讲述“时代精神”，闻一多无疑站得更高、望得更远，将“二十世纪”这一宏阔的历史视野，展现在读者的面前。目下，学界流行说20世纪是“短促的世纪”，发端于欧战的爆

① 闻一多：《〈女神〉之时代精神》，《创造周报》第4号，1923年6月3日。

发，终止于冷战两极的解体，革命、战争、乌托邦式的社会重造，是贯穿性的主题。依照闻一多的逻辑，“新诗”之“新”，不在于白话的有无，也不限于文学感受力、想象力的刷新，而要看能否与20世纪之“短促”历史之内在节奏发生高频的共振。后来的新诗人和批评家也爱说“现代”，但往往流于经验的表象，诸如机械文明的喧嚣、都市生活的纷乱、震惊的感性片段……相形之下，闻一多的眼光显得格外深透。

任何纪年方式，包括传统的王朝纪年及后来的民国纪年，都不是机械的、空洞的时间标记，本身就是一种历史意识和自我意识展开的方式。从晚清到“五四”，“二十世纪”作为一个特定的话语，密集出现于仁人志士、知识分子的笔下，正如汪晖在最近的长文中所指出的，这代表了一种崭新的“世纪”意识，“它和过去一切时代的区分不是一般时间上的区分，而是对一个独特时势的把握。这个时势把他者的历史、把整个外部的历史变成自己的历史，同时也将自己的历史置于全部历史的内部予以解释和指认”①。在这个意义上，“二十世纪”既是时间维度上对19世纪旧的世界秩序的断裂，又是空间意义上“全球共时性”的生成。这样一种时空关系的组织，也是《女神》内在的展开结构：

> 我们飞向西方，
> 西方同是一座屠场！
> 我们飞向东方，
> 东方同是一座囚牢！
> 我们飞向南方，
> 南方同是一座坟墓！
> 我们飞向北方，
> 北方同是一座地狱！

从惠特曼那里，郭沫若借来了这样一种澎湃的、向四方铺展的句式，《凤凰涅槃》书写的“在世界当中”的生存感受，就与四面八方的空间围困相关，而朝向未来的浴火“时势”，则蕴含在空间与时间、暗夜与黎明、死亡与重生的辩证转化中。闻一多勾画“二十世纪底时代精神”之第五张面孔时，就写道：“二十世纪是黑暗的世界，但这黑暗是先导黎明的黑暗。二十世纪是死的世界，但这死是预言更胜的死”。而“时代精神”的第四张面孔——“科学底发达使交通底器械将全世界人类底相互关系捆得更紧了。因有史以来世界之大同的色彩没有像今日这样鲜明的”，则直接彰显了将外部历史、他者的历史内在化的空间维度。

表现世界之大同，吞吐全球四大洲之地名，《女神》中此类作品数量并不很少，

① 汪晖：《世纪的诞生——20世纪中国的历史位置（之一）》，《开放时代》2017年第4期。

如《巨炮之教训》《匪徒颂》《我是个偶像崇拜者》《电火光中》《三个泛神论者》等。闻一多慧眼如炬，单挑出《晨安》一首作为“这种 Cosmopolitanism 底证据”：

> 晨安！梳人灵魂的晨风呀！
> 晨风呀！你请把我的声音传到四方去吧！

这首诗采用雪莱《西风颂》中的“呼语”方式，在恍惚的旭光和动荡不息的海面上，让“我的声音”与“晨风”化为一体，向四方吹拂，向整个世界问好。全诗三十八行中有二十七行以“晨安”起句，完成了一次环绕全球的想象力旅行：

> 问安首先从祖国开始，紧接着越过长城向北方的俄罗斯问安……而后转向西南，越过帕米尔高原、喜马拉雅山，向印度，向泰戈尔问安，从而进入印度洋，并循印度洋、大西洋、太平洋向周边的非洲、西欧、美洲的诸多国家问安。诗人站在日本的海岸边向全世界问安，最后又回到日本，期待日本人民的觉醒。①

表面看，诗人只是在日本九州对着大海“放号”，宣泄内心海量的激情，但他并非真的在“狂叫”“乱写”，狂肆的诗行不乏构思的谨严，这首《晨安》翻越高原雪山、横跨大洋，由东向西的地域转移，严格遵循了现代地理学的空间认知。“快来享受这千载一时的晨光呀”，这所谓“千载一时”，也正是所谓“全球范围内的共时性关系”的生成之时。

可以参照的是，“在新旧二世纪之界线，东西两半球之中央”，梁启超的《二十世纪太平洋歌》也曾有如此阔大的寰球空间呈现，此诗在人类文明演进史观中融入了“公羊三世”之说，宏阔的空间认知被时间的紧迫感、纵深感所贯穿、组织：

> 太平洋！太平洋！君之面兮锦绣壤，君之背兮修罗场，海电兮既设，舰队兮愈张，西伯利亚兮铁道卒业，巴拿马峡兮运河通航，尔时太平洋中二十世纪之天地，悲剧喜剧壮剧惨剧齐鞈鞺。

在梁启超笔下，由电力、铁路、航运带来的 Cosmopolitanism 并没有洋溢一种乌托邦式的乐观色彩，反而与一种列强争霸、“不兴则亡”的民族危亡意识相关（“吁嗟乎！今日民族帝国主义正跋扈，俎肉者弱食者强，英狮俄鹫东西帝，两虎不斗群兽殃”）。② 相比之下，《晨安》“同字起句”的呼喊，似乎只是一种地名与人名的罗列、

① 陈永志：《〈女神〉校释》，华东师范大学出版社 2008 年版，第 82 页。
② 任公：《诗界潮音集：二十世纪太平洋歌》，《新民丛报》1902 年第 1 号。

铺展。但读得稍仔细一点，就会注意到诗人的问安，在依据地理顺序的同时，其实也有高度的选择性、象征性。其中，“我所敬畏的俄罗斯”代表了革命世纪的先导（“我所敬畏的Pioneer呀”），泰戈尔、尼罗河畔的金字塔等，代表了古老文明、东方文化创造力的再生，是容易找出的部分，还有一些是较为含蓄的：如在访问巴黎万神殿前的“沉思者”之后，转而提及“半工半读的学友们”，就暗中带入了“五四”前后工读互助、勤工俭学的社会思潮；在巡游不列颠群岛之时，诗人并没有造访“大不列颠王国”，而是问安于投身民族独立斗争的“爱尔兰诗人”，这显然凸显了弱小民族的独立、解放。环游地球一周之后，诗人的问安最后回到了太平洋上的扶桑之国：“还在梦里裹着的扶桑呀！/醒呀！Mesame 呀！”按照陈永志先生的说法，郭沫若在此一时期完成的《日本之煤铁问题》等文章中，多次说到日本人“军国主义之梦犹未醒”“要使日本人破醒军国主义资本主义底恶梦”等。[①] 因而，诗人最后对扶桑的召唤，虚实相济，也具有了一定的隐喻性，他也寄希望于日本民族的觉醒，享受20世纪全人类的美好晨光。

因而，《晨安》呼唤“年轻的祖国”，也是站在“五四”的文化政治视野中，呼唤一个年轻的“世纪”，这个“世纪”正从19世纪暗夜中醒来，挣脱资本主义、帝国主义的围困，在一战之后社会改造、民族解放的视野中想象自身。在诗的开头，这个思潮激荡的“想象界”，被比喻为“常动不息的大海”“明迷恍惚的旭光”，诗歌的创造力、热情的思想力，也和白云与雨丝一样在海天之间舒卷涌动。

## 二

“《女神》底诗人本是一位医学专家。《女神》里富于科学成分也是无足怪的”，这是闻一多所勾画的“二十世纪底时代精神”的第三张面孔，《女神》中的科学因素、科学想象，也是后来常被讨论到的问题。粗略统计一下的话，《女神》涉及的知识门类，包括医学、解剖学、物理学、热力学、天文学、电磁学、地质学等。其中，给人印象最深的，大概正是闻一多指出的：“还有散见于集中地许多人体的名词如脑筋，脊髓，血液，呼吸，……更完完全全的是一个西洋的 doctor 底口吻了”。《天狗》中的这一节，可算是代表：

我飞跑！我飞跑！我飞跑！
我剥我的皮，我食我的肉，
我饮我的血，我啮我的心肝，
我在我神经上飞跑！

① 陈永志：《〈女神〉校释》，华东师范大学出版社2008年版，第83页。

我在我脊髓上飞跑！
我在我脑精上飞跑！

不单《天狗》如此，战栗的神经、破裂的声带、裸露的脊椎、飞迸的脑筋，这些令人惊骇的身体意象遍布于《女神》中。郭沫若在新诗的起点上，就贡献了一个不断爆裂、分解的、逾越内外界限的身体形象。1923 年，郭沫若、闻一多的“同时代人”曼德尔施塔姆写有《世纪》一诗，同样创造了一个肢体破碎的野兽形象：

我的世纪，我的野兽，谁能
看进你的眼瞳
并用他自己的血，黏合
两个世纪的脊骨？①

俄罗斯的红色革命，在血污之中建立新的政权，也开启了 20 世纪的巨大实验。这首诗正是写于革命之后艰难而兴奋的空气中。和《天狗》相仿，“我的世纪、我的野兽”——“二十世纪底时代精神”在诗中同样化身为一只野兽，它从旧世界的血泊里站出，但不是在飞奔中享受自我破坏的激情，而是被自己的不能连缀起来的脊骨压垮、被新的世纪粉碎。巴迪欧曾将这匹脆弱的野兽，看作世纪的一种历史隐喻，一种 X 光的投影：“这些是在 1923 年描述的一个短暂的世纪开端的主体性。这些扭结在一起的骨骼，这些婴儿的软骨，以及碎裂的脊梁描绘了一个罪恶的、狂热的、令人扼腕的世纪”。② 郭沫若的“天狗”，也有如是说：“我是 X 光线底光！/我是全宇宙底 Energy 底总量！”这样读来，“天狗”也可看作“二十世纪中国”在开端处留下的一张 X 光片，虽然这张投影还缺乏曼德尔施塔姆诗中痛苦、矛盾的历史寓言性。③

回到闻一多的分析。所谓“西洋 doctor 底口吻”，确实是理解郭沫若早期写作的一个重要线索。在《创造十年》中，郭沫若曾回忆 1918 年秋冬季所上解剖课的感受：“在头盖骨中清理出一根纤细的神经出来的时候，那时的快乐真是难以形容的”。这样的描述如他自己所言，“好像很恶心”，而他也将自己文学的起点，明确与解剖室中的经验相连——“在这样奇怪的氛围气中，我最初的创作欲活动了起来”。④ 这

① ［俄］曼德尔施塔姆：《我的世纪，我的野兽：曼德尔施塔姆诗选》，王家新译，花城出版社 2016 年版，第 87 页。

② ［法］阿兰·巴迪欧：《世纪》，蓝江译，南京大学出版社 2011 年版，第 22 页。

③ 有关《天狗》与《世纪》的比较，参见姜涛《从蝴蝶、天狗到当代诗的笼子》，《诗刊》（下半月刊）2018 年第 8 期。

④ 郭沫若：《创造十年》，《学生时代》，人民文学出版社 1979 年版，第 49 页。

一“创作欲”发动的结果，即小说《骷髅》后来虽投稿未中、被付之一炬，但解剖学、神经学的眼光，却似乎长久支配了郭沫若的写作和自我认知。比如《夜步十里松原》中惊人的一幕：

> 十里松原中无数的古松，
> 尽高擎着他们的手儿沈默着在赞美天宇。
> 他们一枝枝的手儿在空中战栗，
> 我的一枝枝的神经纤维在身中战栗。

除了诗歌中的想象，在自述中，郭沫若常将创作的发动与特殊的生理状态相连，说自己“每每有诗的发作袭来就好像生了热病一样，使我作寒作冷，使我提起笔来战颤着有时候写不成字”。[①] 而《凤凰涅槃》中“凤歌”与“凰歌”交替展开，直至最后的“凤凰和鸣”，不断复沓的诗节，模拟神鸟的翱翔、舞蹈，具有很强的巫术色彩和身体的动作感。这种“诗语的定型反复”的句式，也被他论断为：“由精神病理学的立场看来，那明白地是表现着一种神经性的发作。”[②] 可以说，无论登山、观海、望星空，还是在树下醉歌，郭沫若似乎都能构造一个失控的、痉挛的身体形象。

从语言、形式的角度看，新诗之“新”自然与白话书写、自由表达的活力相关，而郭沫若在“起点”上却赋予了新诗语言一种独特的身体紧张感、能动性，这是非常值得注意的一点。“物质文明底结果便是绝望与消极。然而人类底灵魂究竟没有死，在这绝望与消极之中又时时忘不了一种挣扎抖擞底动作”，当闻一多写下这段话的时候，他未尝不在表达《女神》带给他的身体性感受。这“挣扎抖擞底动作”、这“悲哀与奋兴”的反复交替，恰如神经的痉挛，连通了“动的精神”“反抗的精神”，说明“二十世纪底时代精神”，不仅生成于外部的历史，最终也会在新诗语言的内部形成震颤。

## 三

依照浪漫主义的想象，疾病的、不安的身体与文艺的创造性，本来就有一定的关联，但郭沫若不只是在一种修辞的、比喻的意义上来谈论这个问题，对他来说，“一枝枝神经战栗”的身体是作为一个知识对象来被认识的，利用“近代医学，尤其是

---

① 郭沫若：《创造十年》，《学生时代》，人民文学出版社 1979 年版，第 59 页。

② 郭沫若：《我的作诗的经过》，《郭沫若研究资料上卷》，中国社会科学出版社 1986 年版，第 283 页。

生理学的知识”，“独自树立一个文艺论的基础”，也是他在 20 年代一个主动的追求。[①] 这意味着，诗人的“身体”一方面狂躁不安，另一方面，又是吻合于“科学”的原理，两个看似矛盾的面向交织成“时代精神”面孔上的特殊表情。扩展来看，这一类“病的隐喻”在早期新诗的观念生成中并不鲜见，如周作人就曾将疾病之中身体的热动、思维感知的起灭，看作现代诗之发生机制，那些“忽然而起，忽然而灭”的迫切情感，也被理解为现代人生存的内在真实，“足以代表我们这刹那内生活的变迁”。[②] 其实，《女神》中也不乏此类的作品，如《蜜桑索罗普之夜歌》《新月与白云》《死的诱惑》等，都具有一种“内面”的心理深度，也沾染了些许颓废的“近代的情调”[③]。但在闻一多看来，这一类作品并不一定具有代表性[④]，《女神》之中不安、失控的身体感性，并非内向沉溺，而是在“挣扎抖擞”中，更多具有一种外射性、生成性，动的、反抗的精神，会不断在物我之间形成“泛神论”式的同一性关联：

楼头的檐霤……
那可不是我全身的血液？
我全身的血液点滴出律吕的幽音，
同那海涛相和，松涛相和，雪涛相和。

1919 年年底一个大风吹雪的早晨，郭沫若写下了《雪朝》一诗，按照他自己的讲法，这首具有“泛神论”色彩的诗，是“应着实感写的”，风雪一阵一阵卷来，其间有一个“差不多和死一样沉寂的间隔”，在间隔中还可听见“檐霤的滴落”，正是这“一起一伏的律吕”形成了这首诗。[⑤]

值得注意的，还有这首诗的副标题：“读 Carlyle：The Hero as Poet 的时候”，卡莱

① 郭沫若：《创造十年》续编，《学生时代》，人民文学出版社 1979 年版，第 202—203 页。比如，著名的《论节奏》一文讨论有关“节奏”的多种假说，虽然他最认同的，是将节奏的起源移植到感情层面的假说，但也认为生理学的假说（节奏起源于心脏、肝肺的搏动）也能鞭辟入里，所谓“节奏”生成于外界刺激袭来时感情之紧张与弛缓的交替形成，亢奋身体与文艺行为之间的一致性，在这种科学的分析中获得了更完满的说明。参见《论节奏》，《创造月刊》第 1 卷第 1 期，1926 年 3 月 16 日。

② 参见仲密《病中的诗》，《晨报副刊》，1921 年 5 月 3 日；《论小诗》，《晨报副刊》，1922 年 6 月 21—22 日。

③ 如《死的诱惑》曾被当作中国新诗的标本翻译成日语，发表在大阪的报纸上，厨川白村读到后还曾感叹：“中国的诗已经表现出了那种近代的情调，很是难得”。参见郑伯奇《二十年代的一面——郭沫若先生与前期创造社》，饶鸿競等编：《创造社研究资料》，福建人民出版社 1985 年版，第 750 页；郭沫若《创造十年》，《学生时代》，人民文学出版社 1979 年版，第 97 页。

④ 1922 年，北社所编《新诗年选》收入《死的诱惑》作为《女神》的代表作之一，在《〈女神〉的时代精神》中，闻一多就对此颇不以为然，认为编者“非但不懂诗，并且不会观人。《女神》底作者岂是那样软弱的消极者吗？”

⑤ 郭沫若：《创造十年》，《学生时代》，人民文学出版社 1979 年版，第 72 页。

尔（Carlyle）这位19世纪英国文坛巨擘的表述，如“Open - secret”“Hero - Poet”也醒目地出现在诗中。在《摩罗诗力说》的开头，鲁迅也大段引用过卡莱尔的著名演讲《诗人英雄——但丁、莎士比亚》中的表述，说明“摩罗诗人”也是在卡莱尔“诗人英雄”的意义上被召唤的。这里，不妨做一点比较：在鲁迅那里，诗人即为“撄人心者也”，“诗人为之语，则握拨一弹，心弦立应，其声澈于灵府”[①]，这其中也包含对诗歌自发性及“共感力”的强调，他早期论文中使用的一些概念，如“神思”“圣觉”“心声”“内曜”“意力”“自觉”等，也无不指向主体的发动与心力的飞腾。但这不是一个简单自发性的，或唯意志性的行为，究其核心，一种强大的内在醒觉构成了其基础：“内曜者，破黮暗者也；心声者，离伪诈者也。”[②] 而在郭沫若这里，卡莱尔被“泛神论”化了，“内曜”的醒觉不是重点，“诗人英雄”的形象奠基于敏感身心向外的敞开、与自然的共振之上，《女神》所包蕴的文化政治仪式，也恰恰源于这样的身体能动性、外射性。

简言之，诗人体内战栗的神经、澎湃的血潮，不仅相和于大自然的“律吕”，同样可以呼应社会心理、集体情绪的起伏升沉，用郭沫若自己的话来说，“人生的苦闷、社会的苦闷、全人类的苦闷，都是血泪的源泉，三者可以说是一个直线的三个分段”。[③] 在“五四”前后群体运动兴起的背景中，这种浪漫的“一元论”诗学，配合社会病理学的视角，显然内在勾连了一种自发性的社会革命的可能，一种在20世纪中国十分常见的动员型的政治、“文学化的政治”。“五四”之后，在最初兴起的“革命文学”讨论中，就有论者写道：

> 革命的文学云者，能将现代之黑暗及人间之苦痛曲曲表现出来，以激刺人之脑筋，膨胀人之血管，使其怒发冲冠，发狂大叫，而握拳抵掌，向奋斗之方面进行，视死如归，不顾一切之血的泪的悲壮的文学之谓也。[④]

对脑筋、血管、肢体的夸张描述，与郭沫若对诗人身体的病理学呈现十分相似，那只声嘶力竭、渴望自我爆裂的“天狗”，也可再向前一跃，引发群体性的革命。当然，这种动员型、文学化的政治，势必要受到科学的“主义”的引导，才能纳入组织化的政治轨道之中。但需要指出的是，这只是《女神》之抒情政治的一个方面，其更内在的能量，并非仅限于集体情感的引燃，因为无论“泛神论”式的物我合一，还是身体与自然的不断应和，都不完全是被动的反射，“挣扎抖擞”也是一个自我创

① 鲁迅：《摩罗诗力说》，《鲁迅全集》第1卷，人民文学出版社1981年版，第68页。

② 鲁迅：《破恶声论》，《鲁迅全集》第8卷，人民文学出版社1981年版，第23页。

③ 郭沫若：《论国内的评坛及我对于创作上的态度》，《〈文艺论集〉汇校本》，湖南人民出版社1984年版，第145页。

④ 周长宪：《感情的生活与革命的文学》，《评论之评论》第1卷第4号，1921年11月21日。

造的动作、一个可能性涌现的时刻：

> 晨安！诗一样涌着的白云呀！
> 晨安！平匀明直的丝雨呀！诗语呀！
>
> ——《晨安》

> 鱼鳞斑斑的白云，
> 波荡在海青色的天里；
> 是首韵和音雅的，
> 灿烂的新诗。
>
> ——《白云》

在上面的诗节中，郭沫若似乎同样具有当代诗人偏爱的“元诗”想象力，将斑斑白云、缕缕雨丝想象为诗行、诗语的铺展，自然运行与写作行为之间的流转变幻，正是创造力的生成隐喻。在这个意义上，“快来享受这千载一时的晨光呀”，所谓“千载一时”，也正是枢机转动之时，在动荡不息的“时势”中联动四方、把握“时代精神”之时。

对于这种抒情主体的能动性、创造性，王璞在《抒情与翻译之间的“呼语”——重读早期郭沫若》一文中，曾有十分精彩的分析，他引用詹姆斯·钱德勒对雪莱《西风颂》的解读，探讨了浪漫主义的“风”“琴”等隐喻与“时代精神”之间的关联：“‘时代精神’总是以‘风’的形式出现的，可以被感知，但却不可能被整体把握，它是缺席的在场，不可见的决定力；对‘风’的感知、认同和召唤在落实为诗的修辞，诗人由此不仅成了抒情的主体，而且成为了历史的主体。”在这样的解读中，“时代精神”不是固化的存在，而是如西风一样吹拂四方确也不可把捉。由此，历史的决定性恰恰可以“转徙”为一种主体的能动性，诗人作为“历史的瑶琴”在“历史之风”中工作，感受并共鸣于变幻无形的“时代精神”。

在1928年的“革命文学”论争中，郭沫若曾向文艺青年们高声呼吁：“当一个留声机器——这是文艺青年们的最好的信条”。[①] 王璞进而将这个有争议的“留声机器”与浪漫诗学之“历史的瑶琴”建立关联，前者似乎是后者的一种变貌、延伸，只不过“历史之风”已转变为大地深处的轰鸣，“显现为革命的历史观或总体性的革命政治”。[②] 这样的解读串联了两个时期的郭沫若，也在从文学到革命的跃进、转轨中清理出一条内在线索。在这个意义上，“历史的瑶琴”也可以比喻为一个身体，一

① 郭沫若：《英雄树》，《创造月刊》第1卷第8期，1928年1月1日。
② 王璞：《抒情与翻译之间的“呼语”——重读早期郭沫若》，《新诗评论》2014年总第18辑。

根根在“历史之风”中振响的琴弦，不也正像“一枝枝的神经纤维在身中战栗”。

## 四

在抒情政治与革命政治的内在连通中，诗人主体与“历史之风”、不安身体与自然节奏之间的呼应、扩张、灵活“转徙”，的确“排演了革命文化和革命政治的能动性”。在“时代精神”风云际会之时，能够迎风而动、血潮翻涌，而在不利的、消极的“时势”中，也能把握可以转化的“时机”①，倾听到“大地的最深处有极猛烈的雷鸣”。这种能动的、外向的文化政治，拒绝“内向沉溺”的同时，是否也缺乏一种“内向辨识”、主体深耕培力的维度，当然是可以质询的。还是以鲁迅为参照，同样关注“二十世纪”，鲁迅在《文化偏至论》中，将19世纪末的“新神思宗”认作20世纪文化的始基，强调“掊物质而张灵明，任个人而排众数”，认为应以此来纠正19世纪文明之“偏至”。这样一种“立人”的方案，或许代表了“二十世纪底时代精神”另外的理解路径。而在1928年的“革命文学”论争中，所谓“当不当一个留声机器”的问题，也曾引发过一场争论。这意味着，对于投身革命的分子而言，除了在变动“时势”中保持高度政治认同，如何改造旧我，让新的阶级意识、革命意识根治于主体内部的翻转，是一个更需要思考的问题。② 这些争议的存在，当然不会消解《女神》的“起点”意义，只会让“起点”的意义更为复杂。作为“二十世纪”的一张张X光投影，“天狗”一类飞扬狂奔的形象，只有在革命文化政治内在的张力之中，方能得到更深入的辨析、勘察。

进一步说，“世纪”的眼光，不仅对重读《女神》有效，同样适用于早期新诗的理解。与《女神》相比，同时期的白话新诗，可能显得过于素朴、直白，按照梁实秋30年代的说法，早期白话诗人好像只重视“白话”，而不重视“诗”。但这种印象是不甚完整的，暂且不论早期新诗人在“诗”的方面也颇多用心，更重要的是，新诗的发生并非只是白话对文言的替代、只是工具意义上的“诗体大解放”，无论置身日本九州，还是活跃于北京、上海的现场，正如闻一多要阐发的，新诗之“新”生成于“五四”前后文化政治的“场域”之中，对另一个审美空间的追求，一开始就伴随了新人、新文化、新政治、新社会的构想。像当时流行的“说理诗”，后来被看成是“非诗化”的典型，而屡遭诟病，但即便缺乏所谓诗之“回味和余香”，“说

---

① 针对河上肇认为时机不成熟的革命会导致生产力倒退的观念，郭沫若在《社会革命的时机》（《洪水》第1卷第10、11期合刊，1926年2月5日）中提出了批评，强调“社会革命之成败并不专在乎时机之早迟，而在于企图的方策之完备与否”。有关该问题的讨论，参见李斌《女神之光：郭沫若传》，作家出版社2018年版，第109—115页。

② 这场争论发生于郭沫若与李初梨之间，参见程凯《革命的张力——“大革命”前后新文学知识分子的历史处境与思想探求（1924—1930）》中第六章“当还是不当‘留声机器’与革命思想的更生”，北京大学出版社2014年版。

理”也并不是全然“透明如玻璃球”。在社会改造与个体改造的思想、感知氛围中，诸如刘半农、陈独秀、傅斯年、沈玄庐、康白情、田汉的写作，不少都纵横开阖，有极强的伸缩性和包容性，聚焦于文化变革时期自我认知的扰动与重塑，内在参与了“二十世纪”的精神赋形。

作为20世纪中国的一项特殊的文化实践，新诗的历史展开已有百年。表面看，“百年”与“世纪”，似乎是可以相互替换的概念，但如果稍作“过度阐释”的话，或许也可引申出两种不同的问题框架：“百年”可以理解为一种绵延的时间维度，对应于新诗史的线性展开，所谓传统与现代、格律与自由、诗体的解放与诗美的复归、先锋性与现代性等议题，也往往呈现在这一线性的维度中；相对而言，“世纪”可以更多理解为一种思想史、政治史的视野，对应于“时代精神”的凝聚或消散，历史危机与转机的辨证转换。两种框架既有重叠，实则也会有所不同，用“世纪”的眼光，重新审视新诗的发生，梳理其与20世纪历史进程的复杂关联，以及在此过程与现代中国人心灵的激荡，其意义在于，能从传统与现代、格律与自由、保守与先锋的惯常争论中挣脱出来，并整合左翼革命诗歌、现代主义诗歌等不同脉络，如在山巅之上俯瞰一条大河的分岔、转向与曲折流向，构造出一种更为总体性的历史视野。当然，“温故”是为了“知新”，在新诗百年之际，也是“新世纪”恍惚不宁、动荡展开之际，如何构想“新诗”这一20世纪文化实践的前景，向未来可能性“转徙”的时机，也就包含在既往视野的重构中。

（原载《中国文学批评》2019年第2期）

# 浪漫如何介入历史

## ——抗战初期郭沫若的抒情诗学与情感政治

刘　奎

1937年7月27日，郭沫若从日本秘密逃归上海，为抗战奔走黄埔滩头。“八一三”之后，他相继写下《到浦东去来》《前线归来》《在轰炸中来去》等速写文字，记录他多次前往前线的经历和观感。无论是他此时的经历，还是文学创作，都再次展现出浪漫主义式的精神状态：富于激情，试图把握时代的精神。战争带来了新的现实问题，激发了新的情感模式，也要求作家改变其表达形式，具体则包括语言、情感、文体等诸多要素。正如他日后所总结的，“抗战初起时，由于战争的强烈刺激，在文艺界曾经激起过一番剧烈的震动，确是事实。多数文艺性的期刊和报章附刊，不是完全停止便缩小了范围；口号式的诗歌，公式化的独幕剧曾盛行一时；小说的地位几乎全被报告速写所代替”①。郭沫若从一位研究古文字的学者，转而写报告文学和独幕剧，很大程度上正是为了回应这个新时代的要求。

表达方式的改变，不仅关系到作品的形式变化，也与写作者、表达主体的内在转变密切相关。于郭沫若而言，最明显的表征是从蛰居日本时期的古典学者，转变为社会和政治领域中的实践者；而有意味的是，他身份的转换，是伴随着浪漫激情的复归完成的。如果联系到1920年代中后期他从文学革命到革命文学的转向，不难发现这二者之间的某种悖论式关联，即此前他从文学转向革命，是借助对浪漫主义的批判才得以完成，此时却需重新激活体内的浪漫情感，以重新回到政治实践和社会活动领域，抒情不仅不再是革命的阻力，反而是一种有机的力量。那么，该如何理解浪漫的激情在话语实践与政治实践这两个不同领域中扮演的不同角色？为何此时在郭沫若这里激情不再是走向政治实践的障碍，它是如何从小资情调转化为实践动力的？抗战时期郭沫若所体现的情感与政治间的关系，与革命文学时期乃至“五四”时期的相关讨论之间，又有何对话关系？厘清这些问题会让抗战期间郭沫若的文化政治实践及历史选择更为明晰。但在进入抗战时期之前，需要先探讨郭沫若的抗战前史——他蛰居日本甚至是大革命期间的文学理念和情感模式。

---

① 郭沫若：《抗战以来的文艺思潮——纪念“文协”成立五周年》，《沸羹集》，大孚出版公司1947年版，第118页。

## 一　“新浪漫主义”的兴起：郭沫若流亡时期再考察

对于郭沫若的抗战前史——流亡日本期间的经历，论者往往用“沉寂”与“隔绝”等字样来形容。此时他不仅遭到国民政府通缉，同时也受日本刑侦的监视，只能埋首学术研究。从文学创作的角度来看，较之以往确实有点沉寂。但这并不意味着他停止了文学活动，也不意味着他从浪漫派转变成了学究，其实他并未像他自己所说的那样与文坛隔绝。流亡初期，他不仅直接或间接地继续参与国内革命文学的论争①，做了大量的文学和学术翻译②，而且还完成了大部分的自传③。这些自传延续了郁达夫式的自叙传传统，虽加入了社会分析，却不脱早期创造社的浪漫风格。

1935 年以后，情况更有根本的好转，这主要归功于“第三代”留学青年的相继赴日④。对于他们的文学活动，日本学界已有较为翔实的考论⑤。这批文学青年于 1933 年年底恢复了“左联”东京支盟，创办了《东流》《杂文》（后更名《质文》）和《诗歌》等多个刊物，一时颇为活跃。郭沫若不仅为他们的刊物出版提供帮助⑥，

---

① 革命文学论争是 1928 年文坛的主要事件，郭沫若虽然该年初便离开了中国，但他的文章《革命与文学》《英雄树》《留声机的回音》等一直是文坛论争的潜在资源或对话对象；对于 1930 年代初的文艺大众化运动，他也著有《新型大众文艺的认识》《普罗文艺的大众化》；而他与鲁迅之间的分歧也未尝停止，这从他先后撰写的文章《文艺战线上的封建余孽》《“眼中钉”》《创造十年》等便可看出。

② 翻译方面，郭沫若旅居日本期间先后翻译了辛克莱的小说《石炭王》《屠场》《煤油》等，辛克莱是革命文学论争期间，创造社后期成员主要的理论资源，他在《拜金艺术》（*Mammonart*）中所说的“一切的艺术都是宣传”（All art is propaganda），自李初梨引入中国文坛之后（李初梨：《怎样地建设革命文学》，《文化批判》，1928 年 2 月 15 日），便屡被论争者征引，郭沫若应该是受此影响才翻译辛克莱的著作。此外，郭沫若翻译了《日本短篇小说集》，收入芥川龙之介、志贺直哉、林房雄、片冈铁兵、横光利一等人的作品 19 篇，另译有歌德的《诗与真》《赫曼与窦绿苔》，席勒的《华伦斯太》，托尔斯泰的《战争与和平》（部分），还与李一氓合译《新俄诗选》；除了这些文学作品外，他还翻译了《考古美术发现史》《生命之科学》《隋唐燕乐调研究》等学术著作，及马克思的《德意志意识形态》（马恩合著）、《政治经济学批判》《艺术作品之真实性》等。

③ 这包括《我的幼年》《黑猫》《划时代的转变》《创造十年》《北伐途次》《初出夔门》，次为自传性小说《漂流三部曲》《山中杂记及其他》《克拉凡左的骑士》等。

④ 这是林焕平的说法，在他看来，“五四”一代的创造社和语丝社成员是第一代留东青年，沈起予、楼适夷、以群等“九一八”前后留日学生为第二代，第三代则是“七七”事变前的留日学生［林焕平：《郭先生与留东同学的文艺活动》，《大公报》（香港），1941 年 11 月 16 日，“纪念郭沫若先生五十寿辰”专刊］，此说与伊藤虎丸先生的代际划分不同（伊藤虎丸：《鲁迅、创造社与日本文学——中日近现代比较文学初探》，北京大学出版社 2005 年版，第 158—159 页）。但林焕平作为当事人，其划分标准与他们当时的心理状态有关，也值得参考。

⑤ 如小谷一郎先生的考证，参见小谷一郎《东京“左联”重建后留日学生文艺活动》，王建华译，上海社会科学院出版社 2012 年版；小谷一郎：《论东京左联重建后旅日中国留学生的文艺活动》，《中国现代文学研究丛刊》2006 年第 2 期。此外还有北冈正子、绢川浩敏等人也有相关研究成果。

⑥ 如将《东流》杂志介绍给上海杂志公司的张静庐，见陈子谷《中国“左联”在东京的部分活动》，《革命回忆录》第 13 辑，人民出版社 1984 年版，第 126 页。

经常参加他们的活动[①]，还在这些刊物上发表大量的作品。这是考察郭沫若流亡后期文学活动与历史处境的重要材料。

较早引起国内文坛注意的，是1935年郭沫若在《质文》上刊发的两封论诗的信。第一封信主要是对留日学生陈子鹄诗集《宇宙之歌》的评价，陈在诗中召唤了一个革命的浪漫诗人形象：

> 他不惟用笔来写，
> 还要用血去涂；
> 他自身的事迹就是一幅雄伟的图画！
> 他一生的行为就是一首悲壮的史诗！
> 他的心中燃着太阳的火炬，
> 他是宇宙第一个纯洁的儿子！[②]

诗人将革命的暴力美学、浪漫派对纯洁人格的想象和乌托邦理想融到了一起，更值得留意的是，他将诗—史—诗人三者等同了起来。对陈子鹄的诗，郭沫若认为“有真挚的情绪，洗练的辞藻，明白的认识”[③]，给予较高评价。同时也表达了他自己的诗学观：“诗歌当是一切情绪，表现，意像的结晶”，“诗是迫切的感情之录音”[④]。这与他“五四”时期的经典说法，诗歌是“命泉中流出来的Strain，心琴上弹出来的Melody”[⑤]，“诗人是感情底宠儿”[⑥]，“诗的本职专在抒情”[⑦]，“诗的原始细胞只是些单纯的直觉，浑然的情绪”[⑧] 等有着内在的延续性。正因他认为情绪、情感的表达为诗歌正途，所以他对彼时已渐渐兴起的长诗，尤其是叙事诗持反对态度：

> 长诗自然也应该有，但要有真切的那样的魄力才可以写，不然大抵出于堆砌，没落于文字的游戏。长诗也有限制，过长的叙事诗，我可以决绝地说一句，那完全是“时代错误”。那就是所谓看的诗，早就让位给小说去了。由纯真的感情所表现出来的诗，我相信纵长怕也长不上一千行。因为感情的曲线是没有多大

---

① 郭沫若似乎与质文社往来最多，据臧云远回忆，“差不多一个月来一两次”（臧云远：《东京初访郭老——回忆郭沫若同志之一》，《悼念郭老》，生活·读书·新知三联书店1979年版，第214页）。

② 陈子鹄：《宇宙之歌》，文艺刊行社1935年版，第51页。

③ 郭沫若：《关于诗的问题》，《杂文》第1卷第3期，1935年9月20日。

④ 郭沫若：《关于诗的问题》，《杂文》第1卷第3期，1935年9月20日。

⑤ 郭沫若：《郭沫若致宗白华函》，载《三叶集》，亚东图书馆1920年版，第6页。

⑥ 郭沫若：《郭沫若致宗白华函》，载《三叶集》，亚东图书馆1920年版，第16页。

⑦ 郭沫若：《郭沫若致宗白华函》，载《三叶集》，亚东图书馆1920年版，第46页。

⑧ 郭沫若：《郭沫若致宗白华函》，载《三叶集》，亚东图书馆1920年版，第48页。

的波长的。[①]

无论是对叙事诗的排斥，还是对“纯真的感情”“感情的曲线”的强调，都可见郭沫若诗学的情感本体论，这是他一以贯之的东西。而他的“诗—诗人”一元论，使他对情绪、情感的倚重，又必然转化为对抒情主体的强调。但与“五四”时期文学青年式的情感状态不同，历经革命之后的郭沫若，此时更强调情感与主体意识之间的关联。在他看来：“意识是第一着，有了意识无论用什么方法，无论用什么形式，无论取什么材料都好。”[②] 对于左翼知识分子来说，意识大多带有阶级的规定性，指向阶级意识。因此，这便遭到了国内读者的反对，在他们看来，郭沫若依旧是在提倡口号诗，忽视创作技巧[③]。技巧与意识孰先孰后的问题是此时文坛讨论的一个热点。

对于国内文坛的责难，郭沫若写了长文《七请》予以申辩。在该文中，他的立场变得愈加明晰。首先他对意识作了更为宽泛的解释：“意识的含义不仅仅是‘正确的世界观’而已。意识是把感情、理智、意志通同包括着的。”[④] 意识似乎是感情的上位概念，这为泛滥的情感寻找到了政治属性，即有何种意识，便有何种感情。不过，浪漫主义天才观的介入，最终解决了意识与感情之间的单向决定关系。在他看来，文学创作更倚赖于“天赋的才情”[⑤]，并再次拟了一个公式：天赋 + 教育 + 努力 + 实践 = 一个 X 人。[⑥] 后天的“教育”和“实践”虽然重要，但“天赋”却是第一位的。这种浪漫主义的天才观，后来曾几经改换，如在接受蒲风的访谈时，他便从生理学的角度对天赋加以解释[⑦]，但始终是他所坚持的理念。无论是天赋，还是情感，这些浪漫主义的要素，在他文学和革命的理论与实践中，一直占据着重要地位。在这篇重申立场的文章中，他再次强调了诗与小说这两种文体的本质区别，这种区别正是基于它们对情感的不同处理：

> 诗和小说之别有如音乐和绘画，我们能把绘画的手法来做音乐吗？诗非抒情之作者，根本不是诗。抒情用进步的话来说便是表现意识，他当寄重于主观的情调，这和小说之寄重于客观的认识者不同。小说在目前当分析现实，暴露现实，诗歌在目前则当愤恨现实，毁灭现实。小说用分析与暴露去唤起愤恨与毁灭的感情，诗歌则通过了分析与暴露而直抒愤恨与毁灭的感情使之传染。这些境界要划分清楚。当然，二者也有互相交涉的地方，但各有各的主体……小说侧重进步的

---

① 郭沫若：《关于诗的问题》，《杂文》第 1 卷第 3 期，1935 年 9 月 20 日。
② 郭沫若：《关于诗的问题》，《杂文》第 1 卷第 3 期，1935 年 9 月 20 日。
③ 淑明：《与郭沫若先生论诗》，《时事新报 · 青光》1935 年。未找到原刊，此处转引自郭沫若《七请》。
④ 郭沫若：《七请》，《质文》第 1 卷第 4 期，1935 年 12 月 15 日。
⑤ 郭沫若：《七请》，《质文》第 1 卷第 4 期，1935 年 12 月 15 日。
⑥ 郭沫若：《七请》，《质文》第 1 卷第 4 期，1935 年 12 月 15 日。
⑦ 郭沫若、蒲风：《郭沫若诗作谈》，《现世界》创刊号，1936 年 8 月 16 日。

现实主义，诗侧重进步的浪漫主义，是无妨事的。我的这些话深信和集体的意见并没有抵触。①

在郭沫若看来，小说与诗歌的不同形式，实分担着不同的表达对象和伦理功能，诗歌侧重主观的抒情，它对现实的反映除了小说式的分析与暴露外，还在于“直抒愤恨”，并具有“传染”的情感传导作用。较之小说，抒情诗似乎更具回应现实的能力。对诗歌情感本体的强调，贯穿着郭沫若的整个抗战历程，他后来还声称“诗是情绪的摄影”，一再强调诗歌的抒情性②。

不过，郭沫若将浪漫主义划归诗歌，现实主义推给小说的做法，与国际和国内“集体的意见”并非“没有抵触”。1932 年 10 月举行的全苏联作家同盟组织委员会第一次大会，清算了“拉普”的“辩证唯物主义”文艺观，提出“社会主义的现实主义”的新口号。次年周扬便撰文详细介绍了这个过程及新口号的含义，在他看来，“把浪漫主义和现实主义当作主观的观念论的创作方法和客观的现实主义的创作方法而对立起来，显然是错误的。”他根据吉尔波丁等人的论述总结道，革命的浪漫主义不是和社会主义的现实主义对立或并行的，“而是一个可以包括在‘社会主义的现实主义’里面的，使‘社会主义的现实主义’更加丰富和发展的正当的，必要的要素。”③ 可见，浪漫主义是要隶属社会主义现实主义的。对此，日本左翼文人上田进也作了极为详细的介绍，他所写的《苏联文学的展望》也被国内的《文学杂志》④和《国际每日文选》⑤ 分别译载。但在郭沫若这里，侧重浪漫主义的诗歌与侧重现实主义的小说却是彼此独立的。

他与“左联”文艺政策之间的偏差，还表现在他对主体“意识”和“阶级意识”的强调，如果回到 1920 年代末革命文学论争时期，可以发现这正是后期创造社李初梨、彭康等人的关键词。他们受日本福本主义的影响，提倡意识形态斗争⑥，不仅超克了自由主义，更批判了创造社元老郭沫若等人的革命文学理论。有论者指出，其实质是革命路线的分歧，即意识形态批判与政党斗争的不同选择，结果反而是郭沫若等本土经验主义占据上风⑦。但从郭沫若流亡期间的观点可见，郭沫若虽然对李初梨的责难及时做了反驳，在观念上还是受了他们的影响。这与 1930 年代初，国内共

---

① 郭沫若：《七请》，《质文》第 1 卷第 4 期，1935 年 12 月 15 日。

② 郭沫若：《今天创作底道路》，《创作月刊》第 1 卷第 1 期，1942 年 3 月。

③ 周起应：《关于“社会主义的现实主义与革命的浪漫主义”》，《现代》第 4 卷第 1 期，1933 年 11 月 1 日。

④ 上田进：《苏联文学的展望》，《文学杂志》第 1 卷第 3、4 期，1933 年 8 月 15 日。

⑤ 上田进：《苏联文学底近况》，《国际每日文选》1933 年第 31 期。

⑥ 参考艾晓明《中国左翼文学思潮探源》，北京大学出版社 2007 年版，第 73—94 页。

⑦ 参见程凯《国民革命与“左翼文学思潮”发生的历史考察（1925—1929）》，博士学位论文，北京大学，2004 年，第 190—220 页。

产党文艺工作者如瞿秋白等人，对后期创造社理念的批判和清理明显不同。也就是说，郭沫若虽然依旧坚持他的情感动员模式，但他试图在情感动员与意识形态批判之间做调和，这无疑为浪漫主义重回现实斗争领域提供了理论支撑。从这个意义上说，郭沫若可能延续并发展了左翼知识分子的另一种革命主张，而这是与1930年代的社会语境相关联的。

郭沫若重新肯定诗歌与情绪情感的关系，并认定“诗歌侧重进步的浪漫主义”，这与1930年代浪漫主义的重新兴起有关。浪漫主义在中国的重新兴起，部分是源于俄国作家高尔基对浪漫主义的重新评价。他在《谈谈我怎样学习写作》一文中，将浪漫主义作了积极与消极二分：“消极的（否定的）浪漫主义，——是粉饰现实，或使人与现实相妥协，或将人从现实上拖到无任何结果的深渊，拖到自己的内的世界，拖到关于‘人生的不可解’，及爱或死等的思惟［维］的世界，拖到‘智性’与见解所难于解决而只有由科学才能解决的那种谜里面去。积极的（肯定的）浪漫主义则想强固人类的对于生活的意志，想在人类内面唤起对于现实的反抗心，对那关于现实的一切压抑的反抗心。”① 浪漫主义与现实主义之间的关系也是平等的：“在伟大的艺术家看来，浪漫主义与写实主义似乎任何时候都是融合在一起。”② 高尔基是1930年代中国左翼文坛经常提及的俄国作家，尤其是“左联”东京支盟的文学青年，他们的刊物上基本上每期都译介高尔基的作品，与郭沫若相熟的林林还节译过高尔基的《文学论》，在《前记》中对该观点也有介绍③。郭沫若对此也较为熟悉，他不仅在纪念高尔基的文章《人文界的日蚀》中提到《我的文学修业》一文④，之前也曾在回忆录《创造十年续编》中提及高尔基的此种观点，借此揶揄国内评坛对浪漫主义的偏见和误解⑤。

中国知识分子对高尔基这种论调的译介与传播，与此时“新浪漫主义”思潮的兴起密切相关。在1920年代中期，中国文坛对新浪漫主义就有所讨论，旋即为革命文学论争所淹没，十年之后却再度受到关注。如1925年曾在《晨报·副刊》撰写多篇文章介绍浪漫主义的张资平，沉寂多年后，于1934年又重操旧业，不仅写出专著《德国的浪漫主义》，还在刊物上重点评介了德国的新浪漫主义。按张资平的看法，

---

① ［苏联］M. 高尔基：《给青年作家》，绮雨译，《译文》第2卷第1期，1935年。按，该文摘自《我的文学修业》。戈宝权的译文为：“消极的浪漫主义，——它或者粉饰现实，企图使人和现实妥协；或者使人逃避现实，徒然堕入自己内心世界的深渊，堕入‘不祥的人生之谜’、爱与死等思想中去，——堕入不能用‘思辨’、直观的方法来解决，而只能由科学来解决的谜里去。积极的浪漫主义则力图加强人的生活意志，在他心中唤起他对现实和现实的一切压迫的反抗。”（高尔基：《论文学》，戈宝权译，人民文学出版社1978年版，第163页）。

② ［苏联］M. 高尔基：《给青年作家》，绮雨译，《译文》第2卷第1期，1935年。按，该文摘自高尔基的《我的文学修业》。

③ 林林：《文学论·前记》，光明书局1936年版。

④ 郭沫若：《人文界的日蚀》，《质文》第2卷第1期，1936年10月10日。

⑤ 郭沫若：《创造十年续编》（五四），《大晚报》1937年7月8日第五版。

所谓新浪漫主义，是19世纪末期反叛自然主义的客观化而出现的非理性思潮，偏重主观和情感[①]。对于新旧浪漫主义的区别，论者大多认为新浪漫主义因“受过自然主义的洗礼”，与旧浪漫主义对现实的逃避不同，而是积极地“浸透于现实之深处”[②]。至于新浪漫主义的代表人物，则主要是尼采、叔本华、罗曼·罗兰等，后者所提倡的新英雄主义对抗战时期的中国知识分子影响尤其显著，高尔基也是作为新英雄主义被接受的。

由评坛的译介可见，他们试图将新浪漫主义与积极浪漫主义作对接。“质文社”的辛人就曾作过此类尝试，他从积极浪漫主义的角度出发，认为新兴集团的文学主张都具有浪漫主义要素，这“使作品具有热烈的鼓动力”；他还从浪漫主义这里发现了一种认识论的优势，通过浪漫主义，“作家能够站在认识的高台上，透视更远的未来，同时，以积极的态度，面临着生活。”因而能表现出“比现实更为真实的东西来”[③]。从这里可以看出，在1930年代中期，郭沫若及其周边的文学青年，在高尔基、罗曼·罗兰等新浪漫主义思潮的启发下，重新肯定了情绪、情感、天才等浪漫元素的价值。

不过质文社融合新浪漫主义的主情与现实主义的真实性的尝试，已经是以现实主义的真实性为标准来要求和衡量浪漫主义；郭沫若也曾作出调整，1936年在接受蒲风的访谈时，他曾就当时文坛关于现实主义与新浪漫主义之争做过评价。在他看来：“新浪漫主义是新现实主义（高尔基所说的‘第三现实’）的侧重主观情调一方面的表现，和新写实主义并不对立。新写实主义是新现实主义之侧重客观认识一方面的表现。”[④] 不过，对于蒲风将新浪漫主义视为新现实主义“支流”的说法，他还是持保留态度，而审慎地认为二者的地位是平等的。

## 二 从“革命加恋爱”到“抗战加恋爱”

郭沫若对情感诗学的坚持，得到新浪漫主义这一时代思潮的支援，浪漫主义由此从消极退撄转变为积极进取，主体情感也具有了创造性。这不仅弥合了文学史视域中他蛰居时期的“断裂”，同时也是他抗战前夕爱国情感凸显的方式，为他归国抗战提供了情感动力。但紧接着的问题是，以情感为基点的浪漫主体，是以何种姿态参与抗战民族史诗书写的，他的情感结构、主体姿态和历史想象方式，与此前相比又有哪些延续和转化。这些问题在他抗战初期的创作和个人经历中可以找到一些痕迹。

---

① 张资平：《由自然主义至新浪漫主义转换期之德国文学》，《青年与战争》第4卷第6期革新号，1934年5月13日。

② 辛如：《新浪漫主义》，《实报半月刊》第2卷第4期，1936年12月1日。

③ 辛人：《论浪漫主义》，《芒种》第1卷第3期，1935年4月5日。

④ 郭沫若、蒲风：《郭沫若诗作谈》，《现世界》创刊号，1936年8月16日。

抗战初期，在奔走前线之余，郭沫若曾写过一部话剧——《甘愿做炮灰》。故事发生的时间是“民国廿六年十一月淞沪抗战期中”，地点为“上海法租界之一角”①，较为直接地引入了抗战语境。该剧的大致情节为：作家高志修经常去前线，其恋人田华青既做救护工作，又想独立办刊物；另有一位季邦珍小姐，擅弹钢琴，也经常来找高志修，最初是希望高能帮忙解决义演场地的问题，后来又想跟高志修一起去前线劳军；戏剧的冲突起于田小姐误解高志修喜欢季小姐，故而放弃办杂志，转而参加了战地摄影计划。全剧以高志修和季邦珍动身赴前线，甘愿做炮灰为结束。虽然就戏剧性来说，该剧的矛盾冲突并不明显，抗战的题材也只是背景，全剧只是一出轻喜剧。或许正因如此，学界在关注郭沫若抗战时期的剧作时，多侧重后期的大戏，往往忽略此剧。但这出戏对于理解郭沫若抗战初期的表达形式、情感状态有不可替代的意义。单从风格的角度看，它也与当时文坛上的口号文学不同，而为个人的温情留下了余地。更有意思的是，忙于抗战救国的高志修，却不时有两位妙龄女子的投怀送抱，可以说是“抗战加恋爱”的先锋。郭沫若的激情与表达似乎还停留在革命文学的年代。

实际上，郭沫若蛰居日本期间的写作，也未走出他的“革命年代”。如他唯一的长篇小说《克拉凡左的骑士》（以下简称《骑士》）便延续了“革命加恋爱”的模式。该小说因只存残篇，学界关注不多；但它的写作与发表过程几乎与郭沫若的流亡生涯相始终②，是考察郭沫若此时文学观念的重要媒介。郭沫若在1932年致叶灵凤的信中，便提及他手头有一部“十万字上下”的小说《同志爱》，“写的是武汉时代的一件事情”③。他似乎对《同志爱》颇为满意，在给叶灵凤的另一封信中写道：“《同志爱》已寄到内山处，此书乃余生平最得意之作，自信书出后可以掀动国内外。”④ 从“同志爱”这个题目我们便可以窥见其与1930年代初“革命加恋爱”模式的关联：“同志”是革命者之间的称谓，而“爱”则是革命中的浪漫故事。该小说所写的是1927年5月之后一则发生于武汉的故事。小说一开始便描述了岌岌可危的武汉革命政权，随着蒋介石与武汉国民政府分裂，国民党右翼开始清党，武汉一时成

---

① 郭沫若：《甘愿做炮灰》，《宇宙风》第104期，1940年9月1日。

② 《骑士》于1936年开始连载于《质文》，作者在文前小序中介绍，“这篇小说已经是六七年前写的了”（郭沫若：《克拉凡左的骑士》，《质文》第2卷第1期，1936年10月10日），这表明这个长篇完成于1929年左右。查考郭沫若1932年写给叶灵凤的信件，其中便已提及这部长篇小说：“我现在手里有一部长篇小说《同志爱》，写的是武汉时代的一件事情，是前年写好的。有十万字上下。你们肯出一千五百元现金购买，我可以卖给你们”（1932年7月23日郭沫若致叶灵凤函，孔另镜编：《现代作家书简》，生活书店1936年版，第203—204页）；据其他信件中的信息，国内有三四家出版社有意出版，郭沫若也曾将稿件寄回国内，但倾向于让叶灵凤所在的现代书局出版；虽然郭沫若在信中已表示该书“内容并不十分红”（1932年8月29日郭沫若致叶灵凤函，孔另镜编：《现代作家书简》，生活书店1936年版，第204页），但依旧未能如期出版，这才有时隔五年后《质文》的连载，但《质文》仅连载两期便停刊，后曾应朋友之约在《绸缪月刊》重新连载，但也不了了之，后来原稿在战火中丢失，这部长篇小说便只余《质文》上连载的部分，是个残篇。

③ 1932年7月23日郭沫若致叶灵凤函，孔另镜编：《现代作家书简》，生活书店1936年版，第203—204页。

④ 1932年8月29日郭沫若致叶灵凤函，孔另镜编：《现代作家书简》，生活书店1936年版，第204页。

为革命青年的逃难所，但武汉本身却处于内忧外患的境地，尤其是革命投机分子，更是时刻做好了逃走的准备。面对此情此景，主人公马杰民，作为政治部主任，只能以酒浇愁。也就在此时，他从无数求职信中看到了一封来自金佩秋的信，其暧昧的语言立刻将马杰民带回到了革命高潮时的经历：那是在劳动节民众联合大会的会场，有着十万群众的狂欢场面。马杰民在讲演台上第一次见到金佩秋，这也是题目“克拉凡左的骑士”的由来：

> 那女士是他所不认识的。身子很纤小，穿着一件草色的湖绸的旗袍，穿着玄青的华丝葛的长坎肩；脚上也是双绿色帆布的胶皮鞋子。小巧的头上分梳着短发；脸色有些苍白，有些兴奋，从那一双敏活的明眸里泄露出一片伶俐的精锐。
>
> 仅仅如像电光一样的一瞥，使杰民连［联］想到了意大利文艺复兴期的画家 Caravaggio 的一张名画上来。那是一位青年骑士和一位女相士的半身像。骑士戴着一顶插着鸵鸟毛的广沿帽，额上微微露出一些鬈发，左手叉在带着佩剑的腰上，把微微矜持着的抿着嘴的面孔偏着，把右手伸给旁边立着的一位女相士。那骑士面孔的表情，那全体的姿势，就像是把那女士铸出了一个模型。①

将女革命者比拟为卡拉瓦乔的名画“吉普赛预言者”（The Gypsy Fortune Teller）中的“骑士”，不仅将革命审美化了，而且增添一重神秘的意味。更有意味的是，马杰民对金佩秋的细致观察，发生在群众集会的跑马场，此时在台上演说的是一位著名的英国革命家，“汤姆的演说，极其简短，一句就是一个口号”，台下更是群情沸腾，“全场的人都在叫，都在跳”②。叙事者将马杰民对金佩秋的观察，穿插在这样的场面中，叙事手法与《包法利夫人》中包法利夫人与情人在市集约会的场面极为相似。然而，在福楼拜的叙述中，浪漫与现实的对照，形成的是一种反讽效果，与市集的世俗场面相比，包法利夫人的爱情固然形成了对日常生活的超越，但也因脱离实际而显得虚幻，浪漫的幻象很快就被他情人的谎言戳破。与福楼拜截然相反，在郭沫若笔下，爱情与革命之间并非彼此对立，而是如音乐中两个声部一般彼此应和，甚至是难分彼此。

从小说的情节来看，不脱“革命加恋爱”的模式。该模式最早出现于太阳社蒋光慈笔下，革命失败后便成为左翼知识分子纸上继续革命的主要方式。正如论者所指出的，“正因为革命尚未成功，同志才仍须努力‘叙事’”③。也就是说，左翼作家需

---

① 郭沫若：《克拉凡左的骑士》，《质文》第2卷第1期，1936年10月10日。

② 郭沫若：《克拉凡左的骑士》，《质文》第2卷第1期，1936年10月10日。

③ David Der-wei Wang, *The Monster that Is History: History, Violence, and Fictional Writing in Twentieth-Century China*, Berkeley and Los Angeles: University of California Press, 2004, p. 80. 中译见王德威《现代中国小说十讲》，复旦大学出版社2003年版，第55页。

要通过小说的情节设置，来继续维持和消耗他们的热情；但从文学史的角度看，在1930年代初，以华汉《地泉》的出版为契机，党的文艺工作者瞿秋白和左翼作家茅盾等已对“革命的浪漫谛克”进行了反思与批评，瞿秋白否定了单纯从意识形态领域进行的概念批评，而提倡对现实的深入体验，对历史的深层观察①。华汉（阳翰笙）是后期创造社成员，但远在日本的郭沫若，对国内这种批判和检讨似乎无动于衷，虽然瞿秋白认为“中国社会的发展过程和发展动力显然不是什么英雄的个性，而是广大的群众。”② 郭沫若还是明确表示，该书的主题“是歌颂在北伐战场上一位女战士的”③。他对“革命加恋爱”的留恋直接延续到了他抗战初期的话剧《甘愿做炮灰》中。

大革命时期的经历不仅是郭沫若等人乐道的革命往事，也为他们提供了某种情感模式，那是一种爱情、革命、战争与理想相互交织的状态。而抗战的爆发，似乎为他们提供了这种个人抒情与宏大叙事重新融合的契机，也就是说，郭沫若等曾参加大革命的文化人，是带着大革命时期的情感模式进入抗战的，正如黄慕兰所回忆，“当时如同北伐时一样，情绪非常兴奋活跃”④。抗战时期的抒情，便不仅因与国民革命相对照构成历史的隐喻，同时，也为抒情主体在新的史诗时代找到了新的位置——“在轰炸中来去”。

## 三　“在轰炸中来去”的战时浪漫主义

《在轰炸中来去》是抗战初期郭沫若所写的报告文学，连载于《申报》，记述他往来前线、南京及上海等地的经历。题目便形象地向我们显示了抒情主体的生活状态、心理感受及其在大时代中的位置和姿态。

抗战伊始，前线劳军成为社会名流抒发其报国热忱最直接的方式，一时颇有成为

---

① 易嘉：《革命的浪漫谛克——〈地泉〉序》，《地泉》，湖风书局1932年版，前言第3页。

② 易嘉：《革命的浪漫谛克——〈地泉〉序》，《地泉》，湖风书局1932年版，前言第3页。

③ 臧云远：《东京初访郭老——回忆郭沫若同志之一》，《悼念郭老》，生活·读书·新知三联书店1979年版，第214页。

④ 黄慕兰：《黄慕兰自传》，中国大百科全书出版社2012年版，第171页。按，黄慕兰与郭沫若关系匪浅，而且也是位传奇女子。她出身于湖南官办家庭，后参加革命，先是做妇女运动，后转而做谍报工作。尤其在大革命的武汉时期，是妇女运动头面人物，因代表妇女界参加各种群众大会，“经常坐在主席台上，非常活跃”，所以新闻界和文化界的人士都戏称她为“皇后”（黄慕兰：《黄慕兰自传》，中国大百科全书出版社2012年版，第41页）。大革命失败后，黄慕兰嫁给著名律师陈志皋，后进入上海金融界，因让破产的通易信托公司复业而名闻上海，后任该公司常务董事及总经理，在此期间对共产党的革命也有暗中支持。黄慕兰在大革命时期曾与郭沫若一道在武汉从事文化和社会运动，郭沫若小说《克拉凡左的骑士》中女主角的原型可能就是黄慕兰。抗战初期郭沫若回到上海后，黄慕兰对郭沫若也多有照顾，夏衍在回忆中便提到黄慕兰亲自领着裁缝前去给郭沫若缝西装的事（夏衍：《懒寻旧梦录》，生活·读书·新知三联书店1985年版，第380页）。二人曾分别作为妇女慰劳会和文联代表，多次共赴前线劳军，她的感受一定可作为理解郭沫若彼时状态的参考，大革命时期那种社会参与的热情，在抗战初期确实一定程度上有所复活。

社会时尚的趋势，如郭沫若就提及杜月笙、钱新之、宋子良及吴开先等人结队前往前线劳军的情形①。较之其他人，郭沫若赴前线劳军有着更多的便利，回国初期他并无固定职业，因而有大量的自由时间，以他的名义发行的《救亡日报》，也需要关于前线的新闻材料；同时，他既是文化界的知名人士，“弃妇抛雏”归国抗战的事迹也一时广为流传；更为重要的是，他与前线的抗敌将领有着广泛的人脉关系。郭沫若在北伐后期任政治部副主任，代行主任职权，后一度被蒋介石任命为南昌总司令行营主任，领中将军衔，与各路将领皆有来往；随着南京国民政府的成立，昔日的北伐军将领逐渐把持了国民党的军事要津，此时几大集团军总司令大多是北伐时期的宿将，如张发奎、陈诚、李宗仁等均是，他们也都是郭沫若北伐时期的旧识。

在与老战友叙旧的同时，郭沫若更是以极大的热情将他在前线的所见所感记录下来，发表在他所主持的《救亡日报》上，包括《到浦东去来》《前线归来》《在轰炸中来去》等。从战地通讯的文体视角看，郭沫若的文章并不专业，报道的事件性和客观性均显不足，更像是抒情散文。不过，较之普通的战地记者，他的优势又恰在行文中的个人视角和主观体验。通过对个人经历的细致描画，他塑造了一个奔忙于上海和前线的战士形象，从“在轰炸中来去”的表述中，我们可以看出，随着战事的展开，郭沫若的抒情主体也再度变得亢奋起来，尤其是战地景象，让他有一种真正把握住了时代精神的兴奋感：

> 队伍的调换，卡车的来往是很频繁的，有些地段，公路的两旁为一上一下的士兵骡马蚁接着，使汽车向前开驶，十分费力，所谓“伟大的时代”，“神圣的战争”，那些语汇的意义，到这时候，才真切地感觉着。武装着的同胞们是以自己的血，自己的肉，来写着我们民族解放的历史的。②

战场的景象既带给诗人参与历史的切实感，也开启了诗人的情感阈限，正如他自己所说，这些作品“都是在抗战中热情奔放之下，忽忽写就的”③。这种兴奋感也见于田汉等人的经历，如他与胡萍、谢冰莹等人在劳军途中的感受：“最使人血肉飞舞的却是那整千万络绎于途的援兵，他们那种英勇沉毅的姿态使我们忍不住向他们欢呼，女士们甚至从车子里站起来，唱着《送勇士出征歌》”④。抗战的爆发，为诗人提供了见证历史、参与历史的契机，他们的激情也就顺然地被激发了出来。对他们而言，奔赴前线有一种参与抗战的在场感，而战争的风险也是一种颇为刺激的体验。

郭沫若此时所写的为数不多的几首新诗，也无不显示出他面对战火时的激情。这

---

① 郭沫若：《到浦东去来（上）》，《救亡日报》1937 年 8 月 26 日第四版。

② 郭沫若：《前线归来》，《救亡日报》1937 年 9 月 12 日第四版。

③ 郭沫若：《沫若抗战文存・小序》，明明书局 1938 年版。

④ 田汉：《月夜访大场战线》，《救亡日报》1937 年 10 月 24 日。

从《前奏曲》《民族复兴的喜炮》《抗战颂》《相见不远》《人类进化的驿程》等诗题便可窥见一斑。诗歌所写的也主要是直面抗战的热情，如《前奏曲》："全民抗战的炮声响了，/我们要放声高歌，/我们的歌声要高过/敌人射出的高射炮。"[①] 以歌声比肩高射炮，虽不无讽刺，但显示出诗人对艺术力量的再次确认及背后高亢的主体姿态，其美学特征则是见证历史和为创造历史而献身的崇高感。

诗人的浪漫气质并未停留于抒情方式，更在于对战争和历史的乌托邦想象。这主要表现为将战争作为中国复兴的契机，在《民族复兴的喜炮》一诗中，诗人写道："上海的空中又听到了大炮的轰鸣，/这是喜炮，庆祝我们民族的复兴。"[②] 此时他还写有一首五言律诗："雷霆轰炸后，睡起意谦冲。庭草摇风绿，墀花映日红。江山无限好，戎马万夫雄。国运升恒际，清明在此躬。"[③] 这是作者应邀赴前线访陈诚，恰逢主人外出，便于故人明远帐中休息，"醒来见庭前花草淡泊宜人"，便即兴赋此。这种闲适姿态与"伟大的时代"似乎并不协调，这也恰恰显示郭沫若将战争作了美学的处理，使他能以诗人的审美眼光去观看前线的风景。更为关键的是，诗人对战争的预期，无论是"伟大的时代""神圣的战争""民族复兴的喜炮"，还是"国运升恒际，清明在此躬"，在在显示了想象战争的乌托邦机制，似乎战争是一场除旧布新的大火，而中国则能如凤凰一般浴火重生。

将抗战作为民族复兴契机的想象，在当时知识分子中绝非个别现象，而是某种带普遍性的社会心态和观念。尤其是在"八·一三"上海之役以后，国民政府决心抗战的姿态，给予知识分子的印象，远不止是决心保家卫国那么简单，而是与近百年来国人的屈辱史密切地关联在一起。如北洋老将张一麐在与郭沫若的交流中就表达得极明白："我们中国人素来是伸不起腰的，但是我们这次却伸起腰来了。我们中国人平常打死一两个日本人，立刻就要赔款两三万，但这次我们已经打死了他两三万人。这如在平时，不知道又要该赔多少款。老人叫我'统计'一下，说'怕有很多的零吧'。"[④] 对战争的乌托邦式想象，在国民党所提出的"抗战建国"的政策中体现得更为明了。1938 年 3 月的国民党全国临时代表大会，通过了《中国国民党抗战建国纲领》，该纲领具体提出了抗战建国的设想：

> 盖吾人此次抗战，固在救亡，尤在使建国大业，不致中断，且建国大业，必非俟抗战胜利之后，重行开始，乃在抗战之中，为不断的进行，吾人必须于抗战之中，集合全国之人力物力，以同赴一的，深植建国之基础，然后抗战胜利之

---

① 郭沫若：《前奏曲》，《战声》，战时出版社 1938 年版，第 32 页。
② 郭沫若：《民族复兴的喜炮》，《战声》，战时出版社 1938 年版，第 38 页。
③ 郭沫若：《前线归来（二）》，《救亡日报》1937 年 9 月 13 日第四版。
④ 郭沫若：《在轰炸中来去》，上海文艺研究社 1937 年版，第 11 页。

日，即建国大业告成之日，亦即中国自由平等之日也。①

国民党将“抗战”与“建国”并举，这种阐释将抗战的意义从负面的抵抗侵略转化为正面的建国大业。郭沫若也是在这种乐观情绪中，形成并宣扬他的抗战理念的，他甚至从医学的角度，将日本的侵略转化成中国这个机体去腐生肌的过程。在他看来，中国沉疴太深，尤其是北方，因长期作为皇权中心，“陈陈相因地使你怎样也无可如何”，而“日本军人正是一批贪食腐肉的蛆，他们满得意地替我们吃着腐肉，这正对于我们下层的生肌，给与了顺畅的发育的机会，旧中国非经过一次大扫荡，新中国是不容易建设的”②。

无论是战地纪行中的抒情自我，对战争的审美观照，还是将战争想象为民族重生的历史契机，从内在的美学理念来看，与《女神》的浪漫色彩实有内在一致处，只是国家民族复兴的方式，由凤凰涅槃式的烈火焚烧转变成了战火的洗礼③。但战争之所以能再次激发诗人的浪漫情怀也并非偶然，浪漫主义本来就与战争有着无穷的关联，如拜伦便直接参加了希腊的独立战争，这对后来的浪漫派不无影响，除这一熟悉的形象外，浪漫主义在德国与英国的兴起，更是直接与法国大革命相关④。战争本身所具有的暴力美学、英雄崇拜、献身精神，战争所引发的剧烈变革，以及经由战争所可能达致的新世界图景，与浪漫派的精神都有契合的地方。这并不是说浪漫派好战，而是说浪漫派可能对战争寄托了更多的期待和希望，因此对战争有着更为积极的态度和参与热情，尤其是当他们站在正义一方的时候。

抗战在正史的叙述中，无不带着悲情色彩，似乎与浪漫无关，殊不知战时勃兴的民族主义也是浪漫主义的产物。浪漫主义运动与民族主义兴起之间的关联，是一个较大的话题⑤，这里仅以费希特《告德意志国民》在抗战前的接受与传播为例略作考查。早在“九·一八”之后，尚就读于北京大学的贺麟就曾撰文《德国三大哲人处国难时之态度》，分别介绍了歌德、黑格尔与费希特，以及他们在德国民族形成中的作用，尤其强调了费希特所作的《告德意志国民》的演讲，在贺麟看来，“这些演讲正奠定了德意志复兴的精神基础，而为战败法国最有力的利器，与斯坦因 Stein 之改

① 《中国国民党临时全国代表大会宣言及抗战建国纲领》，上海印书馆 1938 年版，第 15—16 页。

② 郭沫若：《关于华北战局所应有的认识》，《羽书集》，孟夏书店 1941 年版，第 58、59 页。

③ 1936 年 4 月，郭沫若在接受蒲风的访问时，对于《女神》《星空》时期曾说：“在那时很渴望中华民族复兴，在《女神之再生》《凤凰涅槃》里都是有意识地去表现着”（郭沫若、蒲风：《郭沫若诗作谈》，《现世界》创刊号，1936 年 8 月 16 日）。

④ M. H. Abrams, *English Romanticism*: *The Spirit of the Age*, Northrop Frye ed., *Romanticism Reconsidered*, New York & London: Columbia University Press, 1963. Frederick C. Beiser, *Enlightenment*, *Revolution*, *and Romanticism*, Cambridge: Harvard University Press, 1992, p. 228.

⑤ 如民族文学的提倡。

良德意志政法，及夏尔浩斯将军 Scharnhorst 之改组军备，有同等重要。”[①] 并对演讲的内容作了详细的介绍。郭沫若对费希特并不陌生，早在留学时期他就阅读过费希特的这篇演说[②]。

对费希特这次演讲之于德意志的影响，伯林不无夸张地说：“整个十九世纪德国人都在阅读他的演讲。1918 年之后，这本演讲辑成的薄薄小书更是成为德国人的圣经。”[③] 而费希特正是浪漫主义发展历程中的关键人物，伯林认为，费希特将自我与非我区别开来，并将后者作为我们“试图理解、感受，乃至主宰、征服、改造、塑造的事物——至少是可以对其做点什么的事物”[④]，这就是说，在将非我他者化的前提下，自我意识成为一个不可规约的基始依据。对于民族主义，他也是从自我意识的角度，强调民族精神的自由。因此，伯林认为费希特的“这个最根本的观念不是‘我思故我在’，而是‘我愿故我在’”[⑤]。郭沫若对意识的强调，与此如出一辙。贺麟介绍德国哲人的文章，随后也引起较为广泛的关注，该文后来发行单行本，抗战时期还多次再版。除贺麟的译本外，还有张君劢、瞿菊农等人的翻译或介绍。据论者统计，“九・一八”事件之后，《东方杂志》《国闻周报》《大公报》等翻译或介绍费希特《对德意志国民的演讲》的文章，便有二十三篇之多[⑥]。可见，费希特的浪漫精神现实地参与到了抗战时期中国民族主义话语的形成中；同时，国民党也借由民族主义进行全国性的战争动员。

当然，本文的目的并非要将抗战时期的郭沫若重新定位为浪漫主义者，而是探讨浪漫主义如何被战争和民族主义重新激活，以及浪漫派的抒情在战争时代有哪些新变，如何作用于郭沫若战时的社会和文化政治实践，如何参与建构他新的历史主体。

## 四 浪漫如何介入历史

无论是由浪漫主义所激发的乌托邦式的历史想象方式、民族主义思潮，还是“抗战加恋爱”的战时情感模式，都表明在宏大的史诗外观下抒情主体的内核，尤其是《在轰炸中来去》等文章，其对战争的审美化处理更为明显。除了郭沫若以外，其他知识分子在面对战争时也大多如此。如同样经常赴前线劳军的田汉，其主要行为便是饮酒赋诗，正如夏衍所说：“他是一位酒豪，又是才思敏捷的诗人，一到这些司

① 贺麟：《德国三大哲人处国难时之态度》，大学出版社 1934 年版，第 69 页。

② 郭沫若：《百合与番茄》（续前），《创造周报》第 31 号，1923 年 12 月 9 日。

③ ［英］以赛亚・伯林：《浪漫主义的根源》，吕梁等译，译林出版社 2011 年版，第 98 页。

④ ［英］以赛亚・伯林：《浪漫主义的根源》，吕梁等译，译林出版社 2011 年版，第 97 页。

⑤ ［英］以赛亚・伯林：《浪漫主义的根源》，吕梁等译，译林出版社 2011 年版，第 100 页。

⑥ 郑大华：《“九・一八”事变后费希特民族主义思想的系统传入与影响》，《近代史研究》2009 年第 6 期。

令部，酒罢纵谈之余，当场挥毫赋诗，来慰劳前线将士。”[①]这种现象是否意味着，郭沫若、田汉等人对战争的审美化处理、对历史的乌托邦想象，仅仅坐实了他们是政治的浪漫派？而浪漫派的抒情，是否依旧只是一种名士派的消遣，是外在于历史实践的冗余？

郭沫若并不这么认为。在他看来，诗人反而具有参与历史的独特优势。后来他在总结抗战时期的文学时，就特别强调了诗歌的成就：“诗歌最受着鼓舞，因为战争本身的刺激性，又因为抒情诗人的特别敏感，随着抗战的号角，诗歌便勃兴了起来，甚至诗歌本身差不多就等于抗战的号角。”[②]“抒情诗人的特别敏感”这种表述，是典型的浪漫主义天才观，即认为诗人有预知未来的能力。郭沫若对此坚信不疑，还从生理学的角度予以“科学”论证。在他看来，文人多为神经质（melancholic）型气质，不仅情绪动摇强而且持久，其敏感更使他能预先感受到革命的到来，因此，“文学能为革命的前驱”[③]；梁实秋虽批判过浪漫主义的情感泛滥[④]，但在这方面，似乎比郭沫若走得更远，在他看来，一切文明都是天才的创造，而“诗人，一切文人，是站在时代前面的人”，因此富有革命精神的文学往往发生于实际革命运动之前，所以，“与其说先有革命后有‘革命文学’，毋宁说是先有‘革命的文学’后有革命”[⑤]。他们实际上从本体论层面确立了抒情诗人的历史性和革命性，从更远的历史时段来看，这回应的是世纪初鲁迅对摩罗诗人的召唤。

从现代的革命历程来看，“文学能为革命的前驱”似乎并不为过。早在1920年代初，郑振铎、费觉天等人就指出，“理性是难能使革命之火复燃的”，感情才能激发人们的革命热情，而“文学本是感情的产品”，容易“沸腾人们的感情之火”，从而促发革命的热潮[⑥]；大革命时期，很多文学青年就是受文学蛊惑而奔向“革命圣地”广州的，如蒋光慈等人的情感表达与实践，就进一步回答了激情与政治、社会实践的关系。在蒋看来，革命者与浪漫派不仅分享着同样的情感模式，二者之间也是相互发明、相互促进的：“我已经说过，革命这件东西，倘若你欢迎它，你就有创作的活力，否则，你是一定要被它送到坟墓中去的。在现在的时代，有什么东西能比革命还活泼些，光彩些？有什么东西能比革命还有趣些，还罗曼谛克些？倘若文学家的心灵不与革命混合起来，而且与革命处于相反的地位，这结果，他取不出来艺术的创

① 夏衍：《懒寻旧梦录》，生活·读书·新知三联书店1985年版，第402页。

② 郭沫若：《中国战时的文学与艺术——一九四二年五月二十七日在中美文化协会演讲词》，《新华日报》1942年5月29日第三版。

③ 郭沫若：《革命与文学》，《创造月刊》第1卷第3期，1926年5月16日。

④ 梁实秋：《浪漫的与古典的》，新月书店1927年版。

⑤ 梁实秋：《文学与革命》，《新月》第1卷第4期，1928年6月10日。

⑥ 西谛：《文学与革命》，《文学旬刊》第9期，1921年7月30日。关于1920年代初期费觉天、郑振铎等人对文学政治主体的设想，及其与郭沫若人格特征的相关性，可参考姜涛《解剖室中的人格想象：对郭沫若早期诗人形象的扩展性考察（初稿）》（《新诗与浪漫主义学术研讨会论文集》，北京：2011年）。

造力，枯干了自己的诗的源流，当然是要灭亡的。”[1] 蒋光慈该文先发表于《创造月刊》，后来他还曾跟郭沫若谈及这层意思。因而在1937年发表的《创造十年续编》中，郭沫若再次重申了蒋光慈的这种说法：

> 但我却要佩服蒋光慈，他在“浪漫”受着围骂——并不想夸张地用“围剿”那种字面——的时候，却敢于对我们说：“我自己便是浪漫派，凡是革命家也都是浪漫派，不浪漫谁个来革命呢？”[2]
>
> 有理想，有热情，不满足现状而企图创造出些更好的什么的，这种精神便是浪漫主义。具有这种精神的便是浪漫派。（大意如此，就作为我自己的话也是无妨事的。）[3]

无论是对于蒋光慈还是郭沫若来说，革命与浪漫都有着内在的一致性。既是情感结构上的同构，也源自同样的历史远景，浪漫主义的理想与革命的理想在精神上是内在一致的。以情感为社会动员方式的革命道路，在革命文学论争期间，曾一度受到后期创造社成员李初梨、彭康等人的批判，如李初梨就将情感政治学视为一种“自然生长”的反抗，而不是立足于阶级意识的“自觉”革命[4]。虽然郭沫若在受到李初梨等人的批判后，曾一度作出调整，但从郭沫若抗战时期的文学革命观来看，他并未放弃他的情感政治学。这既是基于大革命的经验，也是基于抗战的现实。抗战初国共合作的局面使意识形态批判暂无用武之地，而整体战所需的大量人力物力，也需要更为直接的动员方式，在这方面情感无疑比理论要直接有效得多；而政府试图以建国促进抗战，描绘的也未尝不是浪漫主义式的愿景。

浪漫派的情感政治学，除了文学形式与意识形态图景有内在关联以外，还在于浪漫派的激情本身也具有伦理内涵。这意味着情感不仅可由“写作”得到抒泻，还可直接转化为实践的能量。对文人来说，决绝的方式是“投笔从戎”，间接的则是以文学进行宣传、动员。回望现代历史可以发现，如果有文学的想象力和情感渲染，革命可能获得更大规模的响应；而抗战的动员更是一个全国规模的宣传，如抗战时期民族主义的兴起，既是浪漫派积极呼吁的结果，同时它又常被召唤出来作为精神动员和社会动员的力量，而郭沫若这样的文人，不仅主动筹办报刊，本身也被延揽进入政府机关，专门负责宣传动员工作。

从这个角度来看，情感本身便具有政治的维度，这从传统的诗学视野也可得到印

① 蒋光慈：《十月革命与俄罗斯文学》，《创造月刊》第1卷第2期，1926年4月16日。后收入蒋光慈编《俄罗斯文学（上卷）》，创造社出版部1927年版，第10—11页。

② 郭沫若：《创造十年续编》（五四），《大晚报》1937年7月8日第五版。

③ 郭沫若：《创造十年续编》（五四），《大晚报》1937年7月8日第五版。

④ 李初梨：《自然生长性与目的意识性》，《思想》1928年第2期。

证，如“诗言志”在朱自清看来，本身便具有政治性[①]。传统的诗教“兴观群怨”本身，也莫不具有政治属性，而这些资源本身也转化为了20世纪中国左翼的修辞方式[②]。流亡日本时期，郭沫若在将抒情作为诗学的本体时，却一再强调“意识”的地位，这意味着在意识的影响下，“抽象的抒情”能够内化为社会变革的动力，激情也可以是浪漫派介入现实的途径和方法。因此，关键的问题不在方法，而在主体能否认清自己的历史位置。正如鲁迅所说的，“要有‘革命人’”，“革命人做出的东西来，才是革命文学”[③]。而李初梨的批评虽然切中情感动员的不足，但他在理论批判与历史批判之间所作的二元划分，对浪漫主义的情感革命功用的否定，也难免显得武断，忽略了郭沫若在引入历史社会学之后，情感政治学所可能具有的历史前景，这一点经由郭沫若抗战时期的社会实践和文化政治活动得到了证实。

由此，郭沫若等人的情感实践，展现了浪漫主义的另一面向，这也提示我们对浪漫派的机缘论略作反思。将浪漫派的政治实践解读为机缘论者，以卡尔·施密特的说法最著名。在他看来，西方随着宗教体系的瓦解，浪漫主体占据了世界的中心，从而将万物和世界“统统变成了一种纯粹的机缘”[④]。然而，所谓的机缘论也并非投机那么简单，而是说浪漫主体的内核是审美主体，因而将一切都审美化了：“它是游戏和想像中的改造，即‘诗化’，换言之，是把具体的既有事物，甚至每一种感觉，作为一篇‘神话寓言’、一首诗、一种审美感受对象或一个浪漫故事（Roman）——因为这最符合浪漫主义一词的词源学含义——的机缘加以利用。”[⑤] 而浪漫派改造世界的方式正是个人的感觉、心情、情感和想像力，因此，浪漫派的革命只是美学层面的。正如缪塞，他所表达出来的革命热情只是“伴生性的感情状态”，“他其实只关心感情和诗意”[⑥]，国家对于他们来说也仅仅是一件艺术品而已，他们的话语是修辞性的，与历史进程并无本质关联。与施密特形成对话的有两种观点，一是从美学的角度，肯定浪漫主义在文学性方面的成绩，这无涉政治问题，如《文学的绝对》即属此例[⑦]，它重新肯定了被施密特视为机缘论的施莱格尔等浪漫主义者的文学实验。二是从比较文学的角度，强调中国浪漫派“审美的政治化”的一面，从而与西方（主要是英国）

---

① 朱自清：《诗言志辨》“诗言志”部分，开明书店1947年版。

② 参考王德威《抒情传统与中国现代性：在北大的八堂课》，生活·读书·新知三联书店2010年版，第44—54页。

③ 鲁迅：《革命时代的文学——四月八日在黄埔军官学校讲》，《鲁迅全集》第3卷，人民文学出版社2005年版，第437页。

④ ［德］卡尔·施密特：《政治的浪漫派》，上海人民出版社2004年版，第16页。

⑤ ［德］卡尔·施密特：《政治的浪漫派》，上海人民出版社2004年版，第85页。

⑥ ［德］卡尔·施密特：《政治的浪漫派》，上海人民出版社2004年版，第115页。

⑦ ［法］菲利普·拉库-拉巴尔特、让-吕克·南希：《文学的绝对：德国浪漫派文学理论》，张小鲁等译，译林出版社2012年版。

的“政治的审美化”形成对照①。这似乎走向了另一个极端，也忽略了上文所述、郭沫若对战争所做的审美化处理这一事实。

从浪漫主义的历史来看，较之西方浪漫主义者，中国的左翼浪漫派的特点在于，其抒情的政治能量不是停留于历史想象，也不仅仅是被革命话语所征用，而是以抒情的主体投入革命实践之中。欧洲浪漫主义的兴起虽然是对法国大革命的呼应，但随着革命的发展，大多数浪漫主义者对革命的后果产生了怀疑②，从最初的狂热退回到了内心，之后蔚为大观的浪漫主义文学，多被史家描述为一种非政治、非历史甚至是消费性的力量；而中国浪漫主义者则不同，他们大多通过革命的实际行动，将浪漫激情社会化、历史化，将它转化为特定历史情境中的政治和情感资源，从而扩展了浪漫主义的边界，将浪漫主义从对情感的消费，转化为创造历史的动力。这在郭沫若身上体现得尤为显著，无论是早期从《女神》的浪漫转向革命，还是抗战时期从学术研究投入民族救亡，都给个人化的抒情带来了社会的维度，正如论者所指出的："前后期创造社在艺术理解上的不同表现只是浪漫主义一个硬币的两面。"③ 如果对此作积极理解的话，不妨认为抒情主体的历史化，带有主体解放与社会解放的双重视野。从这个角度来看，郭沫若重启抒情诗学，虽然受到高尔基积极浪漫主义理论的支援，但与高尔基从善恶对立的方式来看待浪漫主义的社会效用不同，郭沫若保留了抒情主体的一致性，正如他所强调的，“我所说的‘意识是第一着’，便是说人是第一着。要真正的人才有真正的诗”④。

郭沫若将文学形式与主体性作一元化理解的方式，不仅要求诗人关心美学形式，诗人的写作也不再只是一种修辞或话语实践，同时也对主体的历史位置提出了要求。这就使得郭沫若的浪漫主义并不同于机缘论或机会主义，而是一种具有生产性的主体形态，是如本雅明所说的，找准了“自己在生产过程中的位置”之后的文学生产性⑤。对于身份的应时而变，郭沫若在1940年代后期曾有一个说法：“本来我的生活相当复杂，我有时是干文艺，有时是搞研究，有时也在过问政治。有些生活好像是分裂的，但也有它们的关联，它们事实上是一个有机体的各种官能”⑥。这表明，对于郭沫若来说，美学、学术、政治与社会实践之间的转换，带来的并不是身份认同的危机，而是自我的完成。这种身份的一元论从根本上突破了李初梨或施密特所强调的美学与政治的二元图景。

---

① 参见张旭春《政治的审美化与审美的政治化——现代性视野中的中英浪漫主义思潮》，人民出版社2004年版。

② 如华兹华斯写法国大革命的诗作 *The French Revolution as It Appeared to Enthusiasts at Its Commencement*。

③ 旷新年：《1928：革命文学》，山东教育出版社1998年版，第74页。

④ 郭沫若：《七请》，《质文》第1卷第4期，1935年12月15日。

⑤ ［德］本雅明：《作为生产者的作者》，王炳钧等译，河南大学出版社2014年版，第34页。

⑥ 郭沫若：《我怎样开始了文艺生活》，《文艺生活》海外版，第6期。引自《迎接新中国——郭沫若在香港战斗时期的佚文》，《复旦学报（社会科学版）》编辑部1979年版，第139页。

同时，郭沫若抗战时期重启的情感诗学，也对文学史的既有表述构成了挑战，尤其是抒情与史诗的二元模式。自普实克以“抒情与史诗”来分析中国现代文学，这便成为描述现代中国的文学与政治的两种基本叙述模式。虽然普实克一再强调新文学对晚明以来抒情性的继承，然而他的一个基本历史判断是，现代是一个史诗取代抒情的时代①；这种美学判断如果被置于更为广阔的语境，它也符合文学与政治之间的辩证关系，即从文学革命到革命文学的总体趋势；而在后革命语境中，当代学者更乐于从抒情传统出发，强调抒情对于革命史诗的对抗乃至消解作用②。然而，郭沫若突破了这个二元框架，他既身处史诗洪流之中，同时也保留着浪漫派的激情，二者不仅未构成对垒，反而是一个相互生产、相互促进的有机结构。

（原载《中国现代文学研究丛刊》2019 年第 6 期）

---

① ［捷克］亚罗斯拉夫·普实克：《抒情与史诗》，郭建玲译，上海三联书店 2010 年版，第 39 页。

② 如王德威《抒情传统与中国现代性：在北大的八堂课》，生活·读书·新知三联书店 2010 年版。

# 主体结构与现代中国革命文学发生的关联

## ——重读现代作家成仿吾、郭沫若

杨洪承

现代中国革命文学生成可以说是现代社会革命运动使然。这里难点在于如何辨清作为作家精神主体的革命意识，究竟以什么样的方式融合于社会现实，从而建构了什么样的革命文学话语结构的？

“五四”前后，强烈变革和反抗意识的高涨，知识者情绪和思想的交织，劳农者社会革命的实践，阶级与政党的应运而生，呈现了多元而立体的现代中国社会历史形态。它们直接影响了20世纪前30年里文学运动的发生以及现代中国革命文学的生成。历史和文学的交叉互动，既表现了两者之间复杂的结构和动因，又提供了我们不断重新认识和反思的多种可能。“五四”时代，开始提出“人的文学”“平民文学”“血与泪的文学”概念，它们是差异的联系还是递进的关联？1921年，创造社“异军突起”仅仅是不满文学研究会“文学是严肃的工作”的主张吗？后期创造社是如何完成自我“突变”而倡导革命文学呢？1930年成立的中国左翼作家联盟是文学团体形式的联合，还是作家们在革命组织旗帜下的统一呢？这些问题，在文学史层面的叙述，总是纠缠于文学和历史各自的独立性，或者受到某些既定观念和其他因素的影响，回答的向度多元而并非都能令人十分信服。比如，现代中国文学史中自由、独立、自我与人生、平民、贵族的核心话语概念，围绕其语义、内涵与外延，究竟有何种内在关联？以及从文学革命到革命文学的文学史描述，这一历史线索已有研究成果，基本重在追求明确的历史定位，或唯一性的价值判断。再比如，现代中国文学中革命文学的考察，受革命自身强烈变革和对抗、作家政治身份、群体社会化特性的影响，始终在二元对立或纵横平面线条上形成我们认识的基本出发点。我们在描摹作家主体世界的千姿百态，揭示文学史丰富原生形态等方面，显得有些探究乏力。文学史的任务如用心用力地把脉不同作家的精神情感和思想诉求，找寻不同时期、时间节点里的文学话语的提出和其变化的过程，发现文学内部运动的结构样貌，或许能够给予历史复杂性更为合理的说明。我们试图还原同为创造社元老的成仿吾、郭沫若的主体世界，并通过对其文学思想演变和创作的重新解析，以求文学史的精神灵魂的透视，既是立体多元地整体考察两位作家，又从另一角度厘清现代中国革命文学生成的内在结构元素。

现代文学史中郭沫若、成仿吾作为“五四”重要文学社团创造社的发起人，因文学史家对创造社浪漫主义的定位，自然将他们作了简单的身份认同。他们共同“创造”了前期创造社的“艺术独立”① 的“洪荒的大我”②，发出了后期创造社的宣言：“一切固有势力的破坏，一切丑恶的创造的破坏，恰是美善的创造的第一步工程!”③ 即便如此，郭沫若、成仿吾两人主体世界的思想性格、文学观念还是存在较多的差异。同样一起经历了从文学革命到革命文学，但整体上彼此也是有别的，甚至也走了不同于陈独秀、李大钊、张闻天、恽代英等革命作家的另一条文学与革命融合的路线。他们创设了一套现代中国革命文学建设的精神主体话语系统。他们视文学为生命，从自我出发，由现实危机和生存困境，产生了激越的情绪，萌发了革命意识的诉求，乃至放弃文学，直接投身革命运动之中，或将文学与革命有机融合于一身。现代中国革命文学生成多有一种外部社会历史变革的必然。然而，在他们身上，既是“爱自由、爱人类的青年艺术家和革命家”④，又是“在社会的桎梏之下呻吟着的‘时代儿’”⑤。他们始终面临着文学与革命、理想与现实、理性与情感多重性的两难选择，他们精神主体的这些困境和抉择，多少可展示出现代中国革命文学生成的某些内部结构，或许正能够触摸到有温度的“五四”新文学自身演进线路。

## 一

我们先来看，同样具有浪漫主义情绪和气质的现代作家成仿吾（1897—1984），是率先提出从文学革命到革命文学的文学史概念的第一人。他与郭沫若最初一致尊崇文学是表现和唯美，一样都充满着激情与反叛，那么他们又有什么样的不同呢？现代作家成仿吾为现代中国革命文学的生成究竟提供了什么样的独特的经验和教训呢？

成仿吾在创造社中是最早有着“革命”实践活动的作家。但是具体还原成仿吾最初“革命”活动的内容和形态，它又是十分矛盾、混杂而模糊的。1924 年 6 月，他去了广州，在广东大学任理学院力学教授兼教德语，不久以后经孙炳文介绍加入国民党，并且由同乡黄埔军校教育长方鼎英介绍，入军校伍生部任政治教官。但是这个时间很短暂，同年 11 月份，因在广东政府工作的长兄成劭吾逝世，他扶棺回乡离开了广州，后在故乡湖南长沙高等工业学校任职，在长沙兵工厂任技正。此刻成仿吾虽有加入党派组织的革命行动，可是 1927 年 7 月之前，他在广州主要是在广州大学和

① 纯文学季刊《创造》出版预告，《时事新报》，1921 年 9 月 29/30 日。
② 郭沫若：《创造者》，《创造》季刊 1929 年第 1 期。
③ 《洪水・复活宣言》，《洪水》1925 年第 1 期。
④ 郭沫若：《艺术家与革命家》，《沫若文集》第 10 卷，人民文学出版社 1959 年版，第 78 页。
⑤ 郑伯奇：《中国新文学大系・小说三集・导言》，良友图书印刷公司 1935 年版，第 9 页。

黄埔军校两处任职，并未有明确地投奔革命的意图和实际的革命行为。这是其一。

其二，成仿吾自述："十三岁时飘然远去，又在异样的空气与特别的孤独中长大……我要做人的生活，社会便强我苟且自欺；我要依我良心的指挥，社会便呼我为疯狗。……我终于认识了反抗而得到新的生命了！不错，我们要反抗这种社会，我们要以反抗社会为每天的课程，我们要反抗而战胜。"① 成仿吾经历了日本留学期间受人冷眼的歧视和孤独，而回国后三年之间，他"全身神经差不多要被悲愤烧毁了"。他明白"人类是在反抗着而生活"。② 也就是说，正是特殊的人生经历和艰辛生活的磨难，让成仿吾滋生了抗争、"反抗"之自觉的革命意识。

其三，在文学变革的时代，对五四新文学的建设，成仿吾站在创造社的立场上毫不避讳地直言，文学研究会"拼死拼活地与我们打架"，"我们的行为，始终是防御的——正当的防御"。并且自述"关于创造社与文学研究会的交涉史"。③ 两个社团之间，在有关文学观念和其行为方式上的分歧，成仿吾态度鲜明"投出了《诗之防御战》的那个爆击弹"，引来大量批评，被指责为文坛的"黑旋风""极左的凶恶的面像"。④ 从五四文学革命一路走来，参与其中的成仿吾针对新旧文学的对立、文学敌我阵营的划分，已经非常明确地表明了革命的姿态和抗争的行为方式。

上述简单地理清了成仿吾"革命"的状态和缘由，并不是说因为具备了党派参与、反抗意识及其战斗姿态等活动和意识，他就是"革命文学家"了。我们需要从这极其复杂的状态中，找寻创造社里的成仿吾与郭沫若文学思想的异同、从文学革命到革命文学究竟走了怎样的路径？以及 1927 年以后，他们大张旗鼓地倡导革命文学的必然与偶然之内在纹路。

首先，成仿吾早期从事文学创作务实而又节制。他对文学的基本认识充满矛盾，尊重文学的自我表现，但更看重文学对于时代社会的使命。这是他与郭沫若等在日本酝酿创造社的时期。1920 年前后，成仿吾开始创作新诗、散文、小说及翻译和研究外国作家作品，有作品在国内《学灯》副刊上发表，反映出他在文学方面的兴趣，并借此传达他在异国他乡的烦闷。创作伊始的成仿吾不像郭沫若那样谈文学的灵感和天才，而是比较理性。比如郭沫若想转入文科大学学习，遭到成仿吾反对。理由是"研究文学没有进文科的必要，我也在谈文学，但我们和别人不同的地方是在有科学上的基础知识"。⑤ 在给郭沫若的信中，他诉说热心于创造社组织的动因，是有感国内文艺界的某些偏向，"我们若不急挽狂澜，将不仅那些老顽固和那些观望形势的人

---

① 成仿吾：《江南的春讯》，《创造周报》1924 年第 48 期。
② 成仿吾：《江南的春讯》，《创造周报》1924 年第 48 期。
③ 成仿吾：《创造社与文学研究会》，《创造季刊》1923 年第 4 期。
④ 郭沫若：《创造十年》，《学生时代》，人民文学出版社 1979 年版，第 153 页。
⑤ 郭沫若：《创造十年》，《学生时代》，人民文学出版社 1979 年版，第 72 页。

要嚣张起来……”[①] 在日本留学，受当时富国强兵、实业救国的思潮影响，他选择的专业是东京帝国大学的“造兵科”；在创造社团体里，他写作最多的文字是关于当时新文学的批评和文学理论的建设。在他几篇有影响的新文学批评文章里，开篇都明确表示“文学是直诉于文明的感情，而不是刺激我们的理智的创造，文艺的玩赏是感情与感情的融洽，而不是理智与理智的折冲”。[②]“文学上的创作，本来只要是出自内心的要求，原不必有什么预定的目的。”[③] 可是，在清楚表述这样文学观的时候，他提炼出的文章标题为“诗之防御战”“新文学之使命”，并且 1927 年在他出版第一部文艺论文集时，十分认同王独清将书命名定为“使命”[④]。由此可见，成仿吾对文学的兴趣，对文学本质是情感和自我内心表现的认同，一开始就联系着文学的社会性，并且在现实的生存中不断冲击着原有的浪漫主义的情怀，主观的情绪化与客观的理性反省始终矛盾地并存于成仿吾早期的文学思想之中。学者温儒敏将其归纳为“表现说的变形与实用批评”,[⑤] 海外汉学家高利克将其看作“社会审美主义”。[⑥] 所以，虽然同为创造社元老，但成仿吾与郭沫若文学思想的基点并非完全相同。因此，就整体上的从文学革命到革命文学的转向，他们也是不一样的。

其次，成仿吾的文学转向更多表现了文学家自觉的责任意识和社会意义之寻找。1925 年前后，他处在积极从事文学批评的理性建设与职业工作、社会活动的践行中。一方面成仿吾不断来往于上海、广州、武汉、长沙四城市之间，除了与创造社同仁积极筹办广州的创造社出版分部的工作事宜外，没有间断在广东大学教书和在湖南长沙高等工业学校的任职工作；另一方面他对文学批评的理论思考和文学社会意义的认识，逐渐有了自己比较清晰的定位。他一开始对“新文学之使命”的认识，虽然视“使命”的“时代”性为第一，但是理解“时代”的“虚伪”“罪孽”还仅仅是“猛烈的炮火”[⑦] 之情绪宣泄。不久，成仿吾在《写实主义与庸俗主义》《艺术之社会的意义》等文中，受法国社会学家基欧《社会学的艺术观》影响，对文学的理性与情感、浪漫与写实、文学与社会之关系，有了明显的双向性认同。“文学上最有效力的是关于人事，其次是关于感觉世界的，最后乃是理智的与超自然的。”[⑧]“凡是真的艺术家，没有不关心于社会的问题，没有不痛恨丑恶的社会组织而深表同情于善良

① 郭沫若:《创造十年》,《学生时代》，人民文学出版社 1979 年版，第 71 页。

② 成仿吾:《诗之防御战》,《创造周报》1923 年第 1 期。

③ 成仿吾:《新文学之使命》,《创造周报》，1923 年第 2 期。

④ 成仿吾:《使命 · 序》，创造出版社 1927 年版。

⑤ 温儒敏:《中国现代文学批评史》，北京大学出版社 1993 年版，第 52 页。

⑥ ［斯洛伐克］玛利安 · 高利克:《中国现代文学批评发生史（1917—1930）》，陈圣生等译，社会科学文献出版社 1997 年版，第 57 页。

⑦ 成仿吾:《新文学之使命》,《创造周报》1923 年第 2 期。

⑧ 成仿吾:《写实主义与庸俗主义》,《创造周报》1923 年第 5 期。

的人类之不平的境遇的。”[①] 郭沫若在回国后受到生存危机的极大刺激，使得他思想突变，并从日本河上肇《社会组织与社会革命》中找到了理论支撑。成仿吾回国后一直取务实的工作和积极的社会活动之态度，始终重视文艺和社会现实意义的双重性关系的思考。因此，他以批评的视野密切关注新文学运动的发展、文学界的现状，尤其是新文学批评的理论建设。他认为文艺批评的标准是：“1. 超越的。2. 建设的。”[②]他强调文艺批评的前提是“抱有热烈的同情”，[③] 批评地“判别善与恶、美与丑和真与伪”，是“不断的反省”。[④] 可以说，文学批评的建设和实践，推进了成仿吾自我和社会融合的步伐。当 1925 年“五卅”惨案发生时，他迅捷地反应，针对“文艺界的弊端”，希望“五卅事变的不幸的狂风……把它做一个起点，划一个新纪元”；“大家从此觉悟起来”。[⑤] 1926 年，以成仿吾为主任的广州创造社出版部正式成立，也就在同时，他与郭沫若开始率先探讨文学与革命的关系，并且提出了“革命文学家”“革命是一种有意识的跃进”“革命文学与他的永远性”[⑥] 等一系列话题。有意思的是，郭沫若与成仿吾在此时都在讨论文学与革命的关系，都对什么是革命文学列出了一个计算的公式。郭沫若的是简单的“革命文学 = 时代精神。文学 = 革命”；[⑦] 而成仿吾列出的是完全不同的公式：“真挚的人性 + 审美的形式 + 热情 = 永远的革命文学。”[⑧]这里不仅仅是作家对革命文学理解的异同，而且反映了革命文学生成的不同路线。成仿吾那篇著名的《从文学革命到革命文学》的文章，很有意思的是于 1923 年 11 月写成，但直到 1928 年 2 月才在《创造月刊》第 1 卷第 9 期刊出。这篇文章有两点值得注意，一是“文学革命”和“革命文学”两个概念关联与区别的表述是模糊的；二是有关论文的写作和发表，中间相隔 5 年，其时间差的背后可揭示什么呢？文章中六个部分内容都是在强调文学社会性的历史意义、文学阶段性的具体任务、文学服务于革命、唯物辩证法的指导、文学创作者接近农工大众等问题。这里可以看出作者对文学与革命关系理解的信息，并且正是从时间差里传达出一个文学历史变动的进程。文章是将文学的理想性，与当时的农工大众文学运动的现实性有机地融合。作家追求文学的表现，也正视文坛的新现象。成仿吾充满激情的文学演进描述，与敏锐的眼光和极富前瞻性的视野，第一次将现代中国革命文学纳入了恢弘的文学史动态之中考察。

30 岁以后的成仿吾人生履历如下：1928 年在巴黎参加中国共产党，1931 年回国

---

① 成仿吾：《艺术之社会的意义》，《创造周报》1924 年第 41 期。
② 成仿吾：《批评的建设》，《创造》季刊 1924 年第 2 期。
③ 成仿吾：《批评与同情》，《创造周报》1923 年第 13 期。
④ 成仿吾：《建设的批评论》，《创造周报》1924 年第 43 期。
⑤ 成仿吾：《今后的觉悟》，《洪水》1925 年第 3 期。
⑥ 成仿吾：《革命文学与他的永远性》，《创造月刊》1926 年第 4 期。
⑦ 郭沫若：《革命与文学》，《创造月刊》1926 年第 3 期。
⑧ 成仿吾：《革命文学与他的永远性》，《创造月刊》1926 年第 4 期。

任鄂豫皖省委宣传部长，1934 年到达苏区瑞金，后参加著名的两万五千里长征……成了真正的无产阶级革命家。“革命运动停顿了，革命文学运动的空气却高涨了起来。有些人以为这是投机，也有人以为这是堕落。这两种人的见解深入不同，但他们不明白历史的必然性却是一致的。”“我们决不能再踌躇犹豫，……我们有意识的革命。”“不革命的人，我们让他去没落。”[①] 1928 年年初，成仿吾的《全部的批判之必要——如何才能转换方向的考察》一文开篇与结尾的这些话，意味深长。这也是他参与革命文学论争写的最后一篇文章，不无作家自己革命道路选择的注释。

## 二

我们再来考察，创造社另一位重要作家、“五四”新诗人郭沫若（1892—1978）。他主观表现的文学观与思想剧变的身份转换，开创了一条从主观情绪到理性建构的现代中国革命文学生成之路。在历史的进行时态中，作家们都在努力探寻文学与革命的契合点。“五四”过后的 1923—1924 年间，对于郭沫若是十分重要的年份。郭沫若不像因“五四”落潮波及的大批受外来各种思潮影响的五四“新青年”，也不同于受社会革命实践作用的邓中夏等中国青年社的作家们。他经历着种种生活的贫困和漂泊，也在面对文学与革命的艰难选择。这一年为养家为生活，郭沫若携带家眷往返于日本福冈与中国上海之间，他十分勤奋地著译，靠卖稿为生。这也成就了一个诗歌、散文、小说、历史剧等创作高产的作家郭沫若，更使得一个崇尚艺术至上、唯美表现的郭沫若，明白了“艺术家与革命家”是完全可以兼并的。[②] 郭沫若思想和文学观的转变，由“只是本着我们内心的要求，从事于文艺的活动罢了”[③]，到革命文学的首倡者，不只是目睹了 1925 年的“五卅”惨案，经历了 1926 年的南下广州随军北伐的投笔从戎，才有了后来 1927—1928 年间的《文艺家的觉悟》《革命与文学》《英雄树》等一系列倡导革命文学的宏文。郭沫若自述此刻思想的重大转变，归于这期间翻译日本经济学博士河上肇的《社会组织与社会革命》一书之影响。这部书使得他“认识了资本主义之内的矛盾和它必然的历史的蝉变”，“不仅使我增长了关于社会经济的认识，坚定了我对正确理论的信心，而同时所产生的一个副作用，便是使我对于文艺怀抱了另外一种见解”。[④] 当然，贫困迫压和生活艰辛，使天才诗人不得不正视现实人生，也不乏从河上肇经济学理论分析中获得了知音和感悟。

上述这些文学史通常顺理而叙述的作家真实的思想线路，还需要还原集诗人与革命家于一身的郭沫若之由来，合理地解释他身上独特的双重话语结构。1923 年 4 月，

① 成仿吾：《全部的批判之必要——如何才能转换方向的考察》，《创造月刊》1928 年第 10 期。
② 郭沫若：《艺术家与革命家》，《沫若文集》第 10 卷，人民文学出版社 1959 年版，第 76 页。
③ 郭沫若：《编辑余谈》，《创造》季刊 1922 年第 2 期。
④ 郭沫若：《创造十年续编》，《学生时代》，人民文学出版社 1979 年版，第 183—184 页。

郭沫若从日本回国，家里让他回四川，汇来的三百元路费钱是他身上“唯一的财产”。[①] 除此之外，“带了三部书来，一部是《歌德全集》，一部是河上肇的《社会组织与社会革命》，还有一部便是屠格涅夫的《新的一代》（俄文原名为《处女地》）了”。[②] 郭沫若原有自己的写作计划，抱有潜心研究生理学做纯粹的科学家的理想和期盼与妻儿共同生活的美好愿望。但是回国以后的实际生活，目睹眼前所见国内的现实，这使得他矛盾、彷徨、苦闷。1923 年冬天郭沫若在上海写下的《梦与现实》是这样描述此时的心境的，“昨晚月光……一切树木都在赞美自己的幽闲”，而“今晨一早起来，……却可看见了一位女丐。他身上只穿着一件破烂的单衣，衣背上几个破孔露出一团团带紫色的肉体”。这是一个瞎眼的女丐，旁边有一个四岁小女儿是“她唯一的保护者”，这让诗人陷于无为和迷失，“人到了这步田地也还是要生活下去！人生的悲剧何必向莎士比亚的杰作里去寻找，何必向川湘等处的战地去寻找，何必向大震后的日本东京去寻找呢”？[③] 如果说诗人这里还是以文学的笔调述说或宣泄自己现实与理想的困惑，那么在致成仿吾的信中他就直言不讳自己真实的苦痛和思想了。他列数回国后“收入是分文也没有”，仅仅靠译书所获得微薄稿酬，也难以“拯救我可怜的妻孥”。“在上海受难的一年生活”，[④] 拼命地翻译是郭沫若生活的无奈，但也使他从译著里读出了别一样世界、另一种文学。每天翻译歌德的书，他发现“真理要探讨，梦境也要追寻”的“歌德一生就是个矛盾的结晶体，然而正不失其所为‘完满’”。[⑤] 而对屠格涅夫的《处女地》的译介，使他从主人公的境遇和性格中获得了人生与思想的共鸣：“我们都嗜好文学，但我们又都轻视文学；文学都想亲近民众，但我们都有些高蹈的精神；我们倦怠，我们怀疑，但我们都缺少执行的勇气”。尤其这部书里的事件和人物中给他有“流动着的社会革命的思潮”之深切感受。郭沫若发现以“政治条件和物质（经济）条件”[⑥] 为主体的社会革命，比较贴近于现实人生的实际，激发了他面对人生危机的思考，使得他一直以来沉浸于其中的文学梦想，也受到了极大的冲击。1924 年 8 月，郭沫若明确地宣布：“我现在对文艺的见解也全盘变了。我觉得一切伎俩上的主义都不能成为问题，所可成为问题的只是昨日的文艺，今日的文艺和明日的文艺。昨日的文艺是不自觉的得占生活的优先权的贵族们的消闲圣品，如像泰戈尔的诗，托尔斯泰的小说，不怕他们在讲仁说爱，我觉得他们只好像在布施饿鬼。今日的文艺，是我们现在走在革命途上的文艺，是我们被压迫者的呼号，是生命穷促的喊叫，是斗士的咒文，是革命预期的欢喜。这今日的文艺便是

① 郭沫若：《创造十年续编》，《学生时代》，人民文学出版社 1979 年版，第 151 页。
② 郭沫若：《孤鸿——致成仿吾的一封信》，《创造月刊》1926 年第 2 期。
③ 郭沫若：《集外》，《学生时代》，人民文学出版社 1979 年版，第 406—408 页。
④ 郭沫若：《孤鸿——致成仿吾的一封信》，《创造月刊》1926 年第 2 期。
⑤ 郭沫若：《论诗三札》，《沫若文集》第 10 卷，人民文学出版社 1959 年版，第 210 页。
⑥ 郭沫若：《孤鸿——致成仿吾的一封信》，《创造月刊》1926 年第 2 期。

革命的文艺，我认为是过渡的现象，但是，是不能避免的现象。”① 此时此刻，郭沫若对于文学与革命的理解，一是出于自身当下经历的生存体验，一是受外国文艺的启迪，认为革命的文艺是“过渡的”和“不能避免”的现象。但究竟什么是革命文学，文学与革命关联性的真正内核是什么，并不是郭沫若关注的热点。同一时间里，郭沫若就是将艺术家与革命家混为一体。他直言：“我在此还要大胆说一句：一切真正的革命运动都是艺术运动，一切热诚的实行家是纯真的艺术家，一切志在改革社会的热诚的艺术家也便是纯真的革命家。”② 从文学革命到革命文学的途中，郭沫若有这样一个模糊而简单的自我表达。这是他诗人气质和情绪的自然流露，面对现实危机的挤压后一种本能跳跃式的思维和认知的呈现。

考察郭沫若这一阶段文学创作的变化，他的新诗作品从《女神》到《星空》再到《前茅》，诗集内容的变化，表面看是“五四”大潮之后诗人由幻美、苦闷转向现实，但就《前茅》中1923年写作的大部分诗篇看，实际大多为“粗暴”和“喊叫”之作。③ 除了诗歌之外，同期郭沫若还创作了自传体小说、历史小说、历史剧等，如《漂流三部曲》（包括《歧路》《炼狱》《十字架》三个连续短篇小说）、《函谷关》《王昭君》等，自我写实和借古喻今的创作意图十分显著。另外，郭沫若并不局限于文学创作，还有大量学术研究成果如《惠施的性格与思想》《王明阳礼赞》④ 等长篇论文和上述他喜欢的许多外国作家作品的翻译。尽管郭沫若自述创作和翻译，及学术研究，无不为此时贫困生活获得经济来源而有意为之，但是也多少真实地袒露了思想变动之点滴印痕。“在这资本制度之下职业是于人何有？/只不过套上一个颈圈替资本家们做狗！”⑤ 郭沫若1923年的这一诗句，又与河上肇的《社会组织与社会革命》中的观点是何等相似！也有同感于屠格涅夫的《处女地》中主人公的人生境遇所思！我们寻踪郭沫若文学与政治思想的活动，关注1923—1924年前后这一段时间，正是要说明郭沫若随后酝酿革命文学的倡导与其创作、翻译、人生特殊经历，及其个人气质均有内在联系和完整的思想脉络。这时期是一个重要的人生关口，作家在以自己的方式抗争和奋进，积极探求文学与革命的路径。由此之后，1926年郭沫若投笔从戎，随国民革命军北伐，历任北伐军总政治部宣传科长、副主任等，政治身份转换已经十分明确。1927—1928年间，郭沫若鲜明地倡导革命文学，表面看都是极端化的剧变和急转，而实际却有着某种来自作家主客观世界的必然，有着大革命时代汇入革命文学洪流的自觉。

---

① 郭沫若：《孤鸿——致成仿吾的一封信》，《创造月刊》1926年第2期。
② 郭沫若：《艺术家与革命家》，《沫若文集》第10卷，人民文学出版社1959年版，第77页。
③ 郭沫若：《前茅·序诗》，《沫若文集》第1卷，人民文学出版社1957年版，第295页。
④ 郭沫若：《文艺论集》，《沫若文集》第10卷，人民文学出版社1959年版，第1页。
⑤ 郭沫若：《前茅·励失业的友人》，《沫若文集》第1卷，人民文学出版社1957年版，第307页。

## 三

重要的是，“五四”之后从文学革命到革命文学有多条行进的路线。成仿吾、郭沫若偏重文学的表现、同情之说，及其对革命文学的酝酿和其“论争”的发动，大都基于强烈的主体情绪、自我感受的扩张、松散的合群，又不可回避时代激变与现实生活的迫压，整体由内至外探求革命文学的发生。这与大家熟悉的早期共产党人邓中夏、恽代英、萧楚女等作家不同。恽代英等从事实际工作的党员作家，一开始就具有自觉的历史使命意识、关注民生、热心群众运动的社会革命追求，重视现代中国革命文学的建设，更强调由外至内的革命文学自身的实践活动。同期的鲁迅，以“呐喊”“彷徨”“野草”生命体验式的写作，最大限度地熔铸个体特殊人生履历和丰厚的生活经验，参与“文学与革命”这一现代重大思想命题的自我探寻和思考。鲁迅与革命文学的话题，不是一个从进化论到阶级论的思想演变的复杂而丰富的过程，不是简单可以用他某部作品能够替代的，甚至也不是他在某种特定情境、场合的言与行，或明确针对某些人的关于文学与革命之关系、革命文学的言说。笔者更认为 1920 年代中后期的鲁迅，他这时期的自觉的行为方式和可以见到的小说、散文、杂文随笔等全部文字，是一个不可割裂的整体文本，一个考察现代中国革命文学生成重要的不可缺失的参照文本。由此提供给我们的是一个文学史的视域。成仿吾、郭沫若与现代革命文学生成的关联，还需要有这样一个视域的考察，细致审视重要时间节点与其作家文学活动、创作的整体。在 1923—1924 年前后，成仿吾、郭沫若有着许多共同的人生感受和文学思想的调整，由作家精神主体世界生成的有关文学与革命的独特体验，可以发现个体作家思想、文学变更与一个时代革命文学发生之间某些内在的逻辑因素。

1923 年 5 月，成仿吾在《新文学的使命》一文中提出“时代、国语、文学”三种使命，自称就是在“追求文学的全”“要实现文学的美”。这可以看作成仿吾文学观的一个重要转变的信号。作家对文学是否有预定的意识、有目的（即使命）的探求，与他最初崇尚文学创作原动力是内心的要求，似乎有了一定的矛盾、游移或疑问。这时期他针对一些新文学作品，如冰心的小说《超人》，许地山的小说《命命鸟》，王统照的长篇小说《一叶》，及鲁迅的小说集《呐喊》，郭沫若的小说《残春》，郁达夫的小说集《沉沦》等写了一系列文学评论的文章，其文学批评的倾向性和标准也都摇摆于理性和情绪之间。成仿吾明确反驳别人批评《残春》，是“拿一种固定的形式或主义来批评文艺”的；[①] 他评论冰心的《超人》“偏重想象，而不重观

① 成仿吾：《〈残春〉的批评》，《创造》季刊 1923 年第 4 期。

察”;[①] 王统照的《一叶》中往往“作者自己无端地跑出来”。[②] 这其中确有成仿吾阅读的独立发现，但是面对对象的不同，文学批评的尺度也多有不一。诚如有学者指出的那样，成仿吾“不总是深思熟虑”，“永不安定，永在变化，但是他毕竟还是眼光敏锐，见解深刻的批评家”。[③] 1924 年前后，也是成仿吾文学创作的一个高峰期。如将这时期他追求文学的全、思想的矛盾、批评的情绪化等情境与其文学作品对读，成仿吾笔下鲜活形象的人生面影，诠释了从文学革命到革命文学的必然。1923 年的小说《牧夫》中留学回国后的朱乐山，“两年来求不到职业”，最终放弃了专业的科学，只能写一些文字以寄托，但是文学界的“对垒”和“嫉妒”，使得他很“委屈”，“不是说他们的作品无聊，便是说它们浅薄”。终于有朋友介绍他到学校任教，他去了学堂，同样失望，学校办教育的人“只管务虚名，丝毫不重实学”。他不愿在这里“鬼混”，小说最后，他愤怒地说道：“我到田里去看看马与牛来。办那样的教育，不如去教牛马还要心安些”，[④] 同年 5 月，同期发表于《创造季刊》上的《海上的悲歌》和《诗人的恋歌》两首诗，诗人“孤独”与“悲哀”，希望“招起同情的热烈的交鸣”；面对命运的驱使，“他尽力的反抗了/有如那不屈的海潮”。这里不同于小说的虚构，而是发出真诚的心声。1924 年 4 月以“江南的春汛”为题的散文，是成仿吾回复郁达夫的信函。在信里，他直率地倾诉，回国三年看到的是“奄奄待毙的国家，龌龊的社会，虚伪的人们，渺茫的身世，无处不使人一想起了便要悲愤起来”。正是在现实与悲愤中，发现了“反抗”这条真理，于是，他大声疾呼“我从此我更要反抗，反抗，反抗”![⑤] 显然，成仿吾起始务实的社会审美和“使命”意识的文学观，有着现实生活的迫压，源于悲愤心境与反抗情绪，也有自觉直面社会人生，走进时代生活的积极实践。成仿吾初始工科专业的知识底色，将情感文学与实用文学的融合，创设了他独特解析文学与革命的公式，率先勾勒出现代中国革命文学的生成路径。

同样在 1923—1924 年前后，郭沫若也受着生存的压迫，他选择了另一种接近自己诗人气质的情绪化革命诉求和文学表达的方式。他后来有这样的反思，“我自己是早就有些‘左倾’幼稚病的人，在出《周报》（即指《创造周报》——引者注）时吼过些激越的腔调，说要‘到民间去’，要‘到兵间去’，然而吼了一阵还是在民厚南里的楼上。吼了出来，做不出去，这在自己的良心上感受着无限的苛责……从前在意识边沿上的马克思、列宁不知道几时把斯宾诺莎、歌德挤掉了，占据了意识的中

① 成仿吾：《评冰心女士的〈超人〉》，《创造》季刊 1923 年第 4 期。

② 成仿吾：《〈一叶〉的评论》，《创造》季刊 1923 年第 1 期。

③ ［斯洛伐克］玛利安·高利克：《中国现代文学批评发生史（1917—1930）》，陈圣生等译，社会科学文献出版社 1997 年版，第 96—97 页。

④ 成仿吾：《牧夫》，《创造周报》1923 年第 17 期。

⑤ 成仿吾：《江南的春讯》，《创造周报》1924 年第 48 期。

心。在一九二四年初头列宁死的时候，我着实地感着悲哀，就好象失掉了太阳一样。但是马克思列宁主义我是并没有明确的认识的，要想把握那种思想的内容是我当时所感受着的一种憧憬”。[①] 这阶段，郭沫若诗创作和杂感随笔中“资本主义”“社会主义”“无产阶级”“马克思主义”“私有财产”等社会革命（政治）的术语就不断出现，只不过是“穷得没法了”，在翻译的著作中感同身受“流动着的社会革命的思潮”；在“一种进退维谷的苦闷”中产生了政治意识的反叛想象。这些于诗人笔下自然流露，便是这阶段郭沫若《前茅》以后的诗、历史剧、历史小说及自传等多样体式的创作尝试。比如1923年8月写于上海的《前进曲》中的诗句：“前进！前进！前进！/世上一切的工农，/我们有戈矛相赠。/把我们满腔热血/染红这一片愁城！/前进！前进！前进！/缩短我们的痛苦，/使新的世界诞生！/”[②] 还有同时期写的历史剧《王昭君》，是历史的真实和诗人的想象相结合，创造了剧中的人物和故事，借此既浇了作家心中的块垒，又自然地传达了诗人对理想的憧憬。他说：“王昭君这个女性使我十分表示同情的，就是她的倔强的性格。”“我从她的这种倔强的性格，幻想出她倔强地反抗元帝的一幕来。”[③] 这是一种最真实情绪和想象酝酿出的最初“革命”之文学样本。诗人郭沫若浪漫主义的情怀，一开始就将主观情感的力量铺张到可以改天换地，可以战胜一切现实生活的困境。他的“立在地球边上放号”、“我是一条天狗呀！/我把月来吞了！/我把日来吞了！/我把一切的星球来吞了！/我把全宇宙来吞了！”这诗的语言里何尝不是个人主观化“革命”的热身和情绪酝酿的前奏呢！而当现实的迫压加剧时，尤其是个人经历的饥寒交迫，情感的“革命”开始渗透了“矛盾万端的自然”“人世间的难疗的怆恼”[④]。1923年前后，郭沫若亲历了不同于其他现代作家的主观现实主义的人生体验过程。

1925年后，大时代的巨变，现实的社会政治党派、阶级冲突不以人们的意志为转移，已经开始成为一种生活方式的存在。郭沫若目睹了“五卅”当天的惨剧，愤然写下了《为“五卅”惨案怒吼》的檄文。1926年后，他南下广州投身北伐革命。他发表了《文艺家的觉悟》《革命与文学》等一系列倡导革命文学的文章，理性地分析和解读文学与革命的关系。这既是时代使然，更是作家自我认识革命的水到渠成。郭沫若向昔日文学梦告别，不再附和“大凡的人以为文学是天才的作品，所以能够转移社会”这样的话了，而是一再强调：“文学和革命根本上不能两立。”[⑤]“文学是

---

① 郭沫若：《创造十年续编》，《学生时代》，人民文学出版社1979年版，第165—166页。

② 郭沫若：《前茅·前进曲》，《沫若文集》第1卷，人民文学出版社1957年版，第319页。

③ 郭沫若：《王昭君·附录》，《沫若文集》第3卷，人民文学出版社1957年版，第76—77页。

④ 郭沫若：《前茅·怆恼的葡萄》，《沫若文集》第1卷，人民文学出版社1957年版，第311页。

⑤ 郭沫若：《文艺论集续集·革命与文学》，《沫若文集》第10卷，人民文学出版社1959年版，第313页。

革命的前驱，在革命的时代必然有一个文学上的黄金时代。”[①] 李欧梵先生将郭沫若从文学到革命的转变，看作始终对其浪漫主义的巩固，指出“他把英雄崇拜的范围从个人扩阔到没有固定目标的无产阶级大众，他也把个人情感扩展为集体情感，并根据事实本身把其界定为革命性”的，“宣告经历过了个人主义和浪漫主义的时候，郭沫若摸索着走向一种更概括的集体浪漫主义的形成”。[②] 这里依据郭沫若诗人气质、秉性人格，乃至其文学自述内在线条的解析，其值得称道的是，当我们仅仅看到郭沫若“急转弯”式的革命文学宣传，仅仅看到从诗人变成革命军人的外在身份变换时，李欧梵先生仍然坚持作家郭沫若的透析，寻觅他既联系又对立的文学与革命内在关联之纹理。郭沫若永恒浪漫主义本质的个性特征和文学思想复杂而跳跃的演变路线，值得我们发现作家、诗人更为丰富的主体精神和文学思想的某些细微新标识，也能够重新审视出从文学革命到革命文学非直线的文学史演进，多视角地观照现代中国革命文学发生发展的前因后果。

［原载《安徽师范大学学报（人文社会科学版）》2019 年第 5 期］

---

① 郭沫若：《文艺论集续集 · 革命与文学》，《沫若文集》第 10 卷，人民文学出版社 1959 年版，第 317 页。

② 李欧梵：《中国现代作家的浪漫一代》，新星出版社 2005 年版，第 200—201 页。

# 作家南下与国家革命

张武军

## 引　言

革命无疑是20世纪中国最为重要的“关键词”，20世纪20年代则是中国革命的关键时期，中国共产党、中国青年党相继成立，中国国民党改组新生，三党都积极投入革命的动员与实践。“在多党竞革的背景下，国民革命最具声势”[①]，动员了包括作家们在内的最广泛力量，鲁迅、郭沫若、茅盾、成仿吾、郁达夫、王独清等就是其中的代表。但值得追问的是，南方什么样的革命理念吸引了鲁郭茅等作家们？为何鲁迅说广州“可以做‘革命的策源地’，也可以做反革命的策源地”[②]？

毫无疑问，国民党改组后的党报《广州民国日报》及其副刊可作为探究这一命题的重要材料。长期以来，学界对这份报纸一直没什么好感，“在光怪陆离的政局变幻中，广州《民国日报》（即本文所论《广州民国日报》——引者注）充当各派的舆论工具，以各派的枪口为俯仰，妻妾事人，朝秦暮楚，毫无定向”[③]，“乱”也成了不少研究者忽视和贬低这份报纸的缘由。实际上，《广州民国日报》很为孙中山所看重，“为总理在粤手创三大事业之一（其他二者，一为黄埔军校，一为广东省银行），为革命策源地最大之日报”，“报头为总理亲笔，为本党改组后第一党报”[④]。这么重要的一份报纸，学界系统关注和研究的论著并不多，只有为数不多的几篇论文，且主要从新闻传播、广告学的立场来考察，强调它和广州地方社会生活形态的关系，这样的研究，显然偏离国民党新生改组后第一党报的历史定位。这份“混乱”的《广州民国日报》及其“混乱”的革命言说，的确不合乎后来各方各有遮蔽各有择选的历史叙述，但这样未被切割的历史现场的“混乱”，不正是我们洞悉20年代革命复杂

---

① 王奇生：《高山滚石：20世纪中国革命的连续与递进》，《华中师范大学学报（人文社会科学版）》2013年第5期。

② 鲁迅：《在钟楼上》，《鲁迅全集》第4卷，人民文学出版社2005年版，第33页。

③ 蔡铭泽：《中国国民党党报历史研究（1927—1949）》，团结出版社1998年版，第69、70页。

④ 徐詠平：《中国国民党中央直属党报发展史略》，《中国新闻史》，台湾学生书局1979年版，第315—340页。

性与多维性的最好切入点么？

《广州民国日报》留下了鲁迅、郭沫若、茅盾等很多人在广州的诸多言行记录，但这些言行后来却被作家们极力回避和否定。例如钟敬文主要依据《广州民国日报》及其他一些报刊材料，编著了《鲁迅在广东》[①]，鲁迅后来就一直不满此书并多次否定。他给友人信中说，此书“大约是集些报上的议论罢”，“但这些议论是一时的，彼一时，此一时，现在很两样”[②]。学界大都依循鲁迅“此一时”的态度而忽略了广州革命时期“彼一时”的复杂性。邱焕星对此进行了非常细致的辨析，认为鲁迅的否定缘于“自我历史的遮蔽与重叙”[③]。事实上，即便在“清党”之后，鲁迅仍和已是“清党”舆论先锋的《广州民国日报》有关联，言行频频出现在正版或副刊。1927 年 7 月 23 和 26 日，鲁迅受国民党广州市教育局的邀请，参加“广州夏期学术演讲会”，演讲内容就是非常有名的《魏晋风度及文章与药及酒之关系》，最初的演讲稿就刊载在 1927 年 8 月 11—17 日的《广州民国日报》副刊。鲁迅给友人信中说道，“在广州之谈魏晋事，盖实有慨而言”[④]，但除了早期鲁迅研究者笼统地把此文视为对蒋介石“四·一二”反革命的控诉之外，现在很少有人注意到鲁迅的“盖实有慨而言”和广州革命之间的内在关联。此外，7 月 16 日他在广州知用中学的演讲《读书杂谈》，也刊登在 8 月 18、19 和 22 日的《广州民国日报》副刊。7—8 月份的这些演讲及其他相关报道并没有收录进《鲁迅在广东》，显然《鲁迅在广东》也并不完整，“清党”之后的“鲁迅在广东”更是一个值得探究的命题。更重要的是，当从后来编著的“选集”“全集”中去审视《魏晋风度及文章与药及酒之关系》时，我们很容易仅从学理上来考辨鲁迅精神和魏晋风度的关系，可是，当把它放置在原初的生成“场域”《广州民国日报》中来审读，和该报 7—8 月份铺天盖地的“清党”“讨共”快讯一起阅读时，感受和理解就完全不一样了。报纸上的这篇演讲稿，保留了很多符合当时广州语境和演讲现场的语词，和后来“各版本（包括‘全集本’）之间的差异共有 202 处”[⑤]。

除了鲁迅，郭沫若、郁达夫、茅盾等同样有不少演讲和报道频频出现在《广州民国日报》上，这些“混乱”的革命论说——看似外围的材料和议题，反而更有助于我们走进鲁迅等人当时更为复杂的内心世界，从而洞悉南下作家们和广州革命的深层关系。

---

① 参见钟敬文《鲁迅在广东》，北新书局 1927 年版。

② 鲁迅：《270919 致翟永坤》，《鲁迅全集》第 12 卷，人民文学出版社 2005 年版，第 68 页。

③ 邱焕星：《自我历史的遮蔽与重叙——鲁迅为何否定〈鲁迅在广东〉》，《鲁迅研究月刊》2014 年第 7 期。

④ 鲁迅：《281230 致陈濬》，《鲁迅全集》第 12 卷，人民文学出版社 2005 年版，第 143 页。

⑤ 鲍国华：《鲁迅〈魏晋风度及文章与药及酒之关系〉：从记录稿到改定稿》，《鲁迅研究月刊》2016 年第 7 期。

## 一　被忽略的再造新国

过去学界普遍认为，“二次革命”和护国、护法革命的失败，尤其是陈炯明的背叛，“使孙中山再次深思反省：光靠军事的进行，革命事业未必能成功，而扩张党务则是有胜无败的”[①]。因此，面对苏俄伸出的援手，孙中山师从其制改组国民党，国民党因此焕然一新。胡政之对此曾有明确论述：“自采用俄国式组织之后，全部民党，恍若节制之师，政治上之主张俨成宗教上之信仰，此为国民党胜人之处。而对抗之者，则为无主张无组织之军阀政客官僚。”[②] 这一观点很有代表性，也为时人和后人所认可，成为阐述国民革命和北伐成功的主流观点。不过，三民主义的含混与多元，注定无法建构起一套严密整一的信仰体系，这也是后来各方对三民主义阐释大相径庭的原因所在。《广州民国日报》提供了在南方各种主义“混乱”杂陈的可靠材料，1927 年 2 月 28 日的副刊《现代青年》，登载有青年对于主义的信仰的调查，青年信什么主义的都有，比如举例说：也有人刻意追逐主义，“居然发明了甚么‘马克思列宁主义’”，“证明一般青年不晓得主义是什么，信仰是什么”，“这种受过中等或高等教育的人，对于主义，尚且糊里糊涂，莫明其妙，一般小学生，和没有知识的群众，自然更不用说了”[③]。既然南方的主义无法系统化言说，或存有巨大分歧，我们又怎能说南方的主义是国民革命胜利的主因呢？

近些年来，从更广泛的文化意义为国共合作的南方寻找深层的革命动力，成为国民革命研究中的新趋势。台湾学者吕芳上在《革命之再起——中国国民党改组前对新思潮的回应（1914—1924）》等一系列论著中，率先揭示了国民党和新文化运动的密切关联，罗志田进一步提出了“南北新旧与北伐成功的再诠释”[④]。然而，代表了闽广地区新文化运动的实践者陈炯明，虽于“新”贡献良多，却被斥为最大的反革命，这说明新旧文化思潮与南方的革命与否之间，并未构成必然联系。《广州民国日报》及其副刊，也被视为南方新文化、新文学的主要阵地。但是，我们翻阅《广州民国日报》，其所展现的“新”文化、“新”文学，要么是从上海《民国日报》转载而来，要么是南下的作家们所带来。外来作家们到广州后，感受最深的就是广州文化的荒芜与守旧，《广州民国日报》及其副刊和读者互动最多的话题之一，就是如何在落后的文化沙漠广州开辟新文化新文学的阵地。1927 年 4 月，鲁迅在一次演讲中就毫不客气地指出，“广东报纸所讲的文学，都是旧的，新的很少”，“没有对新的讴

---

① 王奇生：《党员、党权与党争——1924—1949 年中国国民党的组织形态》，上海书店出版社 2003 年版，第 4 页。

② （胡）政之：《主义与饭碗》，《国闻周报》第 3 卷第 39 期，1926 年 10 月 10 日。

③ 蒲良柱：《一般青年对于主义的信仰》，《广州民国日报》1927 年 2 月 28 日。

④ 罗志田：《南北新旧与北伐成功的再诠释》，《开放时代》2000 年第 9 期。

歌，也没有对旧的挽歌，广东仍然是十年前底广东”[①]。这都表明，作家南下并非受到南方新文化的吸引，恰恰相反，是他们的到来给文化落后保守的广州带来了新声，南北新旧文化变动并非他们南下的“因”，而是他们南下之后的“果”。如果新旧之别不在文化思潮上，那么南方究竟是什么样的“新”吸引了新文化阵营的作家们？

1924年年初召开的国民党第一次全国代表大会，的确是一个全新的开始。不过，比政党改组更为重要的另一个“新”——再造新国，却被我们忽略了。其实，孙中山一大“开会词”就定调，此次代表大会要解决两个问题，“第一件是改组国民党的问题，第二件是改造国家的问题”，“我们必要另做一番工夫，把国家再造一次”[②]。然而，学界更多依据国民党后来编纂的一些政策和文件，把焦点集中在国民党的改组革新，却忽略了更为关键的国家政府转换与新造。“改造国家”“再造国家”才是头号议题，为此孙中山提出了新的革命方略，“不是再拿护法问题来做工夫”[③]，决议和北方政府为代表的中华民国脱离关系，通过北伐革命重新再造一个新的国家、新的民国。这样的革命定位，和民国建立之前的辛亥革命，有颇多相似之处，但和之前的二次革命、护国、护法“框架”内的民主革命相比，无疑是要架构一场全新的“国民革命”或“国家革命”。国共两党也是基于这样的“国家革命”理念，才得以合作的。中共中央西湖会议正式确定和国民党合作之后，陈独秀就在创刊不久的《向导周报》发表《造国论》。“我们以为中国还在‘造国’时代，还在政治战争时代，什么恢复法统，什么速制宪法，什么地方分权，什么整理财政，什么澄清选举，对于时局真正的要求，不是文不对题，便是隔靴搔痒。时局真正的要求，是在用政治战争的手段创造一个真正独立的中华民国。”两党合作的“国民革命（National Revolution）的时期是已经成熟了”[④]，第三国际电报指示，“主张中国应干国民革命”[⑤]，National Revolution 译为“国民革命”，其实翻译成“国家革命”或许更为贴切。

国民党一大之后，南方的再造新国和国家革命理念不断向外传播，引发了各方广泛关注。北京国民党机关创刊的杂志名称就是“新民国”，后来还办有一份很有影响带“新”的刊物《国民新报》，这些杂志在南方的资助下，以北大和北京教育界为中心，发起舆论攻势，宣言新民国的再造，抨击北方政府所代表的旧民国，因此，聚集了越来越多知识分子和学生群体的目光，例如鲁迅就曾深度介入了《国民新报》副

① 鲁迅：《革命时代的文学》，《鲁迅全集》第3卷，人民文学出版社2005年版，第436—443页。

② 孙中山：《中国国民党第一次代表大会·开会词》，荣孟源主编，孙彩霞编辑：《中国国民党历次代表大会及中央全会资料》，光明日报出版社1985年版，第3—5页。

③ 孙中山：《关于组织国民政府案之说明》，《孙中山全集》第9卷，中华书局1981年版，第101—104页。

④ 陈独秀：《造国论》，《向导周报》第2期，1922年9月20日。

⑤ 李达：《中国共产党的发起和第一次、第二次代表大会经过的回忆》，《中国共产党第一次全国代表大会档案文献选编》，中共党史出版社2015年版，第104—110页。

刊[①]，和北京国民党人一道，投入再造民国的宣传与动员。遗憾的是，孙中山没有实现再造民国的理想就因病去世了，但他的逝世和丧葬，为国民党人再造民国的宣传与动员提供了一次良好的契机。当国民党党旗和由此改制的新国旗覆盖了孙中山的灵柩，并升起在北京公祭现场时[②]，这无疑是昭告一个“新”的中华民国，一个属于国民党人的中华民国的诞生。

1925 年 5 月底的五卅惨案，为广州国民政府的成立，为再造民国的革命动员与宣传，提供了又一个契机。北方段祺瑞政府在五卅惨案中的妥协与退让，使得强硬立场的广州政府成为国人希望之所在，6 月 14 日国民党“中央”政治委员会决定顺势将大元帅大本营改组为正式国民政府，以期更好地代表国家和英日帝国主义交涉。6 月 23 日《广州民国日报》各版都是罢工游行与抗议声讨的消息，同时伴随着一篇特别突出的“组织国民政府之要讯”[③]，6 月 25 日，《为沙面英兵惨杀案告国人》的“社论”和《革命政府宣布改组案——定于七月一日成立国民政府》的重要宣告，同时刊登。在这内忧外患的艰难时刻，改组成立的中华民国国民政府，承载了人们有关新民国的价值期望与情感寄托，如果说，广州国民政府的合法性主要来自作为开创民国象征的孙中山的政治遗嘱，那么，这一新政府的合道性则更多来自五卅及沙基惨案中的强硬表现。事实上，五卅作为中国历史的重要节点，一直被低估；作为中国现代思想史和现代文学史的转折点，一直被忽视[④]。五卅，以及作为五卅一部分的沙基惨案，造就了广东新国民政府的成立，新旧民国之争全面展开。对比北方政府在“五卅”中的妥协，广州国民政府的强硬表现为新民国的合道增添了砝码，而“三·一八”惨案则让北方政府的合道性丧失殆尽，一得一失，南北政府所代表的两个民国高下之别就很明显。南方的国民革命和北伐真有了“汤武革命顺天应人”的革命之最初意味，即新民国对旧民国的革命。无数知识分子正是被这样的革命理念和这样的新民国所吸引，用“脚”和“笔”在两个民国间进行选择，投身于建造新民国的革命实践和文学书写。

## 二　新旧“民国”的革命书写

近些年来，随着民国文学相关议题的升温，有关鲁迅、郭沫若等作家的民国书写

① 鲁迅时任《国民新报》副刊编辑，自己也曾有多篇重要文章在此发表。

② 正是在孙中山殡仪活动中，国民党人首次挂出了由党旗改进而来的新制国旗，为各方所关注。《晨报》1925 年 3 月 20 日第 2 版的《孙文殡仪·一》中记载，“棺上覆以青天白日之国民党党旗，及国民党新创之国旗”；上海《申报》1925 年 3 月 23 日的《孙中山殡仪纪详》中详细描绘了新国旗，“棺上盖以青天白日旗，又盖以红旗，右角有青色，中镶一白日，系国民党新制之国旗”。

③ 《组织国民政府之要讯》，《广州民国日报》1925 年 6 月 23 日。

④ 参见张武军《文学革命到革命文学的另一种叙述——中国青年党视野下的革命与文学》，《文学评论》2018 年第 2 期。

研究，产生了不少颇有影响的成果①。但很少有人辨析 20 年代作家们笔下“两个民国”书写的不同，不同研究者会因此对作家们的“民国”书写得出截然不同的判断，最典型的例子当属鲁迅。1925 年 2 月孙中山病危消息传开，鲁迅“忽然想到”诸多有关“民国”的人与事，“我觉得仿佛久没有所谓中华民国”，“我觉得什么都要从新做过”②，“现在的中华民国也还是五代，是宋末，是明季”③。这样的感慨既有对旧中华民国的不满和失望，又有对再造民国的向往与认同。孙中山的去世，让鲁迅念想“民元的事来，那时确是光明得多”④，写了《战士和苍蝇》《这是这么一个意思》《中山先生逝世后一周年》等一系列文章，传达了对孙中山等革命先贤创造民国的礼赞。诚如前文所说，以再造民国为目标的国民革命，堪称又一次辛亥，鲁迅此时的民元建国回想无疑是当时再造民国的镜像呈现。五卅之后，鲁迅一系列的“忽然想到”和“补白”都是对北方国民政府不满的加剧，而“三·一八”之后，鲁迅对旧民国政府彻底否定，控诉“本国的政府门前是死地”⑤，他也因此离开北京选择南下。

鲁迅南下广州，零距离观察和体验新的中华民国，或主动或“受命”谈了不少民国的话题，有关民国和革命纪念的重要节日，也基本没有缺席。鲁迅在中山大学开学致语，第一句就是：“中山先生一生致力于国民革命的结果，留下来的极大的纪念，是：中华民国”，后面紧接着一句，“但是，‘革命尚未成功’”⑥。鲁迅到广州后谈论民国，也有不满，但这种不满是理想和现实的落差，是为了改进，为了建设更好的新民国。不论是在北京，还是在广州，抑或是中间的厦门时期，鲁迅都自认为是新民国和为建造新民国而革命的一方，他关注着北伐军的每一步动向，为每一座重要城市的攻克而激动兴奋，这从来广州之前和许广平的“两地书”就可看出，从以“沪宁克复的那一边”做庆祝文章也可看出。

然而，让鲁迅不能接受的是，曾经旧民国政府的拥护者，摇身一变，成为新民国和国民革命阵营的一分子。北伐军攻克武昌，许广平给鲁迅信中觉得新国民政府“天下事大有可为”，虽研究系在北京教育界又得势，“管他妈的，横竖武昌攻下了，早晚打倒北京，赏他们屁滚屎流”⑦。作为经历过辛亥的鲁迅，不像许广平那么乐观，他很为国民党和新民国担忧，“研究系比狐狸还坏，而国民党则太老实，你看将来实力一大，他们转过来来拉拢，民国便会觉得他们也并不坏”，“国民党有力时，对于异党宽容大量，而他们一有力，则对于民党之压迫陷害，无所不至，但民党复起时，

---

① 参见张中良《鲁迅世界的多重民国影像》，《甘肃社会科学》2014 年第 4 期。

② 鲁迅：《忽然想到（三）》，《鲁迅全集》第 3 卷，人民文学出版社 2005 年版，第 16—17 页。

③ 鲁迅：《忽然想到（四）》，《鲁迅全集》第 3 卷，人民文学出版社 2005 年版，第 17 页。

④ 鲁迅：《19250331 致许广平》，《鲁迅全集》第 11 卷，人民文学出版社 2005 年版，第 469 页。

⑤ 鲁迅：《死地》，《鲁迅全集》第 3 卷，人民文学出版社 2005 年版，第 282 页。

⑥ 鲁迅：《中山大学开学致语》，《鲁迅全集》第 8 卷，人民文学出版社 2005 年版，第 194 页。

⑦ 鲁迅、景宋：《〈两地书〉原信》，《两地书全编》，浙江文艺出版社 1998 年版，第 501 页。

却又忘却了，这时他们自然也将故态隐藏起来”①。颇有意味的是，鲁迅后来编辑出版《两地书》时删掉了这段，很显然“民国便会觉得他们也并不坏”指的是国民革命的新民国。到广州后，鲁迅把这种意见公开表达出来：“革命的势力一扩大，革命的人们一定会多起来”，“去年年底，《现代评论》，不就变了论调了么？和‘三一八惨案’时候的议论一比照，我真疑心他们都得了一种仙丹，忽然脱胎换骨。我对于佛教先有一种偏见，以为坚苦的小乘教倒是佛教，待到饮酒食肉的阔人富翁，只要吃一餐素，便可以称为居士，算作信徒，虽然美其名曰大乘，流播也更广远，然而这教却因为容易信奉，因而变为浮滑，或者竟等于零了。革命也是如此的……”②。

一方面，我们的确能感受到鲁迅到广州想做些事情的“一点野心”③，整天忙这忙那，让人依稀看到了绍兴光复时的鲁迅；另一方面，绍兴光复后的“咸与维新”“不念旧恶”的故事又一次在广州上演，让鲁迅心灰意冷。鲁迅得知广州有意聘他的同时，还另电请了顾颉刚等人，前往广州的热情骤降，他给许广平信中说，“学校又另电请几个人，内有顾颉刚。顾之反对民党，早已显然”④。决议接受广州聘书之后，鲁迅提笔写作了“旧事重提之十”的《范爱农》⑤，写出了革命中的冷与热，这一文本与其说是对辛亥时期范爱农的真实写照，毋宁说是鲁迅又一次辛亥即国民革命的心声吐露。到广州之后不久，投机到新民国阵营的“现代派”分子的到来，更是给鲁迅当头泼了一瓢冷水，让他立马动了离开中山大学的念头。1927 年 4 月 20 日鲁迅给友人信中说：“我在厦门时，很受几个‘现代’派的人排挤，我离开的原因，一半也在此”，“不料其中之一”，“已经钻到此地来做教授”，“所以我决计于二三日内辞去一切职务，离开中大”⑥。4 月 26 日他给孙伏园信中说：“我真想不到，在厦门那么反对民党，使兼士愤愤的顾颉刚，竟到这里来做教授了。”孙伏园把这封信公开刊登在 5 月 11 日武汉《中央日报》副刊，题为《鲁迅先生脱离广州中大》，自此，顾颉刚的“反民党”不再是私人书信中的叙说，而有了公开化呈现，这让已经成为“新民国阵营”的顾颉刚气愤难平，指责鲁迅用心险恶，欲在广东状告鲁迅表明自己拥戴新政府的心迹。有学者依循顾颉刚逻辑，尤其顾日记中此时拥护国民政府的材料，指责鲁迅企图用“反国民党”的指控迫害顾颉刚。姑且不论鲁迅是否授意孙伏园刊登此信，仅就鲁迅而言，他了解顾颉刚作为“研究系（现代派）”和“反民党”的底细⑦，顾此时振振有词地表态站在新民国政府一边，这才让鲁迅最难忍受。

顺便提及一点，业已展开“清党”的广州并不会把 5 月 11 日武汉《中央日报》

① 鲁迅、景宋：《〈两地书〉原信》，《两地书全编》，浙江文艺出版社 1998 年版，第 508 页。
② 鲁迅：《庆祝沪宁克复的那一边》，《鲁迅全集》第 8 卷，人民文学出版社 2005 年版，第 197—198 页。
③ 鲁迅、景宋：《〈两地书〉原信》，《两地书全编》，浙江文艺出版社 1998 年版，第 530 页。
④ 鲁迅、景宋：《〈两地书〉原信》，《两地书全编》，浙江文艺出版社 1998 年版，第 528 页。
⑤ 鲁迅 1926 年 11 月 15 日给许广平信中说收到中大聘书，月薪二百八，18 号写成《范爱农》。
⑥ 鲁迅：《270420 致李霁野》，《鲁迅全集》第 12 卷，人民文学出版社 2005 年版，第 29—30 页。
⑦ 鲁迅和顾颉刚的关系可参见邱焕星《鲁迅与顾颉刚关系重探》，《文学评论》2012 年第 3 期。

副刊的文章来作为“反革命”证据，恰恰相反，造谣说鲁迅已经跑到未清党的汉口[①]，发函告鲁迅不要离粤，真有“不要让鲁迅跑了”的不良用意。鲁迅后来给友人的私人信件中也一再说自己离开广州与“清党”无关：“不过事也太凑巧，当红鼻到粤之时，正清党发生之际，所以也许有人疑我之滚，和政治有关，实则我之‘鼻来我走’（与鼻不两立，大似梅毒菌，真是倒楣之至）之宣言，远在四月初上也。然而顾傅为攻击我起见，当有说我关于政治而走之宣传，闻香港《工商报》，即曾说我因‘亲共’而逃避云云，兄所闻之流言，或亦此类也欤。”[②]

很显然，鲁迅离开广州的主因是顾颉刚，并非“清党”，但是，诚如鲁迅来广州绝非“因为爱情”，而是对新民国的选择和认同，鲁迅的“顾来我走”，也绝非私人恩怨所能涵括，而是作为体认新民国一方的鲁迅，和代表旧民国一方的顾颉刚及现代派，“两个民国”阵营的革命与反革命之争。鲁迅“是把顾来和将引起的整个中大的形势变化联系一起看的”[③]，其实不只是中大，是把此和整个再造民国的国民革命形势变化联系在一起看的。当原来站在旧民国一方反国民党的人摇身一变为新民国的拥护者，而之前真正拥护新民国的一方却因反对这些投机者而成为民国的异见分子时，这种说不清道不明的悲怆就像《魏晋风度及文章与药及酒之关系》的礼教观。诚信礼教的确被投机者以毁坏礼教之名所责，所杀，把“礼教”换成“民国”和“革命”就很好理解，鲁迅的确“实有慨而言”，演讲中讲到这段，专门跳出魏晋以北方军阀挂青天白日旗来做“容易明白的比喻”。果不其然，之后越来越多的“现代评论派”在中大得势，在新民国中占据显赫位置[④]，而鲁迅这位曾经真诚致力于建造新民国的革命者，却开始不屑于谈论民国或又冷嘲热讽起来。

和鲁迅一样，郭沫若也是深受再造民国理念的吸引，真诚地向往新民国，拥戴新民国，并置身于新旧民国之别的革命斗争的。1926 年年初，创造社刊物《洪水》第 1 卷第 8 期特大刊头篇文章即郭沫若的《新国家的创造》，文中郭沫若满怀深情地呼唤国家主义的同伴，“我们是只有采取新国家主义的一条路”，“那你们当然尽可以前来实行新国家主义”，“真正的爱国者啊；我们大家觉悟起来，大家团集起来，大家来从事新国家的创造罢！”[⑤] 文章发表后不久，郭沫若收到南方民国政府的邀请，前往新民国的“国立”广东大学（后文简称“广大”）。作为深受国家主义政治和革命

---

① 1927 年 6 月 10、11 日《循环世界》刊有梁实秋署名徐丹甫的《北京文艺界之分门别户》，文中说鲁迅现在到了汉口。

② 鲁迅：《270530 致章廷谦》，《鲁迅全集》第 12 卷，人民文学出版社 2005 年版，第 34—35 页。

③ 张硕城、张良栋：《鲁迅脱离中山大学原因探辨》，《中山大学学报（哲学社会科学版）》1982 年第 3 期。

④ 有关现代评论派纷纷投靠新政府的论述参见孔祥宇的《现代评论派与 1920 年代的中国自由主义》中“现代评论派成员的结局”部分。孔祥宇：《现代评论派与 1920 年代的中国自由主义》，中国政法大学出版社 2012 年版，第 263—269 页。

⑤ 郭沫若：《新国家的创造》，《洪水》第 1 卷第 8 期，1926 年 1 月 1 日。

影响的孤军社成员郭沫若，其文艺转向和革命文学倡导背后的“国家主义”因素，学界已经有人开始探究①，国家主义的“醒狮派”和“孤军社”，郭沫若都曾积极介入。这篇《新国家的创造》是郭沫若与孤军和醒狮同仁渐行渐远的标志，但很显然，这与其说是马克思主义和国家主义的区别，毋宁说是新旧国家主义之别，更确切地说，是新旧民国不同的站位与选择。

和郭沫若结伴南下的郁达夫也有类似认知，《洪水》1926 年第 1 卷第 8 期的特大刊，郭沫若《新国家的创造》之后紧接着两篇重要文章，一篇是孤军社重要成员漆树芬的《为日本出兵东三省警告国人》，另一篇就是郁达夫的《牢骚五种》，文中除了对共产党人和南方接受卢布辩护之外，还有一个“牢骚”是针对国家主义，小标题就是“国家主义者，你们的国家在那里?”，和郭沫若一样，郁达夫理解和尊敬国家主义，“国家主义者诸君，我对你们的主义是十分的尊敬的。毫没有讪笑你们的意思，不过我想光是高谈主义，是没有用的”②。为一个新国家而实干，这无疑是郁达夫以及郭沫若等南下的主要动因。

## 三 南下作家与党化教育

再造民国的国民革命宣扬“以党造国”“以党建国”，广州国民政府也的确是“党国”机制运行的开始，这和孙中山所宣扬的三民主义显然有一定的冲突，各方学者结合后来国民党训政时期的一党专制，对此进行了有效的反思和批判。文学研究领域普遍认为：郁达夫、郭沫若、鲁迅后来否定广州政府和国民革命，源于他们对“党国”模式和政党专制的抵触，如以郁达夫的《广州事情》为例来说明作家对党化教育和党治的反对，从郭沫若的《请看今日之蒋介石》来证明他如何反对国民党的专制统治，以及前文提及的鲁迅因为“清党”离开中大、离开广州的阐释。实际上，这些叙述同样是反思“党国”模式的后视视角呈现，我们依然得回到当时的历史语境中来重新审视。

南下广州的作家群体中，郁达夫第一个离开，并写下引发各方关注的《广州事情》，不少人都简单地从中择取一些片段，认为追求个性自由和反抗专制的郁达夫，实在无法忍受广州的党化教育、中大的学生甄别等各种举措，且常常援引后来“反革命政变”来佐证郁达夫的预见性。然而，我们只要认真研读《广州事情》，细致分析郁达夫和郭沫若、成仿吾的论争，就不难发现，郁达夫对广州的不满同样是基于对新民国立场的不满，他明确说道：“党化教育，在今日的状态之下，是谁也赞成的。现在不是读死书，做学问的时候。然而这一个党化却不是正大光明的大多数的民众的

① 详细论述见李怡的《国家与革命——大文学视野下的郭沫若思想转变》，《学术月刊》2015 年第 2 期。

② 郁达夫：《牢骚五种》，《洪水》第 1 卷第 8 期，1926 年 1 月 1 日。

党化，仍旧是几个有势力的人在后台牵线作法的党化。”[①] 正如成仿吾写批评文章也承认：“由文字看来，曰归君对于为人民谋利益的政府是抱着热烈的希望的。但是他把话说左了。”[②] 由此可见，郁达夫并不反对广州国民政府及其党化色彩，且深以为然，他不满的是“党化”流于表面或成为某些人谋私用的工具。很显然，郁达夫是从更左的立场来写“广州事情”，认为做得不够，而郭沫若和成仿吾的辩护逻辑则是：广州和新民国虽不完美，但已经很革命了。郁达夫日记中的记录也可证实这一点：“接到了郭沫若的一封信是因为《洪水》上的一篇《广州事情》责备我倾向太坏的，我怕他要为右派所笼络了，将来我们两人，或要分道而驰的。”[③]

事实上，奔赴广州的郭沫若并非“右派”，和郁达夫一样，也是国家“党化”教育的认同者甚至是推动者。基于以党造国，广东大学“国立”之后，积极推行党化教育改革，而郭沫若无意中成为此项运动中的风云人物，并因此引发了“广大”的文科风潮。1927 年 3 月 26 日，《广州民国日报》有题为“广大学生欢迎郭沫若”的专访报道，记者迫切想打听郭沫若的“整顿文科之计划”，郭沫若的回答很谨慎，“关于文科今后之计划，则因本人初到广州，对于此间情形，不大熟悉，须俟与褚校长及杨寿昌学长详细商定，乃能确定云”[④]。后来郭沫若的文科革新方案出来后，仍然引发了一些教师的不满和抵制。关于郭沫若的文科“革新”方案本身，以及其他教师的抵制是否合理，我们今天或可重新讨论[⑤]，但值得我们关注的是“广大”特别党部及各级党部的表态：“此事关系青年运动及校务革新前途甚大，昨本党部已议决拥护褚校长、郭学长革务新文科计划在案，凡我同志务须参加本日大会，毋得放弃，是为至要。‘广大’特别党部启。至于外界之舆论，多认‘广大’学生之举动为新气象之表现，如中央青年部亦必扶助该校本党之青年，又闻教育行政委员会中某委员，亦谓此次革新运动甚佳……”[⑥]《广州民国日报》在 24 日和 26 日的“党务消息”版块登载的党部会议记录中，就有“校长之赞助党务”“教授郭沫若等之革命态度”[⑦]等相关内容，党部会议通过的决议中，有 3 条是声援郭沫若文科革新的，“（九）援助文科同学择师运动、（十）拥护为学生谋利益之褚校长及郭学长改革文科计划”、（十一）普遍择师运动于全校”[⑧]。由此可见，这次文科风潮，因为《广州民国日报》

---

① 曰归（郁达夫）：《广州事情》，《洪水》第 3 卷第 25 号，1927 年 1 月 16 日。

② 成仿吾：《读了“广州事情”》，《洪水》第 3 卷第 25 号，1927 年 1 月 16 日。

③ 郁达夫：《郁达夫日记》，北新书局 1947 年再版，第 91 页。

④ 《广大学生欢迎郭沫若》，《广州民国日报》1927 年 3 月 26 日。

⑤ 根据“国立”广东大学规程规定，学科革新方案等相关事宜应由校务会议决定，开除教师与否更应通过校务会议决定。从某种意义上来说，教授罢课背后确有教授治校机制的支撑，毕竟，不论是变革教学计划还是开除教师，都不能文科学长或校长说了算。相关规程可参见《国立广东大学规程》，《太平洋》1924 年第 4 卷第 8 号。

⑥ 《广大文科风潮之内幕》，《广州民国日报》1927 年 4 月 24 日。

⑦ 《广大党部党员大会详情》，《广州民国日报》1927 年 4 月 24 日。

⑧ 《广大党部党员大会详情（二）》，《广州民国日报》1927 年 4 月 26 日。

以及“广大”特别党部和其他各级党部积极介入，让一场原本是“教学”领域的改革，演变成国民党党务工作和党化教育的一部分。要知道，郭沫若来广大时正是“党化教育”讨论最热烈的时刻，一是广大要改名为中山大学，准备实施更加彻底的党化教育，一是岭南大学排除党员学生风潮，引发各方尤其是广大学生抗议和对党化教育的积极推动。例如1926年4月9日《广州民国日报》首次登载了“中山大学筹备委员会会议”的报道，决定“中山大学要达到党化地步，将来凡系党员入校肄业，一律免费，非党员则要缴纳学费”①，而广大特别党部声援郭沫若文科革新计划的党员大会结束时，高呼口号“实现党化中山大学”“拥护中央党部”“广大特别党部万岁”“国民革命成功万岁”② 等。

因此，我们必须跳出教学改革本身，从党化教育的氛围来考察郭沫若的文科学长活动和“广大”风潮。郭沫若等人初来广东就“吃了一次文科教授们的‘杯葛’”③，这对意图在南方大展宏图的创造社诸位来说，无疑当头一棒，成仿吾在《创造月刊》的“编辑余话”中特意提道：“这回真是有史以来的难产。广东大学文科的风潮，不时袭来的喉症，昏雨闷人的天时，彼去此来，扫尽了创作的兴致。”④ 风潮发生后，郭沫若的反应颇为沉静，毕竟初来乍到，一下子遭遇这么多教授抵制，且风潮还呈扩大趋势，校长褚民谊后来也有所妥协，意图缓和双发冲突。但“广大”特别党部的坚定支持，“中央”党部的强力介入，给郭沫若对抗罢课教师增添了信心。郭沫若的态度逐渐积极和强硬起来，他也因此赢得了青年学生和国民党各级党部的支持和肯定，“广大”特别党部的报告中认为只有文科学长郭沫若“很能增加党化宣传的声势”⑤，“中央”党部对他亦是特别肯定和支持⑥，郭沫若后来成为筹备中大委员会的一员，参加了委员会第四、五、六次会议⑦。此外，他还被聘为广大党部的政治研究班教授，“广大”党部利用暑假，“敦请党中名流教授，以训练同志造就干才，将来为党效力，用意良善，闻该简章发出后，各同志报名非常踊跃，一日间数达百人”⑧。根据《广州民国日报》提供的名单，郭沫若不仅被选中，而且排名很靠前，仅次于吴稚晖、顾孟余、陈启修三位重量级学人，排在他后面有陈公博、张太雷、甘乃光、何香凝、邵力子等党内名流。由此不难看出，来“广大”短短几个月，因为文科风潮的表现，郭沫若在国民党内政治地位的迅速攀升。可以说，原本始于教学文化领域

① 《中山大学筹备委员会会议》，《广州民国日报》1926年4月9日。

② 《广大党部党员大会详情（二）》，《广州民国日报》1927年4月26日。

③ 郭沫若：《创造十年续编》，北新书局1946年版，第204页。

④ 成仿吾：《编辑余话》，《创造月刊》第1卷第4期，1926年6月1日。

⑤ 蔡震：《在与国共两党的关系中看郭沫若的1926—1927——兼论与此相关的史料之解读及补充》，《郭沫若学刊》2007年第1期。

⑥ 见《广大文科风潮之面面观》，《广州民国日报》1926年4月28日。

⑦ 见《广州民国日报》1926年4月29日、5月12日、5月19日的报道。

⑧ 《广大党部设立政治研究班》，《广州民国日报》1926年6月9日。

革新的郭沫若和创造社同仁，有意无意应和并助推了“广大”的急遽党化教育，文科风潮中郭沫若和各级党部的相互配合，相互激进，奠定了他参加北伐的政治资本，这就不难理解后来郭沫若在恢复“党权”运动的急先锋行为。

探究作家们对广州“党化教育”和“党化宣传”的参与，并非据此来“翻转”郭沫若、郁达夫、鲁迅的“革命”形象，把他们都描绘成依附“党权”的妥协者。恰恰相反，我们首先得把“党权”“党化”活动放回到历史语境，从《广州民国日报》及其副刊来审视党化、党权、党国等诸多概念，这些概念在当时都是“左倾”“革命”“激进”的代名词，“党国”中的焦点是“国”而并非“党”，我们考察党化教育与宣传也应该落脚到“国”上，因为“党国”是一种基于“国家”的更为激进和更为革命的立场。然而，颇为吊诡的是，此时更为“左倾”更为激进的郁达夫和鲁迅，在后来的“革命文学”论争中却被指责为落伍者，也正因为此，我们对鲁迅和郁达夫广州时期的思想和言行才有了诸多误解和遮蔽。

## 结　语

从国共合作的国民党一大提出“再造民国”，到 1925 年 7 月成立代表新民国的广州国民政府，再到之后讨伐旧民国的北伐军事行动的展开，最终新民国彻底取代旧民国，这是中国现代史上的一次巨变，其意义和重要性不亚于之前辛亥革命和中华民国的创建。虽然鲁迅、郁达夫、郭沫若等作家的广州时期太过短暂，但他们见证和参与了这一再造民国的伟大革命。探究鲁迅等人和新民国政府以及和“以党造国”的国民党的关系，不仅可以洞悉他们此时更细致丰富的心路历程，亦可理解后来他们加入“左联”的内在逻辑，这同时也启发我们，关注无产阶级革命文学的谱系时，“国家”亦是不可忽视的重要因素。

如果说，北大和《新青年》“一校一刊”的完美结合，主导了新文化“运动”起来，那么，广大（中大）和《广州民国日报》“一校一报”的结合，则让“革命文化”发展壮大起来。更为重要的是，北大和《新青年》“一校一刊”结合是基于北洋政府的国家文化历史形态，而广大（中大）和《广州民国日报》“一校一报”背后的支撑则是新造的中华民国。郭沫若、郁达夫、成仿吾、鲁迅等作家们南下广州，执教于广大（中大），后来又离开，这显然不能用“走进学院”或“走出学院”来简单概括，高度政治化（党化）的“国立”广东大学（中山大学）和之前高校相比，有很大的差异，南下作家们在广大的活动，恰恰是他们积极投入社会活动和政治革命的标志。

1924—1928 年“两个民国”道与势的变迁，所引发的知识分子群体震荡，也不亚于后来的 1949 年。有关后者，学界很是关注，而前者则被完全忽略。知识分子如何在两个民国之间做出选择，如何接受（应对）新中华民国和新的国民政府，这实在是一个特别重大却尚未展开的命题，笔者在此也是抛出命题，希望能够引起学界的关注和讨论。“两个民国”的革命与反革命之争，以及知识界对待新民国的态度变迁，这些或许比主义之辨和阶级论争更应该成为此时和之后知识分子阵营又一次分化的基点。“再造民国”之国民革命的经验和教训亦可成为我们理解之后国共走势变迁的一把钥匙，而知识分子和作家群体在40年代又一次或主动或被动地介入建造“新中国”的“革命”，也彰显出国家与革命之于现代文学文化格局变迁的重要性。

（原载《文学评论》2019年第4期）

# 创造社、波西米亚与“普罗文学”

刘东玲

罗伯特·米歇尔斯提出波西米亚的社会学一说，他相信：“对于青年人来说，波西米亚过去常常是以贫困、自由、对资产阶级的仇恨为特征的一个场所……使波西米亚赖以生存的不是城市的规模和财富，而是这个城市的氛围和特质。繁忙的街道、经济实惠的小餐馆、合理的房租以及优雅的环境，这些不牢靠的城市居住条件滋养了波西米亚群落。”[①] 奥地利作家艾尔弗雷德·波尔格认为那是放浪形骸的文化人喜欢去的地方，他称之为“避难所”，收容那些不能适应生活的人[②]。德国学者阿尔伯特·所罗门则把波西米亚咖啡屋称为“无家可归的思想家诗人和科学家的沙龙，低收入的作家的客厅”。[③]

沃尔特·本雅明考察19世纪中后期巴黎城市街道、拱廊街与新一代知识分子类型之间的关系，归纳出他们城市生活的共同特点：他们到处游荡，下午便安顿于咖啡屋为报纸和杂志写作，咖啡屋文化造就了格言警句和散文。社会学家刘易斯·科塞指出：“波西米亚现象是一种经过抉择而采取的生活方式，换言之，波西米亚现象试图创造一种反象征和独具特色的叛逆文化。”[④] 他考察了1910年格林威治村的波西米亚现象：格林威治村为反叛的青年男女提供了一个逃避中产阶级市侩作风的庇护所，在这里允许在服饰、性道德以及一般生活方式上做广泛的实验。它创造了自己特有的价值体系。这种价值延伸到文学、性、政治和艺术方面的实验观念，为该村在其他方面相宜的团体和个人提供了共同的标准。这种现象成为一时的风气，这种风气本质上是破旧立新的，使得许多人在短期内先后成为政治上的无政府主义者或社会主义者，以及文学上的现实主义者、意象主义者或旋涡派画家。这种从对肉体的崇拜转向对无产阶级的崇拜，从艺术至上转向工联主义的价值选择，似乎并不自相矛盾。这种价值转

---

① ［美］拉塞尔·雅各比：《最后的知识分子》，洪洁译，江苏人民出版社2002年版，第三章“波西米亚精神的衰微”。

② ［美］拉塞尔·雅各比：《最后的知识分子》，洪洁译，江苏人民出版社2002年版，第三章“波西米亚精神的衰微”。

③ ［美］拉塞尔·雅各比：《最后的知识分子》，洪洁译，江苏人民出版社2002年版，第三章“波西米亚精神的衰微”。

④ ［美］刘易斯·科塞：《理念人：一项社会学的考察》，郭方等译，中央编译出版社2001年版，第122页。

变迅速甚至多变的现象也是波西米亚的特点之一。

维护现存秩序的人近几个世纪以来一直在把批评家和反叛分子称为“咖啡馆的知识分子”①。阿尔伯特·萨洛蒙指出：“咖啡屋成为一个城市知识分子聚合的地方。咖啡馆的知识分子是波西米亚人，……这一独特标签是指那些不屈从于公认的社会和职业准则的文人。它是一个独特的场所，在这里，话语即真理，在这里人们屁股不离座位就可以实现各种宏伟计划和蓝图，乌托邦梦想以及无政府主义的密谋。（革命也酝酿于咖啡馆中。）”②

综上所述，可见知识分子的波西米亚现象，需要具备几个基本因素：(1) 非主流的现代知识分子，他们不在体制内谋取职业；(2) 在生活便利的大都市谋求生存；(3) 普遍表现出反叛的姿态，反传统、反世俗，无论在生活方式还是艺术观念上都表现出反叛与求新的激烈姿态。创造社先锋20年代初在上海的生存状态非常典型地体现了波西米亚的生存状态：日本留学期间接受的西方文化与现代文明的深刻影响，反传统、倡导个性主义的姿态，以及创造社后进对创造社浪漫反叛精神的传承与延续。作为不可忽视的地域经济因素，殖民经济和政治影响的现代都市上海，其经济发展和现代都市的生活方式，完善的市政体系和现代经济及都市格局，尤其是现代的文化出版业为现代文人的生存提供了极大的便利条件。创造社等浪漫派知识分子，从追求个性解放到宣传无产阶级革命文学，这种以职业写作为生的知识分子群落式生活，其波西米亚的色彩是极具代表性的。

波西米亚为现代青年知识分子提供了叛逆文化的生存场域，对于20年代初的中国现代边缘知识分子而言，他们是新文化运动唤醒的一代青年，思想启蒙与个性解放在很大程度上影响了他们的思维和生存方式，众多文学团体的涌现即是这种影响的直接展示；职业写作某种程度上为边缘知识分子提供了既应对现实生存又保持理想主义追求的双重可能。知识分子对艺术与自由、理想主义的追求都标示出他们与世俗世界的距离。深受西方文化影响并生活西化的创造社群落在20年代的上海，其艺术先锋的意气与放浪文人的个性气质，以及由艺术的浪漫主义趋向激进的革命意识形态的发展，都折射出波西米亚式的生存方式对其自艺术反叛向政治先锋反叛转向所形成的深层关联与影响。

## 文学群落的生活方式——创造社与波西米亚

创造社的文学群落状态可分为三个时期：东京时期的前创造社文学群落（类同

① ［美］拉塞尔·雅各比：《最后的知识分子》，洪洁译，江苏人民出版社2002年版，第24—25页。

② ［美］阿尔伯特·萨洛蒙：《弥赛亚式的波希米亚人》，选自［法］费迪南·布伦蒂埃等《批判知识分子的批判》，王增进译，中国社会科学出版社2007年版，第35页。

于留学生文艺兴趣小组），归国后从事创造社文学事务的文学群落时期，创造社成员后期在上海从事创作与文学运动时期。创造社东京分部成员围绕创造社形成的文学群落，尤其是后期新锐们，某种程度上是类似于初期创造社的文艺群落性质。

创造社成员的构成，根据他们在创造社的影响力及加入创造社的时段可分为三类，第一层是核心人物，郭沫若、郁达夫、成仿吾、田汉等是创造社创建时的核心人物，此外身处欧洲的王独清也是创造社早期成员，通过作品与创造社同人交流。第二层是核心成员回国后发展出的围绕创造社刊物的青年知识分子，如周全平、潘汉年、叶灵凤等“小伙计”。在核心成员热衷于介入“国民革命”期间，他们主要负责编务等工作。第三层则为创造社的东京分部成员，从创造社初期到后期酝酿“方向转换”，在文学理念抑或意识形态转向等重要立场上，东京分部都发挥了重要的作用。这些成员包括冯乃超、穆木天、彭康、朱镜我、李初梨等。他们实则也围绕在创造社及其刊物周围，形成了创造社在东京的外围群落。后期冯乃超、朱镜我等东京成员携无产阶级文学与核心成员（成仿吾、郭沫若）发起“普罗文学”运动。显然，创造社构成了一个颇具吸引力的文学群落，其成员借助于这个文学群落建构和发挥着他们文学先锋的作用，而这个文学群落也为其成员提供了一个乌托邦的文学理想追求之地。从追求“浪漫派”到方向转换期后开展“普罗文学”运动，这个文学群落均保持着“同气相求”的群落立场。

## 一　浪漫派文学先锋

新文化运动在新青年群体发酵的 1918 年，创造社同仁尚在日本留学，但作为现代学堂教育培育的现代知识分子，民主与救国构成了他们现代思想的重要内容。他们深受国内形势的感染，订阅《时事新报》，与国内的和新文化运动与五四运动在信息上有了双向交流。1918 年郭沫若与张资平两人筹划创办一份纯粹的文学杂志，1920 年，他们在东京不忍池畔“池之端”郁达夫当时寄宿的二楼宿舍开会，邀约成仿吾、田汉、张资平，商议、计划组织一个新文学团体，创办一份新文学刊物，1921 年 7 月创造社在东京成立。

郭沫若、郁达夫、田汉等留学日本之时，正是日本进入资本主义持续发展、个人欲望持续升温的大正时代，他们吸收了古典和现代的世界文学潮流的滋养，但其中浪漫主义和现代主义影响更深。这种影响对创造社早期的文学观念产生了直接的影响。日本学者伊藤虎丸在《创造社与日本文学》一文中，详细论述了作为明治时代的“政治青年”与作为大正时代的“文学青年”对中国留学生的精神影响，他指出：“创造社所理解的近代，如郁达夫所描写的‘现代人的苦闷’和厨川白村共有的那种

‘忧郁症’‘病态的青年心理’，自始至终是感伤的自我感情。”[①] 李怡格外提出创造社在异域生活中自身“遭遇”的特殊意义，认为：“我们不仅要关注日本社会文化品质在中国学人那里的最后‘体现’，更要细致地考察他们个人的精神世界对于这些社会文化环境所产生的‘反应’和‘调整’”。[②] 创造社为这种时代的“忧郁症”赋予了来自落后国族“弱国子民”的焦虑与个体的漂泊意识与忧郁感伤。这些“文学青年”深受浪漫主义与颓废主义的影响。作为核心人物的郭沫若更是成绩突出，1919年上半年和1920年上半年是郭沫若的“诗的创作爆发期”，这些诗歌个性张扬，一时成为浪漫先锋的代表；这些“爆发期”的诗作集成诗集《女神》在1921年8月由上海泰东书局出版。郁达夫的小说则以感伤主义、颓废主义表现了时代的“忧郁症”。两人极具代表性的创作，成为创造社浪漫派美学的标志。

1921年和1922年的两个暑假郭沫若回到上海从事刊物事务，创造社事务由此展开，这个文学团体开始在20年代的“新文坛”上寻求和发展其“文学空间”。为了刊物事宜，1921年春，郭沫若与成仿吾到上海泰东书局，但泰东只留下郭沫若创办刊物，成仿吾于是去长沙另觅他职，郭沫若则以出版丛书为条件，获得了在泰东出版刊物的允许。创造社核心成员大部分有日本留学经历，西化的日本影响和他们身上浓厚的西方文化的痕迹，加之上海作为通商口岸的都市性，现代的文化出版业为初期的创造社成员提供了暂时的栖居之地。为获取文化界的“象征资本”，创造社需要独自辟出一条道路，才可能获取在文艺界的生存空间。从这个层面来说，“创造气”，或创造社提出的文学的“自我表现”说，无疑就是他们的艺术标签。创造性知识分子通常并不靠波西米亚来实现与他人“共同面对世界”，“共同面对世界是一种政治策略，而独自面对世界似乎是典型的创造性姿态。”[③] 创造社依靠同人之间的“同气相求”实现他们共同面对世界的状态。

早期创造社颇以“文学先锋”自居，这个群体携其恃才傲物的张扬个性，加之回国经历的各种不适与失望，叛逆与张扬俱显，从其建立之初始，表现出对“新文坛”的不满与批评，不断掀起与“新文坛”的骂战：1922年8月，郁达夫在创造季刊第一卷第二期发表《夕阳楼日记》批评余家菊《人生的意义与价值》中的翻译错误。郁达夫在《艺文私见》中认为“文艺是天才的创造物”，抨击当今文坛被压制天才的“假批评家”把持，直接引发了与文研会的论争。郁达夫认为：“凡是一种新运动起来之后，必有一种反对运动起来的现象……这一种艺术家的热心的攻击出来之后，不消说同时又有一班有名利熏心的艺术家出来作反对运动，于是艺术史也同社会

① ［日］伊藤虎丸：《鲁迅、创造社与日本文学》，孙猛、徐江、李冬木译，北京大学出版社1995年版，第204—205页。

② 李怡：《个人欲望：创造社作家日本体验的基点》，《社会科学研究》2008年第2期。

③ ［美］理查德·霍夫斯塔特：《知识分子：疏离与顺从》，选自［法］费迪南·布伦蒂埃等《批判知识分子的批判》，王增进译，中国社会科学出版社2007年版，第183页。

运动史一样，就分出许多阶级来，互相斗争。”① 之后更有批评新文坛的尖锐话语：“新文化运动发生后，我国新文艺为一二偶像所垄断，以致艺术之新兴气运，澌灭将尽。创造社同人奋然兴起打破社会因袭，主张艺术独立，愿与天下之无名作家共兴起而造成中国未来之国民文学。”② 为创造社“骂战”风格赋予反抗性的意义。创造社标举“艺术独立”和“个性主义”的口号，几乎成为他们的文学标签，郁达夫在《艺术与国家》中又说：“我觉得作者的生活，应该和作者的艺术紧抱在一块，作品里的 Individuality（个性）是决不能丧失的。”并一再重复“文学作品，都是作家的自叙传”。③ 对主流新文坛的批判正是创造社不满于新文坛意欲获取象征资本的努力。

对于五四文人来说，文学并非纯粹以艺术为终点，他们的使命感促使他们把自己看为社会改革者和国家良心的发言人。这完全符合了五四期间主导的民族主义思想。创造社知识分子的波西米亚精神，是从保守的传统礼教束缚中走出，受西方个性主义精神的激发与影响形成的。他们反抗传统，追求个性，追求以文艺表达自我，对个体的自由与国家的自主的双重诉求，形成了创造社知识分子独特的“艺术的反叛”。1926 年前创造社群体这种散漫的波西米亚式的文学群落生活，为创造社同人提供了一个文学的乌托邦，生存与文学理想能够得到某种程度的满足与实现。这个群体借助于彼此的协作实现了他们对文学的共同追求，奠定了他们在文坛的影响力。他们编辑刊物，写作，表达他们共同的文学观念和批判立场，作为 20 年代新文坛非常具有浪漫主义个性气质的文学团体，为各个成员提供了寻求自我意识展示的场域。这种文学群落的生活，以及创造社浪漫主义的文学观念，对 20 年代初期新文学发挥了文学先锋的影响力，它几乎成为 20 年代新文坛浪漫主义及个性解放的引领者。

## 二　边缘知识分子生存

创造社这种激烈的意气不仅仅源于获取“文学空间”的个性立场，也与创造社同人边缘的生活境遇有关。由于创造社成员大多在五四新文化运动后归国，他们相应地错过了最佳的进入现代教育机构的机会，相比较于新的“学院派”知识分子稳定的职业状态，以及“文研会”作家已经形成的稳定的文学生产场域，创造社及其文学刊物还时刻面临受制于文化市场生产的“奋斗”状态。加之这一代知识分子已丧失了传统文人“学而优则仕”的选择期待，客观上成为游荡于文化市场的浪游人，他们普遍感到一种与现实社会矛盾的边缘感与疏离感。郁达夫回国后的生活颇多窘迫和失望。1921 年 9 月郁达夫到安庆（安徽省立工业学校）教书，安庆的偏僻闭塞与家庭的烦恼令郁达夫消沉悲哀，这种窘境下妻子生下了孩子龙儿。1923 年郁达夫从

① 郁达夫：《文学上的阶级斗争》，《创造周报》1923 年 5 月第 3 号。

② 郁达夫：《〈创造〉出版预告》，《时事新报》1924 年 9 月 29—30 日。

③ 郁达夫：《五六年来创造生活的回顾》，《郁达夫自叙》，团结出版社 1996 年版，第 70 页。

安庆移居上海，9 月，他接到北京大学的邀请，接替统计学教授一职，北上的途中，权衡考虑未来的前途，他在信中写道："究竟是北上做流氓去呢？还是到故乡家里做隐士？"[①] 最终他选择了北上。成仿吾回国后因无法留居上海，遂只好先到长沙兵工厂任该厂技正，《创造季刊》问世后，1922 年 10 月成仿吾回到上海，接编季刊。当时成仿吾的生活是紧张而又清苦的。郭沫若说："仿吾住在泰东编辑所里，也和我向来是一样，他没有正式受过聘书，也没有领过一次薪水。他人又厚道……自从去年一月到了泰东，住了半年，除吃饭而外，也没有用过泰东一个钱、弄到连坐电车的钱都没有。"[②] 成仿吾还有很重的家累，1924 年 11 月其在广州任国民革命军需处长的大哥成劭吾因心脏麻痹症猝死，留下五个子女，加之生存能力弱的二哥家的五个子女，都需要成仿吾从经济上扶持。田汉，其舅父死后，田汉和易漱瑜失去了经济援助，生活艰难，好友左舜生帮他在上海中华书局谋到一个编辑的职务。1923 年秋他与妻子回到上海，一面帮着编辑中华书局出版的《少年中国》杂志，一面为《创造季刊》《创造周报》写稿。后来田汉开始独立经营南国社，并自费出版《南国半月刊》，因经济困难，出了四期后停办。不久田汉的妻子在长沙病逝，田汉便滞留在长沙，在母校长沙第一师范任教。"五卅"事件后返回上海，1926 年秋与唐羽槐等创办南国电影剧社，致力于戏剧活动。周全平，创造社的小伙计，苏州农业学校毕业，先是在农场工作，后失业，向《创造》投稿后结识郭沫若、成仿吾等，成为创造社的一员，1924 年创造社中止后，他又再度失业，后期创造社重建他负责编辑《洪水》。王独清 1926 年回到了上海，很快投入了创造社后期的工作。王独清虽是没落阶级的小少爷，但也经历了长期的流浪生涯。潘汉年，创造社后起之秀，左翼文艺运动的铺路人。潘汉年 1906 年出生于破落的世代书香之家，1922 年在宜兴励进社小学任教，开始接触上海、北京的报纸和刊物，培养了对文艺的极大兴趣，参加学校读书会，为读书会刊物《宜兴评论》撰稿，不久在《民国日报》、《时事新报》副刊发表文章，文章多为对教育或时政的批评文章。1925 年潘汉年到上海，先在中华国语学校学习，经历了退学、失业等，后进入中华书局《小朋友》杂志任校对和助理编辑。1926 年 3 月，创造社出版部成立，潘汉年加入创造社，担任《洪水》的编辑。这些创造社成员在现实生活中几乎都经历过生存的窘迫、失业等职业文人的共同境遇。这些窘迫的生存经历使创造社同人对现实社会有了直接的体验，对底层社会的同情，对现实的失望情绪，都容易使他们滋生强烈的反叛情绪。

在成为创造社成员前后，他们几乎都经历和体验着相似的波西米亚式的流浪生活，他们都从事着并不稳定的职业，将兴趣更多地投注于文学写作。文学写作既是生存的途径之一，同时也是他们个人的兴趣所在。对初期的创造社同人来说，回到国

---

① 郁达夫：《海上通讯》，《过去集》，《郁达夫自叙》，团结出版社 1996 年版，第 152 页。

② 郭沫若：《创造十年》，《郭沫若全集》文学编（第 12 卷），人民文学出版社 1992 年版，第 184 页。

内，首先是理想与现实的巨大落差带给他们的失落感，无论是生存还是办刊物都是比较艰难的。郭沫若离开上海前后这段时间，生活的穷途、内心的苦闷，进一步开拓了他小说创作的领域。他的《漂流三部曲》《行路难》以及稍后写的《亭子间》《湖心亭》等，着重表现了一个流浪文人精神的挣扎和生活的困窘。1926 年 6 月，郁达夫的《寒灰集》由创造社出版部出版，《寒灰集》是其归国后生活体验和情绪积累的投射。郑伯奇对《寒灰集》有高度评价："虽然含有各种体裁的萌芽，而他的基调，乃是作者自己生活的叙述。这是一部主观的记录，一个转型期生存者的生活记录。诗人，小说家，学士，文人，一塌括子，所谓小资产阶级知识阶级，现在正走在恐怖不安的途上了。……我们的时代，是苦闷的时代，是激动的时代，是抗争的时代，是呐喊的时代；在这样的时代，我们要排斥绝对主观，要求纯粹客观，这是做不到的事情。"①

郭沫若、郁达夫等创造社作家早期作品表现出浓郁的感伤主义的"自我抒情"色彩，但他们表达的失望与苦闷，多是"才子"的高期待值幻灭的失望，而非现实的绝对窘境，同时他们放浪形骸的生活方式，均表现出波西米亚式的艺术家放浪不羁的个性气质，郭沫若与郁达夫的日记中记述着大量进出于小酒馆、咖啡厅等的记录。这种落拓不羁的个性气质即是创造社受现代主义文化影响的痕迹，同时也是传统遗绪。李欧梵在分析现代作家浪漫一派的精神气质时，发掘出现代文人身上遗留的传统"名士"痕迹，并指出这种名士的做派主要表现为"其生活与酒及女人的密切关系。现代文人其实跟传统文人一样，他不单单是文学的爱好者。无论在古代还是现代，文人通常等同于'名士'，就是一个其生活与酒和女人绑在一起的人"。② 由此他提出现代作家的浪漫主义的本质，即是一种浪漫性情的进化。创造社后期的激进转向也可以说是其浪漫气质的发展与延伸。如希尔斯所说："浪漫主义传统非常接近于对现存秩序的革命性批判，以及游离于社会边缘的波西米亚风格。在现代知识生活中，它也是最强大的反权威，乃至反文明社会的力量之一。由众多知识分子领导并鼓吹的革命传统从科学主义和浪漫主义中汲取了不少养分，但从根本上说，它基于一个更古老的传统，即所谓的启示录传统和千禧年传统。"③ 由于普遍受到五四新文化个人主义、无政府主义、民粹主义等思潮的影响，创造社等浪漫主义作家的浪漫主义中也呈现出社会思潮影响的多元化色彩。

这种边缘知识分子的状态一方面是由他们的生存状态所决定的，他们大多不能进入相对稳定的体制生活，或成为学院派，如蔡元培、胡适、周作人、鲁迅等"新文化"先导。流动不居的生活状态更加加剧了他们对社会的不满与失望。另一方面，

① 郁达夫：《郁达夫日记九种》，四川人民出版社 1996 年版，第 243 页。

② 李欧梵：《中国现代作家的浪漫一代》，王宏志等译，新星出版社 2010 年版，第 38 页。

③ ［美］爱德华·A. 希尔斯：《知识分子的传统》，选自［法］费迪南·布伦蒂埃等《批判知识分子的批判》，王增进译，中国社会科学出版社 2007 年版，第 50 页。

创造社知识分子普遍受浪漫主义与颓废主义的精神影响，这种精神倾向在某种程度上放大了他们对生存感受的不适感，“生的苦闷”不仅是物质的，更是精神的。从更深的层面而言，现代知识分子已丧失了传统知识分子“志”与“业”的统一性（“学而优则仕”与“达则兼济天下，穷则独善其身”）。现代知识分子必须寻找新的安身立命的方式。对于这种知识分子文学群落现象，正如瞿秋白所指：“五四到五卅之间的中国城市里迅速地集聚着各种‘薄海民’（Bohemian）——小资产阶级的流浪人的知识青年。这种知识阶层……是中国封建宗法社会崩溃的结果，同样是帝国主义以及军阀官僚的牺牲品，同样是中国畸形的资本主义关系的发展过程所‘挤出轨道’的孤儿。”①

## 疏离及其影响——创造社及其“方向转换”

边缘知识分子的生存与主流社会是疏离的，这种疏离对知识分子的精神立场与艺术追求均有着突出的影响。威廉·科恩豪泽指出：“疏离这一概念，对解释政治朝圣，对解释有关知识分子社会角色的各种看法，都是至关重要的。”② 他进一步解释：“那些为符号且靠符号而生存的人——知识分子——最难以承受符号世界的真空状态。知识分子的人格特质包括：偏好一定形式的抽象思维，理想主义，关注社会正义，反抗权威，揭露时弊或勇于批判的性情，渴望创造性的自我实现，一定程度的完美主义，个人对非物质目标的强烈渴望或期望。”“当社会批判和政治不满发展到对社会一概拒不接受的时候，我们可以称之为异化和疏离。”③

创造社同人几乎都体验并经历着边缘知识分子的生存状态，也几乎都在自己的写作中表达着边缘与疏离的情绪与思考。在创造社“方向转换”之前，郭沫若已进入思想转向的轨道。1924 年郭沫若翻译了日本马克思主义者河上肇的《社会组织与社会革命》后，被其马克思主义思想所吸引。郭沫若在写给成仿吾的信中表达了知识分子欲介入社会运动的思考，及对知识分子耽于个人生活局限的苦恼：“我们都奢好文学，但我们又都轻视文学。我们都想亲近民众，但我们又都有些贵族的精神；我们倦怠，我们怀疑，我们都缺少执行的勇气，我们都是中国的‘罕牟雷特’（Hamlet）。”④ 随后“五卅”运动的爆发事件极大地震动了郭沫若，群众运动的热潮对正处于精神无力感和道路彷徨感的知识分子颇具启示性，郭沫若的政治思想日渐“赤

① 瞿秋白：《鲁迅杂感选集序言》，《鲁迅杂感选集》，上海文艺出版社 1981 年版。

② ［美］保罗·霍兰德：《疏离与社会批判的根源》，选自［法］费迪南·布伦蒂埃等《批判知识分子的批判》，王增进译，中国社会科学出版社 2007 年版，第 54 页。

③ ［美］保罗·霍兰德：《疏离与社会批判的根源》，选自［法］费迪南·布伦蒂埃等《批判知识分子的批判》，王增进译，中国社会科学出版社 2007 年版，第 56—58 页。

④ 郭沫若：《孤鸿》，《创造月刊》第 2 期，1927 年 8 月。

化”，他对文艺的观念也发生了微妙的变化，他对过去张扬个性的新文艺表示质疑：“我从前是尊重个性，景仰自由的人，但在最近一两年之内与水平线以下的悲催社会略略有所接触，觉得在大多数人完全不自主地失掉了自由，失掉了个性的时代。有少数人主张个性，主张自由，总不免有几分僭妄。”① 现实的群众运动，其中蕴含的民粹主义以及粗疏的马克思主义影响使郭沫若率先进入了“方向转换”的前沿。

1926年创造社正在酝酿方向转换，郭沫若受聘于广东大学，郭沫若、郁达夫与王独清一起到大革命策源地广州。在广东大学，郭、郁、成、王一起出席文科学生召开的盛大欢迎会，四人的合影刊在《创造月刊》第四期上。郭随军北伐后，王独清代任广东大学文科学长的职务，1927年上海工人武装起义遭帝国主义镇压失败后，王独清、成仿吾、鲁迅共同署名发表了《中国文学家对于英国智识阶级与一般群众宣言》。创造社核心成员这一时期几乎都迅速积极介入社会运动，其文学理念也呈现出激进的政治批判色彩。

创造社核心人员介入“国民革命”后，创造社文学先锋的气质并未消失，创造社的编辑和出版事务则主要由小伙计负责：由创造社后期的小伙计潘汉年与周全平等主要负责编辑事务，其文学表现出对激进政治的强烈关注。后期创造社创办《洪水》《A11》《幻洲》等，由于后期刊物刊载政论和杂文，内容激进，招致刊物被禁，1926年8月创造社出版部被封，《洪水》被没收，叶灵凤等四人被捕，在中国济难会（中共外围组织）和郑振铎等人的帮助下，叶灵凤等人获释，出版部解禁。10月《幻洲》半月刊创刊，《幻洲》分为前部“象牙之塔”（前部由叶灵凤主编）与下部“十字街头”（11月《幻洲》复刊，潘汉年负责下部）。潘汉年的《新流氓主义》在《幻洲》一卷一期至一卷四期连载，颇能反映此时潘汉年的思想变化。在这篇长文中，他热烈呼吁被压迫、被欺侮的青年“信仰新流氓主义”，鼓吹新流氓主义即是“自己认为不满意的就奋力反抗。”甚至提出“天下兴亡，流氓有责”；肯定“骂是争斗的开始”。潘汉年这种极具个人意气的社会批判观颇有“创造声气”，创造社激进甚至偏激的观点可见一斑。这一时期，小伙计的编辑生活状态某种程度上接续了核心成员早期的文学群落生活，但与早期文学群落生活不同的是，整个群落的文学观念趋向激进的意识形态观。

“普罗文学”运动是在大革命陷入低潮，由于“左倾”革命知识分子介入革命被政治事变阻滞而达到高潮的，核心的革命知识分子将全部热情投入革命文学宣传，后期创造社与太阳社共同致力于文学宣传，成就了革命文学宣传的热潮。无论就革命的经验资本还是无产阶级文学理念的象征资本，这些知识分子明显居于时代的潮头，政治资本与象征资本赋予了他们表达的权威意识。与国民革命同时兴起的“左倾”社会思潮，以及1920年代中期逐渐趋热的城市工人运动等群众运动的氛围，大革命的

① 郭沫若：《〈文艺论集〉序》，《洪水》第1卷第7号，1926年1月1日再版。

经验，形成整个社会政治“左倾”的氛围，对于处于“梦醒了无处可走”被新文学启蒙思潮唤醒的“新青年”产生了极大的吸引力；蓬勃的工人运动使激进知识分子看到了革命的力量，尤其是1925年“五卅运动”对激进知识分子的行动指向具有某种启示性。但整个社会“左倾”氛围由于1926年4月蒋介石发动的中山舰事件发生变化，国民党左派和右派的分裂，群众性的“左倾”革命运动转向低潮，介入国民革命的“左倾”知识分子转而致力于进一步开展“左倾”的“普罗文学”运动。后期创造社的核心人物郭沫若、成仿吾等，以及太阳社的蒋光慈（曾经在莫斯科劳动大学留学并接受马克思主义的左翼知识分子）成为“左倾”文学思潮“普罗文学”的倡导者。

王独清在回顾自己这段思想经历时写道：“我在广东时的‘左倾’完全是直觉的作用，同时是团体推动的结果，及至清党事件发生才把我的意识渐渐地唤醒了起来，可是那个只根据于一时感情而来的意识是很靠不住的，我曾因此陷入了非常苦闷的状态，并且更增加了我作品上的伤感。”① 他开始反思个人主义的艺术：“摆伦式的革命诗人还不外以个人为中心，还不外是一种英雄式的破坏者……现代决不是个人的时代，个人的时代早已成为过去。”提出“我们所要求的是民众的文艺家，是置身于‘蒲虏莱大利亚’（普罗列塔利亚）中的文艺家。……纯艺术在现代已经成为过去，……我们要作新时代的文学家，第一须把自己旧时的思想和生活根本铲掉而能把生活与文学合而为一。我以为新的文学家应该是‘离开案头便到街头，离开街头便到案头’”。② 强调文学家应介入社会行动，这种激进知识分子在群众运动与“左倾”政治氛围浓郁的大革命时代的感受和思考非常具有代表性和普遍性，这之中，波西米亚群落的反抗文化与“左倾”政治的民粹倾向杂糅在一起，呈现出复杂的样态。

对于知识分子与疏离的关系与影响，马库斯·坎利夫提出了两个术语，用以指陈两类取得重大知识成就的人：“一个是文人，指那些与社会主流假定关系密切，在某种程度上充当其代言人的作家；另一个是先锋派，指那些与上述假定极度疏离的人。”③ “学院为作家和艺术家提供部分或暂时的支持，还是很有助益的，如果没有这样的支持，结果往往是造成一个失意的文化上的流氓无产阶级。”④ 创造社作家几乎都没有稳定的学院派生存状态，他们与“新文化”主流保持着微妙的距离，且与已进入主流的“新文化”群体（学院派或已经获取稳定文学占位的“文研会”等社团）的冲突不断，这种边缘与疏离在极大程度上影响了他们激进的批判个性。这里

① 王独清：《创造社——我和它的始终与它底总账》，《创造社资料（下）》，福建人民出版社1985年版，第668页。

② 王独清：《街头与案头》，《洪水》第3卷第35期，1927年。

③ ［美］理查德·霍夫斯塔特：《知识分子：疏离与顺从》，选自［法］费迪南·布伦蒂埃等《批判知识分子的批判》，王增进译，中国社会科学出版社2007年版，第188页。

④ ［美］理查德·霍夫斯塔特：《知识分子：疏离与顺从》，选自［法］费迪南·布伦蒂埃等《批判知识分子的批判》，王增进译，中国社会科学出版社2007年版，第185页。

的问题在于："不但知识分子的疏离被视为追求真理或某种艺术想象的必然结果，而且，否定社会的立场或姿态被指定为产生艺术创造力，社会洞察力或正直品质的唯一立场。疏离本身就是一种价值的信念有两个历史来源：浪漫个体主义和马克思主义。"① 创造社群落"方向转换"期间标新立异的艺术姿态，一方面是其浪漫个体主义的延续，另一方面是因其核心成员对无产阶级政治理念粗疏接受与认同的结果。对于大多数创造社成员来说，他们对无产阶级文学观念的偏爱并非建立在理性反思上，个体生存的经验状态与朴素的民粹主义观起着更直接的影响。而且"在多数情况下，民粹主义传统是对'官方'文化、高级文职官员的文化、大学文化以及从大学里产生的政治学、文学和哲学文化的一种抗议。这样，它很容易与敌视国家机构和国家权威的其他传统合流"。② 波西米亚群落生存带给创造社与主流社会的疏离状态极大程度上催生了他们的反叛性，并促使他们从艺术的反叛走向政治的反叛。

创造社酝酿"方向转换"期间，正是创造社东京分部成员积极参与"日本无产青年同盟"、受到盛极一时的日共领袖福本和夫"左"倾思想——福本主义影响时期。1927 年 10 月，成仿吾到达日本，为扩充创造社的力量，他先后联络冯乃超、李初梨、彭康、朱镜我、李铁声等留日学生，共图创造社发展大计。深受日本左翼无产阶级文学理论影响的他们一致认为中国大革命失败后，当务之急是宣传马列主义理论，提倡无产阶级革命文学。他们决定弃学回国，冯乃超、朱镜我于 10 月下旬回到上海，李初梨、彭康、李铁声亦于 11 月上旬离开京都。他们携带着当时先锋的政治思潮，回到中国，作为创造社新锐引领"普罗文学"运动。创造社新锐携激进的无产阶级革命文学观，主张"奥伏赫变""自然生长的目的意识"等，主张对整个新文坛展开批判，这种激进的意识形态文学观，使得创造社之前联合鲁迅的计划无形取消。创造社新锐以"思想先锋"的傲气，又一次表现出这个文学群落叛逆极端的个性意气，只是此时，"思想先锋"代替了早期的"文学先锋"。1928 年 1 月《文化批判》创刊，开始全面地宣传马克思主义学说。成仿吾在祝词中说"这是一种伟大的启蒙"运动。这是创造社后期重要的文化刊物，揭开了意识形态文化宣传的序幕。后期创造社新成员迅速接受无产阶级观念及"纳普"的影响，折射出波西米亚群落迅速激进化的一面。

"以创造社、太阳社为代表的极具浪漫主义倾向的马克思主义文学观念，深受当时苏联、日本无产阶级文学运动'左倾'机械论的影响，特别是受到苏联'无产阶

① ［美］理查德·霍夫斯塔特：《知识分子：疏离与顺从》，选自［法］费迪南·布伦蒂埃等《批判知识分子的批判》，王增进译，中国社会科学出版社 2007 年版，第 176—180 页。

② ［美］爱德华·A. 希尔斯：《知识分子的传统》，选自［法］费迪南·布伦蒂埃等《批判知识分子的批判》，王增进译，中国社会科学出版社 2007 年版，第 53 页。

级文化派’及其后的文学组织‘拉普’的影响。”① 李欧梵梳理了浪漫主义在现代作家精神发展中的轨迹，从新文化运动时期主观情感泛滥式的浪漫主义，到革命文学时期的英雄崇拜，他总结为：“在浪漫主义的构架中，从文学革命转移到革命文学，体现了拜伦物力论的看法，——从情感发展到力量，从爱情发展到革命，从维特发展到普罗米修斯。”②

创造社从早期追逐“内心的自我”到20年代后期倡导“普罗文学”运动，其群体浪漫主义的个性气质是一贯的，无产阶级革命意识形态的获取使他们将早期文艺界的“战斗”精神拓展到对“新文坛”的意识形态批判中。韦勒克谈到文学规范的连续性时指出：“如果任何一个时期的统一性是绝对的，那么各个相邻时期社会像石头块一样排在一起、没有发展的连续性。因此，前一时期规范系统的余脉和下一个时期的规范系统的先兆及其连续性是仍然存在的。”③ 创造社群体的文学生存方式，由于他们激进、敏感，好斗的个性气质，赋予了自我被流放和被忽视的压抑感，以及寻求认同、拓展自我理想空间的乌托邦意识。如果说早期浪漫主义的文学倾向赋予了他们艺术乌托邦的意识，那么后期无产阶级意识形态的吸取则使这种艺术乌托邦转向共产主义的乌托邦。

## 波西米亚的式微与革命文学的组织化

自1926年年底开始，创造社成员陆续加入中国共产党。到普罗文学运动时期，更多的创造社成员进入组织群体。至左联成立，创造社大多数成员都已在组织身份上完成了向职业革命者身份的转变。至此，文学创作与个体身份的个人主义时期宣告结束，组织化是创造社在左联筹备期自觉接受并开始建构无产阶级文学理性的重要原因之一。左联成立前后，随着中共中央将文化工作纳入组织管理系统，着手革命文学的组织性建构，创造社后期成员因其理论的前沿性被迅速吸纳进中共各组织机构中，完成向职业革命者身份的转换。

这个组织化的过程中，潘汉年与阳翰笙起着重要关联作用。1926年11月潘汉年由济难会负责人阮忠一和王弼介绍加入中国共产党，1928年中共江苏省委宣传部书记李富春将潘汉年调到己部，让其负责成立文化党组，统一领导上海左翼文化工作。文化党组由中共中央宣传部直接领导，后为文化工作委员会，潘汉年担任第一任文委书记，成员有李一氓、阳翰笙、钱杏邨、孟超、潘梓年、冯雪峰、夏衍、杜国庠等。

① 刘永明：《左翼文艺运动与中国马克思主义文艺理论的早期建设》，中国文联出版社2007年版，第43页。

② 李欧梵：《中国现代作家的浪漫一代》，王宏志等译，新星出版社2010年版，第302页。

③ ［美］勒内·韦勒克、［美］奥斯汀·沃伦：《文学理论》，刘象愚等译，江苏教育出版社2005年版，第307页。

阳翰笙，1925 年“五卅”前夕加入中国共产党，相继担任上海大学党支部书记、上海闸北区委书记，一面读书，一面从事社会活动，已是一个职业的革命者。为扩大无产阶级革命文学运动的影响，1928 年间，李一氓、阳翰笙加入创造社，两人均是中共党员，与潘汉年组成了创造社的党小组。阳翰笙在 1929 年到 1930 年间参与“中国左翼作家联盟”的筹备工作，是它的主要发起人之一。1932 年秋阳翰笙相继担任了“文委”（中央宣传部文化工作委员会）和“文总”（中国左翼文化总同盟）党团书记。左联的筹备工作，以及中央文委负责协调创造社与鲁迅的工作，联合创造社、太阳社及鲁迅等工作，均在李富春、李立三的过问下由潘汉年来主持和筹划，最终形成了“左联”，结束了革命文学纷争的局面。1929 年下半年是革命文艺运动发展的关键时刻，在团结党内外的革命作家方面，上海闸北区的文化支部和“中央文委”已经逐渐形成了一支左翼文艺运动的核心。

1928 年 9 月，由潘汉年介绍，冯乃超与朱镜我、李初梨、李铁声等一起参加中国共产党，在上海四马路的一家西餐馆里举行了简单仪式。冯乃超入党后，曾先后任中共中央宣传部文化党团文艺组组长、文化工作委员会委员等职务。1929 年 10 月，中共中央宣传部部长李立三指示，要团结鲁迅，联合其他左翼作家筹建革命文艺团体。“文委”书记潘汉年抽调冯雪峰、冯乃超、华汉（阳翰笙）、钱杏邨、沈端先等人筹备组织中国左翼作家联盟，并派人征求鲁迅意见。同年冬，冯乃超在柔石陪同下，拜访鲁迅。次年初春，冯乃超与冯雪峰、潘汉年、李初梨、沈端先等人第二次拜访鲁迅，主要商议成立“左联”事宜。1930 年 2 月 16 日与鲁迅、冯雪峰等 12 个基本成员在上海北四川路公啡咖啡馆召开“上海新文学运动者底讨论会”，会议内容是“清算过去”和“确定目前文学运动底任务”，筹委会还讨论了草拟“左联”的纲领、章程等，冯乃超被推举为《理论纲领》的起草人。2 月 24 日第三次拜访鲁迅，征求他对左联纲领的意见。3 月 2 日，中国左翼作家联盟在上海中华艺术大学举行成立大会。1931 年 2 月冯乃超从“左联”调任中共中央宣传部“文委”书记兼“文总”书记，不久又调至中共中央机关报《红旗周报》。朱镜我作为发起人之一，出席了左联成立大会，随后朱镜我在上海参与发起成立了中国社会科学家联盟，被推举为社联第一任党团书记，朱还先后担任中共江苏省委宣传部长、中共中央宣传部文化工作委员会书记、中国左翼文化总同盟党团书记等。在“左联”成立大会上，鲁迅、夏衍、郑伯奇、洪灵菲、钱杏邨、田汉等七人被选为执行委员，周全平被选为常务委员会候补委员。至此，创造社大多数成员成为职业的革命者。

阳翰笙的《地泉》系列作品，在左联筹备期间被作为清算“个人主义、浪漫主义文学”的典型被批评，郑伯奇批评其“用小说体来演绎政治纲领”，瞿秋白以“革命的浪漫蒂克”① 批评其创作路线问题。左联成立后，文艺界开展的“大众化”讨论

① 瞿秋白:《瞿秋白文集》文学编（第 1 卷），人民文学出版社 1998 年版，第 456 页。

即是要建立合理性的意识形态文学，周扬在《关于文学的大众化》中指出："大众文学的内容应该是什么呢？不管题材的复杂性，我们的首要任务是描写革命的普罗列塔利亚的斗争生活。……这需要完全新的典型的革命作家：他不是旁观者，而是积极斗争的积极参加者，他不是隔离大众，关起门来写作品，而是一面参加着大众的革命斗争，一面创造着给革命服务的作品。"①

波西米亚式的浪漫"普罗文学"走向式微。"文学上的民族主义，年轻人天然的刻薄和政治左派做作的清教主义。昨天的先锋派实验，在今天是时尚，到明天就成了陈词滥调。"②"普罗文学"运动以先锋意气与浪漫爱情呈现了激进知识分子的精神和情感轨迹，但左翼政治对理性与秩序的要求，加之激进知识分子身份的政治组织化，接受规训遂成为合理状态。大革命失败的政治环境，以及中共中央开始将文化工作纳入革命运动的政策，众多因素都很快促成了这些激进的创造社成员迅速完成从文学运动者向职业革命者身份的转换。

## 结 语

葛兰西在区分现代知识分子类别时，将知识分子分为传统知识分子与有机知识分子两类。传统知识分子以权威作为自己合法性的基础，多为作家、艺术家和哲学家。有机知识分子是随着现代资本主义发展而产生的知识分子，他们有着强烈的实践性和社会干预性，有机知识分子是与社会的经济政治、实践和意识形态联系在一起的。有机知识分子在社会的各个领域担任着组织者和领导者的角色，他们是新的世界观和价值观的倡导者和传播者。葛兰西考察了现代政党的起源与发展，考察政党在维护不同意识形态领导权上发挥的重要作用，得出结论：政党是培养、转变和凝聚知识分子的机器。政党夺取和维护领导权，离不开活跃在意识形态领域的知识分子。黄平根据知识分子与政治经济与意识形态的亲疏远近的占位情况，将知识分子分为体制内知识分子与非体制内知识分子，非体制内知识分子则包括与政治体制无内在关联的科学家、文人、自由职业者以及批判性知识分子群体，致力于变革现存社会政治体制，并因此成为社会变革的倡导者和组织者的"反体制知识分子"③。

自晚清之后，中国知识分子就进入了由传统向现代转型的过程，梁启超、章太炎等第一代过渡时期的知识分子，到新文化知识分子、左翼知识分子，实则都处于这个转型期中，从梁启超呼唤国民到五四知识分子呼唤启蒙与个性解放，到左翼知识分子

---

① 周扬：《周扬文集》第 1 卷，人民文学出版社 1984 年版，第 27 页。

② ［美］理查德·霍夫斯塔特：《知识分子：疏离与顺从》，选自［法］费迪南·布伦蒂埃等《批判知识分子的批判》，王增进译，中国社会科学出版社 2007 年版，第 174 页。

③ 黄平：《现代中国的知识分子：社会变迁的参与者和体现者》，选自陶东风主编《知识分子与社会转型》，河南大学出版社 2003 年版，第 297 页。

对集体召唤的接受，时代思潮与社会批判之后均是现代知识分子对建立民族国家的深层焦虑与迫切诉求。在这个过程中，五四知识分子作为深受西方文化影响的第一代现代知识分子，他们在美学与政治之间的选择与变化深刻地反映出他们在西化/传统、艺术/政治、个体/国族之间多重影响的复杂性状态。创造社由波西米亚的边缘知识分子向反体制知识分子的发展与过渡，进而成为职业的革命者（即葛兰西所说的意识形态知识分子或政治实践的有机知识分子）的过程，折射出边缘批判知识分子向革命知识分子的转变所反映出的批判知识分子与意识形态、政党之间的密切关联。

创造社文艺群落式的存在方式，具有普遍性和代表性。新文化运动后大量青年知识分子以写作为生，他们编辑刊物，围绕刊物形成一个个的文艺小群落。新一代青年知识分子在新文化启蒙理性与个性解放的影响下反传统、叛逆的姿态，表现出浪漫的波西米亚特点。“新文学”大量爱情小说的兴盛与流行折射出“创造社”浪漫抒情风格的巨大影响，而影响背后则折射出新青年精神心理与浪漫派的深度契合。20 世纪 20 年代中后期激进的青年作家在介入政治之前，大多数也经历过文艺群落式的生存，如丁玲、胡也频在转向左翼之前与沈从文、围绕《红黑》杂志组成的小群落，叶紫、陈企霞围绕他们创办的《无名作家》，柔石、王方吾等编辑《朝花》等。创造社由“艺术先锋”向“意识形态先锋”过渡的过程，反映了现代批判知识分子走向革命化的趋势，由批判知识分子到革命知识分子兼职业革命者的趋势。批判性时期体现出的文学个性与个性主义在革命化、组织化后，组织任务与组织规约成为规训，创造社群落式的波西米亚走向式微。但大多数文艺群落并不具备创造社前后期文艺先锋与思想先锋的特性，这种趋势颇有其代表性与影响性。1932 年 3 月 19 日，郑振铎在北大演讲《新文坛的昨日今日与明日》中指出：“总括起来说：‘五四’改变了文学的形式，‘五卅’使我们走上应去的道路，‘九一八’则开始文学的新使命。体裁，内容，均将大有变化。体裁方面：那即兴的恋爱的，流连山水的，以个人悲欢离合为中心的文学，这时不但不必要，而且讨厌。……一个人，假若不是麻木不仁，大约可以感到现在不是感伤的时代了。不是我们追求时代，时代已逼到我们头上来。”① 某种程度上概括了青年知识分子激进“左倾”现象。40 年代路翎也表达了类似感受：“在这个社会里，多少智识分子漂浮着。最初是时代的，社会的热情载荷着他们，后来他们就空虚地漂浮着，所能注意的就只是商业的市场和政治的市场了。……我们底新文学是一个历史的渴求，它所绝对要求的，是战斗的人生态度，它要求精神的以及人民的新生，它要求战斗道德底高贵。”② “七月派”对主观战斗精神的强调，具有个性主义的浓郁成分，其社会生存状态正是波西米亚式状态。胡绳在《鲁迅思想发展的道路》

① 郑振铎：《新文坛的昨日今日与明日》（演讲稿，1932 年 3 月于北大），《佝偻集》，生活书店 1934 年版，第 64—79 页。

② 张业松编：《路翎批评文集》，珠海出版社 1998 年版，第 44—45 页。

中称舒芜等“破落户的飘零子弟”也是波西米亚的知识分子。知识分子尤其是文学青年的波西米亚现象，从根本而言，反映出中国社会转型期突出的知识分子现象，大量青年知识分子非主流、边缘的生存状态，客观上形成了他们社会生活流动的不稳定的状态，这种流动性潜藏着变化的可能性，随着社会思潮或政治运动的变化或变动，他们参与或走向激进的政治运动，实现激进的政治认同，革命文艺或左翼文艺遂成为突出的现代文坛现象。

（原载《学术月刊》2019 年第 3 期）

# 文坛偶像反抗者的摇篮

## ——泰东图书局对现代文学发展的影响

戚立强

赵南公执掌下的泰东图书局，勇于创新，敢于说“硬话”，成为众多文坛新人不可多得的出版基地。郭沫若说：“像孤军社的人想出杂志，不怕他们都是商务的编辑，并且还有些是占着重要位置的人，却不找商务而要找泰东，他们的目的就是要多说几句硬话。”商务印书馆等都不肯出版朱谦之的《革命哲学》，无奈之下找到赵南公，“南公没说二句话便答应了下来。”赵南公是“五四”新文学的坚定支持者，乐于给现代文学新人提供机会。泰东图书局在中国现代文学发展过程中最为重要的意义，便是成了孕育中国现代文坛偶像反抗者的摇篮。泰东图书局推出的文坛偶像反抗者，不是一个，也不是一群，而是一个群体接着另一个群体，从上海新潮社到创造社，从白露社到狂飙社，先后扶持过几个青年文学社群。这些文学青年大都带有重整新文学秩序的梦想，均以自身的文学创作和文学活动在不同程度上影响了早期中国现代文学发展的历史轨迹。

## 一 成了创造社的摇篮

创造社这个新文学团体之所以能够成立，不像郭沫若等在日本组织的《Green》社、夏社那样流于悄无声息的境地，离不开泰东图书局经理赵南公的支持，正如张静庐所说：“泰东，是创造社的摇篮。”①

1921 年，致力于重建理想的新泰东的赵南公，反复与李凤亭、张静庐、王无为等进行商榷。2 月 13 日，泰东图书局经理赵南公在日记中写道：“编辑所组织暂定四五人。首重文学、哲学及经济，渐推及法政及各种科学。文学、哲学由王靖担任。另聘请成仿吾，兼任科学，因成君能通英、法、德、日各国文字也。经济由凤亭担任。”② 留学日本的成仿吾当时尚未毕业，因与李凤亭熟识而被列入聘请名单。郑伯奇回忆说：“仿吾由于他的朋友李凤亭先生的介绍和上海的泰东书局发生关系以后，

---

① 张静庐：《在出版界二十年》，江苏教育出版社 2005 年版，第 100 页。

② 赵南公：《赵南公日记》，上海交通大学出版社 2016 年版。

‘创造社’的组织和出版刊物的问题才逐渐具体化了。”①

1921 年 4 月 1 日，成仿吾和郭沫若从日本的门司一起乘船归国。赵南公原本只是聘请成仿吾，结果不但成仿吾来了，还带来了郭沫若。从泰东图书局日后的发展来看，赵南公这次的聘请自然是大赚特赚。赵南公乐于扶持新人，做事非常有魄力，是一位开明而又睿智的现代书业经营者。在文学方面，赵南公当初重用的是王靖，等到郭沫若稍稍展露了他的才华与价值，便毫不迟疑地将泰东图书局的未来押在了郭沫若的身上。但是，在 1921 年的 4 月，初来乍到的郭沫若还没有得到赵南公的青睐。泰东图书局编辑所的改组计划，原本就是为了改变经济困顿的局面，这时候的赵南公急于减政，想要聘请的是有能力扭转书局经营状况的人才，而不是价值不明的年轻人。“为人重义气，好施舍，古道热肠”② 的赵南公虽然没有嫌弃不请自来的郭沫若，但在开始的时候怎么也谈不上什么器重。就是有意聘请的成仿吾，赵南公最初也没有怎么看重。成仿吾和郭沫若两人的到来，对赵南公来说不过是书局里多了两个年轻的“助手”，甚或只能算是王靖的“助手”。

郭沫若在《创造十年》中回忆说：“我们从一些人的谈话中，知道了改组编辑部的事原来才是一场空话”，“仿吾所当担任的文学主任却本来有一位姓王的人担任着……仿吾要算是等于落进了一个骗局。”③ “空话”“骗局”之说，显示的是期望与现实之间的落差。1934 年，梁炳宪在介绍郭沫若的著作《创造十年》时说：“他和成仿吾同受泰东之骗。成氏一气走了；而他却是赖在那里，竟和那位‘王八蛋’编辑住在一间屋子里面，自云过着奴隶式的生活！”④ 梁炳宪转述郭沫若《创造十年》内容时已经出现了变形，郭沫若只说成仿吾“等于落进了一个骗局”，到了梁炳宪笔下就成了两个人“同受泰东之骗”。当事人郭沫若从个人角度叙述出来的历史，已带有明显的主观偏向，再经过类似梁炳宪这样的转述变形，赵南公完全成了一个没有信用的小人。

郭沫若靠着自己的勤奋与努力，仅用了两个月的时间便获得了赵南公的信任。1921 年 5 月 27 日，得到赵南公应允和支持的郭沫若从上海动身，到日本京都、东京等地串联同窗好友，筹备“创造”大业。6 月 8 日，郭沫若等人在东京郁达夫寓所“聚谈了一次”，“大家的意思也都赞成用‘创造’的名目，暂出季刊，将来能力充足时再用别的形式。”⑤ 6 月 20 日，赵南公在日记中写道：“沫若来一函，历叙到东情形。《创造》杂志大成功，或竟能出月刊。”⑥ 郭沫若的这次日本之行，无形中成了泰

① 郑伯奇：《忆创造社》，《沙上足迹》，黑龙江人民出版社 1999 年版，第 11 页。

② 温梓川：《新书业与作家》，《文人的另一面——民国风景之一种》，广西师范大学出版社 2004 年版，第 344 页。

③ 郭沫若：《创造十年》，《郭沫若全集》文学编（第 12 卷），人民文学出版社 1992 年版，第 90 页。

④ 梁炳宪：《郭沫若著创造十年》，《图书评论》1934 年第 2 卷第 6 期。

⑤ 郭沫若：《创造十年》，《郭沫若全集》文学编（第 12 卷），人民文学出版社 1992 年版，第 119 页。

⑥ 赵南公：《赵南公日记》，上海交通大学出版社 2016 年版。

东图书局出版事业的转折点，围绕郭沫若先后到来的创造社同人，悄然完成了泰东图书局编辑人员的更新换代。

在日本的时候，郭沫若就已经与张资平、何畏、郁达夫等约好在暑假中准备《创造》创刊号的材料。等到郭沫若回到泰东图书局，准备踏踏实实地从事编辑著译工作的时候，原本踌躇满志的郭沫若对自身的工作产生了怀疑。“跑回上海来前后住了三四个月，就好像猴子落在了沙漠里的一样，又在烦躁着想离开中国了。我深切地感觉着我自己没有创作的天才，住在国内也不能创作。——已经三四个月了，所谓纯文艺的杂志仍然没有一点眉目弄出。像我这样没有本领的人，要想在上海靠着文笔吃饭养家，似乎是太僭分了。”① 如同刚到泰东图书局的时候一样，郭沫若在《创造》的编辑出版问题上再次深切地感受到了理想与现实之间存在着的巨大落差。在经历了一番波折后，《创造》创刊号终于问世了，但是带给编者、作者和出版者的，并不是成功的喜悦。两三个月的时间，《创造》初版两千部，只销掉了一千五百部。郭沫若在《创造十年》中特别叙述了自己和郁达夫的委屈和悲哀，至于赵南公此时对《创造》抱有怎样的情感，并没有人关心。但是，显而易见的事实是，赵南公没有嫌弃《创造》，仍然坚持支持郭沫若等创造社同人的文学事业。正是赵南公的坚持，创造社才在文坛上站稳了脚跟，得到了真正的认可，从而开启了一个属于创造社的时代。

泰东图书局成功推出了“创造”系列刊物与丛书后，在社会上产生了巨大的反响。对泰东图书局来说，直接的影响有三个。第一，泰东图书局成了新文学出版领域里的明星，泰东图书局为出版界和新文坛提供了扶持未成名作家的成功案例，张谦谈到高长虹时说：“承印《狂飙》周刊的书局老板，看见这伙人劲头很足，《狂飙》周刊的销路也好，很有发展前途，便鼓励高长虹说：‘你们好好搞下去，将来也能搞到郭沫若他们那个样子’。”② 书局老板开始以赵南公为榜样，作家则以郭沫若等为榜样，赵南公成了诸多新文学作家尤其是没有名气的新生作家们向往的理想的合作对象，这有利于泰东图书局吸纳更多更好的作者与稿源。这是好的影响。第二，泰东图书局的名气越来越大，出版的书刊备受广大读者的欢迎。1924 年 1 月 11 日，邓恩铭在写给邓中夏的信中说：“据兄来信，你们仅能代办书籍，不能筹款。但必先有书而后能开市，所以请你向民智、泰东——书局交涉寄书来。”③ 信中明确提到泰东图书局，除了赵南公比较好说话之外，更关键的原因应该是受到泰东图书局出版物的吸引。第三，泰东图书局推出的创造社作家成了文坛上炙手可热的新人，郭沫若、张资平等逐渐引起了商务印书馆等大书店的注意。“势力一雄厚，就看见大商店如商务印书馆，也有创造社员的译著的出版。”④

---

① 郭沫若：《创造十年》，《郭沫若全集》文学编（第 12 卷），人民文学出版社 1992 年版，第 127 页。
② 张谦：《谈〈狂飙社〉成员高长虹》，《高长虹研究文选》，北岳文艺出版社 1991 年版，第 293 页。
③ 邓恩铭：《邓恩铭致邓中夏信》，《青岛党史资料》（第 1 辑），青岛市出版局 1987 年版，第 40 页。
④ 鲁迅：《上海文艺之一瞥》，《鲁迅全集》（第 4 卷），人民文学出版社 2005 年版，第 303 页。

## 二 文学新人闻名而至

在“五四”新文化运动期间，闻一多是清华学校学生活动积极分子。1921 年 6 月，闻一多参加“同情罢考”，声援李大钊、马叙伦等领导的北京八校教师的罢教索薪斗争，闻一多等 29 名同学因此被清华学校勒令开除。就在这时，闻一多读到了泰东图书局出版的《女神》，诗篇中对旧社会旧制度的诅咒，对自我新生的期盼，都让闻一多产生了深切的共鸣。闻一多自言：“我生平服膺《女神》几乎五体投地。”[①]《红烛》也被视为与郭沫若的《女神》接近的诗集。“从总的情调看，《红烛》与五四时代精神是合拍的，表现为一种积极的浪漫主义倾向，在当时的诗坛上，是多少有些接近《女神》的一本新诗集。”[②]《红烛》最终交由泰东图书局出版，封面排版等皆有意模仿《女神》。但是，闻一多最初并没有想把《红烛》交给泰东图书局出版。原本不想在泰东图书局出版的诗集，为何最终还是找到了泰东图书局？

闻一多在 1922 年 3 月 28 日写给闻家驷的信中说：“我的《红烛》（我的诗集）已满四五十首，计到暑假当可得六十首。同学多劝我付印问世者，我亦甚有此意。现拟于出洋之前将全稿托梁君治华（梁实秋）编订，托时君昭瀛经理印刷。我于此道亦稍有把握，不致太落人后。”[③] 闻一多在信中特意解释《红烛》是自己的诗集，且表示已经在委托朋友筹备《红烛》出版事宜，却丝毫没有提及要在出版方面追随《女神》的脚步，委托印刷的经理也不是赵南公。

闻一多在 1922 年 5 月 7 日给闻家驷的信中说：“我前已告诉你我想将我的《红烛》付印了。但是后来我想想很不好，因为从前我太没有预备。什么杂志报章上从未见过我的名字，忽然出这一本诗，不见得有许多人注意。”[④] 在《红烛》的编辑出版方面，闻一多态度犹疑不决。7 月，闻一多赴美留学，就读于芝加哥美术学院。他在 10 月 10 日写给吴景超、梁实秋的信中，曾谈起文学社的印刷物出单行本及经济资助问题，提出《红烛》可以请朋友私人帮忙鉴定，却不愿意给大会当议案似的讨论通过。他随后在给家人的信中提出自费出版《红烛》，“大概照寻常的诗集底格式印起来总须百元”，“不知兄处或二哥处能够暂凑半数，期于年内出版？”[⑤] 忙碌的结果，是闻一多的家人并不能筹出足够多的款项，文学社也“不负经济责任”，闻一多转而委托梁实秋等代为“打听书局到底印费要多少”，以便“预备筹款”，至于“纸张字

---

① 闻一多：《致顾毓琇》，《闻一多全集》（第 12 卷），湖北人民出版社 1993 年版，第 41 页。

② 蓝棣之：《前言》，《闻一多诗全编》，浙江文艺出版社 1995 年版，第 10 页。

③ 闻一多：《致闻家驷（三月二十八日）》，《闻一多全集》（第 12 卷），湖北人民出版社 1993 年版，第 27 页。

④ 闻一多：《致闻家驷（五月七日）》，《闻一多全集》（第 12 卷），湖北人民出版社 1993 年版，第 33 页。

⑤ 闻一多：《致闻家騄、闻家驷》，《闻一多全集》（第 12 卷），湖北人民出版社 1993 年版，第 100 页。

体”则都要按照“《女神》底样子”。按照《女神》的样子出版并不意味着就是想要在泰东图书局出版。《女神》初版本的印刷装帧都不甚理想，闻一多仿照《女神》的想法应该是出于节省印费的考虑，而非仰慕《女神》的“纸张字体”。闻一多在给梁实秋的信中就说过：“因为经济的关系，所以我从前想加插画的奢望，也成泡影了。封面上我也打算不用图画。这却不全因经济的关系。”① 虽然经济不宽裕，但闻一多终究还是不甘心用《女神》的纸张字体，所以又说：“书内纸张照《雪朝》《未来之花园》底样子。封面底纸张也应厚如《雪朝》的；颜色不论，只要深不要浅，要暗不要鲜就行了。”②

直到12月2日，闻一多才正式放弃了自行出版《红烛》的想法。“请驷弟转托十哥到亚东或泰东图书局，打听在他们那里印新诗有些什么办法。问他们能否同著者分任印费，或替著者完全担任印著［费］，将来的收入少分几层给著者。如到亚东就问《草儿》《冬夜》《蕙的风》是什么办法；到泰东就问《女神》是什么办法。当然去调查时，须告诉他们我的历史。”③ 但这也只是限于问问而已，即便是收到了郭沫若的信件，欣喜若狂的闻一多还是在给梁实秋的信中说：“诗集最好由商务或中华承印，恐别家无仿宋体字模也。”④ 然而，最终的结果却是：“实秋来函称诗稿将寄与泰东承印，版权归他们，可以得到一点稿费，也到底不知多少。成仿吾（《创造》底编辑）并允代为帮忙。稿费底事，在我们本不好太执著，还价是讲不到的，只好随便一点，落得出版以后，销行可望广一点。初出头的作家本来是要受点委屈的。”⑤ 1923年9月，《红烛》由泰东图书局初版发行。1923年11月9日出版的《清华周刊》第293期上，《清华著作介绍》第4种就是闻一多的《红烛》：“闻一多君创作集，泰东图书局出版，价四角。闻君的新诗在中国新文坛上所占的地位，已早有定评。此集出版后，外间销行甚畅，清华同学不可不人手一编。”

对于闻一多等文艺追梦青年们来说，为了保持自己理想的纯洁，不受书贾的玷污，最好的办法就是自费出版。诗集向来出版困难，高长虹说：“诗歌与剧本，因为销路不及小说，被大半的书局拒绝印行了。这好象是一种新闻。其实只是出版界稍微发达了一些，便什么都被表示得显明了一些。书局固然太走极端，然而诗歌与剧本之不如小说好卖，实是向来如此。只要拿楚辞，西厢，与水浒，红楼销行的数目一比较，也就可以知道了。”⑥ 闻一多成名后，得意门生臧克家的诗集《烙印》也是闻一多掏钱自费印刷出版的。在这种出版形势下，《红烛》能够被泰东图书局接受且能得

① 闻一多：《致吴景超、梁实秋》，《闻一多全集》（第12卷），湖北人民出版社1993年版，第110页。
② 闻一多：《致梁实秋》，《闻一多全集》（第12卷），湖北人民出版社1993年版，第125页。
③ 闻一多：《致父母信》，《闻一多全集》（第12卷），湖北人民出版社1993年版，第120页。
④ 闻一多：《致梁实秋》，《闻一多全集》（第12卷），湖北人民出版社1993年版，第129页。
⑤ 闻一多：《致家人》，《闻一多全集》（第12卷），湖北人民出版社1993年版，第157页。
⑥ 高长虹：《每日评论·诗歌与剧本》，《长虹周刊》1928年第8期。

到 80 元稿费，应是郭沫若奔走撮合的结果。郭沫若追悼闻一多时说："他虽然和创造社发生过关系，他的诗集《红烛》是由我介绍给泰东书局出版，但他从不曾有过'左倾'的嫌疑。"①

朱谦之的《革命哲学》找到泰东图书局寻求出版时，被郭沫若列为"创造社丛书"第 2 种，闻一多的《红烛》与《女神》颇多相近之处，更合适列入"创造社丛书"，实际却没有。郭沫若和赵南公显然没有利用出版问题强硬要求将《红烛》列入"创造社丛书"，显示了出版者较为宽广的胸怀。在出版预告上，《红烛》被列为"清华文学会丛书"第 3 种。"清华文学会丛书"第 1 种是《冬夜与草儿评论》，第 2 种是《文艺汇刊》。闻一多在给梁实秋的信中曾经声明出版时不必"加上一个文学社的招牌"，"我们是'艺术为艺术'底主张，何尝能代表文学社全体呢？我们那些由此种主张而产［生］出的作品，又何尝能代表文学社全体呢？（《红烛》底一大半是先文学社而诞生的）我们文学社是以兴趣结合的团体，不是以主张结合的团体。"② 作者的想法显然没有得到贯彻，《红烛》最终还是加上了一个文学社的招牌。《冬夜与草儿评论》与《文艺汇刊》都不是泰东图书局的出版物，但是赵南公仍然愿意用《创造》季刊整整一个页面的篇幅为"清华文学会丛书"的 3 种图书打广告，可见对于这套丛书还是有所期待的。在新月社还没有影子的时候，赵南公对于闻一多和梁实秋这两位新月社的大将，就愿意给他们提供出版的机会，给他们的著作打出大幅的广告，这也是赵南公在发掘郭沫若等创造社同人之后又一次非常精明的投资。可惜的是赵南公和创造社都没有能够将他们真正地团结到自己身边。

在出版发行方面，赵南公比较青睐文学界的新生力量。在当时的出版界，规模相当的书局中，泰东图书局出版发行文坛新人书刊的数量最多。一方面是广种薄收，另一方面也是借以显示自身实力，或者说是给人以很有实力的感觉。对于书局自身的发展来说，赵南公就是在押宝未来，希冀以此在出版界博得一席之地。在客观上，赵南公的出版行为切实地帮助了无数有理想没金钱的文学青年，有益于促进新文学事业的发展与繁荣。

泰东图书局是创造社的"摇篮"，闻一多、梁实秋与浅草社里的成员都仰慕郭沫若，却对泰东图书局不甚感冒。虽然他们的刊物著作都在泰东图书局出版过，却无一不是在其他路径走不通的时候才选择与赵南公合作。《浅草》季刊第 1 期（1923 年 3 月）和第 2 期（1923 年 7 月）是自费出版。陈炜谟回忆说："起初我们困于钱，费了无数的苦心，才凑足两期季刊的印款。后来我们困于力，我们人本不多，而又散处多地，或以事迁，或以课忙，哪能有多量的创作？现在上海方面的社友，多已回家，较

① 郭沫若：《悼闻一多》，《郭沫若全集》文学编（第 20 卷），人民文学出版社 1992 年版，第 115 页。

② 闻一多：《致吴景超、梁实秋》，《闻一多全集》（第 12 卷），湖北人民出版社 1993 年版，第 110、95 页。

前愈少了。"[①] 没有一定的经济支撑，没有良好的出版发行渠道，想要实现文学上的梦想并不容易。这个青年团体的文学倾向"跟创造社很相近，可以说是创造社的一支友军"[②]。这支友军最初的时候就像闻一多一样，想要靠自身的努力开辟一条新路，但是在挣扎了一阵子之后，还是将出版发行交给了泰东图书局。《浅草》第1卷第3期改由泰东图书局发行，"我们的季刊，因社员过少，于印刷发行不能兼顾；已交泰东书局印刷代发行。"[③] 此期出版后，负责编辑工作的陈炜谟就将《浅草》第1卷第4期的稿件交给了泰东图书局。从1923年12月交稿，到1924年7月付印，到1925年2月出版，这是一个很漫长的时间。在这个漫长的时间里，创造社的刊物在泰东图书局也已经纷纷停止出版。随着郭沫若等创造社同人的离去，泰东图书局的出版发行事业渐渐显示出衰落的迹象，如张静庐所说："书店的营业，同别的行业有些异样，书店是没有'老牌'和'新牌'之分，老实说，不进就是退。任你有几十年的历史，任你历史有过光辉灿烂的史绩，不继续跟着时代的轮子前进，就会被时代所淘汰，被读者所遗忘。"[④]

## 三 复旦大学法科学生的文学梦

泰东图书局出版持续时间最久的刊物，是由汪宝瑄等一群复旦大学法科学生编辑的《白露》。

汪宝瑄在与泰东图书局发生关系前，曾向周全平负责编辑的《洪水》半月刊投稿。1926年9月1日，《洪水》半月刊第2卷第23、24期合刊号出版，发表了汪宝瑄的小说《秋雁》。郑伯奇在《中国新文学大系·小说三集·导言》的结尾处，将汪宝瑄的这篇《秋雁》与窈窈的《慈爱毁灭后》视为"当时青年的两种趋向"的代表，"一种消极的趋向可以在《秋雁》中看出"，《慈爱毁灭后》描写的则是热血青年的行动，"把当时青年的反抗的活动的多感的罗曼谛克的气质完全描画出来了"[⑤]。

1926年11月1日，《白露》半月刊创刊，由泰东图书局出版发行，32开本，每期50页左右。《白露》半月刊的创办，填补了创造社同人离开泰东图书局后留下来的空缺。赵南公对于这份刊物的出版发行也很用心，1926年11月7日、8日的《申报》上连续刊登《白露》半月刊创刊号出版的消息，并称之为"异军突起的白露半月刊"，此后还在《申报》上多次刊登《白露》半月刊的出版广告。《白露》半月刊第1卷以"进社文艺研究会"名义编辑，第1期至第3期实际编辑者是汪宝瑄，第4

---

① 陈炜谟：《给编者》，《文艺周刊》1924年第41期。

② 郑伯奇：《二十年代的一面》，《沙上足迹》，黑龙江人民出版社1999年版，第187页。

③ 编者：《本社消息》，《文艺旬刊》1923年第11期。

④ 张静庐：《在出版界二十年》，江苏教育出版社2005年版，第64页。

⑤ 郑伯奇：《导言》，《中国新文学大系·小说三集》，良友图书出版公司1935年版，第25页。

期后改由杨幼炯的弟弟负责编辑；第 2 卷后以“白露社”名义编辑，实际编辑者是蒯斯曛。1928 年第 3 卷第 12 期出版后，《白露》半月刊改为《白露月刊》继续出版。

《白露》半月刊最初呈现出来的特质，与早期创造社非常相似。《白露》半月刊创刊号上有汪宝瑄的一篇《献词》。

这篇《献词》与《洪水》刊载的《撒旦的工程》一样，都用了《圣经》故事，表达了再创造的志愿。汪宝瑄这篇《献词》中的仙女，如果离开《圣经》故事的背景，与郭沫若《女神之再生》中的女神们非常相似。面对枯槁了的世界、消沉了的宇宙，她们就是复活一切的女神。从艺术创作的角度来说，《洪水》半月刊已经偏离了《创造》季刊开创的文艺道路，开始强化社会文化方面的批评，而《白露》半月刊则继续纯文学的创造，反而更像是《创造》季刊文艺道路的继承者。就此而言，无论是与白露社合作，还是与狂飙社合作，泰东图书局继续寻找并与之合作的这些文坛新人，都与初期创造社有着某种相似性。

借助泰东图书局登台亮相的《白露》杂志，在另一方面也与《创造》季刊非常相似，即以文坛新人的身份挑战文坛偶像。《白露》创刊号的版权页上有一则《本刊启事》：“本刊系纯文艺性质，竭诚欢迎国内外青年无名作家投稿。但所谓名流杰作，恕不接受。”对文坛名流的敌对态度很明显。《白露》第 1 卷第 3 期里封刊登了一则《无名作家的联合战线》启事：“偶像们霸占了文艺之宫，于是天才永被埋没，无名的作家永被抹煞。我们不能再懦弱了，我们要似怒狮般跃了起来，将我们的血和泪一齐洒在纸上。无名的作家，还不走向这儿来？这儿有您们心花怒放的园地，这儿是我们联合的战线！我们向伪文学家下总攻击，我们愿做文艺的忠臣，无名的作家们呵，白露在欢迎你们！进社文艺研究会启。”以“无名作家”自称，以“无名作家”相约从事文学的事业，最初由郁达夫在《纯文学季刊〈创造〉出版预告》中提出，而后演变为浅草社的《“无名作家”社公约》，再变而成为白露社的《无名作家的联合战线》。泰东图书局与亚东图书馆虽然同是新文学出版界的领头羊，但是亚东图书馆从一开始就抱紧了陈独秀、胡适等文坛大佬，泰东图书局恰恰与之相反，走的是“无名作家”的路线。这是新文学出版界两种不同的趋新路线。

现代文坛上的代际变换较为频繁，自创造社开启了挑战文坛偶像之旅后，新生代挑战文坛已成作家的事件便频出不穷，如后期创造社内有“未成作家”对“已成作家”的挑战，左联成立前后则有“新兴作家”的论战。左联成立后，曾粲和周启等在 1931 年成立了“无名作家组合”，后来更有爱好文学的无名青年成立了“无名文艺社”，社员曾达到三百多人。将挑战文坛偶像的行为追溯到创造社身上，同时也就应该看到这种行为与泰东图书局也存在某种内在的联系。创造社、浅草社、白露社、狂飙社，这四个先后与泰东图书局合作的新文学团体，都对挑战文坛偶像有着浓郁的兴趣。这种挑战本身，说明现代出版界有重视名家与偶像的陋习。“在各国时常可以看到出版家扶助作家的实例。在我国出版家对于作者不但不扶助，并且是极尽剥削的能事。像极力拉拢已成名的作家，不管他稿子的好丑，用着较高的代价收买印行。对于无名作家，任你作品如何，送到书店里，总是什九被拒，就是有小小的幸运，能够中选了，你的稿费，终归不及有名作家的十分之一二。"[①] "无名作家"尚无名的时候，泰东图书局有勇气有魄力扶助他们，是极为难能可贵的。若非泰东图书局对创造社、白露社等挑战文坛的行为持宽容甚或支持态度，像《创造》《白露》等杂志就不会有长达两三年的出版寿命。不断涌现出的对文坛偶像进行挑战的"无名作家"，所彰显的正是现代文坛的青春气息。文坛代际的快速更换，正是现代文学飞速发展的一个表征。研究者们一般都将创造社视为青春文化与青春文学的代表，而泰东图书局正是培育青春文学社团的沃土。

《白露》半月刊宣称要"向伪文学家下总攻击"，其实并没有真正像《创造》季刊或《创造周报》那样以文学批评的方式尖锐而猛烈地挑战文坛偶像。《白露》半月刊第 3 卷第 7 期的"编完以后"说："我们读书有限，所写的批评文，大半不能应用……我们都是年青人，'杂感'一定会'感'出触犯权威者的文字来，我们的小命虽不足贵，可是连累别人——如书局——这是不大好的。"一边想要使《白露》半月刊成为"无名作家吐气"的阵地，一边又不想开罪"权威者"。两个方面碰撞妥协的结果，便是《白露》半月刊采取了模糊的大而化之的方式，不针对个人也不针对某些团体，这种抽象化笼统的"总攻击"也就失掉了应有的效力。

## 四 狂飙社的高长虹也找来了

高长虹领衔的狂飙社，先是在北京发展，后来觉得受到文坛偶像的压迫，所以离开北京，南下上海。高长虹回忆说："关于郭沫若和周作人的批评文字，好久没有发表出来，我去信问一个少年朋友，并叫他到鲁迅那里去看怎样回事，鲁迅说是，交给韦素园了。韦素园说，鲁迅交给他的时候，说：'就说你们不发表吧。'"[②] 有学者解释说："我们可以设身处地地想一想，让鲁迅编发这样的稿子，不是给他出了一个很大的难题么？周作人是他的弟弟，郭沫若是创造社的盟主，无论是'攻击'还是'赞美'，都不应该由鲁迅编发。"[③] 这个"设身处地"的解释，无非是想要人们（包括高长虹在内）理解鲁迅的做法，高长虹其实早已"理解"了，不过却是站在自己的立场上理解的。高长虹的文字虽然有些曲折，却也将其受文坛偶像们压迫的感觉表达了出来。

1926 年 4 月 16 日，高长虹与郑效洵从北京来到上海，欲在沪上开展狂飙运动。

---

① 华猖公：《先天不足后天失调的现代出版界》，《中国新书月报》1931 年第 1 卷第 6、7 合刊号。

② 高长虹：《一点回忆——关于鲁迅和我》，《高长虹文集（下）》，中国社会科学出版社 1989 年版，第 521 页。

③ 董大中：《鲁迅与高长虹》，河北人民出版社 1999 年版，第 134 页。

10 月，高歌从北京也来到上海，协助高长虹在上海编辑新的《狂飙》周刊。这时候，高长虹和高歌并没有与赵南公或泰东图书局合作的意思，而是先与开明书局、光华书局等合作了一段时间。后来，高长虹等发现狂飙运动在上海开展得似乎不尽如人意，这才又找到了泰东图书局，转而与泰东图书局合作。忙于商会活动的赵南公，应该无暇招揽高长虹，应是高长虹先来找赵南公，欲在泰东图书局出版狂飙社的丛书。

现代作家们寻找出版机关时，泰东图书局似乎一直都是备胎，是找不到更理想的合作者时才会被光顾的出版机关。找到泰东图书局的作者们其实都对文坛偶像有较为强烈的挑战欲望，认为文坛偶像阻挡了自己更好的发展道路。泰东图书局出版物对文坛偶像多挑衅的言辞，也就不足为怪。赵南公与这些作者们合作时，若知道自己只是备胎，不知当作何感想。从赵南公招揽王无为、李凤亭的经历来看，赵南公对备胎这一地位并不看重，他看重的是能够招揽到真正的人才。不看资历，只看能力；不管对方是否对书局忠诚，只问对方能否贡献有价值的出版物。赵南公不拘一格招揽编辑和作者，愿意发掘和培养无名的文学新人，而他所执掌的泰东图书局则成文坛偶像反抗者的孕育基地。从创造社到狂飙社，再到白露社，这些与泰东图书局关系密切的文学社团都曾旗帜鲜明地提出反抗文坛偶像的口号。

1926 年 11 月 9 日，鲁迅在写给韦素园的信中说："今年夏天就有一件事，是尚钺的小说稿，原说要印入《乌合丛书》的。一天高歌忽而来取，说尚钺来信，要拿回去整理一番。我便交给他了。后来长虹从上海来信，说'高歌来信说你将尚钺的稿交还了他，不知何故？'我不复。"① 鲁迅信中所说的小说稿，指的是尚钺的短篇小说集《斧背》，1928 年 5 月由上海泰东图书局出版，列为"狂飙丛书"之一。狂飙社曾在上海开明书店、泰东图书局、光华书局、狂飙出版部编辑出版"狂飙丛书"第一、第二、第三、第四。其中，泰东图书局出版的"狂飙丛书第二"质量最高，数量也最多。从 1927 年 10 月到 1928 年 9 月一年内出版"狂飙丛书"共 12 种。"狂飙丛书"出版数目第二多的光华书局，从 1926 年到 1928 年 4 月两年的时间，也只出版了"狂飙丛书"8 种。

1926 年 6 月 27 日，《弦上》周刊第 19 期刊登了高长虹写给高歌的信："丛书，《荆棘》外，《热与光》已一部付印，其他尚未寄到，亦以九月为期，想同时有五六种出来，不知能否？"在高长虹的设想中，"狂飙丛书"应该较为集中地推出，以便在文坛上掀起波澜，开展狂飙运动。理想与现实总是有差距，高长虹在上海初期的努力结果不容乐观。高长虹说："当时我因为开明出的狂飙丛书印得很慢，便索性再同北新书局办一个丛书，当下说定，这便是狂飙丛书第二的来历。"② 开明书店出版的是"狂飙丛书第一"，打算在北新书局出版的则是"狂飙丛书第二"。1926 年 10 月

① 鲁迅：《致韦素园》，《鲁迅全集》（第 11 卷），人民文学出版社 2005 年版，第 610 页。

② 高长虹：《谨防冷箭》，《高长虹文集（中）》，中国社会科学出版社 1989 年版，第 139 页。

10日，《狂飙》周刊的广告也已经宣布"狂飙丛书第二"由"北新书局印行"。从高长虹的文字及四种"狂飙丛书"出版的先后时间来看，本应先在北新书局出版的"狂飙丛书第二"，中途出现了新的问题。1927年1月13日，高长虹在《寄到八道湾》中写道："俗话说得好：不怕官，只怕管。我也认错了吧，为的是我们的那个孩子所谓的'狂飙丛书第二'者。"[①] 廖久明认为"狂飙丛书第二"未能在北新书局出版的主要原因"便与周氏兄弟有关"[②]。各种矛盾冲突的结果便是，"狂飙丛书第二"不得不改由泰东图书局出版。在"狂飙丛书第二"确定由泰东图书局出版前，高长虹又策划了"狂飙丛书第三"，结果"狂飙丛书第三"反而比"狂飙丛书第二"问世还要早。

高长虹先找开明书局、北新书局、光华书局，遇到困难计划受挫后才找到了泰东图书局，结果反而是泰东图书局对"狂飙丛书"的出版最积极。泰东图书局，再次显示了对文学新人的重视，以及对于编辑者"自由"的尊重。赵南公愿意接手"狂飙丛书第二"的出版，并非是因为看到高长虹此时已经算是文坛上的"名人"，似乎更像是对陷入困境中的高长虹伸出了援手。谭勉予在《俘虏的生还》序言中说："上编是在几个月前写好的，题做'生还'，当时发表的欲念很强，就寄到创造社，乃超先生说想在《文化批判》上发表，后来，《文化批判》停刊，他又叫我取回改作。我很感谢乃超先生，热心给我指导！他给我来信说：'缺乏客观的描写，但同时又富于实感。'并且在原稿里逐处给我指出缺点。我就依照他的指导，改作成今稿。"[③]《俘虏的生还》这部长篇小说原本并没有打算在泰东图书局出版，而是想在创造社刊物上发表，可是《文化批判》停刊了，创造社出版部又没有出单行本的打算，这才重新找了泰东图书局。对于那些不出名的被其他书局拒绝的作者来说，泰东图书局是现代出版界的一朵奇葩，似乎总是乐于跟在其他出版机构后面捡漏。而这些作者在泰东图书局出名后，随后也就能看到他们的著作开始在商务印书馆等大出版机构中出版。

"狂飙丛书第二"中大部头的著作很少，大多都属于几十页的小书，且在《狂飙》周刊上发表过，如《走到出版界》《狭的囚笼》《中国戏剧概评》《清晨起来》《红日》等。1927年1月，光华书局出版了《狂飙汇刊》第一册。也就是说，"狂飙丛书第二"中的创作，已经在《狂飙》周刊上与读者们见过面了，《狂飙汇刊》则是第二次的见面。那么，北新书局最后不愿意出版"狂飙丛书第二"，除了与鲁迅兄弟间的冲突外，是否与高长虹这种将作品一卖再卖的行为有关？毕竟，高长虹等人的作品还没有优秀到在短短的一年里值得以各种形式反复推出，只有几十页篇幅的小书，起到的不是作品汇集的作用，反而更像是对《狂飙》周刊和《狂飙汇刊》内容的再

---

① 高长虹：《寄到八道湾》，《高长虹文集（中）》，中国社会科学出版社1989年版，第213页。

② 廖久明：《一群被惊醒的人——狂飙社研究》，武汉出版社2011年版，第209页。

③ 谭勉予：《自序》，《俘虏的生还》，泰东图书局1929年版，第2页。

次拆分。反复出版过的内容，也就限制了其所能带来的经济效益。在这种情况下，泰东图书局依然愿意接手“狂飙丛书第二”的出版，且没有供稿或编辑等附加条件，实属难能可贵。

（原载《中国文学研究》2019 年第 4 期）

# 20 世纪三四十年代马克思主义史学阵营对郭沫若史学的评论

何 刚

## 一 引论

学术因相激而进，中国马克思主义史学亦是在长期的学术争鸣中发展壮大起来的。这种争鸣既有马克思主义史学与马克思主义史学以外各种史学思潮、学派之间的竞进，也有马克思主义史学内部不同学术观点和学术主张之间的论争。特别是在 20 世纪三四十年代，中国马克思主义史学呈现蓬勃发展之势，继郭沫若之后，涌现出了包括吕振羽、侯外庐、翦伯赞、范文澜等在内的一批马克思主义史学家。他们“信仰相同而观点各异”，进行“相互间的刺激与鼓励”①，在坚持以唯物史观为理论指导的共同研究范式之下，不约而同地对郭沫若进行了坦诚热烈的学术批评。这场学术批评的发生自有其深刻的历史背景，总的来说是中国共产党组织领导的历史研究服务于现实政治革命的具体体现，也是中国马克思主义史学蓬勃生命活力的生动写照。

第一，作为以马克思主义为思想武器的政党，中国共产党一直重视用唯物史观来认识历史、研究历史。在中共六届六中全会上，毛泽东就曾向全党郑重地提出：“学习我们的历史遗产，用马克思主义的方法给以批判的总结，是我们学习的另一任务……我们不应当割断历史。从孔夫子到孙中山，我们应当给以总结，承继这一份珍贵的遗产。”② 此后，毛泽东在《新民主主义论》《改造我们的学习》《整顿党的作风》《反对党八股》等文章以及在延安整风运动中，多次强调对中国传统历史文化遗产进行批判继承，“有组织地”“认真地研究历史”③，把研究历史作为党的事业的有机组成部分。在毛泽东、周恩来的直接领导下，抗战时期中国马克思主义史学形成了延安和重庆两大中心。其中，在延安就有吴玉章、范文澜、吕振羽（1942 年年底到达延安）、尹达、何干之、金灿然、叶蠖生等一批马克思主义史学家，他们在毛泽东和中

① 侯外庐：《民主·科学·创新——郭沫若在重庆》，《文汇报》1985 年 12 月 2 日。

② 毛泽东：《毛泽东选集》第 2 卷，人民出版社 1991 年版，第 533—534 页。

③ 毛泽东：《毛泽东选集》第 3 卷，人民出版社 1991 年版，第 797 页。

国共产党的组织关怀下加强历史研究，取得了重要成果，尤以范文澜《中国通史简编》为代表，标志着中国马克思主义史学已走向成长阶段。

而在抗战时期的重庆，在周恩来的领导下，以郭沫若领导的文工会和王昆仑实际主持的中苏文化协会为组织，形成了一支包括郭沫若、翦伯赞、侯外庐、吕振羽(1941 年 3 月离开重庆)、杜国庠、华岗、胡绳、吴泽、嵇文甫等一批马克思主义学者在内的研究队伍。他们在抗战最为艰苦的时期，遵循周恩来的指示——“有研究能力的人，尽可以利用这个机会，坐下来搞点研究。抓紧时间深造自己，深入研究几个问题，想写什么书，赶快把它写出来”，团结在中共周围，交往密切，学习和学术研究氛围十分浓厚。侯外庐回忆道：“皖南事变后，尽管重庆黑暗得浑浑噩噩，空气很沉闷，但是，我们这些愿意跟着党走的学术工作者，并不感觉孤独。原因在于，周恩来同志和大家保持着密切的接触，使大家都能感到，党就在我们身边。”[①] 作为“重庆革命理论、学术研究的掌舵人”[②]，周恩来表现出高超的组织领导才能，在重庆马克思主义学术阵营中营造出平等民主、生动活泼的健康环境。例如，侯外庐在 40 年代出版的《中国古典社会史论》[③]《中国古典思想学说史》《中国近世思想学说史》等著作都得到了周恩来的关注。侯外庐后来深情地说：“我深有感受，抗战时期党为学术工作者创造了研究和写作的基本条件，我得以奠定中国思想史研究的深度与广度的基础，即在此时。”[④]

第二，抗战进入相持阶段后，无论是在延安还是在重庆，为了适应党内外形势变化，中共在文化学术领域发起了一场旨在克服主观主义和教条主义，以马克思主义中国化为核心内容的“学术中国化”运动。这场运动在历史研究上的要求就是反对国民党当时提出的各种反马克思主义的历史观，同时改变党内过去简单套用唯物史观来认识中国社会和历史的教条主义错误。同样在中共六届六中全会上，毛泽东就提出，使马克思主义在中国具体化，是全党亟待解决的问题。在《改造我们的学习》一文中，毛泽东专门谈到了历史研究中的“中国化”问题：“不论是近百年的和古代的中国史，在许多党员的心目中还是漆黑一团。许多马克思列宁主义的学者也是言必称希腊，对于自己的祖宗，则对不住，忘记了。认真地研究现状的空气是不浓厚的，认真地研究历史的空气也是不浓厚的。”[⑤]“学术中国化”运动得到了马克思主义学者的积极响应。郭沫若当时就指出：“学术研究上，不仅踊跃地迎接世界上各种权威的学术思想，虚心接受真理，同时对于中国问题的研究，‘五四’以来尚未解决的问题都在

---

① 侯外庐：《韧的追求》，生活·读书·新知三联书店 1985 年版，第 114、121 页。

② 侯外庐：《韧的追求》，生活·读书·新知三联书店 1985 年版，第 123 页。

③ 该书由重庆五十年代出版社出版。之后，侯外庐又增补了几篇重要论文和材料，于 1947 年 10 月由上海新知出版社再次出版，更名为《中国古代社会史》。1955 年 6 月人民出版社出版修订本时，更名为《中国古代社会史论》，并沿用至今。

④ 侯外庐：《韧的追求》，生活·读书·新知三联书店 1985 年版，第 126 页。

⑤ 毛泽东：《毛泽东选集》第 3 卷，人民出版社 1991 年版，第 797 页。

新的研究方法下，追寻着新的更正确的答案。‘学术中国化’口号的提出，更引起文化各部门的热烈响应。”[①] 金灿然也说：“今后研究中国历史的方向何在呢？那便在于历史唯物论中国化，也就是说，运用历史唯物论的基本原则来分析、研究中国固有的历史材料，把历史学带到真正的科学道路上。”[②]

第三，具体到马克思主义史学而言，郭沫若于1930年出版的《中国古代社会研究》，虽是“草创时期的东西”，但终归是中国马克思主义史学的“开基”之作，“毫无疑义地成为一切后来者研究的出发点”[③]。一方面，早期马克思主义史学家沿着郭沫若所开创的“草径”，继续以唯物史观为指导系统深入地研究中国古史。吕振羽曾说：“当时在这个史学斗争的过程中，郭沫若是起了一定程度的旗手作用的；他是最先应用历史唯物论来系统地研究殷周社会的。我们都是后起者，追随他上去的。”[④] 侯外庐在回忆治史之路时也指出，在社会史论战的高潮中，“由于受到郭沫若的影响而开始转向史学研究道路”，并将郭沫若视为指引他“学习和研究中国历史的老师”[⑤]。另一方面，在三四十年代，包括郭沫若本人在内的马克思主义史学家在此时的学术研究中都将《中国古代社会研究》以及当年的中国社会史论战存在的种种弊端和缺陷作为主要的“问题意识”观照，如侯外庐就指出，中国社会史论战的最大缺点，“就是对于马克思主义的基本理论没有很好消化，融会贯通，往往是以公式对公式，以教条对教条”[⑥]；翦伯赞也批评说，论战“忽视那具体的历史事实，因而便不免是引经据典，以抽象的定义去歪曲真正的具体历史，反而把史学玄学化”[⑦]。同时，他们也批评郭沫若当初在处理马克思主义理论和概念范畴时所表现出来的“机械主义”倾向，不认可郭沫若将殷商社会过低认定为原始社会母系氏族阶段、忽略“奴隶制”的东方特殊性，以及后来先秦诸子研究时颂扬屈原、“偏袒”孔子、“非墨”等做法，进而与其展开商榷和讨论。所以，这场讨论也是郭沫若《中国古代社会研究》之后的中国马克思主义史学自身学术理路发展的结果。

## 二 “西周封建论”者对郭沫若史学的商榷

众所周知，在古史分期问题上，中国史学后来形成了“三论五说”。但是，这些分期学说在民国时期大都没有建立起较为完善的体系，只有“西周封建论”经由吕

---

① 郭沫若：《四年来之文化抗战与抗战文化》，军事委员会政治部编印：《抗战四年》，1941年版，第190页。

② 金灿然：《中国历史学的简单回顾与展望》，《解放日报》1941年11月20日—22日。

③ 李初梨：《我对郭沫若先生的认识》，《解放日报》1941年11月18日。

④ 吕振羽：《史学研究论文集》，华东人民出版社1954年版，第56页。

⑤ 侯外庐：《韧的追求》，生活·读书·新知三联书店1985年版，第223—224页。

⑥ 侯外庐：《韧的追求》，生活·读书·新知三联书店1985年版，第224—225页。

⑦ 翦伯赞：《历史哲学教程》，新知书店1938年版，“序”第4页。

振羽、范文澜、翦伯赞等人的相继论述，形成了较为完整的理论框架，此后的“西周封建论”基本上是在这一框架下的补充完善。所以，20 世纪三四十年代马克思主义史学阵营围绕郭沫若史学的评论和研究，一个主要表现就是持“西周封建论”的早期马克思主义史学家在阐述他们的古史分期观时，对郭沫若“西周奴隶论”的批评。

在马克思主义史学阵营，“熔革命和学术于一炉，集革命家与学者于一身”① 的吕振羽是“殷商奴隶论”和“西周封建论”的开创者。他在 30 年代相继写出了《史前期中国社会研究》《殷周时代的中国社会》两部重要著作，尤其是在后者中明确提出：殷代是奴隶社会，西周为初期封建社会，秦以后为专制主义的封建社会。他在阐述这些主张时，主要就是针对郭沫若的《中国古代社会研究》。他对郭沫若古史观的批评，在某种程度上可视为中国马克思主义史学在古史分期的两大主张——“西周封建论”和“西周奴隶论”争鸣的先声和雏形，对以后的古史研究产生了深远影响。

吕振羽首先肯定了郭沫若关于中国存在过奴隶制社会的论证。他也反对社会史论战中一些人认为马克思、恩格斯所指的奴隶社会是单指古代希腊罗马，古希腊罗马以外的世界各民族的社会进程中都不曾有奴隶制这一特定阶段的观点。关于殷代社会性质，吕振羽在 1934 年的《中国经济之史的发展阶段》一文中就认为，殷代已经有了繁盛的农业，虽然畜牧业也比较发达，但已退居次要地位；生产行业已经大范围使用奴隶，且有专靠奴隶为生的自由民阶级的存在。同时，在上层建筑的政治形态上，殷商已经走出了氏族公社阶段，产生了阶级和阶级统治，“已经完全看不见民主主义的行迹，充分在表现阶级支配的机能”。② 同年，吕振羽作《殷代奴隶制度研究》一文，再次反对郭沫若将殷代划为原始共产社会末期的观点，正式提出殷代已经进入了奴隶社会阶段。他认为郭沫若之所以对殷代社会性质作出过低估计，是因为郭沫若将一些原始氏族社会的遗存当成了殷代社会的主流，犯了以偏概全的错误：“我们的历史家更从而可以作出以残余作为主要，以局部概括全部的结论出来。如我们的郭沫若先生，他看见商代王位有‘兄终弟及’的事实，有‘常常专为先妣特祭’的事情，尤其是所谓‘多父多母’的行迹的存在，便忍不住的大声疾呼：‘商代不明明还是母系中心的社会’……此外的一班殷代氏族社会论者，都还比郭先生落伍得多，并且他们所引用的材料和理论，也多半零碎的袭自郭著——虽然他们又都拿出其英雄式的本领在非难郭君。所以我特别提出他来作代表。”在吕振羽看来，殷代的婚姻制度只有“一夫一妻制度”才能和其时代特征相吻合，如果仅仅将外表现象孤立起来加以考察，则卜辞中所谓“多父”“三父”“多母”记载确实很容易被认为是彭那鲁亚婚姻

---

① 吴泽：《我国马克思主义史学的开拓者——吕振羽》，邬国义整理：《吴泽文集》第 4 卷，华东师范大学出版社 2002 年版，第 544 页。

② 吕振羽：《中国经济之史的发展阶段》，《文史》1934 年第 1 卷第 1 期。

制的一种现象，但这并非殷商社会的本质。接着，他从“经济组织”“政治形态”“社会阶级”“婚姻制度”等方面论证了殷商的奴隶社会性质。[①]

关于西周社会性质，吕振羽认为，武王代殷以后，西周社会开始转化为“封建制度 = 农奴制度的采邑经营”，建立起了封建等级制度的经济基础和社会基础。在这一重大的转变过程中，西周初年的分封制和井田制是两个重要的形成基石和标志，因为分封制的“授民授疆土”既包括土地，也包括土地上的农民，这是一种封建的生产关系：“授土”确立了封建土地所有制，“授民”构成了封建领主与农奴的对立的阶级关系。在封建社会里，封建领主对农奴的主要剥削方式是对地租的攫夺，即“令农奴以部分的劳动时间在自己的‘私田’上劳动，一部分则在领主的‘公田’上劳动”。所以，吕振羽反对郭沫若最初在《中国古代社会研究》中对井田制的否定。他根据西周彝器铭文上有关“锡田”的多处记载如“锡汝田于埜，锡汝田于渒”等，认为这些记载“就把郭沫若先生的金文中无井田制的记事的推断又给推翻了”，“封建的剥削关系，不纯是基于经济的条件，而且基于政治的超经济以外的强制榨取。在西周，基于这种类似‘井田制度’的基础上的剩余劳动的剥削，当然便是以服役为主要形态去表现”。[②]

吕振羽于1940年前后又相继发表《中国社会史上的奴隶制度问题》《关于中国社会史的诸问题》等文章，认为殷周之际是中国历史上的第二个革命，即“封建制度革命”，坚持西周时期已进入封建社会阶段，对郭沫若的“西周奴隶论”继续提出批评。吕振羽认为，从西周到元代，中国社会有着十分明显的奴隶制残余，虽然不仅有家内奴隶，甚至还有从事手工业与商业的奴隶，但是从西周之后，在主要生产部门——农业中，从周代的“小人”“农夫”“庶民”到秦汉时代的“黔首”“浮客”“徒附”再到西晋的“佃客”“衣食客”及至北朝的“良民”等，在本质上都是性质相同的封建佃农[③]。

当然，吕振羽当时的一些论述和对郭沫若的批评也存在着一些缺陷和错误。第一，他为了批评郭沫若对殷代青铜器表现出的生产力发展水平过低的估计，根据殷代已有发达农业的史实断言殷代农具“非金属品不可”，从而否认殷代有石器农具的使用。他说：“郭沫若先生从‘农’字的‘辰’字去证明的农器为石器，从而更以‘石刀’充数为农器，这不仅是牵强，而且不免陷在诡辩论的泥沼中去了。照郭先生看来，一方面有农业工具的‘石刀’和‘石犂’，他方面又有繁盛的农业，这两种现象，怎样能成为辩证的联系呢?”[④] 其实，吕振羽这样的推论是不够严谨的，对生产力与生产工具材质的关系的理解过于简单和狭隘。事实上，在中国古代的黄土地带，

---

① 吕振羽：《殷代奴隶制度研究》，《劳动季报》1934年第2期。

② 吕振羽：《殷周时代的中国社会》，《中山文化教育馆季刊》1935年春季号。

③ 吕振羽：《关于中国社会史的诸问题》，《理论与现实》1940年第2卷第1期。

④ 吕振羽：《殷代奴隶制度研究》，《劳动季报》1934年第2期。

木石农具的生产性能未必就比早期的青铜器低。此后徐中舒、王玉哲等学者在50年代的论证就说明了这一点①。第二，郭沫若最初将殷周社会组织变迁的一个基本原因归于"铁耕"的新发明，他根据《大雅·公刘》"取厉取锻，止基乃理"和《考工记》"段氏为镈器"等说法，认为正是铁器的发明使周初的农业迅速发达。郭沫若的这一观点是缺乏根据的，在当时就已经有学者进行了批评②，郭沫若自己对此也进行了自我"批判"，认为"这所犯的错误相当严重。《公刘篇》绝不是周初的诗，锻字的初文即是段字，有矿石，石灰石以及椎冶的含义，并没有铁矿的意思"③。但是，吕振羽对郭沫若这一论断表示了认同，认为郭沫若曾"从'取厉取段'来看，大概当时公社的分工，已有专门工匠的存在。因为炼铁并不是简单容易的事情"，"郭沫若、李季两君均考定'取厉取段'为炼铁，余意此说甚是"④。第三，吕振羽认为西周封建国家的建立在很大程度上是军事征服的结果，如《周书·无逸》的"以庶邦惟正之供"一句是在说周族对其所征服之各族征收"贡纳"，《公刘》的相关记载又可证明文王是一个"专门以战争为事的军事领袖"，所以，"武王才能在殷代奴隶制国家的废墟上，建立起封建国家来"。这样将殷周社会形态转变仅归结为军事一途的论证有简单化之嫌。已有前辈学者指出，在这里，封建制代替奴隶制被简单地说成是一种军事征服的结果，既看不到生产力和生产关系的矛盾运动，也看不到阶级斗争的作用。人们从这样的论述中，对于殷周之际的社会变革，并不能得到一个正确的印象。⑤

继吕振羽后，翦伯赞、范文澜等学者对"西周封建论"作了进一步完善、修正，并继续对郭沫若的"西周奴隶论"进行商榷。例如，范文澜认为西周从事农业的生产者身份主要是农奴，这些农奴已有私有经济的个人所有制，从而主张"西周封建论"。在其著名的《中国通史简编》出版前的1940年5月，范文澜发表《关于上古历史阶段的商榷》一文。该文先发表在陕甘宁边区文化协会机关刊物《中国文化》上，后很快被中国共产党在国统区的机关刊物《群众》周刊转载，是范文澜1940年到延安后撰写的有关古史分期的首篇重要论文，在古史研究过程中占有重要地位，提出的基本观点构成了他此后一直坚持的"西周封建论"的框架基础。在文中，范文澜对郭沫若的"西周奴隶论"展开了商榷，"提出一些材料，希望商榷的结果，能得到更接近真理的见解"。范文澜根据《联共（布）党史简明教程》中归纳出的奴隶制

① 徐中舒：《论西周是封建社会——兼论殷代社会性质》，《历史研究》1957年第5期；王玉哲：《有关西周社会性质的几个问题》，《历史研究》1957年第5期。

② 如张荫麟当时就批评认为，从"段"或"锻"不能引申出"铁"的意义，"周初发明铁耕之说，尚无丝毫证据。我们不能遽认为事实，以解释殷周间的史象"。参见素痴《评郭沫若中国古代社会研究》，《大公报·文学副刊》1932年1月4日。

③ 郭沫若：《十批判书》，群益出版社1946年版，第51页。

④ 吕振羽：《殷周时代的中国社会》，《中山文化教育馆季刊》1935年春季号。

⑤ 林甘泉等：《中国古代史分期讨论五十年》，上海人民出版社1982年版，第41页。

度的特征，如生产资料和生产者为奴隶主所占有，生产工具已是金属工具，畜牧业、农业、手工业等生产部门及其分工，个人和部落间的产品交换的出现等八个方面来比照中国历史，认为这些条件“考之殷代盘庚之后，无不具备”，因此判定殷代自盘庚以后已是奴隶制度。至于西周社会，范文澜认为，从事农业的有奴隶，但主要的是农奴，这些农奴“经营小农业有家室妇子之私”，“有某种限度的自由权，而隶属关系却很严格”。而郭沫若根据《大盂鼎》《大克鼎》《令鼎》《矢令簋》等周代十二彝器中锡臣仆的纪录，认为“庶人”“民人”与臣仆器物了无分别，“庶人”就是奴隶。范文澜对此并不同意，认为既然“臣仆称家，庶人称夫”，就说明庶人是农奴，他们一方面对封建主有徭役贡赋的义务，另一方面也拥有私人家室。这些农奴的存在“正适合于封建制度生产关系的基础”，所以西周应是封建社会。①

从上可以看到，与郭沫若对甲骨文、青铜器铭文等地下材料的注重运用不同，“西周封建论”者在论述自己的古史分期主张时，主要以古籍文献为主。针对此，尹达曾从史料运用的角度，对西周封建论进行了批评，认为甲骨文和考古学上的材料才是研究殷商社会的主要凭借，文献上的材料大部分为后人的记述，假若一味相信，很容易发生时代混淆的错误。例如，“范文澜先生从《尚书》的《洪范篇》里找到了畜牧先于农业的论据”，“但《洪范》一篇早已被人发见其有错简”。② 尹达重视考古材料，怀疑纸上材料，对“西周封建论”的批评引起了谢华、叶蠖生等人的反驳，并由此在当时延安史学界导致了一场围绕考古发掘材料和地上文献材料的主次地位、历史研究中的史料选择与运用等问题的论争③。这场论争也从一个侧面反映出即使在战时环境下，中国马克思主义史学亦具备重视史料、坚持论从史出的可贵品质，也从中可以看到郭沫若史学以及围绕它而起的史学论争，对于早期中国马克思主义史学的促进和推动作用。

## 三　侯外庐与郭沫若的古史讨论

20 世纪三四十年代的古史分期讨论也是中国马克思主义史学家开始把唯物史观同中国历史实际相结合的过程。他们一方面开始思考史学理论的建设问题，纠正此前在理论理解与运用上的偏差，另一方面反对将马克思主义理论“公式化”“教条化”。无可否认，《中国古代社会研究》当初在处理马克思主义概念与理论范畴时确有“机械主义”之弊，郭沫若自己后来也承认了这一点，说自己在研究方法上犯了“公式

① 范文澜：《关于上古历史阶段的商榷》，《中国文化》1940 年第 1 卷第 3 期。

② 尹达：《关于殷商社会性质争论中的几个重要问题》，《中国文化》1940 年第 2 卷第 1 期。

③ 他们的争鸣文章主要有谢华《略论殷代奴隶制度》，《中国文化》1940 年第 2 卷第 4 期；叶蠖生《从安阳发掘成果中所见殷墟时代社会形态之研究》，《中国文化》1941 年第 2 卷第 6 期；尹达《关于殷商史料问题》，《中国文化》1941 年第 3 卷第 1 期。

主义的毛病”，“差不多死死地把唯物史观的公式，往古代的资料上套”。稍后继起的马克思主义史学家，在批评郭沫若“公式主义”的基础上，开始注意将唯物史观揭示的一般历史规律同中国社会历史发展的具体情形相结合，推动了马克思主义史学中国化的早期进步。在这一过程中，侯外庐以深厚的理论功底和对中国古史的独特理解，加入中国古代社会的研究队伍中，做出了重要贡献。他与郭沫若围绕亚细亚生产方式等问题的讨论就颇具代表性。

在中国社会史论战期间，侯外庐正着手翻译《资本论》，无暇顾及古史研究和分期讨论。更主要的是，他当时“不肯放弃谨慎的态度。看了当时论战双方的文章，觉得郭老从中国古代的劳动手段而分析中国社会阶段之功绩，确有其重要的价值；但忘却了社会构成的生产方式，委实值得讨论。而群起攻击郭老的文章，则又都没有搔到痒处”，所以，“对于古史，亦以为稍缓从事，有益于己也有益于人”①。因此在古史分期讨论的30年代，侯外庐并没有急于参加。及至40年代，侯外庐开展古史研究伊始就非常注重在人类历史一般规律下探索中国历史进程的特殊性，如他指出，郭沫若对中国历史发展阶段的划分“陷入了公式主义的泥沼”，忽略了中国历史的“东方的特殊性”。

侯外庐于1943年1月出版的《中国古典社会史论》，不拘泥于马克思主义经典著作的结论，而注重以中国历史事实为出发点来运用马克思主义理论。他在自序中明确提出了古代社会史研究的三原则：“首先弄清楚亚细亚生产方式的理论”，“断定‘古代’是有不同路径的”；“谨守考证辨伪的治学方法”；“把中国古代散沙般的资料，和马克思主义历史科学的古代发展规律，作一个统一的研究”即“历史科学中关于古代社会的规律的中国化”。可以看出，侯外庐的主要目的就是在唯物史观指导下探讨中国历史发展的特殊性，推进马克思主义史学的中国化。在他看来，亚细亚生产方式是“研究的关键”，在解决这一问题的基础上，中国城市国家的起源和发展、中国古代变法的特殊途径、国民阶级在中国古代的难产和形成、氏族制在中国古代的残存意义以及土地国有的大生产制等问题，才会顺然地得出合理解释。②

而郭沫若在《中国古代社会研究》中引用了马克思的经典论述——“大体说来，亚细亚的、古代的、封建的和现代资产阶级的生产方式可以看作是社会经济形态演进的几个时代”，指出马克思所说的“亚细亚的”是指古代的原始共产社会，“古典的”是指希腊罗马的奴隶制，“封建的”是指欧洲中世纪的经济行帮制和政治上的封建诸侯，“近世资产阶级的”则是现在的资本制度③。按照这一演进规律，郭沫若开始了中国历史的阶段划分。自此以后，对“亚细亚的”生产方式的不同理解，在很大程

① 侯外庐：《回顾史学研究五十年》，吴泽主编：《中国史学集刊》第1辑，江苏古籍出版社1987年版，第14页。

② 侯外庐：《中国古代社会史论》，河北教育出版社2000年版，“自序”第4—7页。

③ 郭沫若：《中国古代社会研究》，上海联合书店1930年版，第176页。

度上决定了人们不同的古代社会性质分析和阶段划分。所以，“亚细亚的”问题往往成了古史分期争论的一个具有普遍意义的、主要的，也是首要的理论问题，是“研究的关键”。几十年后，侯外庐仍说：“从事中国古史研究的同志，不应该回避这个问题，而要去了解它，依据马克思主义的立场、观点、方法去认真研究它。”① 所以，侯外庐重视亚细亚生产方式的理论延长工作，以此来探寻中国古代社会的特殊规律。亚细亚生产方式理论中国化是侯外庐研究中国古代社会所取得的理论成就的集中体现，也是他对马克思主义史学中国化的重要贡献。

由于人们接受苏联、日本学者的见解或受其影响，亚细亚生产方式在此前的社会史论战中众说纷纭，观点各异。侯外庐没有轻易采取其中的任何一种现成说法，而是根据在翻译《资本论》过程中积累的深厚理论功底，进行了独立探索。他首先从界定“生产方式”这一基本理论范畴入手，认为亚细亚生产方式体现了古代东方土地氏族国有的生产手段与集体氏族奴隶的劳动力二者间的结合关系。“亚细亚古代”与“古典古代”是同一历史阶段（奴隶社会）的两种不同路径，二者不存在顺序的先后，只是在文明发展路径上，各自走着特异的道路：古典古代走的是家族—私产—国家，国家代替家族的“革命”道路；亚细亚古代则是由家族而国家，国家混合着家族，走的是“维新”道路。前者是所谓“正常发育”的文明“小孩”，后者是“早熟”的文明“小孩”。总之，在侯外庐看来，亚细亚生产方式是指经由氏族制发展而成的奴隶制，亦即氏族集团奴隶制。在古代中国，社会进入文明时代后仍然保持着氏族组织，是属于“亚细亚的古代”类型。

侯外庐正是以此理论为指导，对中国古代发展进程及特殊规律作出系统全面的研究。这里仅举两例以示说明。

第一，正是由于亚细亚生产方式中“氏族公社的保存”和“土地私有制的缺乏”等因素，使侯外庐同郭沫若的最初研究一样，对殷代社会发展水平的估计过低，认为殷代的主要生产部门仍然是畜牧业，奴隶劳动没有大规模地应用到农业土地生产，其生产方式是“氏族共同体所有的畜牧生产手段与氏族成员主要的共同劳动力二者之间之结合关系”，殷代应处在氏族社会的末期。同样源于对氏族制残余的强调，侯外庐不仅将中国奴隶社会的开端往后推延，而且将奴隶制在西周的发展水平估计过低，并认为奴隶制经过春秋战国，一直到秦汉之际方才结束。尽管如此，在西周社会性质的判断上，侯外庐与郭沫若“同属一派”，主张“西周奴隶论”。后来侯外庐也说：“四十年代，对周秦社会性质的论断，郭老和我大体是一致的。”②

第二，侯外庐考察了“城市国家”的起源和发展问题。他认为，这种亚细亚特性在中国古代“城市国家”发展过程中有着鲜明体现。他说，古代的“城”“国”

① 侯外庐：《韧的追求》，生活·读书·新知三联书店1985年版，第236页。

② 侯外庐：《韧的追求》，生活·读书·新知三联书店1985年版，第132页。

二字同义，筑城就是营国，“城市 = 国家”。在中国古代城市国家从殷末开始的成立和发展过程中，“邑”是国家成立的雏形，武王克商之前的作邑作邦、武王周公时代营国封国，是中国城市国家形成的两个步骤。而研究古代城市国家，又必然涉及城市和农村的关系。侯外庐认为，封疆之内为“国”（又叫作“都”），封疆之外的部分为“野”（其范围便是“四鄙”），这便是历史第一次城市和农村的划分，并形成了城市支配着农村的特殊关系。这种支配关系是通过依据而不是破坏氏族制度方才建立起来，也就是氏族贵族的土地国有和氏族奴隶的集团劳动者二者结合的亚细亚生产方式的缘故。可以看出，正是由于侯外庐对亚细亚生产方式的独到见解，使他看到了中国古代城市国家的成立和发展与“古典的古代”有着显著的不同特点，作出了颇有新意的分析，并对郭沫若在处理这一问题时的“公式化”倾向进行了批评。他说：“我以为研究中国的古代社会，要依据古代国家的一般规律……同时还要研究各个类型的特殊规律。郭氏的缺点之一，便是把西周和西洋的古典时代看作一样，没有一个字讨论周代国家成立的两个阶段。”①

除古史分期外，侯外庐和郭沫若在这一时期的学术讨论还集中在屈原研究上。针对郭沫若的屈原研究，侯外庐曾说：“我完全懂得诗人郭沫若之一向爱诗人屈原的道理，但是，我不同意史学家和思想家郭沫若对屈原的评价。”同时，他也“决定写一部古代思想史，作为古代社会史的姊妹篇，从而使历史和思想史相互一贯地自成体系。因看到郭沫若同志对于屈原思想的讨论，更增加了我的兴趣，推动了我写作的勇气”。② 所以，在阅读到郭沫若 1941 年 12 月 21 日在中华职业学校作的演讲《屈原的艺术与思想》后，侯外庐对郭沫若“提出了异议”，相继撰写了《屈原思想的秘密》和《屈原思想渊源底先决问题》等文。

根据侯外庐后来的总结，他们对屈原的分歧，本质上源于各自对儒家思想的不同评价。郭沫若肯定儒家思想，认为当北方的奴隶解放运动和革命思想已经激荡到南方的时候，屈原在“思想上便是受了儒家的影响”，怀有儒家思想，接受了奴隶解放的时代潮流，这让他在文学革命上真正取得了伟大的成就，彻底创立了一种体裁。但是，屈原的政治理想是以德政实现中国统一，其悲剧在于他的理想与楚国当时的现实相隔太远，“因而演出了殉道者的悲剧”。侯外庐则认为，屈原的理想“是在旧的奴隶社会所依据的氏族制度的废墟上，恢复美政”，他的诗在反映人民战乱痛苦和怨忧的同时，也表现出对“旧时代的魂魄”的“追求召唤”。因此，“屈原的悲剧是历史的悲剧”。所以，二人辩论的关键点是，儒者屈原的理想“究竟是社会进步的理想，还是倒退的奴隶制残余的梦想”。③

---

① 侯外庐：《中国古代社会史论》，河北教育出版社 2000 年版，第 161 页。

② 侯外庐：《回顾史学研究五十年》，吴泽主编：《中国史学集刊》第 1 辑，江苏古籍出版社 1987 年版，第 21 页。

③ 侯外庐：《韧的追求》，生活·读书·新知三联书店 1985 年版，第 134 页。

其实，可以看出，与其说郭沫若与侯外庐的分歧在于对儒者屈原的不同评价之上，不如往更深一层分析而看到，二者分歧的根源正是他们基于亚细亚生产方式的不同理解而对屈原所处的春秋战国社会性质的不同分析，即他们对屈原的研究同各自的古史研究紧密相连。这一时期二人在古史研究和分期上的主张大致是一致的，都主“西周奴隶论”，将东周的春秋战国视为奴隶社会向封建社会过渡转变的时期。侯外庐说：“关于中国周秦社会史的论断，我和郭先生虽然各有重点的注意，大体上是站在一边的。”① 二者的区别就在于前述的有关中国奴隶社会形成路径的不同理解之上。此时的侯外庐注重社会生产方式的发展，已经开始用亚细亚生产方式理论来分析中国古代社会，然后“在亚细亚古代社会发展规律探明的前提下，对先秦诸子思想学说产生、发展的背景和实质，作出科学说明”②。侯外庐明确指出，发掘屈原的思想秘密“涉及中国古典社会的一般性问题”，即“它的亚细亚生产方法的特殊性问题”。所以，虽然他同意郭沫若认为春秋战国是一个大转变时期，但同时指出郭沫若忽视了这种转变因为“活的社会发展之不足”和“死的古旧的社会制度（主要是氏族制的残余）所束缚的奴隶制”而导致的“长期间新时代的难产性”。③

对于“亚细亚古代”与“古典古代”的理论区分，郭沫若是反对的，他相信人类历史发展符合马克思主义所揭示的共同规律，视“亚细亚”为“原始公社式的”。即使到了五六十年代，他在承认各个民族也具有各自特殊性的同时也强调：“尽管那样，一般的规律总是不能含混的”，“我们今天既承认了马克思学说是真理，社会发展可以划分为五个时期，在我们中国就不能要求例外”，“假使经过仔细周到的研究，而中国的古代发展和马克思的学说不尽相符，那便可能是马克思学说有欠妥当的地方。但我们今天能够这样说吗？不能够。为什么不能够？是说马克思学说是教条，不敢违背吗？不是，而是我们的研究根本就还不仔细，不周到”④。当然，此时的郭沫若似乎没有注意到侯外庐屈原研究背后的亚细亚生产方式理论，他对侯外庐的批评主要不是有关“亚细亚的”理解以及整个社会史问题，而是认为侯外庐不该用“现代的观点”，将春秋战国时期的儒家思想斥为反动：“我们不可以拿我们现在二十世纪的现代的眼光去看，要辩证地从历史的发展上去看。不能说在现代这些思想有一部分是落后了，而公式地断定这些思想本质地便是反动的。”⑤ 在这里，郭沫若显然把侯外庐当成新史学阵营中的“机械公式化”倾向加以批判，而没有意识到侯外庐关于亚细亚生产方式理论中国化的意图。

---

① 侯外庐：《屈原思想渊源底先决问题》，《中苏文化》1942 年第 11 卷第 1—2 期合刊。
② 侯外庐：《韧的追求》，生活·读书·新知三联书店 1985 年版，第 118 页。
③ 侯外庐：《屈原思想的秘密》，《中苏文化》1942 年第 11 卷 1—2 期合刊。
④ 郭沫若：《奴隶制时代》，新文艺出版社 1952 年版，第 100—101 页。
⑤ 郭沫若：《屈原思想》，《中苏文化》1942 年第 11 卷第 1—2 期合刊。

## 四　围绕先秦诸子思想的讨论

贯穿于近代以来先秦诸子研究的一个主线是对孔子、墨子的比较评价问题。这与自五四新文化运动以来，批判以儒家思想为中心的中国传统文化、倡言思想解放的时代潮流密切相关。在“打倒孔家店”的同时，先秦诸子百家中与儒学并称“世之显学”的墨学应时复兴。一批知识分子试图从墨家学说中发掘出中国传统文化与西方近代民主、科学、人权等思想甚至是“农工阶级的革命派”等相符合的文化资源。舒芜曾经对此有过贴切分析：“我们现在知道，决定的打倒儒家的统治的，是五四时代的科学与民主的思想；但在那之先，已经从□明撼动了儒家的权威的基础的，却是梁启超所大声疾呼而提倡的墨学。”[①] 确实，梁启超于 1904 年发表《子墨子学说》《墨子之论理学》等文，20 世纪 20 年代又出版《墨经校释》《墨子学案》等著作，开启了墨学的近代诠释，对墨子基本持肯定态度。而郭沫若的墨子研究正是开始于 1923 年的《读梁任公〈墨子新社会之组织法〉》一文，并逐步建立起非墨批墨的学说体系。

40 年代，郭沫若对先秦诸子的全盘清算也是从孔墨开始的。1943 年 8 月，他发表了《墨子的思想》一文，其中对墨子独树一帜的批评，引起了各方的愕然和反对。有学者研究指出，郭沫若写作《墨子的思想》“与当时的特殊时势有密切关系”。延安的范文澜在《中国通史简编》等论著中对先秦诸子的有关评价，尤其是说墨子“代表了下层农工奴隶的革命要求”等观点，引起了郭沫若的不满。刚好这时，重庆的《群众》周刊编辑于怀（即乔冠华）等人约请郭沫若写有关墨子的文章，以对党内的“教条主义”观点展开批评。[②]

郭沫若在该文中继续他在 20 年代对墨子的严厉批判态度，认为“墨子始终是一位宗教家。他的思想充分地带有反动性”，并从七个方面批判了墨子的思想。其一，不科学。“天志”“是他一切学术思想的一根脊梁”，“墨子信仰上帝，更信仰鬼神”。其二，不民主。墨子全在“替王公大人说话”，“承认着旧有的一切阶层秩序，而在替统治者画治安策”，所谓“尚贤”“尚同”，“结果只可能流而为极权政治”。其三，反进化。墨子的“节用”，“一味以不费为原则，以合实用为标准”，“除节用之外没有任何积极的增产的办法”，“只是阻扰进化的契机”。其四，反人性。墨子关于“丈夫年二十毋敢不处家，女子年十五毋敢不事人”的思想最不近人情，将人民当成王公大人的所有物和“两重的生产工具，一重是生产衣食，二重是生产儿女”。其五，名虽“兼爱”而实偏爱。墨子一方面主张“兼爱”，一方面又主张“去爱”，“他的

① 转引自《顾颉刚日记》第 5 卷，联经出版有限公司 2007 年版，第 360 页。

② 戚学民：《再论〈十批判书〉的撰著动机与论学宗旨》，《历史研究》2007 年第 3 期。

最大矛盾是承认着一切既成秩序的差别对立而要叫别人去‘兼’”，“岂不是叫多数的不安乐者去爱那少数的安乐者”！其六，名虽“非攻”而实美攻。墨子的“非攻”是在承认私有财产，承认国家对立，维护既定秩序的前提下提出的，“攻”即“盗窃”，“非攻”便是“杀盗”，这些都只是在替侵略者制造和平攻势的烟幕而已。其七，名虽“非命”而实皈命。墨子的“非命”是一种宗教式的皈依，“正因为他尊天明鬼所以他才‘非命’。他是不愿在上帝鬼神的权威之外还要认定有什么必然性或偶然性的支配。在他看来上帝鬼神是有生杀予夺之权的，王公大人也是有生杀予夺之权的，王公大人便是人间世的上帝鬼神的代理”，所以，“‘非命’就是叫人要对于无形的权威彻底的皈依，对于有形的权威彻底的服从”。①

同年12月，《群众》杂志又发表署名“杨天锡”（即杨荣国）的《“墨子思想”商兑》和筱芷的《关于墨子思想的讨论——就正于郭沫若先生》两篇文章，集中针对郭沫若的论点提出商榷，反对墨子为宗教家、思想反动的否定评价。例如，杨荣国认为墨子是当时的“贱人”，属于奴隶之类，后来获得解放，成为“诵先王之道，通圣人之言”的士人，取得了自由民身份。虽然他的思想不彻底，也有矛盾之处，但在当时已经是最进步的，“最了解当时社会改造的基点所在”。他还针对郭沫若对墨子的批评一一进行了分辩。其一，墨子是科学的。墨子对任何事物都要追根究底（《公孟篇》），还要严整地论证事物的科学方法（《非命上》），特别注重实验（《贵义篇》）。其二，墨子是民主的。他一方面反对王公大人专政（《尚贤下》《尚贤中》），一方面力主平民参政（《尚贤上》），“官无常贵”“民无终贱”，主张通过推荐或傍举，任用贤者而废抑不肖者。其三，墨子并不反对进化。不能因为墨子力主节用，就认为他是因陋就简，阻扰进化。他一面反对王公大人的奢侈，一面要老百姓努力从事生产，以时生财（《七患篇》），注重生产分工（《节用中》）。其四，墨子并不反人性。墨子主张要“使大家的生活都能获得满足”，“反对侵略”，因而是“最近人情的”。他主张早婚，奖励生育，目的在于增加人口，发展生产，挽救社会危机。其五，墨子的“兼爱”并非偏爱。墨子“非礼”，反对“亲亲有术，尊贤有等”，借以打破既成秩序，使王公大人不常贵，老百姓不终贱。其六，墨子的“非攻”并非美攻。墨子反对大国攻小国，同时为小国打算，鼓励他们作防守之道。墨子骂“不是侵略者，就是侵略者的帮凶”的子夏之徒“言者称于汤文，行者譬如狗猪”，正说明墨子是同情贱人的。其七，墨子的“非命”并非皈命。墨子认为“命”乃“暴王所作，穷人所术”，如果“立命”，就会使百姓“心悴”，故“执有命者不仁”，所以墨子的非命，是叫老百姓违命，决不是皈命。②

正如杨荣国后来回忆说：“当时郭沫若写过一篇《论墨子》（即《墨子的思

① 郭沫若：《青铜时代》，群益出版社1947年版，第135—157页。

② 杨天锡（杨荣国）：《“墨子思想”商兑》，《群众》1943年第8卷第20—21期合刊。

想》)，他认为墨子是反动的，我则与之辩论，认为墨子是进步的，由是打过笔墨官司。”① 郭、杨二人的激烈论争，反映出了当时马克思主义史学阵营有关墨学讨论的多重面向，颇具代表性。

第一，双方论墨的侧重点不同。郭沫若认为“天志”是墨子思想的核心和中坚，因而他认定墨子始终是一个宗教家，然后从这一立论来阐述墨子思想的“反动性”。而杨荣国则认为，兼爱尚同是墨子的主体思想。“天志”“明鬼”是为讲“尚同”“兼爱”思想服务的，在墨子思想体系中居从属地位。例如，因为天与鬼神都是赏善罚暴的，所以“贱人”就有反对王公大人，建立“兼爱”社会的勇气；“天下无小大国，皆天之邑也；人无幼长贵贱，皆天之臣也”(《法仪篇》)，所以，“强暴弱，诈谋愚”等压迫人的举动，会失去天赋平等的意义，为天所不欲。杨荣国认为不能仅仅抓住“天志”“明鬼”，对墨子思想进行全面否定。所以，郭沫若的主张与杨荣国等人的商榷看似针锋相对，其实是各自的论说重点不同而已。

第二，根据现有资料所见，在杨荣国的古代思想研究中，墨子研究最早，从1939年下半年开始，他就着手写了《论墨子哲学思想》一文，发表在1940年5月重庆出版的《理论与现实》第2卷第1期上，接着又相继发表《论杨朱哲学》《王充的哲学思想》等文。1940年，他将这些文章汇编成书《中国古代唯物论研究》，由桂林写读出版社出版。笔者发现，杨荣国对墨子思想的认识是一贯的，并非仅仅为了批驳郭沫若而临时专门为之，也没有因此改变自己以前的主张。例如，在《论墨子哲学思想》一文中，他已经提出，“墨学的着眼点，的确不在‘天志’与‘明鬼’”，墨子只是“因了当时民众也承认的缘故”，而把“天志”“明鬼”“作为著书立说上一时的护符罢了”，“墨子非常注重实践，认为人类是实践的”。杨荣国当时也明确反对范文澜在《中国通史简编》中对墨子的评价，“至于有人说墨子是劳动阶级的代表，是一位革命的实践家，这是完全错误了的。在政治上，他只是一个改良主义者，因为他本身还是一个代表新兴封建主的士大夫阶级”，“并不是一位什么代表劳农阶级利益的社会主义者。”在跟郭沫若商権时，他再次确认了这一点：“有人说他是‘工农革命的代表’。这个，郭先生反对；我在三年前所写的一篇论墨子哲学思想的文章上也反对过，因为那时（春秋战国时代）连资本主义的影子都看不见，哪里来的工农阶级的代表？这当然不是的。”② 筱芷在文章开篇也说：“关于墨子的思想问题，在错误的方法论的引导下，很多人曾过分的强调了墨家的革命性，甚至把他看作工农革命的代表者，无疑问的是错误的。”③ 所以，虽然杨荣国等人的文章是直接对郭沫若《墨子的思想》进行批评，但是他们在反对《中国通史简编》提出的墨子是劳动阶级

① 杨荣国：《杨荣国文集》，中山大学出版社2004年版，第164页。

② 杨天锡（杨荣国）：《“墨子思想”商兑》，《群众》1943年第8卷第20—21期合刊。

③ 筱芷：《关于墨子思想的讨论——就正于郭沫若先生》，《群众》1943年第8卷第20—21期合刊。

革命实践家这一观点上却是一致的，这从某种程度上体现出了郭沫若以及重庆《群众》周刊等在批判党内“教条主义”方面的一致性。

第三，尽管这场墨子研究讨论的背后确实隐藏着延安整风运动时对“教条主义”的斗争的考量，然而也不能忽视其本身的学术性和学术价值。正是这时期围绕墨子的争论，促使了郭沫若对先秦诸子思想进行全盘考察，最后成就《青铜时代》和《十批判书》两书。他曾说：“尤其当我的《墨子的思想》一文发表了之后，差不多普遍地受着非难，颇类于我是犯了众怒。这立刻刺激了我，要受他们的攻击，那是很平常的事；在同道的人中得不到谅解，甚至遭受敌视，那却是很令我不安。因此，我感觉着须得一番总清算、总答复的必要。就这样彻底整理古代社会及其意识形态的心向便更受了鼓舞”①。

第四，更为重要的是，无论是前述的屈原评价，还是此处的墨子研究，乃至整个先秦诸子及历史人物研究，虽然其他马克思主义史学家与郭沫若之间往往都有或大或小的分歧，但他们在中国史学史上都开启了以唯物史观为指导来研究古代思想文化史的先河，体现出不同于其他学术流派的共同学术倾向和研究路径。他们都以中国古代经济与社会变迁大势为基础，辨析历史人物的阶级性，对其思想本质及其在当时社会变革潮流中的价值和作用等展开评判。杨荣国就曾说过，研究中国思想史，“除了要有新的科学方法的知识以外，对于中国经济的历史都要有相当精细的理解”，“不管它是封建经济也好，奴隶制经济也好，我在着手研究这一时期的思想史的时候，我就非首先对这一时期的经济历史下一番研究工夫不可”②。嵇文甫也认为，“一切思想学说，都是当时社会实际生活的反映”，“思想上的各宗派，又各自有它自己所代表的社会集团，各有它自己的社会基础”，要研究先秦诸子学说，“就应该在当时社会的实际生活里掘出它的根苗”③。郭沫若评价先秦诸子时提出了著名的“人民本位”标准，其实也包含着把历史人物放在当时的社会历史背景下，考察他们是否顺应和推动了历史发展潮流，对当时历史社会发展到底起了什么作用等内容。总之，马克思主义史学家在40年代围绕上述历史人物评价的这场讨论，具有重要的学术意义和价值，是中国马克思主义史学的重要理论和实践遗产。

## 五　结语

综上可以看出，早期马克思主义史学家在坚持以唯物史观为理论指导的共同研究范式之下，与中国马克思主义史学的重要开创者郭沫若，开展了坦诚热烈的学术批

① 郭沫若：《十批判书》，群益出版社1946年版，第418页。

② 杨荣国：《关于研究中国思想史诸问题》，《青年学习》1946年第1卷第3期。

③ 嵇文甫：《老庄思想与小农社会》，《女师大学术季刊》1930年第1卷第1期。

评。他们之间的学术讨论促进了中国马克思主义史学的早期发展，体现出中国马克思主义史学勇于开展批评与自我批评、平等民主的学术品格，在中国马克思主义史学史上占有重要地位。这些对于后世学人正确评价郭沫若等老一辈马克思主义史学家的治学之路、成就贡献，客观公正地认识中国马克思主义史学的发展历程，以及推进当下的学术研究和学术批评健康发展等，都具有重要的启示和借鉴意义。正所谓“君子和而不同”，早期马克思主义史学家的学术讨论颇具民主平等作风。虽然他们的学术观点往往分歧较大，但依然属于正常学术争论之列。他们不拿名望声势压人，不简单地迎合盲从，而是互相尊重、互相学习，通过不同观点的交流与碰撞达到去伪存真、促进学术发展的目的，体现出了浓厚的民主平等的学术氛围，“充分透露着拓荒期学者唯知探索真理的精神；同时，也适如其分地表现出商量异同的良好态度”①。这些对于当下中国历史学界真正构建起“和而不同”的学术生态具有重要的借鉴意义。正如郑樵在《通志·总序》中说：“大抵开基之人，不免草创，全属继志之士，为之弥缝。”② 郭沫若的《中国古代社会研究》等著作“为我国马克思主义史学所设计的格局和开创的章法，在中国史学发展史上的重要意义和深远影响大大超过了作品本身”③。然而，改革开放以来，文化学术界出现了对郭沫若史学的质疑否定之声，甚至直斥其是“历史唯心主义”的产物，代表了“错误的治学态度”，是“一种不严肃的学风”，等等。但20世纪三四十年代马克思主义史学阵营围绕郭沫若史学的学术讨论再一次有力地说明，郭沫若是中国马克思主义史学的重要开创者和推动者，进一步深入研究郭沫若史学，依然具有十分重要的学术价值和现实意义。

（原载《中共党史研究》2019年第1期）

① 纪玄冰：《思想史研究的新果实》，《读书与出版》1947年第2卷第5期。

② 郑樵：《通志》，中华书局1987年版，“总序”第1页。

③ 林甘泉、黄烈主编：《郭沫若与中国史学》，中国社会科学出版社1992年版，第18—19页。

# 革命的思想逻辑

## ——郭沫若《中国古代社会研究》再解读

熊　权

郭沫若的《中国古代社会研究》自问世就引发热议。当下研究从政治意识形态、社会史论战、现代文化思潮、史学典范等多个方面展开，被置于不同学科领域、各种研究视阈的交叉地带，足见此书丰富多义。对于强调学术、思想意义上的《中国古代社会研究》，已有不少学者做出了精彩论述，如梳理《中国古代社会研究》对"疑古辨伪""二重证据"等史学方法的继承转化①，从近现代史上唯物史观的传播来阐释《中国古代社会研究》的价值②，从语言文字学研究的角度分析《中国古代社会研究》的启发与不足③……本文延续并推进这一思路，旨在追踪郭沫若思想的连续性和逻辑性，由此纠偏所谓的"多变善变说"。

郭沫若一生多变善变，并为此饱受诟病。且不论复杂的人际关系、权力漩涡令郭沫若之变倍添暧昧色彩，光看他早年剧变：从推崇个性论开一代浪漫主义诗风，到国民革命前后高喊文学为政治服务；从北伐战场退下来，先是主动提出要与鲁迅等共建一条战线，转而斥骂其是"二重的反革命的人物""不得志的法西斯谛"④ ……变化之速令人震惊。鲁迅亦毫不客气地冠之以"才子＋流氓"。所谓"流氓"倒不是一般意义上生活作风不好、男女关系随意，而是特别强调为人处世的无准则："无论古今，凡是没有一定的理论，或主张的变化并无线索可寻，而随时拿了各种各派的理论来作武器的人，都可以称之为流氓。"⑤ 自鲁迅的尖锐批判以来，有关郭沫若是"流氓"以及"如何流氓"一类的议论众多，至今已觉不新鲜。鲁迅发言自有其历史情境，倒是当下评价郭沫若的"两极分化"耐人寻味。就像有的研究者所说，"两极评价"是一边抓住了郭沫若的伟大，另一边抓住了他的渺小，却不能抱理解之同情去

---

① 谢保成：《重评〈中国古代社会研究〉——立足于本世纪20年代思想文化的考察》，《中国社会科学院研究生院学报》1992年第6期。

② 何刚：《郭沫若与中国社会史论战——侧重学术史视野下的叙述》，《江淮论坛》2009年第1期。

③ 周璐：《郭沫若海外十年语言文字学研究述略》，《咸阳师范学院学报》2010年第1期。

④ 杜荃（郭沫若）：《文艺战线上的封建余孽——评鲁迅的〈我的态度气量和年纪〉》，《创造月刊》1928年第2卷第1期。

⑤ 鲁迅：《上海文艺之一瞥》，《鲁迅全集》（第4卷），人民文学出版社2005年版，第304页。

思考“这一个”的价值和意义①。郭沫若的多变善变是否真的毫无线索可寻？1924年翻译河上肇著作，堪称郭沫若的思想“原点”，《中国古代社会研究》则是他接受、转化马克思主义的一个里程碑。在援引马恩理论的思想逻辑中，该书不仅开启了“学者郭沫若”，也超越了一时一地的政党政治。

## 一 古代社会研究的“前史”“脉络”

《中国古代社会研究》由导论、四篇正文以及附录组成，该书通过研究传统典籍、甲骨卜辞、周代彝铭来考察一个遥远的殷周社会。郭沫若撰写此书时正当流亡日本之初，花费一年多时间完成。写作之快固然令人惊叹，而作者从开“五四”浪漫诗风的诗人到辗转数省的北伐军人再到考古学者，身份变化之剧出人意料。连郭沫若自己都说，别人如果得知他研究古代文献，只怕以为是发疯②。所谓“发疯”，自有因由。郭沫若剧变背后隐藏着一条接受、实践马克思理论的“脉络”，从20世纪20年代初起始，贯穿国民革命前后，构成《中国古代社会研究》的“前史”。

郭沫若研究古代社会在20世纪20年代末，辩证唯物论已成国内最流行的社会思潮，被誉为中国现代思想主潮的“第三阶段”。③ 然而，他早在1924年就通过翻译河上肇的《社会组织与社会革命》，较为系统地理解了历史唯物论。经由河上肇这个窗口，郭沫若进而对马克思原典发生兴趣，计划翻译煌煌大作《资本论》，终因得不到出版社支持而放弃。河上肇介绍的马克思理论还引发郭沫若人际交往的一场震动，导致他与国家主义者发生论争和分歧④。国家主义者的孤军社、醒狮派众人与郭沫若本是同学、同乡关系，而且多有交情往来。因信服阶级革命论，郭沫若撰写数篇文章驳斥他们的反俄反共之说，包括《到宜兴去》《盲肠炎与资本主义》《文艺家的觉悟》《马克思进文庙》《穷汉的穷谈》《共产与共管》《新国家的创造》《卖淫妇的饶舌》《社会革命的时机》等。尤其《穷汉的穷谈》一篇以被压迫阶级的“穷汉”自命，细说共产主义发展的“阶段论”，又从解说“集产”驳斥造成人心惶惶的共产恐慌。文章既显示了个人立场又有超出一般的理论水准，被共青团机关刊物《中国青年》迅速转载。在“后五四”时代的思想分化与角力中，国家主义者正是中国共产党的主要思想论敌。⑤ 所谓人以群分，郭沫若阐扬马克思学说成为昔日友人眼里的异类，却获得来自共产党方面的青睐。《中国青年》转载他的文章不久，已在中共中央局、

---

① 魏建：《郭沫若“两极评价”的再思考》，《山东师范大学学报（人文社会科学版）》2012年第6期。

② 郭沫若：《我是中国人》，《郭沫若全集》文学编（第13卷），人民文学出版社1982年版，第371页。

③ 郭湛波：《近五十年中国思想史》，山东人民出版社1997年版，第148—149页。

④ 郭沫若与河上肇中国门徒孤军社的具体思想分歧，参见笔者已发表论文《郭沫若对河上肇的接受与修改》，《中国现代文学研究丛刊》2017年第1期。

⑤ 参考张燕《〈中国青年〉（1923—1927）对国家主义的批判》，硕士学位论文，福建师范大学，2014年。

宣传部担任重要职务的瞿秋白亲自登门拜访。瞿秋白对郭沫若驳斥孤军社、醒狮派的具体见解表示认同，又鼓励他多写相关文章。因为视郭沫若为同道，瞿秋白更举荐他出任广州大学文科主任。1926 年 3 月，郭沫若前往革命策源地广州赴任，从文人走上军人之路。

进入政治革命的波诡云谲，郭沫若随北伐军转战数省，遭遇了难以预料的变数。他与蒋介石过从甚密却写下著名讨伐檄文，一度拥护武汉中央又转而投身南昌起义、参加共产党等，往往被视为“多变”。然而从接受马克思主义的逻辑来看，其所作所为还是保持了相当的一致性。郭沫若抵达广东大学不久，就提出申请加入共产党。但党内经过商议，还是建议他加入国民党，到军队里做宣传工作。蒋介石赏识郭沫若的才能，的确颇有拉拢之意。郭沫若这边，即便具体工作上与之多有接触，内心却倾向国民党左派主持的武汉中央。在蒋的身边，他时时以一个“监察者”角色自居，屡屡为身处夹缝感到苦恼。在 20 世纪 20 年代以来的“多党竞革”局势中，“革命”概念尚不分明，北伐期间的国民党左派一度表现出与苏俄、中共合作的态度，当属国内主张马列一派。[①] 把郭沫若此时的政治选择判定为谄媚汪精卫政府，显然是不公允的。他拒蒋而倾向武汉政府，根本上还是信服苏俄革命，追随马克思革命论。眼见蒋介石势力日长且不断压制工农运动，加之认为武汉中央已经与蒋决裂，郭沫若公开发表著名的《请看今日之蒋介石》一文[②]，又先后游说李宗仁、朱培德反蒋。出乎意料的是，武汉政府再三权衡之后还是采取联蒋政策。抢先发声的郭沫若措手不及，沦入尴尬的“反革命”境地。当中国共产党策划南昌起义时，郭沫若随这支前途未卜、坚持以共产革命为蓝图的军队而动，在南下途中正式加入共产党。兜转一圈，他还是返回了最初的入党意愿。

国共合作公开崩裂后，郭沫若如果不是患上斑疹伤寒阻碍行程，将按照共产党的安排前往苏联。待病愈后，他已经错过赴俄航班，只好考虑带妻儿返回曾经留学、生活的日本暂且安身。自此，郭沫若被彻底“抛”出时代洪流，但国民革命造成的动荡不能轻易忘记：

> 一场大革命，不就好像放了一大串花炮，轰轰烈烈地过了一阵，只剩下满地

① 20 世纪 20 年代，“革命”一词被国民党、共产党、青年党同时征用，三党都摆出“唯我独革”的态度。所以，“革命”并不像后来新民主主义史学清晰落实为中共领导下的无产阶级革命。国共两党在共享苏俄意识形态的基础上合作北伐，在国民革命的历史语境中，国民党左派一直表示认可联俄、联共政策，在发起“分共”之前是国内的“马列派”。参考王奇生《“革命”与“反革命”：一九二〇年代中国三大政党的党际互动》，《历史研究》2004 年第 5 期。

② 1954 年，郭沫若修改了国民革命期间所作的《请看今日之蒋介石》。其中，重点修改拥护武汉政府的具体措辞，最明显的是改“党国”为“革命”“国家”。可以看到，他撰文之时是明确拥护代表“党国”的武汉中央，号召打倒蒋介石这样的野心家以“恢复党权”。至于修改，则体现了基于新民主主义革命史的后设视角。参考韩诚、赵洁《郭沫若与〈请看今日之蒋介石〉》，《中国现代文学研究丛刊》2018 年第 5 期。

残红，一片硝烟，散了，也就算了吗？……到底留下了些什么呢？毫无疑问地，是留下了一个无用长物的我！一粒鞭炮的残渣，被风卷到这海边上来了，空空洞洞地躺在这儿。我到底还可以做些什么呢？该怎么做？①

心生幻灭虚无却有所不甘，催生了强有力的质询。偏居日本岛国的郭沫若通过学术研究重拾辩证唯物论，既包含对翻译河上肇著作的回顾，又意味着对前路的探寻。在接受、转化马克思理论的思想链条上，《中国古代社会研究》将耸立成一个重要里程碑。

## 二　本土化视角与旁观者的距离

郭沫若翻译河上肇著作时就表现出特立独行，他惊叹河氏介绍的马克思理论却并非照单全收。由于不赞同河上肇说无产阶级革命需要长期积蓄、等待的"时机论"，郭沫若与河上肇的中国门徒、曾是同学和友人的孤军社论战，继而分道扬镳。在辩证唯物论思潮盛行之时，面对后期创造社、中国社会性质问题论战各派这两支主要弄潮人马，郭沫若又一次特立独行，通过撰写《中国古代社会研究》成一家之言，其中坚持翻译河上肇时期形成的、有关中国革命的具体判断堪称"不变"的确证。

郭沫若解释何以动念研究古代社会，曾特别提及后期创造社："我的向中国古代文献和历史方面的发展，一多半也就是被这几位朋友'挤'出来的。"② 此处选用"挤"一词，含义微妙。这一方面推崇创造社阐扬唯物辩证论的功劳，让自己大受启发；另一方面也非常含蓄地表达有所不满，所以自己亲自动手。郭沫若曾直接批判国内介绍辩证唯物论的不足：

辩证唯物论是人类的思惟对于自然观察上所获得的最高的成就，那是毫无疑问的。但只是作为纯粹的方法来介绍，而且生硬地玩弄着一些不容易消化的译名和语法，反而会在这个方法的接受和运用上增加阻碍。③

这里虽然没有指名道姓，却明显针对后期创造社，他们好用"不容易消化的译名和语法"广为人知。创造社"后期"崛起，始于李初梨、冯乃超、朱镜我等新生代的加入。他们从日本留学归来，自认掌握了全新的方法论。为清算"五四"文学、强调"从文学革命到革命文学"的必然性，他们提倡无产阶级文学，采用诸如"普

① 郭沫若：《跨着东海》，《郭沫若全集》文学编（第13卷），人民文学出版社1982年版，第330页。
② 郭沫若：《跨着东海》，《郭沫若全集》文学编（第13卷），人民文学出版社1982年版，第331页。
③ 郭沫若：《跨着东海》，《郭沫若全集》文学编（第13卷），人民文学出版社1982年版，第330页。

罗列塔利亚”“布尔乔亚”“奥伏赫变”“意德沃罗基”“印贴利更追亚”等一系列新词汇。这些音译词笼罩着浓厚的异域色彩，读起来佶屈聱牙，让大多数人不知所云。不少人对这种翻译风气颇不满，鲁迅就批评他们挂在嘴边的“奥伏赫变”译得过于难写[①]。梁实秋则提取“普罗列塔利亚”一词，质疑译者故作高深。他不无讽刺地引用韦白斯特大字典，说“普罗列塔利亚”没有什么奇货可居，他们在罗马时代仅仅是国家里只会生孩子的阶级[②]。当时在党内做宣传工作的郑超麟与创造社青年多有接触，却表示看不懂他们编的杂志：“里面的文章，我不很看得懂，勉强看一二页就要头痛起来，因为句子长而复杂，文法和术语都很特别。宣传部其他的人看了，也与我有同感。”[③] 当代学者专研后期创造社的译介，则认为其晦涩风格与左翼文艺大众化运动完全背道而驰。[④]

引入外来理论旨在适用本国本土。相对后期创造社的“食洋不化”，《中国古代社会研究》研究儒家经典、出土文物可以说是有的放矢。书中涉及的《诗》《书》《易》等“古中国”遗迹，大部分民众即使不能深入了解也有所耳闻。把辩证唯物论用于此，正是其普适性、真理性的最好说明。《中国古代社会研究·自序》明确提出“中国化”辩证唯物论的目标：

> 要使得一般的，尤其有成见的中国人，要感觉着这并不是外来的异物，而是泛应曲当的真理，在中国的传统思想中已经有着它的根蒂，中国历史的发展也正是循着那样的规律而来。……反过来说，我也正是想就中国的思想，中国的社会，中国的历史，来考验辩证唯物论的适应度。[⑤]

在《中国古代社会研究》诸篇中，最早写成的《〈周易〉时代的社会生活》一篇制造“反差”配适，特别引人注目。《周易》满本记录卜筮言辞本来费解，再加上后代附会伏羲、文王、周公等圣人之说，更化作一座神秘莫测的殿堂。以此作为现代唯物论的试刀石，既出人意料又独具慧眼。在郭沫若看来，那些变化无穷、预测吉凶的八卦反映了生活中的生殖和数学。他提取《周易》的字词一一进行考释，把一部扑朔迷离的卜筮言辞还原为耕种、商旅、渔猎、宗教、行政等现实记录。唯物论“永远历史化”的思维堪作破除神话的利器，这一祛魅思路刷新了国人对“天书”的认知——它其实是一本史书。对比创造社后辈的挟新（洋）自重，郭沫若相当重视

① 鲁迅：《“醉眼”中的朦胧》，《鲁迅全集》（第4卷），人民文学出版社2000年版，第64页。
② 梁实秋：《文学是有阶级性的吗?》，《新月》1929年第6、7期合刊。
③ 郑超麟：《郑超麟回忆录》，东方出版社1996年版，第176页。
④ 咸立强：《后期创造社的译介策略及内在矛盾》，《郭沫若学刊》2008年第4期。
⑤ 郭沫若：《跨着东海》，《郭沫若全集》文学编（第13卷），人民文学出版社1982年版，第330—331页。

新/旧、中/外的配适度，重视理论的“落地”。

与后期创造社差不多同时，国内“新思潮”“新生命”等各派发起社会性质问题论战，也推动了辩证唯物论的流行。各派虽然具体观点不同，却都自认秉承马克思唯物史观，从现代史学流派来看，他们与郭沫若归属同一阵营。出乎意料的是，各派对《中国古代社会研究》从理论方法、逻辑结构、史料运用、论点论据多方面发起“罕见的质疑、批判乃至全盘否定”①。究其根本原因，还是郭沫若主要延续、深化自身思考，不直接介入政见党见。

中国社会性质问题论战的政治色彩非常明显。论战以陶希圣1928年10月在《新生命》杂志发表《中国社会到底是甚么社会》起始，之后《新思潮》《动力》等刊物各抒己见，造成一场影响广泛的论争②。这些论争者以探究社会性质为入口，主要目的还是追问国民革命之后的中国往哪里去。各派主要成员都属政党中人，虽然具体言论分歧丛生，基本观点还是坐实为党派意见。陶希圣等“新生命派”代表国民党改组派发言，认为中国尚是一个宗法封建社会，所以今后的革命主旨是发动国民党内部批判，反省当权派脱离民众的官僚主义作风。《新思潮》杂志宣传中共“六大”意旨，他们受苏俄斯大林、布哈林派影响，确认革命的主要目标是反帝反封建。由“托派”成员组成的“动力派”则认为中国社会已经进入资本主义阶段，革命的主要任务是反对以国民党为代表的资产阶级。各派急于发表政见，论战中重理论轻材料、互相攻讦的问题格外突出。③ 正如有的史家指出：“（论战者）一味忙于旁征博引马克思、恩格斯、列宁的文句，而忘记去研究具体的中国历史，而以公式去推论历史。”④ 经过一段时间论战，陶希圣本人也深感“盲争乱斗”，呼吁要把谩骂功夫用到探究材料方面。⑤

郭沫若刚从国民革命的战场退下来，当然看得见这场论战所包含的政治之争、话语权力之争。但他重视从材料考据下功夫，通过考释工作的一砖一瓦来支撑理论判断，具有急于表态者不及的优势。对中国马克思主义史学颇有研究的德里克也认为，“与陶希圣的中国社会分析比较，郭著没有强烈的政治现实意涵……在这一时期的马克思主义著作中盛行的论战性笔调在郭著中是找不到的。”⑥ 尤其值得重视的是，郭

---

① 周书灿：《社会史论战背景下学术界对〈中国古代社会研究〉的辩难》，《河南社会科学》2014年第2期。

② 李娟：《中国社会史大论战的来龙去脉》，《中国社会科学报》2017年2月21日第4版。

③ “中国社会性质问题论战”和“中国社会史论战”在学术史上应有所区别：前者发生在大革命之后到20世纪30年代初，集中讨论中国社会性质问题，主要以《新思潮》《新生命》《动力》为阵地。后者还包括更多内容：随论战的深入，又有关于中国社会史、中国农村社会性质等问题的讨论，前后持续时间约10年，论战阵地还包括《读书杂志》《中国经济》《中国农村》等期刊。

④ 翦伯赞：《历史哲学教程》，北京大学出版社1990年版，第138页。

⑤ 陶希圣：《中国社会形成发达过程的新估定》，《读书杂志》1932年第7、8期合刊。

⑥ ［美］阿里夫·德里克：《革命与历史：中国马克思主义历史学的起源（1919—1937）》，翁贺凯译，江苏人民出版社2005年版，第139页。

沫若对中国革命的判断没有随时势而变，仍旧延续翻译河上肇著作时期形成的观点。本来，郭沫若在南昌起义后加入中国共产党，又据说流亡日本时身负党中央交代的“重要任务”，[①] 那么《中国古代社会研究》理当向“新思潮”派看齐，然而其主要观点明显与之“错位”。该书导论《中国社会之历史的发展阶段》判断中国已经进入无产阶级革命时代：

> 中国的市民阶级尽管是怎样追赶，但资本帝国主义等不及他们自己的产业扶植起来，已经把百分之九十以上的国民化成了一个全无产者。电气是已经早传到中国来的，“由大总统而委员长”的革命不是早就在酝酿之中了吗？[②]

清末，“大总统”取代皇帝发生了资产阶级颠覆封建社会的革命，而“委员长革命”正指代郭沫若亲历的国民革命。可以看到，此时的郭沫若坚持认为国民革命代表了理想的、最新形态的无产阶级革命，他并没有因为蒋介石等具体人事或政党之争，去否定这场革命运动——即使它在后来的新民主主义革命史中被视为“失败”。当年孤军社等河上肇的门生、信徒们坚守经济原则，反对尚处物质贫弱的中国直接进入无产阶级革命。郭沫若反驳他们道：“在现在的中国，个人资本主义能够有发展的余地吗？……国际资本家万矢一的地倾向着我们这个还在资本制度以前的中国……中国的情势不是两百年前的亚丹斯密时代的英国”。[③] 这种资本主义在中国没有发展空间的观点，与上述资本帝国主义不允许中国市民阶级发展自己的产业、把他们逼成“全无产者”的说法，如出一辙。

中共“六大”主张反帝反封、承认资产阶级革命的合理性，把无产阶级革命视为尚未来临的高级阶段。而郭沫若彻底否定资产阶级、要求直接进入无产阶级革命的观点，显得更为激进。如果在论战各派中一定要寻找相近者，他倒与当时的“托派”最为贴合。从时间顺序来看，《中国古代社会研究》出版在先，因其“问题意识”与社会性质问题论战近似，才引发广泛的引述与批判。正如有的学者指出，认为郭沫若写作《中国古代社会研究》是宣传中共“六大”、认为他直接参加中国性质问题论战甚至视之为“主将”，都不过意识形态之见影响下的误解。[④] 在以后的岁月推移中，郭沫若也没有因为该书观点与“六大”意识形态的“错位”做任何修改。

---

① 吴奚如：《郭沫若同志和党的关系》，《新文学史料》1980 年第 2 期。

② 郭沫若：《中国古代社会研究·导论》，《郭沫若全集》历史编（第 1 卷），人民出版社 1982 年版，第 30 页。

③ 郭沫若：《到宜兴去》，《郭沫若全集》文学编（第 13 卷），人民文学出版社 1982 年版，第 331—332 页。

④ 谢保成：《重评〈中国古代社会研究〉——立足于本世纪 20 年代思想文化的考察》，《中国社会科学院研究生院学报》1992 年第 6 期。

## 三 求“全体”意识

《中国古代社会研究》遭到唯物史观阵营的一致批判，郭沫若以此为出发点、不断深入的古文字研究却在马克思主义的“敌人”那里获得了高度认可。1948年郭沫若当选国民政府首届院士，尽管评选发生争议最终仍入选人文组28人之一，可见学术足以服人。① 他最被学界推崇的甲骨文、金文研究，正是从《中国古代社会研究》中探讨卜辞、周代彝铭的两篇文章起步。该书作为郭沫若收获盛名的奠基之作，以一种突出的“求全体”意识摆脱前人研究的光环，深得马克思“整体论”之优长。

从学术传承而言，郭沫若的古代社会研究关联着民国时期兴起的“整理国故”“罗王业绩”；但因呼应马克思“整体论”思维，具有迫切的求“全体”意识，由此占据了一个批判的制高点。马克思的“整体论”（或称“有机论”）特性广受关注，如卢卡奇《历史与阶级意识》强调马克思辩证法是“总体性范畴”的，另一位当代马克思研究者马丁·杰伊则直接指出：“马克思的确是一位整体的思想家，总体（totality）一词，或诸如整体（the whole）之类的同义词作为正面用语经常出现在他的著作之中。”② 郭沫若针对考古研究所强调的“全体”，与马克思“整体论”异曲同工：“我们注重整个的历史的发展，客观的分析自然要注意到，然而不要忘记了全体……总得向全体努力，即使你自己不能成为全体，当得作为有用的肢体与全体联系。”③

清末民初之际，经学式微，史学崛起，学术发生经史易位的大变革。④ 在史学渐成大端的潮流中，胡适、顾颉刚为代表的国故派以及罗振玉、王国维为代表的考古派尤其引人注目。郭沫若对国故派著名的“疑古”思路有所同情、共鸣，古代社会研究从纸面文字转向出土文物就因此而来。从“疑古”角度看来，文字经过历代传抄翻刻，早已不复本来面目。夹杂无数增减篡改、不经辨析的古史只能是一部“伪史”。郭沫若在研读《诗》《书》等古籍的过程中已经自觉纸上材料不可靠，但直到《中国古代社会研究》成书，才有机会细读《古史辨》（第一册）。他由衷赞叹顾颉刚“层累地造成的古史”的确是卓识：“我发现了好些自以为新颖的见解，却早已在此书中由别人道破了……这些见解与敝见不期而同，但都是先我而发的。”⑤ 对原先

---

① 参考沈卫威《郭沫若是怎么当上院士的》，《名作欣赏》2019年第2期。

② 转引自［美］蒂莫西·西尔《论马克思的整体论》，《国外社会科学动态》1989年第9期。

③ 郭沫若：《序美术考古一世纪》，《郭沫若全集》考古编（第10卷），中国科学出版社1992年版，第27页。

④ 参见罗志田《清季民初经学的边缘化与史学走向中心》，《权势转移：近代中国的思想、社会与学术》，湖北人民出版社1999年版。

⑤ 郭沫若：《中国古代社会研究附录·夏禹的问题》，《郭沫若全集》历史编（第1卷），人民文学出版社1982年版，第303页。

看不上的胡适哲学史，也承认“于古代的边际却算是摸着了一点”。

然而郭沫若肯定国故派毕竟有限，最不满他们的专注“整理”。郭沫若认为“整理”止步于求事实，远远没有达到“批判”的境界。所谓“批判”是要求从事实推出观点，充满一种整合细节以追求“全体”的冲动：

> 我们的“批判”有异于他们的“整理”。
>
> “整理”的究极目标是在“实事求是”，我们的“批判”精神是要在“实事之中求其所以是”。
>
> “整理”的方法所能做到的是“知其然”，我们的“批判”精神是要“知其所以然”。
>
> “整理”自是“批判”过程所必经的一步，然而它不能成为我们所应该局限的一步。①

在郭沫若看来，学术研究假如不能生产观点作用于社会和时代，即使整理再多材料、复原再多历史还是没有达到目的。国故派提倡“为学术而学术”意在弃绝功利而建立客观科学，但他们孜孜辨析材料不得不遭受无所建树的压力。批评者何止郭沫若一人。《古史辨》问世不久，就被读者催问讨论的结果如何、为何没有清晰的框架系统？顾颉刚只好回应，古史研究还只是开了一个头，至少等到老年才能有结果，目前“还只能见到一点写一点，做零碎的发表和溷杂的编集”。② 这样的言辞作为自述，也不无自辩的意思。

在反思国故派的情境下，郭沫若与“罗王业绩”相遇恰逢其时。他由此绕开“辨伪”畏途，直面可征信的材料。相对纸面文字流传容易遭到增删修订，埋在地下的文物一般难以被加工处理，所以后者远比前者可信。这个道理虽然简明，但考古学在20世纪上半期的中国尚属一门新兴学问，真正做出成绩者寥寥。身居日本相对封闭的环境，郭沫若幸运地觅得罗振玉、王国维的考古著作。他最先找到罗振玉《殷虚书契前编》，得以接触河南安阳殷墟这一中国当时最大考古发现。可惜罗书主要蒐集甲骨拓片，缺乏阐释论述。由于当时毫无甲骨文功底，郭沫若只看到一片片墨黑底色的拓片上有白色纹路，除了确认那是文字，其他一无所知。直到辗转在东洋书库找到王国维的《殷虚书契考释》，终于柳暗花明。书中不仅有详细的字汇考释而且项目井然，令郭沫若十分欣喜，对之评价很高：“那书的一首一尾都有他（指王国维——引者注）做的序，不仅内容充实，前所未有，而文笔美畅，声光灿然，真正是令人

① 郭沫若：《中国古代社会研究·自序》，《郭沫若全集》历史编（第1卷），人民文学出版社1982年版，第7页。

② 顾颉刚：《〈古史辨〉第一册自序》，《古史辨自序（上）》，河北教育出版社2000年版，第19—20页。

神往。”[①] 如获至宝的郭沫若仅仅花一两个月的时间，就读完了文库里的《观堂集林》，并扩展至馆藏的一切甲骨文、金文著作以及中国境内考古相关书籍。

郭沫若在罗振玉尤其是王国维引路下接触“新材料”，但在“新问题”的解决上他自认超过两位导师。罗振玉、王国维的甲骨文研究承中国朴学传统，主要做文字的汇集和考释。郭沫若则一开始就定位于探寻古代社会面貌，进而阐释中国社会的发展规律：“余之研究卜辞，志在探索中国社会之起源，本非拘拘于文字史地之学。”[②] 在世界文明史的视野下，古代社会研究指向更加广阔，即实证中国社会的发展轨迹与欧洲社会相似：“中国人不是神，也不是猴子，中国人所组成的社会不应该有甚么不同。”[③] 实际上，辩论中国社会发展是否与欧洲相同是20世纪20年代末马克思主义史学界的热点问题，它不仅在苏俄理论家内部爆发而且成为中国社会性质问题论战的焦点。否定者认为中国社会长久停留在稳定的“亚细亚社会”，本身没有发展出现代资本主义。郭沫若不同意这种观点，在他看来，中国社会发展符合马克思《政治经济学批判·序言》总结的社会形态“四阶段论”，殷商之变就是中国社会脱离“亚细亚社会”（原始公社社会）的证据。值得注意的是，中国社会是否停留于“亚细亚生产方式”并非一个单纯学术问题，将对中国革命的方向和策略起重要指导作用。基于如此宏大的“问题意识”，郭沫若的“说文解字”竭力超脱零碎考据，向系统科学提升。

例如，从具体字形现象说起，推断殷商时代畜牧业的极度繁盛。郭沫若发现卜辞中用牲之数极多，“马”“牛”“羊”“鸡”“犬”“豖”往往被采用为象形文字的某个部件，而且“象”也作为一个部件嵌入“御”“为”等字中。又据《吕氏春秋》记录，先秦人们多驭使大象，有服象、蓄象习俗。郭沫若由此认为，卜辞时代不仅具备了后代生活常见的“六畜”，还以大象为“第七畜”，驱使于日常生活，可见畜牧业之发达[④]。又例如从周代彝铭文字实证奴隶社会的特性。彝铭中存在许多有关“臣”“仆”“人民”的条目，凡指称者，被用于赏赐、买卖、抵债等功用，与器物了无分别。郭沫若得以推断，低等人群在当时属于公认的一种社会财产，正是奴隶制出现的证明[⑤]。就社会形态特点而言，畜牧业的发达、奴隶被大规模使用的两个方面，标志着奴隶制度的形成。可以看出，郭沫若的研究旨归是层层推进的：从文字考释揭示殷周变革，从殷商变革说明中国社会历经氏族社会到奴隶社会的过渡，从社会

---

① 郭沫若：《我是中国人》，《郭沫若全集》文学编（第13卷），人民文学出版社1982年版，第363页。

② 郭沫若：《甲骨文字研究·序》，上海大东书店1931年版，第1页。

③ 郭沫若：《中国古代社会研究·自序》，《郭沫若全集》历史编（第1卷），人民文学出版社1982年版，第6页。

④ 郭沫若：《卜辞中的古代社会》，《郭沫若全集》历史编（第1卷），人民文学出版社1982年版，第201—208页。

⑤ 郭沫若：《周代彝铭中的社会史观》，《郭沫若全集》历史编（第1卷），人民文学出版社1982年版，第252—255页。

形态过渡求证中国并未陷入“亚细亚社会”形态。他填补了马恩未能展开的中国社会研究，又反驳了中国社会长期停滞、不符合一般发展规律的观点①。如此由小及大、由局部而整体，郭沫若自信细节的古文字研究具有整体价值：“中国的鼓目暴睛的文字实在是比穿山甲、比蝟毛还要难于接近的逆鳞。外国学者的不谈，那是他们的矜慎……中国人是应该自己起来，写满这半部世界文化史上的空页。”② 也无怪董作宾从系统性着眼，肯定郭沫若的古代社会研究道：“他把《诗》《书》《易》里面的纸上材料，把甲骨卜辞、周金文里面的地下材料，熔冶于一炉，制造出一个唯物史观的中国古代文化体系。”③

## 四 结语：重评革命、革命知识分子

以接受、转化马克思理论为逻辑，前文主要总结郭沫若研究古代社会之优长。毋庸讳言，《中国古代社会研究》一书也存在不少缺陷，刚问世就遭到各种批评，郭沫若自己也承认该书有“公式主义”、误用史料、以讹传讹等毛病。然而就像有的研究者所说：“‘大家’的意思，不是字字句句颠扑不破，每篇文章都是‘不刊之论’，而是把每个细小的问题都能纳入大的范围来考虑，善于以小见大，它更关心的问题是整体推进。”④ 本文不在刻意拔高郭沫若的古代社会研究，而强调他的学术探索有着思想的独立性和一致性。

令人遗憾的是，多变善变的郭沫若形象掩盖了他的“不变”。自 20 世纪 80 年代以来，学界破除政治决定论、要求学术独立的呼声日高。以“告别革命”为“先见”，凡站在共产革命一边、主张为政治服务的知识分子不同程度地遭到质疑，而郭沫若尤其沦为追逐政治风潮的“变色龙”。对其无人格、无操守的贬斥真假掺杂、流行成风，一个影响广泛的“非郭沫若”认识装置遮蔽了历史本原。⑤ 自余英时质疑郭沫若抄袭钱穆，郭沫若的学术研究更是倍受争议，甚至被众多研究者避而不谈。然而 20 世纪的中国学术无法让马克思主义的中国化缺席，也就不能抹掉郭沫若的相关创见。20 世纪 20 年代的郭沫若亲历国民革命又返身学术研究，堪称“有学问的革命

---

① 马克思、恩格斯早就提出了所谓“亚细亚生产方式”，但未对中国的具体情况作深入研究。国民革命结束后，苏俄部分理论家坚持说中国社会具有停留于“亚细亚社会”的特性，长久陷于极度稳定和停滞中。参见［美］阿里夫·德里克《革命与历史：中国马克思主义历史学的起源（1919—1937）》，翁贺凯译，江苏人民出版社 2005 年版。

② 郭沫若：《中国古代社会研究·自序》，《郭沫若全集》历史编（第 1 卷），人民文学出版社 1982 年版，第 9 页。

③ 董作宾：《中国古代文化的认识》，《中国现代学术经典·董作宾卷》，河北教育出版社 1996 年版，第 614 页。

④ 李零：《我读〈观堂集林〉》，《书城》2003 年第 8 期。

⑤ 李斌：《对“非郭沫若”认识装置的反思》，《文艺理论与批评》2017 年第 5 期。

家”。客观地说，他身处某些具体情境，尤其晚年，言行有待商榷甚至引以为戒，但采取“倒推”思维对之全盘否定，与从反思“文革”出发继而否定中国现代革命运动如出一辙。这种思维模式的误区，无非以另一种极端去替代曾经的政治论极端。当我们反观“纯学术”“纯文学”其实不过一种话语生产时，重评革命、革命知识分子就成了势所必要、理所当然。政治/学术的二元思维曾经极大程度地主导学术研究，学术为政治服务与学术独立作为两种思维模式导致了截然不同的评判。实际上，20世纪中国的学术与政治从来不曾隔离，二者的相生相克、冲突张力留下了意味无穷的探索空间。本文还原郭沫若的学者形象，发掘他为共产革命所做的学术探究及理论建设，正是尝试“重评”之一种。

（原载《现代中国文化与文学》2019 年第 4 期）

# 郭沫若论吴起评析

杨胜宽

郭沫若在20世纪研究诸子百家的过程中，对历来归属于兵家的吴起作过专门研究，其研究成果主要反映在收入《青铜时代》的《述吴起》和收入《十批判书》的《前期法家的批判》中对吴起的专论部分。《述吴起》的专文完成于1943年9月，《前期法家的批判》完成于1945年2月，相距只有一年多时间。由于专文对吴起的生平经历、终身建树进行了较为全面的评判，故后来将其作为前期法家重要人物之一形成专论时，大多沿用了专文所获得的研究成果，郭沫若此时评价吴起，采取了“把他的面貌再画出一个简单的轮廓”的处理方式。[①] 本文讨论郭沫若对于吴起的评价，主要以《述吴起》所及内容为基础，参之以《前期法家的评判》论述吴起、商鞅的相关内容，及1943年8月所作的《墨子的思想》一文对于墨学后人评价中涉及吴起的论述片段。

尽管这些资料相对有限，但郭沫若对吴起评价之高，却是后世研究者不宜忽略的。在他看来，吴起不仅是他生活的那个时代杰出的军事家，而且是富于革命精神的大政治家。吴起在军事领域，与孙武齐名，既有军事理论建树，又有开一代风气之先的兵役制度设计；在风起云涌的诸侯各国变法改革中，他的变法精神与举措被稍后的商鞅所继承，其在中国两千多年的封建社会国家治理中，产生了长久影响。故郭沫若对吴起作出了很高的总体评价：“吴起在中国历史上是永不会磨灭的人物。”[②] 他长于用兵，同时又擅长地方治理事务，在魏文侯时以治理西河成效显著而享誉内外；他做地方官和执掌中央政权都注重法治，但同时又适当兼用儒家的亲民利民之术，避免了商鞅唯法是尚、以刑去刑的法治极端化弊端。吴起立身处世的这些观念与作为，在郭沫若看来，跟吴起善于吸收各家思想理论而扬长避短的过人智慧密不可分。自然，吴起的成长与成功，与其所处的百家争鸣、思想自由的时代背景直接相关。因此，看到吴起战国前期取得成功一面的同时，在他身上，也烙下了那个时代所特有的士人朝秦暮楚、唯个人功名是尚的明显印记。

---

① 郭沫若：《十批判书·前期法家的批判》，《郭沫若全集》历史编（第2卷），人民出版社1982年版，第319页。

② 郭沫若：《青铜时代·述吴起》，《郭沫若全集》历史编（第1卷），人民出版社1982年版，第506页。

## 一 作为兵家的吴起

吴起在历史上主要以兵家著称，其所著兵书，《韩非子》《史记》《汉书·艺文志》多有记录。如《韩非子·五蠹》云："境内皆言兵，藏孙、吴之书者家有之。"①可知当时孙、吴的兵法之书为"言兵者"所必备。司马迁亦言："世俗所称师旅，皆道《孙子》十三篇、吴起《兵法》，世多有，故弗论。"② 在西汉时代，吴起的《兵法》乃世人常见之书，故司马迁为吴起作传记时，不叙述该书内容。班固《汉书·艺文志》在"杂家类"著录《吴子》一篇，又在"兵家类·兵权谋"子类中著录《吴起》四十八篇。注云："有列传。"班固在论"兵权谋"的主要特征时云："权谋者，以正守国，以奇用兵，先计而后战，兼形势，包阴阳，用技巧者也。"③ 而其阐述兵家的演变进程则云："自春秋至于战国，出奇设伏，变诈之兵并作。"④ 由此可知，自古言兵、用兵之道，到春秋战国时代发生了划时代的重大变化，注重权谋计算，兼顾战争的各种因素，甚至推崇兵不厌诈，成为基本时代特征。孙武、吴起、孙膑的《兵法》，成为这种用兵理论和战争实践的典型代表之作。

郭沫若对于《汉书》著录的《吴起》四十八篇和《吴子》一篇，认为两书皆已佚亡。而关于传世的《吴子》六篇，他的判断是："现存的《吴子》，仅有《图国》《料敌》《治兵》《论将》《应变》《励士》，共六篇，总计不上五千字，半系吴起与魏文、武二侯之问答，非问答之辞者率冠以'吴子曰'。辞义浅屑，每于无关紧要处袭用《孙子兵法》语句。"同时还指出其中有袭用《曲礼》《淮南子·兵略》的痕迹。⑤

但郭沫若的判断结论似乎显得有些草率。《四库全书总目》对历代正史经籍、艺文之志所载《吴起》一书的传承颇详："司马迁称起《兵法》世多有，而不言篇数。《汉艺文志》载《吴起》四十八篇。然《隋志》作一卷，贾诩注；《唐志》并同。郑樵《通志略》又有孙镐注一卷。均无所谓四十八篇者。盖亦如《孙武》之八十二篇出于附益，非其本书世不传也。晁公武《读书志》则作三卷，称唐陆希声类次为之。凡《图国》《料敌》《治兵》《论将》《变化》《励士》六篇。今所行本，虽仍并为一卷，然篇目并与《读书志》合，惟《变化》作《应变》，则未知孰误耳。"⑥ 表明《汉书·艺文志》"兵权谋"类所著录的《吴起》四十八篇，传至隋唐时期，仍保留了部分篇目，或合为一卷，或别为二、三卷，所列六篇篇目及内容，在宋代晁公武的

① 梁启雄：《韩子浅解下册》，中华书局1982年版，第482页。
② 司马迁：《史记·孙子吴起列传》，中华书局1982年版，第2168页。
③ 班固：《汉书·艺文志》，中华书局1983年版，第1741—1758页。
④ 班固：《汉书·艺文志》，中华书局1983年版，第1762页。
⑤ 郭沫若：《青铜时代·述吴起》，《郭沫若全集》历史编（第1卷），人民出版社1982年版，第510页。
⑥ 永锵等：《四库全书总目·子部·兵家类·吴子提要》，中华书局1981年版，第1741—1758、836页。

《郡斋读书志》中保存基本完整，只有个别篇名略有不同。只是《四库全书总目》未曾提及《汉书·艺文志》著录的《吴子》一卷，不知是编纂者的遗漏，还是认为其非指吴起所著之书。但无论如何，自汉至清，《吴起》或者《吴子》的部分内容得以传承保留下来，已得到今天多数研究者的认同。其在传承过程中有所附益或变化，则是古代文献流传的常态，郭沫若对此应该深有体会。他用六篇文献中少数所谓抄袭窜入例证来否定其部分传世文献的真实性，是不够严谨审慎的。而他对《汉书·艺文志》“杂家类”所载《吴子》一篇，先说已佚，后又作了一个或然性的推测：“或者今存《吴子》即是此书，被后人由一篇分而为六篇的吧？”[①] 这样的推断没有证据支持，难以判断其是非对错。

吴起之以兵家著称，在《史记》吴起本传中言之甚多，开首即云：“吴起者，卫人也，好用兵。尝学于曾子，事鲁君。齐人攻鲁，鲁欲将吴起。吴起取齐女为妻，而鲁疑之。吴起于是欲就名，遂杀其妻，以明不与齐也。鲁卒以为将。将而攻齐，大破之。”[②] 看来吴起在出仕以前，就喜欢兵法之类的书，故事鲁君时，正在努力寻找展示其用兵才能的机会。恰逢齐人将攻鲁，让吴起遇到了千载难逢的时机；鲁君想用他为将，但又担心其心向齐国，难以决断；当时吴起为了证明自己一心为鲁的心意，他不惜将所娶之齐女杀掉以明志。最终被任命为鲁将，取得了率领鲁国军队大破齐军的胜利。吴起的军事才能首次得到充分展现，他也因此而在诸侯国之间一战成名。

而郭沫若对于《史记》的这段记载，斥之为“类似神话的传说”“传文所据却只是一片蓄意中伤的谣言”，认为不符合常情常理，是不可信的：“然而‘猜忌’到要把自己的妻子杀了去求做官，是怎么也难以使人相信的事。”[③] 他还指实造谣中伤的人，可能就是在鲁君面前说坏话的王错之流，并且肯定这“从头至尾是中伤”。[④]

现代学者孙开泰在《吴起传》第十三回中描写了此事，首先肯定此事是真实的，只不过被对其为难的鲁臣柳子瑞所逼，不得已剑指其妻田燕的胸膛，在吴起犹豫难忍下手时，田燕主动将剑刺入自己胸膛，死在了吴起与柳子瑞面前。于是，吴起当即得到了帅兵攻齐的兵符。[⑤] 尽管孙氏接受了《史记》所记吴起杀妻求将的史实，但用近似小说家的笔法把其杀妻举动描写成被逼无奈之举，其情节逻辑依然认为吴起杀妻求将不合情理。

其实，把吴起放在战国时代的特殊历史背景之中，且设身处地看待其所面临的两难选择，好用兵、求声名，且初出仕尚一无所成的复杂心态，杀妻求将之事未必不可

① 郭沫若：《青铜时代·述吴起》，《郭沫若全集》历史编（第1卷），人民出版社1982年版，第511页。

② 司马迁：《史记·孙子吴起列传》，中华书局1982年版，第2165页。

③ 郭沫若：《青铜时代·述吴起》，《郭沫若全集》历史编（第1卷），人民出版社1982年版，第511—512页。

④ 郭沫若：《青铜时代·述吴起》，《郭沫若全集》历史编（第1卷），人民出版社1982年版，第512页。

⑤ 孙开泰：《吴起传·受逼迫杀妻求将，搞阴谋卖友夺帅》，山花文艺出版社1996年版。

能发生。如果联系其少年时在卫国杀掉诽谤他的三十余人，然后在离开卫国时向母亲告别发誓表白："齧臂而盟曰：'起不为卿相，不复入卫。'"后来不久母亲去世，他也没有回去办理丧事。他的老师曾子怒其不孝，因此与之断绝了师生关系。[①] 也许由此能够认识吴起的为人性格及其对功名近乎狂热的追求。其在两难取舍中选择为将而取功名，在战国时并不算十分稀罕和违背常情的行为。

正是其仕鲁为将所展示出来的卓越军事才能，后来吴起仕魏仕楚，他的治军潜能得到进一步发挥，所取得的成就奠定了他在战国前期的声誉地位及其在中国军事史上的重要影响。这方面的记载见于各种史籍，《战国策·魏策一》："公叔痤为魏将，而与韩、赵战浍北，禽乐祚。魏王说，迎郊，以赏田百万禄之。公叔痤反走，再拜辞曰：'夫使士卒不崩，直而不倚，挠拣而不辟者，此吴起余教也，臣不能为也。'"[②] 说魏军能够取得战胜韩、赵联军的胜利，靠的是士卒勇往直前、不屈不挠的战斗精神，而这种战斗力的发挥，得益于吴起所创造的一套组织和训练方法。《汉书·刑法志》则云："春秋之后，灭弱吞小，并为战国，……雄杰之士，因势辅时，作为权诈，以相倾覆。吴有孙武，齐有孙膑，魏有吴起，秦有商鞅，皆禽敌制胜，垂著篇籍。当此之时，合从连衡，转相攻伐，代为雌雄。齐闵以技击强，魏惠以武卒奋，秦昭以锐士胜。世方争于功利，而驰说者以孙、吴为宗。"颜师古注"魏惠以武卒奋"云："奋，盛起。"[③] 说明魏国的武卒，在当时的诸侯国中，是以战斗力旺盛著称的。郭沫若对"魏惠以武卒奋"有如下评价：

> 由这个叙述看，可以知道魏之"武卒"便是"吴起余教"。魏之武卒是怎样的编制呢？《志》文引孙膑语曰："魏氏武卒，衣三属之甲，操十二石之弩，负矢五十个，置戈其上，冠胄带剑，赢三日之粮，日中而趋百里。中试则复其户，利其田宅。"……据这看来，吴起是我国施行征兵制的元祖。[④]

看来魏国武卒之强盛，既有实行军队职业化的重要因素，也与平时严格训练和过硬考核的充分准备有关。养兵千日，用兵一时，如果没有吴起所创造的一套近乎严苛的军事训练方法与大力度推动军队职业化建设的措施，魏国的军队就不可能有那么强悍的战斗力和奋勇拼杀的顽强作风。

然而，吴起带兵，并不一味地严苛要求，他还有体恤士卒、与部下同甘共苦的一面，很得士兵的拥护和爱戴。《韩非子》记载了一段吴起为士卒吮疽的事迹："吴起

① 司马迁：《史记·孙子吴起列传》，中华书局 1982 年版，第 2165 页。

② 刘向辑录：《战国策》卷二十二，上海古籍出版社 1985 年版，第 784 页。

③ 班固撰，颜师古注：《汉书·刑法志》，中华书局 1983 年版，第 1085—1087 页。

④ 郭沫若：《青铜时代·述吴起》，《郭沫若全集》历史编（第 1 卷），人民出版社 1982 年版，第 514—515 页。

为魏将而攻中山，军人有病疽者，吴起跪而自吮其脓。伤者母立而泣。人问曰：‘将军于若子如是，尚何为而泣?’对曰：‘吴起吮其父之创而父死，今是子又将死也，今吾以是泣。’”① 《史记》吴起本传记载大意相同，但略有差异：“起之为将，与士卒最下者同衣食，卧不设席，行不骑乘，亲裹赢粮，与士卒分劳苦。卒有病疽者，起为吮之。卒母闻而哭之。人曰：‘子卒也，而将军自吮其疽，何哭为?’母曰：‘非然也。往年吴公吮其父，其父战不旋踵遂死于敌。吴公今又吮其子，妾不知其死所矣，是以哭之。’”② 郭沫若对此事却不以为然，质疑之曰：

> 能与士卒同甘苦，共衣食，这是可以相信的，但为收士卒欢心而至于吮疽，却有点令人难以相信。因为病疽者假使是生长在自己能吮的地方，他决不会让自己的主将来跪吮；假使是生长在自己不能吮的地方，他的同僚也决不会让主将去跪吮而作旁观，尤其是患者的母亲也不会只是旁立而泣。一位母亲的爱儿子，比任何良将爱士卒的心总要急切些，岂有将吮而母亲不能吮的事？大约吴起当时曾经作过要跪吮的表示，结果被人替代了，但那表示被粉饰了起来，便成了佳话。认真说，照我们学过医的眼光看来，吮疽或吮创实在是最原始又最危险的办法，不必是对于吮者危险，而是对于被吮者危险。人的嘴是很不干净的，创被吮了反而增加化脓的危机，疽假如是脓头多的所谓痈，那是愈吮愈坏。③

此番质疑未免强作解事，是拿现代的观念去看待古时的事情，拿寻常的境况去揣度非常的事件。《韩非子》说其母“立而泣”，并没有明说其母在事发现场，怎么可能其母出现在与敌军交战的前线战场？司马迁将《韩非子》容易引起理解歧义的表述改为“闻而哭之”，情况更加清楚。因打仗而受伤的士卒，在当时的条件下，吴起为之吮吸其伤口的脓液是完全有可能发生的事，其如此举动，未必就是为了“收士卒欢心”，古今爱惜士卒的将帅，都会做出类似的举动。至于人的嘴巴是否干净，吮的是疽还是痈，研究者在完全不清楚当时的实际情况时，随意做出揣度性质疑，是没有必要和不严谨的；而由此发出批评，更显得苛责于古人。伤者的母亲闻吴起为其子吮疽而哭泣，正体现了母子之间的特殊感情，但这种哭泣，并非全是为儿子将效死疆场而发，其中也包括了对吴起的感激之情。因为她知道，作为将帅的吴起如此爱戴士卒，其子在战场上一定会发愤杀敌，战死沙场，其内心的感情是十分矛盾而复杂的，不仅仅是怜惜儿子的生命。

吴起仕魏的最著名成就，是长期任魏国边防重镇西河之守，不仅成功“拒秦、

① 韩非著，梁启雄解：《韩子浅解·外储说左上》，中华书局 1982 年版，第 282 页。

② 司马迁：《史记·孙子吴起列传》，中华书局 1982 年版，第 2166 页。

③ 郭沫若：《青铜时代·述吴起》，《郭沫若全集》历史编（第 1 卷），人民出版社 1982 年版，第 516—517 页。

韩”，而且以“善用兵，廉平尽能得士心”驰誉当时，是贤能的地方军事、行政首长，一直受到魏文侯的赏识。在魏武侯之世，吴起继续担任西河守的职务，但因为“相魏”的一段政治风波，改变了吴起的仕途走向乃至此后的人生结局。

关于此事，《吕氏春秋》及《史记》吴起本传都作了记载，内容基本相同，只是其中的人名有所不同而已。《吕氏春秋》云：“吴起谓商文曰：‘事君果有命矣乎！’商文曰：‘何谓也？’吴起曰：‘治四境之内，成训教，变风俗，使君臣有义，父子有序，子与我孰贤？’商文曰：‘吾不若子。’曰：‘今日置质为臣，其主安重；今日释玺辞官，其主安轻，子与我孰贤？’商文曰：‘吾不若子。’曰：‘士马成列，马与人敌，人在马前，援桴一鼓，使三军之士，乐死若生，子与我孰贤？’商文曰：‘吾不若子。’吴起曰：‘三者子皆不吾若也，位则在吾上，命也乎事君！’商文曰：‘善。子问我，我亦问子。世变主少，群臣相疑，黔首不定，属之子乎，属之我乎？’吴起默然不对，少选曰：‘与子。’商文曰：‘是吾所以加于子之上已。’吴起见其所以长，而不见其所以短；知其所以贤，而不知其所以不肖。故胜于西河，而困于王错，倾造大难，身不得死焉。”①

其中的“商文”《史记》作“田文”，谗毁吴起的“王错”《史记》作“公叔”。郭沫若对此二人之异，采信了《吕氏春秋》，而认为司马迁记忆出错。他对此分析云：

> 造这个故事的大约是同情吴起的人，以为他有功应该相魏，或因他有才，希望他相魏，故造出了这种命运说，替吴起表了一番功，而且写他虚怀若谷有自知之明。我想以吴起那样眷眷于西河，且“释天下如释躧”的人，他是不会这样浅薄地怨望于没有做到相位。②

其实，郭沫若的这个分析判断未必符合吴起的性格、心态及其对相魏得失的格外看重。无论是同情吴起的人有着此番想法，还是谗害吴起的人想赶走他，都证明吴起据守西河功劳甚大，声名卓著，其能力得到支持者的信任，同时也受到嫉妒者的诋毁。他自信有能力做魏的相国，眼看机会就在咫尺，这离他实现在卫国辞别母亲时所立下的誓言只有一步之遥，其与商文争论谁该做魏相，反映了吴起此时的真实心声，他可以开诚布公地与之谈论自己的功绩与能力，毫不讳言自己够格做魏相；但在商文反问他，是否具备少主继位让大臣归顺百姓安宁的统筹协调能力时，吴起沉默了好一阵，才承认商文比自己略胜一筹。吴起没有做成魏相，随即又遭王错谗毁，使他彻底意识到魏武侯对自己已经不信任，发展前途无望，所以才决计离开魏国，到能够赏识

① 陈奇猷：《吕氏春秋校释 · 审分览 · 执一》，学林出版社 1984 年版，第 1133—1134 页。

② 郭沫若：《青铜时代 · 述吴起》，《郭沫若全集》历史编（第 1 卷），人民出版社 1982 年版，第 520 页。

他的楚悼王那里去作了令尹。吴起去魏相楚，恰恰证明了吴起决不是“释天下如释躧”的对功名超然淡漠之人，而是一生都在寻求能够赏识其才能的明主，希望出将入相，成就功勋伟业。

## 二 作为法家的吴起

吴起治军严厉与其对人对事重诺守信体现出同样明显的重要特征。《韩非子·内储说上》和《吕氏春秋》都记录了其这方面的典型事例，《吕氏春秋》云：“吴起治西河，欲谕其信于民，夜日置表于南门之外，命于邑中曰：‘明日有人能偾南门之外表者，仕长大夫。’明日日晏矣，莫有偾表者。民相谓曰：‘此必不信。’有一人曰：‘试往偾表，不得赏而已，何伤?’往偾表，来谒吴起。吴起自见而出，仕之长大夫。夜日又复立表，又令于邑中如前。邑人守门偾表，表加植，不得所赏。自是之后，民信吴起之赏罚。赏罚信于民，何事而不成，岂独兵乎?”[①]

与之性质相类似的事例也见于《韩非子》，但由头则是吴起守西河时欲夺取秦国小亭的故事：“吴起为魏武侯西河之守，秦有小亭临境，吴起欲攻之。不去则甚害田者，去之则不足以征甲兵。于是乃倚一车辕于北门之外而令之曰：‘有能徙此南门之外者，赐之上田之宅。’人莫之徙也。及有徙之者，遂赐之如令。俄又置一石赤菽于东门之外而令之曰：‘有能徙此于西门之外者，赐之如初。’人争趋之，于是攻亭，一朝而拔之。”[②] 这个案例是韩非用以对《七术》篇“经三·赏誉”论点的印证，观其关于“赏誉”的论述曰：“赏誉薄而谩者下不用，赏誉厚而信者下轻死。其说在文子称‘兽若鹿’。故越王焚宫室，而吴起倚车辕，李悝断讼以射，宋崇门以毁死。”韩非意在说明，法家为了实现富国强兵的目标，重在令行禁止、赏罚分明，以言必行、行必果的信用作为施政的基础，无论是吴起之倚车辕以取信于士卒，还是李悝断狱讼以射体现其鼓励习射的勇气，都成为韩非眼里法家代表人物治国治军讲究赏罚分明的经典案例。

郭沫若因为《吕氏春秋》与《韩非子》都记载了类似的事例，《史记·商君列传》更有“徙木立信”的著名事例，因此怀疑事件的真实性，认为“这也是小说家的派头，俨然在做戏，其实信赏必罚是很容易见信于人的，何必要来这些花套呢?”又说：“这与其说是商鞅蹈袭了吴起的故智，宁可以说他们两位都只是小说的主人。”[③] 我们认为，郭沫若的这种怀疑和指责是缺乏依据和不够公正客观的。吴起时为抗拒强秦的重要前线重地西河之守，他为了拔掉秦国的一个小亭，便于农民安全耕

---

① 陈奇猷：《吕氏春秋校释·似顺论·慎小》，学林出版社 1984 年版，第 1681 页。

② 韩非著，梁启雄解：《韩子浅解·内储说上·七术》，中华书局 1982 年版，第 240 页。

③ 郭沫若：《青铜时代·述吴起》，《郭沫若全集》历史编（第 1 卷），人民出版社 1982 年版，第 517—518 页。

种，所以用了个对徙车辕者施以重赏的计策，以此来取信于士卒，向将士传递出重赏攻取小亭有功者的信号，这是完全有可能的，《吕氏春秋》《韩非子》均予以记载，恰恰说明事情可信度甚高，而非某人独撰的小说家言。郭沫若因此而作出质疑，没有太大说服力；至于后来商鞅在秦国推行变法，用“徙木立信”的办法取信于国民，不管他是不是受到吴起“徙车辕”故智的启发，都不应无端怀疑，其采用这样的手段，是为了让秦国百姓相信，变法的措施不是言而无信，而是赏罚必行。无论吴起，还是商鞅，他们当时推行变法极其艰难，且冒着巨大政治风险，顶着巨大的反对阻力，非亲历者无法想象和难以切身感受。从两人最终被反对者施以酷刑，可以看出变法与反变法的殊死斗争形势。

吴起在西河以法家的手腕治军，实际上是为其后在楚国执政全面推行变法做试验，其在中国变法历史上占据一席之地，主要是在被楚悼王任命为令尹以后，大刀阔斧地实施其变法主张。对于吴起在楚国的短暂仕宦经历（郭沫若认为大约三年）中所试行的一系列变法，多种史籍均有侧重点不尽一致的记载。

刘向《说苑·指武》云：“吴起为苑守，行县适息。问屈宜臼曰：‘王不知起不肖，以为苑守，先生何以教之？’屈公不对。居一年，王以为令尹，行县适息。问屈宜臼曰：‘起问先生，先生不教；今王不知起不肖，以为令尹，先生试观起为之也。’屈公曰：‘子将奈何？’吴起曰：‘将均楚国之爵而平其禄，损其有余而继其不足，厉甲兵以时争于天下。’屈公曰：‘吾闻昔善治天下者，不变故，不易常。今子将均楚国之爵而平其禄，损其有余而继其不足，是变其故而易其常也。且吾闻兵者凶器也，争者逆德也，今子阴谋逆德，好用凶器，殆人所弃，逆之至也。’”[①] 郭沫若从这段史料记载中，认定吴起去魏适楚，并不是一去就当上了楚国的令尹，而是先被任用为苑（即今河南南阳宛城区一带）守，他曾主动前往楚国宗室大夫屈宜臼所居的息（今河南息县一带）拜访之，请教治理之道，但屈宜臼什么也不说，令吴起空手而归。一年以后，吴起被任用为楚国令尹，又一次前去拜访，想与之讨论变法大计，结果遭到对方的强烈反对，认为吴起的变法设想，变故易常，阴谋逆德，是大逆不道之举。郭沫若从两人的对话交锋中，判断屈宜臼是一个“保守党”“顽固派”,[②] 反映出吴起以富国强兵为目标的变法思路，引起了以屈宜臼为代表的宗室贵族势力的激烈批评和全面抵制。这从《吕氏春秋·贵卒》篇的记载中也可以得到印证：“吴起谓荆王曰：‘荆所有余者地也，所不足者民也。今君王以所不足益所有余，臣不得而为也。’于是令贵人往实广虚之地，皆甚苦之。荆王死，贵人皆来。尸在堂上，贵人相与射吴起。”[③] 吴起的变法，拿享有楚国特权与优厚爵禄的贵族开刀，并且把他们迁移到人

---

① 刘向：《说苑》第十五卷，上海古籍出版社 1995 年版，第 126 页。

② 郭沫若：《青铜时代·述吴起》，《郭沫若全集》历史编（第 1 卷），人民出版社 1982 年版，第 524—525 页。

③ 陈奇猷：《吕氏春秋校释·开春论·贵卒》，学林出版社 1984 年版，第 1473 页。

烟稀少的荒远偏僻之地，作为落实其“均楚国之爵而平其禄，损其有余而继其不足”的第一步行动，这样做，引起了楚国贵族势力的强烈仇恨，吴起变法的支持者楚悼王一死，他们回到京城，用乱箭射死了吴起。

而《韩非子·和氏》则云：“昔者吴起教楚悼王以楚国之俗曰：‘大臣太重，封君太众，若此则上偪而下虐民，此贫国弱兵之道也。不如使封君之子孙三世而收爵禄，绝减百吏之禄秩；损不急之枝官，以奉选练之士。悼王行之期年而薨矣，吴起枝解于楚。商君教秦孝公以连什伍……楚不用吴起而削乱，秦行商君法而富强，二子之言当矣，然而枝解吴起而车裂商君者何也？大臣苦法而细民恶治也。当今之世，大臣贪重，细民安乱，甚于秦、楚之俗，而人主无悼王、孝公之听，则法术之士安能蒙二子之危也而明己之法术哉！’”[①] 在韩非看来，吴起在楚国的变法，根本目的是通过弱藩、减禄和损官等变法手段，来强化王权，集聚财富，提高管理效率，加强军队建设。这一系列措施，都紧紧围绕富国强兵的目标展开，自然会引起上等贵族、官僚阶层的反对乃至仇恨，故吴起就遭到射死并肢解的极刑报复。

对吴起变法内容及悲剧结局记录最全面者，当属《史记》吴起本传：“楚悼王素闻起贤，至则相楚。明法审令，损不急之官；废公族疏远者，以抚养战斗之士；要在强兵，破驰说之言从横者。于是南平百越，北平陈、蔡，却三晋，西伐秦。诸侯患楚之强，故楚之贵戚尽欲害吴起。及悼王死，宗室大臣作乱而攻吴起。吴起走之王尸而伏之，并中悼王。悼王既葬，太子立，乃使令尹尽诛射吴起而并中王尸者，坐射起而夷宗死者七十余家。”[②] 所谓“诸侯患楚之强”，这在当时应该是事实，秦用商鞅推行变法，为其称霸诸侯、最终吞灭六国奠定重要基础；吴起在楚国的变法，比商鞅还早了近三十年，当时两国都有称霸诸侯的实力条件，并且似乎都在努力抓住争霸天下的宝贵机会。故稍后于商鞅、吴起的范雎、蔡泽，对秦、楚两国的竞争态势看得比较清楚。范、蔡二人都做过秦昭王的丞相，他们曾在对话中论及商鞅、吴起的变法内容、成效及其对诸侯争霸局势的影响。范雎云：“夫公孙鞅之事孝公也，极身无贰虑，尽公而不顾私；设刀锯以禁奸邪，信赏罚以致治；披腹心，示情素，蒙怨咎，欺旧友，夺魏公子卬，安秦社稷，利百姓，卒为秦禽将破敌，攘地千里。吴起之事悼王也，使私不害公，谗不得蔽忠，言不取苟合，行不取苟容，不为危易行，行义不辟难，然为霸主强国，不辞祸凶。”蔡泽则云：“夫商君为秦孝公明法令，禁奸本；尊爵必赏，有罪必罚；平权衡，正度量，调轻重；决裂阡陌，以静生民之业而一其俗；劝民耕农利土，一室无二事，力田稸积，习战陈之事。是以兵动而地广，兵休而国富，故秦无敌于天下，立威诸侯，成秦国之业。……楚、韩天下之强国而秦之仇敌也……吴起为楚悼王立法，卑减大臣之威重，罢无能，废无用，损不急之官，塞私门之请，与楚国

① 韩非著，梁启雄解：《韩子浅解·和氏》，中华书局 1982 年版，第 240 页。

② 司马迁：《史记·孙子吴起列传》，中华书局 1982 年版，第 2168 页。

之俗，禁游客之民，精耕战之士，南受杨、越，北并陈、蔡，破横散从，使驰说之士无所开其口，禁朋党以励百姓，定楚国之政，兵震天下，威服诸侯。”① 从秦国两位丞相的评价中可以清楚地看到，商鞅、吴起分别在本国君主强力支持下进行变法，不仅变法的措施大多类似，而且其富国强兵的变法目标，都紧密服务于争霸诸侯的客观形势需要。然而，吴起没有商鞅幸运，其所推行的变法刚好一年，因楚悼王死而变法不幸夭折。

郭沫若依据以上的史料记载，归纳了吴起变法的主要内容：

（一）抑制贵族的权势，充裕民生；

（二）节省骈枝的浪费，加强国防；

（三）采取移民的政策，疏散贵族；

（四）屏除纵横的说客，统一舆论；

（五）严厉法令的执行，集权中央。

他由此特别指出：“这些倾向差不多也就是后来商鞅所行于秦的办法，商鞅也是卫人，说不定他们还有点师弟关系吧？但至少商鞅是受了吴起的精神上的影响，我看，是毫无问题的。”② 二人之间是不是有师承关系，郭沫若不敢确定，但比较肯定商鞅的变法受到了吴起的影响，这从时间的先后看，其观点应是可以成立的。

郭沫若对吴起在楚国的仕途境遇，用欣赏和同情的笔触作了这样的描述：

> 吴起在楚国的一段生活，怕是他平生最得意的时候。得到楚国那样可以有为的大国，又得到悼王那样信任专一的君主，看他的确是雷厉风行地放手在做，那际遇和作风和商鞅日后在秦孝公下边所干的相同，但有不同的是吴起更要爱民一点。看他教人以四版筑墙，可见在怎样小的节目上他都在注意改善民生。③

吴起的态度，是扶助楚国的公室和私门斗争，而主要的策略是在争取人民。“令贵人往实广虚之地”，自然是强迫贵人们和他们所属去垦荒，而贵人们所遗留下的土地，大概是收归国有了。“以抚养战斗之士”“以奉选练之士”，自然就是收回国有了的土地的用途。而这些“战斗之士”或“选练之士”，应该就是由人民选拔出来的。就这样使人民得到了解放和富裕的机会，借此以和私门争取不足的人民，并诱致邻国的人民。

然而，围绕土地所有权问题，吴起与贵戚大臣的斗争却进行得很惨烈。郭沫若引述《吕氏春秋·上德》的一段材料，不仅牵涉了其与楚国既得利益者们的你死我活

① 司马迁：《史记·范雎蔡泽列传》，中华书局 1982 年版，第 2420—2423 页。

② 郭沫若：《青铜时代·述吴起》，《郭沫若全集》历史编（第 1 卷），人民出版社 1982 年版，第 526 页。

③ 郭沫若：《青铜时代·述吴起》，《郭沫若全集》历史编（第 1 卷），人民出版社 1982 年版，第 524—525 页。

战斗，而且由此判定了吴起所代表的改革派与墨子继承者作为保守派一方的尖锐对立关系："墨者钜子孟胜，善荆之阳城君。阳城君令守于国，毁璜以为符，约曰：'符合，听之。'荆王薨，群起攻吴起，兵于丧所，阳城君与焉。荆罪之，阳城君走，荆收其国。孟胜曰：'受人之国，与之分符，今不见符，而力不能禁，不能死，不可。'其弟子徐弱谏孟胜曰：'死而有益阳城君，死之可矣；无益也，而绝墨者于世，不可。'孟胜曰：'不然。吾于阳城君，非师则友也，非友则臣也。不死，自今以来，求严师必不于墨者矣，求贤友必不于墨者矣，求良臣必不于墨者矣。死之，所以行墨者之义，而继其业者也。'……孟胜死，弟子死之者百八十三人。"① 郭沫若对此事发表了如下议论：

> 吴起是当时的革命的政治家，他辅佐楚悼王"损不急之官，废公族疏远者，以抚养战斗之士"，因而遭到了"贵戚"的众怒，而被"宗室大臣"射死了。可见射死吴起的"宗室大臣"或"贵戚"都是一些反革命派，阳城君也正是这反革命派的一人。孟胜是阳城君的先生，而吴起是出于儒家，……那么孟胜所教于阳城君的不也就可以想见了吗？而且在这一段故事里面不也就可以反映出墨子思想的本质了吗？②

郭沫若敏锐地注意到吴起变法的核心在于把收回贵族占有的土地交还给人民，以此争取人民的支持与信任，并且在实现富国强兵的同时没有完全忽视对民生实事的关注，这很有见地，也是很具启示意义的。作为战国前期重要法家人物的吴起，其幸运的是遭逢楚悼王的知遇，执政时得到高度信任，提供给他基础雄厚的强大楚国用以施展其变法图强的政治才能，他的一系列变法措施，不仅影响了稍后的商鞅变法，而且在历史上赢得了战国前期力主变法并取得实施成效的政治改革家地位。其不幸则是变法事业中途夭折，反对者不仅废止了其变法政策，而且毁灭了他的生命。吴起之得到历史的同情，除了其悲剧性的命运之外，恐怕与他推行变法时努力争取人民支持紧密相关，他注重改善民生，其"爱民"的情怀落实在了"充裕民生"的变法具体措施之中，让楚国的百姓体会到这种利民、爱民的政策实惠与情感温度，历史自会给予其应有的公正对待。郭沫若对此的评价是：

> 在这儿我感觉着吴起不失为当时的一位革命的政治家。他的不幸是在悼王死得太早。假使悼王迟死，让他至少有十年或五年的执政期间，则约定俗成，他的

① 陈奇猷：《吕氏春秋校释·离俗览·上德》，学林出版社1984年版，第1257页。

② 郭沫若：《青铜时代·墨子的思想》，《郭沫若全集》历史编（第1卷），人民出版社1982年版，第479页。

> 功烈决不会亚于商鞅。战国的局势主要是秦、楚的争霸，吴起的霸业如是在楚国成功，后来统一了中国的功名恐怕不必一定落在秦人的手里了。[①]

尽管历史不能假设，但早在战国前期的吴起，其变法的理念及其注重平衡富国强兵与爱民利民的关系，确实是难能可贵的。

## 三　作为儒家与史家的吴起

依照司马迁《史记》吴起本传的说法，其年轻时代曾去鲁国师事曾子，学习儒家经典。其言云："吴起者，卫人也，……尝学于曾子，事鲁君。"又云："鲁人或恶吴起曰：'起之为人，猜忌人也。其少时，家累千金，游仕不遂，遂破其家。乡党笑之。吴起杀其谤者三十余人，而东出卫郭门，与其母诀，齧臂而盟曰：起不为卿相，不复入卫。遂事曾子。居顷之，其母死，起终不归。曾子薄之，而与之绝。起乃之鲁，学兵法以事鲁君。'"[②] 鲁国本是孔子的父母之邦，又开门授徒，曾参即其入门弟子之一。曾参也是鲁国人，小孔子四十六岁，"孔子以为能通孝道，故授之业。作《孝经》，死于鲁。"[③] 但郭沫若根据《阙里文献考》"曾子年七十而卒"的记载及刘向《别录》叙述《左氏春秋》的传承体系推算，认为吴起所师事者，并非曾参本人，而是其子曾申，他曾从左丘明受集经史于一体的《春秋》。后来吴起在魏为西河守时，又师事过孔子的入门弟子子夏。这些学习经历，便成为郭沫若认定吴起兼具儒家思想与《春秋》之学的关键依据。故他指出：

> 吴起尽管是兵家、政治家，但他本质是儒。不仅因为他曾经师事过子夏与曾申，所以他是儒，就是他在兵法上的主张，政治上的施设，也无往而不是儒。据我看来，要他才算是一位真正的儒家的代表，他是把孔子的"足兵足食""世而后仁""教民即戎"，反对世卿的主张，切实地做到了的。[④]

对于吴起在政治上的施设，郭沫若进行举例分析，比如《荀子·尧问》云："魏武侯谋事而当，群臣莫能逮，退朝而有喜色。吴起进曰：'亦尝有以楚庄王之语闻于左右者乎？'武侯曰：'楚庄王之语如何？'吴起对曰：'楚王谋事而当，群臣莫逮，退朝而有忧色。'申公巫臣进问曰：'王朝而有忧色何也？'庄王曰：'不谷谋事而当，

---

① 郭沫若：《十批判书·前期法家的批判》，《郭沫若全集》历史编（第2卷），人民出版社1982年版，第321—322页。

② 司马迁：《史记·孙子吴起列传》，中华书局1982年版，第2165页。

③ 司马迁：《史记·仲尼弟子列传》，中华书局1982年版，第2205页。

④ 郭沫若：《青铜时代·述吴起》，《郭沫若全集》历史编（第1卷），人民出版社1982年版，第527页。

群臣莫能逮，是以忧也。'去在中蘬之言也曰：'诸侯自为得师者王，得友者霸，得疑者存，自为谋而莫己若者亡。今不谷之不肖，而群臣莫吾逮，吾国几于亡乎？是以忧也。楚庄以忧而君以喜。'武侯逡巡再拜曰：'天使夫子振寡人之过也！'"[①] 郭沫若认为，吴起的这种规劝魏武侯的言论，体现了君主须"恭己正南面"的儒家主张，"纯全是儒家的风度"。[②] 又比如魏武侯视察西河时，他们之间进行了一番意味深长的对话，载于《战国策·魏策一》："魏武侯与诸大夫浮御史台监狱西河，称曰：'河山之险不亦信固哉！'王错侍王曰：'此晋国之所以强也。若善修之，则霸王之业具矣。'吴起曰：'吾君之言，危国之道也；而子又附之，是重危也。'武侯忿然曰：'子之言有说乎？'吴起对曰：'河山之险，信不足保也。是伯王之业，不从此也。昔者三苗之居，左有彭蠡之波，右有洞庭之水，文山在其前，而衡山在其北。恃此险也，为政不善，而禹放逐之。夫夏桀之国，左天门之阴，而右天溪之阳，庐睾在其北，伊、洛出其南。有此险也，然为政不善，而汤伐之。殷纣之国，左孟门而右漳、釜，前带河，后被山。有此险也，然为政不善，而武王伐之。且君亲从臣而胜降城，城非不高也，人民非不众也，然而可得并者，政恶故也。从是观之，地形险阻，奚足以霸王矣！'武侯曰：'善。吾乃今日闻圣人之言也。西河之政，专委之子矣。'"[③]《史记》吴起本传亦载其事，而反复强调了吴起"在德不在险"的思想观点。[④] 这种劝诫君王为政修仁修德，明显是儒家思想观念的体现。郭沫若由此事断定，当时在场溜须拍马的王错，正是后来向武侯进谗言的那位奸邪小人，魏武侯因此不再信任吴起，直接导致其去魏适楚。看来魏武侯对吴起的劝诫之言表面恭敬，誉之为"圣人之言"，但并非其肺腑之言，心里大为"忿然"，并且逐渐疏远了他。

吴起宣扬的仁义道德主张，不受魏武侯的欢迎，其实反映了那个群雄竞霸时代"争于气力"的特殊价值取向。他后来到赏识自己的楚悼王那里，推行旨在富国强兵的系列变法，某种程度上也可以视为吴起"识时务"的政治转向之举。当然，正如前文已经指出的，郭沫若注意比较吴起与商鞅变法的异同，特别点出其变法政策中注意兼顾民众利益，体现其"爱民""裕民"的治国理政观念，这无疑也是其早年接受儒家思想教育熏陶的结果。

吴起在治军用兵方面，体现出鲜明的儒家特色，这与《孙子兵法》专门谈军事理论和战阵之事者，不尽相同，可惜郭沫若在这方面没有加以具体分析论述。本来其替伤兵吮疽，就显示出吴起体恤士卒、爱兵如子的儒将风范，但他却不予认可。试观吴起流传下来的数篇遗文，这方面的特色体现得较为充分，兹引《图国》两段以窥全豹：

---

① 荀子著，梁启雄释：《荀子简释·尧问》，中华书局 1983 年版，第 406—407 页。
② 郭沫若：《青铜时代·述吴起》，《郭沫若全集》历史编（第 1 卷），人民出版社 1982 年版，第 528 页。
③ 刘向辑录：《战国策》卷二十二，上海古籍出版社 1985 年版，第 784 页。
④ 司马迁：《史记·孙子吴起列传》，中华书局 1982 年版，第 2166—2167 页。

吴子曰："昔之图国家者，必先教百姓而亲万民。有四不和：不和于国，不可以出军；不和于军，不可以出陈；不和于陈，不可以进战；不和于战，不可以决胜。是以（有）道之主，将用其民，先和而造大事。不敢以私谋，必告于祖庙，启于元龟，参之天时，吉乃后举。民知爱其命、惜其死，若此之至，而与之临难，则士以进为荣，退为耻矣。"

吴子曰："夫道者，所以反本复始；义者，所以行事立功；谋者，所以违害就利；要者，所以保业守成。若行不合道，举不合义，而处大居贵，患必及之。是以圣人绥之以道，理之以义，动之以礼，抚之以仁。此四德者，修之则兴，废之则衰。故成汤讨桀而夏民喜说，周武伐纣而殷人不非。举天顺人，故能然矣。"①

这些言论表明，在吴起的思想观念中，打仗用兵，绝不单单是一个军事问题，更不仅是一个技巧问题，而是与国家治理的全局息息相关的，特别是出军对阵，必须处理好"四不和"的关系，而"和"的根本，乃在于"教百姓而亲万民"，把它放在头等重要的位置，人民拥护，团结一心，士兵就愿意为国而战，勇往直前，不惜牺牲生命。这样的军队才是不可战胜的，历史上商汤讨桀，周武伐纣，能够赢得人民的支持，关键在于先修"四德"，顺乎民意。崇尚道德，施行仁义，这是儒家一贯的核心思想政治主张。

关于吴起的史家身份，主要与传承《春秋》或纂集《左氏春秋》之事有关。此说早在西汉刘向的《别录》中就言之凿凿，宋王应麟《汉书艺文志考证》引《别录》："左丘明授曾申，申授吴起，起授其子期，期授楚人铎椒，铎椒作《抄撮》八卷授虞卿，虞卿作《抄撮》九卷授荀卿，卿授张苍。"郭沫若援引了这条资料，但认为通常所说的撰著《左氏春秋》的左丘明，并不是孔子在《论语》中所称的那个左丘明，而是另有其人，这个人"是楚国的左史倚相"，其年龄较孔子长二十二岁，故孔子视之为前辈，有"巧言令色足恭，左丘明耻之，丘亦耻之"等说法。郭沫若由此认为：

左史既"能读《三坟》《五典》《八索》《九丘》，"读者说也，自当能纂述《国语》。但所谓"《国语》"不必为左史一人所作，其所作者或仅限于《楚语》，所谓"《梼杌》"之一部分。其书早已传入于北方，故孔子称之。吴起去魏奔楚而任要职，必已早通其国史；既为儒者而曾仕于鲁，当亦曾读鲁之"《春秋》"；为卫人而久仕于魏，则晋之"《乘》"亦当为所娴习。然则所谓"《左氏春秋》"或"《左氏国语》"者，可能是吴起就各国史乘加以纂集而成。吴起乃卫左氏人，

① 《吴子·图国》，见《诗词名句网·史书典籍》。

以其乡邑为名，故其书冠以“左氏”。①

以上见解，郭沫若借鉴了清代姚鼐、现代章太炎等人的研究结论。比如姚氏就指出：“《左氏》书非出一人，累有坿益，而由吴起之徒为之者盖尤多。据刘向《别录》……则《左传》源流诚与吴起有关。吴起始仕魏，卒仕楚，故《传》言晋、楚事尤详。”章氏则云：“《左氏春秋》者，固以左公名，或亦因吴起传其学，故名曰《左氏春秋》。”② 钱穆引述崔述、顾炎武、日本学者狩野直喜等人的观点，认同《左氏春秋》“出吴起不出左丘明之说”。③

郭沫若在前人和时贤研究结论的基础上，又进一步提出吴起曾做过魏文侯时史官的观点，认为《吕氏春秋·乐成篇》所载魏襄王与史起关于引漳水以灌溉邺田的长段对话，实际上乃魏文侯时之事，史起即是吴起。他说：“看这故事中的史起，其作风和态度实和吴起极相似，而同属文侯时，同名起，则孔颖达要认为即是吴起，确是甚有见地。”④

当然，认为吴起纂集了《左氏春秋》，在今天并未获得研究界的普遍认同，而谓其传习过《春秋》，应该可信。他早年从曾申问学，大约就是以《春秋》为主，其后仕鲁、魏、楚诸国，行政治军，必须熟悉各国的历史，这是必不可少的文化素养。何况无论是儒家、法家、兵家，都需要对历史有深入而全面的了解，这在战国那个游士横行天下、贤臣择君而仕的特殊年代，诸侯为了争霸而纷纷礼贤下士，更加助长了这种时代风气的盛行。明于此，吴起集多“家”身份于一身，能够在史学史上留名，并非偶然。

（原载《郭沫若学刊》2019 年第 4 期）

---

① 郭沫若：《青铜时代·述吴起》，《郭沫若全集》历史编（第 1 卷），人民出版社 1982 年版，第 530—531 页。

② 钱穆：《先秦诸子系年·吴起传左氏春秋考》引姚氏说，商务印书馆 2001 年版，第 222—224 页。

③ 钱穆：《先秦诸子系年·吴起传左氏春秋考》引姚氏说，商务印书馆 2001 年版，第 221—225 页。

④ 郭沫若：《青铜时代·述吴起》，《郭沫若全集》历史编（第 1 卷），人民出版社 1982 年版，第 532—533 页。

# 郭沫若扬孔抑墨之胡适缘由

李　勇

郭沫若对于孔、墨的评判，在诸子学史上独树一帜。其他新派史学家多崇墨批孔，而他则扬孔抑墨，对此学界有所揭示。[①] 然而，“五四”影响下的中国共产党领袖多卑孔尊墨，而作为共产党人的郭沫若却如此表现，颇有意味，本身就值得关注；特别是其扬孔抑墨之历史缘由，也需得到合理说明。本文拟就这一问题展开讨论。

## 一　胡适有意无意成为郭沫若的论敌

胡适成为郭沫若的论敌，既有政治原因，又有义气之争，或者说两种因素共同促成郭沫若以胡适为论敌。

### （一）学术争执或出于义气之争

郭沫若和胡适学术对立中确有义气成分。例如，郁达夫在 1922 年《创造季刊》的创刊号上，发表《夕阳楼日记》，指摘余家菊译《人生之意义与价值》之误，引发胡适与创造社之间的笔墨官司。胡适最初摆出留洋博士、北京大学教授的派头，批评郁达夫等人，郭沫若则反纠胡适之错，寸步不让。最终胡适给郭沫若写信示好，并利用赴上海的机会拜访郭沫若等人，而郭沫若等回访并宴请胡适，算是这场笔战的了结。这场争执，更多是义气所为。这些是胡适日记、郭沫若《创造十年》和两人书信里记载而得以互证的，具体不赘述。

胡适、郭沫若都是非常自信且有天赋的人，唐德刚曾将二人性情加以比较：

---

① 关于郭沫若与杜国庠、范文澜在孔、墨问题上的分歧，见《淮北师范大学学报》2017 年第 1 期上李勇《杜国庠和郭沫若在孔墨研究上的学术分歧》、《河南师范大学学报（哲学社会科学版）》2017 年第 5 期上李勇《同道异趣：郭沫若和范文澜的先秦诸子研究》。郭沫若与侯外庐关于墨子的分歧，可参见《史学月刊》2014 年第 4 期上安妮《捍卫墨子：论侯外庐对郭沫若墨子明鬼主张之驳议》和 2018 年《第 21 届全国史学理论研讨会论文集》中陈晨、徐国利《同途殊归：1940 年代郭沫若与侯外庐墨子学研究比较》。至于郭沫若与其他一些史学家在孔、墨问题上的不同意见，可以参考《哲学研究》1986 年第 3 期上蔡尚思《对孔子的争鸣是发展中国文化的关键——孔学研究的历史回顾》、《人民日报》1987 年 9 月 22—24 日海外版上蔡尚思《孔学研究的三个主要问题》和 1993 年《墨子研究论丛》（二）中蔡尚思《儒墨斗争史与儒法合作史》。

> 胡、郭二公在思想体系形成的过程中，有个相同的“大不幸也”。那便是他二人都是“少年得志”。在学术界一辈子都骑在人民头上，睥睨群贤，目空当世；认为在学问上，只有人家学他的。至于他们自己，则总以为“山东无足问者”了。①

唐氏之说未必都能成立，但是说他们“少年得志”“睥睨群贤”，大体行得通。可以想见这两人在学界遭遇会是如何情形了。

郭沫若早年推崇“泛神论”，自然对于讴歌墨子之举表示不屑。1920 年 1 月 5 日《时事新报·学灯》上，郭沫若发表《三个 Pantheism》，② 其原注文字有：

> 在十六、十七世纪，泛神论曾起过积极的作用，成为无神论和唯物论的先导。③

他颂扬的三位泛神论学者中，第一位也是唯一一位中国人则是庄子。1921 年 1 月 24 日致张资平信中，提到他曾计划写《我国思想史上之澎湃城》，把春秋战国时期的思想与欧洲文艺复兴相比，落脚点为“唯物思想之勃兴”。④ 郭沫若之所以能够接受马克思主义，跟早年推崇泛神论密不可分，1924 年 6 月接受马克思主义之后，自然加强了其对于先秦诸子无神论的推崇，因此抨击墨子则是顺理成章的事。1928 年 11 月发表的《〈周易〉时代的社会生活》，郭沫若这样说：

> 宇宙观根本是固定的、非辩证的、宗教的，他根本是迷信鬼神。他这一派在当时完全是反革命派。⑤

既然如此，20 世纪 20 年代初的郭沫若当然会反对胡适关于墨子的看法。

其实，那一时期学者之非儒、非墨多是义气之举，1918 年 8 月 3 日蔡元培为胡适《中国古代哲学史》写的《序》中有言：

> 古代评判哲学的，不是墨非儒，就是儒非墨。且同是儒家，荀子非孟子，崇拜孟子的人，又非荀子。汉宋儒者，崇拜孔子，排斥诸子；近人替诸子抱不平，

① 《胡适全集》（第 18 卷），安徽教育出版社 2003 年版，第 268 页。
② 收入《女神》改为《三个泛神论者》。诗中 Pantheism，应为 Pantheists。
③ 《郭沫若全集》文学编（第 1 卷），人民文学出版社 1983 年版，第 74 页。
④ 黄淳浩编：《郭沫若书信集（上）》，中国社会科学出版社 1992 年版，第 190—191 页。
⑤ 《郭沫若全集》历史编（第 1 卷），人民出版社 1982 年版，第 70 页。

又有意嘲弄孔子。这都是闹意气罢了!①

蔡元培概括得精辟、合理，有助于理解郭沫若1923年对于梁启超、胡适推崇墨子的反驳。

（二）胡适公开反对唯物史观

早在1919年8月，胡适在《每周评论》上连续发表《三论问题与主义》《四论问题与主义》，批评李大钊、陈独秀对于马克思主义唯物史观的宣传。

前文提出：

多研究些具体的问题，少谈些抽象的主义。一切主义，一切学理，都该研究，但是只可认作一些假设的见解，不可认作天经地义的信条；只可认作参考印证的材料，不可奉为金科玉律的宗教；只可用作启发心思的工具，切不可用作蒙蔽聪明、停止思想的绝对真理。②

假如这段话所指尚可理解为针对一般性主义，那么后文则把批评的笔触直指马克思主义唯物史观中的阶级学说：

这种唯物的历史观，能否证明社会主义的必然实现，现在已不成问题，因为现在社会主义的根据地，已不靠这种带着海智儿臭味的历史哲学了……又如阶级战争说指出有产阶级与无产阶级不能并立的理由……太偏向申明“阶级的自觉心”一方面，无形中养成一种阶级的仇视心……这种仇视心的结果，使社会上本来应该互助而且可以互助的两种大势力，成为两座对垒的敌营，使许多建设的救济方法成为不可能。使历史上演出许多本不需有的惨剧。③

显然，胡适在这里把马克思主义历史观当成在西方已经过时的黑格尔的后学，并表达出强烈的反对马克思主义唯物史观阶级学说的观点。

1923年11月13日，陈独秀在给亚东图书馆《科学与人生观》所写《序》中说：

适之最近对我说，“唯物史观至多只能解释大部分的问题”，经过这回辩论之后，适之必能百尺竿头更进一步!④

---

① 《胡适全集》（第5卷），安徽教育出版社2003年版，第194页。

② 《胡适全集》（第21卷），安徽教育出版社2003年版，第208页。

③ 《胡适全集》（第21卷），安徽教育出版社2003年版，第217页。

④ 《胡适全集》（第2卷），安徽教育出版社2003年版，第216页。

这里陈独秀强调自己与胡适的共识，对胡适赞同唯物史观给予希望。

可是，1923 年 11 月 29 日，胡适也给亚东图书馆《科学与人生观》写《序》并附《答陈独秀先生》，作以下呼应：

> 我个人至今还只能说“唯物（经济）史观至多只能解释大部分的问题”。独秀希望我“百尺竿头更进一步”，可惜我不能进这一步了。①

胡适说这些话是在中国共产党成立之后，完全不愿沿着陈独秀所提供的让他妥协的台阶走下来，着实表明他对于马克思主义唯物史观的固执态度。

胡适这些反对马克思主义唯物史观的言论，有时也许并非出于故意，而只是出于学理上的分析，但是有意无意否定了以之研究中国历史的做法。按说郭沫若是有机会看到胡适这些公开发表的言论的，因此理应视之为阻碍其中国古代社会研究的敌论。

（三）胡适公开反对中共政治主张

1922 年 10 月 1 日，胡适著《国际的中国》，收入《胡适文存》第 2 卷，公开反对中国共产党关于国内外形势的分析：

> 中国共产党近来发出一个宣言……有许多很幼稚的，很奇怪的议论。②
>
> 我们的朋友陈独秀先生们在上海出版的《向导周报》，标出两个目标：一是民主主义的革命，一是反抗帝国主义的侵略。对于第一项，我们自然是赞成的，对于第二项，我们觉得这也应该包括在第一项之内。因为我们觉得民主主义的革命成功之后，政治上了轨道，国际帝国主义的侵略已有一大部分可以自然解除了。③

1926 年 10 月 4 日，胡适《欧游道中寄书》收入《胡适文存》第 3 卷：

> 共产党的朋友对我说，“自由主义是资本主义的政治哲学”。这是历史上不能成立的话。……为什么一定要把自由主义硬送过资本主义？④

1926 年 10 月 10 日，在北京大学开学典礼上的演说，发表于 11 日《经世日报》，胡适提出：

① 《胡适全集》（第 2 卷），安徽教育出版社 2003 年版，第 225 页。
② 《胡适全集》（第 2 卷），安徽教育出版社 2003 年版，第 490 页。
③ 《胡适全集》（第 2 卷），安徽教育出版社 2003 年版，第 494 页。
④ 《胡适全集》（第 3 卷），安徽教育出版社 2003 年版，第 57—58 页。

“希望学校没有党派”，“北大不愿学生、教授在这里有政治活动”，因为“善未易明，理未易察”。①

1930年12月上海亚东图书馆初版《胡适文选》，胡适之自序为《介绍我自己的思想》，其中批评共产主义者说：

辩证法的哲学本来也是生物学发达以前的一种进化理论；依他本身的理论，这个一正一反相毁相成的阶段应该永远不断的呈现。但狭义的共产主义者却似乎忘了这个原则，所以武断的虚悬一个共产共有的理想境界，以为可以用阶级斗争的方法一蹴即到，即到之后又可以用一阶级专政方法把持不变。这样的化复杂为简单，这样的根本否定演变的继续便是十足的达尔文以前的武断思想，比那顽固的海格尔更顽固了。②

胡适这一系列言论，不言而喻同当时中国共产党的政治主张唱反调，无疑对于新民主主义革命事业是有害的。可见，无论在学理上还是政治上，胡适的观点与中国共产党人的主张都格格不入，受到共产党人的批判是自然之理。

1939年12月22日，毛泽东因陈伯达撰写《孔子的哲学思想》而给时任中共中央宣传部长的张闻天写信，明确表示：

伯达此文及老墨诸哲学诸文引了章、梁、胡、冯诸人许多话，我不反对引他们的话，但应在适当地方有一些批判的申明……梁基本上是观念论与形而上学，胡是庸俗唯物论与相对主义，也是形而上学……若无这一简单的申明，则有使读者根本相信他们的危险。③

此段中“章、梁、胡、冯”，指章太炎、梁启超、胡适和冯友兰，在毛泽东看来，他们的学术思想是要加以批判而避免其混淆视听的危险的。

无独有偶，1940年9月5日，毛泽东《关于经学问题给范文澜的信》重申：

目前大地主大资产阶级的复古反动十分猖獗，目前思想斗争的第一任务就是反对这种反动。你的历史学工作继续下去，对这一斗争必有大的影响，第三次讲演因病没有听到，不知对康、梁、章、胡的错误一面有所批判否？……越对这些

① 《胡适全集》（第20卷），安徽教育出版社2003年版，第216页。
② 《胡适全集》（第4卷），安徽教育出版社2003年版，第659页。
③ 《毛泽东文集》（第2卷），人民出版社1993年版，第164页。

近人有所批判，越能在学术界发生影响。①

毛泽东在这里所说“康、梁、章、胡”，是指康有为、梁启超、章太炎和胡适，再次提到胡适，认为要对他的学术进行批判。

胡适《中国哲学史》是后人研究先秦诸子绕不过去的，甚至影响像陈伯达等一些马克思主义史学家，容易使得读者以为共产党人的文化主张和学术观点与胡适一致，因此必须对胡适的观点进行批判。胡适自由主义政治立场影响了一批学者，其怀疑屈原的学术主张同样在后学中传承，这些不利于当时中国共产党的反帝、反封建和反官僚资本主义的革命事业，因此必须对胡适的学术观点进行批判。

这样看来，郭沫若作为中国共产党在国民党统治区文化战线上的旗手，在孔、墨问题上与胡适对峙，则完全在情理之中。1930 年出版的《中国古代社会研究》，郭沫若在《自序》里明言：

> 胡适的《中国哲学史大纲》，在中国的新史学界上也支配了几年，但那对于中国古代的实际情形，几曾摸着了一些边际？社会的来源既未认清，思想的发生自无从说起。所以我们对于他所“整理”过的一些过程，全部都有从新“批判”的必要。②

郭沫若在这里直抒胸臆，认为对于胡适及其中国哲学史乃至中国古代的研究，要加以批判。之后，郭沫若虽然没有高标放论要批判胡适的学术，但是他自觉执行中国共产党的文化政策，必然与包括 20 世纪 40 年代在内的胡适的学术主张保持对立。

## 二　郭沫若以胡适为学术批判的靶子

现代学术史上，郭沫若许多时候都以胡适的学说为批判的靶子，以下略举几例以见此论不虚。

### （一）指陈胡适整理国故的局限

1919 年 12 月 1 日《新青年》第 7 卷第 1 号，胡适发表《新思潮的意义——研究问题输入学理整理国故再造文明》提出：

> 一方面是讨论社会上、政治上、宗教上、文学上种种问题。一方面是介绍西

① 《毛泽东文集》（第 2 卷），人民出版社 1993 年版，第 296 页。
② 《郭沫若全集》历史编（第 1 卷），人民出版社 1982 年版，第 7 页。

洋的新思想、新学术、新文学、新信仰。前者是“研究问题”，后者是“输入学理”。这两项是新思潮的手段。①

1923年胡适在《〈国学季刊〉发刊宣言》又说：

第一，用历史的眼光来扩大国学研究的范围。第二，用系统的整理来部勒国学研究的资料。第三，用比较的研究来帮助国学的材料的整理与解释。②

郭沫若对胡适的整理国故持批判态度。1930年他在《中国古代社会研究》之《自序》里说：

谈“国故”的夫子哟！你们除饱读戴东原、王念孙、章学诚之外，也应该知道还有马克思、恩格斯的著作，没有辩证唯物论的观念，连“国故”都不好让你们轻谈。③

他还自述跟胡适学问的不同：

“整理”的究极目标是在“实事求是”，我们的“批判”精神是要在“实事之中求其所以是”。“整理”自是“批判”过程所必经的一步，然而它不能成为我们所应该局限的一步。④

郭沫若对胡适的批评并不仅限于观点，而是认为胡适没有辩证唯物论的观念，不明“实事之中求其所以是”，有局限性。

（二）批评胡适论先秦史的术语错误

1921年1月28日，胡适在《自述古史观》里，论先秦史道：

将来等到金石学、考古学发达上了科学轨道后，然后用地下掘出的史料，慢慢地拉长东周以前的古史……发现渑池石器时代文化的安特生（J. G. Anderson）近疑商代犹是石器时代的晚期（新石器时代）。我想他的假设颇近是。⑤

① 《胡适全集》（第1卷），安徽教育出版社2003年版，第693页。
② 《胡适全集》（第2卷），安徽教育出版社2003年版，第17页。
③ 《郭沫若全集》历史编（第1卷），人民出版社1982年版，第9页。
④ 《郭沫若全集》历史编（第1卷），人民出版社1982年版，第7页。
⑤ 《古史辨》（第一册），朴社1926年版，第22—23页。

这是一封写给顾颉刚的信，《古史辨》当初印此信不完整，尾注说"下论古史分期见本册中编《答柳胡两先生书》引"。顾颉刚《答柳胡两先生书》引胡适论古史分期如下：

> 1. 商民族的时期以河南为中心。此民族的来源不可考。但《商颂》所记玄鸟的神话当是商民族的传说。关于此一时期，我们应该向"甲骨文的系统的研究"里去寻史料。
>
> 2. 周民族的时期，约分三时期：（a）始兴期，以甘肃及陕西西境为中心。（b）东侵期，以陕西为中心，灭了河南的商民族的文化而代之。周公之东征，召公之南下，当在稍后。（c）衰落期，以东都为中心，仅存虚名的公主而已，略如中古时代之"神圣罗马帝国"。
>
> 3. 秦民族的时期，也起于西方，循周民族的故迹而渐渐东迁，至逐去犬戎而占有陕西时始成大国……至于以山西为中心之夏民族，我们此时所有的史料实在不够用，只好置之于"神话"与"传说"之间，以俟将来史料的发现。①

需要补充说明的是，胡适在信中还认为，商处于石器时代，可利用甲骨文来认识，周、秦、楚是铜器时代，可利用金文和诗为史料。

1930 年 2 月，郭沫若作《中国古代社会研究》之《追论及补遗》中的《夏禹的问题》，其中肯定胡适说：

> 对于古史也有些比较新颖的见解，如他以商民族为石器时代，当向甲骨文字里去寻史料；以周、秦、楚为铜器时代，当求之于金文与诗。②

接着笔锋一转又道："但他的术语使用上有很大的错误。"③ 郭沫若指出胡适使用术语发生错误的具体情况是：安特生疑商代是石器时代晚期，是说的新石器时代晚期，这时已有铜器的使用，考古学上一般是称为金石并用时代，胡适却简单地引为石器时代，并于"石器时代的晚期"之下注以"新石器时代"，这是大谬。因为，新石器时代为期至长，早者如埃及始于公元前 15000 年，中间绵延有 6000 年，欧美各国大抵均较迟，而绵延约略相等。中国地质学上的时代，在当时科学的发掘方在萌芽之时，自然谁也说不出它的定限，然而殷代是新石器时代的末期，即金石并用时代，则可以断言。

---

① 《古史辨》（第一册），朴社 1926 年版，第 97—99 页。
② 《郭沫若全集》历史编（第 1 卷），人民出版社 1982 年版，第 303 页。
③ 《郭沫若全集》历史编（第 1 卷），人民出版社 1982 年版，第 303 页。

按照郭沫若说法，胡适另一术语错误是，以周、秦为“铜器时代”。原因是，考古学上铜器时代和青铜器时代判然有别。铜器时代是新石器时代末期，便是金石并用时代的另一种说法。青铜器时代则是更高级的文化，周、秦确已是青铜器时代，按照当时所有古器物学上的知识说来，连同殷代末年，都应包括在里面。胡适泛泛地以石器时代概括商代，以铜器时代概括周、秦，在表面上仅是一二字之差，实际上谬以千里。①

（三）驳胡适《说儒》中的观点和证据

1934 年 5 月 29 日，胡适写成《说儒》，发表于 1934 年《国立中央研究院历史语言研究所集刊》第四本第三部分。他吸纳傅斯年的相关研究，认为儒本是殷民族奴性宗教，至孔子才“改变到刚毅进取的儒”，孔子的地位，就完全和耶稣基督一样。他说：

> “儒”的第一义是一种穿戴古衣冠，外貌表示文弱迂缓的人……都是殷的遗民，他们穿戴殷的古衣冠，习行殷的古礼。这是儒的第二个古义。②
>
> 儒是殷民族的教士，靠他们的宗教知识为衣食之端。渐渐成了殷、周民族共同需要的教师了。③
>
> 孔子是儒的中兴领袖，而不是儒教的创始者。儒教的伸展是殷亡以后五六百年的一个伟大的历史趋势；孔子只是这个历史趋势的最伟大的代表者，他的成绩也只是这个五六百年的历史运动的一个庄严灿烂的成功。④
>
> 他把那有部落行的殷儒扩大到那“仁以为己”的新儒；他把那亡国遗民的柔顺取容的殷儒抬高到那弘毅进取的新儒。这真是“振衰而起儒”的大事业。⑤

郭沫若撰写《借问胡适》，发表于 1937 年 7 月 20 日《中华公论》创刊号，后收入《浦剑集》《青铜时代》，改题为《驳〈说儒〉》对胡适《说儒》中的一些观点及其依据提出商榷。

关于“三年之丧”。《尚书 · 无逸》有高宗“亮阴三年不言”之语，《论语 · 宪问》解释为“君薨，百官总己以听于冢宰三年”。《论语 · 阳货》有“夫三年之丧，天下通丧也”。《孟子 · 滕文公上》记载滕国父兄百官反对行此丧制，言“吾宗国鲁先君莫之行，吾先君亦莫之行”。胡适依据这些记载，认为三年之丧是殷制。郭沫若

① 《郭沫若全集》历史编（第 1 卷），人民出版社 1982 年版，第 304 页。
② 《胡适全集》（第 4 卷），安徽教育出版社 2003 年版，第 8—9 页。
③ 《胡适全集》（第 4 卷），安徽教育出版社 2003 年版，第 28—29 页。
④ 《胡适全集》（第 4 卷），安徽教育出版社 2003 年版，第 40 页。
⑤ 《胡适全集》（第 4 卷），安徽教育出版社 2003 年版，第 73 页。

指出胡适证据不实，认为，“阴”同“闇”是假借，为口不能言之谓，“亮”和“谅”是明确、真正的意思，《尚书·无逸》“高宗谅阴”意为高宗患喑哑症，三年不能说话。①

这样，胡适的观点就失去根据。接着，郭沫若又指出：

> 殷代的金文不多，系着元、二、三祀的例子也还没有见到。周代的是有的，也毫无三年丧制的痕迹。②

郭沫若的这些工作，使得胡适在传世文献和出土文献上都失去论点的证据支撑。

关于孔子以前柔懦。胡适根据章太炎以《周易》的《需》卦那些爻辞来讲儒的观点，说那里刻画的是孔子以前柔懦而图口腹的儒者，孔子的出现把这种儒道改革了。郭沫若指出，胡适以《周易》中的《谦》《损》《坎》《巽》等卦，印证原始儒者的柔逊谦卑，但是《周易》里面还有《乾》《大壮》《晋》《益》《革》《震》等积极的卦，却都被搁置不提。他认为，问题还不止如此，更为严重的是《周易》制作时代是个先决问题。胡适断定《易》的卦爻辞是殷亡以后，殷人受周民族压迫最甚的一二百年中制作的。郭沫若在1935年4月的《思想》杂志上发表《〈周易〉之制作时代》，收入《青铜时代》，提出《周易》是战国时期馯臂子弓制作的，郭沫若在驳胡适时重申这一观点，表明胡适把《周易》制作时代搞错了。③

郭沫若这一着不仅揭示胡适片面使用证据，而且表明胡适搞错时代，让胡适的观点难以成立。

关于《说儒》多次以《正考父鼎铭》为据。胡适《说儒》多次征引《正考父鼎铭》。早在1933年，郭沫若就在《东方杂志》上发表《正考父鼎铭辨伪》，认为《正考父鼎铭》是刘歆作伪。郭沫若驳胡适《说儒》重申这一主张。他认为，刘歆的作伪“弄得我们标榜考证的胡适博士也为所蒙蔽了”。何况正考父“他的《商颂》，那格调的雄壮，音韵的洪朗，实在是也并不懦弱。更何况他的先人中有‘十年而十一战’的孔父嘉，他的同国人里面有勇名啧啧的南宫万，足以令人想到这些遗民实在是有点‘顽’的。柔慈云乎哉！奴性云乎哉！”④

关于《玄鸟篇》和武丁之后殷的衰落。胡适《说儒》把《商颂》的《玄鸟篇》解为预言诗，郭沫若认为胡适解《玄鸟篇》标点出错，又改字，牵强附会得太不成话了。他重新标点，认为《玄鸟篇》低回返复，一唱三叹，根本不用改字，说明胡

① 《郭沫若全集》历史编（第1卷），人民出版社1982年版，第439页。
② 《郭沫若全集》历史编（第1卷），人民出版社1982年版，第438—439页。
③ 《郭沫若全集》历史编（第1卷），人民出版社1982年版，第441—444页。
④ 《郭沫若全集》历史编（第1卷），人民出版社1982年版，第449页。

适之说不能成立。[①]

胡适《说儒》认为“殷武丁以后，国力渐衰；史书所载，已无有一个无所不胜的‘武王’了”。郭沫若认为，胡适之说不尽合史实。他把甲骨文与《荀子·非相篇》《左传》昭十一年、宣十二年、宣十五年相对照，梳理殷末的东南经略，表明帝乙、帝辛父子在殷人心目中是值得纪念的“武王”。[②]

鉴于以上，郭沫若讥讽胡适说：

> 在春秋时代奴隶制逐渐动摇了起来，接着便有一个灿烂的文化期开花，而儒开其先。这是正确的史实。这种见解我在十年前早就提倡着，而且不断地证明着。《说儒》的出发点本就在这儿，虽然胡适对于我未有片言只字的提及。但是从这儿机械的抽绎出这样的观念：儒是殷民族的奴性的宗教，得到孔子这位大圣人才把它“改变到刚毅进取的儒”；更从而牵强附会地去找寻些莫须有的根据；这却不敢说是“青出于蓝胜于蓝”的。这种的研究态度正是所谓“观念论”的典型，主张实用主义的胡适，在这儿透露了他的本质。[③]

这里，郭沫若批评胡适在学术上不尊重自己，无视证据，做实用主义的、观念论的演绎，这对于胡适的批判绝不仅仅在于具体的观点，更在于其治学方法了。

需要说明的是，到了 1942 年 7 月，郭沫若撰写《论儒家的发生》，重申上述对胡适的批驳和自己的观点，收入《郭沫若全集》历史编第 3 卷《史学论集》。

### （四）驳胡适对于屈原的怀疑

1921 年 6 月，胡适在一次读书会的演讲中，提出是否真有屈原其人的问题，于 1922 年 8 月 28 日写《读〈楚辞〉》，收入 1924 年上海亚东书局《胡适文存》第二集。在《读〈楚辞〉》中，胡适对《史记》之《屈原传》提出质疑，从而怀疑屈原的真实存在：

> 《史记》本来不很可靠，而《屈原贾生传》尤其不可靠……司马迁何能知孝昭的谥法？……《屈原传》叙事不明。[④]

进而，他走向怀疑屈原与《楚辞》之作：

---

① 《郭沫若全集》历史编（第 1 卷），人民出版社 1982 年版，第 449—451 页。

② 《郭沫若全集》历史编（第 1 卷），人民出版社 1982 年版，第 451—455 页。

③ 《郭沫若全集》历史编（第 1 卷），人民出版社 1982 年版，第 456 页。

④ 《胡适全集》（第 2 卷），安徽教育出版社 2003 年版，第 94 页。

屈原也许是二十五篇《楚辞》之中的一部分作者，后来逐渐被人认作二十五篇全部的作者。但这时候，屈原还不过是一个文学的箭垛。后来汉朝的老学究把那时的“君臣大义”读到《楚辞》里去，就把屈原用作忠臣的代表，从此屈原就又成了一个伦理的箭垛了。①

1934年年初，郭沫若应开明书店之约，为《中学生杂志》写《屈原》，发表在1935年5月1日第55号上。他还撰写《屈原时代》发表在1936年2月上海《文学》月刊第6卷第2期上。他写《屈原》的价值在于，揭露那时蒋介石政府消极抗日、积极反共，却又民生艰辛的事实。1940年6月9日重庆《大公报》，发表郭沫若《关于屈原》，其中说：

关于屈原我在六年前曾经写过一篇评传，那里面所有的见解，我到现在还没有变更……他的对于国族的忠烈和创作的绚烂，真真是光芒万丈。中华民族的尊重正义，抗拒强暴的优秀精神，一直到现在都被他扶植着。②

到了1941年，重庆大部分诗人把端午节定为“诗人节”，遭到政府文运大员的反对，引发政治斗争，屈原成为进步民主人士与国民党政府之争的一个着眼点。这为郭沫若《从诗人节说到屈原是否是弄臣》所明言。③

在友人鼓励下，他写出五幕历史剧《屈原》，发表在1942年1月24、25、27、28、30、31，2月4、5、6、7日《中央日报》副刊上，而且舞台演出非常成功，产生了积极影响。为配合剧本，他在1942年完成《屈原研究》，1943年群益出版社出版。多年后侯外庐回忆道：

在抗战最艰难的阶段，郭沫若借屈原之口，借楚国背景，揭露蒋介石政治腐败，抗战不力，一心反共，号召人民警惕。④

1942年4月重庆文学书店出版郭沫若《蒲剑集》，其中有《关于屈原》《革命诗人屈原》《屈原考》《屈原的艺术与思想》《写完五幕剧屈原以后》等。胡适弟子陆侃如撰写《西园读书记》，其中第二部分评论《蒲剑集》，发表在1942年《文化先锋》上，与郭沫若讨论屈原问题。尽管他与胡适具体意见不完全相同，但是质疑郭沫若关于屈原生卒年的考证，怀疑《招魂》《九歌》《天问》等是屈原的作品，缓释

① 《胡适全集》（第2卷），安徽教育出版社2003年版，第95页。

② 《郭沫若全集》文学编（第19卷），人民文学出版社1983年版，第23页。

③ 是文发表于1946年6月7日重庆《新华日报》，收入《郭沫若全集》文学编（第20卷）。

④ 侯外庐：《韧的追求》，生活·读书·新知三联书店1985年版，第135页。

了郭沫若研究屈原的政治意义。郭沫若在1942年12月5、6日重庆《新华日报》副刊上发表《屈原·招魂·天问·九歌》，加以回应。但是，他意识到怀疑屈原的意见，在近期最有代表性和最有影响的还是胡适，且在40年代初胡适的言论具有特殊意义，因此必须对胡适的观点进行清理。郭沫若说：

> 胡适在中国学术界是有地位的，所以自他提出否定屈原存在的论调后，就有很多人响应他。某一个时候，二千年来屈原在中国文学界思想界很根深蒂固的地位，差不多被他连根推翻了。关于这一点，我觉得实在有加以研究的必要。①

早在1935年《中学生杂志》上的《屈原》里，就提到胡适《读〈楚辞〉》依据《史记·屈原传》的传文谬误或者叙事不明。郭沫若在文章中针对胡适的质疑为屈原传文辩护，考《屈原传》之前文献、屈原生卒年和家世，证明屈原是真实存在的，但是语气比较缓和，几乎未论及屈原与《楚辞》的关系。

1941年12月21日，郭沫若在中华职业学校讲演《屈原考》，他进一步提出：

> 《屈贾列传》之有毛病，这是不容否认的，不过因为这篇传不可靠而根本否定屈原的存在，我却以为理由殊欠充分……《史记》流传到现在……当然免不了错误，前任早有指出。我们不能因为这点错误，就说这篇传不可靠；更不能因为这篇传不可靠，便根本否定屈原的存在！……胡适提倡实验主义，主张用科学方法批判文化遗产是好的，但他所用的方法，并不科学。②

这里，郭沫若对胡适已很不客气了，说胡适的方法不科学。郭沫若以贾谊崇拜屈原史实和《吊屈原赋》《屈贾列传》所存刘安《离骚传》的句子，证明屈原是存在的。他进一步考出屈原“生于二二七九年前的正月初七日，死于二二一八年前的五月五日，享寿六十有二”。③ 这些是对上述《屈原》的细化。

1942年4月，重庆文学书店版《蒲剑集》，其中收入《屈原的艺术与思想》，反驳胡适关于屈原与《楚辞》关系的说法，郭沫若说：

> 胡适说“《天问》文理不通，见解卑陋，全无文学价值，我们可以断定是后人杂凑起来的。”……我同胡适的见解恰恰相反。《天问》全篇提出一百七十二个问题，从天地开辟问到自己身边。它的体裁本是四字一句……问得参差历落，

① 《郭沫若全集》文学编（第19卷），人民文学出版社1983年版，第100页。

② 《郭沫若全集》文学编（第19卷），人民文学出版社1983年版，第100—101页。

③ 《郭沫若全集》文学编（第19卷），人民文学出版社1983年版，第115页。

> 丝毫也不板滞，真是极大的本领。①
>
> 《九歌》十一篇，在胡适看也认为不是屈原的作品……《九歌》……语调来得轻灵愉快。我看这只是作者的年龄和心境上的不同。《九歌》应该是屈原年青得意时的文章。还有《九歌》这十一篇是一个体裁，无论怎样研究都要认为是一个人做的东西，一个时代做出来的东西。②

这里，郭沫若详论屈原与《楚辞》的关系，是对《屈原》《屈原考》研究逻辑的推进。

1942年郭沫若完成《屈原研究》，由群益出版社于翌年出版，是上述《屈原时代》《屈原考》《屈原的艺术与思想》的合而为一，更为细致逐条批驳了胡适的观点和证据，是对《屈原》的扩充和细化，不再赘述。

上述表明，总体上郭沫若与胡适学术观点是对立的，其实郭沫若扬孔抑墨，与胡适扬墨抑孔相对立，不过是这一总体情况的一部分。

## 三 郭沫若因反胡适而贬低墨子

无论是出于新民主主义革命需要，还是因为义气之争，或两者结合，都导致郭沫若在墨子问题上的观点与胡适严重对立。

### （一）胡适和郭沫若的墨学研究

胡适和郭沫若处于墨学勃发时代，都对墨学有所涉猎。有清一代，戴东原以《孟子字义疏证》，攘程朱理学，发乎于前；康有为《新学伪经考》，继之于后，攻扞古文经学。这些举动势必引发学人对于儒学的重新认识，作为儒学对立面的墨学自然备受关注。胡适《先秦名学史》概述清代墨学道：

> 自从一七八四年出版了有毕沅注的版本后，《墨子》这本书就得到许多训诂学家如张惠言、王念孙、王引之、俞樾和孙诒让等的有益的校勘和考证。孙诒让先生的一九〇七年版著作，收集了所有前人以及自己的注解，至今仍然是最好的版本。③

特别是，袁世凯欲借儒学还帝制之魂，遭到舆论界强烈揭露与批驳，墨学作为儒

① 《郭沫若全集》文学编（第19卷），人民文学出版社1983年版，第119页。

② 《郭沫若全集》文学编（第19卷），人民文学出版社1983年版，第120页。

③ 《胡适全集》（第5卷），安徽教育出版社2003年版，第66—67页。

学之敌，自然受到热捧。胡适在《翁方纲与〈墨子〉》中说："大家喜欢谈《墨子》，墨学几乎成了一种时髦风尚。"①

不仅如此，在价值取向上，正如柳诒徵总结的那样：

> 今人多好讲墨学，以墨学为中国第一反对儒家之学，又其说近于耶教，扬之可以迎合世人好奇惊新之心理，而又易得昌明古学之名，故讲国学者莫不右墨而左孔，且痛诋孟子拒墨之非。②

胡适在这种学术气候里研究墨学，其主要著作有1915—1917年《先秦名学史》、1919年《中国古代哲学史》相关部分，以及1921年《梁任公〈墨经校释〉序》等。当然，还有1916—1917年《墨经新诂》、1918—1919年《墨家哲学》，不过《墨家哲学》可视为《中国古代哲学史》关于墨家的析出，而《墨经新诂》则无阐发研判。

郭沫若同样也在这样的环境中研究墨学，其主要论著有1923年《读梁任公〈墨子新社会之组织法〉》、1935年《先秦天道观之进展》、1943年《墨子的思想》、1943年《秦楚之际的儒者》、1943年《公孙尼子与其音乐理论》、1944年《孔墨的批判》，当然还有1951年《墨子节葬不非殉》等。

（二）反驳胡适的墨子是民约论者的观点

1904年，梁启超著《子墨子的学说》，以为"墨子之政术，民约派论之政术也"。③"墨子之政术，非国家主义，而世界主义社会主义也。"④ 1921年梁启超作《墨子学案》，以卢梭"民约论"解墨子"尚同""尚贤"，以20世纪20年代初俄国社会"平等而不自由"来认识墨子心中的理想社会，它"和欧洲初期的'民约论'很相类"，"和现在俄国的劳农政府，很有点相同"。⑤ 1922年《先秦政治思想史》，重申其关于墨子"兼爱""交利主义""民约论"的见解。⑥

郭沫若读《墨子学案》，就第五章《墨子新社会之组织法》，写出《读梁任公〈墨子新社会之组织法〉》。文中批评梁任公的墨子"民约论"之说完全无视墨子神权思想，把墨子的思想系统割裂开来。

郭沫若在批评梁任公之时，关涉胡适《中国哲学史》，认为胡适把墨子的宗教思想视为墨学的枝叶，用"近代色彩来替他掩饰"，"把实利主义和逻辑来作为他的根

---

① 《胡适全集》（第3卷），安徽教育出版社2003年版，第673页。
② 柳诒徵：《读墨微言》，《学衡》1922年第12期。
③ 《梁启超全集》（第11卷），北京出版社1999年版，第3176页。
④ 《梁启超全集》（第11卷），北京出版社1999年版，第3178页。
⑤ 《梁启超全集》（第11卷），北京出版社1999年版，第3175—3176页。
⑥ 《梁启超全集》（第12卷），北京出版社1999年版，第3661—3669页。

本观念”。[①]

还有，胡适为梁启超《墨经校释》作序，其中有：

> 墨子《尚同》各篇深怕“一人一义，十人十义”的危险，故主张“上同”之法，——上之所是，必皆是；所非，必皆非之，——很带有专制的采色。墨家后人渐打破这种专制的正义观，故《经上》有“君臣萌通约”之说。《经说上》释此条道：“君，以若民者也。”梁先生校改“若”为“约”；但“若”字向来训“顺”，正不烦改字而意义更明显。[②]

显然，胡适在这篇序里赞同梁启超的墨子“民约说”主张。

对此，郭沫若反驳说：

> 其实墨子的书，从《法仪》一直到《非儒》，他都是替王公大人说的治天下的道理，他的思想归根是政教不分，一权独擅，专制的色采何止《尚同》各篇！[③]

他指出胡适和梁启超一样，抽掉墨子学说的中梁，“把他全部的建筑打碎，再来说他的建筑是西洋式的”。[④]

正如上文所言，郭沫若这篇连梁启超、胡适一起反驳的文章，写于1923年，发表于《创造周报》第7期，那时他还没有承担组织上的政治使命，可以理解为，义气之争是郭沫若在《读梁任公〈墨子新社会之组织法〉》中批评胡适表彰墨子的原因。但是其抑墨的总体观点一直保留着。例如，1935年他在《先秦天道观之进展》中说：“墨子的思想从历史的演进上看来，实在是一种反动。”[⑤]

再如，1943年郭沫若又在《墨子的思想》里指出：

> 墨子始终是一位宗教家。他是思想充分地带有反动性——不科学，不民主，反进化，反人性，名虽兼爱而实偏爱，名虽非攻而实美攻，名虽非命而实皈命……满嘴的王公大人，一脑袋的鬼神上帝，极端专制，极端保守。[⑥]

---

① 《郭沫若全集》历史编（第3卷），人民出版社1984年版，第268页。
② 《胡适全集》（第2卷），安徽教育出版社2003年版，第161页。
③ 《郭沫若全集》历史编（第3卷），人民出版社1984年版，第272—274页。
④ 《郭沫若全集》历史编（第3卷），人民出版社1984年版，第269页。
⑤ 《郭沫若全集》历史编（第1卷），人民出版社1982年版，第362页。
⑥ 《郭沫若全集》历史编（第1卷），人民出版社1982年版，第463页。

### （三）质疑胡适关于《公孟篇》问乐的解读

《墨子·公孟篇》有：

> 子墨子问于儒者，曰："何故为乐？"曰："乐以为乐也。"子墨子曰："子未我应也。"今我问曰："何故为室？"曰："冬避寒焉，夏避暑焉，室以为男女之别也。"则子告我为室之故矣。今我问曰："何故为乐？"曰："乐以为乐也。"是犹曰："何故为室？"曰："室以为室也。"

胡适在《中国古代哲学史》中，引这段话以表明"儒者说的还是一个'什么'，墨子说的是一个'为什么'"。①

或者说：

> 墨子处处要问一个"为什么"。例如造一所房子，先要问为什么要造房子。知道了"为什么"。方才可知道"怎么做"。②

其言下之意，墨子思想要比儒者科学可取。郭沫若指出，墨子在这里有诡辩行为，儒者回答"何故为乐"为"乐以为乐"，说的是音乐图的是快乐，墨子把儒者快乐之"乐"等于音乐之"乐"。他说：

> 墨子故意把音乐与快乐混为一谈。而反诘以"室以为室"，那毋宁是诡辩……中国古代的学问，认真够得上称为有点科学性质的，只有音乐的乐律和历法。这两种东西儒家都看得很重。在墨子方面呢？历法不曾提到……音乐则极端反对。我们就单以这项为标准，要说墨子是"一位科学家"，至少在我个人是不能不踌躇的。③

郭沫若通过指出墨子诡辩之术，结果则使得胡适的基本结论无法坐实。

### （四）反对胡适的墨家销声匿迹之说

胡适在《中国古代哲学史》中，分析墨家销声匿迹的原因有三条：

---

① 胡适：《胡适全集》（第 5 卷），安徽教育出版社 2003 年版，第 325 页。
② 胡适：《胡适全集》（第 5 卷），安徽教育出版社 2003 年版，第 326 页。
③ 《郭沫若全集》历史编（第 2 卷），人民出版社 1984 年版，第 121 页。

第一，由于儒家的反对。墨家极力攻击儒家，儒家也极力攻击墨家……汉兴以后，儒家当道，到汉武帝初年竟罢黜百家，独尊孔氏。儒家这样盛行，墨学自然没有兴盛的希望了。①

第二，由于墨家学说之遭政客猜忌。其实墨学在战国末年，已有衰亡之象。那时战争最烈，各国政府多不很欢迎兼爱非攻的墨家。②

第三，由于墨家后进的“诡辩”太微妙了……那时代是一个危急存亡的时代，各国所需要的乃是军人政客两种人才，不但不欢迎这种诡辩，并且有人极力反对。③

郭沫若作《墨子的思想》，批评胡适的上述观点：

胡适的说法相差得太远。因为儒家固然曾反对过墨家，墨家又何尝没有反对儒家？像墨子的《非儒篇》，捏造些莫须有的事实来对孔子作人身攻击，那比孟荀的反对墨家是有过之而无不及的，然而儒家不见被他骂倒。且等汉武帝时儒家开始走运的时候，墨家是已经老早消灭了的。因此，这冤家不能算在儒家的账上。至于说到“遭政客的反对”更是莫须有的事。《韩非子·五蠹篇》虽曾反对墨家，但亦更猛烈地反对了儒家。《管子》非墨亦非儒，《晏子春秋》则尽了袒墨的能事。此外更不知道有那一位“政客”猜忌过墨家。④

郭沫若的这一反驳有道理。儒家遭到墨家的同样反对却没有消失，且在汉武帝罢黜百家之前墨家就已经消失了，看来胡适的说法显得牵强。

接着，郭沫若分析墨家在汉初销声匿迹的原因是：

在我看来墨学的失传倒是由于自己瓦解。第一是由于墨家后学多数逃入了墨家道家而失掉了墨子的精神，第二是由于墨家后学过分接近了王公大人而失掉了人民大众的基础。⑤

如果说《读梁任公〈墨子新社会之组织法〉》批判胡适扬墨是出于义气之争，那么《墨子的思想》《孔墨的批判》批判胡适扬墨无疑是出于在政治上批判胡适的需要。

---

① 《胡适全集》（第5卷），安徽教育出版社2003年版，第406页。
② 《胡适全集》（第5卷），安徽教育出版社2003年版，第406页。
③ 《胡适全集》（第5卷），安徽教育出版社2003年版，第407页。
④ 《郭沫若全集》历史编（第1卷），人民出版社1982年版，第477页。
⑤ 《郭沫若全集》历史编（第1卷），人民出版社1982年版，第477页。

## 四 郭沫若因反胡适而褒扬孔子

胡适在扬墨的前提下，对于墨子的论敌孔子，自然采取抑的态度，郭沫若则与胡适唱对台戏，处处扬孔。

### （一）胡适提出孔子守旧说

胡适对孔子的评价是变化的，留学归来之前讥讽明倡孔教而暗行复辟的行为，还不是特别专注于孔子。

1914 年 1 月 23 日，胡适在《留学日记》里写道：

> 今人多言宗教问题，有倡以孔教为国教者，近来余颇以此事萦心……吾国古代之学说，如管子、墨子、荀子，独不可与孔孟并尊耶?①

他认为袁世凯关于尊孔的大总统命令“真可笑，所谓非驴非马也”。②

郊天祭孔“可谓舍本逐末，天下本无事，庸人自扰之行耳”。③

胡适完成于 1915—1917 年《先秦名学史》里有：

> 我确信中国哲学的将来，有赖于从儒学的道德伦理和理性的枷锁中得到解放……儒学曾经只是盛行于古代中国的敌对的学派中的一派，因此，只要不把它看作精神的、道德的、哲学的、权威的唯一源泉，而只是在灿烂的哲学群星中的一颗明星，那末，儒学的被废黜便不成问题了……我认为非儒学派的恢复是绝对需要的，因为在这些学派中可望找到移植西方哲学和科学最佳成果的合适土壤。④

对于孔子本人，胡适有正面评价：

> 他基本上是一位政治家和改革家……作为一位知名的教师，他在很多国家产生了极大的影响。⑤

---

① 《胡适全集》（第 27 卷），安徽教育出版社 2003 年版，第 254—255 页。
② 《胡适全集》（第 27 卷），安徽教育出版社 2003 年版，第 257 页。
③ 《胡适全集》（第 27 卷），安徽教育出版社 2003 年版，第 282 页。
④ 《胡适全集》（第 5 卷），安徽教育出版社 2003 年版，第 11—12 页。
⑤ 《胡适全集》（第 5 卷），安徽教育出版社 2003 年版，第 33 页。

可是到了1918年之后，如何看待孔子，胡适调子变了。他在1918年《中国古代哲学史》里这样说：

> 老子的学说，在当时真可以算得“大逆不道”的“邪说”了……是最激烈的破坏派的理想……孔子作司寇，七日便杀了一个“乱政大夫少正卯”。孔子数了他的三大罪……译成今文，便是“聚众结社，鼓吹邪说，混乱是非。”①

这样看来，孔子就是反对激烈一派的，胡适说：

> 中国古代的守旧派，如孔子之流。②

1921年11月20日《教育杂志》第十三卷第11号，发表胡适《中国哲学的线索》，其中道：

> 孔子是老子的门徒或是朋友。他虽不满意于当时风俗制度以及事事物物，可是不取破坏的手段，不主张革命……老子一派对于社会上无论什么政治、法律、宗教、道德，都不要了，都要推翻他，取消他。③

1925年5月31日《国闻周报》第2卷第20期《从历史上看哲学是什么》，又说：

> 老子是旧思想的革命家，过激党，攻击旧文化，攻击当时政治制度……自然主义的天道观。老子这样激烈的态度，自然为当世所不容，他很高明，所以自行隐遁……孔子一方面承认自然主义的天道观……他总舍不得完全去掉旧信仰舍不得去掉传统的宗教态度。④

总之，在胡适看来，孔子是保守、落后的思想代表。

胡适的思想为什么前后有如此之大的变化，非本文所能完成，暂且搁置，待来日再论。

（二）郭沫若则力陈孔子的进步性

1927年11月《东方杂志》连载《〈周易〉时代的社会生活》，对孔子采取折中

---

① 《胡适全集》（第5卷），安徽教育出版社2003年版，第257页。
② 《胡适全集》（第5卷），安徽教育出版社2003年版，第260页。
③ 《胡适全集》（第7卷），安徽教育出版社2003年版，第467页。
④ 《胡适全集》（第7卷），安徽教育出版社2003年版，第502页。

看法：

> 他一方面认定了辩证法的存在，然而终竟只求折衷。他一方面认定理性的优越，然而却迷恋着鬼神。他一方面摄取了形而上的宇宙观，然而他立地把它神化了起来。①

这是依据《易传》的《十翼》上的材料来认识孔子的。可是学界关于《易传》的研究成果，让郭沫若依据《十翼》来认识孔子显得不当。到了1935年3月，他作《〈周易〉之制作时代》，明言“孔子与《易》并无关系”，说明他已否定了之前对于孔子的评价。同年12月写《先秦天道观之进展》，对于孔子的评价又发生了明显改变，他说：

> 老子和孔子在根本上都是泛神论者，而在肯定人格神的狭隘的宗教家看来，便都是无神论者。故尔到了宗教家的墨子对于他们便一样地非毁了起来。②

1944年2月，郭沫若在《青铜时代·后记》里说：

> 孔子的主张是奴隶解放的要求在意识上首先的反映。他虽然继承了前时代贵族所独占的文化遗产，但他把它推广到庶民阶层来了。他认识了教育的力量，他是注重启发民智的。③

1944年8月，郭沫若《孔墨的批判》里说：

> 孔子的基本立场既是顺应着当时的社会变革的潮流的，因而他的思想和言论也就可以获得清算的标准。大体上他是站在代表人民利益的方面的。他很想积极地利用文化的力量来增进人民的幸福。对于过去的文化于部分地整理接受之外，也部分地批判改造，企图建立一个新的体系以为新来的封建社会的韧带。④

这两篇文献说明，郭沫若肯定“孔子的主张是奴隶解放的要求”“顺应社会潮流”“代表人民利益”“增进人民的幸福”，完全处于胡适的孔子之流是“中国古代

---

① 《郭沫若全集》历史编（第1卷），人民出版社1982年版，第70页。

② 《郭沫若全集》历史编（第1卷），人民出版社1982年版，第359页。

③ 《郭沫若全集》历史编（第1卷），人民出版社1982年版，第613页。

④ 郭沫若：《十批判书·孔墨的批判》，《郭沫若全集》历史编（第2卷），人民出版社1982年版，第87页。

的守旧派”的观点的对立面。

总之，郭沫若与胡适这两位近代学术史上的对手，都天赋禀异、学术各有所长，但都恃才傲物，故互相难免义气之争。尤其是，学术思想方法上，前者为马克思主义唯物史观，后者为杜威实验主义；政治思想倾向上，一为共产主义，另一为自由主义。这些就决定二人在学术上要唱对台戏。他们在诸多方面例如整理国故的理念、中国古史观念等，都存在着严重分歧。特别是在先秦诸子问题上，胡适要扬墨则势必抑孔，郭沫若因中国共产党文化战线旗手的身份，理应与胡适对峙，势必抑墨，故而扬孔。

[原载《云南大学学报（社会科学版）》2019 年第 6 期]

# 20世纪关于杨朱的研究

## ——以蒙文通、郭沫若、侯外庐、刘泽华等人为中心

曹　峰

杨朱在《孟子》中，既被评价为思想界的半壁江山，又被描述成不愿牺牲任何个人利益的“一毛不拔”的小人；在《庄子》《韩非子》中，杨朱成了“辩者”“察者”的代表；到了《吕氏春秋》《淮南子》那里，杨朱被明确塑造为注重养生的道家人物，用今天的语言来描述，他是道家修养论、工夫论的代表，重视通过养生来体验、实践道家理论；最后到了《列子》的《杨朱》篇，杨朱则成为一个高调纵欲、不合礼法、离经叛道的人物。由于魏晋之后中国社会由儒家主导，因此作为孟子笔下反面人物出现的杨朱，一直备受冷落，在大多数情况下得不到正面的评价和系统的研究。

然而这种情况，到了20世纪发生很大的变化。随着儒家不再占据主导地位，同时受西方人文科学研究理念及其方法的影响，中国哲学史上的人物开始得到比较平等的、客观的考察。20世纪的杨朱研究，在两个方面得到充分展开：一方面是从学术史角度对杨朱展开的梳理，虽然杨朱没有著作存世，但由于杨朱在早期道家思想谱系中占据重要位置，杨朱形象在魏晋思想史上也具有巨大影响，因此杨朱是一座绕不过去的高峰，在各种哲学史、思想史尤其道家思想史上都有一席之地，他的思想主要体现在哪些方面，在他的影响下是否建立起一个独立的学派，以蒙文通、郭沫若为代表的学者为此做过不少文献整理工作，并梳理出比较明确的线索；另一方面是从思想史角度对杨朱做出的定位，在中国古代，杨朱因为被儒家贴上“为己”的标签或被视为“纵欲”的代表而遭到挞伐，然而到了20世纪，恰恰是这一很少有人具备的惊世骇俗的特征，使杨朱受到今人极大的关注，从梁启超、胡适等人开始，杨朱开始挂上“个人主义”“个体意识”“个人本位”等具有西方思想背景的新标签，对杨朱的评价出现了翻转，杨朱成为中国古代人性解放的标志、个人意识最早觉醒的代表。

本文并不寻求通过文献的再次梳理，从学术史上为杨朱做出新的定位，也不谋求通过哲学分析，从思想史上为杨朱做出新的评价，而是希望借助几位较有代表性的学者，来考察20世纪学术研究的历程和特征，这个考察集中在两方面：第一，以蒙文通、郭沫若等代表，看看他们如何将詹何、子华子、魏牟、陈仲、彭蒙、田骈、慎到

以及宋钘、尹文等人划归于杨朱学派，从而构建出杨朱学派的传承谱系，并将这条谱系和黄老道家关联起来；第二，看看1949年后，以侯外庐、刘泽华为代表的大陆学者如何评价杨朱的“为己”学说，如何把杨朱理论的核心定性为强烈的个体意识，从而给予高度评价的。毋庸置疑，这两条线索都与20世纪特定的历史背景有关，都是20世纪学术史的产物。

在对20世纪杨朱学术史展开考察之前，仍有两个焦点问题，需要表明本文的观点与立场。首先，《孟子·尽心上》“杨子取为我，拔一毛而利天下不为也。墨子兼爱，摩顶放踵，利天下为之”这段话中的“利”究竟如何理解？很多学者出于为杨朱辩解，引证大量文献，从语言和思想上论证“利天下不为”应该读为“虽利之以天下而不肯为”。[①] 笔者认为这种读法的可能性确实存在，甚至从《列子·杨朱》篇的角度看是正确的。[②] 但是如冯友兰所言：“与下文‘墨子兼爱，摩顶放踵利天下为之’同文异解，似不甚妥。利之以天下而欲拔其一毛，杨朱不为；此乃杨朱之学说；拔其一毛可以利天下，而杨朱不为，乃孟子对于杨朱学说之解释；二者不必同。”[③] 确实如冯友兰所言，在同一段话中，对同一个“利”字的性质做两种解释是说不过去的，孟子是一个特别善于利用修辞的人，与“一毛”相类似的比喻还有“一介”，如《孟子·万章上》有这样一段话：“万章问曰：‘人有言，伊尹以割烹要汤，有诸？’孟子曰：‘否，不然。伊尹耕于有莘之野，而乐尧、舜之道焉。非其义也，非其道也，禄之以天下，弗顾也；系马千驷，弗视也。非其义也，非其道也，一介不以与人，一介不以取诸人。’”这是孟子对于伊尹的夸赞之词，说伊尹对于“非其义”“非其道”的事情，即便给他“天下”和“马千驷”，他也视而不见。这里“一介不以与人”可以说就是“一毛不拔”；“一介不以取诸人”就是“一毛”也不想获取，极而言之，就是对“天下”和“马千驷”也不动心，这样就和顾颉刚说的“虽利之以天下而不肯为”相一致了。可见，孟子认为如果与自己的信念相违背，无论是“利己”还是“利他”都不会去做，因此，他完全可以理解杨朱的做法，但是出于对杨朱“为我”观念的痛恨，他却只选择了“一介不以与人”的方式来描述杨朱，显然这是一种偏见。总之，“利之以天下”与“利天下”[④] 两种解释的可能性都是存在

---

① 如顾颉刚《从〈吕氏春秋〉推测〈老子〉之成书年代》，原载燕京大学《史学年报》1932年6月第4期，又见《古史辨》第四册，上海古籍出版社1982年版，第463—520页。

② 详参刘黛《“取”“与”皆弃的杨朱生命哲学——从文本、哲学到思想史》，即将刊登于《文史哲》。刘黛认为从《列子·杨朱》看，杨朱根本没有进入“利己”还是“利他”的讨论，他的基本立场在于“利”和“身”之间的权衡，取不为物利而轻身的姿态。笔者表示赞同。

③ 冯友兰：《中国哲学史上》，《三松堂文集》第二卷，中华书局2014年版，第149页。

④ 笔者以为，如果假设老子和杨朱之间存在前后关系，那么“利天下”可以理解为“为天下”，而老子是反对“为天下”的，如王弼本第二十九章云“将欲取天下而为之，吾见其不得已。天下神器，不可为也，不可执也。为者败之，执者失之。是以圣人无为，故无败；无执，故无失。”《文子·道德》也有：“老子曰：‘天下大器也；不可执也，不可为也；为者败之，执者失之。’”杨朱正是以“利”的言说方式，重申了“为无为”的思想。

的，而且各自在历史上产生了巨大影响。我们不仅有必要了解杨朱的本意，也有必要了解被孟子曲解之后产生的历史影响，这两者不必二选一，也不应该混为一谈。

其次是《列子·杨朱》篇是否伪作的问题。受20世纪疑古思潮的影响，20世纪学者基本上将这一篇看作魏晋时期的伪作而不予采信。但近年来，更多的学者趋向于认为，其中既有传承杨朱本人思想的部分，也有后世的加工和演绎，因此可以作有选择的利用。例如，王威威认为，表面上看，《列子·杨朱》篇的"损一毫利天下不与"与孟子所述的"拔一毛而利天下不为也"意义相同，但实际含义是对生命的极端重视，而非对个人利益的重视。同时表面上看，《列子·杨朱》篇的"悉天下奉一身不取"接近《韩非子·显学》所谓"不以天下大利易其胫一毛"，但实际上，"也包含了《显学》中所没有的、不伤害个体生命而为天下谋利的观点"。所以，"更有可能是此段材料的作者为回应思想界类似孟子的批评而有意识地对杨朱思想进行了进一步的解释和转化，文中以古人为思想依据，以个体生命解释'一毛'，以'世固非一毛之所济'来回答禽滑釐的疑问，突出'轻物重生'的一面，并以'天下治'为思想依归，均在去除杨朱思想的自利色彩"[①]。笔者赞同王威威的分析，即《列子·杨朱》篇的形成有可能建立在《孟子》和《韩非子》基础上，是对《孟子》和《韩非子》的回应与涵摄。因此有可能形成时间较晚，但也并不全部都是魏晋时候的伪作。

## 一　蒙文通、郭沫若的学术史研究路径

所谓学术史研究路径，就是并非从观念、概念的角度出发，有目的地选择资料并加以研究，而是在充分收集文献、充分尊重文献的基础之上，对人物及其思想的原貌、背景、影响做出全面系统的整理、解读，然后寻绎出线索和脉络来。如前所述，这种理性的研究方式起于20世纪，二三十年代疑古思潮兴起之后，学界开始对先秦诸子及其思想做出冷静的、全面的梳理，如《古史辨》第四册搜集了多篇关于杨朱的论文，其中有蔡元培的《杨朱即庄周说》、唐钺的《杨朱考》及《杨朱考补》和《杨朱考再补》、郑宾于的《杨朱传略》、高亨的《杨朱学派》、门启明的《杨朱篇和杨子之比较研究》等。[②] 同样见于《古史辨》第四册的顾颉刚《从〈吕氏春秋〉推测〈老子〉之成书年代》也有探索杨朱的内容。因此关于杨朱的学术史研究在20世纪二三十年代已经蔚为大观。[③] 在笔者看来，古史辨派的论文虽然汇集了资料、提出了问题，但只是做了基础性的工作，尚未产生大的影响。从学术史的角度看，真正对

---

① 王威威：《为我、重生、贵己——先秦思想界对杨朱思想主旨的理解》，《人文杂志》2018年第3期。

② 参见《古史辨》第四册，上海古籍出版社1982年版，第539—609页。

③ 相关情况还可参见刘佩德《列子学史》（学苑出版社2015年版）之附录二《杨朱研究概况及其特点》。但他的总结有很多缺漏，例如对于本文讨论的这四位重要人物全都没有做出考察。

学界产生深刻影响的学者有两位：蒙文通和郭沫若。他们虽然对古史辨派学者的研究成果多有吸收，研究方法也比较接近，但后出转精，更具有代表性。这里，本文通过对他们学术工作和主要观点的介绍，希望对20世纪学术史研究路径的特征、意义做出回顾和总结。

（一）蒙文通的《杨朱学派考》

形成于40年代的蒙文通的《杨朱学派考》[①] 由两篇论文《杨朱考》《黄老考》合编而成，[②] 此文对于杨朱相关的资料作了极为详尽的收集与整理，通过绵密的分析，构建起了杨朱学派的谱系，并最终将其和黄老道家联系起来。

蒙文通首先提出这样一个问题："杨氏之言不多见，后之流变亦不可考，未能如墨氏之显，则安见其言之盈天下？"他发现如果从杨朱"为我"之旨出发，则后来的传承就有迹可循了。他首先通过《吕氏春秋·执一》《庄子·让王》所见詹何"尊生"之义，指出詹何思想主旨合于《吕氏春秋·不二》的"杨生贵己"、《淮南子·汜论》描述杨朱时的"全性保真"，因而推断詹何为杨朱之徒。然后，他又通过《吕氏春秋·贵生》所见子华子"全生"之义，指出与杨朱之说不殊。《吕氏春秋·审为》一篇所述子华子鼓吹身体重于天下的故事，"显为杨朱之义"。蒙文通进而把吕不韦也拉到杨朱思想的延长线上，他引《吕氏春秋》的《尽数》《重己》等篇，指出尊生全性之说虽然与长生久视之术为邻，但"欲之者非有道，故吕氏犹讥之"。即如果以不道的方式追求长生，则不可取。《适音》一篇强调"生全寿长之方，在于胜理"。所以"詹何、杨朱、子华、吕氏之流，持论若一贯，其渊源亦有自也"。

蒙文通接着把话题转到杨朱是否重义的问题上，他先引《吕氏春秋·诬徒》，指出子华子其实既贵生也贵义，而《庄子·胠箧》把"曾、史、杨、墨"排列在一起，说他们都提倡仁义，因此"知杨朱亦为仁义与子华子同"。他再提及孟子与告子关于仁义之辩，《庄子·秋水》所载公孙龙"明仁义之行"的事迹，同时引用《庄子·骈拇》把杨、墨并列当作辩者加以批判的例子，推论说"盖仁义为三古以来之教，杨、墨、孟、荀、公孙龙、告子之徒皆归本于仁义，而义各不同"。从而证明杨朱并非不讲仁义，只不过他的仁义不被孟子认同，所以受到批判。总之，《吕氏春秋》的《适音》《本生》《重己》《贵生》都是杨朱、子华子之说，除倡导养生外，也有自己的仁义观念，这样就和排斥仁义的庄子形成对照。

那么杨朱理论中关于情性、欲望的观念是否有可能走向两个极端呢？蒙文通认为如同儒分为八、墨离为三一样，墨、杨的末流分派也会自相攻击。他通过引用《荀

---

① 此文收入蒙文通《先秦诸子与理学》，广西师范大学出版社2006年版，第108—130页。本文所引蒙文通原文，均见此文，不再一一注释。

② 据附记于《杨朱学派考》最后的一段文字可知，这两篇文章原载于1946年10月四川灌县灵岩书院编印的《灵岩学报》创刊号。合编为《杨朱学派考》后载于成都《图书集刊》1948年6月第8期。

子·非十二子》有“纵情性”和“忍情性”之说，结合《管子》之《立政·九败》《立政·九败解》对“全生”之言的批判，《战国策·赵策三》所见公子牟（魏牟）不以富贵累生的事迹，《庄子·让王》所载公子牟和詹何关于“重生而轻利”的对话，指出魏牟乃詹何之徒，他们的行为都接近《荀子·非十二子》所谓“纵情性、安姿睢”一派；[①] 同时结合《管子》之《立政·九败》《立政·九败解》对“自贵”之言的批判，《战国策·齐策四》《韩非子·外储说左上》《孟子·滕文公下》所见陈仲坚守名节、不义不食、刻意避世的事迹，认为他的行为符合《荀子·非十二子》所谓“忍情性”一派。[②] 从而论证“杨朱一派显有‘纵情性’‘忍情性’之二派”，它嚣、魏牟“亦杨朱一系之学”，陈仲、史鰌“亦杨朱之学者”。他还认为，《庄子·盗跖》是詹何、魏牟一派在讥讽陈仲之类人物死守名节的行为。《吕氏春秋·贵生》里面“迫生不若死”的话，又是陈仲一类人物针对詹何“重伤”之说的反论。[③] 从《庄子》来看，以《让王》卞随等人为代表的“忍情性”一派亦许孔子、不废仁义，[④] 而以《盗跖》为代表的“纵情性”一派则绝仁弃义、诋毁仲尼。[⑤] 这是两派的重大区别。《盗跖》鼓吹“纵情性”，《让王》鼓吹“忍情性”。《骈拇》《马蹄》《胠箧》《在宥》诸篇，提倡“无为君子、无为小人”，所以与“魏牟一派为合”，《天地》《天道》《天运》诸篇，“于陈仲一派为近”。他们虽然对孔子态度有别，但都鼓吹“卫生养生”之说。《刻意》《缮性》《至乐》诸篇，“鄙乎长生之为”，就属于庄周之言，而和杨朱有别。

蒙文通因此指出，杨朱一派时而倡导“仁义”，时而参与政治，因而并不像孟子说得那么极端。在对待仁义的态度上，以杨朱为代表的北方道家和以老、庄为代表的南方道家，正好形成对立。因此不能说不反仁义就不是道家。“道家要以北人居多。苟以仁义之说衡之，北方之道家杨朱之徒，不废仁义，斯为正宗。而庄周南方之学，翻为支派也。”这就是他著名的南北道家之说。

接下来蒙文通转向北方道家，开始整理稷下道家的资料，首先是田骈、慎到，根据《吕氏春秋·执一》所见田骈“因性任物”“变化应求”的主张，他断定“是田

---

① “纵情性”一派，蒙文通还举出《庄子·盗跖》所介绍的“夷、齐、鲍、焦、申徒狄、介之推”，也体现于“子张、满苟得之问答”“无足、知和之问答”。

② “忍情性”一派学说，蒙文通认为也体现于《庄子·让王》所见“子州支父”“子州支伯”“太王亶父”“王子搜”“颜阖”等人不就王位的故事，以及“北人无择”“卞随”“瞀光”“伯夷、叔齐”等人“迫生不若死”的故事，因此创作《让王》者，“以忍情性损嗜欲为主，而一皆归乎养生完身，则亦杨朱之徒也”。

③ 民国时代学者的文章有时用词过于俭省，缺乏清晰性。但从字里行间可以看出蒙文通有此意。此处原文是“则迫生不若死之说，苟又陈仲子之徒有憾于重伤之论而为之说乎！”“重伤”之说出于《庄子·让王》，指的是既不能约束自己，又要勉强地约束自己，所以是两重之伤害，因此要不受任何束缚地“全生”“重生”，这属于“纵情性”。但在陈仲一类“忍情性”人物看来，“迫生不若死”，如果不得不约束自己，那还不如死，而不是无原则地放纵自己。

④ 蒙文通甚至认为《庄子·让王》等篇可能是杨朱一派的作品，为编者误入。

⑤ 蒙文通称其为“杨朱末流”。

骈亦詹何、魏牟全生养年之道也”。而“因性任物”“变化应求”正符“因循”之义，和司马谈《论六家要旨》形容道家的“虚无为本，因循为用”一致。[①] 观《庄子·天下》批评“彭蒙、田骈、慎到”之言，也均为“因循”之义。《论六家要旨》说道家“有法无法”“有度无度”，正与《荀子·非十二子》批评“慎到、田骈”时说的“尚法而无法”一致。

蒙文通进一步指出，田骈、慎到既讲“因循”，又重视“法”，所以《荀子·解蔽》会说“慎子蔽于法而不知贤”，《吕氏春秋·序意》所见“法天地”之道，“斯亦田骈之道”，“知吕氏以下所谓‘言黄老意’者，皆指田子之术”。这样，通过田骈、慎到，蒙文通就把杨朱学派和黄老之学关联起来了。“晚周以来，黄、老大盛，杂家者起，汇九流而一之，正田骈、慎到之学，乃足以当之。”

然后，蒙文通将视野投向《管子》和《吕氏春秋》，认为《管子》中的《心术》[②]《内业》其义合于慎到，《心术》所见因循之说，和《庄子·天下》批评的慎到形象相吻合。而《六帖》《御览》等后世类书所引《慎子》与《吕氏春秋·贵因》有一致之处，可见《贵因》之说本于慎到。《吕氏春秋·察今》在《贵因》之后，《艺文类聚》所引《慎子》与《察今》有一致之处，可见《察今》之说取之慎到。《贵因》之前的《顺说》《不广》都主因循，“似亦慎子一派之说”。《吕氏春秋·慎势》有引《韩非子·难势》所见慎到之文，所以“《慎势》一篇之本于慎到又审矣”。《慎势》前面的《知度》《任数》所见“无先有随”的精神则合于《荀子·非十二子》“慎子有见于后、无见于先”以及《庄子·天下》“推而后行，曳而后往”“缘不得已”的形象。可见《吕氏春秋》几乎是慎到大本营，通过慎到，杨朱之学大为扩展。

蒙文通进而用《管子·白心》中“天行其所行而万物被其利，圣人亦行其所行而百姓被其利”来说明这样一个道理：“盖圣人行其行而百姓被其利，静身以待，物至自治，安用拔一毛以利之，拔毛以利，适为不利也。”用《管子·心术》中“凡物载名而来，圣人因而裁之，而天下治，实不伤不乱于天下，而天下治”来说明这样一个道理：“此殆以天下之自治自利，拔毛以利之，适以乱之。”因此《心术》《白心》的“因循”之道正是对杨朱“拔一毛而利天下不为”的引申发扬。[③]

在此基础上，蒙文通提出《心术》《白心》就是慎到之书，但“足以发杨朱之蕴”，慎到是“上承杨朱而下开申韩”之人。通过对比荀子、庄子评论田骈、慎到的

① 这里，蒙文通认为司马谈《论六家要旨》所见“神大用则竭，形大劳则敝”等讨论形神关系的话，“斯皆全生尊生之旨”。

② 蒙文通不分《心术》上下，这里尊重原文，因此不作区分。

③ 可见在蒙文通看来，“拔一毛而利天下不为”指的正是是否利于天下，和孟子的理解一致。但是蒙文通认为杨朱想要表达的是，没有必要去“利”天下，因为“利”天下反而是害了天下。不利天下，这正是杨朱能够“治天下如运诸掌”的缘故。

语言，可以确定《管子》的这几篇中田、慎之说有集中体现。

蒙文通又联系接予的“或使”理论，通过原文作为证据，认为《白心》不少地方正是“或使”之说，而“或使”之说最终导向的是“无损无益”的精神，这一精神恰恰与“拔一毛而利天下不为”相吻合。

此外，《白心》之旨“不离乎尊生、贵己之旨”，《内业》和《心术下》“专意于全生之旨”，蒙文通认为这也证明这些文章“循环相通，则并属之杨朱之徒可也”。“墨之学至于宋钘、尹文，杨之学至于田骈、慎到，而义益精”，可以称之为“冰寒于水而青出于蓝”。

接下来蒙文通把目光转向《慎子》一书。他主要以见于《群书治要》的部分来作出论述，认为其中《威德》一篇中的“百姓之于圣人也，养之也，非使圣人养己也。则圣人无事矣”正合《管子·心术》“不乱于天下而天下治”的精神。“天下自治，非使圣人养己，则安用圣人之利天下哉”，这就又和杨朱“拔一毛而利天下不为”关联起来，即不利天下正是不乱天下之意。蒙文通又认为《慎子》书中《因循》一篇所谓“因人之情”的理论和《管子·心术》“人之可杀，以其恶死。其可不利，以其好利”相合，和《尹文子》所引田骈的“自为”之说相合。田骈、慎到出于杨朱，又聚于稷下，“黄老之论于是始倡”。这里，蒙文通再次重申了前面的观点，即杨朱学派和黄老之学有密切关联。

蒙文通还把韩国的申不害也拉了进来，《申子·大体》也主“贵因”之说，同时也讲“势”的重要性，他认为这些都是“申子袭之慎子”。

《慎子·民杂》鼓吹“齐物”之论，这个“齐物”显然不是《庄子·齐物论》的整齐物论，而是兼容并包、充分发挥万物不同职能的意思，这就是彭蒙、田骈、慎到的“齐万物以为首”。[①] 蒙文通历数《尹文子·大道》[②]《管子·心术》《管子·白心》《管子·乘马》《慎子·知忠》《吕氏春秋·用众》《庄子·天下》相关言论，认为“贵齐”之说发展到后世，“慎到、尹文有进于田骈、彭蒙者”，“《吕》之所取则精，足以补田、慎之佚说”。即齐物论从彭蒙之师的“舍是与非”“无用圣贤”，一般性地强调平等地对待万物，发展到后来，“是非可不可无所循”（《吕氏春秋·序意》），则是“后师之义，益精更进之说”。从《庄子·天下》所谓“教则不至”发展到《管子·白心》“教可存也、教可亡也”；从《庄子·天下》所谓“选则不遍”发展到《管子·心术》“慕选则不乱”；由《庄子·天下》所谓“莫之是、莫之非”发展到了《论六家要旨》的“贤不肖自分，白黑乃形”，则齐物之论得以消解。

总之，从黄老的角度来看，作者认为“田、慎以清虚无为，名正法备，为黄老

① 蒙文通认为《民杂》这段话还只是“齐物论”之用。《庄子·天下》“天能覆之而不能载之，地能载之而不能覆之，大道能包之而不能辩之。知万物皆有所可，有所不可，故曰：选则不遍，教则不至”是“齐物论”之体。

② 蒙文通不分《大道》上下，这里尊重原文，因此不作区分。

之正宗”，“杨朱之学，逮乎田、慎，义益邃而用益宏。黄老既由此出，且以法为邻”。至此，蒙文通最后把列子拉入杨朱体系，因为“列子贵虚”，“黄老一派以虚为贵，当取之列子之言也”，“吕、庄二书皆言‘子列子’，盖列子于黄老一宗所系之重，清虚之说，实始于此”。因此黄老之道，是以列子为先驱的。从谱系上讲，“列子先于杨朱，则杨氏之学，源于《列御寇》，而下开黄老”，“魏牟、陈仲、詹何、子华、田骈、慎到，皆杨朱之流派，而列子者，倘又杨朱之远源也”。

通过以上的概括，可知在《杨朱学派考》这篇大文章里，蒙文通以杨朱为梭子，利用各种零散资料，编织出一张网，这张网之大、之密，作者运用史料之娴熟，串联思想线索技巧之高超，让人叹为观止。无论在蒙文通之前，还是在他之后，都无人能编织这样的网。这张网有几个特点。

第一，详细描绘了杨朱学派的谱系，从人物上讲，那就是列子→杨朱→詹何、子华子→魏牟、陈仲→田骈、慎到。这是他着力考察的几个重点人物，其他与之相关的还有它嚣、史鱿、彭蒙之师、彭蒙、接予、申不害、韩非子、吕不韦、司马谈等。①从文本上讲，主要可以以下文献为代表：《吕氏春秋》中的《本生》《重己》《贵生》《执一》《不二》《审为》《尽数》《诬徒》《适音》《贵因》《用众》等篇；《庄子》中的《盗跖》《让王》等篇；《管子》中的《内业》《心术》《白心》等篇，以及见于《尹文子》《慎子》《申子》《韩非子》《淮南子》《庄子·天下》《荀子·非十二子》《论六家要旨》中的学术史资料。人物极为众多、材料极为复杂，蒙文通却了然于心，如数家珍、旁征博引、无所不窥，从容运用于股掌之中，且精义迭出，为学界全面盘点了资料、梳理了脉络，提供了相对可靠、可用的文献，功莫大焉。

第二，此文基本上能把杨朱之学各个侧面、各种特征关联起来，并给予合理的解说。作为杨朱学派的主要思想元素，蒙文通借助与杨朱相关的养生概念，如“本生”“尊生”“全生”“长生”“卫生”“重生”“完身”“为身”“全性”“自贵”“重己”“贵己”“为我”“养年”等，把典籍和人物串联起来，并引申到“仁义”“情性”“因循”“齐物”“清虚”“尚法”等一系列复杂领域。就是说，如果养生是杨朱的据点或出发点，那么其辐射的领域最终极为广泛，和伦理思想、治国理念发生密切关系。

第三，可能受疑古学派的影响，蒙文通基本上使用的是比较可靠的先秦文献。这里必须注意的是与老子的关系，老子没有进入杨朱学派的谱系，也就是说蒙文通切断了传说中老子和杨朱之间的师生关系。在此文中，蒙文通也谈到老子其人及其书，他

① 蒙文通并没有绘制这个系列图，是笔者依据他的观点按照时代先后排列出来的，因此未必是直线的师承关系。值得注意的是，顾颉刚在《从〈吕氏春秋〉推测〈老子〉之成书年代》一文中曾经绘制过一幅图，在这幅图中，顾颉刚用直线表示詹何、子华子和杨朱有直接师承关系，而用虚线表示庄周、彭蒙、田骈、慎到是受其影响者，这种影响又波及老子（顾认为《老子》晚起）。很可能在蒙文通这里，杨朱与后学的关系，同样既是师承关系，也是影响关系。

认为与老子相关者有好几位，他承认有那么一位老聃，但并非《道德经》创作者，《道德经》的作者当为魏国人李耳，创作于《韩非子》之前。[①] 在这篇论文中，蒙文通总是老、庄并列，虽然并不清楚这个“老”是与关尹并列的老聃还是《道德经》作者的李耳，但是这位“老”的基本立场和“庄”相同，是极端反仁义的。这样，蒙文通就把以老庄为代表的道家和以杨朱为首的道家截然区分开来，成为南北两大道家的象征。至于慎到、尹文、列子则主要使用先秦的记载或者后世类书中辑录的资料，而没有使用今本《慎子》《列子》，对《尹文子》则做了谨慎的使用。尤其值得注意的是，《列子・杨朱》的材料，他几乎完全没有提及。

第四，在这篇论文中，蒙文通在构建杨朱学派的同时，几乎构建了早期黄老学史。在马王堆帛书《黄帝四经》以及郭店楚简、上海博物馆藏楚简、清华大学藏战国竹简、北京大学藏汉简还没有出土的时代，要依据零碎的、不被历来重视的材料来构建黄老谱系极为困难，而蒙文通依据他的学识和智慧，在学术史上第一个把黄老道家的重要人物、重要观点、发生地点、发生原因做出了系统的整理和总结，使杨朱成为黄老道家的鼻祖，这是非常值得敬重的学术贡献。我们注意到，《杨朱学派考》原来是由两篇论文《杨朱考》《黄老考》合成的，因此可以说他在构建杨朱学派的同时，已经有意识地在构建黄老学派了。后来他把黄老学的思考进一步扩大，完成了《略论黄老学》一文。[②]《略论黄老学》一文较少提到杨朱，但是通过《杨朱学派考》可知，没有对杨朱学派的全面梳理，是不可能推出黄老学派的。今天的黄老学研究借助出土资料已经有飞跃式的进步，但是过分依赖《黄帝四经》等资料，使得黄老学中“从天道到人事”一系的论证日渐丰满，而“养生到治国”一系的研究却显得衰微，当年蒙文通限于资料，只能注重于“养生到治国”一系的研究，而且将其几乎臻于完美，如果他能看到后世的出土文献，相信一定能发出更多精妙言论。我们今天研究黄老之学，如果不能重视杨朱以及杨朱之后的学术演变，如果不能重视蒙文通的研究结论，那是有缺陷的。

当然受到时代的局限，此文也存在很多问题。首先那个时代的学者写作，基本上不用回顾前人研究，不用引用其他学者见解，因此这篇论文的思路、观点哪些是受到古人尤其清代学者的影响，哪些是受到民国学者尤其古史辨学派的影响，我们只能揣测和推理。同时，对于文献名称、人物名称以及原文的引用，作者常常减省，容易给读者造成很多困惑。旁征博引的同时，也难免牵强附会。例如贵因之说，道家典籍中到处可见，全部归于慎到，恐不合适，把《吕氏春秋・贵因》前后各篇均视为慎到之书也未必妥当。总之，作为杨朱学派重点人物的慎到，其材料运用有无限扩大之嫌。此外，论文的叙述，很难锁定和突出主题，仅仅围绕某一个话题展开讨论，而显

① 顺便指出，蒙文通认为黄帝书的出现在《道德经》之后，《吕氏春秋》之前。

② 此文收入蒙文通《先秦诸子与理学》，广西师范大学出版社 2006 年版，第 191—223 页。

得跳跃和散漫，用今天的话讲，缺乏论文的逻辑性和严密性。当然这是那个时代的人共有的通病，不能过于苛求。

可能是受古史辨派的影响，作者过分低估《老子》的影响，认为《道德经》出现于战国中晚期、《韩非子》之前。笔者也不认同春秋晚期有那么一位老子，在同一时间同一地点一口气写下了《老子》五千言。郭店《老子》的出现，也给《老子》晚出说带来极大冲击，郭店《老子》并无“绝仁弃义”之语，其中也有养生与政治相关联的思想，因此不得不加以重视。像蒙文通这样，完全无视《老子》中丰富的养生思想，将其完全排斥在讨论范围之外，是不可取的。当然今天很多学者，简单地将《老子》视为道家思想的最高源头，把黄老道家仅仅视为老子思想的转化，我认为也是过于简单化了。

（二）郭沫若的《稷下黄老学派的批判》

郭沫若《稷下黄老学派的批判》[①] 完成于1944年，以《陈侯因資敦》铭文为引子，讨论了黄老为何培植于、发育于、昌盛于齐国稷下学宫的问题。在此文中，郭沫若提出了道家三派的说法，那就是“宋钘、尹文派”[②] “田骈、慎到派”“环渊、老聃派”[③]。郭沫若认为这三派都与杨朱有关，杨朱不是一个仅仅存在于寓言中的人物，“老聃与杨朱的存在如被抹杀，则彭蒙之师、彭蒙、宋钘、环渊、庄周等派别不同的道家便全无归属”。[④] 他认为老聃确实存在，而“杨朱是他的弟子，大抵略少于孔子而略长于墨子”。作为杨朱的主要学说，他举出了《淮南子・汎论》中的“全性保真，不以物累形”的为我主义；[⑤] “行贤而去自贤之心，焉往而不美”（《韩非子・说林上》）、“行贤而去自贤之行，安往而不爱哉”（《庄子・山木》），证明杨朱具有“泯灭小我”的“宽恕”之心。因此他把“拔一毛而利天下不为也”理解为“不以天下大利易其胫一毛”，说这正是“不以物累形”的夸张说法，宋荣子“举世而誉之而不加劝，举世而非之而不加沮”（《庄子・逍遥游》），“就是他的这种精神的嫡系了”。

因此，就杨朱和道家三派关系而言，“宋钘、尹文派”与杨朱关系最近，他引《庄子・徐无鬼》中“儒、墨、杨、秉，与夫子为五”及“儒、墨、杨、秉，且方与我以辩”二句，指出“秉”就是“彭蒙”之“彭”的音变。如果说这是庄子当时的

---

① 郭沫若：《稷下黄老学派的批判》，《十批判书》，东方出版社1996年版，第142—173页。本文所引郭沫若原文，均见此文，不再一一注释。

② 郭沫若认为“宋钘”因为观点与墨子接近，才被荀子在《非十二子》中与墨翟并举。

③ 作者认为“环渊”就是“关尹”，两者间存在通假关系。而且“它嚣”“范雎”也是同一人。作者还认为这三派在《天下》篇中的叙述次第及发展次第，大致是宋尹学派在前，环渊、老聃学派在最后。

④ 他认为“彭蒙之师”或许就是杨朱弟子，但因为他没有专著传世，所以成了无名之辈。

⑤ 从价值上判断，郭沫若认为这是一种“为我主义”，但“不是世俗的利己主义”。

学术构图，那么既然“秉是田骈之师彭蒙的彭的音变”，“杨便当于宋钘、尹文一派了”。因此他推出“宋钘”是杨朱的直系。而“宋钘、尹文”的主要著作就是《管子》四篇，该文的一大目的就是要论证《管子》四篇是宋尹学派的专著。[①]

这些人都是所谓“避世之士”，有一点地位，也有一点产业，但他们“不愿案牍劳形，或苦于寿命有限，不够满足，而想长生久视，故而采取一种避世的办法以‘全生保真’，而他们的宇宙万物一体观和所谓的‘卫生之经’等便是替这种生活态度找理论依据的”。本来这些人只占少数，又没有大众基础，难以发展，但是因为稷下学宫这个特殊的温床，得到齐国君主的资助，便一下繁盛起来。那时正好秦国做了墨家的保护人，于是就出现“天下之言不归杨则归墨”“逃墨必归杨、逃杨必归墨”的局面。“事实上就是孟子、荀子都已经不是纯粹的儒家，他们在精神上已经是强半逃儒归杨了。”[②]

而齐国之所以要扶植道家，是因为田氏是“窃国者”，“所以要预为之防，非化除人民的这种异志不可。在这个目标上，杨、老学说是最为适用的武器”。郭沫若虽然没有明讲，但显然认为“全性保真”这类消极避世、自我保护的意识，是有利于田氏统治者消除他人的反叛野心的。

这样郭沫若就把杨朱主要和“宋钘、尹文派”关联起来，他举杨朱临衢而哭等事例，表明杨朱有宽恕之心，而宋钘的特征就是宽恕，所以《韩非子·显学》有“宋荣之宽”“宋荣之恕”的说法。杨朱有“舍者与之争席”（《庄子·寓言》）的故事，郭沫若认为“这是他的无我精神，也就是他的为我主义。道家的无我是认为为我的最好手段，所谓‘无用乃为大用’，泯却了小我乃正保全了大我”。

在将《管子》四篇定性为宋尹学派的著作后，他开始分析这几篇的主要思想，如作为宇宙本体之“道”、精气、灵气观念、“静因之道”、调和儒墨等。就调和儒墨而言，宋尹学派的“救攻寝兵”，近于墨子非攻；“情欲寡浅、食无求饱”近于墨子节用。而《心术》《内业》各篇“不仅不非毁仁义，不蔑弃礼乐，甚且注重仁义礼乐，这是和儒家通声息的地方”。

郭沫若同时依据告子“不得于言勿求于心，不得于心勿求于气”之说，将告子也归为宋尹学派，因为这“分明就是《内业篇》所说的‘不以物乱官、不以官乱

---

① 这一观点学界争议很大，如冯友兰（《墨家的支与流裔宋钘尹文》，收入《中国哲学史新编》第 2 册，人民出版社 1984 年版）、张岱年（《中国哲学史史料学》，生活·读书·新知三联书店 1982 年版）、张岱年（《管子的〈心术〉等篇非宋尹遗著作考》，《道家文化研究》第 2 辑，上海古籍出版社 1992 年版）、祝瑞开（《〈管子〉四篇非宋钘尹文遗著考》，收入《先秦社会与诸子思想新探》，福建人民出版社 1981 年版）、白奚（《稷下学研究》，生活·读书·新知三联书店 1998 年版）均表示反对。日本学者町田三郎（《管子四篇について》，《文化》第 25 卷第 1 号）、山田统（《宋钘という人间とその思想》，《国学院杂志》第 63 卷第 12 号）、金谷治（《宋钘の思想について》，《中国古典研究》第 14 号，1966 年版，又见金谷治思想论集之中卷《儒家思想と道家思想》，平河出版社 1997 年版）也表示反对。

② 郭沫若注意到孟子、荀子都尊重宋钘，孟子称其为“先生”，荀子称其为“子宋子”。

心’”。

郭沫若认为宋尹学派的特征在于“救世”，而“田骈、慎到派”和“环渊、老聃派”，前者特征是“尚法”、后者特征是“独善其身”。但除了在时间上将杨朱置于三派之前，他没有进一步将后两派和杨朱做直接的思想关联。另外，郭沫若虽说这三派同起于稷下，但没有交代黄老学派的特征究竟是什么，这样也就难以把握他心目中杨朱和黄老道家的关系。

总的来看，郭沫若此文借助田氏代齐这一历史事件以及稷下学宫这一历史产物，分析了先秦道家三派的特征，以及杨朱在其中占据的位置，虽然对黄老道家主要思想的定位并不明确，但也将杨朱关联了起来。由于他在学界以及政界的特殊地位，此文对于后世学者的影响是很大的。尤其现在研究黄老道家者往往从田氏代齐说起，这和郭沫若的研究应该有密切关系。[①]

这样，无论是蒙文通还是郭沫若，都注意到杨朱身上既养生又救民、既避世又入世的色彩，也都将杨朱和黄老道家联系起来。郭沫若没有像蒙文通那样描绘出一张以杨朱为核心的巨大网络，而是把重心放在了杨朱和宋钘、尹文之间的关系。也就是说在杨朱和宋钘、尹文之间建立了学术传承关系。其实郭沫若也提到彭蒙之师是杨朱弟子，但既然彭蒙之师受业杨朱，那为什么彭蒙、田骈、慎到不能和杨朱直接联系起来，这是不可思议的。我们注意到，蒙文通恰恰是凸显了杨朱和彭蒙、田骈、慎到一系的关系。在蒙文通的杨朱谱系中，宋钘不在其中，尹文也是间接影响的关系。我们该如何解释这一现象呢？恐怕只能说，由于杨朱资料的缺乏，或者由于杨朱思想的多面性，导致了解释的多样性。其实，蒙文通和郭沫若两人还是殊途同归的，因为被郭沫若定义为宋尹学派专著的《管子》四篇，在蒙文通这里，是被当作田骈、慎到学说来看待的。因此，如果以郭沫若的道家三派为讨论基准，那么他们两家其实都注意到前两家关系更为密切，在一些学说上很难完全切分，而和“环渊、老聃派”则有着很大的区别。总的来说，如果以杨朱为论述的核心，那么，蒙文通的材料收集、问题选取、分析路径以及最终结论，似乎比郭沫若更为妥帖、合理一些。

如前所言，出土文献大量问世是在蒙文通、郭沫若身后，这是他们的一大遗憾，他们没有更为丰富的资料可供拓展视野，解放思路。但我们今天不应该轻易忘却他们所做的开拓性的工作，对于文献的敏感和熟悉，对于材料的尊重和驾驭，我们这一代人其实比他们要差很多，因此细心体会他们的用心，反复揣摩他们的方法，应该是我们经常开展的学术训练之一环。

---

① 关于黄老之兴盛，是否与田氏代齐相关，学者现在有不同意见，因与本文关系不大，这里不作详述。

## 二　侯外庐、刘泽华的思想史研究路径

所谓思想史（也包括哲学史）研究路径，是指不把重点放在文本的辨析、材料的确认上，而将目光更多投注于分析概念的意涵、考察思想的脉络，以及对于后人尤其对于今人的影响上。这并不意味着思想史研究路径就不尊重文献研究，学术史研究路径就不涉及思想，而是指学者在投身研究时，问题意识以及研究重心上存在差异。

如前所言，在古代，杨朱因为被孟子贴上“为我”的标签，成为利己的象征，在儒家社会便永世不得翻身，即便在后世道家、道教那里，也没有获得较高的评价。然而到了20世纪却发生了戏剧性的变化，一方面，由于古史辨派学者、蒙文通、郭沫若等人的学术史梳理，杨朱成为早期道家不可忽视的人物，在中国哲学史、思想史上占据了重要的位置；另一方面，本来作为批判对象的“为我”，被重新诠释为“为我主义”“个人主义”“自我意识”“主体意识”之后，反而成为杨朱得以翻案、得以肯定的重要因素[①]。为何会有如此巨大变化？这极为有趣的思想史现象值得我们深究。

我们注意到，1916年出版的中国第一部《中国哲学史》的作者谢无量，[②] 使用“利己主义”和“享乐主义”来概括杨朱，这是用西方人熟用的评价方式来重新裁量中国古人的思想。但在谢无量这本书里，“利己主义”仍不是好的评价，例如他说“要之杨朱所谓利己，限于一己之性分以内，以保全真性，不惟与人无异，且无以自充其性情之欲。虽井然有条，而不可以为国家社会之法。其流弊必至举国家社会而悉绝灭之”[③]。而“享乐主义”虽不至于那么糟糕，但也不是值得提倡的，“其论人生，虽近于厌世之观，而固不至于自杀。惟从自然之大道，守其个人之范围。以生以死、以逸以乐而已”[④]。

第一位正面评价杨朱，并产生重大影响者，可能是胡适，他在其《中国哲学史大纲》中，为杨朱设置了专门一章，[⑤] 虽然他承认《列子》是伪书，但《杨朱》篇“为我”的观点，和先秦时人对他的评价吻合，所以可以使用《杨朱》篇来阐述他的思想。在阐述杨朱人生哲学时，胡适用了“为我主义”。他说自己敢于提出这个观

---

① 20世纪早期的杨朱复活现象，何爱国等学者已做过详细的考察，这里不再重复。参见何爱国《现代性的本土回响：近代杨墨思潮研究》（世界图书出版公司2015年版）中第一章《杨朱学派的近代活化》、第二章《近代杨朱学派新形象的构建》、第三章《事变而学变：梁启超的杨学三变》。

② 谢无量：《中国哲学史》，（中国台湾）中华书局1970年翻印。《杨朱》一节在第134—136页。很可能此前日本人所撰各类《支那哲学史》《支那思想史》已经按照西学标签重新评价杨朱，有待查考。

③ 谢无量：《中国哲学史》，（中国台湾）中华书局1970年翻印，第134页。

④ 谢无量：《中国哲学史》，（中国台湾）中华书局1970年翻印，第136页。

⑤ 胡适：《中国哲学史大纲》，东方出版社1996年版。《杨朱》一章在第155—162页。以下引用此文，不再一一注释。在胡适前，严复、梁启超也开始为杨朱翻案，但不似胡适那么有力。

念，是因为以下这段话所蕴含的哲学基础："有生之最灵者，人也。人者，爪牙不足以供守卫，肌肤不足以自捍御，趋走不足以逃利害，无毛羽以御寒暑，必将资物以为养性。任智而不恃力，故智之所贵，存我为贵；力之所贱，侵物为贱。"胡适说这指出了"为我主义"的根本观念。即动植物都有存我的天性，生物因为要保护自己，才促进了生物的进化，但人是一种合群的生物，因此除了"存我"观念之外，还有保护家族、社会、国家的爱群主义，由于后世"爱群主义"压倒"为我主义"，才使"存我"成为不道德的观念，"试看社会提倡的'殉夫''殉君''殉社稷'等等风俗，推尊为道的行为，便可见存我主义所以不见容的原因了。其实存我观念本是生物天然的趋向，本身并无什么不道德"。因此，他认为杨朱的为我主义，并不是损人利己的代名词，所以他会一面提倡"存我"，另一面反对"侵物"，一面"损一毫利天下不与也"，另一面"悉天下奉一身不取"。可以说这都是"为我"思想的完整体现，也是他必然走向"悲观"和"养生"的原因。这样，胡适就通过进化论为杨朱做了辩护，认为他的思想有合理性，因为人作为个体，要自我保存，作为群体的一分子，要维护群体，这些都是合理的。而中国古人将后者大大强化，成为唯一标准，结果造成了"殉夫""殉君""殉社稷"等悲剧，杨朱大胆地把人的另一面说出来，其实是勇气的体现，是对个人生命以及感受的尊重。

为杨朱翻案，和胡适提倡个性解放有很大关系。1919 年，胡适为一位默默无闻的女生李超写传，引起极大轰动，李超的经历和易卜生描述的"娜拉出走"现象联系起来，她被勾画成"中国女权史上的一个重要牺牲者"，认为她的一生是挣脱旧的道德束缚，争取个性解放、女子解放的典范。[①] 这和"五四"以后，中国人接受西方个人主义思想，急于挣脱封建人身束缚，使国民成为在经济上、思想上、人格上独立的个体，以适应工业社会对于自由人身的要求，有很大关系。因此，反社会、反礼教是值得赞扬的行为。胡适在其《易卜生主义》一文中提出，每个人都要承认自己有独立的价值，要敢于说出自己的主张，要有自由意志，个人要对自己言论、行动负责，这就是"个人主义"。因此，在胡适这里"个人主义"是进步的象征。[②] 在《略谈人生观》的文章中，胡适将王安石和杨朱联系起来，"中国思想上具有健全的个人主义思想，可以与西洋思想相互印证。王安石是个一生自己刻苦，而替国家谋安全之道，为人民谋福利的人，当为非个人主义者。但从他的诗文可以找出他个人主义的人生观，为己的人生观。因为他曾将古代极端为我的杨朱与提倡兼爱的墨子相比。在文章中说'为己是学者之本也，为人是学者之末也。学者之事必先为己为我，其为己有余，则天下事可以为人，不可不为人。'这就是说，一个人在最初的时候应该为自己，在为自己有余的时候，就该为别人，而且不可不为别人"。"因此个人主义并不

① 可参颜浩《胡适为何要为一名民国普通女学生写传记?》，《北京青年报》2015 年 12 月 20 日。

② 胡适：《易卜生主义》，《胡适文集》第 2 卷，北京大学出版社 1998 年版。

是可怕的，尤其是年轻人确立一个人生观，更是需要慎重地把自己这块材料培养、训练、教育成器。”“人最可贵的是个人的个性。这些话，便是最健全的个人主义。一个人应该把自己培养成器，使自己有了足够的知识、能力与感情之后，才能再去为别人。”①

因此，重新评价杨朱，并将他定义为值得肯定的“个人主义”者，和胡适对于西方理念的接受有关。因为在十八九世纪资本主义上升时期，个人主义作为西方文化精神的内在价值，在西方一直占据着主流意识。胡适这一代的哲学家在中国哲学史的写作中，渴望从中国固有的思想中发掘出与西方思想相匹配的内涵时，杨朱的思想就成为很好的材料。同时也和“五四”以后的时代要求、历史使命密切相关。人身的自由、个性的解放是“五四”以后席卷中国的巨大洪流，这股洪流超越了党派意识，因此无论是国民党执政时期还是1949年新中国成立之后，对于人性的解放，对于个人主体意识的强化都持肯定的态度。虽然在1949年之后，受意识形态的影响，个人主义有的时候作为社会主义、集体主义的对立面，作为资本主义思想的代表，会等同于自私自利、利己主义加以否定，同时因为胡适遭到否定，那么他的“个人主义”思想也受到批判，但有趣的是对杨朱的评价却并未因此受到冷落，只不过换了新的标签，重新做了包装而已。以下就以侯外庐、刘泽华为例，描述和总结马克思主义唯物主义史观下杨朱研究的基本面貌。

### （一）侯外庐《中国思想通史》的杨朱研究

由侯外庐领衔，赵纪彬、杜国庠等人合作完成的《中国思想通史》，最初于1957年在人民出版社出版，最新修改版完成于2011年，本文就是以2011年版为依据的。②这部书第一卷的作者正是侯外庐，其中的第十章是《杨朱学派的贵生论和宋尹学派的道体观》，侯外庐使用了相当大的篇幅来讨论杨朱学派和宋尹学派的思想，显然作者认为这是先秦道家思想的重要侧面，可以看出作者继承了郭沫若的论断，把宋尹学派当作了杨朱学派的继承者。在此笔者不准备对整个第十章作出评判，因为就杨朱学派和宋尹学派的相互关系及其学术思想而言，此书基本上还在胡适、冯友兰、郭沫若等人的框架之下，并无太多新意。笔者打算将讨论的焦点集中于此章的第三节《杨朱学派道德论的历史价值》上，因为这一节体现了侯外庐对于杨朱的价值评判。

首先，侯外庐给予杨朱“为我”“贵生”的“利己主义”思想极其高的评价，之所以说极其高，是因为其评价的语气远远超过了前人，侯外庐多次使用了“光辉”这个词语。例如，在侯外庐看来，“这一理论的个人主义的思想背后，隐然潜伏着承

① 胡适：《略谈人生观》，收入《人生有何意义》，九州出版社2013年版。

② 侯外庐：《中国思想通史》第一卷，人民出版社2011年版。本文所引侯外庐原文，均见此书，不再一一注释。

认感觉体的光辉!”这里作者提出了一个重要的概念——“感觉体”。他首先引述了俄国马克思主义学者普列汉诺夫的观点，认为唯物主义者“事实上是以个体的个人利益为出发点”，而“以个人利益为出发点”的意思，只是说明了“人是一个感觉体并且只是一个感觉体”的命题。所以“个人利益并不是一条道德诫命，而只是一件科学事实”。他认为杨朱派的理论，恰恰符合普列汉诺夫的理论，不少地方正是在重复地揭示一个事实，那就是“人是一个感觉体并且只是一个感觉体”的命题。因此，侯外庐指出:“思、孟派的圣人之徒是伦理上神化的人，而杨朱派的圣人则是科学上人化的人，这个科学事实的揭示，正打击了思、孟派圣人头上的神圣的光轮。我们认为，杨朱学派的思想，就现存文献而言，提出了一个唯物主义的命题——人只是一个感觉体，而个人利益只是一件科学事实。这一命题坚持从人本身去说明人，而不人为地附加更多虚假的东西;这一命题坚持从人的感官物质利益去说明道德，而用不到假定天志和先王观作为道德论的奠基石，在这一点上，仅仅在这一点上，杨朱派的‘贵生’论或‘为我’论，在其全篇说教的暗然黑夜里闪出一道光芒，在百家并鸣的诘辩思潮中独树一帜。”

这样，杨朱就和墨子一样，被抬升为中国古代思想中难得的具有唯物主义意识的思想家，因为它能实现科学上的人化，使人成为真正的人，而非虚伪的人。他的“个人主义”恰恰和孟子之流虚伪的思想家拉开距离，孟子之流要靠“伦理上的神化”、要靠“假定天志和先王观”才能形成道德论，杨朱的道德论则不加伪饰、充分尊重自己的感觉。这种两军对垒的言说方式，显然背后有着唯物主义与唯心主义对立交锋的意识在。①

侯外庐把杨朱派的道德论与古希腊的伊壁鸠鲁相比拟，然而让他为难的是，伊壁鸠鲁的道德论与自然哲学有不可分割的联系，伊壁鸠鲁继承了唯物论者德谟克利特原子论，“承认物质的、运动的原子为世界的本质，而人的精神则为圆形的、特别活跃的原子构成”。但遗憾的是，从杨朱派向上推，却找不到这样的自然哲学史料。伊壁鸠鲁有建立在个人利益与社会关系基础上类似契约论的社会观，从杨朱派向下推，杨朱派虽然也以个人利益为出发点，却找不到类似的观念，“为我”主义发展出来的只是“无君”的思想。因此侯外庐说，由碎片构成的杨朱资料只能构成“中间的一段”，而无法找到上下两段。同时侯外庐又强调，杨朱学派的道德论中，只有“感觉体”意识含有唯物主义的因素，而利己主义的“为我”“贵生”思想并不通向唯物主义，恰恰相反，还是杨朱派思想的糟粕。

我们发现，侯外庐大大高扬的杨朱的“光辉”，只能在尊重“感觉体”这个非常狭隘的话题里找到，而在其他领域，侯外庐感受到的更多是无奈和纠结，他找不到杨

① 侯外庐认为，除了唯物主义意识之外，杨朱派进步意义还在于，在儒家“君君、臣臣、父父、子子”关系之外，在氏族宗法的人我关系之外，发现了个人的存在。

朱派唯物主义色彩的渊源和去路，同时还得批判他的利己主义糟粕，也就是说大部分材料并不支持他的结论。在笔者看来，侯外庐观察、分析杨朱的视野，类似胡适，都是希望在中国的材料中找到可以和西方理念相匹配的资源，胡适找到“个人主义”，而侯外庐身处的环境，早已为他规定了可以匹配的框架，那就是唯物主义和唯心主义的两军对垒。这是一种教条式的思维，仿佛先设定好一套衣服，然后把身体塞进去。这种思维导向下的研究，既能塑造出杨朱的“光辉”形象，也有可能背离文献原貌越来越远。

（二）刘泽华《中国政治思想史》的杨朱研究

《中国政治思想史》（先秦卷）是刘泽华自己执笔的，在第七章《道家以法自然为中心的政治思想》中，他专门设置了《杨朱贵己及其童子牧羊式的政治主张》一节。[①] 在研究范围上，刘泽华主要利用的是先秦秦汉古籍中与杨朱相关的资料，而没有把视野扩展到杨朱的后学。

刘泽华认为杨朱思想的核心是“贵己”和“为我”。他通过对这两个概念的分析，得出了杨朱思想的核心是“个人本位论”。首先他认为“贵己”本于“因自然”，但是“杨朱并不主张把人融化在自然之中，他认为人是独立的实体，人与其他事物相比，人自身是第一位的”。杨朱正是在此思想基础上提出了“为我”，因此刘泽华认为杨朱的“贵己”和“为我”并不是常人所说的低级的自私自利，“他的用意是在说明己是一个自然的独立存在物，己的价值高于一切”。杨朱虽然提倡“贵己”和“为我”，但反对损人利己，“他主张每个人都应自立，人与人之间应该平等”。《列子・杨朱》所谓“古之人损一毫利天下不与也，悉天下奉一身不取也。人人不损一毫，人人不利天下，天下治矣”是对不平等交换的反抗，是强调了“人人的平等性和独立性”。

刘泽华通过《庄子・山木》以及《韩非子・说林上》所见杨朱“行贤而去自贤之心”的命题，提出杨朱虽然不反对贤与美，但是反对带有“伤他性的贤与美”，即世俗之贤和世俗之美总表现为对他人的压抑，“真正的贤和美以平等为基础”。刘泽华再通过《说苑・政理》所见杨朱论述的“童子牧羊”式的治理方式，指出这段话的中心是“不干涉或少干涉的思想，与前面讲到的人与人之间不占便宜是一致的，与尊重个人的独立存在也是一致的”。

刘泽华进一步指出，这种强调独立、平等，强调个体价值高于一切并具有不可侵犯性的意识，就是一种可以称之为“个人本位论”的思想，是当时最为激进的思想之一，“是反对等级制和人身依附关系的强大思想武器”。因为殷周以来的社会是一

① 刘泽华：《中国政治思想史》（先秦卷），浙江人民出版社 1996 年版。《杨朱贵己及其童子牧羊式的政治主张》一节在第 378—384 页。本文所引刘泽华原文，均见此书，不再一一注释。

个等级森严的社会，所有人都是周天子以及诸侯贵族的附属物，“自己根本没有独立的意义，自己并不是自己存在的目的”。而到了春秋战国时代，这样的等级隶属关系开始松动，为个人的自由提供了一点点活动的场所。杨朱思想由此应运而生，“他提出自己应该是自己的主人，可以说是时代的最强音，最富有解放意义”。

从学脉上讲，刘泽华承认自己属于侯外庐学派。① 但在杨朱研究上，刘泽华似乎与侯外庐不同。或许因为20世纪90年代，机械教条的马克思主义不再有市场，因此，刘泽华著作中没有再出现两军对垒式的简单比附，把杨朱塑造成“科学”的人。不过刘泽华把杨朱思想看作等级社会开始瓦解以后出现的新时代的产物，这一思路依然延续的是历史唯物主义的路线，认为新思想是对旧体制、旧理念的抗争，所以其观点符合马克思主义的基本精神。不过，把杨朱思想看作是强调独立、平等、具有不可侵犯性的“个人本位论”，虽与马克思主义原理不相违背，但其理论内涵和框架又回到了胡适，这和20世纪90年代对于民国学术的评价不再一概否定，而个人主义的禁忌有所消除，可能也有关系。② 因此，总体来看，刘泽华的杨朱研究有点调和侯外庐和胡适的味道。经历差不多七十年的时间，杨朱的定位又回到强调个体意识、个人解放的“个人本位”上。

但是，如果我们尊重文本、力图复原杨朱思想的本来面貌，就会发现，所谓“自立”“平等”“解放”“自由”“进步”等概念，都是现代人强加给杨朱的外在标签。把“贵己”“为我”说成“自立”“平等”，把杨朱说成是一个具有强烈主体意识、觉醒意识的“大我”，其实都是偷换了概念，把现代人的理想和信念投影到了杨朱身上。就像20世纪初期为了救亡图存，急于向西方学习的中国人，把对于逻辑思维能力的急切期待投射到公孙龙子、墨家辩者身上一样，都带有太过强烈的时代色彩。

## 余 言

通过20世纪学术史和思想史两条途径的深入研究，杨朱在历史上的地位被大大强化了。虽然在材料的运用上还存在很多争议，但经过古史辨派学者、蒙文通、郭沫若等学者的努力，有关杨朱的学术资料大为丰富，这为我们今后进一步的研究开辟了道路、提供了资源、展示了方向，尤其是在黄老道家研究方面，离开杨朱一脉，恐怕

① 如黄宣民曾提出刘泽华“与他的合作者的思想和学术研究成果可归之于‘侯外庐学派’”，得到了刘泽华的当场首肯，参见刘泽华《中国儒学发展史》序，黄宣民、陈寒鸣主编：《中国儒学发展史》，中国文史出版社2009年版，第2页。

② 如陈炎《倒霉的杨朱》（《大众日报》2014年4月30日）说：“就拿杨朱所宣扬的‘个人主义’来说吧，相信很多人都会认为是‘错误’的，需要加以‘批判’的。但是，如果让我们拿出批判的理由，证明其错误的根据，我们却又很难办到。”因此他认为比起虚伪的集体主义，率真的个人主义更为可贵。

难以完善。虽然在杨朱思想性质的辨析上还存在很多争议，但经过思想史（包括哲学史）学者如胡适、侯外庐、刘泽华等学者的努力，杨朱思想的特征，尤其杨朱思想那些在当代还表现出活力的部分被大大发扬出来，对杨朱思想的诠释形成了蔚为壮观的话语体系，甚至成为20世纪思想史的一部分，如何评价这套体系，如何推陈出新，将是今后进一步研究时不得不面对的问题。

学术史和思想史两条途径都是20世纪的产物，没有诸子百家平等对待、一视同仁的科学精神，杨朱不可能得到充分的、理性的分析；没有西方价值理念的对照和20世纪时代精神的激发，杨朱不可能被塑造成思想上的伟人，不可能在思想史上站上那么高的位置。但在笔者看来，平心而论，显然20世纪学术史研究途径的成果更经得起时间考验，值得我们做出进一步的消化、修补，在他们基础上做出更为精准的分析和判断。而思想史研究途径的成果带有太强烈的西方色彩和时代色彩，太多"帽子戏法"，观念先行、让材料为观念服务，通过各种曲解，把后人的意志强加到杨朱身上，以至于牵强附会、削足适履、简单化、机械化的特征过于明显，因此有必要做出彻底的反思。

总之，20世纪学术史研究途径值得肯定之处更多一些，而思想史研究途径需要反思、修正之处更多一些。不管怎样，尊重文献本身、回到思想本身，不做过度的诠释，应该是两种途径共同的、基本的立场和态度。

（原载《社会科学》2019年第9期）

# 论郭沫若对甲骨三堂的评价

## ——兼论郭沫若历史人物评价标准

周书灿

“甲骨四堂”称谓的缘起，迄今为止，学术界并未有定论。1942 年 4 月 1 日，董作宾在《跋鼎堂赠绝句》中说：“昔疑古玄同创为‘甲骨四堂’之说”[①]，可备一说。事实上，早在此之前的 1939 年，唐兰先生在《天壤阁甲骨文存并考释》一书的《序》中亦说道：“卜辞研究，自雪堂导夫先路，观堂继以考史，彦堂区其时代，鼎堂发其辞例”[②]。显然，最迟至 20 世纪 40 年代，“甲骨四堂”的称谓在学术界基本已家喻户晓。被列为甲骨四堂之一的郭沫若，曾分别于不同时期，对于其他三堂的学术研究屡屡作出过诸多评价，大家点评大家，较之一般学者的评论，显然更为客观中肯。然而，由于非学术因素的干扰和影响，郭沫若在 20 世纪 40 年代以后对甲骨三堂的学术评价，也屡有主观臆断和不实之论。因此，对于不同时期郭沫若对甲骨三堂的诸多学术评价，应该在新的学术背景下，在马克思主义唯物史观和历史主义原则指导下，予以更加理性的思考和重新审视。

### 一　对甲骨三堂学术贡献和地位的充分肯定

综观 20 世纪 30 年代至 50 年代郭沫若的一系列论著，不难发现，其对甲骨三堂的学术评价总体上以肯定为主。郭氏对甲骨三堂学术贡献和地位的肯定，严格遵循了实事求是的原则，不少见解独到深刻，客观公允。

诸如早在 20 世纪 30 年代，郭氏充分肯定罗氏“为我们提供出了无数的真实的史料”[③]，盛赞罗氏“殷代甲骨的蒐集、保藏、流传、考释，实是中国近三十年来文化史上所应该大书特书的一项事件”[④]。郭氏曾积极评价说：“甲骨自出土后，其蒐集保

---

① 董作宾：《跋鼎堂赠绝句》，《董作宾先生全集乙编》第五册《平庐文存补遗》，艺文印书馆 1977 年版，第 138 页。

② 唐兰：《天壤阁甲骨文存并考释·序》，《唐兰全集》第六册，上海古籍出版社 2015 年版，第 196 页。

③ 郭沫若：《中国古代社会研究》，《郭沫若全集》历史编（第 1 卷），人民出版社 1982 年版，第 8 页。

④ 郭沫若：《中国古代社会研究》，《郭沫若全集》历史编（第 1 卷），人民出版社 1982 年版，第 8 页。

存传播之功，罗氏当居第一，而考释之功亦深赖罗氏”①。郭氏屡屡指出：“罗氏蒐藏既富，而于文字的推广流布亦不遗余力。其前后拓印行世之书……特别是《前编》和《后编》，是研究甲骨文字必要的典籍”②；罗氏《殷虚书契考释》“使甲骨文字之学蔚然成一巨观。谈甲骨者固不能不权舆于此，即谈中国古学者亦不能不权舆于此”③。总之，郭氏对罗氏的甲骨学贡献和成就从总体上给予了充分的肯定。

郭氏以现代科学的眼光盛赞“罗氏在中国要算是近世考古学的一位先驱者”④：

> 他的蒐藏与从来骨董家的习尚稍有区别，他不仅蒐集有文字的骨片，并还注意到去蒐集与骨片同时出土的各种器物……这种识见，可以说是从来的考古家所未有。⑤

此外，郭氏用“内容之丰富，甄别之谨严，成绩之浩瀚，方法之崭新”⑥ 评价罗氏金石器物、古籍佚书搜罗颁布的贡献和价值。

郭氏对王国维的学术贡献和地位同样给予了充分的肯定。郭氏充分肯定王氏在史学上的划时代成就：

> 他的甲骨文字的研究，殷周金文的研究，汉晋竹简和封泥等的研究，是划时代的工作。西北地理和蒙古史料的研究也些有惊人的成就。⑦

郭氏高度评价“王国维的业绩是新史学的开山”⑧，屡屡指出：“王氏于卜辞研究实当首屈一指，孙、罗均非其比也，其所为《殷卜辞中所见先公先王考》及《续考》……乃自有卜辞研究以来之最大贡献。其中虽有少许当更正之处，……然其大体固皎然无恙也”⑨。在以后的著作中，郭氏又进一步论及：

> 他首先由卜辞中把殷代的先公先王剔发了出来，使《史记·殷本纪》和《帝王世纪》等书所传的殷代王统得到了物证，并且改正了它们的讹传。⑩

---

① 郭沫若：《中国古代社会研究》，《郭沫若全集》历史编（第1卷），人民出版社1982年版，第193页。
② 郭沫若：《中国古代社会研究》，《郭沫若全集》历史编（第1卷），人民出版社1982年版，第188页。
③ 郭沫若：《中国古代社会研究》，《郭沫若全集》历史编（第1卷），人民出版社1982年版，第193页。
④ 郭沫若：《中国古代社会研究》，《郭沫若全集》历史编（第1卷），人民出版社1982年版，第188页。
⑤ 郭沫若：《中国古代社会研究》，《郭沫若全集》历史编（第1卷），人民出版社1982年版，第188页。
⑥ 郭沫若：《中国古代社会研究》，《郭沫若全集》历史编（第1卷），人民出版社1982年版，第8页。
⑦ 郭沫若：《鲁迅与王国维》，《郭沫若文集》文学编（第20卷），人民文学出版社1992年版，第306页。
⑧ 郭沫若：《十批判书》，《郭沫若全集》历史编（第2卷），人民出版社1982年版，第6页。
⑨ 郭沫若：《卜辞通纂·述例》，《郭沫若全集》考古编（第2卷），科学出版社1983年版，第38页。
⑩ 郭沫若：《十批判书》，《郭沫若全集》历史编（第2卷），人民出版社1982年版，第7页。

在卜辞的研究上，王国维是有很大的贡献的，经过他的细心的阐发，不仅许多文字得到考释，并使《史记·殷本纪》中所载的殷代王室的世系也几乎全部得到了证明。[①]

郭氏还赞誉王氏《殷周制度论》之作“这是一篇轰动了全学界的大论文，新旧史家至今都一样地奉以为圭臬”[②]；“其遗书全集中所收之《观堂别集》及《殷礼徵文》《古本竹书纪年辑校》等均为研究卜辞者所必读之书”[③]。此外，郭氏还盛赞王氏《宋元戏曲史》“是有价值的一部好书”[④]，“王国维的《宋元戏曲史》和鲁迅的《中国小说史略》，毫无疑问，是中国文艺史研究上的双璧。不仅是拓荒的工作，前无古人，而且是权威的成就，一直领导着百万的后学”[⑤]。郭氏对王氏多领域的学术贡献均予以关注并高度首肯。

在分别对罗振玉、王国维学术贡献和地位作出充分肯定的同时，郭氏从现代学术史的视角对罗王之学的学术贡献和地位，尤其是在甲骨学方面的贡献和地位进行了高度的评价：“大抵甲骨文字之学以罗、王二氏为二大宗师”[⑥]，“谓中国之旧学自甲骨之出而另辟一新纪元，自有罗、王二氏考释甲骨之业而另辟一新纪元”[⑦]，“大抵在目前欲论中国的古学，欲清算中国的古代社会，我们是不能不以罗、王二家之业绩为其出发点”[⑧]。郭氏对罗王之学的贡献和地位的评价，毫无刻意地拔高或人为地贬低的主观成分，总体上做到了中肯公正，客观公允。

郭氏对董作宾在甲骨学尤其是卜辞断代方面的成就较早予以关注。早在殷墟科学发掘之前，一度有少数国内外学者曾怀疑甲骨卜辞的真伪问题。1930 年，郭氏较早论及殷墟发掘的意义及董氏《新获卜辞写本》的价值：

顷蒙燕大教授容君希白以董作宾《新获卜辞写本》见假，始知董君于一九二八年冬曾从事殷虚之发掘，新获卜辞三百八十一片。辞虽无甚精萃，然物由发掘而得，足为中国考古学上之一新纪元，亦足以杜塞怀疑卜辞者之口。[⑨]

---

① 郭沫若:《奴隶制时代》,《郭沫若全集》历史编（第 3 卷），人民出版社 1984 年版，第 17—18 页。

② 郭沫若:《十批判书》,《郭沫若全集》历史编（第 2 卷），人民出版社 1982 年版，第 7 页。

③ 郭沫若:《卜辞通纂·述例》,《郭沫若全集》考古编（第 2 卷），科学出版社 1983 年版，第 38—39 页。

④ 郭沫若:《鲁迅与王国维》,《郭沫若文集》文学编（第 20 卷），人民文学出版社 1992 年版，第 303 页。

⑤ 郭沫若:《鲁迅与王国维》,《郭沫若文集》文学编（第 20 卷），人民文学出版社 1992 年版，第 307 页。

⑥ 郭沫若:《中国古代社会研究》,《郭沫若全集》历史编（第 1 卷），人民出版社 1982 年版，第 195 页。

⑦ 郭沫若:《中国古代社会研究》,《郭沫若全集》历史编（第 1 卷），人民出版社 1982 年版，第 194 页。

⑧ 郭沫若:《中国古代社会研究》,《郭沫若全集》历史编（第 1 卷），人民出版社 1982 年版，第 8 页。

⑨ 郭沫若:《中国古代社会研究》附录《追论与补遗》—《殷虚之发掘》,《郭沫若全集》历史编（第 1 卷），人民出版社 1982 年版，第 271 页。

郭氏在《卜辞通纂》的序中论及："董氏之创见，其最主要者仍当推数'贞人'，其他均由此所追溯或派演而出"。[①] 郭氏论及董氏"贞人说"对于甲骨学的重要学术意义：

> "某日卜某贞某事"之例，所在皆是。曩于卜贞之间一字未明其意，近时董氏彦堂解为贞人之名，遂顿若凿破鸿蒙。……贞人之说创通，于卜辞断代遂多一线索。[②]

此后，郭氏继续论及：

> 多数贞人之年代既明，则多数卜辞之年代直如探囊取物。董氏之贡献诚非浅鲜。[③]

郭氏较早论及董氏《甲骨文断代研究例》一书的贡献：

> （董氏）《甲骨文断代研究例》之作，分世系、称谓、贞人、坑位、方国、人物、事类、文法、字形、书体十项以求之，体例綦密。贞人本董氏所揭发，坑位一项尤非身亲发掘者不能为，文虽尚未见，知必大有可观。[④]

此外，郭氏还赞誉董氏：

> 其他散见之发现，如疑甲为河亶甲，说后祖乙为小乙而订正王氏之误，说尸方为东夷，说齐为临淄，说雇为韦、顾之顾，均与余不约而同。而如后祖丁与后妣辛二名，余于此间新得疑为武丁与其配而苦无确证者，乃董氏亦有所得，并由坑位与贞人之证实其确为武丁与其配。如此快事，几令人直欲拍案叫绝。[⑤]

迄1933年，郭氏看到董氏《甲骨文断代研究例》三校稿本后，再次评论道：

> 承董氏彦堂以所作《甲骨文断代研究例》三校稿本相示……已反复诵读数编，既感纫其高谊，复惊佩其卓识，如是有系统之综合研究，实自甲骨文出土以

---

① 郭沫若：《卜辞通纂·序》，《郭沫若全集》考古编（第2卷），科学出版社1983年版，第19页。
② 郭沫若：《卜辞通纂·序》，《郭沫若全集》考古编（第2卷），科学出版社1983年版，第16页。
③ 郭沫若：《卜辞通纂·后记》，《郭沫若全集》考古编（第2卷），科学出版社1983年版，第20页。
④ 郭沫若：《卜辞通纂·序》，《郭沫若全集》考古编（第2卷），科学出版社1983年版，第16页。
⑤ 郭沫若：《卜辞通纂·后记》，《郭沫若全集》考古编（第2卷），科学出版社1983年版，第20页。

来所未有。文分十项，如前序中所言，其全体几为创见所充满，而使余尤私自庆幸者，在所见多相暗合。亦有余期其然而苦无实证者，已由董氏由坑位、贞人等证实之。余读此文之快味，固有在寻常欣赏以上也。[①]

综合以上论述，郭氏评论道：

> 大抵卜辞研究自罗王而外，以董氏所获为多。董氏之贡献在与李济之博士同辟出殷虚发掘之新纪元。其所为文如《大龟四版考释》见《安阳发掘报告》第三期及《甲骨年表》《集刊》二·二，均有益之作也。[②]

综上可知，郭氏较早对董氏的甲骨学贡献及其在甲骨学上的崇高地位予以充分肯定。

随着甲骨学与殷商史研究的不断深入，郭沫若对甲骨三堂学术贡献的评论，尚未完全到位。如此后有的学者高度评价罗振玉《殷虚书契考释》“为有清一代‘小学’之一总结，它标志着以《说文》为中心的‘小学’的结束，代表着一个以地下出土的古文字资料为研究中心的新学科正在兴起，实在起着继往开来的作用”[③]；充分肯定王国维“通过对世系称谓的研究，确定了一些甲骨的具体年代，……这就为后来的甲骨文断代研究开了端绪”[④]，“也正是王国维，首次将已碎裂为二的甲骨缀合复原，还其本来面目，……这就为后来的甲骨缀合工作开创了先例”[⑤]。另有学者充分肯定董氏“《甲骨文断代研究例》使在金石文字之学影响下形成的甲骨学发生了一场深刻的变革，把甲骨学研究纳入了历史考古学范畴，从而使甲骨学由金石学的附庸，成为中国考古学的一门分支学科”[⑥]，“董作宾等学者用近代考古学的方法全面整理甲骨文，为我们复原商代的占卜和文字契刻规律奠定了基础”[⑦]。综上可知，由于时代的局限，郭氏对甲骨三堂学术贡献与地位的评价，尚未达到当代学术界主流认识的高度，但大体看来，其以上对甲骨三堂学术贡献与地位的评价，并未由于个人好恶与相互之间政治立场不同而夹杂个人的情感和偏见，以上评论基本上均出自学术目的和动机，严格遵循实事求是的学术评价原则。

---

① 郭沫若：《卜辞通纂·后记》，《郭沫若全集》考古编（第2卷），科学出版社1983年版，第19页。

② 郭沫若：《卜辞通纂·序》，《郭沫若全集》考古编（第2卷），科学出版社1983年版，第17页。

③ 陈炜湛、曾宪通：《论罗振玉和王国维在古文字学领域内的地位和影响》，《古文字研究》第四辑，中华书局1980年版。

④ 陈炜湛、曾宪通：《论罗振玉和王国维在古文字学领域内的地位和影响》，《古文字研究》第四辑，中华书局1980年版。

⑤ 陈炜湛、曾宪通：《论罗振玉和王国维在古文字学领域内的地位和影响》，《古文字研究》第四辑，中华书局1980年版。

⑥ 张岂之主编：《中国近代史学学术史》，中国社会科学出版社1996年版，第514页。

⑦ 王宇信、杨升南主编：《甲骨学一百年》，社会科学文献出版社1999年版，第353—354页。

## 二　郭沫若质疑批判甲骨三堂学术的价值与局限

和对甲骨三堂学术贡献和地位的充分肯定类似，郭沫若对甲骨三堂的学术质疑与批判，总体上亦是在学术层面展开的。

诸如郭氏批评包括罗王在内的一流的古文字学家，“素少科学的教养”[①]，对于古文字资料，“不能有有系统的科学的把握”[②]：

> 罗、王二氏其杰出者，然如“山川效灵”“天启其衷”的神话时不免流露于其笔端。在这种封建观念之下所整理出来的成品，自然是很难使我们满足的。[③]

又如，郭氏以《遹簋》“文考父乙”、《匡卣》“文考日丁”等器铭文为据，批评罗氏以“以日为名”作为区分殷、周青铜器的标准“不一定可靠”[④]，“象罗振玉的《殷文存》那部书，主要根据‘以日为名’而搜集的七百种以上的器皿，差不多全盘靠不住”[⑤]。再如，郭氏批评王国维“所据的史料，属于殷代的虽然有新的发现而并未到家，而关于周代的看法则完全是根据‘周公制作之本意’的那种旧式的观念”[⑥]，批评“王氏于社会科学未有涉历，知其然而未知其所以然”[⑦]。应该强调的是，郭氏对罗王的绝大多数批判，可谓持之有故，言之成理，至于“殷末与西周并看不出有若何剧变。例如青铜器便无法完全辨别”[⑧] 等论断则可视为郭氏的一家之言。

此外，郭氏该阶段亦曾批评董作宾：“惟惜董君于近代考古学上之知识，无充分之准备：发掘上所最关紧要的地层之研究丝毫未曾涉及，因而他所获得的比数百片零碎的卜辞还要重要的古物，却被他视为‘副产物’而忽略了”[⑨]。后来，郭氏读到1929年12月出版的《安阳发掘报告》第一期中五种重要文献，很快改变了对此前的看法：“第五项（按：指董作宾《新获卜辞写本及后记》）前已得见其单行本。因于地层之研究未叙及，故余曾颇致不满，今得读本期报告，特在读过第一第二两项之后，始知董、李二君实煞费苦心”[⑩]。显然，郭沫若对董作宾的批评和自我批评，同

---

① 郭沫若：《中国古代社会研究》，《郭沫若全集》历史编（第1卷），人民出版社1982年版，第195页。
② 郭沫若：《中国古代社会研究》，《郭沫若全集》历史编（第1卷），人民出版社1982年版，第195页。
③ 郭沫若：《中国古代社会研究》，《郭沫若全集》历史编（第1卷），人民出版社1982年版，第195页。
④ 郭沫若：《十批判书》，《郭沫若全集》历史编（第2卷），人民出版社1982年版，第9页。
⑤ 郭沫若：《十批判书》，《郭沫若全集》历史编（第2卷），人民出版社1982年版，第9页。
⑥ 郭沫若：《十批判书》，《郭沫若全集》历史编（第2卷），人民出版社1982年版，第7页。
⑦ 郭沫若：《中国古代社会研究》，《郭沫若全集》历史编（第1卷），人民出版社1982年版，第239页。
⑧ 郭沫若：《中国古代社会研究》，《郭沫若全集》历史编（第1卷），人民出版社1982年版，第239页。
⑨ 郭沫若：《中国古代社会研究》附录《追论与补遗》—《殷虚之发掘》，《郭沫若全集》历史编（第1卷），人民出版社1982年版，第271页。
⑩ 郭沫若：《殷虚中无铁的发现》，《郭沫若全集》历史编（第1卷），人民出版社1982年版，第302页。

样出于学术研究的目的和动机。

郭氏和董氏就甲骨文和殷商史的若干具体问题，亦屡有“大相背驰者”①。在《卜辞通纂·后记》中，郭氏用大量文字就“阳甲与沃甲之互易”及“帝乙迁沫事之有无”两个问题“与董氏及究斯学者略略商榷”②，显然，郭氏的“商榷”，属于纯正的学术问题论争。关于羌甲、阳甲、沃甲问题，于省吾先生曾经论及：“近人考商代世系，说之纷歧，莫甚于羌甲沃甲阳甲之争执”③。董氏释为羌甲④，甚是，但其说羌甲亦为阳甲，释为虎甲，并由虎、沃音近相通所作虎甲即沃甲⑤之推论，存在的疑问，显然不少。如有的学者指出：“羌羊阳音之可通，固无可疑，然于卜辞世次实不可解。卜辞既以祖辛羌甲祖丁相次，祖丁为阳甲之父，则羌甲无以当阳甲”⑥。郭氏释为甲，释为甲，同样也存在难以弥缝的破绽：“、之为羌，已无可移易”⑦。显然，该问题仍有待于学术界在材料更加充分的情况下进一步作更为缜密的探讨。郭、董二氏所争论的“帝乙迁沫之有无”问题，杨宽先生判定“牧即沫，是商代晚期的别都”⑧，张国硕先生则认为：“殷墟为商代晚期的都城，而朝歌与商王纣及其他商王又有着千丝万缕的关系”⑨。凡此表明，该问题迄今为止仍是历史学界和考古学界亟待解决的重大学术难题之一。随着殷商史与甲骨学研究的逐步深化，郭、董二氏有关以上问题论争的学术价值亦日渐得到彰显。

值得注意的是40年代以后，由于政治立场和意识形态的影响，郭氏对甲骨三堂的批判，融入了不少非学术因素，违反了实事求是的学术评价原则，影响到学术评价的客观公允。如郭氏“仅凭着一本《国学周报》的《王静安先生专号》”⑩ 从极力发挥早已被证伪的罗振玉窃取《殷虚书契考释》署名权及王国维死于罗振玉逼债说⑪，到近乎彻底否定罗振玉的学术贡献和地位，扬王抑罗的旨趣格外明显。郭氏文中的

---

① 郭沫若：《卜辞通纂·后记》，《郭沫若全集》考古编（第2卷），科学出版社1983年版，第21页。

② 郭沫若：《卜辞通纂·后记》，《郭沫若全集》考古编（第2卷），科学出版社1983年版，第21页。

③ 于省吾：《释羌甲》，《甲骨文字释林》，中华书局1979年版，第43页。

④ 董作宾：《甲骨文断代研究例》，《董作宾先生全集甲编》第二册，艺文印书馆1977年版，第375页。

⑤ 董作宾：《甲骨文断代研究例》，《董作宾先生全集甲编》第二册，艺文印书馆1977年版，第374—375页。

⑥ 于省吾：《释羌甲》，《甲骨文字释林》，中华书局1979年版，第43页。

⑦ 于省吾：《释羌甲》，《甲骨文字释林》，中华书局1979年版，第43页。

⑧ 杨宽：《中国古代都城制度史》，上海人民出版社2006年版，第27—30页。

⑨ 张国硕：《夏商时代都城制度研究》，河南人民出版社2001年版，第44页。

⑩ 郭沫若：《鲁迅与王国维》，《郭沫若文集》文学编（第20卷），人民文学出版社1992年版，第314页。

⑪ 郭沫若：《海涛集·我是中国人》，《郭沫若全集》文学编（第13卷），人民文学出版社1992年版，第363—364页；郭沫若：《鲁迅与王国维》，《郭沫若全集》文学编（第20卷），人民文学出版社1992年版，第309—311页。《殷虚书契考释》王著罗窃说，始于20世纪20年代。学者已经进行辨正。参见刘蕙荪《关于〈殷虚书契考释〉成书经过的回忆》，《上海高校图书情报学刊》1993年第2期；罗继祖《〈关于殷虚书契考释成书经过的回忆〉补正三则》，《上海高校图书情报学刊》1993年第3期；商志《〈殷虚书契考释〉“王著罗窃”的由来及辩驳》，《殷都学刊》2006年第4期。“逼债”说一直流传至20世纪50年代，罗继祖先后发表一组文章予以辩驳。参见罗继祖《〈观堂书札〉再跋》，《史学集刊》1983年第4期；《再为观堂辨诬》，《扬州师院学报（社会科学版）》1987年第4期。

“（王之死实际出于罗之逼，学术界中皆能道之。）罗更参加了伪满洲国，那倒是他的一贯之道的了。”① “伪君子罗振玉后来出仕伪满，可以说已经沦为了真小人，我们今天丝毫也没有替他隐讳的必要了”②，“罗振玉是一位极端的伪君子……他的自充遗老，其实也是一片虚伪，聊借以沽名钓誉而已”③ 等论断，因人废文的主观倾向颇为突出。事实上，以上带有浓厚主观好恶的评论，与评价罗振玉的学术，并无直接关联。

同样，50 年代以后，郭氏将对董作宾的学术评判也深深烙上政治批判的印记。诸如 1950 年 2 月 17 日，郭氏著《蜥蜴的残梦——〈十批判书〉改版书后》一文。如果说文中“以前搞田野考古的人大抵缺乏社会发展史的知识，有的人更根本不相信社会发展史的阶段划分，故他们对于这些史料不加重视，或则兢兢于古器物尺度轻重的校量，或则根据后来的历法推谱所谓的‘殷历’，真可以说是捧着金饭碗讨饭了”④ 的评论尚带有一些学术批评的味道，其他如“董先生的关门主义到了家”⑤，“董作宾却仅仅抓到一两个字，根据自己的敌忾来随便逻辑一下，便想把臣民是奴隶的本质否定了，把殷代是奴隶社会的说法否定了。这根本就不是学者的态度。就是这种非学者的态度，逼得他在今天跑到台湾去准备殉葬”⑥ 等乱贴标签、扣帽子、上纲上线的评论，则充满着狭隘的意识形态偏见和浓厚的情绪宣泄的政治色彩。又如郭氏批评董氏“不逻辑竟到了这种地步！……不懂就不要假充内行。假充内行的结果，只是表示自己的无知。单纯的无知倒还可以救药，只要虚心地多读书，改正一下头脑，知识倒也会积蓄得起来的。假使在无知之中再加上敌忾，敌忾而且很强，巍巍乎俨然一个大权威那样，是的，那才是‘很有问题’的”⑦ 之类火药味十足的评论，及 1953 年 9 月 19 日，郭氏在致杨树达的信中“董某妄人耳，其说未可尽信也”⑧ 之类过激的文字，则犹如一篇犀利的讨伐檄文，完全不具备纯正学者的平和心态和最起码的学术道德素养。

40 年代后，郭氏对罗振玉学术的全盘否定及对董作宾的无端指斥，违反了中国传统学术批判“辩诘以本问题为范围，词旨务笃实敦厚”⑨ 的优良风尚，其对罗振玉、董作宾批评中所暴露出盛气凌轹、支离牵涉、影射讥笑的作风，亦受到学术界的

① 郭沫若：《海涛集·我是中国人》，《郭沫若全集》文学编（第 13 卷），人民文学出版社 1992 年版，第 364 页。

② 郭沫若：《鲁迅与王国维》，《郭沫若文集》文学编（第 20 卷），人民文学出版社 1992 年版，第 309—310 页。

③ 郭沫若：《鲁迅与王国维》，《郭沫若文集》文学编（第 20 卷），人民文学出版社 1992 年版，第 311 页。

④ 郭沫若：《奴隶制时代》，《郭沫若全集》历史编（第 3 卷），人民出版社 1982 年版，第 75 页。

⑤ 郭沫若：《奴隶制时代》，《郭沫若全集》历史编（第 3 卷），人民出版社 1982 年版，第 76 页。

⑥ 郭沫若：《奴隶制时代》，《郭沫若全集》历史编（第 3 卷），人民出版社 1982 年版，第 76—77 页。

⑦ 郭沫若：《奴隶制时代》，《郭沫若全集》历史编（第 3 卷），人民出版社 1982 年版，第 77 页。

⑧ 杨逢彬整理：《积微居友朋书札》，湖南教育出版社 1986 年版，第 118 页。

⑨ 梁启超撰，朱维铮导读：《清代学术概论》，上海古籍出版社 1998 年版，第 47 页。

指斥和批判。如杨树达先生在1953年9月19日的日记中写道："记《卜辞通纂》曾言读董断代研究例，拍案叫绝，今乃斥为妄人，鼎堂真妙人哉！"①。李济先生评论说："大部分看见过这篇文章（按：指《蜥蜴的残梦》）的人们，都以为这是篇纯政治的文章，不包含任何学术的意味"②，"实在没有必要……把《蜥蜴的残梦》所说的若干话过分地当学术批评看待"③。杨、李二氏对郭沫若的批判，对于培育实事求是的优良作风，建立科学的人物评价标准，具有重要的启发意义和参考价值。

## 三 郭沫若历史人物评价标准再思考

早在1921年，郭沫若较早指出，"我国传统的政治思想……素以人民为本位"④。迄20世纪40年代，郭氏又屡屡提道，"人民本位"是其评价历史人物的标准。

> 批评古人，我想一定要同法官断狱一样，须得十分周详，然后才不致有所冤屈。法官是依据法律来判决是非曲直的，我呢是依据道理。道理是什么呢？便是以人民为本位的这样思想。合乎这种道理的便是善，反之便是恶。我之所以比较推崇孔子和孟轲，是因为他们的思想在各家中是比较富于人民本位的色彩。⑤
>
> 关于秦前后的一些历史人物，我倒作过一些零星的研究。主要是凭自己的好恶，更简单地说，主要是凭自己的好。因为出于恶，而加以研究的人物，在我的工作里面究竟比较少。我的好恶标准是什么呢？一句话归宗：人民本位。⑥

郭氏继续言及：

> 我就在这人民本位的标准下边从事研究，也从事创作。但在事实上有好些研究是作为创作的准备而出发的。我是很喜欢把历史人物作为题材而从事创作的，或者写成剧本，或者写成小说。⑦

---

① 杨树达：《积微翁回忆录》，上海古籍出版社1986年版，第373页。

② 李济：《南阳董作宾先生与近代考古学》，《李济文集》卷五《学事忆旧》，上海人民出版社2006年版，第213页。

③ 李济：《南阳董作宾先生与近代考古学》，《李济文集》卷五《学事忆旧》，上海人民出版社2006年版，第213页。

④ 郭沫若：《我国思想史上之澎湃城》，王锦厚、伍加伦、肖斌如编：《郭沫若佚文集上册》，四川大学出版社1988年版，第77页。

⑤ 郭沫若：《十批判书·后记》，《郭沫若全集》历史编（第2卷），人民出版社1982年版，第482页。

⑥ 郭沫若：《历史人物·序》，《郭沫若全集》历史编（第4卷），人民出版社1982年版，第3页。

⑦ 郭沫若：《历史人物·序》，《郭沫若全集》历史编（第4卷），人民出版社1982年版，第3页。

郭氏分别谈到王安石和李岩：

> 我对于王安石是怀抱着一种崇敬的念头的。……他有政见，有魄力，而最难得的是他是比较以人民为本位的人。①
>
> （李岩）这个人我们不要看他只是一位公子哥儿的读书人，而是应该把他看成为人民思想的体验者、实践者。②

在相当长的历史时期，学术界对郭沫若评价历史人物的“人民本位”标准的学术价值从总体予以高度的肯定，如有的学者指出，郭沫若对许多学术问题的研究，“既是严格的科学讨论，又具有现实的革命意义”；“郭沫若明确提出‘人民本位’作为评价历史人物的标准，不仅在学术上有开创的价值，而且在政治上有重要的现实意义”③。与此同时，也有学者注意到“人民本位”标准中概念的模糊性问题，如不少学者注意到，“人民”是一个历史的范畴，人民则通常包含着不同的阶级和阶层。迄1959年，郭沫若继续论及历史人物的评价问题：

> 历史是发展的，我们评定一个历史人物，应该以他所处的历史时代为背景，以他对历史发展所起的作用为标准，来加以全面的分析。这样就比较易于正确地看清他们在历史上所应处的地位。④

郭氏以对曹操的评价为例：

> 我们评价一个历史人物，应该从全面来看问题，应该从他的大节上来权其轻重，特别要看他对于当时的人民有无贡献，对于我们整个民族的发展、文化的发展有无贡献。⑤

综上可知，迄20世纪50年代末，郭沫若将历史人物评价的标准，由此前的“人民本位”发展为“对历史发展所起的作用”。学者指出，郭沫若的历史进步标准并不是放弃了原有的“人民本位”观念，而是在更大范围内、以更长远的目标涵盖了人

---

① 郭沫若：《历史人物·序》，《郭沫若全集》历史编（第4卷），人民出版社1982年版，第4页。

② 郭沫若：《历史人物·序》，《郭沫若全集》历史编（第4卷），人民出版社1982年版，第6页。

③ 何汝泉：《略论郭沫若的历史人物评价标准》，《史学理论研究》1994年第3期。

④ 郭沫若：《关于目前历史研究中的几个问题——答〈新建设〉编辑部问》，《郭沫若全集》历史编（第3卷）《史学论集》，人民出版社1984年版，第486页。

⑤ 郭沫若：《替曹操翻案》，《郭沫若全集》历史编（第3卷）《史学论集》，人民出版社1984年版，第470页。

民利益[①]。郭氏严格按照"人民本位"和"历史进步"标准对各类历史人物进行评价，努力做到"实事求是，不夸大，也不缩小"[②]。然而，随着新时期多元人物评价标准的提出和评价标准体系结构的建立，郭氏历史人物评价的"人民本位"和"历史进步"标准，也往往呈现出一系列学理疑问和逻辑疑难。学术人物显然属于郭沫若所说的历史人物中的一个重要群体，如果刻意地用"人民本位"和"历史进步"标准对学术人物进行评价，则很容易将学术人物的政治立场、政治思想与学术思想混为一谈，从而造成一系列混乱。郭氏不同时期对甲骨三堂的学术批判，即屡屡受到政治影响下的非学术因素的干扰和影响，从而在一定程度上影响到评论的公允和价值。

郭氏评价历史人物的"人民本位"和"历史进步"标准，既是一个合格的史学理论命题，同时也是一革命性极强的政治话题。郭氏这一标准的提出与完善，显然与其学术家、革命家合一的特定身份有直接的关系。在郭氏的著作中，"人民本位的中国文化的批判工作"[③]"为人民服务的学术工作"[④]等话语屡见于其各种论著。郭氏称柳亚子"不仅是一位革命的诗人，而且还是一位革命的史学家"[⑤]，盛赞闻一多"为了要批判历史而研究历史"[⑥]"他（指闻一多）搞中文是为了'里应外合'来完成'思想革命'"[⑦]。显而易见，郭氏所极力肯定和推崇的柳亚子、闻一多为革命而学术的治学态度，也正是其学术思想的最鲜明的特色。在这一学术思想的支配下，郭氏试图将马克思主义的立场、观点与学术研究相结合，他反复强调："要端正历史观点，站在人民本位的立场，从历史发展中阐发人民创造力的伟大"[⑧]，"必须精通辩证唯物主义与历史唯物主义才能治好历史"[⑨]。正是在马克思主义唯物史观理论指导下，郭氏才陆续撰著出被学术界公认为马克思史学里程碑式的《中国古代社会研究》及《十批判书》《奴隶制时代》等一系列皇皇巨著。与此同时，为达到为革命而学术的

---

① 邓京力：《关于古代历史人物评价标准问题的研究与反思》，《学习与探索》2011年第3期。

② 郭沫若：《关于目前历史研究中的几个问题——答〈新建设〉编辑部问》，《郭沫若全集》历史编（第3卷）《史学论集》，人民出版社1984年版，第488页。

③ 郭沫若：《其他·论闻一多做学问的态度》，《郭沫若全集》文学编（第20卷），人民文学出版社1992年版，第338页。

④ 郭沫若：《其他·论闻一多做学问的态度》，《郭沫若全集》文学编（第20卷），人民文学出版社1992年版，第338页。

⑤ 上海图书馆文献资料室、四川大学郭沫若研究室编：《郭沫若集外序跋集》，四川人民出版社1982年版，第154页。

⑥ 郭沫若：《其他·论闻一多做学问的态度》，《郭沫若全集》文学编（第20卷），人民文学出版社1992年版，第322页。

⑦ 郭沫若：《其他·论闻一多做学问的态度》，《郭沫若全集》文学编（第20卷），人民文学出版社1992年版，第333页。

⑧ 郭沫若：《致开封中国新史学研究会分会》，黄淳浩编：《郭沫若书信集下册》，中国社会科学出版社1992年版，第18页。

⑨ 郭沫若：《致开封中国新史学研究会分会》，黄淳浩编：《郭沫若书信集下册》，中国社会科学出版社1992年版，第18页。

目的，郭氏坦言其初期的学术研究也屡屡“犯了公式主义的毛病”[①]，“死死地把唯物史观的公式，往古代的资料上套”[②]。在以后的学术研究中，郭氏逐渐清醒地认识到要加强理论和方法上的基本素养，避免将马克思主义公式化、教条化：“中国的古代发展和马克思的学说不尽相符”[③]。正是基于此，有的学者指出，郭沫若将马克思主义思想理论渗入学术研究之中，使得学术与政治两者因此得以沟通，学术最终成为他参与社会、介入政治的一种方式，他的学术实践的成绩与失误皆在于此。[④] 郭沫若在评价甲骨三堂学术贡献与地位问题上的得失，正是郭沫若为革命而学术的思想在学术实践中的具体体现。

（原载《郭沫若学刊》2019 年第 4 期）

① 郭沫若：《海涛集·我是中国人》，《郭沫若全集》文学编（第 13 卷），人民文学出版社 1992 年版，第 357 页。

② 郭沫若：《海涛集·我是中国人》，《郭沫若全集》文学编（第 13 卷），人民文学出版社 1992 年版，第 357 页。

③ 郭沫若：《奴隶制时代》，《郭沫若全集》历史编（第 3 卷），人民出版社 1982 年版，第 109 页。

④ 陈占彪：《学术与政治的纠葛——论郭沫若的学术道路与学术思想》，《长江论坛》2008 年第 4 期。

# 第五篇

# 学术争鸣

# 有关郭沫若的五个流言及真伪

李 斌

郭沫若是一位在文学、史学、考古学、翻译等多个领域有着重要成就，在20世纪中国有着重要影响的知识分子，但他也饱受争议，不同知识背景、人生经历和学术立场的人，对郭沫若会有不同的看法。即便在郭沫若研究界，对于郭沫若的思想和人生选择也存在诸多分歧。通过近年来的研究，笔者对郭沫若的思想和身份形成了三点基本认识。

首先，郭沫若是坚定的马克思主义者。五四时期，郭沫若是浪漫主义诗人，是创造社的主要负责人。1924年，他翻译了日本学者河上肇的《社会组织与社会革命》，在翻译过程中，他以列宁学说和苏俄道路为参照，批判了河上肇的观点，逐渐向马克思主义者转变。不久，他又参加了北伐战争，经过实际战争的淬砺，更加坚定了马克思主义信念。[①] 从1924年到北伐战争，这段时间是他思想的转变过程。他曾经多次说，在翻译完《社会组织与社会革命》后，他的思想就定型了，再也没有改变。遗憾的是，从20世纪80年代至今，学术界淡化了郭沫若的马克思主义者的身份。无论是研究郭沫若的文学创作，还是研究郭沫若的史学成就，一些有影响的学者宁愿对他在五四时期形成的“青春型”人格[②]或米海利斯考古学著述的影响[③]浓墨重彩，也不愿意强调他的马克思主义信仰。学界对郭沫若思想信仰研究的淡化，导致一些关于郭沫若是“墙头草”、“无节操”的说法有机可乘。

其次，郭沫若是中共长期的秘密党员，革命者是他的首要身份。

在南昌起义撤退途中，郭沫若由周恩来和李一氓介绍，加入中国共产党。当时是中国共产党处境最为危险的时候，国民党正在清党，很多优秀的共产党员都被杀害了，也有很多共产党员意志不坚定而脱党。郭沫若在这时加入中国共产党，充分说明了他认同中共的革命理念，并甘愿为此献身。这当然就绝不是人们所说的投机文人了。

抗战爆发后，郭沫若秘密回到国内。其公开身份是无党派民主人士，实际上，他回国后就恢复了组织关系，是周恩来单线领导下的秘密党员。他以代号“K”缴纳党

---

① 李斌：《河上肇早期学说、苏俄道路与郭沫若的思想转变》，《文学评论》2017年第6期。

② 黄侯兴：《论郭沫若“青春型”的文化品格》，《文学评论》1992年第5期。

③ 参见谢保成《郭沫若评传》（百花洲文艺出版社2010年版）中的有关章节。

费，他的身份只有少数几个人知道，连他的夫人和孩子都不知道，这一身份一直保持到 1958 年重新入党。[①] 对这一身份的揭示，除当事人吴奚如和女儿郭平英的相关文章外，郭沫若纪念馆后罩房“妈妈屋”展出的一封信是最直接的资料。邓颖超在这封 1938 年 5 月 18 日给于立群的信中说：“亲爱的媳妇小于：好多天不见你，常常想念着你那个小样，怪可爱的！你最惦记着的问题已经代你办好了，我和沫若兄二人作介绍人，请你准备好加进来罢！”这是邓颖超通知于立群，她和郭沫若介绍她加入中国共产党。如果郭沫若当时不是中共党员，他有什么资格介绍别人入党？对于这个身份，很多学者不大明确。我到郭沫若纪念馆工作后，有一位学者每年都将他指责郭沫若脱党的文章寄给我，也有研究者公开质疑郭沫若在抗战时期的秘密党员身份[②]，还有研究者认为中国共产党和国民党在抗战时期争夺郭沫若，因为中国共产党对郭沫若礼遇有加，郭沫若才支持中国共产党的。正因为否定了郭沫若作为隐蔽战线的秘密党员身份，关于郭沫若献媚投机的说法自然就多起来了。

最后，郭沫若自从有了马克思主义信仰和加入中国共产党后，他的学术研究和文学创作都为中共领导的革命和建设事业服务。1928 年流亡日本，郭沫若研究中国古代社会，写下了《中国古代社会研究》这本马克思主义史学派的开山之作。这本著作不是为学术而学术，而是介入了当时的理论斗争。当时理论界正在讨论中国社会的发展阶段，以验证马克思主义理论是否适合中国国情。很多人认为，马克思主义理论不适合中国国情，郭沫若通过历史研究表明，马克思主义理论是适合中国国情的，以此证明了中共领导的革命斗争是具有合法性的科学道路。他后来研究甲骨文和金文，是为了更好地研究中国古代社会，更好地为现实革命服务。中华人民共和国成立后，郭沫若写了很多白话诗，有些学者认为，这些诗不是诗，是大白话，但郭沫若的目的是妇孺皆懂，充分发挥诗歌为生产建设服务的作用。

下文对有关郭沫若的五个流言及真相的分析正是建立在这三点基本认识的基础之上。

## 一

第一个流言：郭沫若两性关系混乱，对于立忱始乱终弃。这个流言越传越不堪，甚至传到了这样的程度：1979 年于立群在整理郭沫若遗物时发现郭沫若和于立忱的混乱关系后不堪羞辱而自杀，或郭沫若娶了姊妹花，玩弄女性，等等。

这个流言是从哪里来的呢？来自谢冰莹发表在台湾《联合报》1984 年 6 月 15 日

① 参见郭平英《一个共产党员的泰然》，郭沫若故居、中国郭沫若研究会编：《郭沫若百年诞辰纪念文集》，社科文献出版社 1994 年版；吴奚如《郭沫若同志和党的关系》，《新文学史料》1980 年第 2 期。

② 谢新华：《郭沫若同志和党的关系献疑》，《郭沫若学刊》1999 年第 1 期。

上的《于立忱之死——是郭沫若害死她的》一文。在这篇文章中，谢冰莹回忆近50年前，有一天她的闺蜜于立忱在医院，让谢冰莹去看她，谢冰莹以为是在普通病房，去了后发现是在产房做人流手术。于立忱流着眼泪告诉谢冰莹，这都是郭沫若那个大骗子害的。整篇文章就写了这样一个故事。这故事后来广泛流传，成为郭沫若玩弄女性之说的滥觞。那么，这篇文章是真的吗？这需要结合时代背景和其他相关人的言论仔细分析这个故事的缝隙。

首先，一位老太太回忆50年前的往事居然像剧本一样，你一言我一语历历在目，非常清晰。我们回忆往事的时候，会一个字一个字都能回忆出来吗？

其次，历史研究讲究证据。谢冰莹这篇文章发表在郭沫若和于立忱都去世之后，当事人都已过世了，你要怎么说就怎么说。为什么不在人家生前说？你在人家生前说，若你说得不对，人家还可以纠正，但你偏偏在死后说。况且，只有谢冰莹一个人在说这件事，其他从那个时代过来的人竟然都不知道，这可能是真的吗？孤证不足为凭。

再次，谢冰莹的故事与知情人士林林的回忆恰好有出入。林林跟于立忱、于立群关系很好，他们当时都做新闻记者。林林说于立忱病重时住在他家，谢冰莹没有参加于立忱的葬礼。[①] 谢冰莹若真是于立忱的闺蜜，于立忱病重的时候，为什么要去一个男性家住，不去闺蜜家住？如果谢冰莹真是于立忱的闺蜜，闺蜜死了为什么不参加葬礼？这恰好说明了谢冰莹和于立忱没什么关系。于立忱即便有了那样私密的事情，也不会告诉谢冰莹。

最后，这篇文章写作有它特殊的背景。文章最后几段大力歌颂“领袖”蒋介石，并说“领袖”蒋介石曾经非常器重“堕落文人”郭沫若，但他根本就不领“领袖”的恩情，几次背叛领袖。读到这里当能明白，此文是在冷战的特殊背景下，意识形态立场不同的国民党人用了伪造历史的方式诅咒一位坚定的中共党员。

很多人不注意这篇回忆的真伪，对它大肆宣扬，这就成了郭沫若玩弄姊妹花的来源。真相是什么呢？郭沫若和于立忱确实有过交往，郭沫若都清楚地写在了他的作品里。[②] 当时郭沫若正在东京流亡，而于立忱则是《大公报》驻东京特派记者。于立忱去拜访郭沫若，郭沫若带着郁达夫去回访。后来于立忱回国了。郭沫若在1937年全面抗战爆发后秘密回国，发现于立忱已经去世，就写了《断线风筝》，感叹自己的命运跟于立忱有些相像。他还两次拜谒于立忱的墓，把《咏风筝》这首诗写下来送给于立群。于立忱和郭沫若可以说是比较好的朋友关系，没有超出朋友之上的两性关系。如果真有不清不楚的关系，一同去拜访的郁达夫不会看不出来。以郁达夫

---

① 笔者2018年年初采访郭平英女士，她在林林先生生前曾向他请教她姨母逝世前的情况，林林先生谈到了这些事。

② 郭沫若：《断线风筝——纪念于立忱》，《郭沫若全集》文学编（第13卷），人民文学出版社1992年版，第414—415页。

的性格，他看出来了不会不写出来。即便郁达夫不写出来，也可能有其他当事人写出来。

那个时代的人有过几次婚姻经历是正常的。郭沫若的发妻是张琼华，两人的婚姻是郭沫若20岁的时候由母亲包办的。结婚那天他就不满意，很快就离开家乡去日本留学。[①] 他在日本与护士安娜有了爱情，一起生活了21年。1937年全面抗战爆发后，郭沫若秘密回国，因日本警方监视，他不能带妻儿。郭沫若回到国内和于立群结合，于立群最后陪伴他走过了40年。婚姻之外，他只对一个人产生过感情，那就是大革命时期的安琳。南昌起义撤退时，安琳作为女战士照顾郭沫若，由此产生了短暂的感情。郭沫若对安琳的感情安娜和于立群都知道，他还写在自己的作品里[②]，所有熟悉郭沫若的人也都知道。除此之外，郭沫若没有任何绯闻。1938年起，郭沫若一直是文化战线的领导人，所有的歌舞影星都是他的部下，但他没有跟任何人发生过绯闻。

有学者告诉我，关于郭沫若的婚恋情况，不属于学术问题，大可不必花精力于此。我理解这种好意。但是，在历史人物研究中，对一个人的指责往往从其有违道德伦理处入手，据我所知，有些有影响的学者也曾炒作郭沫若的婚恋情况。澄清郭沫若婚恋中的不实之词，对于重新理解和评价郭沫若是不无裨益的。

## 二

第二个流言：因为郭沫若的批评，沈从文中途折戟，从文坛消失。

这个说法主要来自沈从文的弟子汪曾祺。他认为，在1949年前后，对沈从文打击最大的就是郭沫若的《斥反动文艺》，有了这篇文章后，沈从文就从文坛消失了[③]。陈徒手在《午门下的沈从文》中认为："现在想来，郭沫若批沈从文是不公平的，这是一种政治性贬低。郭为了政治意图一边倒，揣摩上面的意图，他当时批评许多人都是错误的。"[④] 真相究竟是怎样的呢？我们首先看批评的语境。

1946年年底，国共和谈失败后，周恩来被迫从上海回到延安，他接连给郭沫若写了两封信。在12月31日的信中，周恩来说："国内外形势正向孤立那反动独裁者的途程中进展，明年将是这一斗争艰巨而又转变的一年。只要我们敢于面对困难，坚持人民路线，我们必能克服困难，走向胜利。孤立那反动独裁者，需要里应外合的斗

① 详见郭沫若《黑猫》（现代书局1933年）。

② 郭沫若：《流沙》，《郭沫若全集》文学编（第13卷），人民文学出版社1992年版，第244—260页；《离沪之前》，同上书，第298—299页。

③ 汪曾祺：《沈从文转业之谜》，沈从文：《花花朵朵坛坛罐罐——沈从文文物与艺术研究文集》，外文出版社1994年版，第2页。

④ 陈徒手：《午门城下的沈从文》，《读书》1998年第10期。

争，你正站在里应那一面，需要民主爱国阵线的建立和扩大，你正站在阵线的前头。艰巨的岗位有你担负，千千万万的人心都向往着你。我们这一面，再有一年半载，你可看到量变质的跃进。那时，我们或者又携手并进，或者就演那里应外合的雄壮史剧。”① 郭沫若是中共秘密党员，中共代表团回延安后，他仍然坚持在国统区斗争。周恩来在这封信中给他下达了任务，要他在国统区领导民主运动，这就是郭沫若处在解放战争的第二条战线上的任务和使命。

沈从文是国统区有影响的大作家，他通过杂文议政，三次挑战郭沫若的使命，郭沫若出于捍卫民主运动的考量，对沈从文进行了严厉批评。②

第一次挑战是1946年，沈从文写了一篇长文《从现实学习》，其中两点让民主人士震怒。第一，他批评昆明的民主运动，认为一帮政客文人表现欲太强了，一帮银行家的功名欲太强了，两相结合起来就形成“民主堡垒”；他所谓的“表现欲”太强的人包括闻一多、李公朴、费孝通、吴晗等民盟领导人。第二，当时正在进行联合政府的谈判，准备组织一个由各党派选出的40人组成的国民政府委员会来取代国民党控制下的国民政府，委员有1/3的否决权，中共和民盟联合起来想要争取14个委员的名额。这件事在当时争斗得很激烈。沈从文看不过了，他说，你们这些人争来争去，不就是想当官吗？实际上他是曲解了。为什么要争14个名额？因为这是关于国民政府委员会的性质是联合政府还是国民党一党专政的决定性因素。但他理解不了这一点。

《从现实学习》发表后受到了很多批判，最先批判他的是民盟成员王康，他在《文汇报》五次连载《沈从文批判》，他特别谈到沈从文将闻一多之死说成“愚人一击”，闻一多明明是被国民党特务杀害的，沈从文还说“愚人一击”，这难道不是为国民党推卸责任么?③ 全国文协上海分会由胡风主持，在1946年年底开了一次会，他们说有一类人自命清高，站在一边说风凉话，这类人的代表就是沈从文。这个会议的情况发表在上海《文汇报》④。

郭沫若因为有事没有参加全国文协的会议，但在《路边谈话》《新缪司九神礼赞》这两篇文章中批评了沈从文。郭沫若说有些大学教授说我们想做官，大学教授就不是官吗?⑤ 有些人说只有写小说才好，我们那些写杂文的，写诗歌的，搞绘画的、搞摄影的就不好吗？大家都做出成就了。⑥ 这两篇文章都给沈从文留有余地，没有点名。但是沈从文不理他，继续挑战。

---

① 周恩来：《周恩来书信选集》，中央文献出版社1988年版，第371页。

② 李斌：《论抗战结束后郭沫若对沈从文的批评》，《中国现代文学研究丛刊》2013年第7期。

③ 李斌：《沈从文与民盟》，《文学评论》2016年第2期。

④ 《作家团年》，上海《文汇报》1946年12月30日。

⑤ 郭沫若：《路边谈话》，《新华日报》1947年1月16日。

⑥ 郭沫若：《新缪司九神礼赞》，上海《文汇报》1947年1月10日。

沈从文第二次挑战是1947年1月的《新书业和作家》一文。他在文章中说，职业作家生存艰难是出版业不健全，创造社为什么倒闭了呢？书业竞争，自己经营不善，所以倒闭。[①] 这就彻底惹怒了郭沫若，因为他是创造社的精神领袖，是创造社的主要负责人，他对创造社的历史当然比沈从文清楚。郭沫若于是写了《拙劣的犯罪》进行回击，他说创造社明明是被国民党查封的，沈从文是伪造事实，拙劣犯罪。职业作家生存艰难是因为国民党压迫，你写书出版不了，写文章给你删删改改，你能不生存艰难吗？[②] 郭沫若这次点了沈从文的名，而且火气很大。

沈从文的第三次挑战体现在两篇文章中。先说1946年9月的文章《北平的印象和感想》，沈从文说当时的年轻人跑去张家口，这是胡闹，图热闹，做无望流血。[③] 这个事情让郭沫若很恼火，张家口就是解放区的代名词，沈从文说张家口在做无望的流血，不等于在说共产党白搞了吗？1947年10月，民盟在上海的总部被国民党查封了，被迫停止活动。沈从文写了《一种新希望》。他说民盟停止活动，是因为他们内部人事关系没搞好。[④] 针对这些言论，郭沫若在1948年春天写了《斥反动文艺》，批判沈从文道：你的小说怎么样呢？《摘星录》等小说是“文字上的裸体画，甚至写文字上的春宫”；还批评沈从文存心做一个摩登文素臣。[⑤] 文素臣是《野叟曝言》中对封建统治者忠心耿耿的形象。

郭沫若的批评比较严厉，但对沈从文有影响吗？其实，当时不止郭沫若，几乎一半的舆论都在批评沈从文。沈从文有一点怕了，在给丁玲的信中他说怕中国共产党，怕民盟[⑥]。而郭沫若此时的公开身份是无党派人士，怕中国共产党，怕民盟，并不包括郭沫若。解志熙教授也认为，郭沫若对沈从文的批评并没有让他惊慌。“沈从文也不惊慌，1949年1月31日解放军进城，威严而和气，沈从文看得高兴，觉得早知如此，自己就该当一名随军记者，可见他的自信还在；并且在这前后，一些地下党人、革命干部以至中共的高级干部陈沂等，都去看望过沈从文、安慰过沈从文，他又有什么好惊慌的？”[⑦]

1949年后，新中国给了沈从文很多机会。首先是1950年派他到华北革命大学学习，很多人去学了后都受到了重用。沈从文也去了，但他看不起那些教员，也看不起

---

① 沈从文：《新书业和作家》，天津《大公报》1947年1月21日。

② 郭沫若：《拙劣的犯罪》，上海《文汇报》1947年1月27日。

③ 沈从文：《北平的印象和感想》，《沈从文全集》（第12卷），北岳文艺出版社2002年版，第385—386页。

④ 沈从文：《一种新希望》，《沈从文全集》（第14卷），北岳文艺出版社2002年版，第279—280页。

⑤ 郭沫若：《斥反动文艺》，《大众文艺丛刊》第1辑，1948年3月1日。

⑥ 沈从文：《致丁玲（19490908）》，《沈从文全集》（第19卷），北岳文艺出版社2002年版，第49页。

⑦ 解志熙：《爱欲抒写的“诗与真”——沈从文现代时期的文学行为叙论（下）》，《中国现代文学研究丛刊》2012年第12期。

那些学员，跟厨师关系好，天天去炊事班里跟人家聊天。[①] 1951 年年底，沈从文被派去川南参加了 3 个月土地改革，他去了后，嫌人家菜难吃，又嫌工作艰苦，特别想回来，想写小说，但又担心写不好。[②] 所以这两次改造，沈从文都不顺利。沈从文是非常强大的人。1953 年，在公私合营中，开明书店和中国青年出版社合并后，开明书店新掌权的年轻董事给沈从文写了一封信，说你的小说不适合新社会了，你在本店已印待印各书及纸型已全部销毁。这才是对他放弃写小说具有决定性的事件。[③] 尽管如此，沈从文 1953 年后还是写了很多诗歌、散文，只是风格跟 1949 年前完全不一样，对于有些批评家来说，这就不是文学了。

## 三

第三个流言：郭沫若在“十七年”期间是表里不一、逢场作戏的两面人。

所谓“十七年”是中国当代文学研究的关键词，指 1949—1966 年社会主义建设时期这十七年。这一流言主要来自《反思郭沫若》这本书，该书由丁东编辑，作家出版社 1998 年出版。

这本书的封面很有意思，它由两个郭沫若的半张脸组成。左边半张脸是红色的，右边半张脸是蓝色的。隐喻郭沫若是阴阳脸，表面上是红的，内心却是蓝的，表里不一，两面派。这个书的封面代表了它所编选的文章的整体观点。

毋庸讳言，郭沫若对于社会主义建设是大唱赞歌的，歌颂长江大桥、歌颂原子弹上天、歌颂卫星发射成功等等。但《反思郭沫若》的作者认为，郭沫若私下却猛烈地抨击那个人际关系尔虞我诈的时代，不满意自己的职务，批评自己的《新华颂》《百花齐放》以及其他赞歌都是应制应景之作。

这些流言的证据来自哪里呢？该书编者丁东在文章中提出上述流言时，说他翻遍《郭沫若书信集》，“感到只有写给陈明远的信最为特殊，堪称摘下面具，口吐真言。”[④] 该书所收的其他文章也多次提到郭沫若写给陈明远的信，这批信件成为这些流言的关键证据。

---

① 李斌：《〈老同志〉与沈从文创作转型的努力》，《中国现代文学研究丛刊》2019 年第 4 期。

② 李斌：《沈从文的土改书写与思想改造》，《中国现代文学研究丛刊》2018 年第 4 期。

③ 沈从文收到开明书店通知后，在 1954 年 1 月给大哥沈云麓写信说：“小说完全失败了，可以说毫无意义，在家中的也望一切烧掉，免得误人子弟。”同月，他给朋友“道愚”的书信中说：他坚持写小说，“什么人都受不了这个试验时，我还是不以为意，要把它搞好。以为必有一天，可以用到更有意义的更新的需要上去。到书店正式通知我说书已全部烧去，才明白用笔已完全失去应有意义。”他又在 1954 年秋给潜明的信中说：“我弄文学，胡写了几十年，可说毫无意义。书店负责人极聪明，知道对人民无益，对党国无用，所印书一把火烧掉了。一烧掉，自然什么都完事了。”参见《沈从文全集》（第 19 卷），北岳文艺出版社 2009 年版，第 376、379、388—389 页。

④ 丁东：《从五本书看一代学人》，《反思郭沫若》，作家出版社 1998 年版，第 233、234 页。

郭沫若的确跟陈明远有过通信，这些信件现在保存在郭沫若纪念馆的有9封，陈明远保存了3封，总共只有12封。但《郭沫若书信集》里有69封。这说明多出来的57封信是没有原件作为依据的。对此，陈明远解释说因为“文革”时期那些信被抄走了，他凭记忆把内容复述下来，后来他就把这些所谓的书信发表出来，并提供给《郭沫若书信集》的编者。而这本《郭沫若书信集》，是1949年迄今唯一的一本郭沫若书信集，具有相当的权威性，为学界所广泛使用。

1992年，《郭沫若书信集》在中国社会科学出版社出版后，郭沫若的秘书和女儿都曾写文章辨别陈明远提供的书信。他们认为，除了12封有原件的外，其他57封都是假的，即便有原件的12封，对照原件和陈明远提供的抄件，也有许多窜改肢解之处。[①] 他们的论证建立在第一手材料基础上，我赞成他们的意见。我认为没有书信手迹和手迹照片为证，且又不在郭沫若生前发表的郭沫若书信都是可疑的。历史研究讲究实事求是，没有事实根据的就要存疑。

郭沫若的秘书进一步指证郭沫若跟陈明远的通信时间是1956—1963年，而“郭沫若”抨击自己时代的那些信所署的写作时间很多都在1956年之前和1963年之后，故而是假的。1963年，郭沫若跟他的秘书说，你们给陈明远写一封信，告诉他，他要求的我都给他办到了，让他不要打着我的旗号搞特殊，“以后他来信我不看了，你们处理吧。”[②] 郭沫若是国家领导人又是大文豪，每天收到的信件成百上千，看不过来，秘书要筛选一遍。写给郭沫若的信只有秘书筛选后才能到他的办公桌上。秘书认为这封信是郭沫若的断交信，自然此后郭沫若也就看不到陈明远的信了。郭沫若秘书的话是可信的。我最近翻阅中国科学院档案，连中国科学院外事局这种郭沫若领导下的机构，给郭沫若报送文件时都是报给郭沫若秘书的，并且一般都会致信郭沫若秘书，说明随信报送的文件的主要类别和性质，请他转呈。何况陈明远这样非亲非故的外地青年呢？如果不经过秘书的手，他的信不可能到达郭沫若桌上。

在伪造的信里，郭沫若表达了对时代的抨击，对自己诗歌的不满。假如这些信按照陈明远所说，真的被红卫兵抄走了，红卫兵不会不把它公布出来的。红卫兵在“文革”开始时已经攻击过郭沫若，要抄他家了，亏得周恩来趁机提出了包括郭沫若在内的12人的保护名单，郭沫若才得以幸免。除这些信外，郭沫若从来没有在任何场合表达过对“十七年”的憎恶之情，也没有在任何场合说过《新华颂》和《百花齐放》是应景应制之作，只有陈明远信件这一个证据。孤证不足为凭，何况这个证据还是假的。我们由此就可以确定所谓郭沫若的两面人形象，是陈明远和丁东等人塑造出来的，并不符合历史事实。

---

① 参考王戎笙《郭沫若书信书法辨伪》（兰州大学出版社2005年）、郭平英《陈明远与郭沫若往来书信质疑》（《文艺报》1996年5月10日）等文。

② 王戎笙：《郭沫若书信书法辨伪》，兰州大学出版社2005年版，第62页。

陈明远在“文革”时期因为牵涉伪造毛主席诗词案被关进监狱，出来后对那个时代充满了痛恨，20 世纪 80 年代写了很多诗歌诅咒那个时代。同时他为了自己的名声，又说他写诗是郭沫若教的。[①] 一个对那个时代高唱赞歌的老诗人，怎么会教出这样一位诅咒那个时代的小诗人来呢？所以他要自圆其说，通过十多年数次伪造数十封书信，层累地塑造了一个“不真诚的郭沫若”形象[②]。这些伪信又跟一些有着特殊目的的人的想法一拍即合，于是就出现了阴阳脸“郭沫若”的形象，对“晚年郭沫若”研究造成了极其恶劣的影响[③]。

## 四

第四个流言：郭沫若是跪舔权力却不受待见的可怜文人。

跪舔权力的主要证据是《毛主席赛过我亲爷爷》这首在网上广为流传的诗歌。不受权力待见的主要证据是“康生”写给比目鱼谈论郭沫若书法的信。

《毛主席赛过我亲爷爷》最早出现在 2012 年凤凰视频“腾飞中国：文化纪事（76）郭沫若与领袖和诗”中，节目未给出处。第二次出现是在高晓松《鱼羊野史》，名为《毛主席，你赛过我的亲爷爷》[④]，也没有出处。

我查找到的网上的出处是《郭沫若文选》第 12 卷第 765 页。郭沫若研究者都知道，《郭沫若文选》从来没有编到过第 12 卷。超过 12 卷的只有两套。一是《沫若文集》，20 世纪 50 年代末 60 年代初出版的，共 17 卷。二是《郭沫若全集》，文学编、历史编、考古编共 38 卷，1982—2002 年出版。从来没有过《郭沫若文选》第 12 卷这样的书。因此《郭沫若文选》第 12 卷是假的。

《郭沫若全集》38 卷中没有《毛主席，你赛过我的亲爷爷》这首诗，我正在参编的《郭沫若全集补编》27 卷也没有收录这首诗。在编《郭沫若全集补编》时，我们找了相当多的资料，包括未刊手稿，以及报纸杂志上发表过、后来散佚的作品，但没有找到这首诗。因此，我断定郭沫若没有写过这首诗。

“康生”写给比目鱼谈论郭沫若书法的信的内容为：“比目鱼同志：若论书法，我用脚趾，夹根木棍都比郭沫若写的强。康生”。这一看就是假的。

首先，看信笺。信笺上写的是“中华人民共和国主席办公厅”。康生担任的最高职务是中共中央副主席、政治局常委。中共中央副主席和中华人民共和国主席，一个是党的职务，一个是政府职务，担任党的职务的康生不可能用政府的信笺，这是要避嫌的。

---

① 陈明远：《新诗与真美的追求》，《新潮——纪念郭沫若先生》，中国文联出版公司 1992 年版，第 22 页。

② 李斌：《陈明远与层累的“郭沫若现象”》，《首都师范大学学报（社会科学版）》2018 年第 3 期。

③ 李斌：《建立在伪史料基础上的“晚年郭沫若”研究》，《当代文坛》2018 年第 1 期。

④ 高晓松：《鱼羊野史》（第 1 卷），湖南文艺出版社 2014 年版，第 94 页。

第二，没有落款日期。大家读手札都知道，一封信一定会有落款日期，某年某月某日，某月某日，至少会写上某日。但这封信啥也没有，不符合书信体例。

第三，没有上下文。我们写信都会有上下文，比如第一句会说："你的信我收到了"，然后谈论正事，等把事情谈完了，结尾会说"此致敬礼"之类的礼貌用语，但这封信什么都没有。没头没尾，突然就来了这么一句。也不符合书信体例。

第四，信的内容为一位中央高层的领导人说另外一位国家领导人的坏话，要是与收信人的关系不是特别亲密，谁会这么干？康生何许人也，他会跟一个来历不明的人白纸黑字说另一个国家领导人的坏话吗？除非是他特别亲密的朋友，比目鱼是谁？康生的朋友中没有比目鱼。

如此考察之后，我听说比目鱼是一位字库专家，他把康生的字集到一起就成了这样的一个作品。我认为这个说法比较可靠。

这两份假材料都指向郭沫若和中共高层的关系。郭沫若跟毛泽东和周恩来等中共高层的关系很受大家关注，也出了不少研究成果。郭沫若在大革命时期就和毛泽东有交往，抗战时期也有书信往来，中华人民共和国成立后写过赞美毛泽东的诗，并有多篇阐释毛泽东诗词的文章。他崇拜毛泽东，跟其他中共党员崇拜毛泽东一样，这都没有问题。毛泽东才华横溢，而且做出了那么大的贡献，郭沫若对他有赞美、有褒奖是正常的。但我们也要看到另外一面，毛泽东从 1968 年党的第八届十二中全会闭幕式开始就一直批评郭沫若的《十批判书》，在多种场合有近十次的批评，包括与基辛格、周恩来、江青、张春桥的谈话，都说"十批"不是好文章。郭沫若抵着压力没有做检讨，一直到 1974 年 2 月实在扛不住了，才写了一首七律《春雷》做检讨①。在那个时代，一般人是扛不住的，而郭沫若却扛了 5 年之久。这从侧面说明郭沫若对毛泽东绝不会谄媚。

正如本文开篇所述，郭沫若是坚定的马克思主义者，他有着对中国革命和社会主义建设的独特看法。毛泽东、周恩来等人也是坚定的马克思主义者，在革命实践中形成了他们的革命和建设理念。1949 年后，郭沫若和毛泽东、周恩来等人的关系，有被领导和领导的关系，有革命同志内部分工的关系，但也有对革命和建设的看法不尽一致之处，他们始终是相互尊重的。我觉得这样的关系是值得研究的。但如果将其演绎成为臣和君的关系，甚至是佞臣与昏君的关系，这就是把社会主义时代扭曲为封建时代，不仅给郭沫若抹黑，也把社会主义妖魔化了。

## 五

第五个流言：《李白与杜甫》扬李抑杜，写作目的是为了逢迎毛泽东。

① 详见李斌《女神之光：郭沫若传》，作家出版社 2018 年版，第 516—517 页。

《李白与杜甫》这本著作是郭沫若1967年开始写的，1971年由人民文学出版社出版，这是当时少有的公开出版的学术著作之一，面世之后影响很大。由于这本书没有前言后记，对其写作动机学界众说纷纭。主要观点有二。第一，由于长期以来学界不能确定本书的具体写作时间，部分学者将其与郭沫若两个孩子的去世联系起来，认为这体现了郭沫若的丧子之恸和忏悔意识。[①] 但据新近出版的《郭沫若年谱长编》披露，该书的核心部分在郭沫若的两个孩子去世之前就已经完成[②]，故与其丧子没有关系，这一说法可以明确站不住脚。第二是本书的写作目的是为了迎合毛泽东。该说法从1979年开始流传，从美国传到大陆，又传到台湾，传来传去，几成“定论”，少有人质疑，但到底是否符合事实呢？

实际上，郭沫若在书中明确说明了该书的首要写作动机：“以前的专家们是称杜甫为‘诗圣’，近时的专家们是称为‘人民诗人’。被称为‘诗圣’时，人民没有过问过；被称为‘人民诗人’时，人民恐怕就要追问个所以然了。”[③] 究竟是哪些专家称杜甫为“人民诗人”呢？仔细读《李白与杜甫》当能发现，郭沫若主要批评了三部著作：萧涤非《杜甫研究》、冯至《杜甫传》、傅庚生《杜甫诗论》。这三本著作都在20世纪50年代出版，在当时学术界影响很大，被视为杜甫研究的代表作。跟这三部著作对话，才是《李白与杜甫》的首要撰述动机。

读郭沫若质疑的这三部关于杜甫的著作之后，我们会发现有一个特别有意思的现象。杜甫在一千多年以来都被称为诗圣，十分受推崇；对于李白，学界则多有微词。经过新文化运动，人们对杜甫的评价没变，梁启超、胡适都觉得杜甫很伟大，而李白则是个人主义者。经过1949年后的思想改造，学者们还是认为杜甫是伟大的，而李白是个人主义者。郭沫若从中发现问题了。按理说我们这个世纪经历了两次大的思想断裂，为什么杜甫就能成为不倒翁？成为一个图腾呢？

郭沫若认为，杜甫维护现存体制，主张规训，无论是对君还是对民，都是要在现存体制下做事情的，而那些杜甫研究者也都有这样的倾向。但郭沫若恰好非常叛逆，他对杜甫的很多观念是不认同的。李白是一个浪漫主义者，郭沫若也曾是浪漫主义者；当有人骂李白是个人主义者的时候，很多人也曾说过郭沫若是个人主义者。所以郭沫若从李白身上看到的是自己的影子，他从杜甫身上看到的是他的论敌胡适等人的影子。在这种情况下，郭沫若写了《李白与杜甫》，就是要对那些维护不合理的统治制度，维护既得利益的思想进行抨击，从而主张一种真正的解放。《李白与杜甫》非常具有学术勇气，要把千年来的定案给颠覆掉。

《李白与杜甫》并没有“扬李抑杜”，而是要双双打破李杜这两个图腾。郭沫若

① 李斌：《郭沫若〈李白与杜甫〉著述动机发微》，《首都师范大学学报（社会科学版）》2017年第4期。
② 林甘泉、蔡震主编：《郭沫若年谱长编》（第5卷），中国社会科学出版社2017年版，第2098页。
③ 郭沫若：《李白与杜甫》，人民文学出版社1971年版，第125页。

对杜甫有很多贬低的话，但当写到杜甫喜欢吃牛肉，喜欢喝酒时，他很高兴，喜欢杜甫的这一面。他对李白有很多赞扬的话，但当写到安禄山占领中原，李白不但不在那里组织抵抗还逃跑时，他对李白也是讨厌的，觉得李白很庸俗。郭沫若对李白和杜甫都是辩证地看，既看到他们高尚、可爱的一面，也看到他们庸俗、功利的一面。这才是郭沫若对李杜的态度，而并非有些学者所谓的“扬李抑杜”。

《李白与杜甫》不可能是迎合毛泽东。毛泽东尽管在1958年说过喜欢三李，但是他后来又跟江青和张春桥说过，李白算什么？他就知道功名，结果充军贵州。可见毛泽东对李白的看法是辩证的，既看到了李白身上浪漫主义的比较潇洒的一面，同时又觉得李白的功名心很强。毛泽东的辩证法，郭沫若当然了解得比较清楚。郭沫若假如要迎合毛泽东，也不会如此拙劣的。

为什么会有这样的流言呢？萧涤非在20世纪30年代毕业于清华大学的研究生院，冯至和顾颉刚是胡适的学生，他们在学术思想上有着千丝万缕的联系。1949年后，北大清华的毕业生在文史研究界仍然占据着重要位置。1966年，郭沫若在人大会上说要烧书，本来只是自保，却被人诟病。顾颉刚在日记中写道：“郭沫若最好弄笔，编古装戏剧，又为曹操、武则天翻案，此次得政府保护，仅轻描淡写地在人民代表会议常务委员会中作一自我批评了事，京、沪同人皆不满意。”① 郭沫若做了检讨，他们还不满意，“同人”的意见大有置郭沫若于凶险境地的目的。郭沫若写到李白政治失败后“世人皆欲杀”的悲惨境地，未始不是对自己处境的写照。“同人”在1978年后重新掌握话语权，当然会对郭沫若重新评价。

## 小　结

有关郭沫若的流言还有很多，我只是择要讨论了五个。为什么会出现这么多的流言？而且集中针对1949年后的郭沫若？我认为有四个方面的背景。

第一，1978年后，我们进入一个后革命年代，在学术界，在文坛和学术圈掌握话语权的是复出者和海外学者。海外学者影响特别大，他们的观点是我们进行评判人物和作品的主要标准，有着鲜明的冷战意识形态色彩的夏志清的《中国现代小说史》风靡一时。另外一批就是复出者，50—70年代被压抑的那些人复出了，这批复出者对于当年的当权者多少有些意见。两种势力结合起来，对于作为马克思主义者的郭沫若等人，自然要重新评价了。

第二，学术研究的范式转移了。在郭沫若的时代，学术研究占主流的是革命史的范式，现在占据主流的则是现代化研究范式。在革命史范式下，我们会把整个20世纪中国的发展编织进革命的进展的脉络中去。以前评价作家，会以他跟革命是否联系

① 《顾颉刚日记》（第10卷），中华书局2011年版，第568页。

得紧密为标准。鲁、郭、茅都是与革命联系得非常紧密的，尤其是郭沫若，他是革命的肖子。所以对他的评价很高，周恩来、邓小平都说郭沫若是继鲁迅过后，我们文化战线上的又一面光辉旗帜。但20世纪80年代后，占主流的是现代化研究范式。这实际上是以全球资本主义化为准的，以怎么样朝这个方向进展为线索来理解我们的历史和文学。在这一线索上，很多学者理解不了在社会主义建设时期做出过重要贡献的郭沫若的成就，郭沫若被理解成了异类。

第三，很多学者对学术的看法改变了。现在强调的是学术的自由与尊严，强调的是学术的独立。陈寅恪给王国维写的纪念碑被反复宣扬，要求为学术而学术。郭沫若强调的是为革命而学术，所以人们会觉得郭沫若做的是假学术、伪学术。

第四，有关文学的观念也改变了。当下评判文学的标准是文学性，是审美，是它反映个体心灵的深度和文学技巧的圆润。但在郭沫若那个时代，评价文学作品的标准是是否为革命、为社会主义建设服务。按照今天的标准自然理解不了郭沫若，人们会觉得郭沫若为革命而做出的学术研究，为革命而创作的文学作品都是攀权附势，都是迎合权力，当下很多学者理解不了郭沫若等人心中的革命事业。

有人说，“事件当时出现的说法，即使是谣传，至少也是无风不起浪。这类认知有可能是‘错误’的（特别是涉及政治斗争的说法，不排除有意的党派作用），但一个不实的‘谣’能够‘传’，就反映出某种时代的认知，应予足够的尊重。很多时候，挖掘出的史料虽增强了怀疑，却不足以证伪。据一些看似‘可靠’但未必足据的史料做出对或错的翻案，不如探讨那些不准确的当时说法何以形成。”① 这有一定的道理，但在能搞清楚真相的情况下，如果不进行“辟谣”的工作，久而久之，“谣传”就变成了“真相”。当然，在厘清真相之后，再来研究流言之所以盛行的机制就更加具有学术价值，但这必须建立在孰真孰伪之基础上。

郭沫若并非不能反思，对他的反思可以从各个角度进行，但必须建立在真凭实据的基础上。况且，当下对郭沫若的反思，无论是出于什么立场和态度，都已经够多了，处于压倒性的优势。在此情况下，我们倒是应该对“反思郭沫若”进行反思。尤其当“反思郭沫若”是建立在一些伪造史料和不实之词的基础上时，其背后的观念结构和传播机制就更值得考察了。

之所以要对“反思郭沫若”进行反思，是因为笔者觉得现在需要严肃地去思考20世纪中国革命和社会主义建设的经验教训，而不是把那段历史妖魔化并从记忆中抹去。正如笔者在另一篇文章中所说：“随着国际学术界对以美国为代表的自由民主的反思和重新兴起的马克思主义研究热潮，以及中国在全球化过程中所产生的种种问题所导致的现实需要，中国知识界需要从80年代所形成的那种对全球化的理想主义式的拥抱热情中摆脱出来，重新定位自己的社会角色，调整自己与国家、民众、媒体

① 罗志田：《近四十年史学的流变蠡测》，《腾讯·大家》2018年12月15日。

之间的关系。在此过程中，必须认真面对和严肃思考整个20世纪革命中国和社会主义中国的经验教训。”[①] 而郭沫若正是我们思考这些问题的重要借鉴和资源，这也正是严肃认真的郭沫若研究之价值所在。

（原载《中国文学批评》2019年第2期）

① 李斌：《对“非郭沫若”认识装置的反思》，《文艺理论与批评》2017年第5期。

# 第六篇

# 观点摘编

**【战时郭沫若的演说及其政治修辞学】**

刘 奎

演说是抗战时期郭沫若的重要表达方式，据粗略统计超过 200 场次。演讲是郭沫若动员民众的文化政治实践。他的演说延续了新文化的启蒙传统，是文化人传达观念和表达情感的方式，同时也是他在社会运动中不断习得的话语模式，一种具有仪式性的文学修辞。郭沫若战时的演讲及其组织的纪念活动，对抗战救国的政治纲领做深入宣传，普及了民族国家观念。尤其值得留意的是，当国民党抗战理念改变后，郭沫若转向了对虚假仪式的批判。

（原载《长江学术》2019 年第 3 期）

**【“失事求似”：历史的症候与伦理——重评郭沫若抗战史剧】**

陈若谷

郭沫若写于抗战期间的《棠棣之花》《屈原》《南冠草》等几部历史剧，虽将目光投向遥远的历史，但意在利用对历史的重新阐释，振奋民众的抗日决心。他所提出的“失事求似”的史剧方法，以一种流动的现实观主动创造历史。郭沫若在融汇个人的抒情特质和历史信心的同时，对史实进行大胆借用和改写，为成千上万的人勾勒宝贵的理想人格，实现了艺术和政治的内部转换，以及自我革命主体的生成。郭沫若史剧中的复杂症候，不能用真伪和道德的框架来进行评判，而应以历史伦理的视野重新认识。

（原载《长江学术》2019 年第 3 期）

**【中国艺术符号学的现代性萌芽——以郭沫若艺术符号学思想为例】**

安 静

中国本土化的艺术符号学萌芽于 20 世纪二三十年代，郭沫若对艺术的研究体现出鲜明的符号学研究特征。对艺术形式的关注是定义郭沫若艺术符号学的基本前提，郭沫若艺术符号学内在所指是情感，情感的节奏性运动是郭沫若统一艺术语言的理论依据，艺术与人、艺术与社会所形成的例示性指称关系是郭沫若艺术符号学的最终指归。郭沫若艺术符号学思想的显著特征是从符号的二元对立到阐释的三元融合；郭沫若在中西艺术对话交流的基础上提出了新的现代艺术观念，这对研究中国现代美学极具启发意义。

（原载《学习与探索》2019 年第 10 期）

**【郭沫若新诗的诗体探求】**

骆寒超

郭沫若的新诗创作经历了从杂凑白话自由体渐变为国语白话准格律体的过程。他的杂凑白话自由体新诗体现了遵语法反修辞规范和反语法遵修辞规范的互动，既能表达直觉而得的灵幻感受，又能传达从灵幻感受中提纯出来的智性领悟。显示出对传统诗歌表现的超越，形成了为郭沫若所独有的具有现代诗艺传达色彩的审美格局。《女神》后，采用口语化白话创作新诗，又逐渐转向采用国语白话写新诗的探索，为他的新诗带来了庄严、明朗、豪迈、深沉的审美气象。后由于郭沫若抒情身份的转变——由政治人生抒情转向了政治社会抒情，其诗严格遵守语法修辞规范，逐步生成了国语白话准格律体的僵化形体模式。他在诗体探求上形成了开端就是顶点的格局。

（原载《东方论坛》2019 年第 4 期）

**【试论郭沫若对马克思主义中国传播的贡献】**

董仕衍

现代作家对于马克思主义经典理论在中国的传播起到了重要作用，而在众多为马克思主义中国传播作出贡献的作家当中，郭沫若尤为重要。郭沫若对马克思主义在中国传播所作的贡献，一方面体现为对《社会组织与社会革命》《政治经济学批判》《德意志意识形态》等大部头理论著作的翻译，另一方面则体现为通过政论文章与文学作品正面宣传马克思主义。通过文本细读可以发现，郭沫若对马克思主义的译介传播，是同自身的世界观改造与创造性系统哲学建构同步进行的。郭沫若为马克思主义在中国传播作出了突出贡献，其传播效果在同时代人以及后辈们的回忆与评价中可以得到印证。

（原载《郭沫若学刊》2019 年第 2 期）

**【辨古识今：郭沫若对廖平经学思想的改造与发挥】**

刘平中

廖平经学思维方式对郭沫若的创造性的学术理念与旨趣有重要影响。郭沫若对廖平经学作出适应时代需求的创新性改造与发挥：在如何评价孔子问题上体现出文化的内在一致性，在孔子与托古改制问题表现出认知上的学理关联度，在孔子与《六经》关系问题存在“学脉”的延续性。郭沫若的这些做法体现了中华文化革故鼎新、继往开来的永续生命力，中华优秀知识分子舍我其谁、勇于担当的文化自觉意识与自强精神。

（原载《江西社会科学》2019 年第 12 期）

**【郭沫若《庄子批判》之批判】**

周泉根

郭沫若一生的庄子情结弥散于其创作作品和学术成果之中。《十批判书》郭颇自重，然唯于其中最短之《庄子批判》一节终觉勉强无甚新意。再版时亲自揭陈其核心观点暨通篇基础之论——庄出颜氏之儒似见于章太炎。对勘可见，通篇荦荦大端处甚至遣词与章几无二致。庄出颜氏说得益于杨慎否定庄子为子夏等入世派，而系之颜回之门则肇自黄宗羲。更大传统则是始于韩愈一反太史公剽剥儒墨之说而所主张的庄出儒门。宋明至今，主此说者每见于当世大家。其于思想史则在于儒道之间存在着互补通变之基础和逻辑。通变的可能和互补的基础在于极致处同源又同归。章郭以颜回和庄子为接应深入辨析儒道通变，既是庄出颜氏之深化，亦是该假说之价值所在。余英时就“《十批》”挑起的钱郭之争，引起了包括白寿彝、翟清福、傅杰等，甚至民间持续数十年之聚讼。钱穆后出之庄学著论新说皆一如章郭。钱未注出并非其不诚实。面对现代学术转型期的民国学风，尤其是面对以新我国学、更造文化为己任之求新派在热切地想重整乾坤、再造中华时，后学过多苛察了当时本是求新派彼此呼应的风气，而过少置问题本身于宋元以降之学术史背景。后学当同情地进入彼时之当下，如以当下入彼时，质证前贤，岂非以孟庄时代之儒道质诸春秋之孔老！殊不知庄孟尔汝之别，不能掩盖孔老相得之雅。

（原载《东岳论丛》2019 年第 1 期）

# 第七篇

# 年度访谈

# 立足学术前沿，推进深入研究

## ——访四川大学古文字与先秦史研究中心主任彭邦本教授

彭邦本　王　静

**王静：**首先感谢彭邦本教授接受我们的访谈，您是历史学家，同时您还是郭沫若研究领域的专家，请给我们讲讲您是如何开始走向学术之路，以及进行郭沫若研究的?

**彭邦本：**我走上学术道路当然得从大学开始讲起，我是1979年考上大学的。我从小就喜欢文史，在“批林批孔”的时候，我作为一个中学生，应该说在几乎完全不懂的情况下，看批孔的文章的时候发现孔子的一些言论非常有意思，当时因为记性也很好，又很感兴趣，就能背一些下来，这似乎对后来选择中国古代历史尤其先秦史研究教学作为职业，有一定影响作用。打倒四人帮以后拨乱反正，后来恢复高考，我们在这个很幸运的时代背景下考上了大学。

考上大学学习历史专业，这就涉及我和郭沫若研究的缘分了。也是在中学时代，和进大学之前一段时间，我偶然地读过郭沫若的一些诗文，如《女神》《蔡文姬》及其随书收入的替曹操翻案等论文，还有郭沫若关于楚辞的今译，以及关于屈原、万宝常、王国维等历史人物的著述，为其观点的精彩，文字的优美、气韵流畅而甚为敬佩。进大学以后，因为我对古代史感兴趣，而川大历史系古代史的学术根基特别深厚，尤其是徐中舒先生、缪钺先生等老一代学术大家还健在，我在前辈学者的引领下进入了古代史这个领域。我读研究生，读的就是中国古代史专业中最古老的先秦史研究方向，而郭沫若的著述是几乎每一个学习先秦史的人必读之书，于是很自然地就与郭沫若发生了联系。

在先秦历史文化领域里，无论研究哪类重要的课题，郭沫若往往都站在前沿。比如说古代史当中一些重大问题，包括古文字的一些问题，都必须要参考郭沫若的著作。所以当时就留下一个很深的印象：郭沫若的确是非常了不起的。我们必须要在充分了解和占有以郭沫若为代表的前辈学者已经取得的成果的基础上，继续我们的专业学习和我们的今后的专业研究工作。这是我认真读了郭沫若的书以后得出的一个体会。郭沫若学术成就最集中的领域就是先秦，包括先秦史和古文字。所以我们对他的学术成就，应该是比较了解的。这是一个缘分。

第二个缘分是，我和郭沫若是同乡，非常自然地就和郭沫若的研究联系起来了，也与谭继和老师的积极引介分不开。谭老师和我师出同门，都是徐中舒先生的研究生，但他文革前夕就已经毕业，是我的老师辈，我则是20世纪80年代徐中舒先生名下的最后一届硕士生。我们所受的学术训练和熏陶，基本上沿自徐中舒先生，以及往上延伸到王国维先生这样一个学术路径。我进入郭沫若研究领域其实比较晚，记得是1994年冬，谭继和先生对我说，郭沫若研究队伍很需要从事历史研究的人，建议我进入郭沫若研究这个领域。这就是我第一次参加郭沫若研究学术会议的机缘，地点就是在我的家乡乐山。当时地方上的一些领导和文化人得知我就是乐山人的时候，都非常高兴，这本身对我也是一个鼓励。从那个时候起，我陆续参加了郭沫若研究的一些会议，包括多数年会。

**王静：**您刚刚也谈到了90年代中期以来，您参加了大部分的郭沫若研究会议。那么郭沫若研究学界或者学术史上有没有给您留下深刻印象的事？

**彭邦本：**郭沫若研究形成一个领域有其过程，可以追溯到民国时期。但是要真正成为一个比较完整的领域，有一大批学者进入，应该是在郭沫若去世以后的70年代末以来，从那时起，郭沫若研究学界就定期、不定期地举行不同规模的学术研讨会，包括国际学术会议，这就使郭沫若研究形成了一个颇具影响力的学术领域，而且是一个相当广阔的领域。这和郭沫若本人作为一个百科全书式的大学者和影响广泛的著名文化人、社会活动家是分不开的，他所涉的领域原本就非常宽。应该说在几乎所有的以历史人物命名，并以之为研究对象的学会中，郭沫若学会的这样一个状态是非常少有的。例如我们开会的时候，不仅有研究历史、考古、文字的学者，还有更多的是研究中外文学和语言、政治等领域的学者，与会学者学科领域之多，令人印象深刻。而这些好像平时交往很少的学科的学者，因为郭沫若研究很自然地坐在了一块，讨论甚至争论之热烈，从多方面给人启发之深广新颖，使人有千里来龙至此结峰之感，同样令人印象深刻。须要指出的是，郭老去世后的郭沫若研究可以说很快就形成一个高潮，一个高峰期。我们虽然没有参与到那时的郭沫若研究队伍中，但是通过阅读那一时期的文章，通过学术史的回顾，可以很明显地看到。

高潮的形成，与郭沫若研究会的积极组织作用分不开。随着70年代末大批学者参与到研究队伍中以后，就开始建立起郭沫若研究的学会组织。这里面有全国性的学术团体，例如中国郭沫若研究会。还有一些区域性的学术团体，例如巴蜀地区的四川郭沫若研究学会。之所以原来只称“四川”而不称为“四川省”，是因为参加四川郭沫若学会的不只是川渝两地的学者（当时重庆还没有直辖），还有一些全国其他地方包括北京等地的学者。最近这些年逐渐规范化以后，就正式称为“四川省郭沫若研究会”。

90年代中期的郭沫若研究，应该说是延续了80年代以来的这样一个很热的状态。因为郭研队伍中我们的老师辈学人基本都还活跃在学术领域里面，多数人都还没有退休。一些很资深的老一辈学者也还健在，只是他们因为年事已高，逐渐较少直接来参加学术会议了，但仍然没有停止笔耕。在四川，马识途、李华飞等老一辈学者还是经常在参加学术活动。

我不是专门做郭沫若研究的，因为作为高校教师，我们还有很多日常教学工作和其他一些学术研究课题要做。但只要有时间，我都尽量撰文参加郭沫若研究的会议。我个人认为，做郭沫若的史学研究，相对来讲这个门槛还是比较高，有一定难度。例如，我们要研究郭沫若，研究他所取得的学术成果，要站在两个前沿，一个是学术资料的前沿，一个是研究现状的前沿。要对郭沫若的研究成果，对他在某些重要史学问题上的观点进行深入研究的话，那么郭沫若当年思考的问题，我们还得进一步去思考。因为郭沫若研究的成果和他研究的很多问题，往往至今仍然在学术前沿。要站在学术前沿去研究郭沫若，那就必须充分了解相关学术研究现状，充分地占有学术资料，不仅要读郭沫若的书，还要读郭沫若读过的书，读郭沫若同时代人的书，郭沫若生前看不到的资料，特别是一些考古新成果，我们必须要去掌握。只有这样，才能真正站在资料和学术研究现状的前沿。所以，对郭沫若史学著述等学术成果本身的研究，难度还是蛮大的。在研究过程当中，我印象比较深的是老一代的学者，特别是中国社科院历史研究所的学者，以及一些其他高校、研究机构的前辈学者，很值得我们学习。他们有两个特点：第一，他们对郭沫若很了解，而且往往对郭沫若还有很深的感情。第二，他们本身就是从事古代史研究的专家，其中还有一批人甚至参加了郭沫若领衔的一些重大科研成果的撰写，如《中国史稿》和《甲骨文合集》。他们本身就是活跃在上述领域的学术前沿的学者。所以他们那一代人的文章和研究成果带有奠基性质，是我们今天的研究必须要倚重的一个非常重要的基础。这些学者的郭沫若研究成果，整体上来讲还是很有水平的。我们学术的发展是一代又一代，像接力赛一样的，必须是在前人的基础上，来做进一步的研究工作。正如前人所说的“学如积薪，后来居上”，我们对自己应该提出更高的要求，不能够停留在学术界既有的成果，特别是前辈学者他们既有成果的水平上。我们应该继续努力，把研究推向深入，这也是我的一点体会。我想我自己就应以这样一个标准来要求和期许自己，所以到目前为止，我在这个领域中思考了一些问题，做了一些研究。成果不多，除了已经发表过几篇文章以外，还有一些想法，至今感觉还不够成熟，有的稿子直到现在都还没有完成，主要还是研究工作不到家。

**王静：**您刚刚提到史学研究的门槛很高，并且认为学界不能停留在现在的基础上，要继续在学术上前进。但是我们观察到现在的郭沫若研究学界中，相对于文学研究，古文字、历史学学者的研究成果是比较少的，您怎么看待这个现状？

**彭邦本：**是的，郭沫若研究队伍里面，文学研究这一块比较热，史学相对要冷一些。这是一个时期以来延续的状态，随着那批五六十年代进入研究领域的学者逐渐退休，在广义史学包括考古和古文字这些领域当中，研究郭沫若的学者人数就出现了明显减少，甚至一度好像要断层。成果比较少的一个直接原因就是研究队伍的缩小。

当然另外还有一个原因，就是我们刚才讲的，对郭沫若的学术成果的研究，其实要求是很高的，难度很大。我个人觉得郭沫若的史学成果，大体上可以分为两部分。有一部分受他当初发表的时候条件的限制，在当时毫无疑问是学术前沿的、引领学术潮流的学术成果，但是今天可能其中有一部分，特别是其中一些具体的观点已经不再处于学术的前沿。尽管如此，它们仍然具有重要的学术史意义，我们真正要在这个领域做深入的研究，还得回过头去看他的著作。因为如果不了解学术史，就无法真正站在前沿，就无法正确地、有深度地，以一种比较深邃的眼光去展望未来。从深度来讲，具有学术史意义，实际上就仍然具有现实意义，或者说在一定程度上他仍然是站在学术前沿。

第二个部分就是，郭沫若还有大量的学术成果其实至今仍然在学术前沿，我们今天在学术前沿研究相关问题的时候仍然绕不开郭沫若。例如郭沫若的《十批判书》，他对于中国先秦思想史的研究成果至今仍然是非常重要的，在今天仍然有非常现实的学术意义和学术价值。他对古文字的研究，很多成果我认为直到现在仍然是处在学术前沿的。这样的情况，就使得我们对于他的研究要求很高，所以相对而言研究成果少一点也是正常的，因为我们现在需要在前人的基础上进一步推向深入。越朝新的广度和深度走，要求就越高。

另外一方面，最近这些年我们很高兴地看到有一批年轻的学者，包括研究古文字和考古的学者，又加入进来了，郭沫若史学研究的队伍还是后继有人，而且在近年的青年论坛上的表现充满创新活力。所以我们对郭沫若学术研究这一块，特别是史学研究这一块还是充满信心的。

**王静：**您在论文中提到过，郭沫若进行学术研究的特点，是原创动力极强。想请您谈谈在学术研究中原创性的难度，在郭沫若身上杰出的原创力是如何表现的？

**彭邦本：**郭沫若学术研究的原创性，我想体现在以下这些方面：第一，他是我们20世纪以来马克思历史学派的、唯物史观学派的主要开创者。在20世纪早期把马克思主义作为一种指导的理论和方法应用到中国史的研究中，这本身就是原创。因此从学术史的角度来讲，这是郭沫若的一大功绩，是学术史上的一大原创性贡献。

第二，郭沫若对很多问题的提出和研究，应该说都是带有原创性的。他对于历史问题的研究，是非常重视文献的。他处理文献的时候，不是一般地从文献到文献，而是从文字进入文献，所以他对文献的理解与应用常常就比一般人对文献的使用水平更高。郭沫若从文字进入文献，是从文字、声韵、训诂这些传统的小学部分进入。正因为如此，他对很多问题的研究、他对资料的占有和理解就相当地全面，对资料的考辨和理解就特别地深入，因此他对很多问题的研究常常能提出一些原创性的新观点。这种原创的动力与他很注意理论方法的创新和对学术研究基础层面的基本功力的重视是分不开的。他的传统国学的功底非常深厚，虽然他其实并没有接受过系统的历史学、考古学训练，他并不是历史系毕业的，也不是中文系毕业的，但是他的文学创作和学术研究，不做则已，一做就是顶尖的。这个当然和他超人的天赋直接相关，但同时也和他很深的学术功底和文化功底是分不开的。再加上他一贯注意学习运用新的理念和方法，他的原创动力就十足。因此，有很多重要的问题郭沫若都能提出自己独到的观点，甚至是全新的、颠覆性的观点。

有学者注意到，郭沫若具有巴蜀文化的一个特点——好做翻案文章。这种翻案文章恰好就是他的创新精神的一个重要体现，这与上述原动力是分不开的。所以郭沫若学术研究的一大特点，的确是他的原创性。而且他保持这样一个状态一直到学术研究的晚期，始终都是如此。他的最后一部学术著作《李白与杜甫》，虽然在学术界有争议，但是恰好就是他一生勇于创新的一个表现。他的观点的确是大大地出人意料，但是郭沫若其实是非常严肃地经过研究后推出这部著作，这本身就是他原创动力的深刻而形象生动的体现。世上没有完美的学术，郭沫若的学术研究难免也有这样那样的不足，但是他始终保持了这样一种原创精神，始终站在学术前沿，始终以自己的学术研究来推动学术的发展。所以在这些方面，实事求是地讲，我们做学问的人真还要好好向郭沫若学习。

**王静：**您对郭沫若研究的未来发展有什么样的期待？请您对后辈学人提出一些建议。

**彭邦本：**郭沫若研究总体来讲好像没有八十、九十年代那么热了，其实我觉得这在一定程度上是正常的。学术研究本身有自己发展的规律，学术研究是需要坐冷板凳的，特别是研究要深入的话，就需要冷静深入地去思考。所以作为研究本身来讲，其实我们并不需要追求所谓的“热”。特别是郭沫若的学术研究，本身带有很强的基础性，是一种基础研究，就更没有必要去追求所谓的“热”，而是需要大家认认真真地读书和研究。

如上所说，你真要把郭沫若弄懂，把他理解得更深刻一些，那你要读很多的书，做很多的思考。郭沫若的著作你要读，郭沫若同时代人的著作你也要读，不然不了解其语境，你对他的理解也是有局限的。郭沫若为什么要提出某一个观点，除了有他所处的社会原因以外，还需要我们去认真研读郭沫若读过的书，这样才能对当时的研究状况进行真实的、还原性的研究，从而还原郭沫若的学术思考。要把郭沫若读过的书读懂，要把那些大量的今天称之为国学的书读懂的话，我们自身的修养也要提高，这本身也是一个很长的过程。

要把研究工作做好，除了要像郭沫若一样对古代社会尽可能深地去了解以外，我们还需要了解郭沫若的时代，这个要求同样是很高的。我们的上辈学者多还健在，本来应该是他们来对年青学者提期望，我们要说也只能是与年轻朋友共勉，希望大家多向郭沫若学习，多下苦功夫，加深加强功底，把郭沫若研究持续深入下去。我参加过两次郭沫若研究青年论坛，这个论坛办得非常好。主办、承办和参与论坛的年轻学者都非常地聪明能干，能力很强。他们一般都是出自名师名校，受过系统良好的学术训练，根基扎实，思维也很敏锐。最近这些年，应该说还是有一批很有分量的成果，而且这些成果相当大一部分都是出自这批年轻人。所以我想只要我们保持这样一个状态，这样一个势头，郭沫若研究可谓方兴未艾，包括郭沫若史学研究的整个学术前景肯定会非常好。

【学者简介】

彭邦本，历史学博士，四川大学历史文化学院教授，博士生导师，四川大学古文字与先秦史研究中心主任，哈佛大学哈佛－燕京访问学者（1997—1998），兼任中国先秦史学会副会长、中国郭沫若研究会副会长。

# 长期耕耘　久久为功

## ——访四川郭沫若学会名誉会长杨胜宽教授

杨胜宽　王　静

**王静**：感谢杨教授接受我们的采访。我们知道您是古代文学研究的学者，也是郭沫若学会的研究专家，先想请您谈谈如何走上学术道路以及如何开始郭沫若研究的？

**杨胜宽**：大概有三个方面的因素吧。第一，我们经历过“文革”的这代人，考上大学后对知识是很渴望的。我在考上大学之前当过民办中学的老师，知道知识对人生的重要。1978 年参加高考考上西南师范学院后，我们的学习非常自觉。那时学校有 4 个教室通宵不关灯，占座位是我们除了每天早晨跑步外最重要的事情。每天早上拿个东西去占座位，晚上就去自习，一般到晚上学习到十二点、凌晨一点才回寝室。学习生活很规律，从寝室到教室到图书馆，三点一线。

我们比较幸运的是，当时聆听了一些大师给我们上课。我自己的性格习惯于坐下来好好读书，当时读了一些“十三经”之类的原典。毕业以后考研进一步深化学业，考上了陕西师范大学的古籍整理（后来叫文献学）专业研究生，跟自己的专业爱好也算大致对口。这个专业为我后来研究古代文学，查找和整理资料打下了有利基础。当时古籍整理的专门人才稀缺，研究生毕业可以选择去古籍专业出版社。我有志于研究，想去高校教书，就回到西南师范学院中文系教了一年多的书。

第二，后来为了尽快解决生活方面的困难，我调入了乐山师专，从事郭沫若研究跟我在乐山师专工作有一定关系。我之前在读书和教书期间对乐山的名人，例如苏轼和郭沫若，并没有太多关注过，也没有打算专门研究他们。来到乐山之后，当地不管有无文化的人都能自豪地说“古有苏东坡，今有郭沫若”（当时眉山还没从乐山分出去），这两个最大的文化名人，乐山人妇孺皆知，充满自豪感。我就把研究方向转向了乐山地方文化名人，古代就是三苏，近代就是郭沫若，也希望在乐山教书为当地文化建设做点力所能及的事情。

第三，我比较早地接触郭沫若研究也有研究团队方面的因素。乐山师专在 20 世纪 80 年代就成立了“郭沫若研究室”，这个研究室的常规工作由学报副主编李向阳同志负责，研究的力量以中文系老师为主。我当时在中文系当老师，也是中国民主促进会的成员，我们系的老师和民进的成员中好几位都是搞郭沫若研究的。研究室出过两三本《郭沫若研究丛刊》，一、三辑是内部印刷的，只有第二辑是由四川大学出版社公开出版的，所收论文以我们学校老师的作品为主，不止中文系，还有学报编辑部、历史系相关学科的老师的论文。那时虽然规模很小，但这个机构和团队对自己有一定的影响，学校的最高领导党委书记王聿修也参与这块工作，推动起来比较有力。我在高校工作，一边教学一边研究也是教师的基本工作和素质要求。研究能够反馈于教学，对于学生是比较有帮助的。我 1986 年下半年调到乐山，接触郭沫若研究领域是 1988 年，发表的第一篇文章刊载于 1989 年《郭沫若学刊》第 1 期，从那时起算来已走过了 30 年，一直没有放弃郭沫若研究，至今依旧是我的研究重点之一。

**王静：**多年以来，您对治学、对郭沫若研究有哪些体会？

**杨胜宽：**第一，我研究的是古字号的那一块——古代历史、古代文学、古代文化，治学与研究郭沫若的很多方法是相通的。读研究生时的老师不止一次曾跟我说过，古代研究注重文献考证，有一份材料说一份话，发表文章、提出观点要有材料支撑、用文献说话。这个让我受用终身。我做研究的时候，尽可能把相关资料都找到看看，即使有些是别人论文里出现的没有见过的材料，也会去找最初的出处，搞清楚引用者是否准确使用。这是我的治学习惯，不架空立论，也是多年始终保持的一个风格。

第二，所谓专家做学问，贵在专一精深，不要以为自己什么都能做、什么都行，只有在某个领域长期耕耘、久久为功才能有所成就、得到同行承认，这不仅仅是前辈告诫，也是我多年治学的基本体会。特别是后来抽身出来做行政管理工作，客观条件发生了变化，读书写作的时间受到影响。我的研究方向由面缩小到点（以三苏研究、郭沫若研究、唐代杜甫研究为主），多年来一直坚持下来没有放弃，发表的文章也多集中在这几块。去年他们让我整理自己的三苏研究论文供填写一个申报书用，罗列出来数量超过 100 篇。郭沫若研究成果相对少些，但也有 40 来篇，现在仍然基本保证每年都有 1—2 篇郭沫若研究方面的文章发表。学界看到你成果集中在某些领域，也知道你做了些什么。我理解的专家就是长期在某些领域，持续不断地由里向外扩展、由浅入深推进的研究者。

第三，郭沫若研究就我自己的具体情况来讲，是立足于能够用力的“根据地”，再逐渐向关联的领域拓展。这几年在对郭沫若的诸子研究持续关注之外，还涉及了郭沫若与古代文论、郭沫若与新中国思想等方面。我觉得，无论做哪方面的学问，都应该建立起自己的“根据地”，以便进可攻退可守，有时候坚守是最有利于进攻的一种策略。

**王静：**请您谈谈对郭沫若学界印象深刻的事情。

**杨胜宽：**我参加过很多郭沫若学会的活动，也牵头组织过一些活动。我印象比较深的是1992年纪念郭沫若诞辰100周年，中央和省里、市里都非常重视，在北京召开了纪念大会。四川省委、乐山市委高度重视此事，在乐山举行了系列活动和纪念大会，省委副书记、乐山市委书记作了讲话，并且系统筹划了很多有意义的活动。除了纪念会、学术研讨，还有书画展、戏剧演出等各种活动。那时我们学会的秘书处在大佛寺那边，唐明中老师动员我参与编辑《郭沫若学刊》，是兼职性、义务性的。那年的有关筹备活动我协助唐老师做了一些，最后以《郭沫若学刊》增刊的形式出了一个专辑，这个书现在比较难找到了。后来我负责总校，这让我接触了很多鼎鼎大名的学者的研究成果，例如艾芜、沙汀等等，都专门寄来了文章。艾芜那篇文章是他在医院病榻上写成的，非常难得，令人感动。

通过编辑论文，我对郭沫若研究有了逐渐深入的认识了解，这对我后来进行郭沫若研究工作很有帮助。1992年开始我在唐老师动员下接手《郭沫若学刊》的编务工作，从选稿、栏目设计、校对，到送去请唐老师签字付印，大量编辑实务都是我一个人完成。这样的工作坚持了好几年，直到后来我被安排从事学校行政管理，这项工作才不得已中途断了。2001年刊物和学会秘书处正式挂靠到我校，大佛管委会每年拨款10万元支持办刊和举办学术活动，到现在整20年了，这种支持一直没有终止。这一笔公费依然是办刊和举办学术活动的主要经费来源。这一预料之外的变化，又让我与学刊、学会再次结缘。长期为《学刊》做编务工作对我最大的帮助，是比较早地阅读到众多研究者的研究成果，更方便了解到郭沫若研究的最新信息。这两件事现在想起来印象颇深，感觉是我跟郭沫若研究的不解之缘。

**王静**：2019年您在《郭沫若学刊》发表的《由〈李白与杜甫〉的争议说到郭沫若学术研究的实用性价值取向》，谈到郭沫若鲜明的个性和与时俱进的实用性价值取向，您认为这是他饱受争议的原因。请问您如何看待郭沫若这样的特点？

**杨胜宽**：郭沫若饱受争议和批评，有人认为主要是他跟政治跟得太紧，他的学术立场、学术观点不断在变。实际上，郭沫若形成这种学术个性是时代的必然，也是郭沫若的性格使然。试想20世纪天翻地覆的时代变化，郭沫若怎么可能不随之转变？他的学术变化跟随时代变化，这是郭沫若做出的必然选择。不管是当年留学日本、改医从文、投笔从戎、回国抗战等等，从这些事都看得出来，他一生所走过的路都是在服从时代的召唤。他从事学术研究、文学创作，目的都在于为时代政治服务。事实上，任何人的学术研究都不可能根本脱离那个时代的政治背景。如果跟时代政治毫无关系，恐怕也不会有太大的现实意义和学术价值。为学术而学术，郭沫若不是这种人。这两者不应该完全对立起来，也不是尖锐的矛盾关系，事实上在郭沫若身上把二者比较好地统一起来了。他的重要学术成果都立足时代，希望解决时代发展面临的现实问题，正因为这样才有现实和历史意义。现在史学界仍然承认他研究古代史的开创性贡献，如《中国古代社会研究》，恰恰因为是郭沫若既注重实用价值的取向，又采用了比较先进的研究方法，才能至今仍然获得多数人的认可。他能够在那么多研究领域取得丰硕的成果，紧跟时代步伐，服务政治需要是很重要的动力因素。这几年四川蜀学研究也成了热点，郭沫若与蜀学的学术风格也有密切关系。从汉代的扬雄，宋代的苏轼，到近现代的廖平、郭沫若，他们身上都有此特点，就是致力于研究现实问题，自己的学术观点、立场和结论，会随着时代发展变化而不断地改变。不应该把它认为是“学无定见”，而应该肯定其与时俱进的发展和完善自己的进步性、合理性。一个人的成长规律也是这样，郭沫若在 20 世纪 20 年代写《中国文化之传统精神》时，对中国历史文化的了解仍比较笼统，后来他的先秦诸子研究就不一样了，这既符合一般人的学术发展规律，也符合郭沫若自身性格和研究风格。

**王静**：我们看到您近年关于郭沫若的研究，主要围绕在他的先秦诸子研究方面展开，先后分别对儒、名、法、墨、道家研究都进行了细致探讨，能不能谈谈您在这个方面的学术兴趣?

**杨胜宽**：我想这个问题可以结合说说我自己的阅读经历。郭沫若的《十批判书》，我很早的时候就读过，但觉得读起来很困难，大多知其然而不知其所以然。里面观点是基于什么提出来的？到底有没有经过全面而客观的论证？他对诸子的看法为什么表现出一些与众不同的偏爱？所有这些问题，那时在阅读过程中并没有得到清晰的解答。我是搞古代文学的，前辈学者都主张文史哲不分家。在这方面我应该算有一定的学科优势。研究古代文学、古代历史、古代思想、古代哲学，它们彼此之间往往密切联系着，不能截然分开。所以随着我对郭沫若了解的增多，就逐渐形成了一个研究设想，能不能将他研究先秦诸子的代表性成果——《青铜时代》《十批判书》所涉及的诸子百家思想，一个个地进行深入解剖。

我在 90 年代初发表关于郭沫若的庄子研究论文，算起来已有 20 年了。这些年基本围绕先秦诸子，总共有十多篇文章吧，几乎郭沫若研究过的先秦诸子中的每一家，我都写了文章进行梳理和评价，这中间既包括诸子的一些代表人物，也包括诸子学派之间的关系等问题。深入下去作个案研究，所看到的情形确实不太一样。当初读不懂的东西，现在通过逐个细致分析比较，确实看到郭沫若有些见解很精辟，但有不少偏颇之处。比如，他对于墨子、韩非子、秦始皇，不认真琢磨就不大能理解他的某些观点。他对儒家一直很偏爱，虽然 30—40 年代曾有一定批评，但其偏爱的倾向一直未变。现在看起来，郭沫若对儒家思想、对传统文化精华部分的肯定和弘扬，还是很有道理的，体现了其对数千年中国文明史的洞察力。当代文化建设离不开弘扬传统文化精神，更不能割断华夏 5000 年的演进历史。

最近我写了关于郭沫若评价吴起和商鞅的文章，关于他对宋钘、尹文、名辩思潮等评价问题，也在思考和写作之中。我的体会是，精耕细作可以获得更多的丰收。如果浅尝辄止很多东西就看不透彻，也不能获得属于自己的研究成果。在此进程中，对每一个研究对象，首先需要了解有没有人做过这方面研究，研究到什么地步，出了什么成果，结论是什么，还有什么有价值的探讨空间，尽量不去重复别人。所以往深处耕耘，往细微处做更多关注，这可能是专业研究领域行之有效的一种方法，只有深入这些领域，才会发现仍然有很多东西值得我们去进一步探讨。一般而言，从事研究的材料就那么多，要发现别人未见的独家新材料是很不容易的。我们可以更用心去做的，可能在于怎样使用好这些材料，从什么角度切入来组织它们，由此得出的研究结论可能会不同于别人。

**王静：**在您担任校领导期间，四川郭沫若研究中心于2005年成立，这个中心成立的意义是什么，中心对未来的郭沫若研究有何重要性？

**杨胜宽：**2002年四川省教育厅有项工作，要在全省有条件的高校建立人文社科重点研究基地。我当时分管学校的科研工作，这是我的工作职责所在。乐山是历史文化名城，旅游是地方支柱产业。我们通过积极争取，获准成立四川旅游发展研究中心，在所有高校中我们是第一个挂牌子的研究基地。随即我们又开始谋划争取第二个重点研究基地，而把目光投向了郭沫若这个乐山最大的文化名人身上。从20世纪80年代起，我们学校就建立了郭沫若研究室，师专学报不定期设置专栏，刊登老师们的郭沫若研究文章。“升本”以后，四川省郭沫若研究会秘书处设在我校，《郭沫若学刊》编辑部也由大佛寺迁到了我校，这些是我们比其他学校更具优势的地方。郭沫若是乐山沙湾人，他的文化地位在乐山很重要。基于这些有利条件，我们积极到教育厅争取，经过努力陈述理由，2005年就把四川郭沫若研究中心的牌子批给了我们。

从2002到2005年的短短三年间，我们学校成立了2个重点研究基地，在省里所有高校中是最多的。我们严格按照省教育厅的要求安排办公条件、办公场所、人员配置和经费。郭沫若研究中心最多时候达到7个工作人员，每年20万元经费保障。研究中心成立到现在已经走过十多年的发展历程，现已形成一支专兼职结合的稳定研究队伍。为了加强郭沫若研究，我们将四川郭沫若研究中心、四川省郭沫若研究会、《郭沫若学刊》，以及扩大一点包括我们文学与新闻学院的资源都整合在一起。这个中心对于学校来讲，无论是培养研究人才、形成高水平成果，还是凝聚团结外部力量、加强跟其他学者联系合作，乃至于形成学校的学科特色，都发挥了很重要的作用。研究中心后来经过省社科联组织专家严格评审，升格成为省级人文社科重点研究基地，这些年不断有比较大的成果出来。这个基地作为资料中心、信息中心、研究中心，作为凝聚海内外研究力量的学术平台，其作用与价值不可取代。

**王静：**您觉得目前郭沫若研究学界现状如何？存在哪些问题？

**杨胜宽：**下面是我的个人之见。第一，之前作为四川郭沫若学会的负责人之一，参加了很多学术活动，接触过很多学者，自己也做这方面的研究。总体来看，郭沫若研究的学术氛围在改善，真正学术圈内的诋毁郭沫若的杂音也不多。通过学者们的共同努力，研究及宣传的效果是很明显的。国家、省级、市级对文化旅游建设越来越重视，把对于地方文化名人资源的发掘和利用摆在更加突出的位置，外部环境正在不断改善。

曲解甚至诋毁郭沫若的一些杂音确实还是有，现在存在，今后相当长一段时间也会继续存在。我们的看法是，不同的观点、评价，只要是出以公心，基于客观公正的事实，从学理角度出发进行广泛探讨是完全可以的，也是学术研究应该提倡的。但是现在的有些杂音却不是这样，他们出于某种不太光明正大的动机，抓住郭沫若生活上一些细枝末节加以任意放大或者恶意丑化，达到全盘否定郭沫若的目的。这种动向值得注意，其消极影响一时半晌很难根除。郭沫若研究学界应该对此保持警惕。

第二，青年学者基础功力有所欠缺。他们确实在成长，有大量新面孔出现，这是郭沫若研究的希望所在，说明学界后继有人。但是青年学者因为进入这一领域时间短，有些刚起步，对郭沫若这样跨多学科、多领域的文化巨人来讲，进入不太容易，把握的难度较大，有些论文确实显得基础功不够扎实。重复研究、架空立论的现象是存在的。总体而言是喜忧参半。我们要多看青年学者的进步和长处，多给予一些鼓励和帮助，让他们更好更快地成长起来，郭沫若研究的未来希望寄托在他们身上。

第三，成果数量逐年增加，质量提高恐怕需要长久下大力气。不止郭沫若研究领域，其他领域也是如此。数量增加不仅因为年青一代成长起来了，也可能与评职称重数量轻质量、科研任务偏重量化考核这些要求有关。确实，研究要有所突破相当不易，因为要对像郭沫若这样的百科全书式人物有相当了解就不是很容易，除了精力投入，还有视野、方法各方面因素的制约。似乎我们这一代和后一代，很难出现我们上一代那种通贯古今中西的通才型学者。要改变这种状况，不仅需要学者自身做出努力，恐怕社会的评价考核激励机制也应有所调整。当然这个问题比较复杂，要解决好不是一朝一夕的事情，需要各方面持续努力。

**王静：**请问您对郭沫若研究未来有什么期望和发展？对中青年学者有什么学术上的建议？

**杨胜宽：**对郭沫若研究未来的期望和发展，郭沫若研究界已经做了一些探讨，还需要坚持做下去。

第一，是要理直气壮地弘扬郭沫若的爱国主义精神。郭沫若长期受到一些偏见的不公正对待，现在某些学者不理解郭沫若和他所处的时代，郭沫若为什么选择这样的人生道路，他们对这些问题没有认真去感知和了解。我们怎样看待和评价郭沫若的人生作为？让郭沫若在历史上、在现当代，获得应有的公正对待，恐怕还需要郭沫若研究的同行做大量研究和宣传工作。其中尤为重要的是必须充分肯定郭沫若矢志不渝的爱国主义情怀，这是郭沫若的为人大节，是他对历史的最好交代，也是对未来最具教育意义的先进文化精髓。我们应该坚定立足于此，理直气壮地对不怀好意的诋毁郭沫若的声音进行驳斥批判，同时的确需要用更加多样化和有效的方式，让社会充分了解郭沫若的这种伟大精神及其在这种精神支配下所贡献出的一切。

第二，在新的历史时期，郭沫若研究的发展方向，以及在贯彻落实中央提出的文化自信方面，怎样全面发掘沫若文化的有用资源，为当代文化建设服务，这是郭沫若研究同仁应该思考并给出回答的重大课题。无论是文化强国，还是文化自信，郭沫若作为文化名人，都有大量于今有用的宝贵资源。我们应该在客观公正评价郭沫若所得所失的基础上，更加注重让这些资源更好服务于新时代的发展建设事业。这需要郭沫若研究学者与国家层面的政策决策者共同努力，达成共识，把关乎当今和未来文化与学术的这盘“大棋”下好。

对于后辈学人，我有两点算是“过来人”的建议。

第一，研究“百科全书”式的人物应该有百科全书式的学识和恒心。前面说过存在着的某些需要进一步改进和加强的地方，例如学者在研究中关注某一个点，缺乏其他方面的了解，这局限了研究者的眼界，也可能带来对研究对象的误判，得出不太科学合理的结论。当然，郭沫若跨越了人文社会科学，甚至自然社会科学等众多领域，我们都不可能做到将其涉猎的所有领域弄得一清二楚，但我们应坚持努力、尽力地去了解郭沫若的成果、成就及其全人，努力做到知人论世，逐渐拓展、深入地了解那个鲜活而完整的郭沫若。

第二，学术研究是辛勤的脑力劳动，治学的最终目标在于探索未知，接近真理，因此任何研究活动都不能太过功利化。有些研究者的文章看起来没有什么大的问题，但就是缺乏一点真知灼见，没有自己的思想见识，对于推动学术进步不起作用，仅仅是为了完成任务而写，为了功利需求而写，这种学风应该努力克服。学术新人，还是应该保持一点对学术殿堂的敬畏，老老实实，脚踏实地，一步一个脚印地往前走，可能才能走得稳、走得深、走得远。面对郭沫若这样的巨人型研究对象，我们的态度更应该如此。

【学者简介】

杨胜宽，1978 年考入西南师范学院中文系，1982 年考入陕西师范大学中文系古籍整理专业，师从赵怀德教授，获文学硕士学位。1985 年毕业回西南师范学院中文系任教，担任唐宋文学教学工作。1986 年调入乐山师专中文系任教，主要从事古代文学、古代文化的教学和研究工作。1991 年和 1994 年，分别破格晋升副教授、教授。自 1995 年起，被评为校学术带头人，曾长期担任校学术委员会主任。在各类学术刊物发表论文 240 余篇，其中十余篇被人大报刊复印资料、《新华文摘》等全文复印或摘要转载。出版《苏轼人格研究》等个人学术专著 4 部，独立完成或主持四川省社科规划项目“郭沫若研究学术论著精粹汇编”等省部级课题多项。2005 年，获得国务院特殊津贴。多次获得四川省教学成果奖，哲学社会科学优秀成果一、二等奖。曾任中国苏轼学会副会长、中国郭沫若学会副会长，四川郭沫若学会会长。现为四川郭沫若学会名誉会长，《郭沫若学刊》常务副主编。

# 第八篇

# 学人回忆

# 我做郭沫若研究（三）

蔡　震

## 三　十年磨一剑

意识到郭沫若研究的观念需要调整，我决定先从文献史料的整理开始做起。就在这样一个学术心态中，我回到郭沫若纪念馆工作。

不久《郭沫若年谱长编》作为中国社会科学院 A 类重大课题立项启动，由林甘泉先生与我作为课题主持人。这是在 2002 年 8 月。课题立项时的名称其实是《郭沫若生平与学术思想研究》，因为像“年谱长编”这类属于学术资料性质的课题，在当时是不可能立项为重大课题的。我们以“研究”的名义申报立项，将编撰“年谱长编”作为该课题第一阶段的成果形式，才能成功立项。这当然已经与科研局沟通好了。从中也可见当时学术界重研究而轻忽文献史料的那种学术环境。

像郭沫若这样的历史人物，要全面完整地阅读、了解其漫长丰富的人生经历与作品著述、文学活动、学术活动等等，只有“年谱”（尽管已经出版有不止一种），是远远不够的。所以，编撰一部郭沫若的“年谱长编”，是郭沫若纪念馆一直想做，其实也是郭沫若研究一直需要做的事情。但此时的学术文化环境已经与编辑注释《郭沫若全集》的时候大不相同了，不可能全面依靠馆外、院外的研究资源（且几乎是无偿的），只能主要立足馆内的学术力量，以研究课题立项的方式做这样一件事。林甘泉先生年事已高，几位参与课题的历史所、考古所、四川社科院的学者又同时有其各自的工作、研究课题要做，所以，我与纪念馆的同事们一起更多地承担了编撰“年谱长编”的具体工作。

2002 年深秋，召开了“年谱长编”的第一次撰稿会，初步讨论了编撰体例、分工等问题，并决定由我试作出记述各种不同史实、史事的谱文样条。因为按照不同时间段划分了撰稿人，但史料的使用，取舍，谱文叙述的方式、文字的表达等，是需要有一个大家共同遵循的原则和规范的。我倒是很快拿出了谱文样条，但很快便意识到，我们可能是把编撰工作想得简单了。觉得自郭沫若辞世后的二十余年之间，学界已经对于有关郭沫若生平活动的文献史料做了大量发掘整理的工作，许多材料应该是现成可用的，重要的是谱文的撰写。然而，真的进入阅读、查考文献史料的时候，我发现情况远不是那么理想。

首先，尽管早已有了不少郭沫若的“年谱”“传记”等出版物，以及大量有关郭沫若的回忆文章，但是我们对于谱主生平活动的许多方面及其人生经历的一些时间段，甚至连最基本的历史叙述，都还未能做到。譬如，谱主在流亡日本期间的生活经历，在抗战期间主政国民政府军事委员会政治部第三厅及文化工作委员会时的工作，等等。他的各种人际关系：与胡适、与吴芳吉、与董作宾、与田中庆太郎等。于是，“年谱长编”的编撰，需要广泛查考有关郭沫若生平活动各个方面的原始资料，包括大量的佚诗、佚文、书信、演讲词、题词、讲话记录、档案资料、翻译出版信息、著译作品的版本等等，做最初始的文献史料的发掘、整理、考订。

其次，我发现在许多记述郭沫若生平活动的历史资料（包括“年谱”、传记）中，存在有不少史误。也有的史料缺失重要内容，或者含混不清。研究者使用或沿用这些历史资料，就势必导致历史叙事的失实。特别是其中有一些史实、史迹在郭沫若的生平活动中并非无足轻重，而是关乎重要的历史节点。譬如，郭沫若的生辰、郭沫若加入国民党的情况、他在大革命时期的政治身份、政治部及三厅的改组等等。面对这些问题，我们就需要重新对于在用的史料核实查考，辨析真伪，厘正疏漏，补充遗阙，以订正史实、史事叙述中的失实、失误。从某种意义上说，这一部分的工作，甚至比之初始的文献史料的发掘整理更为重要。因为不曾被发掘整理过文献史料，即使一时漏掉了，以后随时还有发现补入的机会，而被错误解读，且沿用了的史料，以及据此描述的历史，则可能将错就错下去。

这样一来，“年谱长编”工作的时间和精力，大量用于文献史料的发掘、整理、考订。有时一则史料的考订要费时几天，或者一则史料需以一文为之考证，而最后做成一条谱文则只有百八十字。我是主张在整理考订文献史料的过程中随时做些笔记，必要的话可以整理成文。因为一条谱文的文字有限，为什么采用这些史料而不是那些史料，为什么这样解读史料而不是那样解读史料，为什么这样写而不是那样写，时常不是谱文本身所能交代清楚的，特别是那些实际上是订正了现有“年谱”、文献史误的谱文条目。

当然，由于撰稿人各自的情况不同，在处理每一时间段的文献史料时并不是都能做必要的重新考订的工作，我作为主持人就尽量多做一些这方面的工作吧。郭沫若留学时期的家书，是其早年生活中非常重要的史料，记述了他留学期间的生活状态、思想变化、弃医从文的经历等等。早在1981年就由乐山文管所根据原件手迹以《樱花书简》为名整理出版了。大家一直都依据这个本子在使用这批史料（包括已经出版的“年谱”），我自己在研究中也是如此。但是这些书信原件落款处基本上未署书写年代，书简也多未保留信封，有封套者亦多为函套分离的状况。所以为作“年谱长编”，我把这批书简重新梳理了一下，发现其中有相当数量的书写时间判断有误，这样显然是无法据以作谱文条目的。于是，我将这一批书简全部重新作了考订，订正了时间有误的13封信函（《樱花书简》总计66函），补订遗漏残简一封。同时对于信函遗失仅留存封套，《樱花书简》没有辑录的5个信封，做了邮寄时间、地点的考订，因为这也是构成“年谱”历史信息的内容。收录了郭沫若流亡期间致东京文求堂田中庆太郎父子二百几十封信函的《郭沫若致文求堂书简》存在类似问题，我也做了一番梳理和重新考订的工作。

大革命时期是郭沫若革命生涯、政治生涯中非常重要的一个历史阶段。在他逝世以后，对于他这一段人生经历的描述似乎是很清晰明了的，一直以来并无歧义。简言之，就是从郭沫若受聘到广东大学任教，进而投身国民革命军北伐，到与蒋介石决裂，参加南昌起义，再到随起义部队南下加入中国共产党，在其中的每个阶段，他的人生经历都是被置放于与中国共产党的关系中去描述。然而，史实并非如此直截了当。

我翻阅考查了大量文献史料之后，有了新的认知和判断：在叙述这一时期郭沫若的经历时，首先应该考虑到大革命是在国共合作的政治背景下进行的。对于郭沫若的政治身份，我们需要有一个基本认定：即，他是一个国民党左派人士（郭沫若1926年3月应聘赴广东大学任教，5月即加入国民党）。如果说在郭沫若刚到广东时，共产党人还是把他作为一个具有革命倾向的知识分子看待的话，那么他在广东大学任教、参与的各种社会活动，及至参加北伐，共产党人则应该是以国民党左派人士来看待他了。

从赴广东大学任教到参加北伐，郭沫若在这一段时间的政治经历可以这样概括：国民党人看中并选择了他，他也选择了国民党并以左派人士的身份投身于国民革命之中。北伐进行期间，郭沫若与国民党的政治关系逐渐发生了变化，特别是与蒋介石决裂。这也成为共产党人对于郭沫若给予了特别重视的一个缘由。1927年3月，周恩来在上海第三次武装起义特别委员会会议上建议，在民众方面，推举郭沫若为知识分子的领袖。之后，郭沫若参加南昌起义，并加入中国共产党。所以在北伐初期以后，郭沫若的政治经历可以概括为这样一个脉络：作为一个国民党左派，郭沫若从蒋介石的行径中逐渐看出了其反革命的本质而与之决裂，并被开除出国民党；中国共产党人则选择了他，他也选择了中国共产党。

之所以对历史能获得这样的解读和认知，一方面是援引到新发掘的史料，更主要的却缘自汇集了许多被忽略的，以及与之相关的历史资料的补充、记述，对于回忆性的史料，尽可能地排除其包含的主观判断性的内容，以此来求得还原于真实的历史存在。涉及郭沫若在大革命时期经历的史料，有相当大的部分是源于20世纪70年代末到80年代的回忆文章。这些回忆文章，或多或少都因为时代的政治背景而在对历史资料的叙述中，无形地具有了某种选择性与倾向性。它们以郭沫若去世后对于他在政治上所做的盖棺论定的评价，来框定出一个叙述他人生行旅的政治脉络。于是，一些历史细节被夸大了，另一些历史细节被忽略或抹掉了，甚至还有主观推定出来的历史情节。

由于郭沫若的大革命经历，在“年谱长编”的叙事中不单是记述一二史事、撰写三五条谱文的问题，所以我特别撰写了《在与国共两党的关系中看郭沫若的1926—1927——兼论与此相关的史料之解读及补充》一文，详细叙述了大革命时期郭沫若的经历和政治身份，并论述了有关文献史料整理、解读与使用的问题。文章发表后让我有些意外的是，被人大复印报刊资料全文转载，却是在其K4《中国现代史》2007年第8期。社科院近代史所的网站上也挂着这篇文章。

对于抗战期间郭沫若主政国民政府军事委员会政治部第三厅经历的历史记述，也与此相仿佛。抗日民族统一战线的建立，是郭沫若出任第三厅厅长主政三厅的政治背景，于是，国共两党的关系，便构成所有描述郭沫若三厅经历的背板。但是，抗日民族统一战线的组成在国统区并不仅仅是在国共两党之间，作为国民政府机构的军事委员会政治部最清晰地体现了统一战线的党派构成和运作。从部长、副部长到厅长、处长的任命，国共两党之外还有第三党，副部长有一人是第三党，第四厅由第三党人主政。对郭沫若的三厅经历而言，同一件事情，如果只看到国共两党政治关系的背景，那还只能说是史实的一面或一部分，并不就是历史真实的全部。譬如，那次导致郭沫若卸任厅长（改任政治部指导委员）的政治部改组。共产党人和不愿加入国民党的进步人士都退出了三厅，于是，这次改组（实际上政治部多次改组）就被解读为是在统一战线内国共两党间的斗争。而事实是，这次改组是蒋介石意欲在军政系统内由国民党一统天下，不加入国民党的人员一律退出政治部。第四厅的第三党人也多因此而调离或退出政治部。在查阅梳理了大量史料（包括台湾的一些有关档案资料）之后，我撰写发表了《从文献史料看郭沫若主政三厅始末》一文，对郭沫若主政的三厅的经历做了比较全面的描述。

作“年谱长编”，还会不断有新的史料补充进去，所以发掘整理更多的文献史料是必不可少的，也是编撰工作的重头戏。但是在做这项工作时，更重要的问题则在于，我们是不是能以真正历史的、客观的眼光去发掘史料、考察史料，去分析已经拥有的史料，并且恰当地运用这些史料。如果在我们的意识中存有一个预设的倾向性，那么势必在发掘、考察、分析、运用史料的时候出现偏颇，对一些相关的史料没有应有的注意，在同一史料中忽略掉一些重要的历史信息，在叙述历史的时候掺入了主观推断的内容。

为订正史误，或者对历史的误读，需要写出考订史实的文章才好进而作成谱文。许多新发掘整理的文献史料，也需要作文考订，以支撑谱文条目的撰写，因为不是每则文献史料都可以直接在谱文的叙述文字中说清楚。于是，我为编撰“年谱长编”陆陆续续撰写了六七十篇有长有短的文章。后将其中大部分篇目辑录为《郭沫若生平文献史料考辨》一书在社会科学文献出版社出版，这也可以算是《郭沫若年谱长编》的阶段性成果。

郭沫若著作译作的数量和种类非常多，相应的其著译作品的版本也就非常之多，有的作品能有十余个版本和版次。这些不同版本或版次的著译作品，有的在文字上做了修改，有的在原有的“序”“跋”之外又附加了各种“前言后语”一类的文字。它们无疑都包涵诸多历史信息，但从没有被梳理、研究。郭沫若的著译作品还存在大量盗版本书，能见到的即有几十种。这在现代作家作品的出版中是罕见的，大概与他流亡日本的生存境遇以及当时中国的出版环境有关。这些盗版本书如何编辑出版的情况当然也并未理清。有一些作品的版本，我们无从考订其为正版本，但是也难以认定其为盗版本。不过无论如何，这些版本书的被编辑出版，应该都有其相关的历史情境。那么，这些与郭沫若著译作品版本相关的历史信息、历史背景，既是作“年谱长编”所需要的史实、史迹，也是郭沫若研究所需要的学术资料。我觉得有必要就此做一番考察、研究，遂成《郭沫若著译作品版本研究》一书，由东方出版社出版。这是第一本专门考订研究郭沫若著译作品版本问题的著作。

## 四 学术走进社会

《传记文学》是一种大众期刊，主编《传记文学》，给了我一种与搞学术研究非常不一样的经历和体验，即使与编辑学术刊物《郭沫若研究》相比，其差异也是非常明显的，甚至可以说大相径庭。从学术生涯的角度说，这一段主编刊物的经历占用了不少从事学术研究的时间和精力。办刊物的看稿改稿毕竟是为他人作嫁衣裳，自己有许多拟定的研究选题便无暇去做。但是五年办大众期刊的经历，却又令我对于郭沫若研究有了新的领悟：学术应该，也可以走近大众。

我在2001年撰写了一篇文章《让学术走进社会》，提出学术研究，特别是像郭沫若这样的历史人物的研究，不应该只是象牙塔里的东西。因为对于郭沫若的研究，不是为学术而学术，在根本上其实是一个传承近现代中国优秀文化的过程，所以学术不能只自我封闭在学术圈内，也应该走进社会，学术应该有可以普及的内容和表达方式。就譬如《传记文学》中刊载有很严肃的人物传记文章，是具有学术性的，但它们是以符合大众阅读兴趣和文字表达的方式呈现出来的。

虽然不是所有的学术都可以在大众中普及传播，但是就郭沫若研究而言，应该可以在诸如举办讲座、写作传记、纪念馆的文物工作、展陈工作等这些方面或以这样的方式普及学术。我想自己在研究工作中应该有这样的意识。

2010年9月，北京的几家名人故居与首都图书馆联合举办了以“北京文化名人与人文精神”为题的系列文化讲座，面对普通大众。我以“负笈东瀛——郭沫若的留学之路”为题，在首都图书馆多功能厅做了一次讲座。讲座内容围绕郭沫若的留学生涯，讲述了他赴海外求学，寻找科学救国之路，进而弃医从文开创五四文坛新诗创作的经历。着眼点在于点出郭沫若所留下的精神财富，以及带给今人的文化启悟。

讲座结束后，当时北京发行量最大的《北京晚报》《北京青年报》都全文刊登了我的讲稿。《北京晚报》连续三次以半个版面在同一栏目作了连载，《北京青年报》以“郭沫若留学的双重启示”为题整版刊载。《光明网》《人民网》《中新网》等许多网站上也刊载了讲稿。

之前也曾举办过学术讲座，但这次公众讲座给我触动很大，我觉得以这种方式：一种讲故事的方式，学术真是可以在社会文化生活中放飞自我去贴近大众。在那之后，一旦有机会，我就运用讲座的方式，把作为历史人物的郭沫若，也就是我在研究中所认知的郭沫若讲述给听众。讲座面对的听众可以来自社会各个层面：普通市民、残疾人，高校里的研究生、大学生，中学生，等等。郭沫若纪念馆在日本冈山举办《日中友好的桥梁——郭沫若展》的时候，也随展举办了一个面对冈山市民的讲座。

与举办讲座相近的，以访谈形式参加电视专题节目的制作，包括作报刊的访谈，也是一种学术普及的途径。虽然只是作为一个参与者，但有这样的机会我们总是会积极参与其中。电视台作为大众传播媒介，制作有关郭沫若的专题节目，其受众面当然是普通大众，而要请研究者参与，自然是基于我们对于节目制作的主题、内容有专门的学术研究。北京电视台的“神州纪事”，中央电视台的“大家”，上海电视台的“另一个战场”，乐山电视台的“城市名片”等，我与一些同行学者参加了许多次以“郭沫若”为题或记述郭沫若史事的电视节目的制作。作报刊访谈就更多了。这种访谈会先有一个记者拟定的访谈提纲，但提纲内容还是由我最后确定。访谈有些以直录方式发表，有些由记者编辑另外编写成文发表。除了少数侧重学术性内容的探讨，大多是面向一般读者的郭沫若生平的叙事。

这种文化节目的传播力和影响力都非同小可。为“神州纪事”作的节目在电视台播出后，曾长期作为郭沫若纪念馆常规展的视频资料为观众随时播放。2017 年在乐山开会时去沙湾，意外看到城市广场的公共视频在播放几年前参加乐山电视台制作的访谈节目。有时在某个讲座中间休息与听众搭话，他们会说起在某个电视节目中听过我所讲的郭沫若。最让我印象深刻的，是在纪念抗日战争胜利六十周年之际，中央电视台以访谈配图片资料制作的《丰碑》。《丰碑》有若干集，每集讲述一个抗战历史人物，时长仅几分钟，但与《新闻联播》一起播出。郭沫若那一集我是参与制作的访谈者，要我在一分多钟时长内将抗战期间的郭沫若做一个概述。节目录制是上午约定，下午就来馆里实录，如果不是一直在做郭沫若研究，还真不敢应承这个访谈。录制时我先把根据时长组织的文字说了一遍，主持人同意，即开始录制，第一遍语速有点慢，调整了语速再录两遍，过了。然后又录了一条备用。播出那天我正在吃晚饭，短短几分钟的节目播放中即接到几个看到节目的同学、朋友（有的远在西安）打来的电话，《新闻联播》的传播面和影响力确实大。之后，我就在一些文章报道中看到了“郭沫若是抗战文化的领军人物”这个表述，这是我在《丰碑》访谈中提出的。

传记写作也是学术普及的一种很好的方式。在现代文学史研究领域曾一度时兴写人物评传，郭沫若的评传也有几种。我对此一直不大以为然，觉得评传有点不伦不类。从叙述方式上说，历史叙事与评论文体搅在一起并不融洽，它们各有各的路，一本评传也就难成和谐的整体。论到学术，那些个零零散散的评说也没有什么学术深度可言，是种不上不下的东西。所以要么写成历史传记，要么写成学术传记。

郭沫若自己有许多自传作品的写作，他的写作动机和写作目的大致概括在这两句话中："我写只是这样的社会生出了这样的一个人，或者也可以说有过这样的人生在这样的时代。"作为传主，郭沫若只需要回忆讲述他的故事就可以了，而对于研究者来说，写他的传记，就需要对"这样的社会""这样的时代"，对郭沫若的生平史迹先作深入发掘、整理、研究，进而对于他有一个全面完整的了解、认知和把握。这其实就是学术，是一个学术研究的过程。有了这样的学术支撑，方能像郭沫若所言，真实地写出生活在"这样的社会""这样的时代"里的"这样的人"。所以，以大众为读者对象的郭沫若的传记写作，可能需要强调故事性、通俗性、可读性，语言书写的文学性，等等，但不能信手编写故事，它仍是一种严肃的历史叙事的写作。实际上这也就是一个将学术研究所得普及的过程。

2008 年我写了一本郭沫若传记，以《郭沫若家事》为名出版了。这个书名是出版社命定的，让我有些恼火，因为文不对题。但出版社坚持用这个书名，大概以为"家事"可以博读者眼球，最后只好随它去了。后来日本九州大学的岩佐昌暲教授看中了这本书，决定将其翻译为日文本（现在已经译完）。岩佐先生说直至目前，日本还没有一种郭沫若自传作品之外的他的生平传记，所以要翻译我这本书，我则告诉岩佐先生一定不要用"家事"作书名（他也不满意这个书名）。

在"家事"一书后，我又撰写了《郭沫若画传》的文字部分，郭沫若纪念馆则以大量图片配文。其中很多图片也是珍贵的历史资料，所以画传的写作既是图随文，亦有文就图，以此来达到图文并茂的效果。这本画传作为"文化记忆的丛书"之一种由江西人民出版社彩印出版。

《郭沫若的青少年时代》是以青少年为阅读对象而写的一本传记，如书名所示，是记述郭沫若在青少年时代的生活。书是河北人民出版社的约稿，因为针对特定的读者对象，出版社特别强调内容的故事性，可读性。我因为有了前面写作传记的基础，所以这本书稿主要在文字表达上用功。书稿完成交稿后，出版社总编非常满意，特别嘱责编致意，称赞书稿的文笔。《郭沫若的青少年时代》2010 年出版，两年后作为"新闻出版总署向全国青少年推荐百种优秀图书"之一种再版。

我任职的郭沫若纪念馆隶属中国社会科学院，但它不是单纯的科研机构。郭沫若纪念馆是博物馆的一种类型，所以我从事郭沫若研究，是在博物馆的工作环境和条件中。这与在学术研究机构和高校工作从事郭沫若研究是会有所不同的。博物馆的性质和功能，决定了它的大众文化属性。博物馆工作很重要的方面是面对社会公众的，它是为满足人民大众日益增长的文化需求的一种文化工作。

文博工作虽然是面对大众的，但也有很强的专业性，包括学术性。像郭沫若纪念馆这样的历史人物纪念馆，它的专业性和学术性，不仅体现在文博方面，也体现在对人物的学术研究中。所以在郭沫若纪念馆做研究工作，要有把科研与文物工作结合起来，使之相辅相成的意识，要有学术普及，服务大众的意识。

很多纪念馆一直以来其实缺乏这样一种清晰的认识，文物工作和学术研究画地为牢，互不相干，有些纪念馆甚至没有研究人员。这既有文物工作方面的原因，亦有学术研究方面的原因。十几年前我曾参加过一次若干家纪念馆举行的文物工作的专业讨论会，会上讨论的都是关于文物的收藏、保管方面的问题，完全没有学术研究内容，甚至对于以馆藏资料搞相关研究不以为然。好像纪念馆的文物工作主要就是保管，办个常规展。当然现在情况已经大为改观了，至少在科研人员的配置上，各个级别的纪念馆是有相应数量要求的。

我自己也是在不断的工作实践中，逐渐明确了这样的意识。

文物收藏是纪念馆的文物资源，馆藏文物需要收集、整理，作文物登记，这些工作离不开研究。文物室曾拿来一封郭沫若书信手稿，但无台头称谓，问我能不能考订受信人。我根据信函的内容中谈及受信人创作的一篇小说，确定了受信人是谁。这是比较容易考证的。纪念馆东小院曾放着一个青花瓷缸，任风吹日晒，似乎并未作为藏品，也可能是不知其有何说头。我从郭沫若的往来书信中找到了这个瓷缸的信息，知道了这件明万历年间的青花瓷缸来自何处，以及郭沫若鉴别其“由四截合成”的意见。这件藏品的来龙去脉可以说就清楚了，当然之后，在小院里也就见不着它了。

上海鲁迅博物馆藏有一件疑似郭沫若创作的诗《五月歌》手稿，但一直放在库房里，因为不能确定其为郭沫若所作，且该手稿也被一些沪上专家否定了是郭沫若手迹。我从郭沫若纪念馆的馆藏资料结合其他相关文献资料，考证了《五月歌》应为郭沫若在流亡日本期间创作，但寄回国内后，不知所踪。基本上可以断定上海鲁博（鲁迅博物馆）所藏的那件手稿应该就是郭沫若的手迹，只是需要见到实物再最后予以确认。我与郭平英馆长借开会之机在该馆看到了实物，第一眼我们就确定那是郭沫若手稿（钢笔字手迹）无疑。

在一次拍卖会上，有一件拍品是郭沫若的一幅书法镜芯。纪念馆有意拍下作为馆藏，但从书法的角度去辨别尚有些犹豫，因为郭沫若书法的伪作太多。根据拍卖图录的图片，这幅书法镜芯书录有王国维的两首诗，然后是郭沫若步王国维诗韵，所作的两首绝句，诗后一段跋语，记述了一二朋友、一件史事及写这幅镜芯的缘由。从图片中能够获得的信息还是不少的，但最关键的涉及的人是谁，几乎无从着手查找。我翻阅了许多资料，最后是从犄角旮旯查到一个人名，然后寻着这个人名一点点捋出一段郭沫若与“同客江户”者的史事：郭沫若应在东京的同乡友人“招饮”，并得朋友夫人“手制川菜”一饱“口腹”。餐后应友人索书，郭沫若步王国维诗韵写了两首绝句书赠。这件书法镜芯显然不会是伪作，因为能把这样多的历史信息聚合在一起来作伪一件录有郭沫若佚诗的书法作品的可能性是没有的。遗憾的是，最后这件拍品因拍价问题纪念馆未能拍到。但无论这件文物到了哪里，它的“身份”算是搞清楚了，并且已经作为文献史料为郭沫若研究所用。

像这样的考证研究，在纪念馆的文物工作中不应该缺失。作《郭沫若年谱长编》时我曾查阅了馆藏文物资料及其登记目录，陆续发现有一些文物资料在册登记的基本信息有问题或有疏误。这就是当初在文物整理登记环节的研究工作不足或缺失所至，若是文物工作与研究工作能很好地契合，这样的问题就不会出现了。

办展览，不论常规展、原状陈列还是专题展，都是纪念馆的一项重要工作。在这项工作中，学术研究的作用也不容忽视。

郭沫若纪念馆的常规展从一开始主要就是由研究人员拟定展览大纲的，文学部分先是由编研室黄侯兴老师拟定，改展后又由我拟定。历史考古部分请历史学研究考古学研究的学者们拟定。

2015 年，郭沫若纪念馆、茅盾纪念馆、中国郭沫若研究会等曾联合在浙江乌镇举办了一次以“笔剑无分同敌忾，肝胆相对共筹量”为题的郭沫若与茅盾专题展，以及一个同样主题的学术研讨会。两个文化学术活动在一个平台上共同举行，可谓别开生面。会场内学者们在研讨学术问题，会场外茅盾故居左近处的空场上布置了面向公众的展览。实际上类似这种让文博与学术联姻的活动形式，有时是一个研讨会带一个随展，在国内外已经举办过多次，大家都很认可将学术研究与文博工作结合起来的方式。

沙湾郭沫若故居内的原状陈列部分有一间屋子是郭开运（郭沫若胞弟）居住的，我曾建议故居杨国雄馆长设置这个展室。因为郭开运一生一直居住在老屋，也一直与郭沫若保持着联系，特别是他们的父母长兄相继去世（20 世纪 30 年代）后，郭沫若与这处老屋、与这个家的联系，应该在很大程度上是有郭开运这个胞弟。把郭开运的房间辟为原状陈列展室，可以让观众从这样的展陈更好地去感受真实的历史。沙湾郭沫若故居纪念馆新建展馆重新布展的时候，杨国雄馆长和撰写展览大纲的陈俐老师也几次邀请我给他们提出意见，我从展览内容方面给了他们一些很具体的意见。

事实上纪念馆的一个展览在展陈方式、手段，展陈技术设备之外，其所展示内容的水平，是可以从其背后是否有学术研究的支撑看出来的。好的展览一定会有学术含量。这倒不是说展陈的内容要多么学术，但一个展览有学术研究成果为背景，其主题的选定、内容的表达，应该会更具有历史深度与文化内涵。

学术研究对于一个纪念馆应该是基础性的工作，而纪念馆的文博工作则可以为学术研究搭建一个走近大众的平台，以助力提升大众的文化素质。

（待续）

（作者系中国社会科学院郭沫若纪念馆研究员）

# 第九篇

# 学术会议

# “郭沫若与新中国”学术研讨会综述

何　刚

2019年7月12—14日，由中国郭沫若研究会、中国社会科学院郭沫若纪念馆、山东师范大学文学院、山东大学（威海）文化传播学院联合举办的“郭沫若与新中国”学术研讨会在山东威海召开。来自中国社会科学院、北京大学、北京师范大学、中国海洋大学、河北大学、四川大学、西南大学、四川省社会科学院等单位的60余名专家学者参加了会议，会议共收到论文近40篇。与会学者围绕郭沫若的思想生平、文学创作、学术研究等议题展开了热烈研讨，取得了一系列研究成果。现将会议成果综述如下。

## 一　思想生平研究

2019年既是新中国成立70周年，也是五四运动爆发100周年。山东大学（威海）文化传播学院党委书记于培丽认为，作为我国著名的诗人、文学家、历史学家，郭沫若的一生贯穿了多个重要的历史时期，为我们留下了丰富而宝贵的文化遗产，我们应该继承并弘扬其文化精神。中国社会科学院研究生院教授张恩和再次谈到“郭沫若与五四”这一重要话题，认为“五四”新文化运动是传统中国向现代中国转型的标志性节点，在我国向现代社会转型之初，郭沫若和很多知识分子站在历史潮头，呼吁并推动这一转型，怀着改造社会和振兴民族的热情，从事文学活动，追求个性解放，发现人的价值等。这些知识分子的表现让我们认识到，生产思想是知识分子的职责所在，知识分子也因而成为社会发展的主要推动力量。四川大学文学与新闻学院教授曾绍义提出，郭沫若经历了不同的历史时期，对郭沫若的研究既要观照其所处的具体的历史语境，又要总体考察他的一生，还要从不同学科视角全方位地探索郭沫若在多重领域的研究成果。郭沫若的贡献是无可争议的，研究郭沫若需要有整体性的视野。中国社会科学院郭沫若纪念馆原馆长郭平英在《从〈郭沫若书法全集〉谈他对新中国文化的贡献》的主题发言中，展示了郭沫若在新中国成立后的多幅具有重要历史意义的书法作品，辑录了郭沫若谈书法的文献资料，从书法的角度让人真切地感知到郭沫若与新中国文化建设的深刻关联。北京大学中文系教授商金林谈了教材中郭沫若《爱祖国爱人民的诗人屈原》两个版本背后的史实，指出叶圣陶主持教科书的审核和具体编选时，往往会提出具体而深刻的意见，同时为适合学生学习，对一些被选为课文的大家的作品进行删改。郭沫若《爱祖国爱人民的诗人屈原》的两个版本即因此出现，体现了二人的真挚情谊和郭沫若的虚怀若谷。

新中国成立后，郭沫若的人生选择和心路历程是学者们考察的重点。山东师范大学文学院教授贾振勇考察了“文革”期间郭沫若悄悄翻译山宫允编注的《英诗详译》这一不为人注意的精神事件，认为这一事件具有丰富的内涵与寓意，即作为一个想在政治舞台上大显身手的文人，郭沫若终于在1949年后的政治运动中精疲力竭、伤痕累累，私下翻译山宫允编注的《英诗详译》就成为他自我审视的一个契机。山东大学（威海）副教授孟文博提出，从1920年代初期开始阐发文艺作品的“无目的性”与“功利性”问题，一直到1950年代后期，郭沫若以“权力”的寻逐、强化与维持为“主题”，不断在“诗人”与“政治家”双重身份中进行人生“变奏”，同时赋予这一问题以不同的内涵。商丘师范学院人文学院副教授刘海洲分析了从抗战到新中国成立后，郭沫若民族文化身份的建构与消解问题，指出新中国成立后，由于社会环境和自身地位的变化，郭沫若逐渐从自由知识分子变为党派知识分子的代表，这是造成其晚年悲剧的重要原因。江苏科技大学人文社会科学学院博士向明指出，郭沫若在担任中国科学院院长的前三年，在科学院党组力量弱小的情况下，积极执行党在科学院的政策，为科学院的建基立业付出了心血。其后，中共中央不断加强党在科学院的领导，郭沫若逐渐由行政决策的中心人物变成了“被尊重的对象”。中国社会科学院郭沫若纪念馆研究员张勇指出，在保存下来的郭沫若与老舍的信件中，目前能够查阅到的老舍致郭沫若的书信共有9封，但刊发这9封通信的资料却存在着时间考证、识文错误等多种问题。在考证老舍致郭沫若通信刊发史实的基础上，考订了其中两封信的时间，勘正了识文错误，并提出了现代作家书信刊发时“原件为真”的编撰准则。聊城大学文学院杨玉霞认为，从《百花齐放》的创作动机到写作过程、文本内容以及出版后所产生的社会效应，都显示了郭沫若对主流政治话语的自觉认同，对党的文艺理论和工作方针的主动顺应。然而，并不能据此简单地将郭沫若定义为失去自我、抛弃艺术信仰的“御用文人”，更不能捏造事实，塑造出符合某些需要的“另一个郭沫若”。

2018年出版的《郭沫若年谱长编》是郭沫若生平史料研究方面的集大成之作。会上，一些学者在此基础上推进了相关研究。比如，《郭沫若年谱长编》1952年11月6日条目中新披露了一封郭沫若致陶大镛的信，中国社会科学院郭沫若纪念馆研究员李斌认为，郭沫若在这封信中重点讨论的是华岗对于他的《历史人物》及《马克斯进文庙》的批评。李斌认为，华岗对郭沫若的学术研究早就有过非议，而此次批评出自《新建设》1952年8月号头条上的《学习共同纲领，学习毛泽东思想》一文。华岗的批评也直接影响了后来郭沫若对《历史人物》集子的修改编订以及《马克斯进文庙》的收录。重庆师范大学文学院教授凌孟华则专门就1949—1950年竺可桢日记中“郭沫若与新中国”的相关记载，从《郭沫若年谱长编》虽有引用而不够详尽者、没有引用而颇为重要者、已有引用而值得商榷者等三个方面，谈了对《郭沫若年谱长编》的几点编录思考。

此外，乐山师范学院四川郭沫若研究中心教授陈俐研究了郭沫若记述的其外祖父杜琢章一门忠烈的故事，认为这一故事成为郭沫若深刻体认以忠义观为内核的民族文化传统的感性教材和重要媒介，同时他将这一家族悲剧转移和置换在抗战时期的六部历史剧中，使之成为这几部历史剧的原型结构。这些历史剧所承载的忠义精神成为教育感化民众、唤起民族自信的文化力量，也反映了郭沫若一生中一贯坚守的人伦道德信条。乐山师范学院四川郭沫若研究中心教授廖久明考订了《宇宙风》乙刊第 2 期发表的郭沫若 5 函的写作时间，指出郭沫若对幽默小品文进行了严厉批评后，却在一两个月后写作的第 2、4 函中呼吁团结御侮，致使将要发生的幽默小品文论争没有再次发生。其原因是日本“二・二六”事件发生后，郭沫若“正确地推测到这次叛乱将导致向中国扩张”，所以立即改变了自己的态度。山东师范大学文学院副教授陈夫龙探讨了郭沫若的侠义观，认为郭沫若不仅以多元开放的视野在侠的起源问题上做出了理性思考和现代阐释，而且高度重视儒家思想对侠文化观念的影响，对传统侠义观念进行了现代性改造和理性提升，以现代意识赋予侠文化新的精神内涵，阐释侠文化的现代价值。

## 二　文学研究

郭沫若的文学研究是此次学术研讨会的重点之一，众多学者从不同视角进行了深入细致的研究，取得了不少创新性成果。作为研讨会主题之一，新中国时期郭沫若的文学创作和文学成就为许多学者所关注。中国社会科学院郭沫若纪念馆研究员蔡震认为，诗人的创作活动总要被置于一定的文化语境中。对郭沫若来说，《女神》时期、流亡日本时期、抗战时期等不同历史文化语境对郭沫若诗歌创作的题材、内容、形式、语言风格、审美表达等，都产生了不同的影响。新中国成立后的文化语境让郭沫若的创作出现了新的变化和特点，他的诗歌创作大多描写现实生活，如火如荼的社会主义革命和建设事业，激发了郭沫若诗歌创作的豪情与诗兴，使其诗歌创作的基本主题和旋律是歌颂，用诗歌书写新中国的历史。作为新中国成立后郭沫若的第一本诗集，《新华颂》就是这一时期诗歌创作的范本。成都大学文学与新闻传播学院教授张建锋认为，郭沫若是“五四”一代诗人，从近代而入现代，对“新中国”的憧憬是没有停息过的；由现代而入当代，对“新中国”的赞颂更是不遗余力的。郭沫若赞颂新中国的诗，意象多为新中国建设取得的标志性成果。郭沫若诗歌中的“新中国”书写，带有个人的、时代的烙印，带有思想的、政治的色彩，所展现的是文学视野中的“新中国”，有其特殊的价值和意义。贵州师范大学文学院教授颜同林认为，新中国成立后的1950年代，是文学语言走向规范的重要阶段，普通话写作成为一种新的潮流。如何建构并推进文学语言规范，在郭沫若、茅盾等高层文化官员与著名作家身上有鲜明的体现。由茅盾对歇后语的争议与否定一事来论，其缘由、过程与认识等诸方面，反映出郭沫若、茅盾在语言观念、话语方式等方面的显著差异。

郭沫若经典作品《女神》依然是学者们常研常新的重要对象。山东师范大学文学院教授魏建表示，长期以来，对《女神》的认识存在明显的同质化倾向，大量研究成果似曾相识，而且陈陈相因。究其原因，研究者存在非常突出的三大问题：一是受制于作者的自述，二是受制于某种研究框架，三是受制于被遮蔽的历史认知。郭沫若及创造社的作家在“五四”文学革命中发挥了重要作用，但已有的文学史叙述对郭沫若认识不足，忽视了他对中国新诗诗体的全方位探索。例如，在诗集《女神》中，他创造或借用的诗体十分多样，既有自由体，也有半自由体；既有新格律体，也有歌剧体和半歌剧体。四川大学文学与新闻学院教授李怡认为，《女神》的写作与诗人郭沫若的日本体验关系密切。但是，与此同时，留日中国知识分子获取异域体验，在“跨境写作”中完成文学革新却不是自郭沫若才开始的，就新诗而言，在郭沫若之前，还有另外的筚路蓝缕者，对于这样的“前郭沫若文学”研究，不仅有助于我们更加清晰地梳理新文学演变的来龙去脉，也有助于深入理解日本体验之于近现代中国知识分子的独特价值。日本福冈女子大学教授武继平认为，《女神》的社会性定位不应当置作者的主体意识而不顾，着眼于《女神》创作时期郭沫若实际生存状态的历史考察，依据直接反映当时作者的人生观、恋爱观和生活态度的《三叶集》以及《女神》正式出版前后作者所吐露的创作动机等第一手史料，可以观察和捕捉到在作品后面时隐时现的作者主体意识的微妙变化，后来收入诗集《女神》中的那些单一作品先后分别发表于《时事新报·学灯》时作者言及的创作意图，才是“原始而真实的主体意识”。

多位学者从不同侧面对郭沫若的历史剧进行了别具一格的研究。四川大学文学与新闻学院教授周维东考察了历史剧中的“郭沫若问题”，认为郭沫若历史剧中的经典人物，如屈原、聂嫈等，都经历了从《女神》时期人物形象的萌芽到抗战时期走向成熟的过程。这给予了学界考察郭沫若历史剧人物成长的契机，如《女神》时期出现在郭沫若笔下的历史人物形象与郭沫若产生了精神共鸣，《女神》时期出现的历史人物形象在抗战历史剧中的变与未变等。青岛大学文学院教授周海波认为，从戏剧冲突的理念出发，可以发现郭沫若在戏剧文体方面的创造性意义，身体叙事及其蕴含着的身体与政治的关系、身体所构成的戏剧冲突，呈现出剧作的美学向度。《屈原》的艺术力量不是来自抒情的方式，而是来自戏剧本身，从《橘颂》到《雷电颂》，既是屈原的行为与情感变化的过程，也是戏剧冲突逐步趋向高潮的过程。《雷电颂》因其强烈的动作性而具有戏剧的张力，其动作性又彰显了舞台演出强烈的艺术效果。华北科技学院文法学院副教授钱晓宇以《史学论集》中的“郑成功”到历史剧《郑成功》中的“国姓爷”为题，在剧本《郑成功》的文本细读基础上，结合相关史学研究材料，发掘了郭沫若治史与文学创作的交叉，探讨了新中国成立后郭沫若自觉进行文史沟通的努力，即史学研究与文学创作的共生。

在文献考订和史料发掘方面，西南大学文学院教授李永东以战后观念干预下战时重庆故事的视角解读了郭沫若的《地下的笑声》，认为该小说讲述了戈阳夫妇在重庆的悲惨境遇，“代表着郭沫若晚期小说的最高成就”；小说叙事的情感激越而饱满，具有强烈的代入感，叙事人称的转换也富有探索性。但是小说在观念逻辑的细部处理上留下了诸多关键性的纰漏，使得对黑暗重庆和当局统治的仇恨和诅咒，仅仅依靠强烈的情绪表达来维持。这源于郭沫若以战后的政治观念来干预战时重庆形象的塑造。重庆师范大学文学院教授杨华丽考察了鲁迅逝世后，郭沫若手书的挽联“平生功业尤拉化，旷代文章数阿 Q”，认为该挽联的内容出于郭沫若在鲁迅逝世之夜所写的《民族的杰作》，明显系郭沫若的原创。如果说“旷代文章数阿 Q”是郭沫若对“亿万人”赞誉鲁迅的文学功绩的成功提炼，那么，“平生功业尤拉化”则是郭沫若对鲁迅在 1930 年代的中国拉丁化新文字运动中所起重要作用的精准概括，是郭沫若对鲁迅重要历史功绩的独特发现，也与他此前曾参与语言的大众化讨论，参与文字改革，提倡中国应通行拉丁化新文字密不可分。西南科技大学文学与艺术学院教授袁洪权考察了郭沫若某年十七日写给巴金、靳以的便函，根据便函写作的一些内在属性和清样的具体内涵，并结合巴金、靳以和郭沫若的生活行踪推断了具体的写作时间，认为郭沫若写历史剧《蔡文姬》时，还是显得很谨慎，不仅向巴金、靳以征求意见，还向上海文艺界和全国戏剧界相关人士征求意见。郭沫若进一步“突破”了历史剧写作观念，使当代文学中的历史剧创作得以繁荣发展。

在郭沫若文学思想的研究方面，西南大学文学院教授张武军认为，很长时间以来，国民党改组革新和国共合作是阐释北伐成功的主流观点。近年来，研究界根据南北新旧文化差异为国共合作的国民革命寻找深层支撑，鲁迅、郭沫若、郁达夫等众多作家南下，成为这一逻辑的有效性体现。然而，从《广州民国日报》及其副刊来看，作家南下其实是南方“新”文化的“果”而非“因”，同时，比国民党改组革新更重要的一个“新”却被忽略了，那就是再造“新国”。新旧民国的革命与反革命之争，既是我们把握南方革命进展的内在逻辑，也是我们理解作家南下的主要因素。厦门大学台湾研究院副教授刘奎考察了战时郭沫若的演说及其政治修辞学，认为演说是抗战时期郭沫若的重要表达方式，是郭沫若动员民众的文化政治实践。他的演说延续了新文化的启蒙传统，是文化人传达观念和表达情感的方式，也是他在社会运动中不断习得的话语模式，是一种具有仪式性的文学修辞。郭沫若的战时演讲及其组织的纪念活动，对政府抗战救国的政治纲领做深入宣传，普及了民族国家观念。山东师范大学文学院副教授彭冠龙考察了游民文化意识与创造社批评话语的建构，认为游民文化意识是切入创造社批评话语建构的重要角度，“流浪型知识分子”形象在深层次上也是由这种意识塑造的，从这一角度考察创造社的批评话语，会看到他们并不是无比凌厉的狂飙突进，也没有表现得很强势，反而一直显得很弱势，用成仿吾的话说就是“我们才是真的弱者”。华东师范大学中文系的王冉冉考察了郭沫若诗学思想与新学、西学的关系，认为在“五四”时期的反传统大潮中，郭沫若可谓另类，他对于儒道两家都非常推崇，尤其是尊孔的态度基本上贯穿了他的一生。他对传统文化独树一帜的态度、立场与理解接受，其深厚的古典文学修养以及对古典文学作品产生的情感共鸣，都在很大程度上影响着他对西方思想文化的接受与转化。海南师范大学文学院副教授吴辰认为，郭沫若在文学创作中始终保持着一种“对话”的倾向，这种“对话”贯穿了其创作历程，并成为其审美理想的一部分。随着中国政治文化语境的发展，郭沫若也不断地对这一问题进行着反思，最终在“人民”这一范畴内找到了答案；在审美的维度上，“对话”为郭沫若铺就了一条从“五四”通往“新中国”的道路。四川大学文学与新闻学院博士周文认为，如果说1920年郭沫若的《金字塔》有浓厚的试验色彩甚至“室内硬写”的痕迹，显示了早期现代白话新诗在诗歌叙事上的探索，那么1940年《罪恶的金字塔》则是此种探索的结晶，而1958年的旧体诗则显示了现代新诗探索在“十七年时期”遭遇的挫折以及在赋颂方面的无力感。从诗学的角度对这些赋颂体新诗进行理论的剖析或批判，有助于理解并增强现代新诗的“硬度”，从而在中西诗学资源的融汇中真正探索出一条现代新诗的道路进而建构新的诗美体系。

## 三 史学研究

郭沫若不仅是中国马克思主义史学的重要奠基者，也为新中国马克思主义史学的发展作出了重要贡献。在此次研讨会上，许多学者对郭沫若的史学贡献和成就进行了深入研究。北京师范大学历史学院教授张越认为，新中国成立后，中国马克思主义史学居主导地位已成必然之势，而规划渐成主流的中国马克思主义史学的研究方向、深化中国马克思主义史学的学术内涵、构建新中国的历史研究格局、确定新时代的史学研究谱系，成为中国马克思主义史学亟待解决的问题。郭沫若作为公认的中国马克思主义史学的创立者之一、新中国文化思想领域的重要人物，是确立中国马克思主义史学主导地位的重要决策者，对中国马克思主义史学在新中国成立后的发展走向产生了重要影响。中国社会科学院考古研究所研究员冯时以西周镈师的官与职为例，考察了郭沫若关于新时代古文字的研究成果，认为新中国成立后，随着考古事业的蓬勃发展，重要的商周具铭青铜器不断出土，这些铭文多由郭沫若率先考释，后辑为《金文丛考补录》，收入《郭沫若全集·考古编》第6卷。郭沫若的彝铭考释不仅推动了相关问题的深入研究，而且根据新史料对自己的旧有观点进行了修正完善，表现了其虚怀若谷的态度。四川大学历史文化学院教授彭邦本考察了郭沫若视野中的先秦古史传说，认为郭沫若史学研究的领域和成果主要集中在先秦时段，作为大张旗鼓地“预流”甚至引领潮流的学界风云人物，古史传说自然是其必须直面的重要研究对象，其观点和成果不仅影响深广，而且具有鲜明的个性。郭沫若对先秦古史传说的解读及其研究态度和史观，大体经历了三个阶段。郭沫若泛神论史观时期对先秦古史传说从宏观上给予了尊重甚至肯定，在将马克思主义的社会发展史理论作为指导后，郭沫若在《中国古代社会研究》中对古史传说中包含的史实进行了正面积极的解读，并不断深化对先秦社会的探索。新中国成立后，郭沫若的古史研究更加成熟，主持编撰了《中国史稿》这部集大成之作。乐山师范学院教授杨胜宽重新考察了郭沫若替曹操翻案问题，梳理并分析郭沫若翻案的由来、背景、思想变化过程及论证方法；认为郭沫若积极评价曹操的历史贡献与地位，跟他对中国古代与现当代社会发展规律的认识变化、对农民起义性质与作用的独特看法、对古代法家思想及其代表人物推动社会进步发挥重要作用的重新评估等重大问题密切相关。

河北大学文学院教授熊权论述了郭沫若学术研究“求全体”的意思，认为《中国古代社会研究》是郭沫若学术研究的重要“起点”，该书深得马克思“整体论”之优长，批判了古史研究的资料整理、文字汇集考释等既定方法，提出了中国社会已经摆脱“亚细亚生产方式”并可以直接发动无产阶级革命的“新问题”。从郭沫若的古代社会研究可以看到，1920—1930 年代之交的革命知识分子通过接受并转化马克思主义，得以从一种“整体性”的有机结构中重新认识历史，掌握了推动社会变革的重要思想武器。西北师范大学文学院教授李生滨从学术讨论的背景和生态、科学理性的历史批判、中国问题的文化考量等几个方面考察了《十批判书》，认为郭沫若的先秦诸子研究建立在艰深而细致的古文字、古器物研究的基础上，具有人文生态的本源性感受，在民主革命实践的批判认识中，有着高远的政治理想和坚定的信仰追求。四川省社会科学院副研究员刘平中认为，“经传分治”“以经解经”是郭沫若《周易》研究的重要方法，促进了易学研究从传统到现代的转型，并为现代易学研究的进一步发展指明了方向。对郭沫若“经传分治”“以经解经”的治经方法的学理基础与文化根脉需要系统把握，对其依靠主观臆想、“精神考古”得出的某些结论，值得进一步审视与检讨。四川大学文学与新闻学院副研究员妥佳宁认为，近代以来对“专制”“封建”等史学术语的争论，绝非单纯的学术论争，背后隐藏着更为复杂的意识形态因素，所争论的并不仅限于中国古代社会性质及历史分期问题，更触及近代中国社会性质问题及新文化运动以来的“反封建”“反专制”等重要议题。而郭沫若在相关争论中确实扮演了至关重要的角色，但绝不能将所有问题都视作由郭沫若一人学术观点所引发的，更应看到西方史学尤其是马克思主义史学观点引入中国的过程中与翻译、挪用等诸多环节相关的问题。乐山师范学院四川郭沫若研究中心教授何刚以《人民日报》《光明日报》的几种学术副刊为重点研究对象，以殷周殉人及古史分期讨论、曹操翻案等为例，在“十七年时期”中国史学发展的大背景下，讨论这一时期郭沫若的学术研究及其体现的论学主旨、学术风格、学术语言等，与当时的报纸副刊这一编辑出版机制之间形成的紧密“互动”关系，同时揭示学术讨论、学术生产背后的丰富图景和人事交际等。

总之，此次学术会议以“郭沫若与新中国”为主题，契合了郭沫若与新中国政治、文艺、科教、学术等方面的紧密关系，是一次高水平的学术盛会，进一步促进了郭沫若研究的深入开展。同时，会议期间还召开了中国郭沫若研究会第七次会员代表大会，选举产生了新一届理事会，继续为团结带领全国郭沫若研究学者开展学术研究、加强学术交流提供有力的组织保障。

（原载《郭沫若研究》第 15 辑）

# 第十篇

# 郭沫若中国历史学奖

# 第五届郭沫若中国历史学奖颁奖仪式在京举行

王春燕

2019 年 11 月 20 日，第五届郭沫若中国历史学奖颁奖仪式在京举行。本届评奖委员会主任，中国社会科学院院长、党组书记谢伏瞻出席并讲话。中国社会科学院副院长、党组成员，中国历史研究院院长高翔主持颁奖仪式。中国社会科学院秘书长、党组成员赵奇宣读获奖名单。评奖委员会委员、原中共中央文献研究室常务副主任金冲及，评奖委员会委员、清华大学出土文献保护与研究中心常务副主任黄德宽，中国人民大学副校长朱信凯等出席活动。评奖委员会秘书长、中国社会科学院古代史研究所（中国历史研究院古代史研究所）所长卜宪群介绍了本届评奖工作情况。与会领导和嘉宾共同为获奖著作颁奖。

**图 01　第五届郭沫若中国历史学奖颁奖仪式**

谢伏瞻指出，2019 年 11 月 16 日是郭沫若同志 127 周年诞辰，举办郭沫若中国历史学奖颁奖活动，也是为了纪念和缅怀郭沫若先生。郭沫若先生是我国现代杰出的文学家、著名的历史学家和古文字学家，是我国马克思主义史学的奠基人之一，是学贯中西、百科全书式的学术大家，为新中国哲学社会科学事业的发展和中国社会科学院发展作出了奠基性的重要贡献。我们纪念和缅怀郭沫若同志，就是要学习和发扬他热爱祖国、热爱人民的精神，学习和发扬他追求真理、开拓创新的精神，学习和发扬他尊重知识、尊重人才的精神。新时代要有新气象，更要有新作为。希望广大史学工作者继承和发展以郭沫若同志为代表的老一辈马克思主义史学家开创的中国历史学研究事业，严谨治学、锐意进取、开拓创新。以习近平新时代中国特色社会主义思想为指导，奋力开创中国历史学新气象；及时发现研判、有力辨析批驳历史虚无主义等各种错误思潮；加快构建中国特色的历史学学科体系、学术体系、话语体系；加强人才队伍的建设，特别是加大对青年的培养力度。

谢伏瞻强调，习近平总书记在致中国历史研究院成立的贺信中对中国历史研究院和全国史学工作者寄予殷切希望。要把思想统一到习近平总书记贺信精神上来，绝不辜负中央重托，努力把中国历史研究院办好。广大史学工作者要以贺信精神为指导，树立良好的学术道德，自觉遵守学术规范，真正把做人、做事、做学问统一起来，引导全社会树立正确的历史观，为实现“两个一百年”奋斗目标、实现中华民族伟大复兴的中国梦而努力奋斗。

**图 02　中国社会科学院院长、党组书记谢伏瞻为一等奖获奖者颁奖**

中国社会科学院学部委员史金波、中国社会科学院古代史研究所研究员赵现海、中国人民大学副教授孙闻博、南京大学教授张生分别代表老、中、青及集体著作获奖代表发言。大家表示，将继续不忘初心，恪守为人民研究历史的理念，脚踏实地地做好资料搜集、发掘、整理、翻译以及考证辨伪等基础性工作，寻求历史的真实。在此基础上找好研究视角，扩大研究空间，把微观研究和宏观研究结合起来，加深对历史上重要问题的思考，结合现实问题，力争在新时代锻造出国家和人民群众需要的创新成果。

**图 03　二等奖获奖者上台领奖**

**图 04　三等奖获奖者上台领奖**

**图 05 提名奖获奖者上台领奖**

第五届评奖委员会由来自中国社会科学院、中国科学院、北京大学、清华大学、中国人民大学等科研机构和高等院校的 21 位著名专家学者组成。评奖对象为 2011 年 1 月至 2017 年 12 月出版的中国历史（下限到 1949 年中华人民共和国成立）研究领域，包括通史、断代史、专史（含科技史）、考古学、古文字学和古人类学方面的优秀专著和工具书。经过个人申报、评奖委员会三轮评选、公示，清华大学李学勤主编的《清华大学藏战国竹简（壹—柒）》等 42 部学术成果获奖。其中，一等奖 1 部、二等奖 6 部、三等奖 12 部和提名奖 23 部。

前四届“郭沫若中国历史学奖”由中国社会科学院郭沫若纪念馆承办。第五届评奖工作由中国社会科学院古代史研究所（中国历史研究院古代史研究所）承办。据悉，下一届评奖工作将由中国历史研究院承办。

第五届郭沫若中国历史学奖评奖委员会委员、郭沫若同志亲属及家乡代表、中国郭沫若研究会代表、中国社会科学院相关研究院所代表、部分获奖作者代表、相关出版社责任人及责任编辑等各界人士 300 余人参加颁奖仪式。

（原载《中国社会科学报》2019 年 11 月 22 日）

# 第五届郭沫若中国历史学奖获奖名单

（按著作笔画排序）

## 一等奖：1 项

《清华大学藏战国竹简（壹－柒）》李学勤 主编

**图 01　一等奖《清华大学藏战国竹简（壹－柒）》**

## 二等奖：6 项

《中国历史自然地理》邹逸麟 张修桂 主编
《长沙马王堆汉墓简帛集成》裘锡圭 主编
《西夏经济文书研究》史金波

《欧亚草原东部的金属之路：丝绸之路与匈奴联盟的孕育过程》杨建华 等
《明代〈万历会计录〉整理与研究》万明 徐英凯
《重塑中华：近代中国“中华民族”观念研究》黄兴涛

**图 02 二等奖获奖著作**

## 三等奖：12 项

《中国古代历史图谱（12 卷 17 册）》张政烺 主编
《中国古代物质文化史 · 陵墓》刘毅
《中国科举制度通史》张希清 毛佩琦 李世愉 主编
《北魏平城时代（第三版）》李凭
《地方督抚与清末新政——晚清权力格局再研究》李细珠
《明代九边长城军镇史——中国边疆假说视野下的长城制度史研究》赵现海
《明清徽州诉讼文书研究》阿风
《钓鱼岛问题文献集》张生、殷昭鲁、董为民、奚庆庆、陈海懿
《秦汉称谓研究》王子今
《秦西汉印章研究》赵平安
《殷墟花园庄东地甲骨文例研究》孙亚冰
《商代青铜器铭文研究》严志斌

图 03　三等奖获奖著作

## 提名奖：23 项

《“非科学”的中国传统舆图：中国传统舆图绘制研究》成一农
《马克思主义是怎样生根中国的——马克思主义在山东早期传播研究》闫化川
《中国古代国家的起源与王权的形成》王震中
《中国近三百年疑古思潮史纲》路新生
《长江三峡历史地图集》蓝勇 主编
《公羊学发展史》黄开国
《正德十六年——“大礼议”与嘉隆万改革》田澍
《礼与中国古代社会（四卷本）》吴丽娱 主编
《出土墓志所见中古谱牒研究》陈爽
《辽史百官志考订》林鹄
《早期中国：中国文化圈的形成和发展》韩建业
《宋代三衙管军制度研究》范学辉
《法律、资源与时空建构：1644—1945 年的中国（五卷本）》张世明
《治政与事君：吕坤〈实政录〉及其经世思想研究》解扬
《秦汉军制演变史稿》孙闻博

《留学生群体与民国的社会发展》周棉 等

《唐代刑事诉讼惯例研究》陈玺

《桑干河流域历史城市地理研究》孙靖国

《桑弘羊评传》晋文

《晚清民国时期滇藏川毗连地区的治理开发》周智生

《清代地权分配研究》江太新

《楚系简帛中字形与音义关系研究》陈斯鹏

《楚国农业科技与社会发展研究》贾兵强

图 04　提名奖著作

# 第五届郭沫若中国历史学奖<br>评奖委员会、评奖办公室成员名单

## 评奖委员会成员

**主　　任：** 谢伏瞻
**副 主 任：** 李培林
**委　　员：**（按姓名笔画排序）

卜宪群　王震中　王建朗
刘庆柱　乔治忠　李培林
李学勤　张　帆　张柏春
张海鹏　张星星　陈祖武
陈星灿　陈高华　周忠和
金冲及　郝春文　晁福林
黄德宽　谢伏瞻　瞿林东

**秘 书 长：** 卜宪群　余新华　马　援
**副秘书长：** 王子豪　杨艳秋　赵笑洁
**学术秘书：** 朱昌荣　刘　杨

## 评奖工作办公室成员

**主　　任：** 杨艳秋
**副 主 任：** 朱昌荣　何玉红
**工作人员：** 王　萌　丁修真　刘　凯

# 第五届郭沫若中国历史学奖评奖主旨与程序

## 一　评奖主旨

郭沫若中国历史学奖由中国社会科学院颁发，为部委级学术成果奖项，是目前中国历史学界的权威荣誉奖项。

郭沫若是我国马克思主义史学的开拓者和奠基人之一，他在史学研究中取得了多方面的杰出成就，对中国现代历史学的发展作出了卓越的贡献，在我国学术界和国际上都享有崇高的荣誉。

郭沫若中国历史学奖于 1998 年 7 月经中国社会科学院批准设立。历届评奖委员会均由来自中国社会科学院、中国科学院、中央文献研究室和著名高校在相关学术领域有名望的专家学者组成，前四届评奖办公室设在郭沫若纪念馆，第五届设在中国社会科学院古代史研究所（原历史研究所）。至今，已经顺利举办五届，共有 147 部史学专著获奖。

郭沫若中国历史学奖授予在中国历史（下限到 1949 年中华人民共和国成立）学，包括通史、断代史、专史（含科技史）、考古学、古文字学和古人类学等研究领域，由中国籍学者完成并公开出版的优秀学术著作，同时向该著作的出版社和责任编辑颁发奖励证书。

郭沫若中国历史学奖的设立，不仅是为了纪念一代史学宗师，更重要的是旨在鼓励广大史学工作者继承和发展老一辈马克思主义史学家开创的中国史学研究事业，鼓励产生更多的史学精品和史学大家，为研究、弘扬中国历史文化遗产服务。

## 二　评奖程序

2018 年 3 月，评奖委员会和评奖办公室组建。第五届评奖委员会由来自中国社会科学院、中国科学院、中央文献研究室、北京大学、清华大学、中国人民大学等科研机构和全国部分高校的 21 位著名专家学者组成。5 月 1 日，正式启动请奖工作。截止至 8 月 31 日请奖工作结束，共收到 77 项请奖成果。7 月，举行了新闻发布会。9 月上旬，评奖委员会秘书长、副秘书长和学术秘书针对请奖资格是否符合《评奖公告》要求、请奖材料是否完备等内容对全部请奖成果进行了初审。在此基础上，10月15日，完成了通讯评审。

2018年12月9日，第五届郭沫若中国历史学奖评审会召开。经无记名投票，共评出获奖成果42部，其中一等奖1部、二等奖6部、三等奖12部和提名奖23部。评奖结果公示10日，公示期间无异议。

**图01　第五届郭沫若中国历史学奖评审会**

# 基于郭沫若中国历史学奖的中国史研究发展的思考

王　萌

为鼓励广大史学工作者致力学术研究，促进中国历史学的发展与繁荣，中国社会科学院于1998年（即郭沫若同志逝世20周年）设立“郭沫若中国历史学奖”（以下简称：郭奖）。该奖是目前中国历史学界的权威荣誉奖项，每隔5—6年举办一届。该奖授予在中国历史（下限至1949年中华人民共和国成立）研究领域，包括通史、断代史、专史（含科技史）、考古学、古文字学和古人类学等方面有突出建树的中国籍学者或研究团体。

郭奖设立20余年来，共有147项史学著作获奖。自第三届郭奖，除设立等级奖外，还设立了提名奖，以鼓励更多的史学研究工作者。

## 一　古代史研究兼顾通史和专门史

纵观五届郭奖，很多获奖著作是基于中国古代通史的大背景考察某方面专门史的发展脉络的。如第一届三等奖著作《中国人口发展史》（葛剑雄著）、《中国民族史》（江应梁主编、林超民副主编），荣誉奖著作《中国历史地图集》（谭其骧主编）；第二届二等奖著作《中国历史时期冬半年气候冷暖变迁》（文焕然、文榕生著）、《中国边疆经略史》（马大正著）；第三届三等奖著作《中国与西班牙关系史》（张铠著）；第四届二等奖著作《中国印刷史（插图珍藏增订版）（上下）》（张秀民著，韩琦增订），提名奖著作《中国学案史》（陈祖武著）；第五届二等奖著作《中国历史自然地理》（邹逸麟、张修桂主编），三等奖著作《中国古代历史图谱（12卷17册）》（张政烺主编）、《中国科举制度通史》（张希清、毛佩琦、李世愉主编），提名奖著作《长江三峡历史地图集》（蓝勇主编）和《礼与中国古代社会（四卷本）》（吴丽娱主编）等。

葛著《中国人口发展史》堪称填补我国人口学史研究空白的一部力作。作者不仅全面阐述了中国历史上人口调查制度的发展、探析人口数量变化的原因及特点、分析人口构成、人口再生产和人口迁移的变化，同时对现实人口问题提出了与以往研究不同的创新性观点，发人深省。①

## 二　专门史研究覆盖的范围日益广泛

从第一届郭奖到第五届郭奖，获奖作品所覆盖的研究范围已不仅限于经济史、政治史、思想史等传统领域，一些具有交叉学科背景的专门史著作崭露头角，如第二届三等奖著作《中国盐业史（古代编、近代当代编、地方编）》（郭正忠、丁长清、唐仁粤著）、《唐代工商业》（张泽咸著），第三届三等奖著作《云南法制史》（方慧主编），第四届提名奖著作《先秦手工业史》（陈振中著）。一些著作在新的研究领域中独树一帜，如第二届二等奖著作《中国近代海关史（晚晴、民国部分）》（陈诗启著），三等奖著作《中国工人运动史》（刘明逵、唐玉良著）；第五届二等奖著作《重塑中华：近代中国“中华民族”观念研究》（黄兴涛著），三等奖著作《明代九边长城军镇史——中国边疆假说视野下的长城制度史研究》（赵现海著），提名奖著作《留学生群体与民国的社会发展》（周棉等著）。另有一些著作立足党和国家事业发展需求，在服务现实方面取得一定成绩，如第五届三等奖著作《钓鱼岛问题文献集》（张生等主编）。

刘明逵、唐玉良著《中国工人运动史》的出版曾引起学界的关注，它在一定程度上推动了工运史的研究。作者坚持实事求是的原则，通过运用大量第一手资料，吸收工运史研究已有的成果，对许多有争议的问题进行了客观论述，对中国工人阶级的产生壮大、中国工人运动从“自在”到“自为”的转变以及中国革命与工人运动的关系，都作了清晰的叙述。它给人们的基本感觉有两点，一是自始至终贯彻了实事求是的精神，二是突破了旧的框框，勇闯禁区，对许多有争议的人与事作了客观公正的论述。应该说，这套书将工运史研究大大向前推进了一步。②

## 三　个别学科研究纵横交错

如考古学领域，第一届二等奖著作《曾侯乙墓》（湖北省博物馆著），第二届三等奖著作《六顶山与渤海镇——唐代渤海国的贵族墓地与都城遗址》（中国社会科学院考古研究所著）、《北宋皇陵》（河南省文物考古研究所著），第三届三等奖著作《长安汉墓（上、下册）》（西安市文物保护考古所、郑州大学考古专业著），第四届提名奖著作《殷墟青铜礼器研究》（岳洪彬著），第五届三等奖著作《中国古代物质

---

① 李恩军：《〈中国人口发展史〉评介》，《中国史研究动态》1994 年第 2 期。

② 蔡少卿、刘平：《中国工人运动与帮会的关系——兼评六卷本〈中国工人运动史〉》，《学术研究》2000 年第 3 期。

文化史·陵墓》（刘毅著）等均为针对某一特定对象进行纵深式研究的著作。而第三届一等奖著作《中国考古学（夏商、两周卷）》（中国社会科学院考古研究所编著），第四届二等奖著作《中国考古学（秦汉卷）》（中国社会科学院考古研究所编著）、三等奖著作《中国考古学（新石器时代卷）》（中国社会科学院考古研究所编著）和提名奖著作《中国考古发现与研究（1949—2009）》（刘庆柱主编）则是偏重于全时段或某时段的横向研究。

由中国社会科学院考古研究所编著的《中国考古学》是“九五”国家社会科学基金重点资助项目和中国社会科学院重点课题项目，以及“十五”国家重点图书规划项目。全书共九卷，独立成册，包括绪论卷、旧石器时代卷、新石器时代卷、夏商卷、两周卷、秦汉卷、魏晋南北朝卷、隋唐卷、宋辽金元明卷。① 其中多卷获得郭奖。《夏商卷》《两周卷》是中国考古学中的精品，具有权威性和前沿性、全面性和系统性、可读性和便查性的特点，为研究考古、历史和文化的学者提供了重要资料。②

随着经济学科的迅速发展，经济史研究的规模、视角和研究深度也较过去有了新变化。从五届郭奖的获奖作品来看，以在特定历史时期的研究著作为主，如第一届二等奖著作《中国近代经济史（1840—1894）》（严中平主编）、《宋代经济史》（漆侠著）；第二届一等奖著作《中国近代经济史（1895—1927）》（汪敬虞著），二等奖著作《中国经济通史（秦汉经济卷）》（林甘泉著）、《中国经济通史（清代经济卷）》（方行、经君健、魏金玉著）；第四届二等奖著作《中国近代经济史（1927—1937）（上中下）》（刘克祥、吴太昌主编）。以经济学某一分支的发展历程为研究对象的著作兼有，如第二届三等奖著作《唐代财政史稿（上卷）》（李锦绣著）；第三届三等奖著作《中国地主制经济论——封建土地关系发展与变化》（李文治、江太新著），提名奖《中国古代社会商品经济形态研究》（冷鹏飞著）、《中国商业通史（1—3卷）》（吴慧主编）；第四届三等奖著作《中国的早期近代经济——1820年代华亭—楼县地区GDP研究》（李伯重著）；第五届二等奖著作《西夏经济文书研究》（史金波著）和《明代〈万历会计录〉整理与研究》（万明、徐英凯著）。

汪敬虞著《中国近代经济史（1895—1927）》是国家哲学社会科学“八五”重点项目，以“中国资本主义的发展和不发展”作为中心线索，阐明了清末民初帝国主义的侵略对中国经济的影响，分析了中国传统封建经济主体地位的延续和推移，阐释了资本主义在工矿业、手工业、交通运输业、商业和金融业部门中的发展状况。该书资料翔实、有理有据，被学界称为“金字塔式的著作”。③

① 潘衍习：《〈中国考古学〉问世》，《人民日报（海外版）》2005年1月28日。

② 孙亚冰：《〈中国考古学〉之〈夏商卷〉、〈两周卷〉出版》，《中国史研究动态》2005年第3期。

③ 吴承明：《一部金字塔式的中国经济史新著——〈中国近代经济史，1895—1927〉评介》，《经济研究》2001年第1期。

## 四　科学技术史研究体系日臻完善

从历届科学技术史领域获奖作品来看，总论与精确科学融合、科学史与技术史兼顾的特点较为明显。如第三届二等奖著作《中国科学技术史（科学思想卷）》（席泽宗主编）可算为总论型著作的代表，第一届一等奖著作《三千五百年历日天象》（张培瑜著）、第三届提名奖著作《中国数学的西化历程》（田淼著）和第四届一等奖著作《中国科学技术史·数学卷》（郭书春主编）分别涉及天文学和数学。第二届二等奖《中国活字印刷术的发明和早期传播——西夏和回鹘活字印刷术研究》（史金波、雅森·吾守尔著）、第四届二等奖著作《中国印刷史（插图珍藏增订版）（上下）》（张秀民著，韩琦增订）和第三届三等奖著作《中国科学技术史（水利卷）》（周魁一著）则分别涉及印刷术和水利技术的发展历程。

由中国科学院院士席泽宗主编的《中国科学技术史（科学思想卷）》是李约瑟著《中国科学技术史（第二卷）：科学思想史》之后的又一部中国科学思想史巨著，它介绍了科学思想对科学技术发展的影响和中国传统科学的思维方式。该书资料翔实、观点独到，是科学史、哲学史等学科的重要资料。①

郭沫若中国历史学奖自1998年设立至今已逾20年，作为史学界的权威奖项，历来被视作史学研究的风向标之一。评奖本身具有一定的偶然性，获奖著作也许并不能代表中国史研究的最新成果和研究方向。尽管如此，仍有一些获奖著作为相关领域的研究提供了重要启示。在新的历史时期下，史学研究者要在习近平新时代中国特色社会主义思想指引下，坚持唯物史观，坚定为人民做学问的理想信念，加快构建中国特色历史学学科体系、学术体系、话语体系，努力开创新时代中国史学繁荣发展的新局面。

（原载《中国图书评论》2019年第10期）

① 印红香：《科学史学史上的席泽宗院士》，硕士学位论文，上海交通大学，2011年。

# 第十一篇

# 中国郭沫若研究会

# 编者注

2019 年 7 月 12—14 日，“郭沫若与新中国”研讨会暨中国郭沫若研究会第七次会员代表大会在山东威海举办。此次会议由中国郭沫若研究会、郭沫若纪念馆、山东师范大学文学院联合主办，山东师范大学文学院、山东大学（威海）文化传播学院承办。来自中国社会科学院、北京大学、北京师范大学、四川大学、山东师范大学、华东师范大学、四川省社科院、乐山师范学院、日本公立福冈女子大学等国内外 30 余家高校及科研院所的 60 余名专家学者参会。

经过中国郭沫若研究会第七次会员代表大会民主投票，选举出了中国郭沫若研究会第七届理事会成员和负责人。具体名单如下。

# 第七届中国郭沫若研究会负责人名单

会长：蔡震（中国社会科学院郭沫若纪念馆研究员）
监事长：魏建（山东师范大学文学院教授）
学术委员会主任：李怡（四川大学文学与新闻学院教授）
副会长：王本朝（西南大学文学院教授）
副会长：冯时（中国社会科学院考古研究所研究员）
副会长：邱禾（北京社科院东方书店经理）
副会长：张越（北京师范大学历史学院教授）
副会长：周海波（青岛大学文学院教授）
副会长：彭邦本（四川大学历史文化学院教授）
秘书长：李斌（中国社会科学院郭沫若纪念馆研究员）

# 第七届中国郭沫若研究会常务理事名单

（以姓氏笔画为序）

王本朝（西南大学文学院教授）
冯　时（中国社会科学院考古研究所研究员）
李　怡（四川大学文学与新闻学院教授）
李　斌（中国社会科学院郭沫若纪念馆研究员）
杨胜宽（乐山师范学院文学与新闻学院教授）
邱　禾（北京社科院东方书店经理）
何　刚（乐山师范学院四川郭沫若研究中心教授）
张　勇（中国社会科学院郭沫若纪念馆研究员）
张　越（北京师范大学历史学院教授）
周海波（青岛大学文学院教授）
赵笑洁（中国社会科学院古代史研究所党委书记）
贾振勇（山东师范大学文学院教授）
彭邦本（四川大学历史文化学院教授）
蔡　震（中国社会科学院郭沫若纪念馆研究员）
廖久明（乐山师范学院四川郭沫若研究中心教授）
魏　建（山东师范大学文学院教授）

# 第七届中国郭沫若研究会
# 理事名单

（以姓氏笔画为序）

王本朝（西南大学文学院）
尤学工（华中师范大学历史文化学院）
冯　时（中国社会科学院考古研究所）
向　明（江苏科技大学）
刘　奎（厦门大学台湾研究院）
刘平中（四川省社会科学院）
刘海洲（商丘师范学院人文学院）
刘悦坦（山东大学新闻传播学院）
李　怡（四川大学文学与新闻学院）
李　斌（中国社会科学院郭沫若纪念馆）
李生滨（西北师范大学文学院）
李继凯（陕西师范大学文学院）
杨华丽（重庆师范大学）
杨胜宽（乐山师范学院文学与新闻学院）
吴　辰（海南师范大学文学院）
邱　禾（北京社科院东方书店）
何　刚（乐山师范学院四川郭沫若研究中心）
妥佳宁（四川大学文学与新闻学院）
张　勇（中国社会科学院郭沫若纪念馆）
张　越（北京师范大学历史学院）
张武军（西南大学文学院）
张建锋（成都大学文学与新闻传播学院）
陈　俐（乐山师范学院）
陈夫龙（山东师范大学文学院）
陈晓春（内江师范学院）
武继平（日本公立福冈女子大学）

周　文（四川大学文学与新闻学院）
周　群（中国历史研究院历史研究杂志社）
周海波（青岛大学文学院）
周维东（四川大学文学与新闻学院）
周靖波（中国传媒大学人文学院）
孟文博［山东大学（威海）文化传播学院］
赵笑洁（中国社会科学院古代史研究所）
咸立强（华南师范大学文学院）
段从学（西南交通大学人文学院）
袁洪权（西南科技大学文艺学院）
贾振勇（山东师范大学文学院）
钱晓宇（华北科技学院文法学院）
黄益飞（中国社会科学院考古研究所）
梁雪松（中国社会科学院郭沫若纪念馆）
彭邦本（四川大学历史文化学院）
储著武（当代中国研究所）
蔡　震（中国社会科学院郭沫若纪念馆）
廖久明（乐山师范学院四川郭沫若研究中心）
熊　权（河北大学文学院）
颜同林（贵州师范大学文学院）
魏　建（山东师范大学文学院）
魏红珊（四川省社会科学院）

# 第十二篇

# 新书推介

**【文化巨子郭沫若】**

**主　编**：廖久明

**出版社**：四川人民出版社 2019 年 12 月版

**内容简介**：

应乐山市沙湾区政协邀请，四川郭沫若研究中心主任廖久明教授邀请北京郭沫若纪念馆、陕西师范大学、华南师范大学、中国科学技术大学、乐山师范学院的 11 位对郭沫若某领域有深入研究的专家分 10 章写作了《文化巨子郭沫若》，意图将本书写成一本没有地域、身份限制的正面了解郭沫若生平及其成就的普及读本。该书已于 2019 年 12 月由四川人民出版社出版。

该书的目录为：



**【诗人革命家：抗战时期的郭沫若】**

**著　者**：刘　奎

**出版社**：北京大学出版社 2019 年 6 月出版

**内容简介**：

身处“后革命”的语境，如何阅读郭沫若本来就是一个问题。该书选择抗战时期的郭沫若为研究对象，不仅是鉴于学界研究多偏重其“五四”时期所导致的不均衡性，更在于抗战时期郭沫若的问题性。抗战时期的郭沫若，不仅回应了“五四”时期郭沫若的复杂性，而问题的丰富性则或有过之。

较之“五四”时期浪漫的文学青年，抗战时期的郭沫若集诗人、学者、剧作家、革命者乃至传统的士大夫等诸多角色或身份于一体，且充分发挥了各自的优势，达到了他所理想的人格状态。这种现象本身就对我们的新文学史观提出了挑战，这除了旧体诗词要求更为开放的文学史观外，还在于他的历史剧、历史研究所展开的，新旧之间在抗战语境中的新的对话。而我们的核心问题则在于，郭沫若如何以这种身份机制应对抗战与建国的时代问题，这对我们面对当代问题有何历史经验等。

基于此，本书将作家论与文学社会学结合起来，从主体、表达与时代的综合维度，考察战时郭沫若各种身份和表达，与时代问题之间是如何彼此展开、相互作用的。虽然此时他各种角色都尽其所能，但从主体性的视角，他此时的人格形态，依旧受到浪漫美学主体的制约，是一个诗人革命家。诗人革命家不仅为他多元的人格提供了整体视野，更为重要的是它提供了问题和方法。

诗人革命家的人格形态，首先要求我们关注文学表达与抗战建国的关系。战争浪漫主义一度让郭沫若对战争充满了乌托邦幻想，但他最终将浪漫转化为了民众动员的力量、革命主体再生产的条件，从而使浪漫主义从文学领域的情感消费转向了社会领域的创造动能。而更为重要的是，浪漫也决定了他以情感动员为主的革命道路，如“由情以达意”的动员方法、演说的表达方式、“情感教育剧”的美学形式，以及对苏联的乌托邦想象等，均是如此。

诗人革命家的身份机制，在战时也得到了传统的支援。郭沫若虽是激进新文化人的代表，抗战时期他却创作了大量的旧体诗词，并与革命耆旧、文人名士多有唱和。这不仅是源于“旧形式的诱惑”，也是基于文化救赎、社会交际的需要。但其独特处在于，他在分享旧体诗词传统以因应民族“南渡”危机时，其革命家的历史视野让他从美学救赎转向了历史救赎。

与旧体诗词相对应的，是传统的士大夫文化。兼任“政、学、道”的士大夫，不仅为诗人革命家的人格提供了依托，更为其功业或革命理想的实现指示了途径。因此，他效法其师祖廖平“托古改制”的方式，将孔子思想阐释为儒家人道主义，这可视为他为革命重塑道统的尝试。共产党通过“寿郭”运动将他确立为鲁迅的接班人，但他“崇儒贬墨”的方式，还是导致了左翼知识分子及党内部分文艺工作者的不满；同时，他的《甲申三百年祭》又因有“为匪张目”之嫌，而受到国民党的批判。这显示了郭沫若想象历史的独立性和独特性，以及他与政党政治间的复杂关系。

政党政治是影响郭沫若战时文化政治实践的另一个关键因素。正如葛兰西所指出的，政党是现代的君主。郭沫若要实现革命理想，也需借助于政党之“势”。他对“文艺如何动员民众”的思考，回应了国民党国民精神总动员的政策。共产党发动“寿郭”及戏剧运动后，他的《屈原》等剧作，开创了左翼文化政治的新形式。抗战后期的民主运动期间，他又以无党派身份参与其间，为“建国”问题积极奔走。这是郭沫若革命理想与实践的“经”与“权”，也呈现了四十年代的历史开放性。

这种开放性，为郭沫若等知识分子的社会参与和历史想象提供了条件。因而，诗人革命家不仅是郭沫若参与时代的方式，也是我们认识这个时代的视角。它开启的是一个主体与历史彼此敞开、相互作用的有机状态。这对于当下文学的边缘化、学术的体制化等现象，都不无借鉴意义。

## 让主体与历史彼此敞开

吴晓东

大约十年前，我曾分别向自己的两位导师孙玉石先生和钱理群先生请教过一个问题：如果从作家论的角度选择研究对象，现代文学史上哪位作家还有可以进一步探讨的空间？记得孙老师的答案是老舍，而钱老师选择的是郭沫若。

钱理群老师之所以选择郭沫若，看重的是郭沫若在二十世纪中国知识分子中的典型性、复杂性和无可替代性。这种典型性、复杂性和无可替代性差不多在郭沫若生命历程中的任何一个历史时段都有鲜明的体现。所以当刘奎设计博士论文的选题，试图研究抗战时期的郭沫若的时候，我欣然表示赞同，并隐隐约约地预感到，刘奎或许可以挖出一个高含金量的富矿。这种预感终于在他的博士论文《诗人革命家：抗战时期的郭沫若》中得到证实。

四十年代的郭沫若的复杂性和丰富性体现在，相对于“五四”时期浪漫的文学青年，“抗战时期的郭沫若集诗人、学者、剧作家、革命者、政客乃至传统的士大夫等诸多角色于一身，且充分发挥了各自的优势，达到了他所理想的人格状态。这种现象本身就对我们的新文学史观提出了挑战，这除了郭沫若的旧体诗词写作要求我们有更为开放的文学史观外，还在于他的历史剧、历史研究所展开的新旧之间在抗战语境中的新的对话”。而刘奎需要处理的独属于抗战时期郭沫若的更核心问题则在于，“郭沫若如何以这种身份机制应对抗战与建国的时代问题，对于我们面对当代问题有何历史经验”。

正是基于还原特定历史时期特定历史人物的复杂性与丰富性的问题意识，刘奎试图将作家论与文学社会学结合起来，并为他自己的研究设计了一个“主体—表达—时代”的综合维度，进而考察战时郭沫若的各种身份和表达，与时代问题之间是如何彼此展开、相互作用的。而刘奎透视历史中的人物的一个贯穿性的视角，是集中分析郭沫若的“人格形态”，从而直面而不是选择规避郭沫若研究史中的重大议题。刘奎的基本判断是，虽然郭沫若抗战时期各种角色都尽其所能，“但从主体性的视角，他此时的人格形态，依旧受到浪漫美学主体的制约，是一个诗人革命家。诗人革命家不仅为他多元的人格提供了整体视野，更为重要的是它提供了问题和方法”。

所谓的“问题与方法”，在刘奎的研究视野中沿着两个方向展开：一方面，是郭沫若以诗人革命家的身份介入了抗战时期的革命与建国想象；另一方面，作为一种所谓的“身份机制”，郭沫若的人格形态也在特定的历史时代因应与回溯了中国文化与政治传统。首先，对于郭沫若这样一个深刻介入了抗战时期中国政治和历史进程的“诗人革命家”而言，其核心关怀与诉求无疑是自身的文学表达与抗战建国的关系，“战争浪漫主义一度让他对战争充满了乌托邦幻想，但他最终将浪漫转化为了民众动员的力量、革命主体再生产的条件，从而使浪漫主义从文学的消费转向了社会领域的创造动能”。而更为重要的是，“浪漫”在郭沫若身上不仅仅呈现为诗人情怀，也决定了郭沫若以情感动员为基本方式的政治表达路径，刘奎着重分析的郭沫若“由情以达意”的动员方法、演说的表达方式、“情感教育剧”的美学形式，以及对苏联的乌托邦想象等均可归入此一路径。其次，刘奎也花了大量精力探讨郭沫若诗人革命家的身份机制在战时所得到的传统的支援：“虽然是激进的新文化代表，但抗战时期郭沫若创作了大量的旧体诗词，并与革命耆旧、文人名士多有唱和，这不仅是源于‘旧形式的诱惑’，也是基于文化救赎、社会交际的需要。但其独特处在于，他在分享‘南渡’等旧体诗词传统以因应民族危机时，其革命家的历史视野则让他从美学救赎转向了历史救赎。”

也正是通过“历史救赎”的观察角度，刘奎把郭沫若与传统的关联性进一步推溯到“士大夫文化”流脉。在刘奎看来，兼及“政、学、道”的中国传统士大夫，不仅为郭沫若的诗人革命家的人格形态提供了依托，更为其功业或革命理想的实现指示了途径，尽管其在应对政党政治的现实格局的过程中不无曲折。譬如他效法廖平“托古改制”的方式，将孔子思想阐释为儒家人道主义，即可视为郭沫若为革命重塑道统的尝试，但这一尝试却遭到了政党政治的非难；再譬如，虽然现实的革命政权也亟须确立新的道统，中国共产党还通过“寿郭”活动将郭沫若确立为鲁迅的接班人，但郭沫若“崇儒贬墨”的文化思路，最终还是导致了左翼知识分子及党内部分文艺工作者的不满；同时，他的《甲申三百年祭》又因有“为匪张目”之嫌，而受到国民党的批判。刘奎的这一部分研究充分揭示了郭沫若历史想象和历史研究的独立性和独特性，同时也揭示了郭沫若与政党政治间的复杂关系。

政党政治由此构成了影响郭沫若战时文化政治实践的另一个关键因素。正如葛兰西所指出的，政党堪称是现代的君主，郭沫若要实现革命理想，也需借助于政党之“势”。刘奎写作中的历史感也正表现在对郭沫若与政党政治的纠结关系的辨识：郭沫若对“文艺如何动员民众”的持续的思考，回应了国民党国民精神总动员的政策；中共发动“寿郭”及戏剧运动后，郭沫若的《屈原》等历史剧写作，开创了左翼文化政治的新形式；而在“宪政”运动期间，郭沫若又以无党派身份参与其间，为“建国”大业积极奔走。“这是郭沫若革命理想与实践的经与权，也呈现了四十年代的历史开放性。”

“经与权”的辩证，是刘奎总体把握抗战时期的郭沫若的一个核心而独特的线索。在刘奎看来，抗战时期郭沫若虽有着各种不同的文化或政治身份，但对革命却未曾须臾背离。无论是写诗、从政、诗词唱和、戏剧创作还是学术研究，郭沫若在充分释放他的诸种身份所蕴藏的能量的同时，并未外在于革命之

“经”。而郭沫若在各种身份形态之间频繁且裕如地转换，都可以视为作为一个诗人革命家的“权变”。刘奎指出：“这种独特的经与权，是他与其他文化人或革命者的不同处。如果借用狐狸与刺猬这两种知识分子类型来看郭沫若，我们可以说，他看起来像狐狸，但实际上却是刺猬。……对于郭沫若来说，浪漫主义的诗化人格，是他多变的一面，而革命或历史精神则是他的统摄原则。也就是说，他身份上的改变，正是为了因应时代问题而做出的自我调整，是为了更为有效地介入现实所采取的斗争策略。”“因此，诗人革命家的身份，为郭沫若提供了切入现实问题的方式，他的诗人、学者、剧作家等不同身份，均可视为诗人革命家在回应时代问题时的具体形态，从而使他能与社会、文化、政治等取得有机关联。”刘奎的这些体认，都有助于深化对郭沫若形象以及历史作用的理解，也同时意味着一个历史研究者向历史语境的真正敞开中所获得的一种开放性视野。

正因如此，我尤其欣赏刘奎下面的表述中所体现出的作为一个年轻学人难能可贵的自觉意识：“这种开放性，又为郭沫若等知识分子的社会参与和历史想象提供了条件。因而，诗人革命家不仅是郭沫若参与时代的方式，也是我们认识这个时代的视角，它开启的是一个主体与历史彼此敞开、相互作用的有机状态。这对于当下文学的边缘化、学术的体制化等现象，都不无借鉴意义。”也许，通过郭沫若研究，刘奎自己也逐渐开始找到一个研究主体“与历史彼此敞开、相互作用的有机状态”。在这个意义上，历史研究也就有可能不仅仅停留在一个“历史想象”的层面，同时历史也通过它的研究者有效地介入了当下的时代和进程，成为当下的研究者以及当下的社会总体感受历史的一个既动态又开放的视角。而这种研究主体“与历史彼此敞开”或许暗含着某种方法论意义，其启示意义在于，过往的历史由此获得的是一个动态的主体性，从时光尘封的故纸堆中被当下的研究主体唤醒，彼此在互证的过程中各自找到了表达的有效途径：历史通过研究主体获得表达，而研究者也通过被他唤醒的历史主体获得了向历史同时也就是向未来远景敞开的视野，正如刘奎隐含了内敛的激情的下列表述：“我们之所以重新回到抗战时期的郭沫若，将他彼时各种身份、表达与时代问题加以考察，并非是要为这个时代增加一个分裂的历史主体，或一堆难以拾掇的历史碎片，相反，我们试图将郭沫若的每一种身份，他的每一种表达，都视为一种切入社会与时代问题的方式，或历史内部的一枚楔子，从整体上呈现一个与社会、历史有着密切关联的、有机的主体。这是本文的整体视野，也是我们回顾郭沫若的初衷，即为了打捞这种历史经验——尽管它往往呈现出一种未完成的状态，但它所开启的可能性，如主体与历史、文学与社会之间的相互关联，都值得我们再度回顾。这也是处于‘后革命’语境中的我们，重拾郭沫若的某种不得已的途径。”

刘奎的研究中鲜明而自觉的当下意识也正在此。通过他的研究，郭沫若这一在后革命语境中有争议的历史人物真正获得了历史性，也从而获得了当下性。换句话说，如果没有研究主体与历史人物彼此敞开、相互作用的“历史研究”，历史人物或许就永远化为“历史”而无法成为后来者的可堪鉴照的历史之镜。在这个意义上，历史研究者所做的堪称是擦拭历史之镜的工作，也无异于为当今的社会总体提供照亮历史通道的折光，因此，这样的历史研究也是直面当下并指向未来的。而刘奎对“诗人革命家”的形象设定，也使作为一个文学家的郭沫若显示出独特意义，最终事关我们对文学史研究的本体价值的体认。正像刘奎在余论中引述郭沫若在一九四三年所说的一句话：“史学家是发掘历史的精神，史剧家是发展历史的精神。”在郭沫若的这一表述中，“史剧家”也可以替换为“文学家”。虽然史学家和史剧家都关乎“历史精神”，但是在郭沫若眼中，史剧家是在“发展历史的精神”，这种“发展观”或许也能够成为一个文学史研究者独特的历史研究取向。这也正是刘奎强调郭沫若身上一以贯之所禀赋的浪漫主义的意义：“更为关键的是，郭沫若是从浪漫主义文学转向革命的，浪漫主义的有机体观念、宇宙的目的论等，都从精神和观念的层面强化了黑格尔与马克思主义的历史精神。”其实，对于一个诗人革命家来说，郭沫若或许并不满足于所谓对历史精神的强化，而更渴望的是对历史精神的“发展”，而正是这种“发展”，许诺的是一个文学家对历史的具有主体性的介入，同时也就指向了历史发展中的现实进程，进而蕴含的是历史的未来维度。

（原载《读书》2018年第1期）

# 第十三篇

# 硕博论文

**【博士论文：郭沫若金文著作的文献学研究——**以《两周金文辞大系》为中心**】**

**著者：**李红薇

**导师：**吴振武

**学校：**吉林大学

**专业：**历史学

郭沫若在古文字研究方面贡献卓荦，其代表作《两周金文辞大系》依年代与国别科学系统地整理了两周金文，开创了“标准器”断代法，奠定了现代金文研究的范式。该书是郭沫若所有学术著作中修改次数最多，持续时间最久的一部，是其金文研究最重要的著作。

本文以《两周金文辞大系》为中心，参照郭沫若历史考古著作中相关意见，从文献学角度对郭沫若金文研究进行整理与研究，梳理其观点演变脉络。钩沉书信、日记等相关史料，着重探求作者观点变更的背景及原因，尽可能还原郭沫若学术研究历程。

本文主体由六部分组成。

一、绪论。简要介绍古文字学术史研究概况、郭沫若古文字学的研究现状，分析以往研究中的不足之处，叙述本文的选题意义及研究方法。二、《两周金文辞大系》成书史及其版本概述。从文献学角度釐清《大系》成书过程、版本源流及嬗变情况。三、《两周金文辞大系图录》研究。对所收器图、铭文逐一溯宗考源，辑录诸版差异，从学术史的角度认识其价值。四、《两周金文辞大系考释》研究。利用校勘学方法核对诸版差异，参以郭沫若其他论著，梳理观点演变脉络，最后探讨郭沫若金文学著作的版本问题。五、专题研究。该部分包括《郭沫若全集》金文著作相关问题的考订；新见日藏郭沫若手批《两周金文辞大系考释》的介绍研究；订正关于《大系》版本信息的错误记载并分析产生的原因；以《臣辰盉铭考释》为例从文献学角度解剖郭沫若论文写作、出版环节中产生的各类问题并阐释成因。最后，论文写作过程中间有所得裒为“读书脞录”一节。六、附录。包括《大系》器名异称表、郭沫若历史考古类著作版本综览、郭沫若金文著作编年、著录简称表四部分。

**【硕士论文：解构与重构：《凤凰涅槃》中的精神现象学】**

**著者：**侯君伟

**导师：**魏建

**学校：**山东师范大学

**专业：**中国现当代文学

本文以郭沫若的诗歌《凤凰涅槃》和黑格尔的《精神现象学》为参照，将两个文本的直接关联和潜在关系进行互文性比对研究，以郭沫若诗歌所表现的动态精神为文学的出发点，黑格尔《精神现象学》的哲学思路为基本框架，尝试重构《凤凰涅槃》的诗歌批评视野。并说明该诗与精神现象学的内在联系，依据其理论对诗歌进行重新评估。其一，探索出离固有文学原理解读诗歌的可能性，以及阅读中国新诗的方法、途径。其二，探求以《精神现象学》为理论先导的黑格尔客观唯心主义哲学与诗歌研究融合的可能性。

本文共五部分。引言介绍郭沫若作

为球形天才的特质，兼有自然和人文社会的双重科学视域和为我所用的思维方式。依据文学文本的分析，指出我国诗歌批评在郭沫若诗歌及关于《凤凰涅槃》研究的成果和缺陷。尝试对《凤凰涅槃》整体研究状况、进度做历时性的全景扫描，整理各家特点，辨别其间误区，吸取前人教训，规避潜在错误，把握目前研究动向。

第一章，详细交代《凤凰涅槃》创作前后的因果条件及影响因素。区别大陆哲学泛神论与郭沫若泛神思维，归纳两者在文本中处于同一状态展现的艺术效果。注意作者对诗歌多次修改体现出的主客观动力。由席勒美学思想的三原则推及郭沫若诗歌创作的脉络与必然遭遇的瓶颈，判断对文本批评的合理性及错误倾向。

第二章，拟用生命、文化、精神、诗歌四个更生主题阐释《凤凰涅槃》的多元化艺术成就。从自然世界生命演化、凤凰与菲尼克斯的同一与差异生成的独特美学效果、凤凰歌与群鸟歌的辩证关系和出场顺序问题的讨论、“涅槃”词义辨析、个人精神觉醒与群体精神崛起、诗歌内在的创作原理、发掘《凤凰涅槃》独有的审美特质和审美规范等方面，陈述其文学色彩、哲理内容。

第三章，理清《凤凰涅槃》与《精神现象学》的文化背景、写作结构、思想原理、哲学内涵的关系，运用精神现象学的认知方法解读《凤凰涅槃》潜在的互文效应，进而提升至凤凰之火的火元素的渊源和含义的探讨，关联《凤凰涅槃》《精神现象学》内部精神的永恒性与完满性问题。通过柏拉图《理想国》第九、十章提及的“回忆说”回顾两个文本的循环结构和动态精神。

结语，总结全文。以整合《凤凰涅槃》与《精神现象学》的角度重申作品与理论互为阐释互为生成的事实，从而调解诗歌与哲学之间的矛盾，努力给出纯哲学方法解读现代诗歌的有效途径。

**【硕士论文：国民革命的梦与醒**——郭沫若的北伐体验与其民众革命观的确立】

**著者：**邹佳良

**导师：**王学振

**学校：**海南师范大学

**专业：**中国现代文学

北伐时期的郭沫若研究，无论对认识此阶段郭沫若的经历和文学创作，还是对理解北伐前后郭沫若思想变化轨迹都至关重要。但长期以来郭沫若研究界对北伐时期的郭沫若研究未给予应有的重视。本论文以文史对话为基本研究方法，在具体的社会历史情态中探析郭沫若北伐时期完成《请看今日之蒋介石》和《脱离蒋介石以后》的动机，展示郭沫若对国民革命由热情的梦幻到逐渐清醒的转变过程，试图在具体的历史情境中为理解此阶段的郭沫若提供一个侧面，其章节安排及主要内容如下。

第一章“拥抱国民革命”主要探讨郭沫若受聘广东大学文科学长的真正动机是对革命策源地的向往。郭沫若在广东大学推动的择师运动本是出于改良教务的目的，但广东大学的文科改革是国民党党化教育的重要环节，因而，郭沫若推动的择师运动实际上为广东国民政府的党化教育敲了边鼓。除广东大学相关教务活动外，郭沫若还怀着极大的热情参加了与革命直接相关的活动和讲演，宣传革命，显示出对国民革命的拥抱姿态。

第二章“拥护‘新都’武汉”主要在“恢复党权运动”历史语境下讨论郭沫若的个人经历及《请看今日之蒋介石》的写作：1926 年年末至 1927 年年初，国民党左派忌惮国民革命军总司令蒋介石权力过大，发起声势浩大的“恢复党权运动”压制其日益膨胀的独裁野心和独裁行为。在此运动中，郭沫若是蒋介石极力拉拢的人物。郭沫若却选择支持左派，积极游说手握兵权的李宗仁和朱培德反蒋以支持武汉中央，又在朱德家中写出了反蒋檄文《请看今日之蒋介石》。在此背景之下重读檄文，可以看出在“恢复党权运动”言说体系下的《请看今日之蒋介石》既是郭沫若的反蒋宣言，也是初步认清国民革命本身包含反革命因素的告白。

第三章“反蒋的貌合与神离”着重在宁汉对峙、武汉国民政府右倾历史语境下解读郭沫若写作《脱离蒋介石以后》的动机和批评策略：“四·一二”政变前后，武汉国民政府仍试图以政令、党纪和宣传使蒋介石服从，对蒋是否采取军事行动却一直犹豫不决。郭沫若认为这些举动是向反革命妥协的表现，并在《脱离蒋介石以后》中对之进行批评。因而，《脱离蒋介石以后》具有对蒋介石进行声讨和对武汉国民政府妥协行为进行批评两方面的写作动机。对两者的批评，郭沫若都用了直接声讨和隐微批评这两种批评策略，由于批评对象的不同及个人经历、处境等方面的原因，具体的表述方式又不尽相同。郭沫若对蒋介石与武汉国民政府的批评体现出他对国民革命的又一次清醒认识。

第四章“重申为‘民众’的革命”主要对《请看今日之蒋介石》和《脱离蒋介石以后》两篇文章中不断出现的“民众”进行话语分析。从“民众”一词使用语境可看出郭沫若所持的是“为‘民众’的革命”的革命观。这一革命观念既是郭沫若北伐时期的一系列政治活动的基本立场，也是他后来倡导无产阶级革命文学的理论基点。

结语部分指出，研究北伐时期的郭沫若及其创作对理解郭沫若在此期间的经历与思想变化及其所倡导的革命文学理论与实践都不无益处。

**【硕士论文：郭沫若《诗经》学研究】**

**著者：**曹悦

**导师：**李金善

**学校：**河北大学

**专业：**中国古代文学

本文以郭沫若的《诗经》研究成果为研究对象。郭沫若在《诗经》研究方面取得丰硕的成果，在传统《诗经》学向现代学术转型的过程中，郭沫若具有意义深远的影响。郭沫若的贡献首先体现在《诗经》今译方面，郭沫若的《卷耳集》在《诗经》今译方面最具影响，他从《诗经》选取四十首情歌恋诗，运用风韵译的方法翻译成现代诗歌，并对这些诗歌进行再创造，表现出对爱情的歌颂和对自由的向往，郭沫若在新文化思潮的背景下，不仅保留了《诗经》作品原有的主题，更体现了思想解放的精神。向往和追求幸福的基本主题，通过《卷耳集》的创作更能体现出思想解放的时代背景。本论文通过《卷耳集》版本内容的对比研究，讨论和探究郭沫若翻译诗歌内容的变化及变化的原因，补充和完善郭沫若《诗经》学研究。在社会历史研究方面，郭沫若把《诗经》当作历史材料，通过解读《诗经》中诸多诗篇，运用历史唯物主义的方法论证商周时期的社会现状。在这个研究过程中，郭沫若完成了《中国古代社会研究》《青铜时代》等著作，使用诗史互证的方法来揭示商周时期的真正面目。由于时代局限性、《诗经》材料的不完善以及郭沫若个人的性格特征等原因的影响，郭沫若的《诗经》研究仍存在一些缺陷和问题，但是对现当代《诗经》学的研究仍具有很大的指导意义和学术价值。

**【硕士论文：民国文学视阈下的郭沫若历史剧研究】**

**著者：**闻影

**导师：**王玉春

**学校：**大连理工大学

**专业：**文艺学

郭沫若是一个在现代文学史上有突出贡献，并且可以代表发展方向的文学家。他以诗集《女神》及以他为代表的创造社，形成了现代中国的浪漫主义的文学倾向与文学流派。他的历史剧是中外优秀戏剧艺术理论和实践的结晶。在中国新型历史话剧发展上起到了开路先锋的作用。学者们对于郭沫若历史剧进行了近乎“全景式”的研究分析。但更多的关注点在于作家和作品本身。对于文学发生的生态环境重视程度不足。

郭沫若历史剧研究已有百年历史。自发表、演出以来就有很多的研究和评论。民国时期有百余种报刊刊登了郭沫若历史剧的评论文章，包括当时影响力较大的《新华日报》《中央日报》《文汇报》《新蜀报》等。郭沫若历史剧研究在民国时期就出现一种热潮，可供研究的史料较多。新中国成立以后，郭沫若历史剧研究着眼于分析人物形象、悲剧审美、创作的思想基础、历史剧的真实和艺术虚构之间的关系等多个角度。

本文力求拨开历史云雾，溯源探求历史剧之真实意蕴。立足于史料的整理和分析，研究民国时期郭沫若历史剧的研究。论题本身具有开拓性和创新性。通过回归文学创作的生态环境，尽可能还原郭沫若自我建构的发展轨迹，进而探究历史剧创作的真实环境和深层内涵。通过搜集历史剧传播与接受情况的相关史料，如戏剧的演出频次、观众接受度、演员的影响力、戏剧的卖座量、报刊的出版发行和转载量，以及戏剧涉及的历史人物在当时掀起的研究热潮情况，还原历史剧创作的生态环境。研究郭沫若历史剧在当时的历史语境下有着怎样的影响。研究郭沫若对自己作品的阐释，包括书信、序言、自述、后记等史料，进而拨云散雾、溯源求真，探究民国时期郭沫若历史剧隐晦的创作缘由。五四时期作者强调思想和"人"的解放，反抗封建，追求民主、科学和自由，借古人之口，传达五四文人对于时代的深刻剖析。抗战时期，由于国家形势的复杂性，郭沫若的抗战六剧蕴含着多重弦外之音，既包括对于日本侵略者的仇恨和敌视，又深刻揭露了历史条件下国民党消极抗战、破坏统一战线、卖国投降的无耻行径；郭沫若的批判笔法对抗战特殊时期出现的卖国贼和汉奸走狗行为进行了深恶痛绝的鞭笞；同时，他直面历史，将历史剧创作扎根土地、切中人民需求，营造民众团结一心、积极抗战的氛围，在塑造了一系列人民喜闻乐见的人物形象的同时，也达成了戏剧艺术性和教化功能的进一步融合。

**【硕士论文：茨维塔耶娃与郭沫若诗歌中的神话诗学对比研究】**

**著者：**洪昕

**导师：**张婷婷

**学校：**上海外国语大学

**专业：**俄语语言文学

20世纪的神话之浪潮不仅席卷了西方也漫至东方。不同国家、不同诗人个体作品中体现的神话诗学都具有不同的魅力。出生于不同国家、具有不同思维导向，却受到同一时代感召的两位诗人——茨维塔耶娃和郭沫若的诗歌作品中均构建了自己的神话诗学宇宙。

玛琳娜·伊万诺夫娜·茨维塔耶娃（1892—1941），俄罗斯著名诗人、散文家、剧作家，被称为二十世纪俄罗斯最伟大的诗人之一，郭沫若（1892—1978），中国现代著名文学家、诗人、剧作家、历史学家，被认为中国新诗奠基人之一。自20世纪以来，学者们从多个方面对两位诗人的作品进行了研究，从神话诗学这一角度进行研究的也颇有硕果。但是不论是对茨维塔耶娃还是对郭沫若诗歌作品中的神话诗学研究，大部分都局限于具体的诗歌篇章中，分析得比较零碎，也较少对不同诗人的作品进行对比。

为了对神话诗学有更加深入的认识，更加深刻地理解茨维塔耶娃和郭沫若的诗歌，同时感受同一世纪不同思维导向的诗人之间作品的差异性和相同点，进行对比十分必要。本文从神话诗学的角度对他们的作品进行对比研究是一次大胆的尝试，目的在于更加全面、纵深地展示两位诗人的诗学宇宙，丰富学界对茨维塔耶娃和郭沫若创作的研究，引起学者对这一课题的重视。

本文主要由绪论、正文、结语及参考文献四部分组成。其中：

绪论梳理关于茨维塔耶娃和郭沫若作品中神话诗学的研究现状，论文的选题动机、意义和研究方法等。

正文第一章是《茨维塔耶娃和郭沫若生平创作及其神话观念》，分为两小节，第一节介绍了茨维塔耶娃和郭沫若的生平与创作，对诗人作品神话诗学形成的原因有所侧重，第二节主要阐明茨维塔耶娃和郭沫若各自的神话观念。

第二章是《神话诗学的理论视角》，先介绍了中国和俄罗斯神话兴起的现象和原因，再具体介绍俄罗斯学者梅列金斯基的神话诗学理论，为第三章框架结构奠定理论基础。

第三章为《神话模式》，从三个方面（宇宙神话、死亡神话、英雄神话）对两位诗人的诗歌进行了具体分析。第一节《宇宙神话》中通过分析茨维塔耶娃和郭沫若诗歌中具体的宇宙要素和二元对立的逻辑来表明他们的诗歌都体现的宇宙神话的核心：从混沌到宇宙的过程，通过对比发现：虽然这个过程的运动方向一致，但是诗人们的描写重点不同。茨维塔耶娃笔下的混沌的世界是现实世界，宇宙象征的是理想的世界，郭沫若笔下混沌的世界是旧的世界，宇宙代表的是旧世界的破灭。这个侧重点在第二节《死亡神话》中表达得愈加明显。通过对比分析两位诗人诗歌作品中体现的死亡神话我们发现：茨维塔耶娃主要表达个人的死亡，即肉体的灭亡和心灵的永恒，而郭沫若主要表达新旧世界的转换，即旧世界的灭亡和新世界的再生。第三节为《英雄神话》，它是诗人思想的另一方面的表达，与第二节死亡神话相互关照，主要介绍了茨维塔耶娃笔下的诗人英雄和郭沫若笔下的历史英雄，这些英雄身上都分别寄托了诗人的理想和情感。诗人笔下的英雄们即使去了另一个世界也会坚持创作达到永恒，历史英雄的形象则见之于当代的劳工，他们必将开创时代的伟绩、拯救国家。

结语部分对两位诗人的神话诗学特征进行了总结与归纳，茨维塔耶娃构建的神话世界是内在的，是从地到天，从此岸到彼岸的空间运动，郭沫若构建的神话世界是外部的，是从旧到新，从毁灭到再生的时间运动。这样的神话思维也导致了两位诗人写作风格的不同，体现了他们对自我和社会的思考。

结论后附有参考文献。

**【硕士论文：发现辛格：郭沫若对辛格的译介研究】**

**著者：** 黄依柔

**导师：** 李成坚

**学校：** 西南交通大学

**专业：** 英语语言文学

作为享誉世界的爱尔兰剧作家，约翰·辛格被引介到中国已近百年。其代表剧作如《骑马下海的人》《西方世界的花花公子》《圣泉》等六部戏剧在20世纪20年代便被译介到中国，译者正是中国著名文豪郭沫若。作为将辛格剧作带到中国的第一人，郭沫若以一己之力引领了五四文人对辛格的关注，成了时代潮流的先锋。如今，国内学者对爱尔兰文学和辛格的研究正兴盛，在郭沫若与爱尔兰戏剧家约翰·辛格的文学关系研究上，却重在对两位作家的创作观念契合和文学风格的比较，而忽视了郭沫若接触辛格戏剧历史契机的追溯，缺乏此领域的研究成果。因此，本文旨在将研究置于20世纪20年代的中国与日本的历史文化语境，通过追溯郭沫若译介辛格的前因后果，从而佐证郭沫若对爱尔兰剧作家辛格的译介，是基于郭沫若“为我所用”的文化理念和对中国国情的思考，而非机械地模仿日本文人之观念。

本文将以郭沫若对爱尔兰文学家的译介为研究对象，借助比较文学变异学视角下的创造性叛逆为理论指导，分析郭沫若以及同时期日本作家在译介辛格上的创造性叛逆及其叛逆背后的前因后果。并通过文献梳理、文本细读等方法，来帮助认识和分析辛格剧作在中日的译介。

本文首先在材料搜集和整理的基础上，将研究置于中国五四新文化运动时期，通过溯源郭沫若1920—1926年的主要文学活动及其文学思想转变、郭沫若与同期其他作家的历史关联与互动，考辨郭沫若启动翻译辛格戏剧工作的历史脉络，同时发掘郭沫若翻译辛格剧作的创造性叛逆及辛格印记。通过进一步追溯同时期辛格在日本的发展状况，本文将同时考据郭沫若译介辛格的日本因素并进一步分析日本作家在接受辛格和译介辛格上的创造性叛逆。最后通过比较郭沫若与日本文人在译介辛格上的不同，来证明中国作家郭沫若在引介外国文学时“为我所用”的务实理念。返观郭沫若译介辛格的历史，不仅补充了二者文学关系的译介始源材料，在另一方面，也对当代中国“学术自信”的文化建设有着指导意义。

**【硕士论文：唯物史观视域下郭沫若的史学研究**——以《李白与杜甫》为例】

**著者：**舒梓剑

**导师：**张春和　郭士礼

**学校：**成都理工大学

**专业：**马克思主义理论

习近平总书记在庆祝改革开放40周年大会上发表的重要讲话，在肯定了中国共产党带领人民取得历史性成就的基础上，强调了新时期下坚持唯物史观理论与方法的重要性。唯物史观作为马克思创立的两大理论成果之一，阐明了人类发展的本质及一般规律，是人类历史发展观中的科学形态。作为中国唯物史观史学开拓者的郭沫若，在历史研究中取得了丰硕的成果。本文以郭沫若学术著作《李白与杜甫》为蓝本，评论史学著作《李白与杜甫》的利弊得失，总结唯物史观视域下郭沫若史学研究的成就与不足，努力为新时期马克思主义历史学的发展提供一定的理论参考与借鉴。

郭沫若唯物史观的形成并非一蹴而就，郭沫若唯物史观的形成和完善与中国社会的变迁和历史任务演变有着密切关联。20世纪20年代在革命运动的时代洪流中，郭沫若接受唯物史观，在思想上实现了三个层面上的转变，从泛神论到唯物主义思想的转变；从个性解放到阶级革命的转变；从偶像崇拜到人民本位的转变。进入新民主主义革命时期，郭沫若完善了唯物史观指导中国历史研究的理论，突出了将生产关系总和作为古史研究的线索，将阶级属性作为批判历史人物的立足点，将革命斗争作为历史研究的指向。待到新民主主义革命胜利以后，随着中国历史任务由新民主主义革命转为社会主义建设，郭沫若没有停止运用唯物史观指导中国历史研究的步伐，而是不断提升着对唯物史观的理解，推动着中国唯物史观史学的新发展。总之，郭沫若唯物史观史学思想随着社会和时代的变化发展与时俱进。

《李白与杜甫》是郭沫若唯物史观史学研究的新范式。首先就史学的叙事内容而言，《李白与杜甫》一书全景式地对李白、杜甫以及两者关系作了细致梳理，不仅涉及了李白与杜甫生平及经济状况，还对两者的哲学思想进行了探讨。其次就《李白与杜甫》体现的史学研究方法而言，在评价方法上坚持历史与道德批判相统一，主张从历史发展观点和儒家道德评判标准的双向维度出发；在分析方法上遵循历史唯物主义的辩证法思想，充分运用生产力与生产实践、社会存在和社会意识，以及人民群众和历史人物的辩证关系；在还原人物方法上坚持运用毛泽东阶级分析的史学观点，重视阶级矛盾和阶级斗争的作用。最后就郭沫若运用唯物观指导历史人物研究的学术表征而言，《李白与杜甫》彰显了"二重证据法"、历史地理学以及生理医学的跨学科学术表征和"人民本位"思想同"文史互证"方法相结合的学术表征。

通过对郭沫若《李白与杜甫》史学内容、方法和学术表征的论述，可知唯物史观视域下的郭沫若史学研究对中国史学的走向和进程产生了深远影响，引领了唯物史观同中国具体历史研究的结合，奠定了唯物史观指导中国历史研究话语权的基础，为党领导的革命和建设提供了学理性的依据。但郭沫若的史学研究还存在时代的缺陷和不足，对于上述缺陷和不足我们不能一味苛求，而需因时代的局限报以理解和同情。总的看来唯物史观视域下郭沫若的史学研究遵循了马克思主义唯物史观的基本原则与方法，是马克思主义史学中国化的重要组成部分。学习和深入郭沫若的史学研究对于新时期的历史研究具有重大的经验借鉴和现实启示意义。

**【硕士论文：马克思主义妇女观视野下郭沫若女性历史人物研究**——以蔡琰为例】

**著者：**姚媛媛

**导师：**张春和　郭士礼

**学校：**成都理工大学

**专业：**马克思主义理论

以马克思、恩格斯创立的思想理论体系命名的马克思主义包括哲学、政治经济学和科学社会主义，阐明了自然、社会和思维发展的一般规律，揭示了资本主义生产方式的固有矛盾以及资本主义社会的特殊运动规律，是工人阶级认识和改造世界、争取人类解放的理论武器。马克思、恩格斯的论著涵盖人类社会发展的三大主要方面，关于妇女问题的研究散见其著述中。恩格斯的《家庭、私有制和国家的起源》一书，作者用了较为详尽的笔触书写并记录了有关妇女的地位演变、妇女问题的产生过程、基本规律及妇女解放的基本道路，被公认为关于妇女研究方面的经典之作。此外，马克思、恩格斯运用辩证唯物主义和历史唯物主义的理论方法论述关于妇女方面的思想在他们的专著《共产党宣言》《1844 年经济学哲学手稿》《反杜林论》等中都有直接或间接的体现。马克思、恩格斯在对妇女问题的探讨过程中形成了马克思主义妇女观，肯定妇女在推动历史发展和创造人类文明过程中的重要贡献，鼓励女性重新回到公共的劳动中去。马克思主义妇女观为人类社会的发展和妇女的解放作出了重要贡献，对我们分析研究今天的妇女地位、追求两性平等的社会尤为重要，是研究女性问题的理论支撑。

郭沫若是我国著名的现代文学家、历史学家、新诗奠基人。“五四”时期，马克思主义传入中国，在中国大地上生根发芽。经历了新文化运动、新民主主义革命到新中国的成立，郭沫若的个人思想意识和价值观念发生了巨大变化。他在研读马克思主义学说的过程中接触到了马克思主义妇女观，认识到妇女作为社会生产、推动社会发展的主要力量，生活在社会的底层，是男权社会中的弱势群体，一直遭受着社会压力与封建思想的双重压迫，这与马克思、恩格斯追求的全体社会成员公正与平等的理念是相悖的，这也不符合马克思主义妇女观的基本要求。深受马克思主义妇女观的启发，郭沫若在史学研究与文学创作中通过对五四运动至新中国成立前后女性所处的时代背景、文化基础的考察，选取东汉以才女蔡琰为代表的女性历史人物为研究基点，通过五幕历史剧《蔡文姬》，在秉承马克思主义妇女观思想精髓的基础上，让蔡琰这一历史人物紧跟时代，成就她深明大义、识大体、顾大局、爱国的新时代女性形象，呼唤女性思想意识从封建的牢笼中解脱出来，主动追求解放、追求自我价值的实现。

郭沫若对蔡琰的研究，在马克思主义妇女观的指导下，通过辩证唯物主义与历史唯物主义的方法，在搜集史料的可靠性与考证的严谨性、秉承人民本位与时代发展立场的基础上重塑蔡琰这一人物形象。该形象实现了人物历史真实与艺术真实之间的和谐统一，体现出理论性与科学性相结合、大众性与独特性相联系、文学性与现实性相接轨的史学特征。郭沫若的历史剧《蔡文姬》，编著的不仅仅是一个女人的故事，更是女性大众历史的述说。

本论文以女性历史人物蔡琰研究为切入点，从马克思主义妇女观的视角，用辩证唯物主义与历史唯物主义的辩证方法对女性历史人物的故事进行思考、研究，呼吁广大文艺工作者坚持以马克思主义为指导，坚持以人民为中心的创作导向，弘扬中国精神、凝聚中国力量。同时，通过对蔡琰研究的史学内容、史学方法、史学特征的探讨理出郭沫若女性历史人物研究的思想启示与当代价值，关注女性群体、重视女性教育、消除性别歧视，将女性从生产劳动中解放出来，不仅有助于改善妇女的社会地位，维护妇女的权益，同时有助于马克思主义妇女观在中国社会与文学领域的传播和发展。

**【硕士论文：艺术歌曲《湘累》的音乐特点与演唱分析】**

**著者：**张奇伟

**导师：**顾中思

**学校：**四川师范大学

**专业：**音乐学

“能够流眼泪的人，总是好人。能够使人流眼泪的诗，总是好诗。”艺术歌曲作为声乐艺术中将文学与音乐高度融合的门类，在窥探人的微观情感上有着非比寻常的魅力。这其中所展现出的高雅艺术品位不仅是视觉直观所能感知到的文字文学，更是在音乐音符的加持下触动受众听觉神经的综合展现。在艺术歌曲发展的进程中，大量优秀的作曲家不断将古今中外的经典文学诗作进行编配创作，赋予这些文学作品更深层次的含义，从而得到广泛传播。本文将要撰写的正是这样一部优秀的中国当代艺术歌曲作品《湘累》。

本文的研究将从以下三部分推进：第一部分是对艺术歌曲《湘累》的背景陈述，包含对词作者郭沫若与曲作者陈啸空的生平简介；第二部分将从文学与音乐两个维度出发，通过词曲拆解、创作技法、曲式曲调等方面的分析对该曲进行深入研究；第三部分则是对该曲的演唱探析，由浅入深多层次演唱该曲，为今后演唱同类型歌曲打下基础。

# 第十四篇

# 展览活动

# 《郭沫若研究年鉴 2017 卷》出版发布会暨学术研究型年鉴编撰研讨会召开

2019 年 6 月 19 日，由郭沫若纪念馆、《郭沫若研究年鉴》编辑部举办的《郭沫若研究年鉴 2017 卷》出版发布会暨学术研究型年鉴编撰研讨会在当代中国研究所召开。中国社会科学院古代史研究所党委书记、郭沫若纪念馆馆长、《郭沫若研究年鉴》主编赵笑洁，中国社会科学出版社年鉴分社社长张昊鹏，中国社会科学院郭沫若纪念馆研究员蔡震，山东师范大学文学院教授魏建分别致辞。

中国社会科学院文学研究所党委书记张伯江，中国社会科学院郭沫若纪念馆原馆长郭平英，中国社会科学院外国文学研究所副所长吴晓都，《新文学史料》主编郭娟，中国社会科学院古代史研究所研究员刘源，中国社会科学院文学研究所年鉴编辑

部副研究员郑薇，《中国年鉴研究》编辑部主任冷晓玲、编辑宿万涛等专家学者，围绕学术研究型年鉴的选题、编撰和传播问题进行了深入的研讨。专家们也对《郭沫若研究年鉴》栏目的设置、重点专题的选取和馆藏资料的使用等方面提出了宝贵的建议，为《郭沫若研究年鉴》不断走向全面化、专业化和精品化指明了方向。

参加研讨会的还有中国社会科学院郭沫若纪念馆副馆长刘曦光、副研究员李斌、副研究馆员梁雪松和馆员陈瑜等共20余人，研讨会由《郭沫若研究年鉴》张勇研究员主持，发布会由王静馆员主持。

（王静供稿）

# 纪念中华人民共和国成立 70 周年系列展

## 郭沫若的历史剧世界

主办单位：郭沫若纪念馆
展览地点：郭沫若纪念馆西院展厅
展览时间：2019 年 2 月 8 日—2 月 24 日

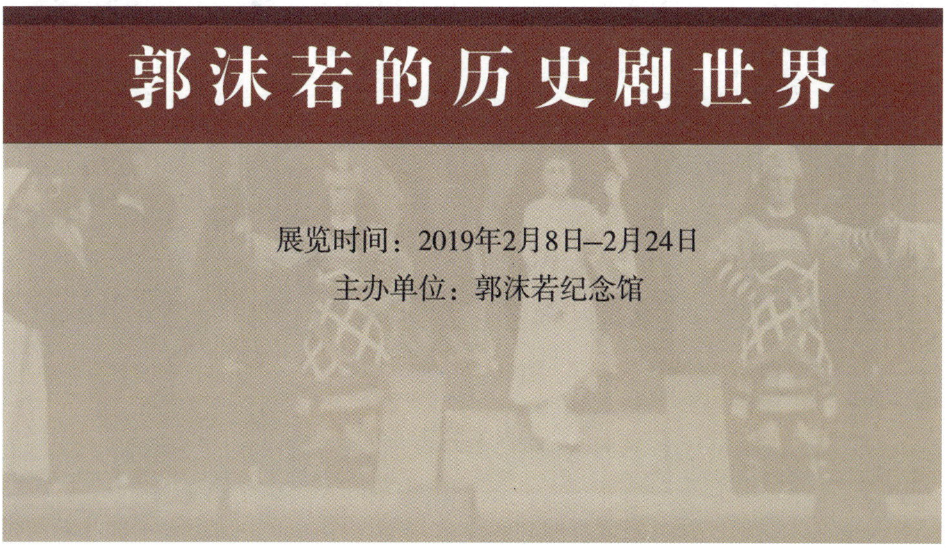


### 展览主旨

为庆祝中华人民共和国成立 70 周年，展现郭沫若在新中国建立过程中所作出的不懈努力，郭沫若纪念馆于 2019 年推出系列展览。本展览带领观众走进“郭沫若的历史剧世界”，回顾郭沫若在历史剧创作与演出方面的辉煌历程，感受郭沫若对民族、对国家的无限情怀，讲述它们在世界的传播与影响以及对世界文化的杰出贡献。

# 东风第一枝——郭沫若与邯郸东风剧团

主办单位：郭沫若纪念馆 邯郸市文化广电和旅游局

展览地点：郭沫若纪念馆西院展厅

展览时间：2019 年 4 月 10 日—5 月 10 日

## 展览主旨

本次展览共展示了百余张珍贵照片、十余幅书法作品，生动记录了郭沫若与邯郸东风剧团间难忘的回忆，讲述了新中国第一代领导人对青少年的关爱、对传承与发展民族传统戏曲艺术的重视和支持、对建设社会主义新文化的探索实践，同时也展现了基层戏曲剧团一代又一代戏曲人，为传承与弘扬民族传统戏曲艺术所秉持的社会责任与文化担当。旨在通过这个展览，能够将郭沫若与东风剧团对中华民族优秀传统文化的不懈追求一直传承下去。

## 开幕仪式

2019 年 4 月 10 日上午，在海棠盛开、东风拂面的季节里，为庆祝中华人民共和国成立 70 周年，由郭沫若纪念馆、邯郸市文化广电和旅游局共同主办的“东风第一枝——郭沫若与邯郸东风剧团”主题展览开幕式在郭沫若纪念馆四合院里隆重举行。

本次主题展览开幕式由郭沫若纪念馆副馆长刘曦光主持，邯郸市文化广电和旅游局局长王秀峰、副局长李如新、艺术处处长申兆慧，邯郸东风剧团团长、国家一级演员、桑派掌门人苗文华及剧团艺术家，郭沫若的家人郭庶英、郭平英、张鼎立，本次展览资料藏品提供者、原邯郸东风剧团演员、曾经在郭老家做过客的小演员之一王振国，以及“8 +”名人故居纪念馆联盟成员单位、北京地区博物馆和文物界的领导和工作者 60 余人出席了本次展览开幕式。

开幕式前，邯郸东风剧团的 6 位国家一级演员为到场嘉宾及观众朋友们表演了豫剧《打金枝》《朝阳沟》《花打朝》《花木兰》《对绣鞋》选段，赢得了现场热烈的掌声。

开幕式上，郭沫若纪念馆馆长赵笑洁，邯郸市文化广电和旅游局局长王秀峰，郭老的女儿、郭沫若纪念馆原馆长郭平英，原邯郸东风剧团演员、曾经在郭老家做过客的小演员之一王振国分别为本次展览致开幕词，分别回顾了郭老对东风剧团的关怀和如今东风剧团在繁荣社会主义文化传承弘扬传统文化所作的贡献等。

接着，郭沫若纪念馆赵笑洁馆长与邯郸东风剧团苗文华团长为“郭沫若纪念馆—邯郸东风剧团文化交流基地”揭牌。

邯郸市文化广电和旅游局局长王秀峰，郭老的女儿郭庶英，“8 +”名人故居纪念馆联盟代表、梅兰芳纪念馆副馆长刘锁荣，北京市文物局图书资料中心主任、北京博物馆学会秘书长祁庆国，以及赵笑洁馆长共同启动本次展览。

与会嘉宾与现场观众朋友们在郭沫若纪念馆工作人员的带领下参观了展览。

之后，与会嘉宾参加了“郭沫若与邯郸东风剧团”座谈会，会议由郭沫若纪念馆馆长赵笑洁主持。会上，就郭沫若与邯郸东风剧团的史料、中国传统艺术的传承与弘扬及今后合作交流项目展开了深入的讨论。

## 连接传统与未来的名居·名人·名剧

主办单位：北京市文物局、北京博物馆学会、中共北京市西城区委宣传部

承办单位：郭沫若纪念馆（北京）、鲁迅纪念馆（广州）、茅盾故居（北京）、老舍纪念馆（北京）、巴金故居（上海）、曹禺故居纪念馆（天津）、李叔同故居纪念馆（天津）、梅兰芳纪念馆（北京）、红线女艺术中心（广州）

展览地点：郭沫若纪念馆西院展厅

展览时间：2019 年 5 月 15 日—6 月 20 日

## 展览主旨

跨越历史文化的时空，穿过文学戏剧的隧道，鲁迅、郭沫若、茅盾、巴金、老舍、曹禺、李叔同、梅兰芳、红线女相聚在一起，为我们讲述中华文明从传统迈向未来的故事。

2019 年国际博物馆日的主题是：“作为文化中枢的博物馆：传统的未来”。京津上广四地九家名人纪念馆延伸这一主题，以一种新的叙述方法，将不同的“名居、名人、名剧”集结式展示在观众的眼前。以名居为地理枢纽和叙事起点，改变各馆藏品利用方法；以名人为中枢提供新的藏品阐释手段；以名剧为介质，讲述文化作品在文化传承中的承前启后作用。展览从不同的维度再现名居、名人、名剧传承中华优秀传统文化，创新社会主义新文化的中枢作用。

# “8 +”名人故居纪念馆巡展活动

## “为了民族的文化繁荣——文化名人与文化自信”巡展

主办单位：北京市文物局、北京博物馆学会、中共北京市西城区委宣传部
承办单位：“8 +” 名人故居纪念馆

### 展览主旨

文化是一个民族的灵魂，也是民族发展兴盛的根基和力量。中华民族是有着五千多年文明史的民族，在民族发展的历史长河中，许许多多为民族文化发展和繁荣作出了巨大贡献的优秀人物载入了史册，他们是中华民族的骄傲。本展览所展示的近代文化名人康有为、詹天佑，现当代文化名人李大钊、宋庆龄、鲁迅、郭沫若、茅盾、老舍、李叔同、李四光、徐悲鸿、梅兰芳、红线女等。他们正是植根于中国的文化土壤，为实现中华民族文化的发展和繁荣做出了不懈努力的伟大的实践者和行动者。展览通过珍贵的历史资料，呈现了近现代文化名人们在民族发展转折时期和关键节点所体现出的坚定文化自信和所进行的伟大实践、伟大创造。

### 巡展活动

为庆祝中华人民共和国成立 70 周年，传播科学精神、弘扬先进文化、坚定文化自信，2019 年 3 月 25—29 日，由郭沫若纪念馆等 “8 +” 名人故居纪念馆联盟和中国科协科学技术传播中心共同主办的 “科学文化 8 +1” 2019 校园行展览及相关演讲活动在浙江杭州、宁波两地举办。本次活动邀请了郭沫若、李四光、童第周等的后人及“8 +”名人故居纪念馆联盟的青年学者和工作人员走进大中院校讲述科学文化名人的生平故事、学术思想和光辉业绩。与此同时，“8 +” 名人故居纪念馆联盟先后在中国杭州低碳科技馆举办 “为了民族的文化繁荣——文化名人与文化自信” 巡展、在宁波科学探索中心举办 “我与我的祖国——科学强国 文化记忆” 专题展。在两地展览中，展出了郭沫若所作的《少年先锋队队歌》《屈原》、李大钊手书、老舍《四

世同堂》《骆驼祥子》手稿本等珍贵手稿和史料，受到观众广泛关注。

郭沫若的女儿郭庶英、郭沫若纪念馆研究员李斌走进杭州、宁波的校园中宣讲郭沫若的爱国精神与事迹。年近八旬的郭庶英女士先后在杭州市风帆中学、杭州文澜中学、宁波市鄞州高级中学、宁波职业技术学院等 4 所学校作主题为“我的父亲郭沫若”的报告。她以讲故事的形式，展现了性情率真、大公无私、专注治学、朴实勤劳、家教严格的郭沫若的形象。郭庶英特别强调：“为人民、为大地，奉献自己的一切，这正是父亲的希望，也正是父亲的精神所在。”上千名学生在现场聆听了报告，报告会还以直播的形式，让更多的学生和家长参与互动，受到师生及家长们的一致好评。

李斌先后在浙江金融职业学院和宁波城市职业技术学院作题为“歪曲与真相——重新认识郭沫若”的专题报告。在讲述中，他选择了备受人们关注的郭沫若的婚恋情况、郭沫若在 1949—1966 年间的主要成就、郭沫若与老一辈国家领导人、《李白与杜甫》的创作渊源等有关郭沫若的流言作为切入点，逐一分析这些流言的产生、传播过程，用大量的材料揭示真相，并展现了在学术上勤于治学善于创新、对革命和社会主义建设鞠躬尽瘁、在私人生活中严于律己的真实的郭沫若，给现场的听众

留下了极为深刻的印象。

（胡森供稿）

## “穿越时空的对话：名人故居的过去与未来”巡展

主办单位：北京市文物局、北京博物馆学会、中共北京市西城区委宣传部
承办单位：“8＋”名人故居纪念馆

### 展览主旨

本展览从14位近现代文化名人可歌可泣的历史功绩入手，展现了他们追求独立自主、科学真理的强烈愿望，以及实现中华民族伟大复兴的崇高理想信念，再现了中国共产党团结带领全国各族人民战胜各种艰难险阻，取得新民主主义革命、社会主义革命和社会主义建设的伟大胜利的历史时刻。这期间许许多多个平凡而伟大的岁月印记，承载了决定党和国家前途命运的一系列重要事件，谱写出气壮山河的历史诗篇。而每一个重要历史事件，都离不开志士仁人的奉献与参与。展览中所展示的14位中华文化名人，就是中国现代历史发展的预言家、亲历者和见证人。他们中有的人虽没

能亲历五四运动、没有亲历新中国成立时激动人心的历史瞬间，但他们无私奉献的品德和高尚精神为全民族追求真理、追求进步的伟大觉醒，为新中国的建立增添了光彩和荣耀。

## 开幕活动

在全世界博物馆的节日——5·18国际博物馆日到来之际，2019年5月15日下午，郭沫若纪念馆环境优雅、气氛热烈，大家相聚在文化巨匠生前工作和生活的地方，共同参加“2019年8+名人故居纪念馆联盟喜迎建国70周年系列活动”，同时庆祝“5·18国际博物馆日”的到来。

此次“2019年8+名人故居纪念馆联盟喜迎建国70周年系列活动”围绕国际博协2019年主题“作为文化中枢的博物馆：传统的未来”展开，由北京市文物局、北京博物馆学会、中共北京市西城区委宣传部主办，“8+”名人故居纪念馆联盟承办，由北京财贸职业学院、北京博物馆学会女馆长联谊会、北京华翰文化遗产博物馆研究院协办。活动由郭沫若纪念馆馆长赵笑洁主持，老舍纪念馆馆长王红英致辞，郭沫若、李四光等名人亲属代表，在校大学生代表，博物馆界代表及新闻媒体等百余人参加了活动。

活动主要包括："穿越时空的对话：名人故居的过去与未来"展览、"连接传统与未来的名居·名人·名剧"两大展览的开幕和巡展启动仪式、"8+"向社会赠书、文化名人与传统戏曲表演、名家名言朗诵、大学生教育实践成果展示活动等。

## 走进乌镇

2019年12月11日，"穿越时空的对话：名人故居的过去与未来""8+"名人故居纪念馆联展暨"第二届茅盾研究乌镇论坛"开幕式在浙江省桐乡市茅盾纪念馆隆重举办。

本次展览活动由北京市文物局、北京博物馆学会、中共北京市西城区委宣传部、桐乡市文化和广电旅游体育局联合主办，"8+"名人故居纪念馆联盟承办。开幕式由桐乡市茅盾纪念馆馆长张丽敏主持，中国社会科学院古代史研究所党委书记、郭沫若纪念馆馆长赵笑洁，广州红线女艺术中心主任蒙菁，桐乡市文化和广电旅游体育局副局长吴赟娇，以及"8+"名人故居纪念馆联盟单位代表、桐乡市茅盾研究会代表、茅盾读书会乌镇中学教师代表等30余人出席了本次活动开幕式。

开幕式上，桐乡市文化和广电旅游体育局副局长吴赟娇和中国社会科学院古代史研究所党委书记、郭沫若纪念馆馆长赵笑洁分别代表举办方和承办方致辞。

吴赟娇在致辞中说，适逢五四运动100周年、中华人民共和国成立70周年之际，

“8 +” 名人故居纪念馆举办“穿越时空的对话：名人故居的过去与未来”展览，从茅盾等 14 位近现代文化名人可歌可泣的历史功绩入手，展现了他们追求独立自主、科学真理的强烈愿望，以及实现中华民族伟大复兴的崇高理想信念。

赵笑洁在致辞中说，展览中所展示的 14 位中华文化名人，就是中国近现代历史发展的预言家、亲历者和见证人。他们无私奉献的品德和高尚精神为全民族追求真理、追求进步的伟大觉醒，为新中国的建立增添了光彩和荣耀。

当天下午，在桐乡市茅盾纪念馆会议室召开了第二届茅盾研究乌镇论坛，会议由桐乡市茅盾纪念馆工作人员陈杰主持。会议回顾了茅盾等 14 位近现代文化名人的历史伟绩，重点讨论了如何深化名人研究，加强“8 +” 名人故居纪念馆的整体化研究和影响比较研究，深入探讨了新形势下博物馆教育与学校教育的深度融合等问题。论坛在热烈、友好的氛围中落下帷幕。

# “郭沫若文化周”在埃及成功举办

李 斌 陈 瑜

为了庆祝中华人民共和国成立70周年，2019年4月9日至12日，由郭沫若纪念馆、苏伊士运河大学孔子学院联合主办，郭沫若中国研究中心承办的“郭沫若文化周”系列学术文化交流活动首次在埃及伊斯梅利亚举办。本次系列学术文化交流活动包括“郭沫若与中国文化”学者讲坛、“郭沫若的学术世界”学术沙龙、“庆祝中华人民共和国成立70周年特展：郭沫若与世界文化遗产周口店”以及“第二届郭沫若杯中国现代诗歌朗诵比赛”等内容。活动在埃及师生中引起了热烈反响，对于落实“一带一路”重大倡议，深化中埃两国人民的友谊和中埃文化交流，产生了积极作用。

中方代表与埃及苏伊士运河大学孔子学院埃方院长哈桑·拉加布教授、中方院长朱廷婷以及埃及多所高校的师生一百余人参加了文化周开幕式。郭沫若纪念馆研究室副主任、中国郭沫若研究会秘书长李斌副研究员代表郭沫若纪念馆在致辞中回顾了郭沫若与埃及人民的深厚友谊、郭沫若中国研究中心和郭沫若常设展厅的设立过程，并指出本次活动是在落实“一带一路”重大倡议的背景下，为增进中埃两国人民的感情和友谊的重要举措。

埃及苏伊士运河大学孔子学院埃方院长哈桑·拉加布教授在致辞中说：郭沫若是20世纪中国优秀的作家与诗人，他以笔为武器，支持纳赛尔对苏伊士运河的国有化，为中埃两国人民的友谊作出了巨大贡献。为了得到中方同意在国外建立郭沫若展厅，苏伊士运河大学作出了很多努力。他代表学校领导对中方嘉宾的到来表示欢迎，希望本次活动为“一带一路”重要倡议翻开新的一页。

## “郭沫若与中国文化”学者讲坛

中国社会科学院文学研究所党委书记、副所长张伯江研究员以“郭沫若——现代汉语的建设者”为题作了主旨演讲。演讲回顾了郭沫若自“五四”新文化运动以来的新诗创作对现代汉语发展的贡献；新中国成立后，郭沫若作为中国科学院首任院长，以国家政要的身份直接领导了现代汉语的规范工作，是现代汉语的当之无愧的领导者和建设者。

中国地方志指导小组秘书长、中国地方志指导小组办公室主任冀祥德研究员作了《方志——文明传承延续的重要载体》的主旨演讲，他以郭沫若在一生的成长、治学经历中广泛引用地方志资料、不遗余力地推动地方志发展为例，阐释了方志的源起、功能及发展，提出要在中华民族伟大复兴、文化繁荣发展、维护国家文化安全的大背景下，建立方志文化自信。

此外，本次文化周还举办了“郭沫若的学术世界”学术沙龙。学术沙龙由孔子学院朱廷婷院长主持，张伯江研究员在《郭沫若新诗创作对现代汉语的重大贡献》的发言中强调，郭沫若的新诗在韵律的自觉、句法的自由等方面有着突出贡献。冀祥德研究员在《郭沫若与中国地方志》的发言中详细梳理了郭沫若阅读地方志、使用地方志、整理地方志、为方志题名、为方志建言的经历，认为郭沫若对方志编撰的创新、对科学依法编撰志书有重要贡献。李斌副研究员以“浅议郭沫若的治学方法”为题，与在场师生讨论郭沫若的治学之道。中国社会科学院文学研究所陈君副研究员作了《关于周秦之变的思考——〈青铜时代〉〈十批判书〉与郭沫若先秦思想研究的成就》的发言，他认为周秦之际与晚清民国都是大变动的时代，郭沫若对周秦之变的探讨，融汇着他对所处时代的思考，这种文化自觉，对于我们反思当代知识分子的处境很有启发。文学研究所冷川副研究员讨论了《中国现代史视野中的埃及》，鉴以往而知将来，在当前“一带一路”的发展宏图中，中埃合作交流必将迎来新的高潮。

在场师生认真聆听了报告，进行了热烈的互动。大家围绕着郭沫若展开了深入讨论，与会者都深深体会到郭沫若作为中埃文化交流的桥梁，发挥着沟通、了解、信任和促进两国共同发展的重要作用。

## “郭沫若与世界文化遗产周口店”特展

在文化周期间，郭沫若纪念馆、周口店遗址博物馆与苏伊士运河大学孔子学院共同举办的“郭沫若与世界文化遗产周口店展”受到埃及师生的热烈欢迎。郭沫若纪念馆陈瑜馆员为埃及师生详细讲解了展览。中国与埃及同为世界四大文明古国，拥有悠久灿烂的历史文化。2019 年是中华人民共和国成立 70 周年，也是中国与埃及建交 63 周年，本次展览促进了两国间文化合作交流，使更多埃及观众了解了郭沫若与世界文化遗产周口店遗址及中华文明发展进程。

## 第二届郭沫若杯中国现代诗歌朗诵比赛

来自开罗大学、爱兹哈尔大学、苏伊士运河大学等埃及多所高校的中文专业学生和中文爱好者近30人参加了第二届郭沫若杯中国现代诗歌朗诵比赛，他们选取了以郭沫若为代表的20世纪中国优秀诗人的诗歌名篇《地球，我的母亲》《再别康桥》《少年中国说》《我们爱你啊，中国》《我的南方和北方》《致橡树》等。这些来自埃及的年轻朗诵者中文发音标准、声情并茂、倾情朗诵，以诗传情、以诗言志，体现了埃及学生对中国现代诗歌的喜爱、对中国的深厚感情。开罗大学的刘秀丽，苏伊士运河大学王淼、康瑞娜获得了一等奖。

# “郭沫若与现代中国展暨学术讲座”在澳大利亚举行

张　勇　徐　萌

为纪念中华人民共和国成立70周年，应澳大利亚塔斯马尼亚英文学校、塔斯马尼亚大学亚洲学院、塔斯马尼亚华人协会的邀请，2019年10月13日“郭沫若与现代中国展暨学术讲座”于塔斯马尼亚首府霍巴特开幕。塔斯马尼亚英文学校负责人约翰，塔斯马尼亚华人社团联合理事会主席王信得、塔斯马尼亚孔子学堂负责人刘洪杰等塔洲各界人士代表80余人应邀出席开幕式。此次代表团团长、中国社会科学院郭沫若纪念馆张勇研究员代表郭沫若纪念馆的领导和同仁对塔州各界的盛情邀请表示感谢，并对活动成功举办表示祝贺。中国郭沫若研究会副会长、国际郭沫若研究会执行会长、山东师范大学魏建教授在致辞中阐述了近十年来郭沫若研究和文化在海外传播的状况，并对郭沫若文化走进澳大利亚表示高兴和期待。塔斯马尼亚华人社团联合理事会王信得主席、塔斯马尼亚孔子学堂负责人刘洪杰先生在致辞中纷纷表达了对本次活动的赞誉和祝愿。双方对进一步加强文化合作充满着愿景和希望。开幕式结束后，郭沫若纪念馆徐萌馆员为参加开幕式的嘉宾详细讲解了本次展览的展板和展品的内容。

为配合“郭沫若与现代中国展”的深入进行，中国郭沫若研究会副会长、国际郭沫若研究会执行会长、山东师范大学魏建教授，为塔州各界人士做了《郭沫若与中华文明》的学术讲座，讲座主要从中华文明的起源切入，全面介绍了中国文化的意义和价值，并讲解了郭沫若对中国传统文化研究的领域和方法，以及郭沫若对中国文化传播和发展所起到的重要作用。代表团团长、中国郭沫若纪念馆张勇研究员主持了学术讲座。

展览同时，受塔斯马尼亚大学亚洲学院的邀请，代表团全体成员与该院教师进行了座谈，塔斯马尼亚大学亚洲学院主任杰姆逊对中国代表团来到塔斯马尼亚大学表示欢迎，他重点介绍了塔大亚洲学院的学术研究领域，并期待着今后双方在文学研究、文化传播等领域互派高级访问学者，在高层次学术交流等领域展开合作。张勇研究员代表代表团发言，他对塔大亚洲学院的邀请表示感谢，并着重介绍了此次赴澳活动的目的和意义，结合此次在塔州的切身感受，表达了今后与塔大在相关领域进行学术合作、文化互访的强烈愿望。

展览从 13 日开幕至 15 日下午结束，共持续了三天的时间，吸引了当地众多民众前来参观，他们有的是一家老少四代，有的是朋友结伴而来，也有的是单独前来，特别是海外华人参观展览后，纷纷对郭沫若在新中国建设中所起到的重要作用表示钦佩，并对祖国在文化经济等领域的高速发展表示赞许和自豪。

“郭沫若与现代中国展暨学术讲座”代表团赴澳大利亚塔斯马尼亚霍巴特进行文化交流活动大力宣传了中国文化的价值，增强了海外华人的文化自信，提振了海外华人对中国文化的认同感和自信心，提高了以郭沫若为代表的中国现代文化名人的海外影响力。

# 第一届中突智库国际论坛在突尼斯举办

2019 年 10 月 31 日，“第一届中突智库国际论坛：从迦太基到北京 重走丝绸之路”在突尼斯首都突尼斯举办，论坛主题为“地中海考古：人类、时间和地点的马赛克研究”。本次论坛由突尼斯迦太基大学、突尼斯迦太基大学孔子学院、对外经济贸易大学主办。

论坛开幕式在迦太基大学高等语言学院举行，中国驻突尼斯大使汪文斌出席并发表讲话。迦太基大学副校长、迦太基大学高等语言学院院长发表讲话；北京语言大学中东学院院长罗林、对外经济贸易大学突尼斯研究中心主任黄慧分别发表讲话。

在论坛上，郭沫若纪念馆副研究馆员赵欣悦做了题为 *Former Residence of Celebrities and Construction of Urban Humanistic Quality*（《名人故居与城市人文品质构建》）的主题发言，其中介绍了郭沫若纪念馆。

第二场专家交流研讨会在迦太基大学儿童与学前教育学院举行。会议由迦太基大学儿童与学前教育学院院长主持，中外专家学者进行了深入研讨交流，郭沫若纪念馆馆员王静做了题为 *Introductions and Comments on Tunisia in Modern Chinese Cultural Circles*（《中国近现代文化界对突尼斯评介之一瞥》）的主题发言，介绍了包括郭沫若在内的中国知识分子对突尼斯的认识以及对突尼斯反殖民斗争的支持。

（赵欣悦供稿）

# 第十五篇

# 郭沫若纪念馆馆藏资料

# 1932 年约翰·福开森致郭沫若函

3 HSI-ÇHIAO HUTUNG
PEPING, CHINA

October 29, 1932.

Dear Mr. Kuo,

Many thanks for your kind letter of the 11th and for its enclosure of a leaf describing an inscription on one of the bones. Did you mean me to keep this page? If not, please let me know and I will return it to you.

I am very sorry that before your letter reached me I had a request from Mr. Shang Ch'eng-tso who is now connected with University of Nanking for my copy of the rubbings of the bones and shells in my collection. The bones themselves I have sent several months ago to Nanking and now the University is proposing to issue a small book with rubbings of my collection. I have no other copy which I could send you but it will probably not be long before the University publication is issued and you will then be able to see whatever there is of interest to you in these rubbings of my collection.

With kind regards and sincere regrets that I have not another copy which I could send you,

Yours sincerely,

John C. Ferguson

October 29, 1932.

Dear Mr. Kuo,

Many thanks for your kind letter of the 11th and for its enclosure of a leaf describing an inscription on one of the bones. Did you mean me to keep this page? If not, please let me know and I will return it to you.

I am very sorry that before your letter reached me I had a request from Mr. Shang Ch´eng – tso who is now connected with University of Nanking for my copy of the rubbings of the bones and shells in my collection. The bones themselves I have sent several months ago to Nanking and now the University is proposing to issue a small book with rubbings of my collection. I have no other copy which I could send you but it will probably not be long before the University publication is issued and you will then be able to see whatever there is of interest to you in these rubbings of my collection.

With kind regards and sincere regrets that I have not another copy which I could send you,

Yours sincerely,
John C. Ferguson

【译文】

1932 年 10 月 29 日

亲爱的郭先生，

非常感谢您在 11 日的亲切来信，感谢您在信的一页附件中所描述的一件骨头上的刻文。您的意思是我可以保留此页吗？如果不，请告诉我，我将把它还给您。

非常抱歉在收到您的信之前，我收到了商承祚先生的一项请求，希望提供我收藏的甲骨拓本的副本，他目前与金陵大学相关。几个月前我已将骨片原件送往南京，现在大学计划发行一本收录我的藏品拓本的小书。我没有其他的副本可以寄给您，不过大学的出版物应该不久便会发行，这样您就可以在我的这些藏品拓本中看到任何您感兴趣的内容。

致以诚挚的问候，非常抱歉我没有其他可以寄给您的副本。

您真诚的，
约翰 · C. 福开森

【编者注】

福开森（John Calvin Ferguson，1866—1945），美国传教士、收藏家。1888 年在南京创办汇文学院（后与宏育书院合并为金陵大学），在中国从事传教、办学、办报、文物收藏与研究等活动。

# 翦伯赞致郭沫若函二封

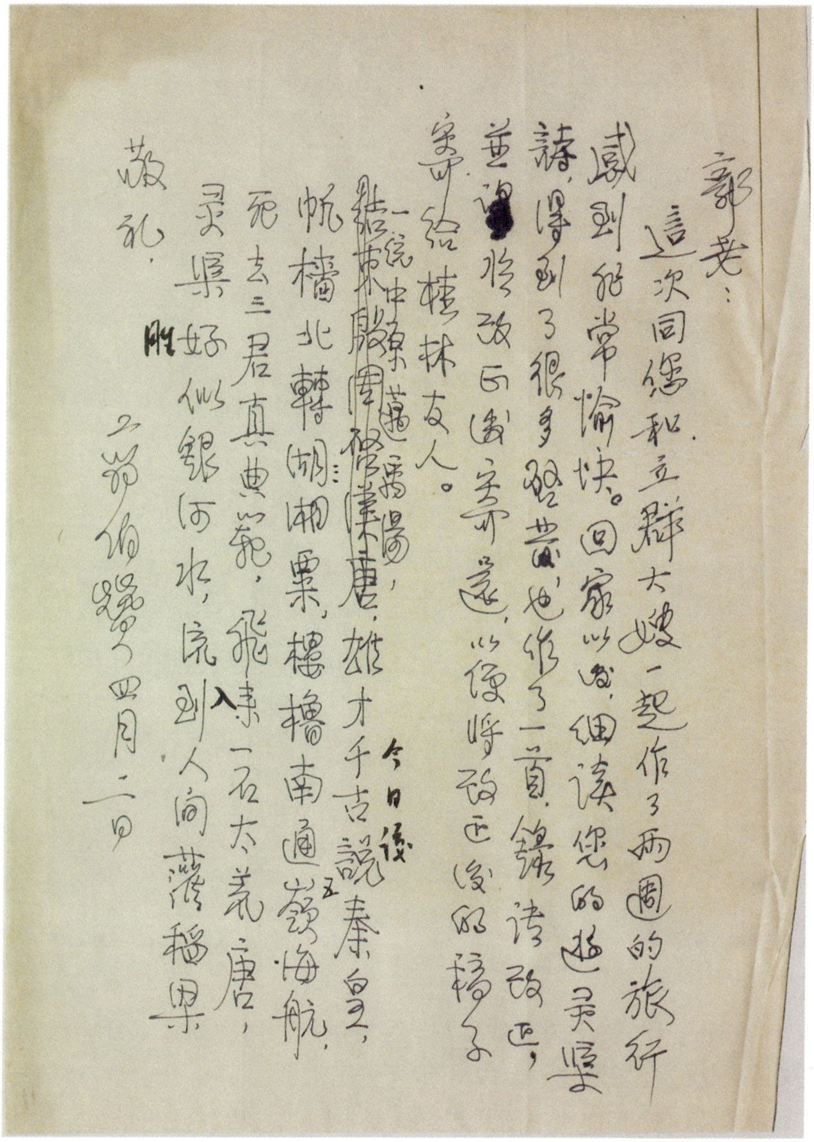

郭老：

這次同您和立群大嫂一起作了兩個月的旅行，感到非常愉快。回家以後，細讀您的遊靈渠詩，得到了很多啓發，也作了一首，錄請改正，並請將改正後寄還，以便將改正後的稿子寄給桂林友人。

一統中原邁禹湯，雄才千古說秦皇，帆檣北轉湖湘粟，樓櫓南通嶺海航，死去三君真典範，飛來一石太荒唐，靈渠好似銀河水，流入人間蔭稻粱。

敬禮，

翦伯贊 四月二日

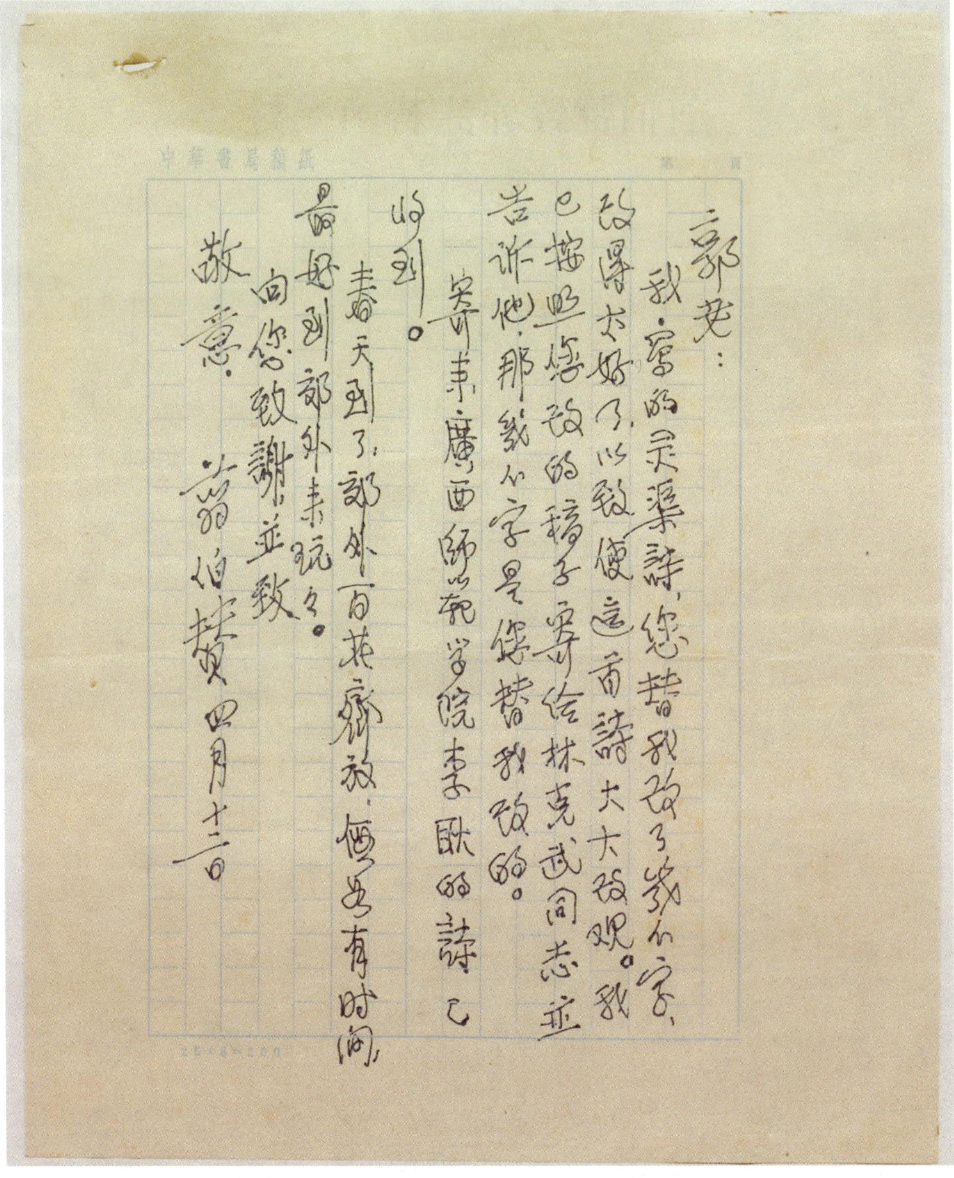

郭老：

我家的灵渠诗，您替我改了几个字，改得太好了，以致使这首诗大大改观。我已按照您改的稿子寄给林克武同志并告诉他，那几个字是您替我改的。

寄来广西师范学院李欧的诗已收到。

春天到了，郊外百花齐放，倘若有时间，最好到郊外来玩玩。

向您致谢，并致

敬意。

翦伯赞 四月十二日

【编者注】

翦伯赞（1898—1968），湖南桃源人，维吾尔族。历史学家、社会活动家，我国马克思主义历史学的奠基人之一。1924 年入美国加利福尼亚大学学习经济，1926 年参加国民革命军，1937 年加入中国共产党。新中国成立后，任北京大学历史系教授、系主任，副校长。著有《历史哲学教程》《中国史纲》《中国史论集》等。

# 郭沫若评价秦始皇之管见

## ——由郭沫若与翦伯赞的几封书信说起

王　静

1963年3月28日，郭沫若写作了《满江红·灵渠》，词作现镌刻于石碑之上，立于广西兴安灵渠之畔。词跋称："天气晴明，往兴安观秦始皇帝三十三年史禄所凿灵渠，斩山通道，连接珠江、长江水系，两千余年前有此，诚足与长城南北相呼应，同为世界奇观"。将灵渠与长城置于同等地位，是郭沫若的创想，其词云："北自长城，南来至灵渠岸上"，后人因此也有了"北有长城，南有灵渠"的并称。

当时，郭沫若受邀参加广西历史学会成立大会，受邀者还有历史学家、时任北京大学副校长的翦伯赞。北京郭沫若纪念馆藏有广西行之后翦伯赞致郭沫若的两封书信，见证了二位大家交流学术、互酬诗文的友谊，也引出史学界的一段往事。

## 一　郭沫若与翦伯赞的往来书信

1963年3月18日，广西壮族自治区历史学会成立大会在南宁开幕，郭沫若、翦伯赞受邀出席。翦伯赞在3月7日致于立群的信中说道："广西史学会成立，一再邀我去，我已买好本月十五日飞机票，决定到南宁去一趟。听说您和郭老也准备作广西之游，希望能在南宁见到您和郭老。"① 在开幕式上，郭沫若、翦伯赞均作了发言。其后，郭沫若参观了南宁美协画展、广西博物馆，经武鸣、柳州而至桂林。由郭沫若、翦伯赞的诗作可知，至少从柳州开始，二人便一路同游②。在桂林的几日，他们游览了芦笛岩、七星岩、月牙楼和榕树楼，还泛舟于漓江之上，饱赏两岸美景。3月28日参观灵渠后，郭沫若作《满江红·灵渠》和《灵渠》诗一首，发表于4月4日的《桂林日报》上：

① 郭沫若纪念馆馆藏书信。

② 见郭沫若《在柳侯祠植树》及翦伯赞《谒柳侯墓》。

《满江红·灵渠》①

北自长城，南来至灵渠岸上，亲眼见秦堤牢固，工程精当。闸水陡门三十六，劈湘铧嘴二千丈。有天平小大溢洪流，调分量。

湘漓接，通汉僮。将军墓，三人葬。听民间传说，目空君相。史禄开疆难复忆，猪龙作孽忘其妄。说猪龙其实即祖龙，能开创。

《灵渠》②

秦皇毕竟是雄才，北筑长城南岭开。铧嘴劈湘分半壁，灵渠通粤上三台。

江山一统泯畛域，工匠三人是主裁。传说猪龙深作孽，英雄伟业费疑猜。

归京后，翦伯赞也作诗一首③，寄给郭沫若交流：

郭老：

这次同您和立群大嫂一起作了两周的旅行感到非常愉快。回家以后，细读您的游灵渠诗，得到了很多启发，也作了一首，录请改正，并望④于改正后寄还，以便将改正后的稿子寄给桂林友人。

一统中原迈禹汤，雄才千古说秦皇，帆樯北转湖湘粟，楼橹南通岭海航。死去三君真典范，飞来一石太荒唐。灵渠好似银河水，流到人间灌稻粱。

敬礼

翦伯赞四月二日⑤

郭沫若次日便作了回复，对诗进行了修改：

伯赞兄：

二日手书奉悉。

诗很好。“雄才千古说秦皇”句，建议改为“雄才今日识秦皇”。因为古来都是

① 手迹发表于《桂林日报》1963年4月4日第4版，现收《郭沫若全集》文学编（第4卷），人民文学出版社1984年版，第155页。

② 文字发表于《桂林日报》1963年4月4日第4版，现收《郭沫若全集》文学编（第4卷），人民文学出版社1984年版，第154页。收入《郭沫若全集》时作“工匠三人叠主裁”。

③ 翦伯赞所作广西行旧体诗共6首，分别为《谒柳侯墓》《桂林纪游》《漓江泛舟》《游灵渠》《灵渠怀古二首》，收入《翦伯赞全集》第7卷，河北教育出版社2008年版。这首写在致郭沫若信函中的诗即《游灵渠》。

④ 原稿此字上有污渍，据文意推测为“望”。

⑤ 郭沫若纪念馆馆藏书信。诗首句原为“结束殷周启汉唐”，作者自行划掉后改为“一统中原迈禹汤”。诗最后一字，原稿作“粱”，收入《翦伯赞全集》时作“粱”。

骂秦始皇的，由毛主席的《沁园春》才把他肯定了。这样说，也和老兄的“不到灵渠岸，无由识始皇”[①] 扣合起来了。如何？请酌。“好似”似可改为“胜似”。“流到”似可改为“流入”。

敬礼！

郭沫若

四．三[②]

其后翦伯赞又复信称谢：

郭老：

我写的灵渠诗，您替我改了几个字，改得太好了，以致使这首诗大大改观。我已按照您改的稿子寄给林克武同志并告诉他，那几个字是您替我改的。

寄来广西师范学院李耿的诗已收到。

春天到了，郊外百花齐放，假如有时间，最好到郊外来玩玩。

向您致谢，并致

敬意。

翦伯赞四月十二日[③]

郭沫若与翦伯赞是患难战友、学术益友。二人的通信最早见于 1942 年，黄淳浩先生编辑的《郭沫若书信集》收入郭沫若致翦伯赞书信 30 封，《翦伯赞全集》收入翦伯赞致郭沫若书信 1 封。就所见而言，二人的通信内容大多是学术与诗文交流，上面这三封信亦不例外。郭沫若在信中对翦伯赞诗的修改建议被他采纳，这首诗最终定稿为：“一统中原迈禹汤，雄才今日识秦皇。帆樯北转湖湘粟，楼橹南通岭海航。死去三君真典范，飞来一石太荒唐。灵渠胜似银河水，流入人间灌稻粱。”[④]

诗中提到的“三君”“飞来一石”，是兴安当地的一个传说，郭沫若诗词中的“三人葬”“猪龙”亦指于此。相传修建灵渠的张、刘二位工匠因未能修成而被杀，李姓工匠修成却不愿居功而自杀，人民合葬之并尊为三将军。破坏工程的是一条名为“猪婆龙”的怪物，后被飞来巨石镇压，灵渠才得以建成。翦诗评论说巨石的传说太荒唐，郭沫若却作了更进一步的推想，认为“所谓‘猪婆龙’者乃祖龙（秦时人对

① 见翦伯赞《桂林纪游》“南来逾五岭，云树郁苍苍。桂海多仙窟，漓江似画廊。如今成乐土，自古慨炎荒。不到灵渠岸，无由识始皇”。（《翦伯赞全集》第 7 卷，河北教育出版社 2008 年版，第 352 页。）

② 张传玺：《郭沫若同志给翦伯赞同志的信和诗》，《北京大学学报（哲学社会科学版）》1978 年第 3 期。

③ 郭沫若纪念馆馆藏书信。

④ 翦伯赞：《翦伯赞全集》第 7 卷，河北教育出版社 2008 年版，第 354 页。

秦始皇帝的俗称）之传讹耳"[①]，并在诗词中评价道"说猪龙其实即祖龙，能开创"，"传说猪龙深作孽，英雄伟业费疑猜"。这两句都含有一种转折之意，而郭沫若建议翦伯赞诗由"千古说秦皇"改为"今日识秦皇"也有此意。

这转折的由来，按郭沫若在信中所说："古来都是骂秦始皇的，由毛主席的《沁园春》才把他肯定了。"这显然是虚指而非实指，因为古来不可能无一人肯定秦始皇，而且，毛泽东本人对秦始皇的评价也是复杂的、变化的。对于陈胜、吴广农民起义反对秦之暴政，他持肯定态度，对于贾谊《过秦论》的评价也很高。[②] 而《沁园春·雪》中"惜秦皇汉武，略输文采"等评论，虽表达出对这些历史伟人的看重，但据毛泽东自注却是"反封建主义，批判二千年封建主义的一个反动侧面"[③]，并非郭沫若所言的"才把他肯定了"。20 世纪 50 年代之后，毛泽东对秦始皇的评价越来越高，在 1963 年之前有代表性的如：1958 年 5 月 8 日，毛泽东在中共八大二次会议上讲话称"范文澜同志最近写的一篇文章……引了许多事实，证明了厚今薄古是我国的传统……可惜没有引秦始皇……秦始皇是个厚今薄古的专家。当然，我也不赞成引秦始皇"[④]，同年 11 月 10 日在第一次郑州会议上他又提出"把纣王、秦始皇、曹操看作坏人是完全错误的"[⑤]。

郭沫若在信中的"虚指"，表明他个人的秦始皇观的变化受到了毛泽东的影响，但这个影响因素并不是唯一的，这种变化也不是"非黑即白"的，即有些学者简单认为的"由骂到赞"，而是与其每一时期的历史认识以及心境密不可分的。

## 二　郭沫若对秦始皇之评价

郭沫若的文学创作与历史研究是其精神创造活动的两柄利器，充沛的感性情绪满溢在他的诗歌、小说和剧作中，而他又能运用理性研究方法探求古代社会的真相，其创作生涯有着文史不分家的特点，这从郭沫若对秦始皇的评价中也可见一斑。1921 年，郭沫若在《我国思想史上之澎湃城》中写道："嬴秦焚书等于维苏勿喷火"，使得中国固有文化受到严重损失[⑥]。这是他对秦始皇作出的最早的评价。

其后的一段时期内，郭沫若在文学创作中或以塑造角色，或以直接评论的方式，表达了对秦始皇极度反感的情绪。在小说《秦始皇将死》（1935 年）中，秦始皇的

① 郭沫若：《〈灵渠〉"附白"》，《郭沫若全集》文学编（第 4 卷），人民文学出版社 1984 年版，第 154 页。

② 王子今：《毛泽东论析秦始皇》，《百年潮》2003 年第 10 期。

③ 毛泽东：《对〈毛主席诗词十九首〉的批注》，《毛泽东文集》第 7 卷，人民出版社 1999 年版，第 461 页。

④ 《在八大二次会议上的讲话（一）（摘要）》，《毛泽东思想万岁》，无版本信息，第 72 页。

⑤ 毛泽东：《关于社会主义商品生产问题》，《毛泽东文集》第 7 卷，人民出版社 1999 年版，第 439 页。

⑥ 郭沫若：《我国思想史上之澎湃城》，《学艺》1921 年 5 月第 3 卷第 1 号。

形象是一个肉体上和精神上的残废者，濒死之时因病症而时常疯癫发作，他对自己的一生进行了最后的反省，醒悟做了诸多蠢事，尤其“最该死的要算是我的焚书坑儒”，而“思想那里是用暴力可以统一得起来的呢?”[①] 这篇小说读后使人对秦始皇这个“杀人如麻，威加海内的大皇帝”最后的结局产生一丝怜悯，然而这种可怜的境地正是他自己造成的，前后反差的效果是悲剧性且讽刺性的。在史剧《高渐离》（1942）中，秦始皇作为最大反派，既猥琐好色又暴虐嗜杀，口中狂言：“我是上帝的化身，我是开天辟地以来中国的第一个真人”[②]。剧中间接描写的荆轲和直接描写的高渐离均是力求诛杀暴君的英雄，通过对英雄的赞扬歌颂反衬出敌人秦始皇的可憎。

此外，在《楚霸王自杀》（1936 年）中，郭沫若借角色之口评论道，项羽继以烧杀的暴力统制，搞得天下战乱，比秦始皇的焚书坑儒更有过之[③]。甚至在对秦始皇评述最多的学术论文《吕不韦与秦王政的批判》中，也充盈着一种情绪，文中多次将秦始皇称为“空前的大独裁者”“伟大的独裁者”，“一位极端的秘密主义者、极权主义者、实行万世一系的人”[④]。

这种情绪化评价的主要原因是当时黑暗的时局——受到日本法西斯蹂躏的国家在国民党、蒋介石的独裁统治下满目疮痍，而秦始皇在他眼里正是法西斯和独裁统治的代名词。1943 年，郭沫若谈到中国人热爱和平，本性不倾向于法西斯主义，他认为这就是“我们的祖先之所以要反对暴政和暴君，不把周厉王秦始皇辈看成英雄的理由”[⑤]。1946 年，为纪念被迫休刊的《周报》郭沫若写道“查禁了一种周报，我们要刊布出千万种周报。书是焚不完的，儒是坑不尽的，秦始皇是快死的。从左闾里已经有篝火起来了。”[⑥]

1956 年，他在“《高渐离》校后记（二）”中更加言明道：“我写这剧本时是有暗射的用意的，存心用秦始皇来暗射蒋介石”[⑦]，因此他让角色说出了：“为什么一个人做了皇帝，千千万万人都做了奴隶?”的台词。此种对时局的“暗射”性写作是其以文讽时的手段，而这种反感有着某种惯性，以至于郭沫若在 1956 年依然认为“秦始皇是一位通权变、好女色的雄猜天子，我看是没有问题的”[⑧]，也表明他并未因为

---

① 郭沫若:《秦始皇将死》,《郭沫若全集》文学编（第 10 卷），人民文学出版社 1985 年版，第 186 页。

② 郭沫若:《高渐离》,《郭沫若全集》文学编（第 7 卷），人民文学出版社 1986 年版，第 108 页。

③ 郭沫若:《楚霸王自杀》,《郭沫若全集》文学编（第 10 卷），人民文学出版社 1985 年版，第 204 页。

④ 郭沫若:《吕不韦与秦王政的批判》,《十批判书》,《郭沫若全集》历史编（第 2 卷），人民出版社 1982 年 9 月，第 443 页。

⑤ 郭沫若:《由人类血型说到战后世界》,《东方杂志》1943 年 8 月第 39 卷第 11 号。

⑥ 郭沫若:《自由在我——为纪念周报休刊而作》，上海《周报》1946 年 8 月第 49、50 期合刊。

⑦ 郭沫若:《〈高渐离〉校后记（二)》,《郭沫若全集》文学编（第 7 卷），人民文学出版社 1986 年版，第 129 页。

⑧ 郭沫若:《〈高渐离〉校后记（二)》,《郭沫若全集》文学编（第 7 卷），人民文学出版社 1986 年版，第 129 页。

时局的变化，就轻易地改变自己的评价。

在理性的历史研究中，郭沫若的秦始皇观有着变与不变的几个方面。在对中国古代社会性质转化的论断上，郭沫若最初的观点是“秦始皇不愧是中国社会史上完成了封建制的元勋”①，后又认为秦始皇与吕不韦分别代表顽固的奴隶主和新兴封建思想，秦始皇是“把六国的奴隶主和已经解放了的人民，又整个化为了奴隶”②。及至他确立了战国封建说，这一观点便再未出现过。

除此之外，郭沫若对秦始皇的评判实际主要围绕两个中心问题而展开，即秦始皇统一中国的行为和统一之后其实施的各项举措。

第一，郭沫若认为秦始皇统一中国是有功劳的，这是他始终未变的观点，即使在他对秦始皇以批判为主的时期也是如此。不过他认为这功劳不能归于始皇帝一人，后者甚至“实在可以说是一位幸运儿”，“水到渠成”是他使用最多的评语。

郭沫若认为，秦始皇的成功一多半是时代的凑成。中国自春秋以来，无论在政治上与思想上所走的都是趋向统一的路线。③ 1945 年 7 月 21 日郭沫若访问苏联时，与朱庆永有一段谈话。后者提到秦始皇时，郭沫若这样说：“秦始皇是应该肯定的，他收到了统一中国的功劳。中国历史的趋势虽然已趋向于统一，但由秦始皇袭六世的余威，雷厉风行，故收到了水到渠成的功效”④。1951 年他进一步论述道，秦始皇的统一中国是他对于历史有贡献的地方，但不能因此而肯定秦始皇的一切，更不能将其统一以前的一切抗秦者都认为是历史的罪人。秦始皇统一中国，并非其一人的力量，而是秦孝公及商鞅变法以来六世政绩的积累，更是春秋以来各国政绩的积累。因为先进者能得人民大众的支持，故更能促进中国的统一⑤。

1959 年 3 月，郭沫若在答《新建设》编辑部问时认为应该肯定秦始皇，称“秦始皇是中国历史上有数的杰出人物”，但同时并没有改变自己一贯的观点：“古代中国归于一统是由秦始皇收其果，而却由殷纣王开其端”⑥。同年 6 月他考察安阳殷墟后，作诗一首云“谁如有功于民族，推翻旧案莫踟蹰”，不过仍以如下词句评论道：“楚人腐化秦奋励，始成一统之版图。秦始皇帝收其功，其功宏伟古无侔。但如溯流

① 郭沫若：《中国古代社会研究·导论》（1928 年），《郭沫若全集》历史编（第 1 卷），人民出版社 1982 年版，第 28 页。

② 郭沫若：《吕不韦与秦王政的批判》，《十批判书》，《郭沫若全集》历史编（第 2 卷），人民出版社 1982 年版，第 459 页。

③ 郭沫若：《吕不韦与秦王政的批判》，《十批判书》，《郭沫若全集》历史编（第 2 卷），人民出版社 1982 年版，第 447 页。

④ 郭沫若：《苏联纪行》，《郭沫若全集》文学编（第 14 卷），人民文学出版社 1992 年版，第 387 页。

⑤ 郭沫若：《由〈虎符〉说到悲剧精神》，《郭沫若全集》文学编（第 17 卷），人民文学出版社 1989 年版，第 255—256 页。

⑥ 郭沫若：《关于目前历史研究中的几个问题》，《郭沫若全集》历史编（第 3 卷），人民出版社 1984 年版，第 487 页。

探其源，实由殷辛开其初。”[①] 晚至 1972 年，在此问题上郭沫若依旧使用了惯用的词语进行评价：“中国大一统的局面，是经过了几年前的浸润，到秦始皇帝二十六年才水到渠成的。”[②]

第二，对于秦统一六国后，始皇帝的一系列施政攻伐的举措，如车同轨、书同文、郡县制、北筑长城、用兵南越等，郭沫若的评价则是有变化的。

在《吕不韦与秦王政的批判》中，郭沫若认为这些统一举措是因袭前人的做法，并非由秦始皇首创，只有开凿郑国渠在秦始皇生平无数好大喜功的工程中“直接于生产有益，于人民有益”。而有关始皇用兵南越、遣史禄开凿灵渠的史事，他引用了《淮南子》《汉书》以及《史记·秦始皇本纪》，认为这“固然显示着武力上的成功，但这成功的一大半我们应该归之于楚人。……秦以武力征服之虽为时甚速，然而阻碍横生，且成了日后亡国的因数”，“南部中国以后之所以彻底汉化，历史明显地告诉我们，并不是采取的秦始皇式的办法”[③]。

及至 1963 年 3 月游览灵渠之后，可以发现郭沫若的观点已有了变化。在所作的两首诗词中他都强调，传说中阻碍灵渠修筑的“猪婆龙”，实乃“祖龙”即秦始皇之讹称。这“猪龙作孽”是对始皇帝英雄伟业的妄谈，秦始皇实为“能开创”之雄才，使得“江山一统”，可以说是肯定了用兵南越的作用。

到 1972 年，郭沫若再一次论及这个问题时，已经将秦始皇开凿灵渠视为非常积极的政策，认为这项举措沟通了湘水与漓水，使珠江水系与长江水系相联贯，从而对中原文化在珠江流域的普及起到了重要的作用。他将秦始皇统一历朔、度量衡、货币，特别是统一文字，评价为“赫赫的文治武功，的确是空前未有的”。[④] 至此，郭沫若对于中国统一后秦始皇的各项政策均给出了很高的评价。

## 三　重新评价秦始皇的一个背景

1951 年 7 月 28 日，中国史学会成立于北京，郭沫若、吴玉章、范文澜等在大会上讲话。此后，各地纷纷建立起自己地方的历史学会，例如 1952 年上海历史学会成立，1960 年北京历史学会成立，但却都不曾像广西历史学会成立时一样，邀来了几

---

① 郭沫若：《豫秦晋纪游二十九首·观圆形殉葬坑》，《郭沫若全集》文学编（第 4 卷），人民文学出版社 1984 年版，第 34 页。

② 郭沫若：《古代文字之辩证的发展》，《郭沫若全集》考古编（第 10 卷），科学出版社 2002 年版，第 98 页。

③ 郭沫若：《吕不韦与秦王政的批判》，《十批判书》，《郭沫若全集》历史编（第 2 卷），人民出版社 1982 年版，第 451、455、456 页。

④ 郭沫若：《古代文字之辩证的发展》，《郭沫若全集》考古编（第 10 卷），科学出版社 2002 年版，第 98—99 页。

位重量级的人物[1]，使得这个会议在史学史上也可留下一笔。1963 年 3 月 18 日，郭沫若在开幕式上作了题为“谈历史工作者的任务”的讲话，从中或可窥见他当时对于新中国史学研究的想法。

郭沫若在讲话中主要谈到了几点。首先他对旧时代研究历史的方法进行批判，揭示出当时历史研究的使命是：“从人类历史发展过程中发掘出它的规律，掌握住这规律，回过头来，改造人类社会，促进人类社会的不断发展”。而后他建议史学工作者分段、分专题开展研究，成立地方组织，进行地区分工。更重要的是他提出：“必须执行‘百花齐放、百家争鸣’的方针，尽量展开不同意见的争论，鼓励不同意见的争论就是辩证法的实际运用，是推动学术工作、提高学术水平的动力”[2]。翦伯赞 3 月 29 日在广西师范学院做了《关于历史教学和研究的几个问题》的讲话，他坚决反对把马克思主义简单化，反对公式化、概念化，乃至“现代化”，强调史料工作的重要性，认为“史料的阶级性没有危险”[3]。结合翦伯赞的讲话可以看出，这两位史学家是在对当时史学界出现的某些错误方法进行批评。

1959 年，郭沫若便对某些要求“抹掉中国历史上的朝代”的观点进行了批判，认为这是一种反历史主义的做法。他认为固然应该着重写劳动人民的活动，但如果统治阶级的活动对当代的人民有利，对整个民族的发展和文化的发展有利，就应当肯定它。[4] 由此郭沫若又谈及历史人物的评价：“我们评定一个历史人物，应该以他所处的历史时代为背景，以他对历史发展所起的作用为标准，来加以全面的分析。”[5] 根据这样的原则，他认为包括秦始皇在内的不少历史人物，因为对民族、经济以及文化等方面的发展，在当时是有过贡献的，应该给以一定的地位。

因此，对于郭沫若、翦伯赞 1963 年以诗词评价秦始皇，以及郭沫若在新中国成立后对秦始皇评价的若干变化，也应将当时史学界的某些片面的、激进的理论与方法视为影响因素。客观评价包括秦始皇在内的统治者，的确是全面分析历史人物的正确做法，这是由郭沫若历史认识的新变化而产生的新的评价方法。

（原载《郭沫若学刊》2019 年第 2 期）

---

① 除郭沫若与翦伯赞外，还有政协全国委员会副主席包尔汉、全国人大常委会民族委员会副主任委员谢扶民等。他们的讲话稿全部收入《广西壮族自治区历史学会会刊》1963 年 11 月第 1 期“成立大会专刊”。

② 郭沫若：《谈历史工作者的任务》，1963 年 3 月 26 日《广西日报》。

③ 翦伯赞：《关于历史教学和研究的几个问题》，《广西师范学院学报（哲学社会科学版）》1978 年第 4 期。

④ 郭沫若：《关于目前历史研究中的几个问题》，《郭沫若全集》历史编（第 3 卷），人民出版社 1984 年版，第 482 页。

⑤ 郭沫若：《关于目前历史研究中的几个问题》，《郭沫若全集》历史编（第 3 卷），人民出版社 1984 年版，第 488 页。

# 2019年郭沫若研究资料索引

卿玉弢

## （一）论著

郭沫若研究年鉴2017［M］/赵笑洁主编//北京：中国社会科学出版社，2019.03
竹阴读画 郭沫若散文集［M］/郭沫若著//北京：高等教育出版社，2019.06
《德意志意识形态》郭沫若译本考［M］/王旭东著//沈阳：辽宁人民出版社，2019.07
《神圣家族》郭沫若节译本考［M］/姜海波著//沈阳：辽宁人民出版社，2019.07
《政治经济学批判》郭沫若译本考［M］/孙建茵著//沈阳：辽宁人民出版社，2019.08
郭沫若作品精选［M］/郭沫若著//武汉：长江文艺出版社，2019.10
文化巨子郭沫若［M］/廖久明主编//成都：四川人民出版社，2019.12
女神・凤凰涅槃［M］/郭沫若著//武汉：长江文艺出版社，2019.12
郭沫若的异域体验与创作［M］/（日）藤田梨那著//北京：人民出版社，2019
郭沫若译作选［M］/郭沫若译，王友贵编//北京：商务印书馆，2019

## （二）论著析出文献

周恩来总理亲自过问、郭沫若院长组织领导的考古工作//回眸满城汉墓：西汉中山靖王陵/卢兆荫著，西安：三秦出版社，2019.01 P.1
郭沫若［M］//中国新诗百年精选/徐正华，南昌：百花洲文艺出版社，2019.01 P.8
现代・郭沫若《题皇泽寺》［M］//历代名人咏四川/周啸天编撰，成都：四川人民出版社，2019.01 P.24
郭沫若——登十八重梯看浦江潮汐［M］//衡山故事 名人之传/衡山集团编著，上海：上海人民出版社，2019.01 P.33
“前135年说”之源，郭沫若、李长之的举证无一考据［M］//司马迁生年研究/张大可著，北京：商务印书馆，2019.01 P.48
屈原（节选）& 郭沫若//义务教育教科书 语文 九年级 下/教育部组织编写；温儒敏总主编，北京：人民教育出版社，2019.01 P.96

连访天一阁 & 郭沫若//天一阁诗辑/龚烈沸纂辑，宁波：宁波出版社，2019.01 P.114

郭沫若："要重新创造我们的自我"//百家文库 中国近现代作家的编辑历程/蒋成德，北京：中国书籍出版社，2019.01 P.187

给郭沫若的复电［M］//赵树理全集 5 政论 杂谈 书信/董大中主编，太原：北岳文艺出版社，2019.01 P.195

郭沫若：重庆值得留恋//老重庆/韩淑芳主编，北京：中国文史出版社，2019.01 P.298

郭老的"书斋"——荣宝斋与郭沫若//百年荣宝斋记忆/郑茂达著，北京：荣宝斋出版社，2019.01 P.298

郭沫若与中国"新台阁体"诗词的形成［M］//中国文体传统的现代转换/李遇春著，广州：广东高等教育出版社，2019.01 P.322

郭沫若先生《管子集校叙录》之商榷 & 王欣夫//蛾术薪传 上/陈尚君编选，北京：商务印书馆，2019.02 P.70

郭沫若的文化选择及其"生命底文学"//马蹄集/张克著，上海：生活·读书·新知三联书店，2019.02 P.261

行书录郭沫若词《水调歌头·粉碎〈四人帮〉》［M］//李铎全集 1/李铎著，长沙：湖南美术出版社，2019.03 P.12

《郭沫若行草书单字精选》序言［M］//李铎全集 5/李铎著，长沙：湖南美术出版社，2019.03 P.104

郭沫若献诗//董竹君/聂茂、孙少华著，北京：团结出版社，2019.03 P.201

郭沫若（1954 年 12 月 15 日）//熊十力论学书札/熊十力著；刘海滨选编，上海：上海古籍出版社，2019.03 P.204

纵情的极限——《凤凰涅槃》诞生始末［M］//喧闹的骡子 留学与中国现代文化/李兆忠编著，上海：生活·读书·新知三联书店，2019.04 P.61

临潼古迹，次壁间郭沫若韵（1964）［M］//聂绀弩诗全注全解/方瞳著，哈尔滨：北方文艺出版社，2019.04 P.89

眼泪引发的笔墨官司——徐志摩与郭沫若的一次碰撞//喧闹的骡子 留学与中国现代文化/李兆忠编著，上海：生活·读书·新知三联书店，2019.04 P.242

"蜜桑索罗普"之夜歌 & 郭沫若//比亚兹莱在中国/陈子善编，北京：生活·读书·新知三联书店，2019.05 P.246

（三）学位论文

郭沫若金文著作的文献学研究——以《两周金文辞大系》为中心［D］/李红薇著；指导导师：吴振武//吉林大学博士论文，2019

胡适《尝试集》与郭沫若《女神》比较［D］/ 艾则孜·伊德日斯著；指导导师：

王明科//喀什大学硕士论文，2019

茨维塔耶娃与郭沫若诗歌中的神话诗学对比研究［D］/洪昕著；指导导师：张婷婷//上海外国语大学硕士论文，2019

郭沫若《诗经》学研究［D］/曹悦著；指导导师：李金善//河北大学硕士论文，2019

民国文学视阈下的郭沫若历史剧研究［D］/闻影著；指导导师：王玉春//大连理工大学硕士论文，2019

唯物史观视域下郭沫若的史学研究——以《李白与杜甫》为例［D］/舒梓剑著；指导导师：张春和，郭士礼//成都理工大学硕士论文，2019

马克思主义妇女观视野下郭沫若历史人物研究——以蔡琰为例［D］/姚媛媛著；指导导师：张春和，郭士礼//成都理工大学硕士论文，2019

新解与重构：《凤凰涅槃》中的精神现象学［D］/侯君伟著；指导导师：魏建//山东师范大学硕士论文，2019

前期创造社作家革命意识的辨析［D］/荣蓉著；指导导师：杨洪承//南京师范大学硕士论文，2019

发现辛格：郭沫若对辛格的译介研究［D］/黄伊柔著；指导导师：李成坚//西南交通大学硕士论文，2019

### （四）期刊论文、资料

抗战语境下国共双方围绕历史剧《屈原》展开的话语权之争［J］/王晓园//重庆第二师范学院学报. 2019（1）

译者主体性视野里的郭译《少年维特之烦恼》［J］/咸立强//郭沫若学刊. 2019（1）

郭沫若家族家训家教的知与行［J］/陈俐//郭沫若学刊. 2019（1）

《女神之光：郭沫若传》的写作与出版［J］/李斌//郭沫若学刊. 2019（1）

郭沫若致郁文的信［J］/万绚//郭沫若学刊. 2019（1）

郭沫若与加拿大人云达乐［J］/徐杉//郭沫若学刊. 2019（1）

郭沫若与中国科学技术大学［J］/万绚，马明//郭沫若学刊. 2019（1）

郭沫若研究知名专家唐明中先生逝世［J］//郭沫若学刊. 2019（1）

二十世纪三四十年代马克思主义史学阵营对郭沫若史学的评论［J］/何刚//中共党史研究. 2019（1）

1924 年以前郭沫若与西方弗洛伊德主义［J］/黄波//品位经典. 2019（1）

郭沫若和傅抱石：反传统与传统坚守者的统一阵线［J］/马云//中国语言文学研究. 2019（1）

神话传说的现代演绎——郭沫若《凤凰涅槃》的现代精神及其表达方式［J］/邹建军//德州学院学报. 2019（1）

对影成三人：郭沫若、李白与杜甫的互文写作——重读郭沫若《李白与杜甫》［J］/傅修海//文学评论.2019（1）

毛泽东曾以郭沫若的名义为自己创作的一首词写注解［J］/王树人//党史博采（上）. 2019（1）

郭沫若与毛泽东文艺体系的传播和建立［J］/刘奎//党史博览.2019（1）

马克思出文庙：郭沫若研究与日本资本主义论争［J］/陈柏旭//现代中文学刊.2019（1）

年谱长编中的郭沫若——评《郭沫若年谱长编（1892—1978）》［J］/侯桂新//现代中文学刊.2019（1）

悲剧抑或闹剧？——从商业演剧角度对郭沫若《孔雀胆》的考察［J］/唐文娟//文艺理论与批评.2019（1）

以认知诗学“从解释到发现”分析法品鉴郭沫若英诗翻译之美［J］/陈析西，车欢欢//乐山师范学院学报.2019（1）

傅抱石抗战客蜀时期之交游对其故实画创作影响考述——以郭沫若、宗白华等为主要研究对象［J］/张鹏//美术观察.2019（1）

《论诗》与郭沫若新诗理论的建构［J］/周海波//齐鲁学刊.2019（1）

郭沫若《庄子批判》之批判［J］/周泉根//东岳论丛.2019（1）

学术年鉴的存史与鉴今——《郭沫若研究年鉴》学术价值刍议［J］/张勇//中国年鉴研究.2019（1）

略谈郭沫若对鲁迅、茅盾的不同态度——以郭沫若的《戏论鲁迅茅盾联》发表后的情况为例［J］/廖久明//鲁迅研究月刊.2019（2）

“世纪”视野与新诗的历史起点——《女神》再论［J］/姜涛//中国文学批评.2019（2）

郭沫若剧作阅读和评价的几个问题［J］/咸立强//中国文学批评.2019（2）

有关郭沫若的五个流言及真伪［J］/李斌//中国文学批评.2019（2）

论郭沫若《一封信的问题》的写作与评价——兼谈前见对学术研究的负面影响［J］/廖久明//中国文学批评.2019（2）

郭沫若归国抗战真相［J］/廖久明//郭沫若学刊.2019（2）

《驳〈说儒〉》的演变——郭沫若一文成三篇［J］/蔡震//郭沫若学刊.2019（2）

由《李白与杜甫》的争议说到郭沫若学术研究的实用性价值取向［J］/杨胜宽//郭沫若学刊.2019（2）

试论郭沫若对马克思主义中国传播的贡献［J］/董仕衍//郭沫若学刊.2019（2）

教育视域下的郭沫若早期诗歌创作［J］/陶永莉，谭梅//郭沫若学刊.2019（2）

郭沫若评价秦始皇之管见——由郭沫若与蒯伯赞的几封书信说起［J］/王静//郭沫若学刊.2019（2）

杨宽与郭沫若的学术交谊［J］/贾鹏涛//郭沫若学刊.2019（2）
翦伯赞致郭沫若函［J］//郭沫若学刊.2019（2）
郭沫若在中国科学技术大学的办学思想［J］/方黑虎//郭沫若学刊.2019（2）
郭沫若充实中国科学院科研人才队伍的持续努力与实践［J］/向明//郭沫若学刊.2019（2）
《女神》版本研究的回顾与思考［J］/武楚璇//郭沫若学刊.2019（2）
昭君形象演变的历时性考察［J］/刘颖//佳木斯职业学院学报.2019（2）
武田泰淳与郭沫若交往考——兼谈武田泰淳对郭沫若的翻译［J］/冯裕智//新文学史料.2019（2）
郭沫若旧体诗词中的抗日战争书写［J］/周于飞//邢台学院学报.2019（2）
郭沫若为黄继光纪念馆题词修改佳话［J］/邵建新//党史博采（上）.2019（2）
如何研究“革命队伍中人”？——从李斌《女神之光：郭沫若传》谈起［J］/李国华//文艺理论与批评.2019（2）
现代文学启蒙的先声——以郭沫若《女神》与赛春嘎《心侣集》为例［J］/阚海英//内蒙古师范大学学报（哲学社会科学版）.2019（2）
有关文化名家郭沫若的流言及真伪［J］/李斌//马克思主义文化研究.2019（2）
郭沫若新诗创作的“颓废”审美——基于民国报刊里读者批评文献的搜集与整理［J］/田源//长沙理工大学学报（社会科学版）.2019（2）
论郭沫若早期诗歌叙述的定型反复性［J］/杨四平，魏文文//南通大学学报（社会科学版）.2019（2）
《蔡文姬》与郭沫若的家国新体验［J］/吕东亮//廊坊师范学院学报（社会科学版）.2019（2）
郭沫若的《论“幽默”》与幽默小品文论争［J］/廖久明//中国现代文学研究丛刊.2019（3）
略谈《郭沫若年谱长编》的价值及有待完善的地方［J］/廖久明//郭沫若学刊.2019（3）
郭沫若、陈寅恪致沈兼士——关于《“鬼”字原始意义之试探》的通信［J］/王锦厚//郭沫若学刊.2019（3）
郭沫若支持的《抗战儿童》［J］/田甜//郭沫若学刊.2019（3）
《诗人革命家：抗战时期的郭沫若》出版［J］//郭沫若学刊.2019（3）
华兹华斯对郭沫若早期诗歌创作的影响［J］/涂慧琴//郭沫若学刊.2019（3）
郭沫若早期诗歌中的神话与传说［J］/甘小盼//郭沫若学刊.2019（3）
论郭沫若“续”《再生缘》的悲剧美学观［J］/周英子//郭沫若学刊.2019（3）
郭沫若《文学与革命》的日译文［J］/郭沫若//郭沫若学刊.2019（3）
郭沫若与中国科学技术大学校歌［J］/方黑虎//郭沫若学刊. 2019（3）

保卫世界和平的战友——郭沫若和约里奥－居里［J］/李斌//郭沫若学刊. 2019（3）
读《郭沫若年谱长编》的几点思考［J］/凌孟华，邵雪梅//郭沫若学刊. 2019（3）
郭沫若的侠义观新论［J］/陈夫龙//郭沫若学刊. 2019（3）
郭沫若在中国科学院建院之初的角色与困境［J］/向明//郭沫若学刊. 2019（3）
寄冯玉祥书［J］/郭沫若//郭沫若学刊. 2019（3）
论《创造月刊》的编辑方针及其他［J］/朱天智//郭沫若学刊. 2019（3）
史料二则［J］/孟文博//郭沫若学刊. 2019（3）
编后记［J］/编者//郭沫若学刊. 2019（3）
呼语、人称、“乱写”及其诗学的辩证——论郭沫若早期抒情诗的叙事性［J］/傅华//现代中国文化与文学. 2019（3）
从接受史角度看不同版本文学史对于郭沫若的解读［J］/谢秋芬//文学教育（上）. 2019（3）
书信视角与空间关系:《三叶集》的几处细节［J］/罗文军//创作评谭. 2019（3）
“《屈原》唱和”与话剧《屈原》的经典化［J］/咸立强//华南师范大学学报（社会科学版）. 2019（3）
《女神》研究的三大教训［J］/魏建//首都师范大学学报（社会科学版）. 2019（3）
试析《凤凰涅槃》中凤凰形象之“超人”特征投射［J］/周鲁，温济恺//攀枝花学院学报. 2019（3）
新名词、科学思维与白话新诗——以《天狗》为中心论郭沫若的白话诗学［J］/文贵良//南方文坛. 2019（3）
郭沫若的藏书与读书［J］/张勇//文史杂志. 2019（3）
郭沫若译本序跋类文体研究［J］/张勇//贵州师范大学学报（社会科学版）. 2019（3）
郭沫若所译“维特”形象在中国的传播与接受［J］/张勇//中国翻译. 2019（3）
战时郭沫若的演说及其政治修辞学［J］/刘奎//长江学术. 2019（3）
“失事求似”: 历史的症候与伦理——重评郭沫若抗战史剧［J］/陈若谷//长江学术. 2019（3）
身体与文体之间——重读郭沫若历史剧《屈原》［J］/周海波//首都师范大学学报（社会科学版）. 2019（3）
《殷契粹编》的历史审美观探微［J］/陶钰欣，耿纪朋，张辉//文化创新比较研究. 2019（3）
郭沫若当选首届院士的原始文献举证［J］/沈卫威//名作欣赏. 2019（4）
关于成立郭沫若研究学会的书信及其他［J］/宫立//传记文学. 2019（4）
新世纪以降郭沫若旧体诗词研究综述［J］/柳晓珊//长沙理工大学学报（社会科学版）. 2019（4）

郭沫若新诗的诗体探求［J］/骆寒超//东方论坛.2019（4）
郭沫若《女神》的审美特色与艺术风格研究［J］/刘玉凤//宿州教育学院学报.2019（4）
郭沫若新体诗词汇运用特色研究［J］/王玉娇//皖西学院学报.2019（4）
来函摘登［J］/蔡震//新文学史料.2019（4）
“宣传战重于军事战”——《政工通讯》及郭沫若佚文《宣传要领》介绍［J］/王锦厚//郭沫若学刊.2019（4）
郭沫若论吴起评析［J］/杨胜宽//郭沫若学刊.2019（4）
论郭沫若对甲骨三堂的评价——兼论郭沫若历史人物评价标准［J］/周书灿//郭沫若学刊.2019（4）
“十七年”期间郭沫若古文字学著作的修订重版［J］/李斌//郭沫若学刊.2019（4）
郭沫若亡命日本时期与“中文研”过从的细节考察［J］/武继平//郭沫若学刊.2019（4）
握手之间——郭沫若的中国科大情怀［J］/方黑虎//郭沫若学刊.2019（4）
关于郭沫若与故乡沙湾家事的访谈［J］/郭远铭，郭远慈，郭远惠，郭远禄，朱子枨，陈俐//郭沫若学刊.2019（4）
关于郭沫若研究［J］/李一氓//郭沫若学刊.2019（4）
刊发郭沫若佚文《宣传要领》的《政工通讯》［J］//郭沫若学刊.2019（4）
李一氓与郭沫若——为李一氓同志九十诞辰作［J］/王廷芳//郭沫若学刊.2019（4）
郭沫若历史剧观的变化及影响因素分析［J］/田墨//石家庄职业技术学院学报.2019（5）
从《尝试集》到《女神》：两个不同的新诗传统——兼论有关新诗的起点和奠基问题［J］/姜玉琴//鲁迅研究月刊.2019（5）
《晶报》与郭沫若佚文［J］/金传胜//中国现代文学研究丛刊.2019（5）
用史料还原一个真实的巨人——评李斌《女神之光：郭沫若传》［J］/吴辰//中国现代文学研究丛刊.2019（5）
危机时刻的美学与政治——以郭沫若历史剧《棠棣之花》为中心［J］/罗雅琳//文学评论.2019（5）
郭沫若的“三线”情怀［J］/何文进，何姝瑶//文史杂志.2019（5）
主体结构与现代中国革命文学发生的关联——重读现代作家成仿吾、郭沫若［J］/杨洪承//安徽师范大学学报（人文社会科学版）.2019（5）
两副风景与双重自我的纠葛——论创造社作家的日本风景书写［J］/高强//临沂大学学报.2019（5）
郭沫若扬孔抑墨之胡适缘由［J］/李勇//云南大学学报（社会科学版）.2019（6）
老舍致郭沫若夫妇书信补正［J］/张勇//民族文学研究.2019（6）

浪漫如何介入历史：抗战初期郭沫若的抒情诗学与情感政治［J］/刘奎//中国现代文学研究丛刊.2019（6）
郭沫若《鲁拜集》译本在五四时期的接受度探析［J］/袁业涛//国际公关.2019（6）
郭沫若这样为新中国少年“点赞”——“名家名作与儿童”之四［J］/张勇//博览群书.2019（6）
郭沫若“抗战归国”再考察［J］/邢洋//鲁迅研究月刊.2019（6）
郭沫若诗文修改例话［J］/朱永芳//党史文苑.2019（6）
论郭沫若早期小说创作中的温情书写［J］/胡青霞//大众文艺.2019（6）
傅抱石抗战客蜀时期之交游对其故实画创作影响考述——以郭沫若、宗白华等为主要研究对象［J］/张鹏//美术研究.2019（6）
论郭沫若戏剧中的女权主义——从郭沫若戏剧中女性的婚恋观解读［J］/陈窈//大众文艺.2019（6）
浅析郭沫若在抗战大后方的文化贡献——以第三厅和文工会为视角［J］/谢丹//科学咨询（科技·管理）.2019（7）
国共两党对郭沫若任第三厅厅长的不同考量［J］/郭洋//中共党史研究.2019（7）
从绝望走出的“五四”邂逅——论《女神》的“死亡”书写［J］/张益智//宜宾学院学报.2019（8）
20世纪关于杨朱的研究：以蒙文通、郭沫若、侯外庐、刘泽华等人为中心［J］/曹峰//社会科学.2019（9）
郭沫若纪念馆建筑特征研究［J］/刘岩常，宏达，陆翔//自然与文化遗产研究.2019（9）
基于郭沫若中国历史学奖的中国史研究发展的思考［J］/王萌//中国图书评论.2019（10）
抗战时期郭沫若对民族英雄的研究与书写［J］/侯佳宁//绵阳师范学院学报.2019（10）
郭沫若《屈原》如何走入日本——须田祯一的翻译过程考察［J］/曾嵘//中国现代文学研究丛刊.2019（10）
中国艺术符号学的现代性萌芽——以郭沫若艺术符号学思想为例［J］/安静//学习与探索.2019（10）
民居建筑装饰纹样探析——以郭沫若故居门窗为例［J］/范鸿雁//艺术科技.2019（11）
古史与革命——论郭沫若在1927年的“方向转换”［J］/梁展//山东社会科学.2019（11）
郭沫若多篇作品入选统编本语文教材原因分析/廖久明，王春燕//乐山师范学院学报.2019（12）

辨古识今：郭沫若对廖平经学思想的改造与发挥［J］/刘平中//江西社会科学. 2019（12）

郭沫若的客家缘［J］/连允东//炎黄纵横. 2019（12）

郭沫若《甲骨文字研究》的历史审美观［J］/耿纪朋，郑小红，陈瑞杰//文化创新比较研究. 2019（23）

试论启蒙语境下“五四”白话新诗的两类抒情主体——以周作人、郭沫若为例［J］/何治涛//名作欣赏. 2019（35）

（五）报纸论文、资料

郭沫若偷桃［N］//鹤岗日报，2019. 01. 03

郭沫若：过盐岭 抵神泉 赴香港［N］//揭阳日报，2019. 01. 07

全国教育工作会议开幕　郭沫若、陆定一亲临指导［N］//文摘报，2019. 01. 19

父亲珍藏的郭沫若一幅书法［N］/徐晓鲁//本溪晚报，2019. 01. 22

民国大咖过年怎么回家？——沈从文、郁达夫、郭沫若、冰心的艰难“春运”［N］//大连晚报，2019. 02. 02

郭沫若题扇飞扬洒脱［N］//收藏快报，2019. 02. 13

日本的辛克莱热与郭沫若的辛克莱小说翻译［N］/张焕香//中国社会科学报，2019. 03. 06

郭沫若丹心创作洪波曲［N］//射阳日报，2019. 03. 16

童第周李四光郭沫若等名人亲属齐聚塘溪［N］//鄞州日报，2019. 03. 30

一份郭沫若研究团队的成绩单［N］/彭敏，杨浣澜//乐山师院报，2019. 03. 30

4名合肥学子获“中国第一奖学金”中国科大第38届“郭沫若奖学金”颁奖［N］/蒋瑜香//合肥晚报，2019. 04. 01

4名合肥毕业生获“郭沫若奖学金”［N］/蒋瑜香//合肥地铁报，2019. 04. 01

省镇中2015届学子席大为获郭沫若奖学金即将赴哈佛大学读博［N］//镇江日报，2019. 04. 01

武威一中学子张翔荣获郭沫若奖学金［N］//兰州晚报，2019. 04. 02

郭沫若：“海南岛 仿佛是故乡”［N］//海南农垦报，2019. 04. 02

郭庶英做客“宁职大讲堂”追忆父亲郭沫若［N］//北仑新区时刊，2019. 04. 02

第38届郭沫若奖学金暨2018年度国家奖学金颁奖典礼举行［N］//中国科大报，2019. 04. 05

应邀参加中国科大“郭沫若奖学金”颁奖典礼［N］//九江日报，2019. 04. 05

二中毕业生杨鑫获中科大“郭沫若奖学金”［N］//池州日报，2019. 04. 09

郭沫若巧对廉政联［N］//神华能源报，2019. 04. 11

郭沫若曾建议把西湖改名为鲁迅湖［N］//杭州日报，2019. 04. 12

“郭沫若文化周”在埃及举办［N］//人民日报（海外版），2019.04.13

埃及苏伊士运河大学举办“郭沫若文化周”活动［N］/郑思远，朱瑛琪//乐山日报三江周末，2019.04.14

“郭沫若文化周”系列活动4月10日在埃及东北部城市伊斯梅利亚的苏伊士运河大学开幕［N］//定州日报，2019.04.15

埃及大学举办“郭沫若文化周”［N］//大学生科技报，2019.04.18

郭沫若故居［N］//今日赤水，2019.04.22

李可染 郭沫若真迹亮相徐州——4月27日，“春风如画——李可染师友师生真迹珍品展”将在徐州苏宁广场展出［N］//都市晨报，2019.04.25

匈牙利赠郭沫若明信片［N］//达州日报生活周刊，2019.05.10

郭沫若与《美术考古一世纪》［N］//云南日报，2019.05.10

郭沫若对对联［N］//邢台老年，2019.05.12

郭沫若在北碚遇日寇空袭［N］/郭肖//重庆政协报，2019.05.14

十年“回忆”郭沫若［N］//教育导报，2019.05.16

北京财贸职业学院师生走进郭沫若纪念馆［N］//北京晚报，2019.05.23

忆郭沫若先生为丁店河闸工程题写诗词［N］/俞元楼//如东日报，2019.05.24

《围城》中的徐志摩、郭沫若与曹禺［N］//文汇报，2019.05.27

郭沫若写诗帮同学［N］//山西商报，2019.05.31

我校学者著作获第五届郭沫若中国历史学奖［N］//南开学报，2019.06.03

郭沫若与电子科大校名的故事［N］/陈伟//中国科学报，2019.06.05

郭沫若潜居多伦路，一支钢笔，半卷《浮士德》［N］//解放日报，2019.06.06

郭沫若游览巢湖追忆［N］//巢湖晨刊，2019.06.18

鲁迅与郭沫若的浅交厚谊［N］/刘家藜//达州日报生活周刊，2019.06.21

郭沫若翻译《浮士德》［N］//文摘报，2019.06.25

玉宇澄清万里埃——读毛泽东《七律·和郭沫若同志》［N］/陈义禄//韶关日报，2019.06.30

赵清阁：郭沫若帮我卖画买机票［N］/马拉//重庆晨报，2019.07.07

《诗人革命家：抗战时期的郭沫若》：借助第一手史料重新辨析［N］//惠州日报，2019.07.13

天上的街市［N］/郭沫若//生活晚报，2019.07.16

全方位视角考察郭沫若的学术贡献［N］/张清俐//中国社会科学报，2019.07.17

郭沫若挥笔赞南泉［N］/黄慧清//重庆政协报，2019.07.19

郭沫若谈翻译之难［N］/陈凯//今晚报，2019.08.01

郭沫若和傅抱石的文画之交［N］/周惠斌//重庆政协报，2019.08.06

郭沫若与东风剧团小演员的故事［N］/张志军//邯郸日报，2019.08.18

郭沫若题扇飞扬洒脱［N］//衡水晚报，2019.08.22
郭沫若《屈原》手稿亮相国家大剧院［N］/伦兵，田婉婷//北京青年报，2019.08.29
郭沫若《屈原》手稿亮相国家大剧院［N］//太原晚报，2019.08.30
郭沫若与贾宝玉［N］/舒敬东//黄山日报，2019.09.04
郭沫若考察殷墟［N］/王若虹//安阳日报，2019.09.17
郭沫若笔下的科技诗章——迎接中国科学院七十年庆典文鉴之一［N］/刘为民//科普时报，2019.10.25
高承佑巧遇郭沫若［N］/赵纪国//今日章丘，2019.10.27
施蛰存与郭沫若的“文人事”［N］/宫立//文汇报，2019.10.28
方强与郭沫若［N］//盐阜大众报，2019.11.04
郭沫若、巴金、老舍亲笔手迹在罗湖展出！读书月这样打卡就对了［N］/李莹莹//南方都市报，2019.11.08
郭沫若改诗赠于伶［N］/周惠斌//联合日报，2019.11.09
“四川省首届郭沫若文化周活动”在沙湾启幕［N］/谭智鹏，马锐//乐山日报，2019.11.16
方强与郭沫若［N］/张汉林//大丰日报，2019.11.16
沙湾区举办首届四川省郭沫若文化周活动［N］//四川经济日报，2019.11.19
郭沫若的读书学习之法［N］/冯兵，杨书瑶//学习时报，2019.11.20
郭沫若中国历史学奖颁奖［N］/李祺瑶//北京晚报，2019.11.21
第五届郭沫若中国历史学奖揭晓《清华大学藏战国竹简（壹—柒）》获一等奖［N］/朱基钗，高蕾//三亚日报，2019.11.21
42部史学著作获第五届郭沫若中国历史学奖［N］/朱基钗，高蕾//太原晚报，2019.11.21
42部史学著作获第五届郭沫若中国历史学奖［N］/朱基钗，高蕾//南国早报，2019.11.21
42部史学著作获第五届郭沫若中国历史学奖［N］/朱基钗，高蕾//拉萨晚报，2019.11.21
42部史学著作获第五届郭沫若中国历史学奖［N］//中山日报，2019.11.21
42部史学著作获第五届郭沫若中国历史学奖［N］//南国都市报，2019.11.21
42部史学著作获得第五届郭沫若中国历史学奖［N］//石狮日报，2019.11.21
42部史学著作获第五届郭沫若中国历史学奖［N］//新疆日报，2019.11.21
42部史学著作获第五届郭沫若中国历史学奖［N］//民族日报，2019.11.21
42部史学著作获第五届郭沫若中国历史学奖［N］//阜新晚报，2019.11.21
42部史学著作获第五届郭沫若中国历史学奖［N］//四川日报，2019.11.21
42部史学著作获第五届郭沫若中国历史学奖［N］//渭南日报，2019.11.21

42 部史学著作获第五届郭沫若中国历史学奖［N］//平顶山日报，2019.11.21

42 部史学著作获第五届郭沫若中国历史学奖［N］/朱基钗，高蕾//中国新闻出版广电报，2019.11.22

42 部史学著作获第五届郭沫若中国历史学奖［N］/朱基钗，高蕾//乌海日报，2019.11.22

42 部史学著作获第五届郭沫若中国历史学奖［N］/朱基钗，高蕾//邵阳日报，2019.11.22

42 部史学著作获郭沫若中国历史学奖［N］//丹东日报，2019.11.22

42 部史学著作获郭沫若中国历史学奖［N］//贵阳日报，2019.11.22

42 部著作荣获郭沫若中国历史学奖［N］//烟台日报，2019.11.22

42 部史学著作获郭沫若中国历史学奖［N］//德州日报德周刊，2019.11.22

第五届郭沫若中国历史学奖颁奖仪式在京举行［N］/户华为//光明日报，2019.11.22

第五届郭沫若中国历史学奖颁奖仪式在京举行［N］/王春燕//中国社会科学报，2019.11.22

四川省首届郭沫若文化周系列活动圆满落幕［N］/钟成甲//乐山日报，2019.11.22

42 部史学著作获第五届郭沫若中国历史学奖［N］//阜新周末报，2019.11.23

42 部史学著作获第五届郭沫若中国历史学奖［N］//文山日报七都晚刊，2019.11.25

郭沫若的读书学习之法［N］//中国组织人事报，2019.11.25

汝州人贾兵强著作荣获郭沫若中国历史学奖提名奖［N］//平顶山日报，2019.11.26

42 部学术成果获第五届郭沫若中国历史学奖［N］/郭海瑾//人民政协报，2019.11.27

贾兵强著作获第五届郭沫若中国历史学提名奖［N］//今日汝州，2019.11.28

知古鉴今 资政育人 不断推动中国历史研究发展——第五届郭沫若中国历史学奖印象［N］/徐秀丽//中国文物报，2019.11.29

三亚举行活动纪念郭沫若点校《崖州志》57 周年［N］/陈聪聪//三亚日报，2019.12.02

凤凰涅槃是郭沫若说的［N］//都市热报，2019.12.06

影像中的记忆与思念——写在郭沫若诞辰 127 周年之际［N］/张勇//人民政协报，2019.12.09

鲁郭茅学术研究“三军会合”鲁迅郭沫若茅盾研究学术研讨会在青举行［N］//青岛早报，2019.12.09

“郭沫若中国历史学奖”可否在乐山颁奖［N］/罗家祥//三江都市报，2019.12.10

放大镜郭沫若 20 册甲骨文拓本换回石鼓文照片［N］//香港文汇报，2019.12.19

卢子英力保郭沫若［N］/黄慧清//重庆政协报，2019.12.27

# 2019 年郭沫若研究大事记

## 四月

※ 2 日，《集外编》《书信编》两编结项会在中国社会科学院当代中国研究所召开。

※ 9—12 日，为了庆祝中华人民共和国成立 70 周年，由郭沫若纪念馆、苏伊士运河大学孔子学院联合主办，郭沫若中国研究中心承办的“郭沫若文化周”系列学术文化交流活动首次在埃及伊斯梅利亚举办。本次系列学术文化交流活动包括“郭沫若与中国文化”讲坛、“郭沫若的学术世界”学术沙龙、“庆祝中华人民共和国成立 70 周年特展：郭沫若与世界文化遗产周口店”以及“第二届郭沫若杯中国现代诗歌朗诵比赛”等内容。活动在埃及师生中引起了热烈反响，对于落实“一带一路”重大倡议、深化中埃两国人民的友谊和中埃文化交流产生了积极作用。

※ 10 日上午，在海棠盛开、东风拂面的季节里，为庆祝中华人民共和国成立 70 周年，由郭沫若纪念馆、邯郸市文化广电和旅游局共同主办的“东风第一枝——郭沫若与邯郸东风剧团”主题展览开幕式在郭沫若纪念馆四合院里隆重举行。

## 六月

※ 19 日，由郭沫若纪念馆、《郭沫若研究年鉴》编辑部举办的《郭沫若研究年鉴 2017 卷》出版发布会暨学术研究型年鉴编撰研讨会在当代中国研究所召开。

## 七月

※ 13 日，“郭沫若与新中国”研讨会、中国郭沫若研究会第七次会员代表大会在山东威海召开。

## 十月

※ 11—15 日“郭沫若与现代中国展暨学术讲座”在澳大利亚塔斯马尼亚首府

霍巴特举行。

## 十一月

※ 20日，第五届郭沫若中国历史学奖颁奖仪式在北京人民大会堂举行。经过个人申报、评奖委员会三轮评选、公示，清华大学李学勤主编的《清华大学藏战国竹简（壹—柒)》等42部学术成果获奖。其中一等奖1部、二等奖6部、三等奖12部和提名奖23部。中国社会科学院院长出席颁奖大会并做重要讲话。

※ 29日—12月1日，第二届“鲁、郭、茅高端论坛”在青岛大学召开。

# 后　记

编撰完《郭沫若研究年鉴 2019 卷》既有如释重负的快慰，更有未来漫漫的沉重。何为会有这种截然相反的感受呢？

第一，《郭沫若研究年鉴》影响力持续扩大令人欣慰。仔细算来这已经是连续出版的第十本《郭沫若研究年鉴》了，《郭沫若研究年鉴》从无到有，走过了创办、探索、发展的初创十年。十年的时光在历史长河中如白驹过隙一样短暂，但对于郭沫若研究来讲却是可以划分代际的标尺。翻阅十年来所出版的《郭沫若研究年鉴》最大的感受，就是能够使郭沫若研究回到了一个个历史研究的场域之中，在纵横交错的对比阅读中，十年来郭沫若研究难点的突破、热点的追踪、生长点的发掘、原始资料的整理等各方面，一目了然地呈现在研究者面前。可以说在以历史人物为主题的年鉴中，《郭沫若研究年鉴》并不是最早创办的，但却是到目前为止持续时间最长、编辑体例最完整的一套年鉴。从这个角度来看，作为编撰者的快慰便油然而生。

第二，创业容易守业难。年鉴编撰有自己的特点，资料的留存为其第一要务。在这种前提下，想创新并不容易。综观已经出版各卷次的《郭沫若研究年鉴》，读者也会发现如论文选编、观点介绍、硕博论文等栏目都是各卷次的“常规动作”，在此基础上我们为保持《郭沫若研究年鉴》的学术吸引力，根据各年度不同的情况，适时地增加年度访谈、学人回忆、研究活动等“自选动作”。另外，结合郭沫若纪念馆作为全国郭沫若研究资料中心的独特优势，我们也陆续推出了“郭沫若纪念馆馆藏资料”的“特色套餐”，以此增加《郭沫若研究年鉴》的学术内涵。研究者的需求也敦促我们在今后的发展中，进一步优化栏目设置，扩展学术空间，努力使《郭沫若研究年鉴》成为郭沫若研究的资料武库。

第三，通过编辑各年度的《郭沫若研究年鉴》，我们深感到郭沫若研究史学史的建构更加迫切。郭沫若研究学科建构的时间并不长，但是涉猎的领域却极为广泛，文学、史学、古文字学、考古学等等，研究者们也都在分割状态下开展各自探究。《郭沫若研究年鉴》编撰过程中这种方块划分的分割感更加强烈，如何整合现有的研究资源，总结郭沫若研究过往得失迫在眉睫，历史使命感促使我们勇于担负开阔的重担，为郭沫若研究的健康、深入和持续的发展做出不懈努力。

《郭沫若研究年鉴》编辑部

2020 年 9 月于北京